기독교 영성과 윤리
초대교부로부터 마틴 루터까지

기독교 영성과 윤리
초대교부로부터 마틴 루터까지

유 경 동 지음

한국문화사

■ 서문

예수 그리스도의 십자가는 역사의 중심이며 영성의 핵심이다. 이 역사의 중심에 서신 그리스도를 통하여 우리는 새로운 창조를 기대할 수 있으며, "내가 이제 너희를 위하여 받는 괴로움을 기뻐하고, 그리스도의 남은 고난을 그의 몸된 교회를 위하여 내 육체에 채우노라(골1:24)."는 바울의 고백처럼, 예수님의 남은 십자가의 고난을 짊으로써 역사에 동참할 수 있다.

기독교 영성은 기독교 역사를 통하여 형성되어온 유산이라고 할 수 있다. 영성은 하나님에 대한 인식과 자신이 죄인이라는 자각으로부터 출발한다. 인간은 하나님을 배반한 죄인이다. 따라서 영성은 하나님의 사랑을 통하여 새롭게 시작하는 하나님과의 관계를 전제로 한다. 하나님과의 바른 관계를 통하여 확립된 올바른 영성은 자신의 정체성을 확인하여 주며, 나아가 이웃과의 관계를 통하여 거룩한 삶을 확장하여 준다.
이 책의 내용은 크게 세 부분으로 구성되어 있다.
첫째, 영성을 이해하기 위한 현대 신학자들의 주요 신학적 개념과 정의를 살펴보았다. 영성을 이해하는 데에 있어서 중요한 신론, 기독론, 성령론, 삼위일체, 속죄, 고난, 그리고 평화와 같은 중요 개념들을 신학적으로 간략하게 살펴보았으며, 그 내용은 현대 신학자들의 해석을 참고하였다.

둘째, 기독교 역사 초기로부터 마틴 루터Martin Luther에 이르기 까지 약 60여명의 사상가들이 쓴 영어판 원서를 검토하면서, 영성의 내용을 총 열한가지로 분류하여 보았다. 그 내용은 각각 영성, 영성과 하나님, 삼위일체의 영성, 죄악과 치유에 대한 영성, 사랑의 영성, 평화의 영성, 기도의 영성, 믿음과 헌신의 영성, 교회와 가정의 영성, 그리고 부활과 영생의 영성에 관한 것이다.

셋째, 필자가 기독교 윤리학 분야에서 그동안 영성과 연관하여 연구한 내용들을 소개하였다. 사실 기독교 영성분야에 훌륭한 책들이 많이 소개되었으며, 그 내용도 매우 충실하다. 다만 필자가 아쉽게 생각하는 것은 영성 분야의 많은 책들이 명상이나 묵상과 같은 내면의 세계를 소개하는 데에 그쳐서 신학적 해석이 부족하다고 하는 점과 반대로 영성을 신학적으로 다루게 될 때, 너무 이론적으로 치우쳐 영성의 깊이를 담고 있지 못하다는 점이다. 따라서 필자는 이 책에서 신학과 영성을 조화시켜서 영성의 올바른 방향을 제시하고, 그 결과가 개인뿐만이 아니라 교회와 사회를 바꾸는 역동적인 힘이 될 수 있도록 내용을 구성하였다.

필자는 영성을 이해하는 데에 있어서 제일 중요한 것은 삼위일체의 영성이라고 생각한다. 이 시대 인간에 대한 다양한 인문학적 연구는 인간을 이해하는 데에 많은 도움을 주는 것이 사실이다. 특히 우주과학, 생명과학, 뇌과학은 눈부신 발전을 거듭하고 있으며, 전근대적인 세계와 인간 이해에 큰 변화를 주고 있다. 그러나 일견 문명의 발전에 따라 세계 역사는 진보하는 것 같지만, 자연의 파괴와 전쟁은 끝이 없고, 인간을 둘러싼 불안과 좌절은 여전히 생명을 위협하고 있다. 지식의 진보는 있으나 인간성은 더 황폐하고, 과학의 발전에 따라 물질문명의 혜택은 있으나 반면 인간생명의 소비는 더 심각하여지고 있다.

따라서 우리 그리스도인은 하나님에게로 재정향하여야 한다. 역사를 다시 돌릴 수는 없지만, 우리는 역사의 방향을 다시 잡을 수는 있다. 이런 맥락에서 이 세상에 오신 예수 그리스도와 하나님의 사랑, 그리고 진리로 인도하시는 성령은 영성의 출발점이다. 예수 그리스도의 십자가는 역사의 중심이며 영성의 핵심이다. 이 역사의 중심에 서신 그리스도를 통하여 우리는 새로운 창조를 기대할 수 있다.

필자는 아울러 이 책에서 인간의 죄와 악, 그리고 고통과 고난을 극복할 수 있는 영성을 살펴보았다. 하나님과의 관계가 깨어진 인간에게 나타나는 현상은 고통이며, 그 원인은 인간의 죄와 악이다. 기독교의 원죄론과 인간의 타락한 자유의지론은 이러한 문제들에 대한 기독교의 전통적인 답이었다. 필자는 이러한 문제들에 대한 기독교 초기 사상가들의 글들을 통하여 영적인 통찰력을 살펴보도록 하겠다. 특히 값싼 은총의 문제로 기독교의 정체성 위기에 직면한 현실의 문제를 직시하여 죄와 고난의 의미에 중점을 두도록 하겠다.

우리 주 예수 그리스도는 인간의 죄악을 치유하시고 사랑과 용서에 대한 영성을 허락하셨다. 인간의 죄를 용서 받게 되면, 나타나는 사랑과 용서는 하나님의 선물이다. 하나님의 무한하신 사랑은 용서에 이르는 축복의 통로이며, 하나님과 인간관계는 회복된다. 초대 교부들은 진정한 하나님의 용서를 통하여 하나님의 사랑을 찬미하였으며, 세상에 나아갈 수 있는 영적 힘을 얻을 수 있었다. 이 영성을 통하여 이 시대 좌절과 불안에 허덕이는 인간의 모습이 회복 될 수 있을 것이다.

우리는 사랑과 용서를 통하여 평화로 나아간다. 사랑과 용서가 이루어진 결과는 평화이다. 기독교 초기 교부들은 평화를 내적인 평화와 아울러 외적인 평화도 소중하게 여겼다. 평화 또한 하나님의 사랑에 의하여 허락하신 은총이며, 이 평화는 영원한 하나님의 나라를 소망하는 부활신앙까지 연결되는 것이다.

하나님께 진정한 평화를 선물로 받은 기독교인은 기도와 헌신으로 무장하게 된다. 하나님의 사랑으로 용서받고 평화를 얻은 영혼은 지속적으로 하나님과의 교제를 원하게 된다. 세상이 줄 수 없는 평화와 사랑은 오로지 하나님을 믿음으로 유지될 수 있다. 이 평화와 사랑은 내면적 상태일 뿐 아니라, 그 영적 에너지는 세상에서 그 평화와 사랑을 지속하게 된다. 따라서 온전한 기도와 믿음은 헌신으로 나아가는 신앙으로 재무장하게 된다. 하나님과의 교제는 하나님이 자신을 드림과 같이 우리도 자신을 주님께 드림으로써 그 교제는 유지된다. 따라서 헌신은 하나님께 자신을 맡기는 영적 위탁이며, 주님만을 위하여 살겠다는 다짐으로 나타난다.

이제 우리는 기도로써 교회와 국가, 그리고 결혼과 노동에 관한 영성을 통하여 세상의 빛과 소금이 될 수 있다. 하나님은 자신을 위하여 헌신하는 자녀들에게 세상을 위임하셨다. 하나님의 창조세계는 변화된 기독교인들을 통하여 지속된다. 기독교는 변화하는 세상 속에서 올바른 변화를 추구한다. 이 시대 국가와 교회, 그리고 결혼과 노동은 하나님이 위임하신 기독교인의 사명이요 제자직이 지속되는 것이다.

마지막으로 하나님은 우리를 향하신 최후의 선물로 부활과 천국, 그리고 영생을 약속하셨다. 우리는 이 땅에 살아가면서 부활을 준비하며 영생을 바라고, 천국의 시민권을 가지고 확신 속에 살아간다. 바울의 고백처럼, 예수 그리스도의 부활이 없이는 우리의 믿음은 헛것이 될 것이며(고전15:14-17), 이 세상만 바라고 산다면 우리는 이 세상에서 가장 불쌍한 사람들일 것이다(고전15:19). 따라서 우리는 이 세상에서 승리하신 예수 그리스도를 따라 부활에 대한 산 소망을 가지고 이 세상에 산다.

필자는 위와 같은 영성을 가지고 살아가는 기독교인들에게 필요한 성품에 있어서 덕의 윤리를 매우 중요하게 생각한다. 영성을 전개하면서 웃음과 울음에 대하여 살펴보았다. 아울러 결론에 덕의 윤리의 중요성과 함께 영성의 실천에 대하여 몇 가지 제안을 하였다.

이 책을 위하여 사용된 주요 원서들은 기독교 영어 인터넷 사이트 'Christian Classics Ethereal Library(http://www.ccel.org/wwsb)'에 나오는 내용을 참고하였다. 여기에 수록된 사상가들은 기독교 초기부터 20세기 초까지 약 350여명이 된다. 후에 시간이 허락하는 대로 이 책에서 다루지 못한 더 많은 사상가들의 글을 영성의 맥락에서 살피고자 한다.

한편 필자는 위에서도 언급하였듯이, 영성에 대한 기본 신학적 개념들을 주로 1장과 2장에 소개하였는데, 그 내용은 선행 연구저서에서 일부 내용을 이번 책에 옮겨온 것이다. 그 저서들은 The Abingdon Dictionary of Theology(Abingdon Press, 1996)의 주요 신학적 개념들을 일부 번역하여 옮긴 『영화속의 신학과 인권』(감리교신학대학교 출판부, 2008)과 한국 개신교의 부흥을 조명한 『영성과 기독교윤리』(프리칭 아카데미, 2009), 그리고 삼위일체 신학을 대안으로 제시한 『남북한 통일과 기독교의 평화』(나눔사, 2012)이다.

이 책의 부족한 점은 방대한 영문 자료들을 통하여 각 주제별로 사상가의 영성과 그 관점을 전달하는 일에 초점을 맞추었기 때문에 개별 사상가들의 시대적 상황과 이와 연관된 영성을 깊게 다루지 못하였고, 원서 인용에 있어서 별도의 페이지가 없는 기독교 인터넷 사이트의 영어판 원서들을 참고하였기 때문에, 출처에 대한 정확한 각주와 인용이 부족하다. 그리고 초대 교부들 사이에서는 교리적 관점에 따라서 어떤 주제들에 대하여서는 입장이 매우 상반적이고 서로 논쟁이 오고 갔는데, 이러한 점도 이 책에서는 상세하게 다루지 않고, 각 사상가가 가지고 있는 영성을 이해하는 데에 중점을 두었음을 밝힌다. 대신 이와 같은 미미한 점을 보충하기 위하여 기독교 초기 사상가들에 대한 간략한 소개를 책뒷부분에 첨부하였다.

  이 책이 나오기까지 기초 자료를 정리하여 준 김태경 전도사와 김준일 전도사, 그리고 교정을 맡아준 아내 이광실 목사에게 고마움을 전한다. 또한 영등포중앙감리교회 김진두 목사님의 기도와 따뜻한 격려 깊이 감사드린다. 아울러 이 책이 출판될 수 있도록 물질과 사랑, 그리고 기도로 후원하여 주신 일산광림교회 박동찬 목사님과 성도님들께 깊이 감사를 드린다. 또한 출판을 맡아 주신 한국문화사와 직원분들께도 감사드린다. 이 책이 한국 기독교의 영성운동에 미진하나마 도움이 되기를 바라며, 모든 영광을 주님께 돌린다.

차례

서문 __ v

01 영성 · 3
1. 영성 · 3
2. 부흥 · 10
3. 삼위일체 · 12
4. 삼위일체의 윤리 · 28

02 영성과 하나님 · 44
1. 하나님 · 44
2. 예수 그리스도 · 65
3. 성육신 · 76
4. 성령 · 83

03 삼위일체의 영성 · 92
1. 하나님의 거룩하심 · 92
2. 하나님의 주권과 창조의 신비 · 98
3. 하나님의 구원 · 107
4. 삼위일체와 새 창조 · 113

04 인간의 죄와 타락에 대한 영성 · 131
1. 죄 · 131
2. 신정론 · 142
3. 죄악의 내용 · 147
4. 원죄와 자유의지, 그리고 타락 · 166

05 고통과 용서에 대한 영성 ⋯⋯⋯⋯⋯⋯⋯⋯⋯⋯⋯⋯⋯⋯⋯⋯ 173
1. 고난과 고통은 무엇인가? ⋯⋯⋯⋯⋯⋯⋯⋯⋯⋯ 173
2. 고난과 고통을 넘어 ⋯⋯⋯⋯⋯⋯⋯⋯⋯⋯⋯⋯⋯ 180
3. 용서와 은총 ⋯⋯⋯⋯⋯⋯⋯⋯⋯⋯⋯⋯⋯⋯⋯⋯⋯ 188
4. 죄악에서 돌아서기 ⋯⋯⋯⋯⋯⋯⋯⋯⋯⋯⋯⋯⋯ 193

06 사랑의 영성 ⋯⋯⋯⋯⋯⋯⋯⋯⋯⋯⋯⋯⋯⋯⋯⋯⋯⋯⋯⋯⋯ 209
1. 사랑 ⋯⋯⋯⋯⋯⋯⋯⋯⋯⋯⋯⋯⋯⋯⋯⋯⋯⋯⋯⋯ 209
2. 하나님의 사랑 ⋯⋯⋯⋯⋯⋯⋯⋯⋯⋯⋯⋯⋯⋯⋯⋯ 216
3. 하나님의 선물 ⋯⋯⋯⋯⋯⋯⋯⋯⋯⋯⋯⋯⋯⋯⋯⋯ 220
4. 사랑하기 ⋯⋯⋯⋯⋯⋯⋯⋯⋯⋯⋯⋯⋯⋯⋯⋯⋯⋯ 229

07 평화의 영성 ⋯⋯⋯⋯⋯⋯⋯⋯⋯⋯⋯⋯⋯⋯⋯⋯⋯⋯⋯⋯⋯ 239
1. 성경의 평화 ⋯⋯⋯⋯⋯⋯⋯⋯⋯⋯⋯⋯⋯⋯⋯⋯⋯ 239
2. 하나님의 평화 ⋯⋯⋯⋯⋯⋯⋯⋯⋯⋯⋯⋯⋯⋯⋯⋯ 244
3. 세상의 평화 ⋯⋯⋯⋯⋯⋯⋯⋯⋯⋯⋯⋯⋯⋯⋯⋯⋯ 245
4. 평화의 영성 ⋯⋯⋯⋯⋯⋯⋯⋯⋯⋯⋯⋯⋯⋯⋯⋯⋯ 262

08 기도의 영성 ⋯⋯⋯⋯⋯⋯⋯⋯⋯⋯⋯⋯⋯⋯⋯⋯⋯⋯⋯⋯⋯ 269
1. 위를 향한 기도 ⋯⋯⋯⋯⋯⋯⋯⋯⋯⋯⋯⋯⋯⋯⋯⋯ 269
2. 아래를 향한 기도 ⋯⋯⋯⋯⋯⋯⋯⋯⋯⋯⋯⋯⋯⋯⋯ 289
3. 안을 향한 기도 ⋯⋯⋯⋯⋯⋯⋯⋯⋯⋯⋯⋯⋯⋯⋯⋯ 295
4. 밖을 향한 기도 ⋯⋯⋯⋯⋯⋯⋯⋯⋯⋯⋯⋯⋯⋯⋯⋯ 326

09 믿음과 헌신의 영성 ⋯⋯⋯⋯⋯⋯⋯⋯⋯⋯⋯⋯⋯⋯⋯⋯⋯ 336
1. 하나님과의 교제 ⋯⋯⋯⋯⋯⋯⋯⋯⋯⋯⋯⋯⋯⋯⋯ 336
2. 믿음의 중심: 십자가와 성경 ⋯⋯⋯⋯⋯⋯⋯⋯⋯ 344
3. 순종과 헌신 ⋯⋯⋯⋯⋯⋯⋯⋯⋯⋯⋯⋯⋯⋯⋯⋯⋯ 350
4. 변화 ⋯⋯⋯⋯⋯⋯⋯⋯⋯⋯⋯⋯⋯⋯⋯⋯⋯⋯⋯⋯ 355

10 교회와 가정의 영성 ·· 376
    1. 교회의 역사 ·· 376
    2. 교회의 영성 ·· 386
    3. 종말론적 공동체 ·· 393
    4. 가정과 노동 ·· 401

11 부활과 영생의 영성 ·· 410
    1. 부활의 영성 ·· 410
    2. 부활의 중심 예수 그리스도 ························· 415
    3. 부활 ··· 417
    4. 하나님의 최후 선물 영생 ···························· 421

결론 ··· 424
    1. '용서받은 의인'에서 '용서받은 죄인'으로ㆍㆍㆍㆍㆍ 430
    2. 죄의 윤리 ·· 434
    3. 내적 혁명 ·· 437
    4. 영성이 답이다. ·· 440

영성인물 소개 ·· 450

- 참고문헌 ··· 507
- 초대 기독교 영성인물 ·· 510
- 찾아보기 ··· 513

■ 영성인물 소개

플라비우스 요세푸스(Flavius Josephus, 37~100) ·· 450
바나바스(Barnabas, 70~135) ·· 450
성 이레니우스(St. Irenaeus, 130~200) ··· 452
터툴리안(Quintas Septimus Florens Tertullianus, 160~225) ·· 452
오리겐(Origen, 185~254) ·· 453
플로티누스(Plotinus, 205~270) ·· 455
아타나시우스(St. Athanasius, 297~373) ··· 456
성 힐라리우스(St. Hilary of Poitiers, 300~368) ·· 458
성 에프렘(St. Ephraim of Syria, 306~373) ··· 458
그레고리(Gregory of Nyssa, 335~395) ··· 459
암브로시우스(Ambrose, 337~397) ·· 460
루피누스(Tyrannius Rufinus, 345~410) ·· 461
성 제롬(St. Jerome, 345~420) ·· 462
성 요한 크리소스톰(St. John Chrysostom, 347~407) ·· 463
성 어거스틴(St. Augustine, 354~430) ·· 464
아우렐리우스 클레멘스 프루덴티우스(Aurelius Clemens Prudentius, 348~413) ······ 466
요한 카시안(John Cassian, 360~435) ·· 467
알렉산드리아의 성 시릴(St. Cyril of Alexandria, 378~444) ·· 468
콘스탄티노플의 소크라테스(Socrates of Constantinople, 380~450) ······················ 468
성 패트릭(St. Patrick, 390~461) ··· 469
사이러스의 주교 테오도렛(Theodoret, Bishop of Cyrus, 393~460) ························ 470
살비아누스(Salvian, 400~480) ··· 471
살라미니우스 헤르미아스 소조멘(Salaminius Hermias Sozomen, 400~450) ············ 471
리옹의 주교 성 유케리우스(St. Eucherius of Lyons, ~449) ·· 472
누르시아의 성 베네딕트(Saint Benedict of Nursia, 480~547) ··································· 473
아니시우스 보에티우스(Anicius Manlius Torquatus Severinus Boethius, 480~524) ···· 474
성 그레고리(St. Gregory I, 540~604) ·· 475
위(僞) 디오니시우스(the Pseudo-Areopagite Dionysius, 650~725) ··························· 476
성 베데(St. Bede The Venerable, 673~735) ··· 476

다마스커스의 성 요한(St. John of Damascus, 675~749) ·················· 477
캔터베리의 대주교 성 안셀름(St. Anselm, Archbishop of Canterbury, 1033~1109) ··· 477
피터 아벨라르(Peter Abelard, 1079~1142) ······························ 479
클레르보의 성 베르나르(St. Bernard of Clairvaux, 1090~1153) ········· 480
모세스 벤 마이몬(Moses Maimonides, 1135~1204) ······················ 481
성 알베르투스 마뉴스(St. Albert the Great, 1190~1280) ················ 482
성 토마스 아퀴나스(St. Thomas Aquinas, 1225~1274) ·················· 483
야코부스 더 보라지네(Jacobus de Voragine, 1230~1298) ················ 485
에크하르트(Johannes Eckhart, 1260~1327) ······························ 485
단테 알리기에리(Dante Alighieri, 1265~1321) ···························· 486
리처드 롤(Richard Rolle of Hampole, 1290~1349) ······················· 487
성 얀 반 루이스브로크(St. John of Ruysbroeck, 1293~1381) ············ 488
헨리 수소(Henry Suso, 1296~1366) ····································· 489
요한네스 타울러(John Taule, 1300~1361) ································ 489
줄리안(Julian of Norwich, 1342~1413) ·································· 490
시에나의 성 캐서린(St. Catherine of Siena, 1347~1380) ················ 491
장 드 게르송(Jean le Charlier de Gerson, 1363~1429) ·················· 492
토마스 아 켐피스(Thomas à Kempis, 1380~1471) ······················· 492
월터 힐튼(Walter Hilton, ~1396) ·· 493
제노아의 성 캐서린(St. Catherine of Genoa, 1447~1510) ················ 494
에라스무스(Desiderius Erasmus, 1466~1536) ···························· 495
성 토마스 모어(St. Thomas More, 1478~1535) ·························· 496
마틴 루터(Martin Luther, 1483~1546) ··································· 497
휴 라티머(Hugh Latimer, 1485~1555) ···································· 498
토마스 크랜머(Thomas Cranmer, 1489~1556) ···························· 499
로욜라의 성 이그나티우스(St. Ignatius of Loyola, 1491~1556) ··········· 500
메노 시몬스(Menno Simons, 1496~1561) ································ 501
요한 녹스(John Knox, 1505~1572) ······································ 502
블루아의 프랜시스 루이스(Louis of Blois, 1506~1566) ·················· 503
칼빈(John Calvin, 1509~1564) ··· 504
요한 브래드포드(John Bradford, 1510~1555) ····························· 505

기독교 영성과 윤리

초대교부로부터
마틴 루터까지

01 영성

'인간을 창조하신 하나님', 인간을 위하여 이 땅에 오신 '하나님이신 예수 그리스도', 그리고 지금도 진리의 영으로 임재하시는 '하나님이신 성령'과의 관계를 통하여 우리는 올바른 영성을 이해할 수 있게 된다.

1. 영성

기독교 영성spirituality은 시대, 인물, 그리고 장소 등에 따라서 다양한 해석이 가능하다고 할 수 있다. 엄두섭은 기독교 영성이 '기독교 윤리학', '영신생활', '신심생활', '완덕의 길', '초자연적 생활', '내적 생활', '성인학' 등과 연관있다고 한다. 성공회 신비가 윌리엄 로William Law는 이 기독교 영성을 '헌신devotion'이라 했으며, 요한 웨슬리는 '완전perfection'이라 불렀다. 복음주의자들은 '경건Piety'이라는 용어를 사용하였고, 18세기와 19세기에는 기독교 신비신학Mystical Theology과 수덕신학Ascetical Theology으로 불리기도 하였으며, 이것을 통틀어 영성신학이라고 부른다.

영성신학에서는 영성을 '객관적 영성'과 '주관적 영성'으로 나누기도 하는데, 전자는 소위 신론이나 기독론 등의 신학적인 연구와 관련되어 있다면, 후자는 그리스도인의 실제적 신앙생활을 위한 윤리적인 덕목이나 성화 문제 등을 다룬다고 할 수 있다. 기독교 역사를 통하여 나타난 영성운동을 엄두섭은 네 시대로 나누고 있다. 첫째는 이집트 사막의 교부들을 예로 들 수 있는데, 그들의 영성은 눈물과 연관이 있어서 언제나 무릎에 수건을 놓고 지낼 정도였고, 성 안토니, 성 마카리오가 대표적인 신부들이다. 둘째는 이탈리아 영성을 말할 수 있는데, 성 베네딕트나 성 프란시스가 주축을 이루며, 주로 동굴 속에 엎드려 기도하면서 예수의 희생적 사랑을 구하는 영성이며, 베네딕트는 1500년 동안, 그리고 프란시스는 8백년 가까이 전 세계에 영성의 물결을 일으켰다고 할 수 있다. 셋째로, 독일의 라인강변의 영성을 대표하는 에크하르트는 인간의 내면생활의 깊이를 파고 들어갈 때, 그 깊이에서 하나님을 만날 수 있다고 보았으며, 인간의 내면에 심소心素가 있으며, 그 심소의 정점에서 신적인 불꽃이 탈 때, 하나님과의 교통이 가능하다고 보았다. 마지막으로 정렬의 나라 스페인의 영성은 고난에 대하여 갈망하는 것이 특징이다. 따라서 고난을 주의 뜻으로 이해하였으며, 예수가 고난을 당한 것처럼 더 많은 고난을 통하여 영성이 깊어진다고 보았다.

필자는 위와 같은 기본적인 이해를 전제로 기존 여러 학자의 연구물들을 검토한 결과, '영성'에 관한 다양한 현대적 정의를 다음과 같이 정리하여 보았다.[1]

---

[1] 엄두섭에 따르면, 한국 교회 성장에 큰 공헌을 한 성령운동과 영성운동에는 차이가 있다. 그리스도인의 모든 활동 속에 성령이 내면적으로 역사하지만, 영성운동이 성령운동은 아닌 것이다. 성령운동이 인간노력의 필요 없이 위로부터 일방적으로 부어주시는 은혜라고 한다면, 영성운동은 그리스도인의 성화와 완전의 길을 연구하는 실천적인 면을 강조한다고 할 수 있다. 교회는 하나님 중심에서 그리스도 중심을 거쳐 성령이 중심이 되는 시대에 우리가 살고 있다는 주장에서 문제가 되는 것은 무조건적인 성령충만과 은사충만의 강조가 오히려 하나님과 그리스도, 심지어 십자가마저 외면하는 절뚝발이 교회운동이 될 수 있다는 것이다. 따라서 엄두섭은 유럽 교회가 죽은 이유는 바로 그리스도의 십자가를 외면하였기 때문이며, 예수가 하나님

첫째, '영성'은 '하나님의 실재에 대한 신앙적이며 존재론적 표현'이다. '영성'이라는 단어는 히브리어 '루아흐ruach'에서 왔는데, 이 '루아흐'는 일반적으로 '영'으로 번역되지만, '숨'이나 '바람'이라는 뜻으로도 설명되어질 수 있으며, 신앙의 생명력을 유지하는 가장 중요한 요소로서 단순한 어떤 개념이 아니라 하나님의 실재에 대한 표현이며, 하나님과의 관계를 의미한다.[2]

둘째, '영성'에 있어서 신앙적 내용의 중심은 '성경'과 '예수 그리스도의 인격'이라고 할 수 있다. 기독교 영성이라는 주제가 부각되는 이유는 말씀에 비추어 예수 그리스도 안에서 신앙의 원천을 재확인하고 생동력을 회복하려는 노력이라고 볼 수 있다.[3] 즉, 성경의 말씀을 근거로

의 아들이라는 것과 성육신의 사실을 믿지 못하는 것이야말로 바로 기독교의 몰락이라고 주장하고 있다. 엄두섭, "영성의 뿌리와 실천", 『기독교사상』(대한기독교서회, 2000/12), 168~172. 이하 '영성과 부흥'에 대한 분석은 필자의 선행연구를 재인용 각주 없이 옮겨왔다. 유경동, 『영성과 기독교윤리』(프리칭아카데미, 2009), 18~26.

[2] "'영'은 말하자면 특정인에게 생명과 생기를 주는 것이다. '영성'은 신앙의 생명을 이끌어가며 동기를 부여하는 것이고, 사람들이 신앙을 유지하고 성장하는 데 도움이 된다고 생각하는 것이다…(중략)…영성은 실제 삶에서 한 개인의 종교적 신앙이 표면적으로 드러나는 것이다. 다시 말해서 개인이 믿고 있는 바를 행위로 표현하는 것이다. 기독교 신앙의 기본적 개념이 기독교 영성에서 중요하기는 하지만, 영성은 단순한 개념idea이 아니다. 그것은 그리스도인의 삶이 표현되고 삶으로 실천되는 방법에 관한 것이며, 하나님의 실재에 대한 완전한 이해를 의미한다. 기독교 영성은 하나님과의 관계를 이루고 유지시키는 그리스도인의 생업 전체를 반영하는 것이라고 요약할 수 있다." 알리스터 맥그래스, 『기독교 영성 베이직』(김덕천 역, 대한기독교서회, 2006), 14.

[3] 기독교 영성은 과거에 경건piety, 신심devotion, 넓게는 신앙이라고 하여 신학과 구별되기도 하였다. "그러나 영성과 신학의 구별은 결코 그 둘의 대립이나 분리로 인도되어서는 안 될 것이다. 왜냐하면 영성이란 교회의 삶 전체에 걸쳐 기초와 원천이 되는 생명 있는 본질을 뜻하며, 신학은 그것을 기초로 하여 반성과 인식을 거쳐 이해의 과제를 추구해야 하기 때문이다. 참된 영성은 하나님과 인간의 친밀한 교통의 관계를 체험과 인식, 삶과 실천에 걸쳐서 발견하는 것이며, 우선적으로는 초월자에 대한 만남과 접촉을 전제한다. 그러므로 영성은 기도와 신비적 명상을 일차적 주제로 하

정의한다면, 영성은 '성령의 은혜를 통해 예수 그리스도의 인격과 삶을 닮아 가는 영적 지향성'이라고 정의할 수 있다.[4] 이 예수 그리스도의 인격을 통하여 나타나는 영성은 하나님을 온전히 이해하여야만 파악할 수 있다.[5]

셋째, '영성'이 인격적 관계라고 할 때, 세 가지 차원에서 형성이 된다. 그 관계는 하나님의 '삼위일체적인 관계'와 인간이 되신 예수 그리스도, 즉 '신과 인간의 관계', 그리고 '인간과 인간'의 관계를 통하여 '영성'을 파악할 수 있다고 본다. 따라서 첫째는 신론으로, 둘째는 기독론으로, 그리고 셋째는 인간론을 통하여 영성을 파악할 수 있을 것이다.

넷째, '영성'은 '회심과 변화의 과정을 통하여 인간 전 존재의 삶'을 포함한다. 즉. 어떤 사상을 말하는 것이 아니라 신앙 개개인이 공동체 안에서 성화되어져 가는 과정을 포함하는 것을 의미한다.[6] 또한 인간이

면서, 그것이 어떻게 하나님과의 사랑의 일치를 향해, 그리고 이웃과의 사랑의 삶에로 우리를 이끌어 주는지 탐구"하는 것이 기독교 영성의 목적이다. 정용석 외,『기독교 영성의 역사』(은성, 1997), 10~11.

[4] 정성욱,『한눈에 보는 십자가 신학과 영성』(부흥과 개혁사, 2005), 80. 정성욱의 정의는 다음과 같다. "예수가 말하는 영성—믿음—은 장소나 절차에 의한 것이 아니라 하나님과의 완전한 관계에 의한 것이다. 하나님은 어느 한 성전이나 어느 한 민족을 뛰어넘는다. 하나님을 예배하려는 자들은 이 진실을 받아들여야 한다. 하나 됨을 가로막는 종교적 한계를 극복할 수 있는 열쇠는 우리 정체성의 주요한 근원인 종교를 폐기하는 것이다. 부모와 자녀 간의 사랑과 같은 내적 관계를 우리가 받아들이고 키워나갈 때, 하나님과 우리 사이에 있어서 외적인 형석은 의미가 없는 것이 된다. 하나님은 단지 우주의 통치자가 아니다. 하나님은 가족의 아버지다. 같은 책, 80.
[5] 브룩시 카베이,『예수, 종교를 비판하다』(남호 역, 리얼북, 2008), 57.
[6] "영성은 사상과 삶, 신학과 인간 실존의 공존을 보여준다...(중략)...영성은 저 심층에 자리 잡은 신학의 원천으로부터 흘러나올 뿐만 아니라 그것으로부터 풍성한 양분을 섭취하는 것으로, 그 기독교 신학이 구체성을 띠면서 현실 속에 드러내 보이는 표현이 바로 영성"이다. 알리스터 맥그래스,『종교개혁시대의 영성』(박규태 역, 좋은씨앗, 2005), 40.

보다 숭고하고 가치 있는 존재가 되기 위한 열망, 그리고 현재를 넘어 미래를 지향하는 정신적 가치와 깊게 연관이 된다.[7] "이러한 기독교 영성은 심리학적인 건강을 추구하는 내성적內省的인 추구 그 이상의 것으로서, 가장 이상적인 것은 하나님과 피조물과의 관계를 자기 자신과 다른 사람과의 관계와 연합하는 것이다."[8]

다섯째, '영성'은 '하나님의 실재'이면서 동시에 그 실재를 통한 '인간의 회심과정이 집중적으로 부각'되는 특징을 가지고 있다. 이때 영성은 외양적인 경건의 형식이 아니라, 신적인 능력에 의하여 변화되는 인간의 모습에 주목한다. 그 모습은 사회 속에서 윤리와 도덕적 성숙을 지향하는 변화된 인간으로 나타난다. 예를 들어서 웨슬리의 경우, 회심 전과 회심 후의 영적 상태는 매우 중요하게 여겨진다.[9]

---

[7] "인간은 꺼지지 않는 불길과 안절부절 못하는 상태, 어떤 열망, 평온하지 못함, 허기, 외로움, 향수, 길들일 수 없는 야성 등 모든 아픔을 지닌 채 태어난다는 것이다. 이는 경험 속에서 발견되며 모든 일을 부추기고 이끄는 궁극적인 힘이다. 편치 못함은 누구에게나 마찬가지이며, 갈망 역시 예외가 아니다…(중략)…[갈망은] 깊은 에너지로서 어떤 아름다움도 저항할 수 없도록 우리를 잡아당기고 내면의 다른 무엇보다 중요하게 다가와 우리가 사랑을 향해, 아름다움을 향해, 창조를 향해, 그리고 현재의 한계를 뛰어넘어 미래로 향하도록 만든다. 갈망은 이처럼 자신을 고통으로도, 달콤한 희망으로도 나타낼 수 있다. 영성은 우리가 그 갈망을 가지고 궁극적으로 무엇을 하느냐를 뜻한다. 우리는 열망을 어디에 활용하는가? 열망이 우리에게 주는 고통과 희망을 어떻게 활용하는가가 바로 우리의 영성이다." 로널드 롤하이저, 『성과 성의 영성』(유호식 역, 성 바오로, 2006), 16.
[8] 브래들리 P. 홀트, 『기독교 영성사』(엄성옥 역, 은성, 1996), 15.
[9] "웨슬리는 1738년 5월 24일 이전에도 경건하였으며, 기실 경건의 대표였다고 할 수 있다. 때론 사람들이 그를 지나치게 과장함으로써 조소할 정도였다. 그는 교회의 경건의 틀 속에서 경건하였으며, 경건한 가정의 부모에게서 양육되었고, 그 자신 또한 전인격적으로 이를 추구하려 하였다. 그러므로 회심의 의미란 이제 자신에게 선사된 신앙의 연합을 통해, 즉 그를 위해 죽으시고 다시 사신 구세주와의 연합에서 지금까지의 방식, 자신의 의로 경건을 이루려는 것을 포기하고 신적인 능력에 힘입어 성취하려는 자세를 말한다." 존 누엘젠John Nuelsen의 1938년, 웨슬리 회심 200주

여섯째, '영성'을 통한 회심의 과정을 말할 때, 반드시 '죄'에 대한 고백과 변화가 요청된다. 따라서 영성의 기본적인 문제들 중 하나는 죄에 대한 인간의 자각과 변화라고 할 수 있다. 이 '죄의 회심'은 '영적 각성'에서도 매우 중요한 요소이다. 이 경우 신학적으로 중요한 문제는 죄의 문제를 해결하기 위해서는 죄에 대한 적절한 이해가 뒤따라야 한다는 점이다. 죄가 하나님과 인간, 그리고 인간과 인간의 관계적인 문제로 파악하는 이러한 관점은 영성이 도덕적인 것이 아니라 종교적인 것임을 의미한다."[10]

일곱째, '영성'은 인간의 회심에 따른 도덕적 변화의 전 과정을 포함하기 때문에 다분히 '교육적'인 요소를 포함한다. 여기서 교육적인 요소란 인지-정서적 차원에서의 인간 발달 과정에 관한 것이다.[11] 이러한 과정은 단지 도덕적, 또는 모범적이라는 것을 의미하는 것이 아니라, 인간이 하나님의 사랑을 의식적으로 이해할 수 있도록 가장 깊은 애정을 수반하는 호소이기 때문이다. 이 도덕적 감화는 인간의 주관성과 인간의 성장 가능성, 그리고 인간 상호 관계에서의 역할을 초월하는 역동성에 강조점을

년 기념 강연 내용을 로벳 윔즈Lovett H. Weems, Jr.의 『존 웨슬리의 신학과 유산』(이은재, 이관수 역, 진흥, 2005), 144에서 재인용.

[10] 사이몬 찬, 『영성신학』(김병오 역, IVP, 2004), 107.

[11] "영성의 개념이 현재 많은 기독교교육자들에게 주목을 받는다고 할 때, 그것은 주로 다음과 같은 의미로 이해되고 있다고 말할 수 있다. 첫째, 영성은 하나님과 인간 사이에서 형성되는 관계성을 총칭한다. 둘째, 인간은 이 관계 맺음을 통해 영적으로 성장해 간다. 셋째, 이 관계성은 삶 전체를 통해 전개되며, 인간의 발달단계와도 깊은 관계를 갖고 있다. 넷째, 이 과정은 인지—정서적 차원에서는 하나님의 창조섭리, 예수 그리스도의 삶, 그리고 인간의 죄성과 하나님의 은혜 등에 대한 깊은 명상과 관상 등을 통해 진행되며, 행동적 차원에서는 평화와 정의를 실천하는 가운데 진행된다. 다섯째, 과거 기독교 전통에서 부정적으로 간주했던 현재의 세계와 삶, 그리고 인간의 육체를 긍정적으로 평가한다." 손원영, 『영성과 교육』(한들출판사, 2004), 19~20.

둔다. 이러한 교육적인 요소에서 중요한 것은 '교회 공동체'의 역할인데, 교회는 성서연구와 기도, 예배, 교육, 사회에 대한 헌신과 봉사를 통하여 세상에서 하나님과 상호 작용하는 역할을 하게 된다.

여덟째, '영성'을 하나님의 실재를 인격적인 관계로 발전시키기 위한 과정이라고 할 때, 하나님의 실재는 단지 관념상에 그치지 않고, '하나님의 피조물인 우주 전체와 인간이 관계를 맺는 방식'으로 발전하게 된다.

'영성'을 위의 인지-정서적 차원과 연관시켜 볼 때, 신과 인간의 관계를 지속적으로 유지하기 위한 명상과 같은 수련과 자발적인 수행, 또는 공동체 훈련을 필요로 하게 되는데, 이때 하나님의 피조세계인 자연과 우주와의 연관이 중요시 된다. 따라서 기독교적 영성은 "하늘과 땅, 성聖과 속俗, 정신과 물질, 내세와 현세, 신적인 것과 인간적인 것 사이의 이분법 같은 낡은 사고에 기초한 영성의 개념이 아니라, '인간의 의식 속에서 다양하게 일어나고 있는 기독교적 진리에 대한 실재적이고도 실효성 있는 이해 전반을 포함한다.' 즉 '하나님 앞에서before God'와 그가 지으신 '세계 한가운데서amid the created world'의 실존적인 삶 그 자체다. 하나님 안에서 기도하며 사는 것, 그리고 그분을 통하여 변형되어 가는 인간 정신 일체를 포괄하는 것이다."[12]

지금까지 살펴보았듯이, 영성의 개념은 매우 포괄적이며 다양한 개념을 내포하고 있다. 특히 영성은 하나님의 실재이며 인간을 구원하시기 위하여 삼위일체를 중심으로 형성된 전인적 특성을 가지고 있다. 아울러 공동체의 헌신과 봉사를 통하여 세상 한 가운데서 하나님의 뜻을 펼치는 윤리적의 행위와 책임을 영성은 강조하고 있다. 그렇다면 현대 기독교의 부흥에서 강조하는 영성은 어떻게 해석할 수 있을까?

---

[12] 원종국, 『위대한 영성가들』(KMC, 2006), 14.

2. 부흥

'영성'에 관한 주제와 더불어 우리에게 중요하게 부각되는 또 다른 주제는 '부흥'이다. '부흥revival'의 기본적인 의미는 라틴어 "다시re- 살아나다vivere."라는 어원을 가지며[13], "어떤 것을 그것의 본래의 본질이나 목적으로 되돌리는 것이다.[14]" 기독교 신앙에 있어서 본래의 본질로 되돌린다고 하는 것은 언제나 하나님 이해와 맞물려 해석되었다. 따라서 교회에서 부흥은 언제나 '역사 전반에 걸친 하나님의 특별한 행위'로 간주된다.[15] 부흥의 의미는 성서적 관점, 교회사적 관점, 교회성장의 관점, 그리고 영적부흥의 네 가지로 범주화할 수 있다.

먼저 성서적 관점에서 보면, 구약에서 '부흥revival'을 뜻하는 단어는 사역동사로 '재생시킨다', '살게 하다', '생명을 주다', '육성하다', '소성시키다', '회복시키다', '구원하다', '완전하다' 등의 의미를 가지고 있으며,[16] 이 단어가 구약에 250회 이상 나오고, 신약에서는 '다시again'의 의미가 첨가되기도 한다.[17] 결국 구약에서 부흥의 의미는 '다시 살아나다', '절망 가운데 빠졌던 사람이 다시 새 힘을 얻다', '생명력을 다시 일으키다'는 뜻(합3:2, 시85:6, 사57:15)으로 신약에서는 '부흥'이란 말이 나오지는 않지만, 의미상으로 볼 때, 진정한 부흥이란 잠자는 사람을 깨우는

---

[13] 이종성, "부흥 운동의 신학적 근거," 『기독교사상』(1978. 9), 40.
[14] Stephen F. Oldford, *Heart Cry for Revival*(Westwood, N. J. Revell, 1962), 17.
[15] 빌헌, 『변혁으로 지피는 부흥의 불꽃』(김태환 옮김, 도서출판 디모데, 1999), 17.
[16] Colemen E. Robert, 『교회 부흥을 위한 연구』(조동진 옮김, 서울: 크리스챤헤럴드사, 1969), 41.
[17] 니키 검블, 『부흥의 본질』(명성훈 옮김, 서로사랑, 2002), 17: 구약성경의 '부흥'이란 단어의 변형형태로서는, '되살리다', '살다', '회복시키다', '보존하다', '고치다', '번영하다', '번성하다', '구원하다' 등이 있다.

것이며 죽은 자가 다시 살아나는 것을 뜻한다(엡5:14, 롬13:11)고 볼 수 있다.

두 번째로, 교회사적 관점에서 보면, 다양한 역사적 맥락에 따라 부흥의 의미가 다양하게 정의됨을 알 수 있다. 대개 북아메리카에서는 부흥을 기간period으로 이해하여, '하나님이 백성들 가운데 종교를 회복시키기 위해 놀랄 만한 방법으로 행사하시는 어떤 특별한 기간'으로 보기도 하였으며[18], 조나단 에드워드는 하나님 나라의 확장을 위해 사용하시는 하나님의 방법으로 묘사하기도 했다. 한편, 던컨 캠벨Duncan Cambell은 하나님이 충만히 임재한 공동체로서 부흥을 정의하기도 했다.[19]

세 번째로 교회성장의 관점에서 부흥은 부흥운동이라고 정의할 수 있다. 부흥운동은 "종교적 예배와 실천의 한 형태로서 복음에 대한 새로운 관심과 대중의 종교적 열정의 촉발에 중심을 두는 운동"이며, "집중적인 설교와 기도회에 자극을 받아 일어나는 것이다." [20] 이러한 의미에서 부흥은 영적인 각성이며, "성령의 충만함을 받아 하나님을 찬양하고 예배하며 복종하는 삶의 회복이다." [21]

마지막으로 영적부흥의 관점에서 보면, 부흥은 하나님의 구속사적인 사역과 연관된다. 이 마지막 관점은 사실 앞서 언급한 세 가지 관점을

---

[18] Solomon Stoddard, from the chapter "the Benefit of the Gospel" in the Efficacy of the Fear of Hell, to Restrain Men from Sin (Boston, 1713), quoted by Micheal J, Crawford, *Seasons of Grace*, Colonial New England's Revival Tradition in Its British Context (New York: Oxford University Press, 1991), 41. 니키 검블,『부흥의 본질』(명성훈 옮김, 서로사랑, 2002), 17에서 재인용.

[19] 니키 검블,『부흥의 본질』(명성훈 옮김, 서로사랑, 2002), 18.

[20] 이종성, "부흥 운동의 신학적 근거,"『기독교사상』(1978. 9), 41: 정도출,『교회성장과 부흥신학』(쿰란출판사, 2002), 36에서 재인용.

[21] "교회는 어떻게 성장 부흥하는가,"『신앙생활백과』(서울: 성서교재간행사, 1992), 4. 정도출,『교회성장과 부흥신학』(쿰란출판사, 2002), 37에서 재인용.

모두 종합한 것과 같다. 하나님의 구속사적 역사를 성서로 해석하고, 교회 역사적 맥락에서 재구성되며, 나아가 교회성장이라는 구체적 목표를 중심으로 해석되는 모든 것들의 기저에는 영적 부흥이라는 공통된 목적이 함의되어 있기 때문이다. 구속사의 관점에서 부흥은 하나님이 그 믿는 사람들에게 다시 영적 생기를 불어넣어 충만한 자유를 누리도록 하는 특별한 주권적 사역으로 정의할 수 있다.[22] 이러한 부흥에서는 언제나 하나님으로 충만해지는 체험이 동반된다. 브라이언 밀즈Brian Mills는 에드윈 오르Edwin Orr 박사를 인용하면서, 영적 부흥이 주는 삶의 변화를 설명한다. 즉, 부흥은 성령 충만의 역사를 통해, 교회가 성장하고, 대중이 각성하며, 기독교 신앙이 믿지 않는 사람들에게도 전파되며, 나아가 사회운동으로 확장된다는 뜻이다.[23]

영성에 대한 올바른 이해는 궁극적으로 영적각성과 부흥에 이를 수 있다. 이제 신학적 근거가 되는 삼위일체에 대하여 살펴보자.

3. 삼위일체

영성을 기독교윤리의 학문적 관점에서 다루는 내용 중에서 가장 중요한 것은 삼위일체에 관한 것이다. 왜냐하면 영성은 하나님의 존재와 하나님과 인간의 관계를 전제하기 때문이다. 기독교 윤리의 이론적 기초는

---

[22] Stephen F. Oldford, *Heart Cry for Revival* (Westwood, N. J. Revell, 1962), 17. 티모시 보거, 라일 도르셋, 『휘튼 대학 부흥 이야기』(백금산 외 번역, 부흥과 개혁사), 34~35에서 재인용.

[23] J. Edwin Orr, *The Flaming Tongue* (Moody, 1973), 7. 브라이언 밀즈, 『영적 부흥, 지금 우리를 위한 축복』(조대영 옮김, 생명의 말씀사), 29에서 재인용.

'기독교 신학'과 그를 적용하는 원리인 '윤리'라는 두 축으로 이루어진다. 필자가 '영성'의 윤리적 주제와 연관하여 중시하는 이 신학과 윤리 양 축이 모두 '관계성'을 전제하는데, 기독교 신학은 먼저 삼위일체와 같이, '신의 존재와 연관된 관계성'을 통하여, 그리고 점진적으로 '신과 인간 사이의 관계'를 설명한다. 결국, 윤리는 그 이름 그대로, 신과 인간, 인간과 인간 사이의 관계성을 바탕으로, 그 행동 원리를 세운다. 따라서 기독교 윤리 자체가 관계적 개념이라고 말할 수 있다.[24]

기독교 윤리를 말할 때에 의무론적 윤리만을 집중한다면, 윤리의 본래적 보편성을 획득할 수 없다. 예를 들어, 칸트의 정언 명법의 의무론은 본래 보편적인 것을 추구하지만, 만약 "무언가를 해야만 한다."는 논리를 모든 사람에게 그대로 적용하려고 한다면 어떻게 되겠는가? "해야만 한다!"는 의무론의 논설은 특수한 상황이 발생하면 그 보편성이 제한된다. 따라서 기독교 윤리학의 과제는 모든 경우에 적용할 수 있는 보편성과 그 적용의 한계가 생기는 특수성 사이에서 '범주적 문제'를 심도 있게 다루어야 한다.

전통적으로 기독교 신학은 일원론과 이원론의 입장을 가지고 세상의 문제를 설명하여 왔다고 할 수 있다. 전통적 일원론은 분명한 목적과 의무를 강조하는 반면에, 이원론은 목적의 불가능성, 즉 이 땅에서 이루어질 수 없음에 대한 대안으로 현실주의와 같은 관점을 강조하게 된다. 그런데 결과적으로 보면, 전통적인 일원론, 또는 이원론의 관점은 본래

---

[24] 필자는 삼위일체 신학과 관련하여서는 다음의 글을 중심으로 정리하였다. 정성욱, 『삶 속에 적용하는 Life 삼위일체신학』(홍성사, 2007). 로저 올슨, 『삼위일체』(이세형 역, 대한기독교서회, 2004). 이 삼위일체에 관한 이론적인 정리는 필자의 선행연구를 이 글의 목적에 맞게 재구성하였으며, 별도의 재인용 각주 없이 옮겨왔다. 유경동, 『영성과 기독교윤리』(프리칭아카데미, 2009), 26~45.

의도한 것은 아니지만, 윤리적으로 보면 그 답은 서로 같다고 할 수 있다.

왜냐하면 일원론의 경우, 세상을 신의 주권 아래 있는 세계관을 통전적으로 이해할 수 있는 틀을 제시하지만, 인간이 이해하지 못하는 죽음이나 자연재해, 그리고 전쟁과 같은 불가항력적인 문제가 생기면, 결국 보다 심오한 그 무엇이 있는 '하나님의 뜻'이 작용하고 있다고 해석함으로써 자칫하면 운명론에 빠지게 된다. 한편, 이원론은 이 세계와 초월의 영역인 저 세상을 구분함으로써, 인간이 이해할 수 없는 문제들이 생기면, 이 땅에서는 그 답이 불가능하다고 인정하고 문제를 방기하게 되며, 결국 문제의 해결을 저 초월의 영역으로 돌려버린다.

이와 같이 운명론이나 초월의 영역으로 신앙의 문제를 돌리게 되면, 결국 마지막 남는 과제는 '이 모든 사안이 인간이 해결해야만 하는 것'으로 귀착되게 된다. 겉으로는 발생하는 문제들을 숙명적으로 하나님의 뜻으로 받아들이지만, 결국 마지막 남는 행위의 주체는 인간이 되며, 한편 궁극적인 해답을 초월의 영역에 맡기고 하나님의 뜻을 기다리지만, 그 과정에 인간은 마지막 보루인 자신의 양심에 따라 행동하게 된다.

물론 신앙이라는 믿음체계는 '운명론'이나 '초월'의 경우에 있어서 다 작용한다. 차이는 운명론의 경우, 자칫 현상에서 벌어지고 있는 왜곡된 현실 자체를 하나님의 뜻으로 받아들일 수 있으며, 반대로 초월의 경우, 임시적인 인간의 양심을 하나님의 뜻으로 절대화하게 된다는 점이다.

물론 이러한 문제들을 기독교계시의 절대성을 강조한 리처드 니버Richard Niebuhr의 '급진적 유일신론'이나 본회퍼와 같은 '제자도'의 신학으로 극복하려는 시도를 하지만, 크게 보면 이원론이나 일원론 모두 이 땅의 문제들에 대한 분명한 해결책은 제시하고 있지 못하는 한계가 있다. 따라서 일원론과 이원론의 한계, 즉 마지막 남는 과제가 인간적인 것으로 변질하게 되는 인간의 문제는 종종 모호한 입장에 빠지게 되는 것이다.

사실 이 땅의 문제는 삶, 범주, 또는 상황context, praxis의 문제이다. 이 문제는 절대 배제되거나 간과되어서는 안 된다. 이 땅의 문제는 단순히 "무엇이 올바른가?"라는 정의definition의 문제가 아니라, 범주를 생략하지 않고, 삶 속에서 이루어지는 지속적 과정process에 대한 질문이 되어야 한다. 이 과정 안에서, 삶의 범주에 대하여 신학적으로 우리가 중요시 여겨야 할 것은 무엇인가? 그것은 바로 지속적 과정으로서의 지금 발생하고 있는 '현실reality'이다. 이 현실은 과거로부터 지금까지 자신이 생존하는 현재의 세계관에서 느끼는 '자아'에 대한 이해를 담고 있으며, 그리고 미래를 향하여 나아가게 하는 해석의 근원이 되는 것이다.

그러나 그 현실은 자체가 그 방향을 스스로 정향하지는 못한다. 왜냐하면 현실 자체가 미래로 나아가는 방향을 제시하는 자연론적 세계관은 현실의 모든 것을 그대로 받아들이는 운명론적인 한계를 내포하며, 그렇다고 현실을 부정하고 미래의 세계관을 종말론적으로 받아들이면, 지금 현실의 근거가 되는 자신의 정체성을 송두리째 부정하고 현실에 대한 '희망'을 잃어버리기 때문이다. 따라서 중요한 문제는 지금 나의 '현실'을 이해하는 기준이 필요한데, 이것은 신학적 차원에서 "하나님의 현실은 무엇인가?"라는 질문과 연관이 된다. 왜냐하면 이 질문이 가능해질 때, '나'의 현실과 '나'라는 개체의 현실에 대하여 분명한 이해를 할 수 기준이 되기 때문이다.

'나의 현실'은 윤리적으로 볼 때, 바로 '내가 존재하는 것'이며, 나의 존재를 규정해주는 사실들인 '개체성'의 또 다른 개념이다. 따라서 이러한 현실적인 개념을 신에 대한 질문으로 연결하여 볼 때, 하나님의 현실은 "우리가 하나님을 어떻게 알 수 있는가?"라는 질문에 연관된다. 바로 이 문제를 성서는 창세기부터 일관적으로 다루고 있으며, 성서 전체에 걸쳐 신과 인간의 문제에 대하여 대답하고 있다. 특별히 성서는 구체적인 하나님의 현실을 다루는데, 그것은 바로 하나님의 성육신incarnation, 즉 하나님이 인간이 되심, 다른 말로 하면, 역사에 나타난 '예수 그리스도의 사건'이 바로 하나님의 현실인 것이다. 왜냐하면 이 '현실'을 통하지 않고는 하나님을 올바로 알 수 없기 때문이다.

오늘날 기독교의 문제는 하나님에 대한 질문과 동시에 삶의 문제들을 바라보면서, 내가 역사 속에 속해 있는 '현실'에 대한 이해는 모호하게 내버려둔 채 모든 문제를 과거로 환원하거나 아니면 초월의 영역으로 돌리려 한다는 데에 있다. "하나님이 구체적으로 이 역사 속에서 무엇인가?"라는 하나님의 현실은 '역사 속에 들어오신 그리스도'를 통하여 올바로 이해될 수 있다. 예수 그리스도에 대한 이해, 즉 구체적인 하나님 이해가 전제되지 않은 신학적 인식이나 신앙의 표현은 적합성을 가지지 못하며, 자신의 현실 또한 올바로 이해할 수 없을 것이다.

따라서 구체적인 하나님이해가 전제된 신학과 더불어, 현실의 맥락을 제대로 볼 수 있는 신학을 위해서는 '하나님의 현실'을 따라야 한다. 이 하나님의 현실은 곧 '예수 그리스도'이다. 하나님과 하나님의 현실인 예수 그리스도, 그리고 그 종말론적 지평의 확장으로서 '성령'을 함께 이야기해야 한다. 결국 보편적이고 통전적이며, 동시에 배타성과 특수성을 극복할 수 있는 기독교 윤리의 지평은 철저히 삼위일체의 관계성을 통하여 이해되어져야 한다. 즉, '인간을 창조하신 하나님', 인간을 위하여 이 땅에 오신 '하나님이신 예수 그리스도', 그리고 지금도 진리의 영으로 임재하시는 '하나님이신 성령'과의 관계를 통하여 인간은 자신에 대하여 올바른 해답을 얻을 수 있게 되는 것이다. 이러한 하나님의 삼위일체 관계성은 특히 인류 역사를 주장해 온 가운데에서 하나님이 당신 자신과 관계 맺고, 우리 인간과 관계를 맺는 구체적인 삶의 범주 안에서 일어난

'현실'로 여전히 우리에게 진리가 되신다.

이와 같은 하나님의 '현실'은 먼저 삼위일체 신학이 형성된 역사와 배경을 이해함으로써, 우리는 삼위일체 신학이 어떻게 기독교 윤리와 관계되는지를 이해할 수 있다. 역사적으로 삼위일체는 2~5세기 무렵에 정통교회의 교리로 확립된다. 현재의 삼위일체 교리는 니케아 신경(325)을 거쳐, 콘스탄티노플 신경(381)을 통해 확정되었다.

사도 요한의 죽음 이후를 교회사적으로 속사도 시대 또는 교부시대라고 일컫는데, 교부시대 초반부터 하나님을 언급하는 데에 삼위일체라는 용어trias가 사용되었다. 이 말을 처음 사용한 사람은 안디옥 교회의 주교였던 데오빌로Theophilus였으며, 프랑스 리옹의 대주교 이레니우스Irenaeus는 190년경에 '한 하나님 안에 삼위'가 계신 것으로 표현하였다.[25]

삼위일체 교리를 확립하는 데에 공헌한 사람은 AD 3세기 초반의 터툴리안Turtullian이었다. 그는 '하나님과 아들, 그리고 성령은 환경에 따라서 서로 다른 세 가지 방식으로 표현되는 한 분 하나님'이라는 양태론이 이단적 신론임을 비판하면서, 최초로 라틴어 'trinitas'라는 용어를 사용하였으며, 하나님을 표현할 때, '성부, 성자, 성령, 즉, 삼위일체'라는 말을 이용했다. 뿐만 아니라, 궁극적 존재인 하나님에 내재된 삼위를 구별하기 위해, 라틴어 'persona'라는 개념을 적용하였다. 나아가 하나님의 단일성, 통일성을 설명하기 위해 'substantia'라는 개념을 도입하였다.[26]

---

[25] 정성욱, 『삶 속에 적용하는 Life 삼위일체신학』, 41~42. 사실 이레니우스는 삼위일체라는 단어를 직접 언급하지는 않았지만, 그의 표현 속에서 이미 삼위일체 신학의 틀이 발견된다. "교회는 전 세계와 땅 끝까지 흩어져 있지만, 사도들과 그들의 제자들로부터 다음과 같은 신앙을 전수받았다. 그것은 하늘과 땅과 바다와 그 가운데 만유를 창조하신 아버지 하나님과 우리의 구원을 위해 성육신하신 하나님의 아들, 예수 그리스도와 성령에 대한 신앙이다."
[26] 위의 책, 42. "성부는 하나님이시다, 그리고 성자는 하나님이시다, 그리고 성령은

이렇게 삼위일체 교리가 확립되는 과정에서, 삼위일체 신앙을 반대하는 여러 신앙운동들이 등장하게 되었다. 4세기 초반에 있었던 아타나시우스Athanasius와 아리우스Arius 논쟁이 대표적이다. 아타시우스는 하나님은 삼위로 한 분 하나님이시고 일체로 삼위이신데, 이 삼위는 혼합되거나 본성이 분리됨이 없는 한 분 하나님이라고 강조하였다. 성부가 한 위로 계시고, 성자가 다른 위로 계시고, 성령이 또 다른 위로 계시지만, "성부와 성자와 성령의 신성은 하나이시며, 영광도 동일하며, 그 위엄도 영원히 공존한다."고 그는 믿었다.

반면, 아리우스는 '오직 성부 하나님만이 시작점이 없는 영원한 신'임을 주장하며, 성자는 성부로부터 창조된 존재이며, 성령은 성부로부터 발출된 피조물로 간주했다.[27] 아리우스에 따르면, 성자와 성령은 성부로부터 피조된 존재이기 때문에, 절대 삼위가 동일본질로 이해될 수 없다고 강조하였다.

물론 이 시기는 이미 삼위일체 교리가 정통으로 정립되어 가는 과정이었지만, 사실 역사 속에 성육한 하나님으로서의 예수 그리스도를 어떻게 이해하는가의 문제는 유일신론 신앙을 기초로 하는 기독교 신앙에 큰 골칫거리였고, 당시 아리우스의 논리가 상당히 많은 부분 설득력을 가진 것으로 생각되었던 것 같다. 결국, 당시 로마 황제, 콘스탄티누스는 전통적 교회를 대변하는 아타나시우스와 아리우스 사이의 논쟁을 해결하기 위해, 니케아 공의회councils of nicaea를 소집한다. 이 니케아 공의회에서 알렉산드리아 출신의 아타나시우스가 주장한 '성자 하나님이 성부 하나님과 비슷한 본질homoiousios이 아니라, 동일한 본질homoousios임'을 인정

하나님이시다, 각각이 하나님이시다. 그러나 분리될 수 없이 공존하는 세 위격 안에 하나의 유일한 신적 본질이 있다."
[27] 위의 책, 43.

하게 된다.

따라서 예수 그리스도를 피조물로 보는 논지를 중지시킨다. 예수 그리스도가 유사 본질에 불과하다면, 예수 또한 구원을 받아야 할 대상이 되기 때문이다. 예수마저 구원 받아야 할 존재라면, 예수를 통해 구원받는 우리의 구원의 의미는 무의미하기 때문에 구원받을 자에 의한 구원이 이치에 합당하지 않기 때문이다. 이 결과, 정통교회의 입장이 교회 전체의 입장으로 인정받게 된 것이다.[28]

지금까지 간략하게 정리한 내용을 배경으로 몇 핵심적인 사안에 대하여 계속 살펴보기로 하자. 삼위일체란 무엇인가? '삼위일체'는 '삼위三位, three persons'와 '일체'라는 두 단어의 결합으로 되어 있다. 삼위란 세 위격을 뜻하는데, 한자의 위位자는 人[사람]과 立[서다]이 결합된 말로, 위격person이라는 말 그 자체가 인격적인 개념이다. 위격person은 지정의知情意를 가지고 있으면서, 다른 인격체와 관계를 맺을 수 있는 인격적 존재이다. 그리고 일체一體는 하나의 통일체unity이자, 하나의 본체entity, 하나의 존재being를 의미한다.

종합하면, 삼위일체는 하나의 통일체 위에 존재하는 인격적 존재로서의 세 위격을 의미한다.[29] 그러나 실제로 삼위일체라는 말을 규정하거나 적용하는 것은 그리 쉽지 않다. 따라서 삼위일체를 정의하기 이전에, 기존의 잘못된 삼위일체 이해를 먼저 살펴보는 것은 매우 도움이 된다.

먼저 삼위일체와 관련하여 나타난 잘못된 신론들에는 위에서 살펴본 것처럼 대표적으로 양태론modalism과 삼신론tritheism이 있으며, 이 두 사상은 소위 이단적 사상이라 규정될 수 있다. 양태론과 삼신론은 각각이 강조

---

[28] 위의 책, 43~45.
[29] 정성욱, 『삶 속에 적용하는 Life 삼위일체신학』, 19~20.

하는 중심이 다른데, 양태론은 하나님이 하나의 존재라고 하는 점을 강조하는 반면, 삼신론은 세 위격의 구별성을 강조한다.

양태론자들은 하나님은 한 분으로 존재하면서, 세 가지 구별된 역할만을 가진다는 의미에서의 삼위일체를 믿는다.[30] 이러한 입장에서 보면, 성자 예수가 성부 하나님께 기도한 것은 모순이다. 역할이라는 것은 비인격적인데 반해, 기도는 인격적 행위이며, 한 인격적 존재가 다른 인격적 존재에게 하는 것이다. 따라서 한 인격이 자신의 인격에 기도한다는 것은 말이 안 된다. 예를 들어, 우리는 한 밤중에 달을 볼 때에, 하나님을 달이라고 한다면, 이 달이 호수에 비쳐진 달이 예수, 우리의 눈에 비쳐진 달이 성령이라는 것이 곧 양태론의 말이다. 따라서 삼위일체의 위격은 하나님이라는 본질의 그림자에 불과한 것으로 치부한다.

그러나 삼위일체의 참 본질은 세 위격 모두가 각각 인격적 존재이면서, 그것이 하나의 통일체로서 똑같은 하나의 존재라는 데에 있다. 인간은 일반적으로 자신의 자리에 따라 각기 다른 역할과 이름을 가진다. 한 사람은 다양한 역할에 따라 입장을 바꾸기도 한다. 그런데 이러한 생각을 하나님에 적용한다면, 그것은 양태론에 빠지는 것이다. 양태론은 실체에 대한 정확한 해석이 이루어지지 않는다. 양태론은 본체에 대한 개념은 정확할 수 있지만, 삼위의 구체적 위격의 문제에 대하여는 불분명하다. 양태론은 하나님의 본질에 대한 주장은 확실하지만, 예수 그리스도와 성령을 단지 본질의 그림자에 불과한 것으로 설명하려고 한다.

두 번째로, 삼신론은 성부와 성자, 성령을 개별적으로 존재하는 세 신들로 구분한다. 즉, "성부도 하나님, 성자도 하나님, 성령도 하나님이시

---

[30] 사실 우리가 일반적으로 이해하고 있는 삼위일체 개념은 양태론과 매우 유사하다고 할 수 있다.

기에, 한 분 하나님이 계신 것이 아니라, 세 분의 하나님'들'이 개별적인 존재로 분리되어 계신다."는 관점이다.[31] 그러나 기독교 신학의 제 1 텍스트인 성서는 일관되게 하나님이 한 분임을 강조한다는 점에서, 삼신론은 성서의 증언과 대치된다. 기독교 신앙은 철저하게 유일신앙을 강조하기 때문에, 삼위의 인격적 관계를 삼신three gods으로 나눌 수 없다.

위에서 언급한 바와 같이, 본래 삼위일체 개념은 각 위격이 인격적으로 존재하되, 이것이 통일적으로 연합됨을 말한다.[32] 사실 기독교의 진정한 삼위일체 개념은 양태론과 삼신론 사이에 존재한다. 양태론이 삼위의 관계성을 너무 희미하게 만들었다면, 삼신론은 너무 삼위의 관계에 집중하여, 통일체로서의 존재를 거부한다. 진정한 삼위일체는 삼위의 관계성과 더불어 하나의 통일체로서의 하나님 양 극단의 변증법적 종합에 의해 구성된다.

하나님은 성부, 성자, 성령 세 위격의 통일체이다. 종종 우리가 기도할 때에, 하나님의 삼위를 분리하여, 마치 세 신으로 만들어버리는 경향이 있다. 그러나 우리가 각 위격을 따로 부를 때에는 사실상 한 하나님을 향해 기도하는 것임을 기억해야 한다. 세 위격이 한 인격적 통일체이고 우리 입에서는 서로 다른 언어로 표현되지만, 우리의 기도는 이 삼위 전체를 아우르는 본체를 향해 드리는 기도이다.

우리가 이같이 세 위격을 부를 때에, 삼위의 이름으로 부를 수밖에 없는 이유는 세 위격마다 독특한 사역이 존재하기 때문이다. 세 위격은 분명히 서로 다른데, 이것이 한 하나님 안에 통일적이다. 대개 '차이'를 이해하지 못하면, '다름'은 '차별'로 바뀌고 곧 '폭력'이 나타나지만, 하나님의 세

---

[31] 정성욱, 『삶 속에 적용하는 Life 삼위일체신학』, 20.
[32] 사실 위격person이라는 단어가 주는 오해가 삼신론을 불러일으키기도 하기 때문에, 칼 바르트는 'person' 대신 'mode'라는 단어를 사용하기도 했다.

위격은 차이가 있으면서도, 서로를 구분 짓지 않고, 하나의 통일체로 남아 있다는 데에 그 중요성이 있으며, 삼위일체 관계성의 본질이 여기에 있다. 이 점이 바로 기독교 윤리가 중시하여야 할 점인 것이다.

전통적인 신학은 신의 각 위격을 'person격'으로 해석했다. 반면에 칼 바르트는 'person'이 아니라 'mode'로서 삼위일체 하나님의 존재방식을 설명한다. 초기 교부들은 하나님의 진정한 '셋 됨'을 제거하려는 단일신론자로 불린 군주론자들을 거부했다. 초대 기독교 이단 중 하나인 단일신론은 하나님의 유일성을 너무 강조함으로써 성부와 성자, 그리고 성령의 차이점을 거부한다. 이 역사 속에서 하나님의 세 위격이 다르게 역사하신 차이점이 무시된다. 단일신론은 'Threeness'을 제거하고, 군주적 monarchian인 이해를 정립함으로써, 하나님을 군주적인 존재로 치부하게 되는 것이다.

현대 신학에 있어서 삼위일체 논쟁은 기독교 초기의 상황처럼 해석에 따른 긴장감은 없다.[33] 19세기 개신교에 있어서, 부분적으로는 슐라이어마허가 삼위일체교리를 자신의 『기독교 신앙』The Christian Faith에서 부록으로 격하시켰으며, 그리고 부분적으로는 성서 비평학의 획기적인 발전으로 인해, 삼위일체교리는 그다지 중요하지 않은 것으로 치부되었다. 또한 일부 학자들은 삼위일체가 근본적으로 하나님의 세 가지 현시viewing일 뿐이며, 하나님은 이 세 가지 양상에 한해서 신앙인들에게 이해되며, 아울러 삼위일체 교리는 창조자이며 구원자, 그리고 성결자로인 하나님의 행위를 보여주는 것이라고 주장했다.

---

[33] 이후 삼위일체에 대한 현대적 해석은 필자의 책 『영화 속의 신학과 인권』에서 인용한 웰치Claude Welch의 이론을 번역하여 옮겼다. 웰치의 이론은 미국 Abingdon Press에서 CD로 제작한 Christian Dictionary에 실려 있는데, 그의 글을 한글로 번역하였다. 유경동, 『영화 속의 신학과 인권』(감리교신학대학교 출판부, 2008), 135~139.

그러나 최근에 이르러 특별히 위에 잠깐 언급한 칼 바르트가 자신의 저서인 『교회 교의학』Church Dogmatics 제1권에서 이 삼위일체에 대하여 상세하게 논의한 이후로, 이 의미에 대한 광범위한 논의와 평가가 제기되어왔다. 현대 삼위일체에 대하여 제기되는 논의는 일반적으로 삼위일체에 대한 전통적인 논쟁점들, 즉, 예를 들어 동방교회와 서방 교회가 분열된 표면적인 이유가 되었던 "성령은 성부뿐만 아니라 성자에게서도 발현된다."는 주장에 대한 논쟁보다는 삼위일체 교리의 기본적인 의도와 의미에 집중하고 있다.

삼위일체라는 개념은 그리스도 안에 계시된 존재로서 하나님의 충만함에 대한 근본적이며 구별적인 설명으로서 다시금 널리 인정되고 있다. 하나님의 현시는 근본적으로 삼중성을 내포하는데, 이것이 성부와 성자, 성령이라는 용어로 표시된다. 하나님은 예수 그리스도 안에서 우리와 대면한다. 하나님은 성자로서, 또는 영원한 말씀인 '진리'로 존재하신다. 그러나 하나님은 또한 성부로서 이해되는데, 성부는 성자를 보내며, 성자는 성부를 가리킨다. 그리고 하나님은 성령으로서, 인간의 마음과 정신을 신앙으로 개방하도록 하신다.

그런데 그러한 전丕 과정에 존재하는 분은 바로 같은 하나님이시다. 성부, 성자, 성령이라는 말은 하나이며 동일하신 하나님을 지칭하지만, 기독교인들은 그리스도 안에서 스스로 드러내시는 특별한 형상과 내용을 가리키지 않고서는, 그리고 성령의 조명이 없이는 하나님이 누구이신지 말할 수 없는 것이다. 그러므로 삼위일체 교리는 복음의 핵심인 것이다.

특별히 현재 삼위일체 교리에 대한 논쟁이 일어나는 영역은 다음과 같다. ① 삼위일체 교리의 근거가 그리스도 안에서의 화해라는 신적인 행위의 구조 안에, 또는 성부에 대한 예수 그리스도의 인격적 관계에 놓여 있는지에 대한 규명, ② 전통적인 표현에 대한 현재 가장 적절한 의미가 무엇인지를 설명하는 데에 있어서, 특별히 '위격person'을 뜻하는 'persona'와 'hypostasis'라는 용어의 번역에 관한 것이다.

개신교의 칼 바르트Karl Barth나 로마 가톨릭의 칼 라너Karl Rahner와 같은 일부 학자들에게 있어서 위격성의 현재적 개념은 'persona'의 옛 의미와 너무나 다르기 때문에 일상적인 어법에 있어서 세 위격person이라 말하는 것은 세 가지 의식consciousness 또는 주관성을 말하는 것처럼 들리는데, 하나님의 세 가지 인격과 신적인 지위를 의미하는 이러한 해석은 자칫 삼신론처럼 보인다.

그러나 삼위일체 교리는 하나님의 통일성을 확증하려는 것이지 부인하려는 것이 아니다. 삼위일체는 내적 충만함이나 복잡성을 지칭하며, 하나님을 부분으로 분리시키는 것이 아니라, 살아있으며 충만한 연합체로서 유일성의 본질을 설명하는 것이다. 그러므로 하나님은 바르트의 경우처럼, 위격성이나 진정한 의식 내의 유일자와 존재의 양태에 있어서의 삼중성, 또는 칼 라너의 해석처럼, 존재의 특정한 방식 내에 존재하는 유일자, 즉 하나님의 존재 방식으로서 설명되어질 수도 있을 것이다. 이는 적어도 어거스틴 이후로, 삼위일체에 대한 심리학적 유비에 있어서 가장 유력한 서구 전통에 더 일치하는 것 같다. 라너와 바르트는 모두 하나님은 하나의 신적 주체라는 점을 고수하면서도 그 둘 모두 하나님 내의 인격적 관계성을 나타내는 언어를 사용하고 있다.

한편, 하나님의 위격에 대한 현대적 개념은 전통적 언어의 의도와 일치하며, 위격성은 상호주체적 관계성에 의해 구성되는 사회적 현실성과 개별적 인성이기 때문에 하나님은 실제로 하나로서 묘사될 수 있는 행위와 의식의 세 위격들, 또는 세 주체들로서 설명될 수 있다는 점도 중요하다. 이러한 관점은 성육화된 성자로서 예수 그리스도와 성부와의 인격적 관계 안에 삼위일체 교리의 근거를 두려는 경향을 말하는 것이다. 볼프하르트 판넨베르크Pannenberg와 위르겐 몰트만Moltmann이 그러한 개념을 주장하는데, 몰트만은 삼신론과 유일신론 사이의 분명한 구별을 지으려고 하고, 그에게 있어서 유일신론은 근본적으로 군주적이다.[34]

필자는 지금까지 웰치Claude Welch의 삼위일체에 관한 해석을 소개하였다. 이렇게 삼위일체 교리나 논쟁을 간략히 정리한 이유는 새삼 그 이론을 다시 살피는 것이 목적이 아니라, 삼위일체 안에 형성된 '하나님의 현실'과 '하나님의 관계'에 대하여 논하기 위함이다. '삼위일체'는 자신에게 필요한 이론을 임의로 재단할 수 있는 어떤 요술지팡이가 아니다. 삼위일체에 관한 사변에 깊이 파고들어가려고 하다보면, 이성과 지성 자체가 파괴될 수 있다는 점에서 삼위일체 신학이 너무 사색적이며 사변적인 사고에 치우치지 않는 것이 중요하다.

삼위일체 교리는 "하나님은 한 본질이시면서 세 위격을 가지시지만, 하나의 존재, 하나의 실체이면서 세 현존이시다."는 결론으로 통일된다. 하나의 실체라는 점은 삼위일체 하나님의 본질적인 특성은 동일하지만, 세 위격, 세 존재라는 것은 서로의 관계성을 통하여 각 위격 사이의 구별이 있으며, 그 위격 사이의 지위와 과제에 구별이 있음을 말한다. 그러나 그 세 위격은 차이가 있음에도 동일하다는 데에 그 중요성이 있다. 왜냐하면 삼위일체에서 각 위격의 구별은 인간이 생각하는 그러한 '차이'가 아니며, 전적으로 '인간과 관계를 맺으시는 하나님의 현존'이시기 때문이다. 또한 그 위격의 '구별'은 인간에게 '차별'이나 '다름'으로 해석될 수 있지만, 신에게서는 그러한 구별이 없이 인간에게 '한 하나님'으로 여전히 '동일'하시기 때문이다.

---

[34] 지금까지의 해석은 웰치Claude Welch의 이론을 옮겼다.

하나님의 존재 방식을 나타내는 삼위일체는 하나님과 인간의 관계성에 대하여서도 그 의미의 중요성을 드러낸다. 성부와 성자, 성령의 삼위일체 안에서 이루어지는 하나님의 존재성과 인간의 관계방식이 곧 기독교인의 표준canon이며, 그것이 곧 윤리이자 에토스ethos가 되기 때문이다. 기독교 윤리가 인간과 인간의 관계성을 전제한다고 할 때, 사회에서 발생하는 문제는 그 인간과 관계된 사회적 조건들과 현상을 설명하는 것으로 충분하지 않으며, 오히려 하나님의 존재방식을 통하여, 그리고 하나님이 인간과 맺는 관계방식을 통하여 그 본래성을 살펴볼 수 있는 것이다.

창조는 성부의 독특한 사역이다. 성자는 성육신하신 하나님으로서 이 땅에 구체적으로 나타나셔서 사역을 감당하는 존재로서의 성자, 예수 그리스도를 말한다. 예수 그리스도의 역할은 이 땅에 나타나셔서incarnation, 온 존재를 위한 구원 및 대속의 사역에 있었다. 그리고 성자가 완성하신 구속 사역을 죄인들과 피조물에게 적용하는 것이 바로 성령의 사역이다.

역사 속에서, 이 세 위격의 특정한 사역이 존재하였다. 이 "성부, 성자, 성령의 세 가지 독특한 사역을 한 하나님에게 돌릴 수 있는가?"의 문제가 기독교 윤리의 핵심이 되는 것이다. 이 땅에서 성령이 역사하는 사역의 주권을 인정하지 않는 한, 기독교 윤리학은 그 설자리를 잃게 될 것이다. "창조하시고 구속하신 하나님의 뜻이 어떻게 성령을 통해 모든 존재에 적용될 수 있는가?"라는 삼위일체의 기독교 윤리학은 인간과 인간 사이의 '관계방식'에 진정한 기준이 될 수 있는 것이다.

삼위일체의 관계 방식은 인간의 관계 방식과 다르다. 이 관계방식은 철저히 자기 비움의 관계이다. 하나님과 예수 그리스도, 예수 그리스도와 성령, 다시 성령과 하나님으로 이어지는 이 세 위격 사이의 관계성은 서로의 절대성을 고집하지 않으며, 서로 상호의 주체를 인정하면서도,

동시에 자기 자신을 또 다른 위격을 위하여 비우는 관계로서 존재한다. 하나님은 독생자 예수 그리스도를 보내주시고, 그 독생자는 하나님이심에도 불구하고 자신의 생명을 포기하시고 인간의 죄를 위하여 십자가에 돌아가셨다. 그리고 약속하신 성령은 다시 하나님이신 예수 그리스도를 주라고 고백할 수 있도록 우리를 도우시는 진리의 영으로 이제 우리와 함께 거하신다.

그러나 인간 공동체는 절대 자기 비움과 같은 관계방식으로 존재하지 않는다는 점에서 삼위일체 하나님의 존재방식과 질적으로 다르다. 자신과 자기집단의 가치와 원리를 절대시하여 여타의 모든 것을 부정하는 인간의 존재 방식은 자아의 나르시즘에서 헤어 나올 수 없으며, 자신의 절대성은 오히려 이웃과의 관계를 파괴한다. 따라서 올바른 기독교 윤리는 하나님의 존재방식을 통하여 인간의 관계와 하나님과의 관계를 회복하고, 하나님의 삼위일체적인 자기 비움self-emptying의 관계성을 통하여 바람직한 윤리를 회복하여야만 하는 사명을 가지는 것이다.

필자는 삼위일체의 관계방식을 기독교 윤리학과 연관하여 이해하기 위하여서는 오로지 예수 그리스도의 존재방식, 즉 자신이 아니라 남을 위하여 존재하는 '타자성'을 통하여 가능하다고 본다. 이 타자를 위한 예수 그리스도와의 만남만이 인간의 전 존재에 새로운 전환이 일어난다는 경험이요, 예수는 오직 '타자'를 위하여 존재한다는 고백을 통하여 새로 거듭나는 경험이다.[35] 신과 인간의 관계는 신을 관념상의 지고하거나 초월적인 존재로서만 이해하는 것이 아니라, 인간을 위하여 이 땅에 오신 '타자를 위한 존재'로서 하나님을 인정하는 것이며, 나아가 이러한

---

[35] Dietrich Bonhoeffer, *Prisoner for God* (New York: The Macmillan Company, 1954), 179.

하나님의 타자성을 통하여 인간과 인간의 관계를 회복하여 나아가는 것이다.

기독교 윤리학의 관점에서 이 삼위일체는 신으로서 하나님이 스스로 관계하는 존재방식이며, 동시에 그 위격을 통하여 인간과 관계를 맺는 '과정'을 보여준다는 점에서 매우 중요하다. 특히 예수 그리스도는 '역사적 사건'을 통하여 인간이 되심으로써 인간과 공동체가 지향하여야 할 공동체적인 '사랑'의 특성을 드러내 보이셨다.

삼위일체를 통한 하나님의 현존 방식은 인간이 인간의 역사 속에서 기대할 수 없었던 '진리'과정이며, 동시에 사랑의 '과정'으로서 여전히 지금도 우리에게 새로운 진리로 다가오는 하나님의 실재인 것이다. '하나님의 현실'은 우리와 인격적인 관계를 '소통'하시기를 원하시며, 계속 우리를 진리로 인도하신다. 이와 같은 삼위일체에 근거한 기독교 윤리학은 그동안 목적론이나 의무론에 치우친 전통적인 사고방식을 극복하는 보다 바람직한 이론적 모델이 될 수 있을 것이다.

4. 삼위일체의 윤리

지금까지 필자는 삼위일체론이 현대신학의 영성에 있어서 올바른 대안이 된다고 제시하였다.[36] 하나님, 예수 그리스도, 그리고 성령의 관계는

---

[36] 이하 현대의 삼위일체론에 대한 해석은 필자의 선행연구를 별도의 각주와 재인용 부호 없이 재구성하였다. 선행연구는 '장애인 신학'과 '남북한 통일'에 대한 대안으로 몰트만과 보프의 이론을 소개한 바 있다. 이하 몰트만과 보프의 핵심사상은 별도의 각주와 재인용 부호 없이 본인의 연구 글을 목적에 맞게 재구성하여 옮겼다. 참고) 유경동, 『남북한 통일과 기독교의 평화』(나눔사, 2012), 315~330.

차별로 존재하지 않으며, 다만 차이가 있을 뿐이다. 그러나 그 차이도 한 위격의 자기 부정을 통하여 다른 위격을 세워주는 이상적인 관계양식을 우리에게 제시하여 준다.

현대 한국 신학계에 알려진 대표적인 삼위일체론은 몰트만Moltmann과 보프Leonardo Boff에 의하여 주도되었다고 해도 과언이 아니다. 몰트만은 『삼위일체와 하나님의 나라』와 『십자가에 달리신 하나님』에서 '삼위일체의 신비'라는 관점에서 내재적 삼위일체론을 전개하였다. 몰트만은 기독교 역사에서 주도적인 역할을 해왔던 단일신론적 하나님이해는 성부·성자·성령 하나님의 세 위격들 사이의 생동적인 관계들에 대한 성서의 증언을 간과하였다고 지적하였다. 그 결과는 삼위일체가 기독교 역사 속에서도 알 수 있듯이, 절대 군주제의 권위주의적이고 계층질서적인 구조들을 고착화시키는 데에 악용되었으며, 오히려 인간의 자유를 억압하게 되었다는 것이다.

몰트만은 요한복음에 나타난 하나님의 세 위격들의 사귐과 일체를 가장 잘 표현한 핵심개념으로 제시하며, 성부와 성자와 성령 상호 간의 내주와 이 내주를 통해 나타난 영원한 사랑의 사귐과 일체를 사회적 삼위일체론 안에서 전개하였다. 삼위일체의 위격들의 일체성은 그들의 상호관계 속에서 일어나는 신적인 '삶의 순환(내재, 페리코레시스)'에 있다고 본 몰트만은 하나님의 세 위격들이 서로 구분되어 있으나 결코 분리되지 않는 가운데 서로 다른 위격들에 참여하여 그들의 삶 속에 침투하고, 하나의 공동체를 형성한다는 점을 강조하였다. 몰트만은 수적으로 하나가 되는 것이 삼위일체가 아니라, 세 분 하나님께서 페리코레시스적인 삶 속에서 일체를 이루시는 것이 삼위일체임을 강조한 것이다.

레오나르도 보프Leonardo Boff도 과거 삼위일체신학의 가장 큰 문제점을 몰트만이 비판한 것처럼 유일신론에 있다고 주장하였다. 삼위일체-연합의 개념은 근대의 중앙집중화를 강조하는 역사-사회적 질서와 권위의 원리에 기초한 교회의 조직을 중시하는 종교적인 질서와 무관하지 않다. 이러한 유일신 신앙이 지배하고 있는 세계에서는 오히려 연합이 아니라 독점과 심지어 폭력의 문제에 부딪치게 되었다.

유일신론은 야훼신앙인 유대교의 유산을 기반으로 하여, 존재의 절대질서는 지고의 한 분 존재의 지배로 다스려진다고 보았던 그리스 철학에 영향을 받았다. 그리고 삼위일체를 하나의 실재라기보다 그저 호기심으로 치부했던 근대 사상의 무신론적 경향에 대응하기 위해 더욱 강화된 유일신이 등장하였다. 이와 같은 엄격한 유일신론은 역사 속에서 전체주의를 정당화하고, 정치와 종교의 세계에서 한 사람에게 힘을 집중시키며, 성직의 일방적 권력을 정당화했고, 정치적 영역에서는 가부장제와 온정주의를 불러온 것이다. 보프는 이러한 정치적이며 종교적인 왜곡은 기독교의 본래 삼위일체 하나님께 돌아감으로써 철저하게 수정될 수 있다고 주장하는 것이다.[37]

몰트만은 바르트의 신학에 근거하여 삼위일체론을 전개하였다. 예수 그리스도와 특별히 십자가 사건으로 정의된 하나님을 강조한 바르트의 그리스도 중심의 삼위일체론의 특징은 '행위로서의 하나님'이다. 그러나 몰트만은 바르트가 하나님의 존재와 그의 주체성을 일신론적인 관점으로 일치시킨 것에 대하여 의문을 제기하며, 내재적 삼위일체와 경세적 삼위일체를 동일시하거나 최소한 분리시키지 않는 '칼 라너Karl Rahner의 규정'에 충실하였다.[38] 라너는 "경세적 삼위일체가 내재적 삼위

---

[37] Leonardo Boff(레오나르도 보프), 『삼위일체와 사회』(이세형 역, 대한기독교서회, 2011), 45.
[38] 라너에게 경세적 삼위일체는 하나님의 구원행위를 의미하며, 이는 창조와 하나님의 각 위격에 관한 내용을 중심으로 하며, 내재적 삼위일체는 요한복음(1:1-2)의 내적

일체이고, 내재적 삼위일체가 경세적 삼위일체이다."라고 주장하였는데, 내재적 삼위일체의 목적은 하나님이 역사 안에 존재하시면서, 동시에 하나님의 초월성과 구원의 은혜로움을 강조하는 데에 있다. 그러나 이 내재적 삼위일체는 경세적 삼위일체의 '배경background'이 되어야 하고, 경세적 삼위일체는 내재적 삼위일체의 '실현outworking'으로 간주되어야 하는 것이다.[39]

하지만 라너가 인격들 사이의 구분을 희석시키려는 시도에 대해서 비판을 가한 몰트만은 바르트와 라너는 하나님의 존재와 의식의 통일을 지나치게 강조하였다고 보았다. 즉, 바르트는 삼위일체를 하나님의 말씀 안에 견고히 기초하려 하였고, 라너는 구원의 경험에 기초하려 하였던 것이다.[40]

몰트만에게 삼위-일체 하나님이란 세 신적인 위격들 자신에 의해 이루어지는 유일하며 독특한 '사귐Gemeinschaft'이라는 생각이 관철되고 있다. 삼위일체 안에서 발견되는 하나님의 일치성은 더 이상 동질적인 신적 실체Substanz나 동일한 신적 주체Subjekt 안에서 이해되지 않고, 아버지, 아들 그리고 성령의 영원한 순환인 '페리코레시스Perichoresis' 안에서 이해된다.[41] 몰트만에게 '사귐'은 삼위일체 하나님의 본질이다.[42]

생명에 관한 것으로 하나님에 대한 언급 없이 성부, 성자, 성령의 내적 관계에 집중한다.

[39] 로저 올슨·크리스토퍼 홀, 『삼위일체』(이세형 역, 대한기독교서회, 2004), 136.
[40] 로저 올슨·크리스토퍼 홀, 『삼위일체』, 138.
[41] Jürgen Moltmann, 『삼위일체와 하나님의 역사 - 삼위일체 신학을 위한 기여』(이신건 역, 대한기독교서회, 1998), 10. 구원사와 인간의 하나님 경험의 해석학, 인간의 하나님 형상됨에 관한 이론, 하나님을 반영하는 창조의 표상, "삼위일체의 모상"으로서의 교회의 일치와 형태에 관한 이론, 그리고 새롭고 영원한 창조의 사귐에 대한 종말론적 기대는 바로 이러한 통찰의 결과를 폭넓게 받아들였다.
[42] Jürgen Moltmann, 『삼위일체와 하나님의 역사 - 삼위일체 신학을 위한 기여』, 11.

신적인 세 위격들의 상호적 순환Perichoresis이라는 삼위일체적 사상은 실로 지배가 없는 교통을 표현한다. 니케아 신앙고백이 말하듯이, 신적인 위격들은 서로와 함께miteinander 존재하며, "다함께 서로 경배되고 존중된다." 이들은 자신의 위격적 독특성을 제외하고는 모든 것을 공유한다. 신적인 위격들은 서로를 위하여 존재한다. 아버지는 아들을 위하여 존재하고, 아들은 아버지를 위하여 존재하며, 성령은 아버지와 아들을 위하여 존재한다. 이들은 서로를 위하여 완전한 대리를 수행한다.[43]

몰트만은 『십자가에 달리신 하나님』에서 "그리스도의 고난과 죽음이 우리를 위하여 무엇을 의미하는가?"라는 구원론적 질문을 "그리스도의 고난과 죽음이 하나님을 위하여 무엇을 의미하는가?"라는 신학적 질문으로 바꿈으로써, 삼위일체적 십자가 신학의 발자취를 따랐다고 술회하고 있다. 몰트만은 이 질문을 통하여 아들의 죽음에 대한 아버지의 고통을 떠올린 것이다. 바울이 고린도후서 5장 19절에서 기록한 대로 만약 하나님이 "그리스도 안에 있었다"면, 그리고 요한복음(14:10ff)이 강조하는 아버지가 "아들 안에 있고" 아들이 "아버지 안에 있다"면, 하나님의 아들 예수의 십자가 처형은 예수 그리스도의 아버지도 함께 고난 받는 셈이 되는 것이다. 따라서 하나님은 '고난의 유발자'가 아니라, 함께 고난당하는 하나님이 되시며, 아버지의 고통과 아들의 죽음과 성령의 탄식을 초래한 것은 바로 유일한 '신적인 고통,' 즉, 상실된 피조물을 향한 하나님의 사랑의 고통인 것이다.[44]

몰트만은 십자가의 사건을 하나님의 사건으로 이해하고, 삼위일체론

예를 들어서 가톨릭의 미하엘 슈마우스는 삼위일체론을 "완성된 친교론"으로 이해했다.
[43] 위의 책, 16~17.
[44] 위의 책, 18.

적으로 해석할 때에만, 세상을 위해 속죄하는 하나님의 대리행위의 비밀이 비로소 풀린다고 강조한다. 고난당할 수 없는 하나님이든, 보복의 하나님이든, 단지 외부로부터 끌어 온 하나님의 개념은 그리스도 안에서 '우리를 위하는 하나님의 사랑'을 인식할 수 없게 만든다. 그러나 하나님의 대리행위의 능력은 아버지, 아들과 성령이 영원히 서로를 위하여 존재하는 그러한 영원한 사랑의 능력을 드러내어 준다. "아버지가 세상을 너무나 사랑하기 때문에 그의 아들을 통하여, 그리고 그의 고난과 죽음 안에서 세상의 죄를 위한 속죄를 친히 담당한 그 사랑은 영원히 존재하는 바로 그 삼위일체 하나님의 사랑이기 때문이다." [45]

몰트만은 아들 예수와 아버지의 일치는 사귐뿐만이 아니라, 파송과 순종, 희생과 부활 안에서 이루어진 '의지의 일치'로 보았다. 이는 관계론적 일치를 의미하는 것으로서 아버지가 아들 안에, 아들이 아버지 안에 그리고 영이 아버지와 아들 안에 상호 내주하는 일치이며, 즉 이것은 순환론적 일치이며, 성령을 통한 변모 안의 일치이다. 이것은 삼위일체 안에서 반사되고 발현된 일치로서 이와 같은 삼위일체 하나님의 신적 본성의 일치는 계속 유지되는 것이다.[46]

지금까지 간단히 살펴보았듯이, 몰트만의 삼위일체적 성찰은 하나의 목표를 가지게 되는데, 곧 역사, 투쟁, 죄, 고통, 죽음의 역사와 맺는 '하늘의 영원한 삼각관계'에서 떠나 '이 땅'에서 구체적으로 경험할 수 있는 삼위일체적 행위에 다시금 관심을 돌리는 것이다. 몰트만의 요점은 바로

---

[45] 위의 책, 117~118. 몰트만은 삼위일체론에서 위격, 관계, 순환, 그리고 조명과 같은 삼위일체론적 개념들을 이해할 때, 상호보충성이 주목되어야 한다고 강조하였다. 전통적 삼위일체론의 개념들이 상호보충적으로 이해될 때, 한 개념이 다른 개념을 포괄해서도 안 되고, 다른 개념들의 상위개념이 되어서도 안 된다고 몰트만은 해석하였다. 같은 책, 177.
[46] 위의 책, 179.

이 땅의 혼란함 속에서도 "하나님이 우리와 함께 하신다."에 있다. 하나님은 역사 속에서 고통당하고 죽으심으로써 우리와 함께 하실 수 있었다. 하나님 아버지와 아들과 성령의 삼위일체적 공동체는 우리와 더불어 미래의 도상에 있는 경세적 삼위일체의 전개이며, 이는 비평가들이 말하는 '진화'의 관점이 아닌 하나님의 '역사성'인 것이며, 이 하나님의 고통은 하나님의 자기 선택적인 것이었다.[47]

한편 브라질의 해방 신학자 레오나르도 보프는 『삼위일체와 사회』에서 '삼위일체 교리와 사회 프로그램'을 연관시킴으로써, 삼위일체 교리에 새로운 생명을 불어넣고자 노력하였다. 그는 아래로부터의 사회에 대한 철저한 변혁으로서 지배와 압제보다는 성례전과 진정한 관계들에 기초한 평등한 형제와 자매의 공동체로서 인간 사회의 평등한 이상을 뒷받침하는 신학적 하나님의 비전을 강조하였다.

보프는 역사 안에 삼위일체의 사회적 모델로서 아버지와 아들과 성령 사이의 평등한 사랑의 공동체적 삶을 강조하였으며, 이 틀에서 가능한 삼위일체의 사회적 유비를 강조함으로써 삼신론이라는 비난을 감수하여야 했다.[48] 이는 몰트만이 삼위의 관계를 종말론적인 지평에서 설명함으로써 그의 삼위일체론이 '진화론'이라는 비판을 받은 맥락과 비슷하다. 보프는 하나님과 연관된 개념들의 정치적인 의미들을 탐구하여 '절대주의Absolutism', '전체주의Totalitarianism', 그리고 '부계중심주의Patriarchalism'와 같은 것은 모두 다 군주적이며 유일신론적인 하나님 개념들이라고 보았다.[49] 따라서 보프는 삼위일체론을 통하여 아버지와 아들과 성령의 공동체를 사회적 유비로 발전시켜 삼위일체의 형상과 모양을 따라 재건

---

[47] 로저 올슨·크리스토퍼 홀, 『삼위일체』, 140.
[48] 로저 올슨·크리스토퍼 홀, 『삼위일체』, 146.
[49] 위의 책, 147.

하고자 하는 사람들이 꿈꿔온, 인간 공동체에 대하여 제시한다.[50]

보프는 하나님을 믿는다는 것은 하나님과 사귐의 신비를 실존적으로 현실화하는 문제와 직결됨을 중시하였다, 삼위일체 하나님을 고백하는 것은 곧 이 땅에서 진정으로 정의와 자유, 그리고 평등이 실현되는 공동체적 삶에 헌신하는 것을 의미한다.

레오나르도 보프는 삼위일체론은 영원히 홀로 있는 일자의 고독이 아니라, 삼위일체의 절대 신비의 경험에 존재하는 일치와 다양성, 곧 일치의 풍요로움을 드러내는 다양성에 근거한다고 강조하고 있다. 즉 아버지, 아들, 그리고 성령, 곧 삼위일체 신앙은 하나님께서 삼위일체적이라는 사실에서 다양성 안의 일치를 의미하고 있으며, 하나와 다수, 일치와 다양성이 상호 순환과 재연합의 삼위일체 안에서 만난다는 것을 말해주고 있는 것이다. 개방된 실재가 됨으로써 삼위일체 하나님은 다른 차이들을 포함하며, 이를 통해서 창조된 우주는 하나님과 연합하게 되는 것이다.[51]

이 같은 삼위의 연합에 대해 실상 기독교 역사 속에서는 반발이 있었다. 그리스 교부들은 성부 아버지를 강조하고 성자와 성령을 신의 계보에 종속시켰던 때도 있었고(아리우스주의 이단설), 한편 라틴 교부들은 하나님의 영적 본성을 중심으로 성자와 성령은 그 신의 본성에 참여하는 그림자로 이해한 양태론(사벨리우스 이단설)을 전개한 적도 있었다. 그러나 보프는 아버지, 아들, 성령은 분리되거나 병렬로 나타나지 않고, 언제나 상호 내포되고 관계된다고 주장하면서, 삼위일체를 통하여 드러나는 연합은 사랑과 생명의 표현이며, 생명과 사랑은 본성상 역동적이며

---

[50] 위의 책, 146.
[51] 레오나르도 보프, 『삼위일체와 사회』, 20.

흘러넘치는 것이기에 우리는 하나님의 이름하에 언제나 삼위가 일체임을 믿게 된다고 강조하였다.

이와 같은 연합이 가능한 것은 하나님 본성 자체가 갖는 연합적 일치에 근거하는데, 곧 영원한 삼호침투perichoresis, 페리코레시스, 영원한 관계성, 다른 위격들을 향한 위격 각각의 자기 포기가 삼위일체적 연합, 즉 위격들의 연합을 구성하게 되는 것이다. 여기서 연합이란 각각의 차이와 개체성을 말살시키는 것이 아니라 분화를 의미한다. 삼위일체에 나타나는 위격들은 본래 영원히 서로와 연대하였고, 언제나 공존하였으며, 결코 떨어져서 존재한 적이 없었기 때문에 언제나 연합이 가능하다. 그러나 삼위일체 신학에 있어서 중요한 점은 이와 같은 '하나 됨union', '연합communion', 그리고 '페리코레시스perichoresis'는 하나님에게만 적용되는 것이 아니라, 인간과 전체 우주를 하나님의 삶 안으로 초청하는 것이다. 즉, 세 위격 모두가 삼중적이고 상호 침투적으로 내재되어 있기 때문에, 모두가 연합을 통해 공유되고, 순환되며, 상호 수용하여 하나가 되므로 삼위일체가 이루어지는 것이다.⁵²

삼위일체적인 하나님 개념은 하나님의 신비를 이해하게 한다. 모든 인간은 초월transcendence, 내재immanence, 투명transparence이라는 삼중적인 차원

---

⁵² 레오나르도 보프,『삼위일체와 사회』, 22. 이 연합을 표현하기 위해서 6세기 이후 신학은 "페리코레시스perichoresis(각각의 위격은 다른 두 위격을 포함하며, 다른 두 위격으로 침투해 들어가고, 침투당하는 것, 한 위격은 다른 두 위격 안에 살고, 다른 두 위격으로 침투해 들어가고 침투당하는 것, 한 위격은 다른 위격 안에 살고 다른 두 위격은 한 위격 안에 사는 것)라는 용어나 라틴어 'circumincessio'(여기 cessio의 c는 하나가 다른 둘과 상호침투의 활동을 의미한다.) 또는 circuminsessio(여기 sessio의 s는 정태적으로, 또는 실존적으로 서로 안에 존재함을 의미한다.) 라는 용어를 사용하였다. 페리코레시스라는 용어는 삼위일체 신앙의 해설을 위한 구조적 원리로 사용될 수 있다. 하지만 어떤 번역으로도 그 본래의 의미를 이해하기가 쉽지 않다. 삼위일체에서 연합, 사랑, 위격적 관계들 모두가 상호 침투적이다.

으로 움직여간다.⁵³ 이와 같은 초월을 통해서 인간은 자신의 기원과 궁극적 의미에 이른다. 하나님 아버지는 이러한 여정에서 출현한다. 왜냐하면 아버지는 기원이 없는 기원, 예상치 않은 원리, 만물을 내는 기원의 하나님이기 때문에 아버지는 인간의 궁극적인 의미가 되는 것이다.

보프에 의하면, '하나님의 내재'를 통한 인간은 인간 자신, 체계화되어야 하는 세계, 수직적이며 수평적으로 세워진 사회를 만난다. '내재'는 인간 계시의 공간을 구성하며, 아들은 아버지의 계시가 된다. 창조주 하나님 아버지의 수육 안에서 아들은 영광과 비참함으로 인간의 옷을 입고, 예수는 형제자매가 사랑하는 수평적인 연합과 그 사랑의 근원을 인식하는 수직적 사회를 추구하게 된다. 아울러 '투명'을 통해 우리는 차이를 인정하면서도 서로가 투명하게 되기까지 초월과 내재, 인간의 세계와 하나님의 세계를 일치시키는 방향으로 나아간다. 이때 우리는 상호간의 노력을 통해 하나님의 은사를 경험하며, 새로운 마음과 세계의 변화를 기대한 성령은 하나님과 인간의 영감을 제공하며, 만물을 변형시키시는 것이다.⁵⁴

따라서 올바른 삼위일체 신학은 삶의 모든 차원에서 온전하기를 원하는 억압당하는 사람들을 위하여 필요한 것이다. 삼위일체의 신비는 인간과 인간, 집단과 집단 사이의 차이를 존중하면서도 차별은 나타나지 않고, 더불어 공유할 수 있는 정의와 평등을 실현하는 것이다. 우리가 하나님의 세 위격 사이의 삼위일체적 연합을 믿으며, 사랑과 상호침투를 통한 위격의 하나 됨이 신앙적 영감의 근거가 될 때, 이 세상 속에서 차별을 막고, 지속적으로 차이를 줄여가는 이상적인 목표를 설정할 수 있는

---

[53] 위의 책, 47.
[54] 위의 책, 47.

것이다. 아버지, 아들, 성령의 공동체가 삼위일체의 형상과 모양을 따라 더 좋은 사회를 만들고자 하는 사람들이 믿는 인간 공동체의 원형이 될 수 있기 때문이다.[55] 이런 관점에서 지금까지 간략한 몰트만과 보프의 삼위일체의 신학적 의의를 정리하면 다음과 같다.

첫째, 삼위일체는 사귐과 연합을 전제하는 '상호 관계'의 방식에서 '개방적이라는 점이다. 삼위일체는 개인과 사회를 연결하고 상호 결합할 수 있는 신학적인 근거를 제시한다. 삼위일체와 마찬가지로 개인은 언제나 관계의 연결망 안에 있어야 하고, 사회는 개인의 연합과 참여의 상호 결합이어야 한다. 이러할 때 개인과 사회는 병들지 않고 건강할 수 있다. 하나님의 삼위일체가 피조세계를 포함하는 것처럼, 개인과 사회는 서로 연합하고 상호관계적이 될 수 있다. 태초부터 삼위일체 하나님은 자기 피조세계와의 연합이 전제되었기 때문에 "삼위일체는 우리의 진정한 사회의 프로그램"이라고 말할 수 있다.[56] 즉, 연합과 참여의 관계에 기초하여 세워진 형제자매의 인간 공동체만이 영원한 삼위일체의 살아 있는 상징일 수 있고, 또한 연결망으로서의 교회는 삼위일체 모델의 기초 위에 세워질 수 있고, 역사 안에서 삼위일체의 성례전이 될 수 있는 것이다.[57]

삼위일체는 연합을 전제하는 '개방'과 '상호관계'에 그 중심을 두고 있다. 삼위일체의 연합을 통하여 참된 연합의 의미가 드러나듯이, 우리는 삼위일체에 근거한 관계성을 신학의 핵심으로 삼아야 할 것이다. 삼위일체는 하나님의 개방성 안에서 모든 피조물을 새롭게 회복하시는 하나님의 창조사역이며, 하나님의 육화, 즉 예수 그리스도의 고난을 통하여

---

[55] 위의 책, 25.
[56] 위의 책, 37.
[57] 위의 책, 45.

모든 죄와 폭력은 극복이 되었다. 따라서 이 세상의 모든 문제들은 전인격적 회복을 허락하시는 하나님의 구속과 그분의 주권에 달려있는 것이다. 인간 사회의 전 과정이 하나님의 구원과 삼위일체를 통한 '사귐'으로 우리가 이해할 때, 하나님은 우리의 모든 고통과 함께 하시며, 궁극적으로는 당신의 백성을 하나님의 나라로 초대하실 것이라는 '종말론적인 희망'을 우리에게 허락하실 것이다.

둘째, 삼위일체의 속성은 '사랑'이다. 삼위일체는 하나님과 세계와의 연합을 전제하기 때문에 세계는 하나님과 다른 타자성이 아니라 하나님의 자기소통을 위한 그릇이다.[58] 전통적인 삼위일체 신학은 삼위일체가 구원의 신비가 아닌 논리의 신비처럼 보이는 인상을 주었다. 인간의 사변을 중시하는 도구적이고 분석적인 이성은 하나님에 대한 믿음 보다는 오히려 역사 속에서 세계 전쟁, 생태계의 파괴, 그리고 전체주의 이념의 영역에서 파괴적인 힘을 행사하여 왔다. 우리에게 필요한 것은 하나님의 신비를 사고하는 것이 아니라 실제 체험하는 것이다. 따라서 우리는 아버지와 아들과 성령의 연합을 신앙 경험을 통하여 재구성하고, 경험과 신학 사이에 신뢰할 만한 다리를 사랑을 통하여 놓을 수 있는 것이다. 몰트만도 강조하였듯이, 이같은 사랑은 순종과 예속 대신에 더 깊은 사귐의 사회적 상호관계를 표현한다. 삶과 죽음을 넘어 사랑으로 경험되는 사귐은 그리스도의 형제 됨을 증거 하는 것이며, 명목적 신앙을 넘어서 가장 약한 자들, 굶주리는 자들, 포로 된 자들, 가난한 자들, 그리고 병든 자들에게도 미치는 것이다.[59]

삼위일체의 소통방식이 '사랑'인 것처럼, 영성 신학에서도 하나님의

---

[58] 위의 책, 166.
[59] Jürgen Moltmann, 『삼위일체와 하나님의 역사 - 삼위일체 신학을 위한 기여』, 97.

사랑과 삶과 인격적 관계의 상호 작용은 인간의 상호 인격적이며 사회적 관계에 반영되어야 한다, 이를 통해서 우리는 모든 공동체의 기초가 되는 실재에 대해 더 신실하게 성찰할 수 있다.[60]

하나님의 일치가 세 위격들이 서로 연합함으로, 또한 위격들이 역사와 연합함으로 존재하게 되는 것처럼, 인간 또한 모든 창조의 역사는 하나님의 삼위일체적인 구속사에 포함되며, 모든 존재는 삼위일체 안에서 일치하게 되는 것이다. 이러한 삼위일체적 역사는 아버지와 아들과 성령이 구원을 수여하는 영원한 상호침투로서, 사랑과 연합, 그리고 상호 초청과 참여 모델이 가능한 것처럼, 차별과 지배, 생산과 정복 모델을 대신하여 대화와 의견의 일치를 중시하는 평등한 공동체 사회는 영성 신학의 기초가 되는 것이다.[61]

셋째, 삼위일체는 공동체를 구성하는데, 그 안에는 '생명'의 아름다움을 지속적으로 창조하시는 하나님의 주권이 있으며, 구성원에게는 상호 관계를 통하여 '자기실현'의 기회를 가지게 된다. 성삼위일체 안에 나타나는 연합과 상호침투의 무한한 역동성은 하나님이 창조하신 세계의 아름다움을 지향한다.[62] 하나님은 생명을 창조하셨기 때문에 하나님은 이 역사 속에서 생명과 정의와 평화를 더함으로 하나님 나라를 세우시며, 인간을 향해 위대한 약속을 하고, 하나님의 동역자들에게 최고의 선물을 선사하신다. 하나님의 본성은 억압받고 불의한 빈곤에 처한 사람들과 권리를 박탈당한 사람들의 편에서 일하시며, 생명의 위협을 받는 사람들을 보호하신다.[63] 하나님은 피조세계 안에서 활동하고, 역사를 새롭게

---

[60] 레오나르도 보프, 『삼위일체와 사회』, 172.
[61] 참조) 위의 책, 178.
[62] 위의 책, 181.
[63] 위의 책, 183. 시146:7-9, 잠14:31, 17:5, 22:23, 신10:18, 렘22:16 참조

하시며, 인간의 삶에 생기를 불어넣으시고, 생명을 주신다.[64]

삼위일체에 나타나는 생명은 자기-실현self-realization의 과정을 보여준다. 예수 그리스도는 죽음에 의해 더 이상 위협받지 않고 미래로부터 계속해서 다가오는 자기-실현의 성취, 즉 하나님 됨을 이룩하셨다. 이 삼위일체 과정은 인간의 근본적인 희망이다. 세 위격의 상호침투와 상호 내재로 이루어진 영원한 연합의 역동성은 자기-실현으로서의 하나님을 나타낸다.

이와 같이 영성신학에서 삼위일체의 진리는 생명의 지속과 인간의 자유와 민주를 확장하도록 이끄는 기준이 된다. 인간의 삶이란 언제나 타자와 더불어, 타자를 위해, 타자의 현존 안에 있는 삶이며, 그런 맥락에서 존재하기 때문에 연합은 영적 본성을 지닌 존재들이 갖는 최고의 사회화와 일치로 증명이 될 것이다.[65] 인간들은 분열과 아픔이 있음에도 불구하고 공동의 선을 만드는 사람들을 통해, 평등하고 정의로운 관계를 세우는 것을 통해 공동체를 형성하여 왔다.[66] 따라서 삼위일체가 생명과 사랑으로 얽히는 침투, 만남, 연합의 과정이고, 이 생명과 연합이 인간 공동체를 이상적으로 실현하여 나아가는 영적 에너지임을 확신할 때, 우리는 하나님과의 연합을 체험하고, 이 연합을 통하여 인간의 참여와 연합을 도모할 수 있는 것이다.

성령은 사랑이요 하나님과 하나 되시지만, 증오와 편견, 그리고 폭력의 파괴적인 힘이 작용하는 역사의 변화 과정에서 활동하신다. 죄를 범하기 쉬운 인간의 옷을 입고 우리 가운데 온 아들 예수 그리스도와 성령은 이러한 상황 속에서 생명과 우주를 해방시키고, 지속적으로 구원하시는

---

[64] 참조, 창1:2, 시104:29-30, 겔37장
[65] 위의 책, 189.
[66] 위의 책, 195.

것이다. 성령은 우리 안에 내주하시며, 당신의 삼위일체 관계처럼 우리와 하나님, 그리고 이웃 타자와 연합하기 원하신다. 이 성령의 깨우침은 신학의 이성과 신앙의 믿음을 통하여 확증되며, 지금도 우리에게 역사하시는 것이다.

이와 같은 삼위일체는 결국 연합을 통하여 모든 백성이 성만찬적 삶으로 들어가게 된다. 진정한 의미에서의 초대는 라쿠나LaCugna의 주장처럼, 모든 차별과 편견을 넘어 하나님을 찬양하고 예배하는 일을 통하여 지속적으로 인간성을 회복하고 인권의 보편성을 신장시킬 수 있다. 특히 예수 그리스도의 몸이 체현된 빵과 잔이 나누어지는 공동체 식탁에서 편견과 차별은 사라지게 될 것이다. 성만찬을 통하여 우리가 사랑하고 경외하는 하나님은 모든 것과 연합하시게 된다. 우리는 하나님만을 '홀로' 사랑하지 않고, 하나님이 지으신 과거, 현재, 미래의 모든 피조물을 사랑함으로써, 피조물의 근거이면서 목적이 되는 하나님을 사랑하게 되는 것이다.[67] 이와 같이 사랑으로 체현된 예수 그리스도의 성찬의 몸에 차별 없이 참여하게 될 때, 약속되는 것은 바로 부활의 몸이다. 새 하늘과 새 땅을 통하여 새 몸을 입는 이 부활에 차이와 차별은 사라지며, 오로지 하나님의 영광만이 드러나게 될 것이다.

몰트만은 신약성서에 나타나는 성부·성자·성령 삼위 하나님의 이름으로 세례를 베푼 자리가 삼위일체론이 형성된 자리이고, 교회는 바로 세례를 통하여 탄생하였으며, 제자들은 하나님과의 연합으로 새로 거듭난 인격적 존재로서 세상의 징표가 되었다고 보았다.[68] 이 세례는 하나님의

---

[67] Catherine Mowry LaCugna(캐서린 모리 라쿠나),『우리를 위한 하나님 : 삼위일체와 그리스도인의 삶』(이세형 역, 대한기독교서회, 2008), 559.
[68] "신약성서에 있어서 명백하게 나타나는 '삼위의 문구'는 예외 없이 세례의 문구이며 (마28:19), 모든 삼위일체 신앙고백은 세례의 신앙고백이다. J. Moltmann,『삼위일

현존을 전제하며 세계 안에 드러나신 하나님의 보편적 존재양식을 드러내기 때문에, 모든 세례 받은 그리스도인은 '전체 그리스도이고 전체 교회'라고 할 수 있다.

따라서 성만찬적 그리스도인의 삶에 있어서 성만찬은 신화神化가 아니며, 초대받은 백성들은 생물학적 인격에서 교회적, 또는 성만찬적 인격으로 변화되어야 한다. 성만찬과 세례에 초대 받았다는 것은 하나님이 약속하신 영원한 생명을 얻고, 다른 인격들과의 연합을 통하여 하나님의 사랑을 확증하며, 이웃을 예배에 초대함으로써 기쁨을 누리게 되는 것이다.[69]

지금까지 필자는 영성의 신학적 중심인 삼위일체론을 정리하여 보고 그리고 그 윤리적 의미와 지평을 현대적 의미에서 살펴보았다. 이제 다음 장에서 하나님, 예수, 성육신, 그리고 성령에 대하여 살펴보자.

체와 하나님의 나라』, 115~116.
[69] Catherine Mowry LaCugna(캐서린 모리 라쿠나), 『우리를 위한 하나님 : 삼위일체와 그리스도인의 삶』, 210.

02 영성과 하나님

영성은 하나님의 삼위일체적 관계 방식과 아울러 하나님과 인간 공동체 전체, 즉 하나님의 세계 내적 활동의 의미와 공동체의 관계를 중시한다.

1. 하나님

필자는 1장에서 영성에 대한 기본 개념과 삼위일체의 신학적 의의와 이것을 기독교 윤리학의 관점에서 살펴보았다. 2장에서는 이를 바탕으로 삼위일체의 요소인 하나님, 예수 그리스도, 그리고 성령에 관한 기본 신학적 개념을 살펴보자.

하나님God이라는 개념은 서구 문화에 있어서 모든 종교적 원리, 또는 '상징' 중에서 가장 중요하면서도 동시에 문제가 가장 많은 것이다.[1] 이러한 신 개념, 또는 상징은 기독교와 유대교 신앙 모두에 있어서 중심적

---

[1] '하나님(신)'에 대한 신학적 해석은 Langdon Gilkey의 해석을 인용하였다. The Abingdon Dictionary of Theology(Abingdon Press, 1996). 번역은 『영화 속의 신학과 인권』(감리교신학대학교 출판부, 2008)에서 별도의 재인용 각주 없이 옮겼다. 같은 책, 211~234.

대상과 그들의 계시에 있어서의 유일한 '주체', 그리고 인간의 전全 존재를 통틀어서 그 현실과 의미 모두에 대한 최종적 원리를 지칭한다. 그럼에도 불구하고, 근대의 문화적 삶에 있어서, 그리고 '믿는 사람들'과 '믿지 않는 사람들'의 다양한 생각의 차이를 막론하고, 모든 개념들 중에서 신 개념은 모든 중요한 신념들 중에서 가장 정의하기 어렵고, 가장 빈번하게 도전을 받으며, 끊임없이 비판받고 부정되고 있다. 하나의 신(a God)이 존재하는가? 그러한 유일자One을 경험하고 알 수 있으며, 그에 대하여 말할 수 있는가? 가능하다면, 그러한 경험을 실험하거나 분석할 수 있으며, 그러한 지식을 입증할 수 있고, 또 그렇게 말하는 것이 의미가 있는가? 또는 그 모든 경험은 실체가 없는 것이며, 신에 대한 지식은 단지 그렇게 보일 뿐이지 실제로는 주관적인 투영에 불과한 것이며, 신에 대한 말은 공허한 것인가? 이러한 논제들은 종교 철학과 철학적 신학, 그리고 고백적 신학 모두의 기초가 된다.

인간의 이성을 중시하는 근대성의 특징은 과학적 연구를 더욱 확장하고, 자연적이며 경험되고 입증 가능한 것에 대해 강조하며, 이 세상에서 인류의 행복을 더욱 극대화할 것을 추구하고, 자율성과 현재의 만족에 대하여 점차 강조하고 있으며, 아울러 점진적으로 신 개념에 대하여 도전해왔으며, 신 개념의 중요성과 확실성 모두를 해체하였다. 이러한 도전은 다음과 같이 두 가지 방향으로 전개 되었다. ① 전통적인 신 개념들, 즉 중세와 르네상스, 종교개혁 시기의 유럽의 전근대적 문화로부터 시작된 신개념들은 거의 모든 면에 있어서 시대착오적인 요소들로 구성된 것으로 여겨지고, 근대적 지식의 입장에서 보면 비非지성적인 것으로, 그리고 결과적으로는 이러한 신 개념에 있어서 근본적인 재再 공식화가 이루어져야만 한다는 관점이 형성되고 있다. ② 더 중요하게는 신 개념의 바로 그러한 가능성과 인식가능성, 일관성과 그 의미에 대하여 의문이 제기되어 왔다는 점인데, 대개 근대성에 있어서는 신 개념이 불가능하다고 할 만한 구실이 너무나 많으며, 결과적으로 유신론적 종교 행위는 무익하고 사치스러우며 심지어 해로운 행위로 간주된다는 것이다.

이러한 두 번째 관점으로 인해, 신에 대한 상징과 관련하여 근대에 겪게 된 혼란은 그 이전 시기의 혼란과는 현저하게 다르다. 종교적 성찰에 있어서 우리가 현재 근본적으로 제기하는 질문들은 전통적인 신에 대한 질문들, 즉 신성의 본성과 우리를 향한 신의 행위, 또는 신의 의지의 성격에 대한 것이 아닌데, 이러한 것들은 근대 이전 시대의 가장 중요한 질문들을 대표하였다. 현재 제기되는 질문들은 표면상 자연주의적 세계에서 신의 존재의 가능성과 신에 대하여 타당한 지식의 가능성, 신에 대하여 의미 있는 담화와 다양한 종류의 종교적 실존과 삶의 양식, 또는 희망에 대한 가능성에 관한 것이다. 결과적으로 우리 시대 종교사상가들의 노력은 대체로 이러한 두 개의 상호 연관된 문제들에 집중해왔는데, 하나는 덜 의심스러운 경험의 형태들, 곧 과학적이며, 철학적이며, 사회적, 정치적, 예술적, 심리학적, 또는 실존적인 형태와 관련된 신 개념의 의미와 타당성을 정당화하는 것과 다른 하나는 신 개념이 근대 세계에 있어서 의미 있고 근대 세계의 세계관과 통하는 개념으로 재공식화하는 것이다.

근대 시기에 신에 대하여 새롭고 보다 첨예하게 질문을 제기함에도 불구하고, 이러한 개념에 대한 전통적인 논의의 특징을 담은 특정한 논제들은 비록 그것이 구체적으로 근대적 형태를 띤다 하더라도 여전히 존재해 왔다. 종교 생활에서 경험되는 실재에 대하여 논의할 때와 마찬가지로 신 개념에 대한 신학적 논의의 중심에는 역설적이며 양극단적인 변증법적 긴장이 새롭게 출현하거나 재현되는 과정을 반복해 왔다. 정통교회의 신 개념이든지, 아니면 재 교리화된 신 개념이든지 간에 신 개념은 본질적으로 이렇게 끊임없이 문제점들을 양산하는데, 이 문제들은 또한 근대적 논의의 특징을 보여주며, 근대 신학과 종교 철학에 있어서 특징적인 각각의 사상을 통해 드러난다.

(1) 하나님 개념

유대교와 기독교 전통이 지배해 온 서구 문화에 있어서 '신'이라는 단어나 상징은 일반적으로 유일한 궁극적 존재나 거룩한 존재, 궁극적 실존의 통전성, 그리고 궁극적 선을 지칭해 왔다. 그러한 인식을 통해, 서구 문화는 신이 전쿠 우주를 창조하셨으며, 그것을 다스리실 뿐만 아니라, 자신의 창조 세계가 완성되고 실현되도록 하시고, 그 세계를 '구원'하신다는 믿음을 형성하였다. 그러므로 서구 문화 세계를 설명하는 일종의 기능어機能語, functioning word로서의 '신'이라는 말은 일차적으로 종교생활과 종교적 책임과 헌신, 종교적 의존과 경외, 신뢰와 사랑, 그리고 종교적 신앙의 중심적이며 유일한 대상을 가르치며, 숭배와 기도, 그리고 종교적 명상의 핵심을 지칭한다. 또한 이차적인 개념으로서 '신'은 종교적 사색과 철학적 사고의 대상이 되었으며, 신학과 모든 사변적 형이상학은 아니지만, 대부분의 사변적 형이상학에서 나타나는 궁극적 대상이었다.

그러한 이해를 바탕으로 신은 유대교와 기독교, 이슬람의 종교적 사고가 명백하게 인정했던 바와 같이, 절대로 쉽게 정의될 수 없는 수수께끼와 같이 알기 어려운 관념을 나타낸다. 궁극적 존재나 존재의 궁극적 지평으로서, 만물의 창조자이며 통치자로서, 신은 모든 피조물적 한계와 차이를 초월한다. 시공간의 창조자로서, 신은 다른 모든 존재와 달리 시 공간에 한정되지 않으며, 모든 유한한 실체들과 그것들의 상호관계성의 근원으로서, 신은 모든 경험된 본질들과 원인들, 그리고 일반적인 관계들을 초월한다. 또한 만물이 의지하는 존재로서, 신은 본질적으로 다른 대상들을 의지하지 않을 뿐만 아니라, 그렇다고 다른 존재들의 결과에 불과한 존재가 아니다. 그러므로 신성은 단순히 다른 존재들 중의 어떤 '한 존재(a being)'라고 말할 수 없으며, 다른 모든 존재들과 같이 가변적이라거나 모든 피조물과 마찬가지로 의존적이며 약점이 있는 존재, 또는 모든 생명체와 같이 필멸必滅, mortal의 존재라고 말할 수 없다. 그렇지 않으면, 신성은 단지 부수적인 존재에 불과하며, 따라서 절대 '신God'이 아니다. 이러한 이유 때문에, 신 개념은 불가피하게 대체로 사변적 철학의 초월적 절대자the transcendent absolute 개념으로서 필연적이며, 비인격적이고, 비관계적이며, 독립적이고, 변함이 없으며, 영원한 존재의 개념에 가깝다.

반면에, 유대교와 기독교에서 나타나는 신의 이미지는 어떤 면에서는 인격적이며, 의롭고, 모든 인간들의 개인적, 사회적 행복을 위해 돌보시는 분으로 묘사되고 있다. 이러한 인격적이며, 의로운 신 개념에 있어서 나타난 문제점들은 서구의 전全 역사를 통틀어 수많은 논쟁들을 보면 자세히 설명되는데, 이는 결과적으로 다음과 같은 이중적인 특성을 갖는다. 즉 신은 우리가 최대한 노력을 다하여 설명한다고 할지라도 우리가 쉽고 분명하게 말할 수 있는 일반적인 대상들과는 다르다는 사실과 신은 절대적이면서 동시에 관계적이고, 비非인격적이면서 동시에 인격적이며, 영원하지만 동시에 일시적이고, 변하지 않으면서 변화하고, 현재적이지만 동시에 잠재적이고, 스스로 충분하거나 필연적이지만, 어떤 면에 있어서는 의존적이어서 이와 같은 특정한 변증법적 긴장이나 역설들이 종교적 현실과 그 종교적 현실이 반영된 개념에 내재되어 있다. 그러한 변증법적 긴장은 그것이 문제가 되지 않는 한, 우리가 신의 개념을 언어로서 정의를 내릴 때, 우리가 신을 더 통전적으로 이해할 수 있도록 도와 준다. 그러나 우리가 종교적으로든지, 아니면 철학적으로든지 신성에 접근하도록 나아가는 그 어떤 여정에 상관없이, 우리는 먼저 '신비mystery'를 만나게 된다. 이런 신비와의 만남은 무엇보다도 신을 표현하고자 하는 다양한 방식, 특별한 표현 형식이나 화법을 만들었는데, 이는 종교 자체만큼이나 오래된 특징들로 구성되어 있다.

(2) 성서적 하나님 개념과 초기 기독교의 하나님 개념

하나님에 대한 이해의 기원은 히브리 종교 전승과 기독교 전승에 근거하는데, 특히 히브리인과 기독교인의 성서에 근거한다. 히브리 성서에서, 신 또는 야웨는 의심할 여지없이 한 분one이시고, 그는 모든 한계를 초월하시며, 자연과 사회, 그리고 자기 자신에 있어서 우리가 경험하는 힘과 능력을 초월하시는 분이시다. 야웨의 핵심적 특징은 그가 인간 역사에 관심을 갖고, 그 역사와 관계하신다는 것인데, 특히 이스라엘 역사의 특정한 백성과 관계한다는 점이다. 비록 하나님은 거대한 자연의 공간을 통하여 그 능력과 영광을 드러내지만, 신의 '사역'이 일어나는 주主무대는 선택된 백성의 소명과 연관이 되어있으며, 아울러 이 민족을 건설하고, 부양하며, 보호하는 것과 관련된 일련의 구체적인 역사적 사건과 깊은 관계가 있다. 역사 안에서 행하시는 이 사역에 있어서, 하나님은 자신을 공의로운 신으로서, 율법의 근원으로서, 그리고 선택된 백성이라 하더라도, 이 율법을 어기는 사람들을 즉시 처벌하시는 분으로 나타난다. 그럼에도 불구하고, 야웨는 또한 자비와 인내의 신이며, 신실하시며 은혜로운 신이다. 왜냐하면, 예언자들에 따르면, 이스라엘은 분명히 무가치한 존재이고, 끊임없이 하나님과의 계약을 저버림에도 불구하고, 하나님은 미래에 이스라엘을 구원하리라 약속하기 때문이다. 이러한 이스라엘의 역사에서 나타나는 재계약에서 하나님은 심판과 동시에 구원의 약속을 허락하는 신으로서 그는 시종일관 모든 역사적 사건의 통치자라고 여겨지며, 때로는 신앙으로 확증되기도 한다. 결국 하나님은 이 역사의 주권자로서 온 우주의 창조자이며 통치자인 것이다.

신 관념에 있어서 이러한 주제들이 신약 성서에서도 일관적으로 나타난다. 신은 한 신one God이며, 창조자이며, 구원자이시다. 신은 역사와 심판, 그리고 구원과 관계된 신이다. 계시된 구약의 야웨와 연속성을 가지지만, 또 다른 면에서 신약의 하나님이 지니는 중심적 특징은 역사의 사건을 지시하고 그 사건에 개입하는 연출자로서 나사렛 예수의 '살아계신 신' 개념과 연관이 된다. 특히 이 나사렛 예수를 통해 인류를 위한 하나님의 공의로운 의지와 사랑의 자비가 계시되고, 신의 심판이 알려지며, 죽음에서조차 인간을 구원하시는 하나님의 능력이 성취되며, 예수의 임박한 재림을 통해 모든 피조물에 대한 신의 통치가 온전하고 명백하게 확정될 것임이 드러난다. 신의 현존은 이제 성전과 율법에서보다는 주로 성령the Spirit을 통해 인식될 것인데, 성령은 기독교 공동체의 정신과 마음 속에, 그 증언과 희망 안에 거한다. 결과적으로 기독교의 전혀 새로운 상징이 생겨나는데, 이는 '신'을 창조자와 구원자로서 뿐만 아니라, 아들과 로고스Logos로서 정의하도록 하고, 새롭게 깨달은 신의 행위, 예를 들어, 성육신과 속죄, 성령, 재림, 그리고 이 모든 '새로운' 개념들의 총체인 삼위일체를 통해 하나님의 사역에 대한 상징이었던 계약과 율법, 메시야에 대한 약속이 새롭게 확증된다.

기독교 종교관의 중요한 형성 시기 동안에 가장 큰 영향을 미친것은 그리스-로마 철학의 세계관이었는데, 이를 통해 서구인들이 자기 자신과 자신의 세계에 대하여 이해했다. 이 오랜 기간 동안, 성서적 신 개념은 처음에는 플라톤 철학과 스토아 사상의 도움을 통해, 그리고 그 다음에,

특히 중세 전성기에는 아리스토텔레스 철학을 통해 그 주요한 개념적 형태를 취하게 되었다. 성서의 창조자와 통치자에 대한 초월적이며 절대적인 면, 또는 그러한 함축적 의미가 150년경부터 400년경에 이르기까지 신 개념이 발전되는 과정에 있어서, 더 확장되고 확대되었다. 신은 완전히 비시간적이라는 의미에서 영원하게 되며, 절대적인 비우연성 noncontingency의 의미에서 필연적이며, 완전한 독립성의 의미에서 자족적 self-sufficient이며, 아무런 변화에 참여하지 않으며, 그 어떤 변화에도 관계하지 않는다는 의미에서 불변하시며 changeless, 어떤 식으로든 물질적이지 않고 순전히 영적이며, 세계에 영향을 받지 않으며, 따라서 표면상 이 세계와 관계하지 않은 것 같고 심지어 이 세계와 관계할 수 없는 것처럼 보이는 존재가 되었다. 절대자로 신을 이해하는 초기 기독교 교부의 patristic 신 개념은 단지 헬라 철학만 의존했던 것은 아닌데, 이 헬라 철학의 범주에서 교부적 신 개념의 표현법들이 형성되었다. 초기 기독교 교부의 신 개념은 또한 교부들의 경건성으로부터 시작되었다. 이러한 교부들의 경건성은 대부분의 헬레니즘적 영성이 그러했듯이, 피조물의 생명이 부패하기 쉽고, 반드시 죽게 되며, 일시적인 특징에 대하여 불후不朽, incorruptible, 불멸不滅, immortal, 불변不變, changeless의 신적 원리가 승리한다는 점을 강조했다.

(3) 종교개혁과 근대의 신 개념들

종교개혁은 신을 절대자이며 불변하고 영원한 존재로 정의하였다. 철학적, 형이상학적 신 이해는 현저하게 약화되었다. 신의 자족성과 영원성에 대한 '존재론적' 개념들은 여전히 유지되었지만, 각 종교개혁자들은 신에 대한 교리를 가지고 기독교를 개혁적 경건, 또는 개혁적 종교의 모습으로 구현하여 나갔다, 그 특징은 곧 구원에 있어서 신적 은혜의 우선성과 그 독점적 주권, 그 은혜를 받는 사람들은 전적으로 하나님의 은총에 의지하고, 무엇보다도 신이 인간을 선택할 때, 신의 절대적 우선성과 독립성을 새롭게 강조함에 있다. 초대 교부들과 중세 신학자들이 신에게 지배적이며 형이상학적인 특징을 부여한데 반해, 주요 종교개혁자들인 루터, 칼빈, 츠빙글리 등은 신을 형이상학적 범주보다는 인격적 범주, 즉 전능한, 또는 주권적 능력을 가진 분으로 이해하고, 그 분은 공의로우시며, 또는 거룩한 뜻을 펼치시고, 은혜롭고 화해시키시는 사랑의 신으로 묘사하였다.

그럼에도 불구하고, 형이상학적 이유보다는 주로 종교적 이유로 인해, 종교개혁 신학자들은 또한 그 이전 신학자들과 마찬가지로 하나님 개념을 이해하는 데에 모순될 수 있는 역설에 직면하고, 그러한 역설을 표현했는데, 이 역설이란 신은 한편으로는 영원하고, 숨겨져 있으며, 모든 주권을 가진 분이지만, 다른 한편, 신은 인간의 역사적 사건들과 인간의 결정에 개입하여 신의 현존과 그 사역을 드러낸다. 전통적인 철학이 아니라 종교개혁적 경건성에 근거한 이러한 새로운 역설의 관계를 가장 분명하게 이끌어 낸 사람은 특히 칼빈이었지만, 루터나 츠빙글리의 신학에서도 또한 이러한 역설이 분명히 드러나며, 그들의 신학에 있어서 이러한 개념은 필수적인 요소로 자리잡고 있다.

종교개혁 이후 시대 초기에는 두 종류의 주요한 신 개념이 있었는데, 한 가지는 가톨릭 교회의 신 개념이고, 다른 하나는 개신교의 신 개념이다. 이 두 신 개념은 신을 설명하는 범주에 있어서 특별한 차이가 있는데, 현대의 시각에서 볼 때, 이 두 신론은 모순적이라고 말할 수는 없지만, 여전히 동일한 역설적 특징을 보여준다. 가톨릭은 세계와 임의적으로 관계하시는 하나님은 절대적이며, 순전히 현실적이며, 불변하시는 한 분이라는 신 개념을 가지고 있다. 개신교의 신은 모든 일시적인 사건들을 영원 전부터 결정하시고, 가능케 하며, 영원하며, 전적 주권으로 뜻을 이루시지만, 역사적 위기들의 순간과 이에 대한 인간의 요구들에 대하여 하나님은 당신의 뜻대로 행하시고, 심지어 그러한 인간의 요구들에 응답하시는 존재로 이해된다. 이렇게 가톨릭과 개신교로부터 전승된 두 가지 신 개념에 대하여 과거부터 신학이나 철학 공히 비판하는 입장들이 있었는데, 인본주의자들과 자연주의자들처럼 신 개념을 전적으로 거부하든지, 아니면 그러한 신 개념을 어느 정도 신학적으로 재再공식화해왔다.

신 개념에 대한 근대 비평은 근본적으로 다음의 세 가지 입장으로 표명되었다. 첫째, 가치 있고 의미 있는 신 개념들이 과연 유일하고 적합하며 신뢰할 만한 근거가 될 수 있는지, 그러한 개념들을 시험할 수 있는 인간의 '경험'에 대한 새로운 강조가 이루어졌다. 둘째, 신 개념이 진리와 연관된 모든 문제들에 대한 적합한 권위의 유일한 근거가 되기 위하여, 그리고 중요한 도덕적, 인격적 행위를 유발하는 유일한 근거로서의 '신의 주체성'에 대한 질문이 제기되었다. 그리고 셋째, 권위의 모든 외면적 형태, 특히 교회 전통, 또는 성서로부터 기인한 권위들에 대하여 근본적으로 의문을 제기하였다.

신 개념에 대하여 아주 비판적인 '자연주의적' 관점은 신에 대한 신앙은 시대착오적이며 의심스럽고, 따라서 신에 대한 종교적 언급은 모욕적이거나 부적절하다고 생각되었는데, 이러한 자연주의적 관점은 서구 세계와 공산주의 세계 전체에 걸쳐 거의 모든 계급의 사람들에게 까지 퍼져나가게 되었다. 이 관점에서 보면, 과학으로 이해되는 '자연'은 실존하는 모든 존재의 근원이자 근거이다. 남자와 여자가 곧 가치들의 근거이며, 인간의 욕구와 소망이 가치를 평가하는 유일한 기준이다. 그러므로 이 세계와 그 역사가 유일한 희망의 장場이다. 사회주의적 관점에서든지,

아니면 자본주의적 입장에 있어서든지, 다른 말로 하면, 칼 맑스와 지그문트 프로이드, 쟝-폴 사르트르, 알베르 까뮈의 입장이든지, 아니면 모든 과학, 철학 공동체는 아니더라도 대부분의 과학, 철학 공동체의 지도자들에 의해 이론화된 것이든지, 이러한 자연주의적 인본주의 관점은 거의 모든 문화의 장場을 지배해 왔다. 결과적으로 이러한 강력한 자연주의적 인본주의의 등장은 신 개념을 변론하고 그것을 재再공식화 해야만 하는 신학자들에게는 매우 중요한 지적인 도전이 되었다.

기독교 사상가들이 신 개념을 방어하고 다시 부활시키려고 해왔다는 점에 한해서, 신 개념을 이해하기 위하여 인간의 경험과 그 내용들을 강조하게 되었으며, 이것이 파급의 효과는 적었다고 하더라도 신개념을 수정하여 나가게 되었다. 이러한 노력에 대한 결과로서 나타난 현상은 첫째, 홀로 존재하는 신 자신에 대한 전통적 개념, 즉 본질적으로 신성은 인간의 경험과 거의 관계가 없다고 전제하는 신 관념은 상당히 의심스러운 개념이 되었다. 어떻게 아무런 관련이 없는 그 어떤 대상에 대한 경험과 지식이 존재할 수 있는가? 그러므로 신이 형이상학적으로 세계와 맺은 관계성과 인간의 직접적인 신 경험, 또는 역사 안에서의 신의 특별한 계시 활동들에 관한 대부분의 근대적 신에 관한 '교리들'은 가능한 한 인간 경험의 한계 내에서, 또는 이에 기초하여 이해되어야 한다는 요청이 있게 되었다. 그리고 두 번째, 만약 우리에게 실제적인 모든 일이 우리 경험의 영역 내에 존재해야만 한다면, 현실 인식과 지속적으로 변화하는 일시적인 과정의 세계의 가치에 대한 인식이 더욱 증가할 수밖에 없는데, 왜냐하면 이것이 곧 우리가 경험하고 아는 세계이기 때문이다. 그러므로 근대 교리에 있어서 신의 초월성이 얼마나 강하게, 또는 얼마나 약하게 강조될 수 있는지에 그 정도에 관계없이, 우리는 현재 이 세계에 대하여, 역사의 사건들에 대하여, 그리고 이 세계 자체의 임시성과 연관된 신의 관계성이 신에 대한 논의를 어렵게 하는 것이 아니라, 오히려 이러한 질문들을 통하여 신 개념에 대한 진지한 논의를 시작할 수 있는 준거점을 가지게 된 것이다. 결론적으로 근대 시기의 신 개념 대부분은 그 신 개념을 이해하기 위한 다양한 범주들, 예를 들어 인격적 범주, 성서적 범주, 또는 존재론적이며 형이상학적인 범주 등, 그것이 무엇이든지에 관계없이 신 개념은 역동적이 된 것이다.

(4) 근대의 변화된 신 개념

① 신에 대한 지식

지금까지 살펴보았듯이, 신에 대한 지식 가능성을 묻는 질문에 대한 대답은 시대에 따라서 합리적 연구를 통하여, 또는 종교적 경험으로, 아니면 신앙에 의해 응답된 계시를 통해 가능하다는 식으로 나타났다. 기독교 전 역사에 있어서 신비적 경험, 또는 계시의 효력과 그 중요성 모두를 거부하면서도, 신의 실존은 철학적 논증을 통해 성취될 수 있다고 주장한 사람들이 있었다. 그러한 사람들은 이성만으로, 즉 '자연 신학'에 의해 적어도 부분적으로는 신의 본질이 인식되고 정의될 수 있다고 생각했다.

이성을 중시하는 사람들과는 반대로 철학적 근거를 '이교적', 또는 적어도 오도된 것으로서 불신하는 사람들이 있었다. 그들은 공통적으로 주장하기를 진실로 살아계신 신과 아브라함과 그리스도, 그리고 교회의 하나님을 오직 계시를 통해서만 알 수 있다고 보았다. 결과적으로 그들에게 신의 본질과 창조의 목적에 대한 타당한 이해는 오직 계시로부터 시작해야만 하는 것이지, 철학적 추론을 통해서도 가능한 것이 아니다. 비록 근대 문명에 있어서의 신 개념에 대한 다양한 이해는 신 인식에 대한 두 경쟁적 파벌, 즉 이성과 계시의 상반된 입장의 차이를 해소하지는 못했음에도 불구하고, 신 논쟁에 대한 각자의 입장을 주장하는 방식에 있어서 어느 정도의 변화가 일어났다.

우선 무엇보다도 신 개념의 가능성에 대한 질문, 즉 신의 실존에 대한 가장 근본적인 질문이 주목을 끌게 되었다. 자연 신학자들과 계시론자들은 자신들이 스스로 저마다 철학에서, 또는 계시의 경험에 있어서, 이러한 신 개념의 기원에 대하여 점차 관심을 갖고 있음을 알게 되었다. 그들은 각자 자신들에게 다음과 같은 중요한 질문을 하고 있는 것이다. 우리가 어떻게 신을 알게 되는가? 그리고 우리가 알고 있는 방식으로 우리는 신에 대하여 무엇을 아는가?

신의 실존에 대한 질문과 그 개념을 이해하기가 너무나 어렵기 때문에 자연신학의 논증이 매우 매력적인 것이 되었음에도 불구하고, 여전히 근대 합리성이 형이상학적 추론으로부터 점점 멀어져 가는 시대의 사조 때문에 자연신학적 탐구는 점차 더 어려워지게 되었다. 여러 시대에 있어서 단지 교회의 열심 있는 신도들만이 신학에 있어서 철학을 사용하는 데에, 특히 자연 신학의 입장을 경멸하거나 불쾌하게 생각한 때도 있었지만, 이제 형이상학의 가능성과 일종의 자연 신학의 가능성에 대하여 의문을 제기하는 것은 전반적으로 철학 공동체에서 일어나는 현상이지 신학 공동체는 아니다. 근대성에 있어서 자연 신학자들은 종교적이며 신학적인 저항에 대하여 뿐만 아니라, 자신들의 사변적이며 형이상학적 노력에 대한 철학적 저항을 받아들여야 했으며, 이제는 그 이전 시대에는 강요받지 않았던, 다소 이상하면서도 고된 과제에 직면하게 되었는데, 이 과제는 자연신학자들이 신에 대한 그러한 논거를 제시하는 방식으로 그 탐구를 시작하기도 전에 신에 대한 형이상학적 논거에 대한 합리적 변론을 제시해야만 하는 것이었다.

권위에 대한 근대적 비평, 즉 그 어떤 문서 또는 제도에 있어서의 절대적 권위에 대한 단호한 거부는 계시와 계시의 인식론적 의미에 대하여서도 불가피한 수정이 뒤따르게 되었다. 신학자들은 계시가 성서와 전통의 언어를 통해서만 드러나는 객관적인 명제로서가 아니라, '종교적' 차원에서의 경험, 또는 '감정feeling'으로서, 신 이해에 있어서 인격적 관계를 전제하는 '신과의 만남encounter'으로서, 또는 개념적이며 일반적인 인지적 차원 아래의 실존적 현실과 행위가 수반되는 신앙의 결단으로서 간주된다는 것을 이해하게 되었다. 아울러 신 인식의 문제는 전前언어적, 전前개념적, 전前실존적 '경험'을 통해 발생할 수 있다는 가설이 제기되어 신에 대한 지식을 향해 나아가는 방법론은 형이상학이든, 계시든지, 그 어느 것도 오늘날 우리 시대에는 결코 쉽게 제시될 수 없는 상황이다.

위와 같은 문제점들에도 불구하고, 이 문제들에 대한 각 대답은 다양한 입장을 가진 호소력 있는 관점을 형성하게 되었다. 특히 이성을 통한 신 인식을 강조하는 사람들은 고전적인 신 증명에 대한 여러 변화된 입장들을 표하였다. 신-토마스주의자들은 유한한 세계의 실존으로부터 기인한 우주론적 증명을 시도하였으며, F. R. 테넌트와 테이야르 드 샤르댕과 같은 여러 진화론자뿐만 아니라, 알프레드 N. 화이트헤드와 같은 철학자는 유한한 세계의 질서로부터 기인한 목적론적 증명을 시도하였다. 찰스 하트숀은 완전하며 필연적 존재로서의 신 자체에 대한 개념의 함축적 의미로부터 나온 존재론적 증명을 전개하였고, 그리고 도덕적 경험의 의미로부터 기인한 도덕적 논증의 입장을 취하는 입장도 등장하였다.

다양하고 상이한 철학적 접근 방식들은 최소한 다음의 주장을 전개하는 데에 있어서 뜻이 일치했다. 즉 근대의 지성적인 사람들에게 호소할 정도로 충분히 납득할만한 신학이라면, 반드시 합리적으로 철학적 신학에 근거한 지적 양식으로 자신의 종교적 전승을 나타내야 한다는 것이다. 우리가 신을 이해하는 데에 있어서 그러한 철학적 기초가 없다면, 신의 실재에 대한 우리의 확증과 이 신神 개념과 우리의 다른 개념들 사이의 관계에 대한 포괄적 이해는 심각하게 불완전하다는 것이다. 이와 같은 철학적 신학의 도움이 없다면, 결과적으로 신神 개념은 점차 단지 주관적이고 괴상한 것이 되며, 또는 개인적인 '감정'의 문제로 국한되고, 나아가 비현실적이며 공허한 내용이라는 오해를 받고, 결국은 무의미한 것으로 간주될 것이다. 최근에 이와 같이 강력하게 우리의 신神 인식에 있어서 철학적 기반이 필요하다고 주장하는 대표적인 사람들은 헤겔주의 이상주의자들과 신 스콜라학파, 현재의 초월론적 토마스주의자들, 그리고 가장 두드러지게 성장하고 발전하는 이들은 과정 신학자들, 또는 신고전주의 신학자들이 있다.

다른 편에서는 근대적 문명의 이성적 논리와 그 철학적 논증에 대하여 반대 입장을 가진 신학적 사조도 있었다. 이들은 종교적 근거에 입각하여 신의 초월성과 신비를 강조했고, 신神 개념에 대한 근거와 그 도덕적 기준으로서 계시가 갖는 실제성과 충족성充足性, sufficiency을 주장했다. 그들은 대부분의 철학적 방법론인 형이상학적 사색과 신의 실존에 대한 모든 논증들은 이성을 모호하고 무비판적으로 남용한 결과로 보았다, 따라서 그러한 철학적 방법론들 자체는 거의 확실성과 객관성, 그리고 의미가 결여된 것으로 간주되었다. 이들은 또한 대부분의 근대적 사고가 이념적이고 근거가 없는 특징을 가진다는 점을 감지했다. 그들에게 근대적 사고는 우리의 궁극적 신앙을 위한 객관적이며 타당한 기초를 제공하는 것이 아니라, 오히려 근대가 직면한 문제들의 단면을 보여주는 것이며, 따라서 근대적 사고관이 어떻게 종교 생활에 도움이 될 수 있는지에 대한 적절한 설명이 필요하게 되었다.

신 문제에 접근하는 이성적이며 합리적인 철학적 방법론을 반대하는 입장에 따르면, 신 인식에 있어서 가장 중요한 중심 문제는 우리가 우리의 유한한 정신으로 신을 알 수 없다는 점이 아니라, 사실상 아무도 모르게 우리는 전혀 신을 알기를 원하지 않는다는 것이다. 칼 바르트의 주장처럼, 자연 신학은 스스로 조직적으로 그들 자신의 '신'을 창조하고, 그럼으로써 실제 신과의 관계, 또는 실제 신에 대한 지식을 회피하려는 경향을 보여준다. 철학적인 신은 우리 자신의 형이상학적 사고의 산물이며, 우리 자신의 불안정한 근대적 지혜의 구성체인데, 이 철학적인 신이야말로 우리가 받아들이기에 훨씬 더 편안할지도 모른다. 그럼에도 불구하고, 그러한 자연신학의 신은 심판으로 우리와 대면하시고, 또한 은혜로써 우리와 만나시는 진정한 신과는 사실상 거리가 멀다. 중요한 점은 기독교 신앙의 핵심은 우리가 누구이며, 우리가 어떻게 생각하고, 무엇을 생각할 지에 대한 재해석과 재창조에 있는 것이지, 단순히 인간 이성의 확장과 이성의 집합solidification에 있는 것이 아니다. 그러므로 신은 "우리 자신에게 말하는 우리 자신의 말씀"이 아니라, 단지 "계시를 통해 우리에게 말씀하신다"는 사실을 염두에 두어야 한다. 그러한 계시의 사건은 기독교 공동체의 종교적 생활에 대한 유일한 기초요 유일한 규범이 된다. 확실히 신학은 교회뿐만 아니라, 이 세계에 호소한다. 그러나 이 세계에 대하여 선포할 때, 신학은 반드시 이 세계의 지혜가 아니라 복음의 메시지를, 인간의 언어가 아니라 신의 말씀을 드러내도록 노력해야만 한다. 신학은 일관되며 적절한 양식으로 이 복음의 메시지를 설명할 때에 철학을 이용할 수 있으며, 철학을 절대 회피하려고 해서는 안 된다. 그러나 신학의 근본적인 의무는 계시에 충성하는 것이지, 이 세계가 합리성을 정의하는 대로 대중의 합리성이라는 압력에 충성하는 것이 아니다. 그러므로 신앙은 신학에 있어서 이성을 사용하는 일에 앞서며, 그러한 이성의 사용을 통제할 수 있는 것이다.

② 신에 대한 언어

기독교 신학 전통에 있어서 중요한 특징이었으며, 여전히 최근 신학에 있어서 중대한 의미를 갖는 두 번째 논제는 신에 대한 기독교의 언설에 있어서 근본적인, 또는 그에 적합한 범주나 개념들의 본질에 대한 질문과 관계가 있다. 즉 그러한 신에 대한 범주와 개념들은 성서 안에 분명히 있는 그대로 본질적으로 '인격적'이며 '역사적'이고 '실체적^{ontic}'이어야만 하는가, 아니면, 거의 모든 사변적 철학 체계에서, 그리고 심지어는 이상주의나 범심론汎心論에 있어서 나타나는 바와 같이, 신에 대한 범주와 개념들은 존재론적이고 형이상학적이며, 따라서 본질적으로 '비인격적'이어야만 하는가?

위의 두 가지 질문은 기독교의 특성상 피할 수 없는 불가피한 것이다. 기독교의 상징적 표현에 의하면, 신은 창조자이며 섭리의 통치자로서 믿음의 대상이다. 인간이 유한하고 한시적이라는 제한적 특성을 가졌음에도 불구하고, '실존적인' 존재로 보는 관점과 인간의 역사를 신이 운영하시는 신의 행위의 장으로서 이해하는 역사적 관점, 그리고 기독교 신앙은 신의 궁극적 실존과 자연의 실존, 인간의 실존, 그리고 역사적 실존에 근거하고 있다는 관점은 필연적인 것이다. 따라서 기독교의 가장 심원한 의미들을 표현하기 위해서는 반드시 형이상학적이며 동시에 실존적인 언어를 사용할 수밖에 없는 것이다. 본질적으로 신은 현실 안에서 모든 가치의 근거가 되며, 또한 현실과 관계하기 때문에, 신은 현실적 구조의 모든 범주와 깊게 연관을 가지는, 즉 존재론적이나 형이상학적 범주 안에서 표현되는 것이다.

한편, 기독교 경건운동의 중심, 곧 그 종교적 중심은 전통적으로 인격화된 언어를 매개로 하여 표현될 수 있었다. 인격적인 영성과 결단력, 인격적 행위와 책임이 결여된 채 한 인간을 설명할 때는 필연적으로 그 내용이 변질될 수밖에 없듯이, 마찬가지로 신과 연관된 모든 인격적 범주들(의도와 목적, 자비와 사랑 등)이 결여된 채 신을 설명하는 것은 불가능하다. 그러므로 존재론적, 또는 철학적 신학자들이 창조와 섭리의 상징을 개념적으로 더 잘 설명할 수 있는 것 같지만, 인격적 범주들을 이용하는 성서 신학자들은 그들이 죄와 율법, 그리고 복음에 대하여 말할 때에, 그리고 특히 그들이 신의 '심판'과 신의 '사랑'에 대하여 말할 때, 더 강한 힘을 발휘하게 된다.

③ 신(神)에 대한 개념: 대리와 시간성, 그리고 역사

최근 신학의 논제에서 자주 논의되고 있는 신의 대리성agency, 시간성temporality, 그리고 역사성과 같은 논제들은 신에 대한 기독교의 논의에 있어서 완전히 새로운 것은 아니지만, 창조와 섭리, 종말론과 같은 조직신학의 주제들과 상관없이 새로운 내용으로 재구성되고 있다.

최근에 신학자들은 신이 '악'의 행위나 악과 연관된 사건들을 포함하여, 그 악과 연관된 모든 일을 신이 의도 하였다든지, 또는 심지어 영향을 준다는 것을 완곡하게나마 거부하게 되었다. 확실히 인간의 자유를 거부하고 악에 대하여 신에게 책임을 지우는 것(예를 들어, 아돌프 히틀러 권력의 등장)은 우리자신과 역사, 그리고 신에 대하여 우리가 믿는 모든 것에 반反하는 것이다. 이렇게 점차 신의 대리적 행위를 제한된 것으로 인식하려는 경향은 결과적으로 전통적으로는 그다지 주목하지 않았던 두 가지 형식의 신학적 운동을 초래했다. 첫 번째는 모든 면에 있어서 신의 절대성과 인간을 초월하여 존재하는 신의 자존성自存性, aseity에 대한 거부이다. 즉 신의 완전성과 심지어 신의 필연성조차 신의 절대성에 포함되지는 않는다고 하트숀은 말한다. 그리고 화이트헤드는 신이 선하고 자유롭기 위해서, 신은 근본적으로 궁극적 실재의 원리와 구별 되고, 현실의 힘과 권력, 그리고 창조성과 구별되어야만 한다고 말한다. 그러므로 신이 모든 면에 있어서 유한한 실존의 근원이 아니라, 오히려 유한한 현존actuality을 구성하는 수많은 궁극적 '요인들factors' 중에 단지 하나라는 것이다. 이와 같은 입장은 말할 것도 없이, 전통적인 관점과 비교하여 볼 때, 매우 새로운 것이다.

전통적인 신 이해와 상이한 다른 종류의 신학적 해석은 신을 부수적이며contingent 관계적이고 의존적인 존재로 이해하며, 전적으로 자율적이지만 신 자신의 한계 내에서 피조물을 창조하는 신의 '자기 제한self-limitation'성을 강조한다. 이러한 신 이해에 따르면, 피조물은 스스로 자유롭고 타당한 자아 구성self-constitution을 통하여 자기 자신의 책임과 결단, 그리고 그 행위를 통해 자유로운 인간이 되어갈 수 있으며, 또 그렇게 하도록 부름 받았다. 결과적으로 이 피조물은 독자적이며 스스로 새로운 행위를 할 수 있고, 따라서 죄에서 '자유'하거나 은혜를 받아들일 수 있다. 즉 이 피조물은 자신의 운명을 신이 결정하지 않고, 또 그러한 운명에 좌우되지 않는 방식으로 자유롭게 행동할 수 있다. 피조물의 자유, 또는 자율성을 강조하는 해석은 신적 의지와 능력을 강조하던 과거에 비해 이제 훨씬 비중을 차지하며, 인간론의 해석에 있어서 점점 중요한 자리를 차지하기 시작하였다.

고대 헬라 시대와 헬레니즘 시대에, 신은 '더 실존적이고' '더 선한' 존재로 이해되었다. 현現 시대에 우리는 이러한 견해를 뒤집고, 아마도 불변의 비非상관적인 상상력의 결과에 의한, 경험되지 않고, 따라서 알 수 없는 존재로서, 그리고 모든 실존적 내용과 가치가 결여된 개념으로 생각하려는 경향이 있다. 이는 그러한 불변의 비非상관적 신은 모든 실존과 가치가 처음으로 존재하는 변화의 세계에 대한 상관성이 결여되어있다고 보는 것이다. 그러므로 모든 종류의 현대 신학에 드러나는 가장 중요한 특징은 신학과 '헬라철학과의 전쟁war with the Greeks'이라는 말로 명명할 수 있는 것이다. 헤겔 이후로는 역동적이지 않고 변화하지 않으며, 어떤 식으로도 본질적으로 변화의 세계와 관계하지 않는 신神 개념은 거의 없다고 할 수 있다. 신에 대한 역동적인 관점을 가장 잘 보여주는 것은 화이트헤드의 사상인데, 화이트헤드의 관점에서 신은 과정 안에 부존재 negation하는 것이 아니라, 과정의 본보기example로서 간주된다. 그러므로 신은 과정의 형이상학적 범주들 안에서 시간성temporality, 잠재성potentiality, 변화와 상관성relatedness, 발전development과 의존성dependence, 또는 수동성passivity을 공유한다.

   매우 상이한 방법으로 성서 신학자들, 또는 신정통주의 신학자들은 헬라철학과 전쟁을 수행해 왔다. 비록 그들은 성서적 언어의 인격적이며 역사적인 범주들을 사용하면서도 신의 절대성과 자존성이라는 과거의 상징을 그래도 지속했음에도 불구하고, 그들 또한 역동적이며 상관적인 신 개념을 만들었다. 그리고 그들의 라이벌인 과정신학파와 마찬가지로, 그들이 주로 의식적으로 반대한 것은 불변하며, 비非상관적이고 멀리 떨어져 있는aloof 존재로서의 '헬라의 신 개념'이었다. 성서신학자들과 신정통주의 신학자들의 신개념은 '역사 안에서 일하시는 신God who acts in history'이며, '오신' 또는 '오고 계시는' 존재이자, 계시와 구원이라는 '엄청난 능력'을 행하신 존재이다. 이 모든 신 개념들은 분명히 역사를 통하여 시간 안에서의 신적 행위들과 상관성이 있으며, 그리고 신의 만남 또는 심판자인 신으로 표현되는 인격적인 언어일 뿐만 아니라 시간적인 언어로 표현 되었다. 뿐만 아니라 신의 '인격성' 뿐만 아니라 시간성과 변화, 수동성, 그리고 잠재성을 함축하는 언어로 나타났다. 신정통주의자들은 신에 대한 자신의 중심적 언어가 갖는 존재론적인 함의含意를 명시적으로 드러내지는 않았다. 그럼에도 불구하고, 신정통주의의 관점은 누구나 인정하는 소위 '정통orthodox'의 신神 개념에 대하여 근본적인 변화를 주었다. 이러한 변화들은 후기-신정통주의 종말론적 신학에서 훨씬 더 명백하게 나타나는데, 일부 후기-신정통주의 종말론적 신학자들에게 신은 시간을 초월한 영원성을 나타내기에는 너무나 시간적이어서 신 존재는 이제 단지 '미래'의 존재로서만 언급된다.

최근 몇 십년간, 수많은 해방주의 신학자들, 또는 정치신학자들이 등장했는데, 이들은 기독교의 행위와 기독교의 신학이 사회 역사적 위기와 억압이라는 광범위한 정치적 스펙트럼으로 돌아가, 그것에 대하여 주로 관심을 가질 것을 요청하였다. 이러한 새로운 신학들은 억압당하는 공동체에 대한 자신들의 정체성을 강조하며, 혁명적 행위나 '실천praxis'을 요청하고, 이 두 가지, 즉 압제당하는 공동체에 대한 정체성과 혁명적 실천으로부터 기인한 신학적 성찰만을 인정하였다. 그 결과로 흑인 신학과 여성신학, 그리고 제3세계 신학이 나타났다. 이렇게 서구 사회적 현실에 의해 압제당하는 집단들에 대한 정체성의 결과로서, 그들은 주로 서구 철학과 사회 이론보다는 맑스주의 사상과 결합하는 경향으로 흘렀다. 결과적으로 그들은 자신들이 이해하는 신의 행위가 유감스러운 현실 안에서 일어나는 모든 일들에 대하여 적대적이라고 생각하였으며, 그들은 또한 유토피아주의자이면서도, 그들 사상의 근본 주제들에 대하여는 명시적으로 '반反-개발적anti-developmental'이었다.

그러한 적대적 신학들adversarial theologies은 과거와 현재의 서구 역사에서 지배적이고 억압적인 모든 요소들과 신의 연관성을 거부하였다. 사회 정치적 문제의 현안을 중시하는 이러한 신학은 몇 가지 중요한 의미에 있어서 신을 역사와 관계 지으려고 한다. 그들에게 신은 과거의 신도 아니며 현재의 신도 아닐 뿐만 아니라, 시간을 초월한 신도 아니며, 매 순간 마다 수직적으로 위 또는 아래에 거하는 신도 아니며, 모든 존재의 결정자도 아니다. 오히려 신은 '종말론적'이며, 오고 계신 존재이자, '미래의 신'이며, 그로부터의 미래가 현재를 완성하고 다가올 역사에서 신의 주권적 통치를 가능케 한다. 현대 신학의 가장 창조적인 언설로서 이러한 신학은 우리들이 다시 역사의 현실로 돌아가 미래로 나아가는 데에 힘을 집중하도록 돕는 역할을 하고 있다.[2]

2. 예수 그리스도

기독론은 '예수'는 누구인지, 그리고 왜 그가 인간의 운명에 대한 해석에 있어서 독특한 입장을 취하였는지에 대한 질문들을 다룬다.[3] 모든 기독교 전승들과 교파들이 동의하는 기독론적 입장이 있는가 하면, 다양한

---

[2] 랑돈 길케이Langdon Gilkey는 지난 15년간 가장 첨예한 신학적 논쟁들은 다음과 같은 질문으로 요약될 수 있다고 보았다. (1) 신학이 혁명적 행위와 떨어져서 이루어질 수 있는가? (2) 신은 과거와 현재에 있어서 능동적이며 주권적이었으며, 미래에도 그럴 것인가? (3) 복음은 개인의 영혼을 위한 구원의 약속인가 아니면 단지 역사적 사회공동체를 위한 구원의 약속인가? (4) 그 약속은 이곳 지상에서 영원히 성취될 것인가, 아니면 단지 역사적, 사회적 미래로 대변되는 하나님의 나라 안에서만 성취될 것인가? (5) 그리고 그리스도 안에서 신의 구원의 행위는 비록 그 효과는 약하나마 남아있음에도 불구하고 단번에 모든 사람들에게 성취되고 드러났는가, 아니면 예수 안에서 확증된 미래지향적 하나님의 나라로서의 재림parousia를 위한 약속으로서만 드러나는가? 지금까지 필자는 길케이의 신개념을 번역하여 옮겼다.
[3] '기독론'에 대한 신학적 해석은 모니카 헬위그Monika K. Hellwig의 해석을 인용하였다. The Abingdon Dictionary of Theology (Abingdon Press, 1996), 번역은 『영화 속의 신학과 인권』(감리교신학대학교 출판부, 2008)에서 별도의 재인용 각주 없이 옮겼다. 같은 책, 139~150.

교회들로 분열시키는 결과로 이어지기도 하였다. 그러나 모든 기독교 전승들 사이에서 일치하는 견해들이 있다. 우선 나사렛 예수는 실제 인간이었으며, 1세기 팔레스타인의 유대인이었는데, 그는 갈릴리 지방 나사렛의 한 유대교 신앙의 가정에서 성장했고, 목수가 되도록 훈련받았다. 또한 예수는 젊은 나이에 집을 떠나 설교자요 치료자로서 유랑하는 삶을 시작했고, 당시 종교 지도자들과 갈등을 일으켰으며, 로마 식민지 지배체제에 저항하였다는 혐의를 받게 되었다. 자신의 메시지와 선교로 장차 체포될 것이며, 심지어 처형을 당할 것을 알고서도, 그는 체포되었고, 재판받았으며, 잔인하게 처형당하였다. 그리고 무엇보다도 죽음에서 부활하여 새로운 생명을 얻었는데, 이를 통해 그 제자들이 그 이후로 큰 깨달음과 권능을 얻게 되었다. 예수는 결국 그를 따르는 제자들과 후대에 '온 인류의 구원자'로서 고백되며, 여전히 초월적인 하나님과 독특한 관계를 가지는 신적인 분으로 인정을 받고 있다.

그러나 예수에 대한 해석에서 모든 기독교 전승들이 항상 일치된 입장을 가지고 있는 것은 아니다. 논쟁적인 질문들은 예를 들어 다음과 같다.

① "예수는 신성하신 분이다."라고 주장할 때, 의미하는 바가 무엇인가?

② 예수 자신이 자신의 죽음과 부활 이전에 그것에 대하여 스스로 선포했는가?

③ 신격으로서의 예수의 자격divinity claim은 그가 인간 존재로서 태어난 바로 그 첫 순간부터 그의 전 생애에 적용되는 것인가? 아니면 예수가 죽음에서 부활한 이후부터인가?

④ 예수의 신성은 요단강의 세례자 요한에게 세례를 받음으로써 시작

하는가, 아니면 점차적으로 그의 생애를 통하여 조금씩 드러나는가?

⑤ 그리스도는 선한 믿음을 가진 모든 사람들의 구세주인가, 아니면 분명하게 예수를 구세주라고 인정하는 사람들만의 구세주인가?

⑥ 그리고 마지막으로, 이 질문은 매우 최근에 제기된 것인데, 예수는 언제든지 모든 사람들을 위한 분명하고 유일한 구세주인가, 아니면 다른 사람들과 다른 문화를 위해서는 다른 구세주들이 존재할 수도 있는가?

'예수는 구세주'라는 주장은 기독론을 구성하는 전체 구조에 대한 가장 중요한 기초가 되며, 이러한 주장은 인간이 근본적으로 구세주를 필요할 정도로 유한한 존재임을 전제한다. 창세기 3장을 시작으로 히브리 성서는 하나님과 인간의 관계에 분열되는 것을 설명하고 있으며, 그 결과로 인간의 삶과 하나님과의 관계성의 모든 측면에 있어서 혼란을 초래하게 된다. 따라서 정상적인 삶과 또 그 삶의 본질을 회복하기 위하여 인간은 창조자이신 하나님께서 자신들에게 새롭게 개입하실 것을 필요로 하게 된다.

신약성서도 구약성서와 같은 입장을 가지고 있다. 특히 바울 서신은, 율법을 준수하고, 종교적으로 계율을 지키는 것만으로는 하나님과의 관계를 회복하기 어렵기 때문에, 예수의 인격과 삶, 그의 가르침과 죽음, 그리고 부활을 통하여, 인간 공동체의 운명이 급진적으로 반전된다고 주장한다. 이와 같은 복음을 선포했던 최초의 사람들은 개인적으로, 그리고 공동체로서 자신의 삶이 더 나아지는 근본적 변화를 몸소 경험할 수 있었다. 그리고 다른 사람들의 증언을 통해 예수 그리스도를 믿게 된 후대의 기독교인들도 예수를 믿음으로써 자신들의 삶에 변화가 일어났다는 사실에 대하여 매우 중요하게 생각하였다.

기독론의 예수에 대한 이해는 최소 세 가지의 입장이 있는데, 첫째,

기독론을 창조설화에 등장하는 '아담'과 연관하여 설명하는 것이다. 예수는 하나님의 계시로서 인류를 대변하는 '새 아담'이며, 하늘의 아버지이며 만물의 창조자이신 하나님의 뜻에 스스로 완전히 복종하심으로써 아담의 불순종을 전도顚倒시킨다. 예수와 아담을 연결하여 해석하는 기독론은 인류와 인류의 역사에 관련하여 예수의 정체성을 설명하려는 것이며, 예수의 완전한 인성을 인정하면서, 동시에 예수의 신격을 주장하는 것이다.

둘째, 예수를 메시아, 곧 '하나님의 기름부음을 받은 자'로 이해하는 것인데, 이때 예수는 히브리 성서에 약속된 대로, 하나님의 백성들을 구원하도록 하나님께서 지명하신 구원자이며 용사로서 약속된 자이다. '메시아'는 '그리스도'라는 이름의 기원이며, 이때 그리스도라는 단어는 그리스어로 '기름 부음 받음anointed'을 의미한다. 기독교인들은 메시아라는 개념에 구약의 히브리 전승보다 더 구체적이며 분명한 의미를 부여했다. 그러나 이 그리스도라는 단어를 사용함으로써, 기독교의 가르침은 하나님과 인간 공동체 사이를 중재하시는 '역사적 예수의 역할'과 인간의 이해를 초월하는 예수의 '신성' 모두를 주장할 수 있었다.

그리스도라는 용어는 예수를 보통의 인간 계界를 초월한 존재로 보고, 그에게 존경과 경배를 드리도록 한다. 이러한 접근법은 히브리 전승에서 드러나는 바와 같이, 예수의 정체성이 인간의 역사에 역동적으로 관계함으로써 더 분명하게 드러난다고 정의하지만, 위에서도 언급하였듯이, 신성과 연관하여 예수의 구체적인 정체성에 대한 존재론적, 본질적 정의를 피하게 된다. 이는 예수에 대한 특정한 신성의 후광을 비추면서도 그것이 무엇을 의미하는지 정확히 정의해야만 할 필요성을 갖게 하지 않는 것이다.

세 번째 접근법은 기독교인들 사이에서 엄청난 논쟁과 분열을 야기한 것인데, 이는 예수를 유일무이하며, 본질적인 하나님의 아들이며, 영원 전부터 하나님과 함께 하셨으며, 인간의 생명을 구원하려고 하나님께서 이 세상에, 그리고 이 세상의 역사 안으로 보내신 존재로서 정의하는 것이다. 이러한 접근방식은 신약 성서에 있어서, 요한의 저작들에 있는 시적이며, 암시적인 방식으로 드러나는데, 특히 요한복음의 서언序言, prologue에 잘 나타난다.

요한에게 있어서 예수는 자신이 인간이 되시기 전에 이미 존재한 자로서, 즉 말씀the Word으로서, 태초에 하나님의 천지창조를 이루도록 하나님께서 말씀하신 것, 또는 하나님께서 언급하신 생각uttered thought으로서 선재先在하셨다고 간주된다. 그러한 하나님의 말씀, 또는 생각은 항상 하나님과 함께 계시고 하나님이셨지만, 이제 그 말씀이 실현되었고 구체화되었으며, 특정한 인간의 몸을 입게 되었다.

요한의 서신들은 하나님이 본질적으로 사랑이시며, 예수도 성부 하나님에 대한 태도에 있어서, 그리고 다른 인류와의 관계에 있어서 전적으로 사랑이시며, 그러므로 예수는 하나님의 사랑이 성육화, 또는 인간화personification한 것이라고 강조한다. 그러나 얼마 지나지 않아 이 접근법은 예수를 하나님의 말씀, 지혜, 하나님의 형상, 또는 하나님의 사랑과 일치시키는 것은 무엇을 의미하는지, 그리고 이런 방식으로 표현함으로써 예수는 곧 하나님이지 하나님 밖의 다른 실체가 아니라고 덧붙이는 것이 무엇을 의미하는지에 대한 질문이 계속 제기될 수밖에 없었다. 결국 이는 어떻게 한 하나님이면서 둘인 하나님이 존재할 수 있는가라는 질문이 제기되는데, 이는 역사적으로 볼 때, 고도로 발전된 기독론을 낳았을 뿐만 아니라, '성령', 또는 '하나님의 호흡'을 포함하게 되었고, 결국 삼위일체 신학이 전개된 것이다.

일부 기독교인들은 예수와 관련하여 쓰인 신성한 용어들은 단지 명목상의 호칭이지, 문자적으로 받아들일 것은 아니라고 생각한다. 325년 니케아 공의회에서 종결된 아리우스 논쟁은 대부분의 교회들로 하여금 예수의 신성을 문자적으로 받아들이게 하였으며, 이에 동의하지 않는 사람들은 아리우스 이단이라는 낙인이 찍히게 되었다. 그러나 대다수 교회는 어떻게 한 개인이 동시에 신이자 인간일 수 있는지에 대한 더 많은 질문에 직면하게 되었다.

이러한 질문에 대한 한 가지 확실한 대답은 예수의 '신-인' 문제에 대하여 '이중의 인격적 정체성double personal identity'으로 설명하는 것이 아니라, 또 다른 종류의 매우 긴밀한 '연합성'에 대하여 말한다고 하는 것이다. 예를 들어, 우리는 예수가 본질적으로 한 인간이며, 모든 면에 있어서 전적으로 하나님의 의지와 일치하기 때문에, 예수의 실존은 하나님의 실존과 같은 효력을 나타내며, 이 세상에 대한 예수의 영향력은 말씀, 또는 하나님께서 언표하신 것과 같은 효력을 갖는다고 보는 것이다. 그러나 그 당시 존재하던 교회들의 대표자들(정확히는 종파적이라기보다는 지역교회 대표자들)이 또 다시 이러한 효력에 대한 주장을 논의하기 위해 431년 에베소 공의회에 모였고, 오늘날 대다수의 기독교 교회들은 에베소 공의회의 권위를 인정하여, 예수는 인격적으로, 그리고 문자 그대로 신성하다는 입장을 지지하게 되었다.

물론, 그 문제에 대하여 신중하게 생각하는 사람이라면, 더 깊이 연구하여야 할 내용이 많이 있다. 만약 예수가 인간적으로, 그리고 문자 그대로 신성하다면, 그는 진정 우리 모두와 같은 인간인가, 아니면 그는 우리가 예수를 보고 그와 관계하도록 한, 한 인간으로서 우리에게 나타난 신적존재인가? 또는 예수는 자신을 한 인간의 몸으로 표현하였지만, 실제로는 인간과 같은 한계성을 갖지 않는 신적존재인가? 예를 들어, 예수가 실제로 고통을 당했는가? 예수가 알지 못했던 일들이 있었는가? 예수가 어떤 예기치 않은 상황들에 대하여 인간처럼 고민하고, 그러한 상황들에 대하여 생각하고, 기도하고, 어떠한 결정을 내리기 위해 노력해야만 했었는가? 아니면 자신의 충만한 신성과 전지전능함이 이 모든 문제들을 해결하여 주었는가?

이러한 것들은 매우 중요한 일단의 질문들이다. 왜냐하면 이러한 문제들이 직접적으로 구원에 대하여 우리가 이해하는 바와 관련이 있고, 구원에 대한 신적 주도권을 인정하고, 그에 응답하는 데에 있어서 우리가 신학적으로 어떤 입장을 취하여야 할지 연관되기 때문이다.

현대의 기독교인들은 매우 오래 전에 이루어진 대답을 그대로 따르고 있다. 451년, 여전히 서로 같은 교파에 속해 있던 교회 대표자들이 칼케돈에 모여, 이렇게 끊임없이 제기되는 질문들에 대한 해답이라고 생각되는 하나의 공식公式을 생각해 냈다. 그것은 한 인간 예수의 존재를 인정하면서, 그는 자신의 신적인 면에 있어서는 성부이시며 창조자이신 하나님과 진정으로 동일한 존재이며, 그의 인간적 측면에 있어서는 우리와 동일한 존재로 보는 것이다. 즉, 예수께서 행동하실 때는 항상 하나님이 행동하시고, 동시에 인간이 행동하는 것이다. 대다수의 모든 기독교 교회들은 여전히 이 공식을 기독교 신앙에 있어서 정통 교리라고 인정하고 있다.

그럼에도 불구하고, 칼케돈 공의회의 공식公式이 적절하게 예수의 본성을 설명하는지 의문이 제기되고 있다. 만약 예수가 하나님이면서 동시에 인간으로서 행동하면서 변함없이 성부 하나님의 의지를 따른다면, 과연 예수가 진정으로 인간의 의지를 가진다고 말할 수 있는가? 만약 하나님으로서 예수가 모든 것을 안다면, 예수는 진정으로 점차적으로 배워나가는 인간의 정신을 가졌다고 말할 수 있는 것인가? 이러한 질문들에 대하여 교회들이 논쟁과 성찰을 거친 후에 숙고하여 내놓은 대답은

'예수가 인간이 됨으로써 예수의 특성. 즉 신성이 드러난 것'이었다. 현대 기독교 학자들은 칼케돈 공식은 단지 예수의 본성에 대하여 합리적으로 설명하려는 대답에 지나지 않는 것이 아니라, 오히려 우리가 예수를 어느 정도는 알 수 있지만, 절대 완전히 이해할 수 없는 신적 신비를 '수용하는 방법'을 제안하는 것이라고 보고 있다.

지난 수 세기 동안 여러 저자들은 현대의 많은 사람들이 지지하는 예수의 이중적 본성dual nature에 관한 질문과 우리가 매우 생소하다고 생각하는 다른 문제들에 대하여 대답해왔다. 4세기의 아타나시우스는 예수의 신-인 문제를 일종의 '교환exchange'으로 이해하였다. 즉 신이 인간의 경험과 인간이 가진 문제의 한 복판에 들어오고, 그 다음으로 인간은 인간과 같이 되신 신을 통하여 인간에게 향하신 신의 분명한 뜻을 이해하고, 그 신적 능력을 공유하게 되었다고 보는 것이다. 만약 예수가 전적으로 신성하며 동시에 전적으로 인간적인 존재가 아니라면, 이렇게 '교환'으로 이해하는 방식은 가능하지 않을 것이다.

약 1100년경 안셀름Anselm으로부터 우리는 또 다른 대답을 얻게 되는데, 비록 이 대답은 오늘날 대다수 기독교인들이 지지하지는 않지만, 과거에는 매우 영향력 있는 것이었다. 그의 주장은 예수가 진정한 구원자이기 위해서는 반드시 그가 신이어야만 했다는 것이다. 왜냐하면 우리가 하나님의 진노로부터 구원을 받아야 하기 때문이다. 그의 논리는 인간에 대한 하나님의 계획이 수포로 돌아갈 수 없다는 입장에서 출발한다. 하나님의 구원은 인간의 죄에 대하여 처벌이 가해지지 않으면서도 죄를 용서하셔야 하는데, 문제는 인간의 죄가 과연 대가 없이 용서받을 수 있는가 하는 것이다. 문제는 인간으로서는 하나님을 만족하게 할 수 없다. 그 대가는 오로지 하나님만 치를 수 있는 것이기 때문에, 하나님이 인간이 되신 것이다. 하나님은 이 땅에 오신 아들의 신분으로 피조물을 사랑하는 사랑의 동기에서, 그리고 하나님의 성품과 완전히 일치하는 상태에서 죄에 빠져 있는 인간을 대신해서 대가를 치르셨다는 것이 바로 안셀름이 이해한 기독론이었다.

20세기 기독교 신학에 있어서는, 복음서와 다른 초기 증언들로 강하게 회귀하려는 경향이 있었다. 기독론을 '상향적ascending', 또는 '하향적descending'인 특성을 가진 교리로 나누어 볼 때, 특히 '하향적' 유형의 기독론은 강한 비판을 받게 되었다. 이 유형은 예수의 신성을 확증하는 교리적 공식들을 가지고, 예수의 인간성과 예수의 지상에서의 삶에 맞추는 것인데, 이렇게 할 때, 이는 무엇보다도 미지의 존재, 즉 하나님의 존재를 역사적으로 증명할 수 없는 예수라는 미지의 존재로 향하기 때문인데, 이는 매우 좋지 못한 방식으로 비판받고 있다.

이와 같은 하향식 기독론과는 달리, 오늘날의 기독론은 상향적 접근방식을 더 선호하는데, 이와 같은 방식의 특징은 우리가 아는 지식과 인간으로서의 예수의 삶에 대하여 유용한 증언들로부터 시작하여 신성으로서의 이 예수라는 사람에 대하여 말하는 것이 무엇을 의미하는지에 대하여 생각하는 것이다. 이는 성서학과 역사학, 그리고 교부학과 같은 학문을 통하여 지난 수세기 동안에 가능했던 것보다 더 깊게 역사의 예수와 그가 살던 시대의 사회와 문화, 그리고 당시의 종교적 분위기를 잘 파악할 수 있기 때문이다. 또한 실존주의, 현상학, 그리고 과정 사상과 같은 최근의 철학적 이론들도 이와 같은 상향적 방법론의 기틀을 제공하였다.

이러한 학문적 방법론들의 도움으로 과거에는 관심을 끌지 못하였던 몇 가지 기독론의 문제들에 대하여 현재에는 많은 관심을 돌리게 되었다. 이러한 질문들 중 하나는 예수가 그의 생애를 통하여 왜 죽음을 선택하고, 또 그와 같은 결단에 이르렀는지, 그리고 예수는 구원을 어떻게 이해하였으며, 역사 안에서 이와 같은 구원의 과정에 대하여 구체적으로 무엇을 말하는 것인지 파악하는 것이다. 이와 같은 질문에 대하여 하향적 기독론은 예수의 죽음을 '대속적redemptive'인 사건이라고 대답할 수 있을 것이다. 왜냐하면 성부 하나님이 이미 영원 전부터 이를 계획하셨고, 따라서 예수의 죽음은 구원을 성취하기 위하여 예수 자신이 선택한 하나님에 대한 근본적인 순종의 행위이기 때문이다. 반면 상향적 기독론은 성부 하나님이 영원 전부터 구원을 위하여 무엇을 계획하셨는지 알 수 있다고 주장하지는 않지만, 예수가 자신의 체포를 그대로 허용하고 죽음을 선택한 이유를 당시 구원과 희망의 확신에 찬 유대인들의 고백을 통하여 기독론에 대한 실마리를 제공하여 준다.

또 다른 질문은 예수가 진정으로 새로운 종교, 즉 기독교를 세울 의도가 있었는지, 또는 실제로 유대교의 정체를 폭로하려고 했는지에 대한 것과 연관이 된다. 일생동안 이스라엘이라는 제한된 지역을 대상으로 하였던 예수의 사역이 마태복음의 마지막에 이르러서는 왜 모든 나라들에 복음을 전하라는 명령으로 확장되는지에 대하여 여전히 의문이 남을 수 있다. 전통적인 하향적 기독론에 있어서 이러한 질문은 불필요하게 보인다. 왜냐하면 그러한 일이 예수의 생애 이후에 일어났다는 사실은 그것이 영원 전부터 정해진 하나님의 계획안에 있던 것임을 의미한다고 간주하면 되는 것이기 때문이다. 아울러 예수가 유대인이었다는 사실에 대하여서도, 유대인이라는 것 자체보다는 구약의 예언을 성취한 예수의 메시아적 사건으로 충분히 이해할 수 있다.

아마도 기독론 내부에서 새롭게 제기되어 온 가장 중요한 질문은 인간 역사의 사회적, 정치적, 경제적 문제와 관련하여, 예수는 과연 어떤 입장을 취하였는지에 대한 것이다. 해방신학은 억압당하고 궁핍한 수많은 사람들의 고통과 희망에 관하여 바르게 답하는 것이 바로 기독론의 핵심이라고 주장하고 있다. 기독론에 대한 이러한 접근은 기독론적 용어를 어디까지 적용할 수 있는지에 대한 질문과 관련이 있다. 즉 예수를 '하나님의 기름부음 받은 자(메시야, 그리스도)'라고 부르는 것이 의미하는 바가 과연 무엇인지 구체적으로 질문하는 것이다. 이런 질문은 죄와 같은 것을 추상적 관념으로 보지 않고, 인간의 폭력과 부정의, 또는 편견과 탐욕과 같은 것들로 이루어진 것으로 보게 한다. 그리고 이와 같은 인간의 죄로 말미암아 현실의 사람들이 더 많은 고통을 당하게 되며, 따라서 타락과 비인간화를 경험하기 때문에, 예수는 이러한 인간의 고통을 해방시키기 위하여 이 땅에 오신 메시야로 이해하게 되는 것이다.

최근에는 복음서에서 증언하는 기적들과 부활에 대하여 새로운 해석이 이루어지고 있다. 과거에는 성서의 기적들과 부활을 단지 예수를 입증하기 위한 자료로서 이해하는 경향이 있었는데, 최근에는 그와 같은 내용들이 바로 우리가 사는 현 세계에 개입하시는 하나님의 현존과 권능을 드러내며, 아울러 구원의 행위와 사건으로서 강조된다. 그리고 예수 또한 신성의 현존과 계시로 간주될 뿐만 아니라, 동시에 진정한 인간이며, 완전한 인간의 현존과 계시로서 간주된다.

이제 기독론의 과제는 우리가 예수로부터 하나님에 대하여 무엇을 배우는가에 대하여 질문하는 것뿐만 아니라, 우리가 우리 자신의 존재에 대하여, 그리고 우리 자신의 가능성과 진정한 운명에 대하여 무엇을 배울 수 있는지에 대하여 질문하는 것이다. 즉 우리의 내세에 대한 질문과 아울러 이 세상과 역사, 그리고 이 사회 속에서 기독교인들의 과연 어떤 삶을 살아야 할 것인지에 대하여 지속적인 질문과 응답이 있어야 한다.

마지막으로, 서로 다른 다양한 전통들과 문화들이 뒤섞여 있는 오늘날의 세계에서, 우리는 구세주이며 성육신으로서의 예수가 갖는 그 특수성에 대한 질문을 회피할 수는 없다. 일부 신학자들은 전통적인 입장에서서, 예수는 오직 유일한 구세주이지만, 예수를 믿는다고 외적으로 고백하지 않는 사람들에게도 구원의 은혜가 미칠 가능성이 있다고 주장하고 있다. 이제 앞으로의 과제는 기독교 신앙을 보존하면서도 비非기독교 신앙 공동체를 향한 하나님의 구원과 은혜를 개방적인 기독론의 입장에서 설명하는 것과 연관이 되어 있다.[4]

3. 성육신

'성육신' 사상은 일반적으로 이에 대하여 분명하게 규명한 문서는 존재하지 않음에도 불구하고 수많은 종교에 있어서 발견되는 개념이다.[5] 성육신은 신성이 이 세상의 형태로 구체화된 것이며, 그리고 그 신성이 대개 인간을 통하여 드러나고, 아울러 신의 본성과 의지가 인간들이 인식할 수 있고 사고할 수 있는 방식으로 전달된다. 예를 들어서 힌두교 경전인 바가바드 기타Bhagabad-Gita에서 크리슈나Krishna는 최고신 비슈누Vishnu의 성육신이며, 그는 인간이 해방될 수 있는 방법을 알려주고, 가능하게 하려고 이 세상에 온 존재로 이해된다. 특히 헤겔과 같은 철학자는 성육신의 개념을 일반화했고, 인류도 신적인 영혼the Divine Spirit, 또는 절대자의 화신이 될 수 있음을 가정했다.

이에 반하여 우리 기독교는 전통적으로 성육신의 교리를 확신 있게

---

[4] 지금까지 필자는 Hellwig의 '기독론'에 대한 관점을 번역하여 옮겼다.
[5] '성육신'에 대한 해석은 브라이언 헤블와이트Brian Hebblethwaite의 정의를 빌렸다. The Abingdon Dictionary of Theology (Abingdon Press, 1996). 아울러 번역 내용은 필자의 선행연구에서 별도의 각주와 재인용 부호 없이 옮긴다. 유경동,『영화속의 신학과 인권』(감리교신학대학교 출판부, 2008), 151~158.

가르쳐 왔다. 이 성육신 교리에 따르면, 하나님은 모든 사람을 위해 예수 그리스도의 위격으로서 인간이 되셨다. 예수 그리스도만이 하나님의 성육신이었으며, 지금도 기독교는 이 입장을 취하고 있다. 인간에 대한 하나님의 영원한 사랑으로부터 예비된 특별한 '인간의 자리'에 오신 예수 그리스도는 이스라엘 역사에 있어서 '신성한 구원자'가 되셨다. 나사렛 예수는 유대인이었고, 인간의 모습으로 오셔서 우리를 구원하기 위한 하나님의 본성과 의지를 유대인의 신앙이라는 역사적 형태를 통하여 표현하였다. 십자가와 예수의 부활은 하나님 스스로 고통에 참여하여 죄로 충만한 인류를 위한 구원자를 드러내며, 그리고 하나님이 죄와 죽음에 대하여 값비싼 승리를 이루심을 확증한다. 아울러 모든 사람은 모두 하나님께서 그리스도를 통해 이루신 일들에 대하여 믿음으로 응답하고, 하나님의 용서와 화해를 인정하며, 십자가에 달리시고 다시 일어나신 그리스도에 내재한 영을 통해 신성한 삶에 참여하도록 초대받는다.

성육신 교리는 요한의 "말씀이 육신이 되었다(요1:14)"와 바울의 "하나님의 모든 충만함이 그리스도 안에 거하기를 기뻐하셨기 때문에(골1:19)", 그리고 히브리서 저자의 글 "그러나 이 지난날에 그는 아들을 통해 우리에게 말씀하셨다(히1:2)"에 근거한다. 이 성육신의 교리는 기독교 시대의 첫 5세기 전반에 걸친 '이교도'들의 거부에 대한 응답으로서 고안해낸 것이며, 교회가 분리되기 이전에 있었던 대 공의회, 특히 325년의 니케아 공의회와 451년 칼케돈 공의회에서 공식화되었다. 성육신교리는 동방교회와 서방교회를 쪼갠 가장 큰 분열을 일으켰음에도 불구하고, 기독교에 있어서 가장 중요한 토대의 하나였으며, 종교개혁 이후에도 로마 가톨릭과 개신교 모두 공통적으로 지켜온 교리이다.

기독교 역사에 있어서 이렇게 중요한 성육신 교리는 지난 20세기 내내 기독교 신학 자체 내에서 거듭하여 비판을 받고, 급진적인 재해석이 등장하기도 하였다. 이러한 해석은 주로 그리스도의 신성을 거부하고, 나사렛 예수라는 인간을 통해 하나님께서 무엇인가를 행하셨다거나 예수의 강력한 신 인식God-consciousness이 교회와 세계를 위해 영원히 중요한 것으로 인정될 수 없다는 입장을 취하는데, 그 주된 이론적 배경에는 다음과 같은 세 가지 이유가 있다. 첫 번째로, 신약성서의 증거는, 그것을 비판적으로 정리해보면, 어디에도 강력한 성육신 교리를 요구하지 않는 것이라 여겨지며, 두 번째, 하나님이자 동시에 인간인 한 존재라는 개념이 실제로 이치에 맞는 것인지 아닌지 의문시 되고, 그리고 세 번째, 전통적인 교리는 다른 종교의 신앙적 가치들을 공평하게 대하는 것이 불가능하게 한다는 것이다. 물론 이러한 급진적인 해석이 하나님의 현존과 물질세계와 인간 세계를 연결하는 하나님의 관계성의 개념으로서의 성육신까지 거부하는 것은 아니다.

신약성서를 통한 성육신 개념의 핵심은 나사렛 예수와 연관되는데, 그는 선생이며, 예언자, 그리고 치료자로서 그에게 있어 가장 중요한 것은 하나님의 현존과 가난하고 버림받은 자들에 대한 하나님의 사랑의 의미를 인간에게 전달하는 것이었다. 그러한 이해로부터 촉발된 나사렛 예수의 운동은 그의 처절한 죽음이후에도 살아남았을 뿐만 아니라, 그로부터 하나의 신앙공동체가 성장하고 발전하는 것을 가능케 하였다. 그리고 이 신앙공동체를 통해 예수 자신은 더욱 더 숭고한 형상으로 나타나게 되었다.

초기에 유대교의 한 종파인 기독교 운동이 당시 철학적 세계관으로 재해석되어 그리스 세계로 전파됨에 따라, 성육신 교리는 더욱 확고한 신조로 굳어지게 되었다. 물론, 이러한 과정은 종교적 상상력이 더욱 더 환상적인 결과물을 낳은 것, 아니면 예수 그리스도의 정체성에 대한 보다 깊은 통찰력을 갖게 된 것이라 해석될 수도 있다. 또한 나사렛 예수가 그리스도로 고양되는 과정을 거부하고, 그를 순전히 유대인 예수라는 한 인간으로 되돌리려고 하는 사람들은 신약성서에 나타난 부활이야기와 초대 기독교인들이 자신들을 살아계신 주님의 제자이며, 그를 숭배한 사람들이라고 분명히 확증한 데 대하여 어려움을 느낀다. 뿐만 아니라 그러한 견해를 가지고 교회의 살아계신 주권자로서의 예수에 대한 기독교인들의 경험을 제대로 설명하기란 절대 쉽지 않다. 기독교인들은 단지 과거의 한 스승에 대하여 기억하는 것이 아니다. 기독교인들은 기도와 성례전을 통해 부활하신 그리스도를 만난다.

이러한 논쟁이 과연 역사적인 증거 하나만으로써 해결이 가능한지에 대하여 입증하기란 매우 어렵다. 확실히 신약성서의 증언은 교회의 발전과 더불어 체계와 된 성육신 신학과 그 맥을 같이 하겠지만, 진리관에 대하여는 역사적인 연구 그 이상의 것이 제시되어야 한다. 무엇보다도 역사적 교회의 신앙에 참여하는 경험에 근거함으로써만 그 진리관이 제대로 인식될 수 있을 것이다.

성육신을 반대하는 사람들은 우리가 인간성humanity과 신성divinity 모두에 관하여 이성적으로 정확하고 완전한 개념을 가지고 있기 때문에, 성육신과 같은 개념은 전혀 이해가 되지 않고, 그리고 예수가 자신은 인간이며, 동시에 신이라는 그 자신의 증언도 모순된다고 비난한다. 반대로 성육신 교리를 변호하는 사람들은 신성은 말할 것도 없고, 인간성humanity에 대하여도 우리는 그렇게 분명하게 정립되고 철저한 개념을 가지고 있다고 본다. 물론 무한한 창조의 정신mind인 하나님이 유한한 인간의 형태를 지닌 피조물 속에 들어가셔서 유한한 인간의 방식으로 하나님의 본성과 의지를 표현하셨다고 하는 것이 기독교의 신앙이다.

하나님이 제한된 인간이 되심은 신의 '케노시스kenosis', 또는 '자기 비움'의 개념을 통하여 더욱 분명히 드러난다. 근대 기독교 신학은 더 이상 인간 예수에게 전지전능성을 돌리지 않게 되었다. 하나님의 능력과 지식은 오히려 제1세기의 유대인 랍비이자 예언자로 비쳐진 예수의 제한된 능력과 제한된 정신을 통해서만 드러나게 되는데, 그는 스스로 인간과 멀리 떨어져서 죽지 않을 신적 존재로서 남아있기 보다는 전 인류에 대한 사랑을 표현하기 위하여 스스로 십자가로 나아간다. 그는 죽음에서 부활함으로써 단지 랍비이며 예언자 이상의 존재였음이 드러나게 되었고, 이제 하나님의 편으로 돌아간 이 예수가 사실은 하나님으로부터 나왔고, 인간의 모양을 입은 바로 하나님 자신이었음을 밝힌 것이다. 이러한 '자기 비움'의 관점은 예수의 인간성에 대하여 신약성서가 기술하는 특징 중의 하나이다.

이러한 성육신의 기독교가 다른 모든 세계 종교와 동등한 구원개념으로서의 중요성을 가진다고 설득하기에는 다소 어려움이 있다. 그것은 기독교의 구원관과 다른 종교의 구원관의 이해에 있어서 서로 다른 종교인들 사이에서 일치점을 찾기가 어렵기 때문이다. 그렇다고 모든 종교는 동일한 목표를 향해 나아갈 수 있다는 세계 다원주의 이론에 합치하기 위해 기독교가 자신의 가장 중요한 교리를 포기할 수 없다. 그리스도 사건에 나타난 하나님의 자기-현현이 결정적으로 중요하다고 보는 견해는 인간 세계와의 하나님의 교제를 하나님의 말씀 또는 하나님의 신적인 아들 성자인 예수가 성육화함으로써 최고의 종교적 절정에 다다르게 되는 것이라 간주할 수 있다. 반면 포괄주의는 전 종교사를 통틀어서, 하나님의 경험과 하나님의 사랑이 그리스도를 통하여 나타났으며, 그를 통하여 역사하시는 동일한 우주적 말씀이 어디에서나 존재한다고 보는 것이다. 이러한 '포괄주의적' 관점에서 보면, 다른 세계 종교들도 살아계신 하나님과 만날 수 있는 통로를 인간에게 제공하지만, 그러한 다른 종교의 지식은 일시적이며, 그리스도 안에서 하나님에 대한 지식이 있을 때에 비로소 보완되고 강화될 것이다.

　기독교와 다른 세계의 위대한 종교들이 더 많이 만나고 대화를 나눔에 따라, 기독교 신앙의 비非 성육신적 입장과 성육신적 입장 사이의 논쟁이 앞으로도 계속 있을 것이다. 비 성육신적 견해를 지지하는 이유는 어느 면에서는 성육신 교리를 이해하기 어렵다는 입장도 포함될 것이며, 종교적인 '신화'의 본질과 그 능력에 대한 이해와 기독교 역사 초기에 성육신 교리의 발전을 이룩한 요인들에 대한 역사적 평가, 그리고 무엇보다도 세계 종교 간의 상호 만남의 분위기 속에서 다른 신앙들을 인정하지 못하는 태도를 버려야 한다는 기대를 포함한다. 근대 교회 신학에 있어서 성육신 교리를 '신화'라고 재해석하는 '다원주의'의 입장에 선 학자들로는 개신교 쪽에서는 존 힉John Hick, 그리고 로마 가톨릭에서는 폴 니터Paul Knitter가 있다.

　위와 같은 다원주의적 관점과 긴장된 관점차이가 있음에도 성육신 견해를 지지하는 주된 요인들은 성육신이 성서 기록에 있어서 매우 이른 시기에 나타났다는 점과 성육신이 동·서방 교회의 주류 기독교 전통에 있어서 수 세기 동안 중심적 요소였다는 점, 그리고 무엇보다도 성육신 교리의 도덕적, 종교적 영향력을 포함하는데, 이는 최소한 다음과 같은 네 가지 입장으로 정리할 수 있다.

　첫 번째로, 전통적으로 기독교는 하나님에 대한 훨씬 더 인격적이며 친밀한 지식을 근간으로 성육신의 교리, 즉 예수 그리스도가 인간의 삶 속에 인격적으로 현존하심을 강조하였다. 그리고 하나님은 기독교인들의 마음속에, 그리고 그 교제 속에 그리스도의 영을 선물로 주심을 통해 인간을 유익하게 하심을 믿는 것이다.

　두 번째로, 하나님의 창조에 있어서 악과 고통의 문제는, A. N. 화이트헤드Whitehead가 말한 것처럼, 하나님은 인간의 모든 고통을 이해하시는 고통의 동반자라는 점을 통해 다소 완화된다. 이러한 방식으로 하나님은 인간 세계의 창조를 통해 나타난 위험에 대한 책임을 지시고, 그 대가를 치러야 함을 인정하신다.

세 번째, 전통적 기독교의 견해로 보면, 창조의 궁극적 미래는 사랑의 공동체로 이해되며, 하나님의 삼위 일체적 생명에 모여지고, 또한 예수가 아버지라 부르는 하나님과의 예수의 연합을 닮아가게 된다. 이러한 '종말론적' 통찰력은 모든 기독교인이 바로 여기 지금 이 시간에 인간 공동체를 위하여 구체적인 행동을 하도록 영감을 준다.

그러므로 네 번째, 기독교인들은 성육신의 종교인 기독교에서 윤리적 중요성을 이끌어내 왔다는 점을 중요하게 여겨야 한다. 말씀이 육체가 되신 것이라면, 물질세계는 하나님께로부터 소외된 것이 아니다. 기독교의 영성은 육체를 원수로 보는 것이 아니라, 영적 삶에 있어서의 수단으로 취하여야 하는 것이다. 기독교인들이 자신의 동료 인류들에 있어서 철저하게 이 세상의 문제와 요구에 참여하는 것은 성육신 안에서의 하나님의 '케노시스(자기비움)'를 닮는 것이다. 이는 성육신이 사회적, 정치적 차원을 지니는 것을 의미하며, 정치적 부정의와 억압의 문제와 연관이 되어 있는 것이다. 성육신 신학은 동시에 성례전 신학으로서 이 지상에 존재하는 것들이 영적으로 중요한 의미가 있음을 발견하며, 정치신학으로서는 이 지상에서의 삶의 조건을 갱신하고 변혁할 그러한 영적 자원을 이끌어내야 하는 것이다.[6]

---

[6] 지금까지 필자는 Hebblethwaite의 '성육신'에 대한 해석을 번역하여 인용하였다.

4. 성령

영성운동과 함께 성령에 대한 이해는 매우 중요하다. 성령은 진리의 영으로 삼위일체 하나님이시며 인격적으로 우리의 삶을 인도하시기 때문이다.[7] 전통적으로 신론과 연관된 하나님의 개념이나 예수 그리스도를 주제로 한 기독론은 자칫 과거에 과한 신학적 연구로 여겨질 수 있으나, 성령론은 현재 하나님과 세계와의 관계 방식에 관한 것으로 이해 될 수 있다.

성령론을 탐구하는 것은 곧 삶의 의미와 목적에 대한 근본적인 질문을 제기하는 것이다.[8] 현재 신학자들은 성령론에 일반적인 관심을 기울이지만, 교회의 역사적인 고백인 하나님의 세계 내적인 활동의 의미와 지구라는 행성의 미래와 운명에 대한 영적 통찰력이 절실하게 필요한 시기에 우리는 살고 있다. 그러나 기독교 교회의 신학은 성서를 통해 이미 성령에 대한 신학적 성찰과 입장을 가지고 있음에도 불구하고, 아직도 구체적인 성령론을 제시하기에는 아직도 불완전하다.

전술한바와 같이, 오늘날 기독교에 있어서 성령 교리를 분명히 할 필요성이 긴박하게 대두되고 있다. 특별히 우주에 대한 새로운 과학적 사고관이 점차 관심을 끌고 있는 점에 있어서 더욱 그러한데, 그 이유는 이러한 과학적 사고관은 인류가 그동안 가장 소중하게 생각했던 종교적, 철학적 관점에 대한 현실의 해석에 대하여 심각하게 의문을 제기하기

---

[7] 이 영성에 관한 이론적인 정리는 필자의 선행연구를 재인용 각주 없이 옮겨왔다. 유경동, 『영성과 기독교윤리』(프리칭아카데미, 2009), 45~57.
[8] 이후 로라 그로스Lora Gross의 이론을 별도의 재인용 각주 없이 옮긴다. Abingdon Press, Lora Gross. 유경동, 『영화 속의 신학과 인권』(감리교신학대학교 출판부, 2008), 322~331.

때문이다.

  과학에 의해 주어진 새로운 세계관은 자연의 개념을 재정의함으로써 하나님-세계와의 관계라는 전통적인 이해에 대하여 도전하였다. 전통적 견해는 자연을 기능적으로 묘사해왔으며, 물질은 내면적 가치를 지니지 않은 것으로 정의해왔다. 생명이 물질 안에 존재한다는 주장이 바로 자연에 대한 재정의에 있어서 그 기초가 되었다. 물질에 생명의 특징을 도입하는 것은 성령에 대한 초기 개념을 이해하는 데에 도움이 되며, 하나님과 세계의 관계로서 성령을 이해 할 수 있다. 그러한 성령 개념은 실재의 모델로서, 즉 하나님이 세계와 관계하고 세계가 하나님과 관계하는 방법에 대한 상像, picture으로서 정의될 수 있다.

  하나님-세계의 관계로서의 성령 개념은 또한 한 문화기로부터 새롭게 도래하는 문화기로의 전이를 설명하는 개념으로 이해될 수 있다. 이러한 의미에서, 영the Spirit은 한 시대에서 다음 시대로 이행하는 문화의 변혁에 있어서 인간을 통해 완수될 신의 목적과 의도로 여겨질 수 있다.

  하나님-세계의 관계로서의 성령 개념은 기독교의 삼위일체 교리에서 확증된다. 삼위일체의 제 3위격으로서의 성령의 개념은 하나님이 이 세상과 그 안의 자연적 생명의 모든 기초가 되신다고 선언한다. 이러한 확증은 성령이 세계와 인간의 삶에 있어서 중심임을 의미한다. 그와 같이 성령은 세계와 인간의 삶 모두를 동시에 보존하기 때문에 성령은 세계와 인간의 삶이 구체적인 사건 속에서 스스로를 초월하시며 움직이신다.

  하나님-세계 관계로서 정의되는 성령 개념 기저에는 몇 가지 기본적 전제들이 있다. 근대 과학은 자연에 대한 18세기의 정의, 즉 '자연은 곧 정적이며 이원론적인 특징을 지닌 유한하며 결정론적인 기제'라는 정의를 바꾸었다. 자연에 대한 이러한 전통적 정의는 자연을 무한하고, 영원히 확장하는 과정으로서 이해하는 역동적이며 통전적인 개념에 의해 도전을 받게 되었다. 자연에 대한 전통적인 관점은 물질은 그 성질이 고정적이며, 비활성적이며, 임의로 분할되고, 움직이지 않으며, 무반응적인 것으로 간주된다.

그러나 과학은 물질을 살아있으며 생동하는 힘으로서, 그리고 멈춤이 없이 거칠게 움직이는 특징을 가지며, 본질적 가치를 가지며, 깊이와 내면성을 소유하는 동시에, 조직화로 나아가고자 하는 경향이 있는 그러한 힘 이상의 것으로 간주한다. 이러한 관점은 '물질 내의 생동성'이라는 개념을 제안하는데, 이는 하나님-인간 간의 상호작용과 협동에 대한 모든 가능성을 거부하는 관점에 대하여 도전하는 것이다. 특별히 성령the Spirit을 비非 물질적이며, 피안적彼岸的이고, 온전히 초월적인 것으로 보고, 성령에 대한 응답은 이와 반대로 순전히 주관적이고, 수동적이며, 무력하고, 복종적인 것으로 보는 해석이 도전을 받게 된 것이다. 나아가 자연에 대한 현재 가장 통용되는 견해들은 지구를 유기체로서 이해하는 것을 지지하는데, 이 유기체로서의 지구의 자연적 과정들은 또한 자연 속에 성령의 현존을 전제하는 가능성을 제시하는 것이다. 그러므로 자연에 대한 현대의 과학적 상像은 하나님-세계 사이의 관계성과 또한 하나님-인간 간의 관계성에 대하여 재고하도록 요청하는 것이다.

성서학자들은 성령에 대하여, 그리고 성령이 세계와 맺는 관계성에 관하여 성서에 적어도 7가지의 특징을 발견해 냈다. 그 중 한 가지 특징은 성령은 곧 하나님께서 이 세상에 현존하심을 나타내기 위해 필수적이라는 점이다. 히브리 성서 전체를 통틀어, 성령은 예언자들과 이스라엘의 지도자들, 그리고 이스라엘 공동체의 사역을 하나님께서 인정하심을 보여주는 것이다. 신약 성서에서, 세계에서의 하나님의 현존을 인정해주는 범주로서의 성령은 메시야의 출현과 그로부터 나타난 기독교 공동체를 지지한다.

성경적 관점에 드러난 두 번째 특징은 성령이 공간적으로 창조의 질서 밖에 존재하는 것이 아니라는 점이다. 이는 성령이 단지 본질적으로 오순절 사건을 통해서만 드러났던 것이 아니라, 창조가 처음 태동하던 그 때부터 존재했음을 의미한다. 성령은 이 세계의 창조 질서 자체를 위해 하나님께서 이룩하신 온 우주의 운명과 함께 움직인다. 그러므로 성령은 본질적으로 하나님의 신적 목적들을 수행한다.

세 번째, 성령에 대한 성서의 이해는 하나님-세계의 관계를 이해하기 위한 근간을 제공한다. 하나님은 성령 사역의 근원이자 바로 의미이다. 그러므로 성령에 대한 모든 고찰은 반드시 하나님을 언급함으로써 가능하다. 세계는 성령이 '거하는 곳', 또는 성령이 활동하는 '활동의 장場'이다. 따라서 성령은 구체적으로 하나님과 세계와 상호관계를 맺는 중재역할을 한다. 람페W. H. Lampe는 그의 저서, 『성령으로서의 하나님』God as Spirit에서 '초월적인 창조자의 내재적인 창조행위'를 하시는 성령의 개념을 강조한다. 영은 초월하며 내재적인 한분 하나님을 지칭하며, 이를 통해 우리는 외면적인 자연 질서 안에서, 그리고 인류의 삶과 믿음 안에서도 하나님을 알 수 있게 된다. 람페는 창조에 있어서, 그리고 특별히 인간의 삶 안에서의 하나님의 능력과 의미, 목적과 성령을 일치시킨다. 그는 성령으로서 생기를 주는 하나님의 현존이 이 세상에서 예수가 나타나심으로 인해 실제로 드러났다고 주장한다. 성령은 예수 그리스도의 계시를 현재도 계속 지속시키는 진리의 영인 것이다.

넷째, 성서는 성령의 사역이 창조 질서를 위한 하나님의 목적을 통해서 이루어진다고 결론짓는다. 그러므로 성령과 하나님께서 지휘하심으로써 '최후에 이룩하게 될 하나님의 뜻'을 전제하지 않고서 성령을 논하기란 불가능하다. 성령에 대한 이러한 종말론적 해석은 성서적 증언뿐만 아니라 고대 그리스의 영 이해에 있어서도 마찬가지이다.

성서 전통은 세계에 대한 하나님의 목적에 대하여 이야기할 때에 영을 뜻하는 히브리어 루아흐ruach와 그리스어 프뉴마pneuma를 에너지와 연관 지으려는 경향을 보였다. 그러므로 본질적으로 하나님의 목적으로서의 성령은 종말론뿐만 아니라, 이해력이나 지혜와 관련된다. 에드워드 슈바이처Edward Schweitzer에 따르면, 성서는 신약의 예수와 관계된 존재로서의 성령 개념뿐만 아니라, 하나님께서 이룩하실 미래의 최후 완성과 예수의 죽음과 부활에 대한 종말론적 의미와 연관된 성령 개념을 제공한다고 주장한다. 그는 모든 생명을 확증하는 데에 있어서 성령의 사역에 대한 히브리 성서의 증언을 강조한다. 나아가 슈바이처는 창조된 세계와 성령의 연합성과 모든 생명에 대한 축복, 인간의 운명에 대한 하나님의 신적 의도와 하나님의 미래를 성취하는 것, 그리고 평화와 정의와 같은 성령의 은사들을 강조한다.

다섯 째, 히브리 성서와 기독교 성서 모두 신적인 사랑과 신실함의 근거로서의 성령을 강조한다. 특히 신약성서는 예수께서 자연과 역사 안에서의 하나님의 뜻을 알 수 있도록 인도하시는 성령과 그의 백성과의 연결점을 제공한다고 주장한다. 그러나 그리스도와 성령사이의 관계를 말하는 데 있어서, 히브리 성서의 증언은 중요한데, 히브리 성서는 성령이 창조에 있어서, 그리고 하나님의 백성을 구원하는 데에 있어서 능동적active이라고 말한다. (시33, 104, 147편; 욥27, 32, 33장; 겔37장; 사44장 참조) 만약 예수의 사역이 인정받는다면, 그는 세계 내적인 하나님의 현존으로서 설명되는 성령이 실체화된 것으로 이해될 수 있는 것이다.

여섯 번째로, 신약성서에서 성령은 부활하신 주와 밀접하게 연관되어 있으며, 결과적으로 세계 안에서 역사하시는 '하나님의 구원'이 강조된다. 그러나 대체적으로 성서의 증언은 하나님께서 그 피조물들과 맺으신 완전한 관계성과 같이, 구원을 자연과 세계와 관련짓는다. 구원은 이렇게 보다 넓은 차원에서 이해되며, 구원은 신학에 있어서 중심적인 지위에 있기 때문에 신학이 세계 안에서의 하나님의 사역을 이해하는 데에 있어서 구원의 개념을 극단적으로 단순화하는 것을 방지하여준다. 예수 그리스도 안에서 영으로서 드러난 하나님의 구원 사역은 모든 현상들과 직접적인 관계를 가진다.

특히 성서는 성령론pneumatology과 기독론 사이의 관계를 설명함으로써 그리스도의 의미를 성령의 의미로서 확인한다. 영은 삼위일체의 틀 내에서 독립적이다. 성령은 창조된 전全 과정 안에서 하나님께서 행하신 총체적인 사역을 지시한다. 따라서 통합적이면서도 개별적으로 그리스도와 성령을 고백하는 성서의 증언은 일체적이면서도 동시에 구별적인 하나님의 특징을 반영한다. 삼위일체는 세계 안에서 인간이 하나님을 경험하는 데에 대한 포괄적인 체계와 이해를 위한 적절한 신학적 모델을 제공한다.

일곱 번째로, 성령에 대한 성서의 견해가 가지는 특징은 성령이 자연 안에서, 그리고 인간의 역사와 삶에 있어서 능동적으로 참여하셨다는 점이다. 특별히 성령은 물질 안에서 생생하게 활동하시며, 따라서 모든 자연 과정에 있어서도 활발하게 역사하신다는 주장이 주목을 끌었다. 테이야르 드 샤르댕Teilhard de Chardin과 볼프하르트 판넨베르크Wolfhart Pannenberg와 같은 현대 신학자들은 성서의 증언과 물질이 갖는 생동적vital 특징에 일치하여 성령과 자연과 성령의 관계성에 대한 포괄적인 개념을 이루는 데에 공헌했다. 샤르댕의 관점에서 볼 때, 영과 물질은 근본적으로 하나이며 동일하다. 샤르댕이 의미하는 바는 영은 인류에게 덧 씌워진 어떤 것이 아니며, 우주의 부차적 결과물도 아니라는 점이다. 오히려 영은 단지 '우주의 본질'이라 부르는 것을 통해 인간의 안과 밖에서 드러나는 보다 높은 상태를 나타낸다.

판넨베르크는 창조의 영the Creative Spirit이 살아 있는 존재들을 초월하는 모든 살아있는 물질의 기원이라고 주장한다. 이러한 의미에서 모든 유기체는 단순히 생물로서의 유기체 이상의 삶을 산다. 그러므로 판넨베르크는 모든 유기적 생명체의 자기 초월적 경향성에 근거하여 영을 정의한다.

전통적으로 윤리적, 신학적 성찰에 있어서 자연을 소외시켜 왔는데, 이는 더 이상 교회 신학에서 용인할 수 없는 엄청난 실수이다. 이러한 실수는 특별히 역사의 어느 한 시점, 즉 무제한적인 기술적 발전의 결과로 야기된 지구 자체의 존재가 위협받고 있는 이때에, 자연을 소외시키는 그러한 관점은 더 이상 어울리지 않는다. 현대 세계는 세계의 집단적 의식에 있어서 전례 없는 큰 변화를 겪는 중이다. 만약 가장 앞서가는 기독교의 메시지가 현재와 미래 세계에 대하여 계속 효력과 타당성을 가지거나, 계속 영향력을 행사하기를 원한다면, 자연을 되찾는 것은 가장 중요한 신학의 과제라고 할 수 있다.

신학의 과제에 있어서 필수적인 요소는 새로운 것들이 끊임없이 생겨나는 복잡한 현실 한 가운데의 세계에 가장 적절한 의미-제공자가 되는 것이다. 성령의 개념에 대한 '재공식화'는 구체적인 형태를 이루기 위하여 분투하는 진화하는 새 시대를 위한 우주적인 의미와 목적의 개념적 모체를 제공한다. 무자비한 핵의 위협과 윤리에 근거하지 않은 고도기술의 발전, 자연 자원의 급속한 고갈과 환경을 총체적으로 오용한 결과로 인한 비극적인 생태적 결과, 자연에 대한 가부장적 지배와 현실에 있어서의 가부장적 규범들이 수정되어야 한다. 따라서 우리에게 요청되는 성령의 우주적 개념은 근본적으로 자연 과정과 관계있는데, 이는 하나님-세계와의 관계성에 있어서 필수적이지만, 현재까지는 간과되었던 이해를 제공한다. 그러한 개념은 새 시대에 세계의 운명을 분별하고 지시할 수 있는 해석적 원리이다.

'재공식화'된 성령 신학에 대한 하나의 실례는 여성신학자인 로즈마리 류터Rosemary Radford Ruether의 사상에서 드러나는데, 그녀는 하나님-세계의 관계 자체로서의 성령 신학이 반드시 출현할 수밖에 없는 상황들에 대하여 매우 정확하게 묘사한다. 그녀는 존재와 지배력이 '위계적인 사슬'로 연결되어 있다고 이해하는 서구 신학의 전통을 근본적으로 재구성할 것을 요청한다. 류터가 제안하는 생태 여성주의 자연신학은 다음의 네 가지 중요한 방식으로 과거의 신학 전통에 도전한다. 첫째, 류터는 존재론적, 도덕적 가치의 관계에 있어서 인간이 인간 이외의 자연 위에 존재하는 위계질서에 대하여 의문을 제기한다. 둘째, 그녀는 인간이 인간 이외의 자연을 마치 자신들이 착취해도 되는 개인 재산과 물질적 재화로 대우할 수 있는 권리를 가진다는 생각을 비판한다. 셋째, 그녀는 사회 지배의 구조, 즉 여성 위에 남성이, 노동자들 위에 사용자들이 군림하는 사회 지배 구조에 대하여 도전하는데, 이러한 구조는 인간이 인간 밖의 자연을 지배하는 것을 성립되도록 조정한다. 넷째, 류터는 비非물질적 존재로서의 영 개념과 비非영적이며 열등하고 무가치하며 지배당하는 존재로서의 물질 개념을 '하나님/됨God/ness'의 개념으로 대체하는데, 이 '하나님 됨'은 숨 막힐 듯한 내재성도 아니고 근거 없는 초월성도 아닌 근본적인 모체이다. 류터의 의견은 성령과 물질의 분리를 거절하고 대신에 성령과 물질은 동일한 존재의 내면과 외면으로 본다.

과학과 종교 사이의 대화는 이제 신학 연구에 있어서 중요한 요소이다. 과학과의 대화에 신학이 충실하게 참여하는 것은 곧 자연 과정 내에서 진화하는 동시에 자연을 초월하고 세계를 창조자의 자비로운 의도에 따라 최후의 운명으로 인도하는 실체로서의 성령을 이해하는 기초가 되는 문화를 재창조하기 위한 첫 단계이다. 이러한 새로운 성령 신학 연구는 하나님-세계 관계 자체인 우주적인 영적 인식의 진화하는 소우주의 축소로서의 기능을 감당할 것이다. 영에 대한 그러한 개념은 과학적 통찰을 통해 존재에 대한 중대한 질문들을 형성하는 데에 참여해야만 하고, 다가오는 시대를 위한 현실 구조의 새로운 공동체를 위하여 가능한 궤도를 제공해야만 할 것이다.[9]

필자는 지금까지 '영성과 하나님'이라는 주제로 '하나님', '기독론', '성육신', 그리고 '성령'에 관한 이론을 현대신학적 관점에서 정리하여 보았다.

이제 다음 장에서 기독교 초기 교부들과 영성가들에게 나타나는 '삼위일체의 영성'에 대하여 살펴보자.

---

[9] 지금까지 필자는 Lora Gross의 '성령론'을 번역하여 옮겼다.

03 삼위일체의 영성

삼위일체 하나님은 말씀으로 창조하신 세계를 구원하시기 위하여 이 땅에 오셔서 말씀으로 새롭게 하셨으며, 많은 기적을 행하시고, 수치를 감당하셨다. 하나님은 첫 번 창조를 통하여 인간을 만드심으로 지금의 우리를 존재하게 하셨으며, 예수 그리스도를 통한 두 번째 창조를 통하여 자신을 내어주심으로써 새로운 우리를 선물로 허락하셨다. 클레르보의 베르나르Bernard of Clairvaux는 이를 "우리는 하나님에게 두 번이나 빚을 진 것이다!"라고 묘사하였다.

1. 하나님의 거룩하심

앞장에서 살펴보았듯이, 현대 기독교영성에서 삼위일체는 일반적으로 성경에 근거하여 하나님의 신비와 창조세계의 구원, 그리고 공동체성에 대하여 강조하고 있다. 삼위일체 영성은 구약과 신약 성경을 통해 우리에게 계시된 하나님의 본성과 사역에 대한 '속기록shorthand'을 이해하게 된다. "하나님은 이스라엘의 신앙 고백인 쉐마Shema(신6:4)에서처럼 진실로 한 분 하나님이지만, 그 동안 하나님은 성육신하신 예수 그리스도 안에서 계시되었으며, 성령에 의해 계속해서 교회 안에 임재 하신다."[1]

　인간이 상실한 영을 회복한다는 뜻은 하나님의 영이 함께하는 것이 되기 때문에 '영성'의 출발점은 하나님으로부터 시작한다. 이는 논리적인 귀결이 아니라 하나님이 우리의 죄를 용서하시고 우리를 다시 사랑하여 주셔야만 우리는 다시 하나님과 대화할 수 있으며, 다시 창조의 질서 속에 다시 들어가는 것이다.

　하나님은 삼위일체의 신비 속에서 세 인격을 통하여 완전한 상호적 사랑을 드러내셨다. 우리가 영성을 회복하는 길은 이 하나님의 관계를 통하여 믿음의 길로 들어서는 것이며, 궁극적인 충만함과 기쁨이 원천은 오로지 하나님과의 교제와 친밀함에 있다는 사실을 깨닫는 것이다.[2]

　필자는 삼위일체의 영성을 정리하면서, 총 네 가지로 그 내용을 분류하여 보았다. 그것은 하나님의 거룩하심과 주권, 인간을 향하신 구원, 공동체의 영성과 삼위일체 영성의 목적이다. 그 내용을 순서대로 살펴보자.

(1) 삼위일체 하나님의 거룩하심

　삼위일체의 영성은 하나님 존재 안에서 모든 거룩함과 선하심이 있음을 고백하게 한다. 무엇보다도 삼위일체는 하나님의 존재에 대한 거룩함과 신비를 드러낸다. 왜냐하면 오직 삼위일체, 즉 모든 것의 창시자, 그분 안에서만 선함이 존재하기 때문이다.[3] 거룩한 삼위일체를 통해 나타

---

[1] 사이몬 찬, 『영성신학』, 김병오 옮김, (한국기독학생회출판부, 2009), 56.
[2] 케네스 보아, 『기독교 영성, 그 열두 스펙트럼』, 송원준 옮김, (디모데, 2005), 52. 이하 "케네스 보아, 『기독교 영성, 그 열두 스펙트럼』"으로 한다.
[3] 오리겐Origen, *De Principiis*. 이하 기독교 초기 사상가들의 글은 의역하여 내용을 옮겼으며 형식은 각 사상가 중심으로 문단을 정리하였다. 그리고 문단의 끝에 붙은 각주 인용과 인명이 그 문단의 내용을 대표하는 형식으로 구성하였다.

나는 능력은 신앙을 가진 사람들에게 하나님의 은총으로 나타난다. 여기서 능력의 근원은 아버지이고, 아버지의 능력은 아들이며, 그 능력의 영은 성령이다.[4]

삼위일체는 존재로서도 하나님이 완벽한 하나임을 증거 한다. 아버지 됨, 아들 됨, 그리고 성령의 발현, 즉 존재의 방식에 대하여 우리는 다르게 인식하지만 삼위일체는 혼동되지 않고 나누어지지 않는다. 주님의 말씀에 따르면, "나는 아버지 안에 있고, 아버지는 내 안에 있다(요한복음 14장10)." 그러므로 우리는 아버지, 아들, 성령이라는 세분의 하나님 사이에서 차이를 말할 수 없으며 오히려 한 분 하나님, 즉 거룩한 삼위일체를 고백한다. 또한 우리는 말씀이신 하나님과 육체이신 하나님이 한 위격임을 고백하며, 또한 말씀이 육화된 후 조차도 삼위일체는 삼위일체로 남음을 믿어야 한다.[5]

토마스 아퀴나스는 삼위일체를 연합과 질서, 그리고 본질이라는 맥락에서 보았다. 그는 삼위일체라는 단어는 삼위일체가 셋으로 된 연합을 의미하듯이, 세 위격들도 하나의 본질을 의미하는 것이라고 강조하였다. 엄격한 의미에서 하나의 본질을 가진 세 위격의 수는 복수의 형태이지만, 질서에 속하는 연합이다. 예를 들어서 '사람들'이라고 할 때, 이는 특정한 질서 속에 있는 다수의 사람들을 의미한다. 그러나 삼위일체의 경우에는 질서의 연합을 넘어서서 본질의 연합을 지향한다. 따라서 삼위일체는 위격의 삼중 숫자를 표현하지만, 하나님 안에서는 삼중성이 아니라 본질적 일체이며, 다중성이 아니라 인격의 하나 됨을 말하는 것이다.[6]

이러한 삼위일체에 있어서 신성은 불변하다. 본질에서 하나이고, 역사

---

[4] 닛사의 그레고리Gregory of Nyssa, *Dogmatic Treatises, etc.*
[5] St. John of Damascus, *Exposition of the Orthodox Faith.*
[6] St. Thomas Aquinas, *Summa Theologie.*

하심에 있어서도 나누어지지 않으며, 의지에 있어 하나이고, 전능함에 있어서도 그러하고, 영광과 자비에 있어서도 동일하시다. 그는 우리의 구속을 위해 스스로 활동했으며, 성부는 우리에게 자비로움을, 성자는 유익함을, 성령은 우리를 뜨겁게 하신다.[7]

마틴 루터는 삼위일체의 신앙에 있어서 첫째로 성부 하나님으로서 창조를 설명하고, 두 번째는 성자로서 구속이며, 세 번째는 성령으로서 성화를 강조하였다. 사도신경이 짧게 많은 단어들을 포함하고 있는 것처럼 삼위일체도 그러한 것이다. 루터는 "나는 나를 창조하신 성부 하나님을 믿는다. 나는 나를 구원하신 성자 하나님을 믿는다. 나는 나를 거룩하게 하신 성령을 믿는다."고 고백함으로써 삼위일체의 신앙을 확증하였다.[8]

거룩한 삼위일체에 대한 영성은 셋이라는 숫자 때문에 터무니없는 우상들을 만들어서는 안된다. 우리는 아버지와 아들과 성령이 세 명의 사람이거나 세 분의 신들이라고 상상해서는 안 된다. 대신 우리는 위격의 삼위일체 안에서 신성의 연합을 고백하여야 한다. 아버지는 하나님이고, 아들이 하나님이고, 성령이 하나님이다. 아버지, 아들, 성령이 세 분의 신들이 아니라, 한 하나님이다. 아들은 세 인격이고, 인격의 본질은 하나이다. 이 신비는 신앙으로 믿어지는 것이고 인간 이성의 범주를 넘어선다.[9]

(2) 삼위일체 믿음의 근거

삼위일체의 영성은 우리에게 믿음의 깊이를 더하게 한다. 삼위일체는

---

[7] Jacobus de Voragine, *The Golden Legend*.
[8] Martin Luther, *The Large Catechism*.
[9] Louis of Blois, *A Mirror for Monks*.

우리에게 믿음의 내용이 된다. 우리는 거룩하고 경외할 가치가 있는 삼위일체가 동일한 본질임을 믿는다. 그리고 우리는 삼위일체가 영원히 공존하며, 동일한 영광과 신성이 있는 것을 믿으며, 아버지가 비물질적이고, 비가시적이고, 영원하다고 말하는 것처럼, 아들과 성령도 비물질적이고, 비가시적이고, 영원하다.[10]

콘스탄티노플의 소크라테스Socrates도 삼위일체에서 각 위격을 서로 분리하지 않았으며, 성령을 아버지와 아들로부터 분리하지 않고, 오히려 거룩한 삼위일체에 대한 하나의 믿음으로서 성령을 아버지와 아들과 함께 영광을 돌렸다.[11] 삼위일체의 신성은 하나이며, 기독교인에게 구원의 증거로서 아버지와 아들과 거룩한 영의 삼위일체는 믿음의 본질이 된다. 소크라테스는 우리가 믿는 주님 안에 하나의 동일한 신성과 능력, 거룩성과 본질이 존재함을 강조하였다. 신앙인들은 아버지와 아들과 거룩한 영이 하나의 본질임을 고백하며, 그것이 불변한다는 것에 동의하여야 한다. 소크라테스는 우리는 완벽하고 가장 거룩한 삼위일체를 믿으며, 아버지가 하나님이고 아들이 하나님임을 확신하면서, 신성의 위대함과 위격들의 완벽한 연합과 관련하여 두 명의 신이 아니라, 오직 하나의 신만을 인정하여야 한다고 주장한다.[12]

세베리누스 보에티우스Anicius Manlius Torquatus Severinus Boethius도 삼위일체의 연합과 관련한 믿음은 아버지는 하나님이고, 아들도 하나님이고, 성령도 하나님이심을 받아들이는 것임을 확신하였다. 아버지, 아들, 성령은 한 하나님이 연합에는 차이가 없으며, 어떤 속성을 더하거나 뺄 수 없다. 아리안주의자들의 경우, 삼위일체를 삼위의 속성에 따라 등급화 함으로써

---

[10] St. Jerome, *The Letters of St. Jerome*.
[11] Socrates of Constantinople, *The Ecclesiastical History*.
[12] Theodoret, Bishop of Cyrus, *The Ecclesiastical History, Dialogues, and Letters*.

연합을 깨거나 복수로 전환시킴으로써 본질의 차이를 허용하였다. 그러나 삼위일체의 연합에 있어서 차이가 없는 이유는 각 삼위는 본질에 대한 서술이며, 이 서술에 있어서 유형이나 종류, 그리고 수는 관계라는 점에서 이해될 수 있다. 따라서 신적인 본질은 연합을 유지하며 신적관계성은 삼위일체를 가능하게 한다.[13]

시에나의 성 캐서린St. Catherine of Siena은 삼위일체를 깊은 심연에 비교하였다. 삼위일체의 영성은 믿음과 연관하여 우리의 영혼이 갈망하여야 하는 것이 무엇인지 드러낸다. 영원한 삼위일체는 하나의 깊은 바다와 같아서 더 깊이 들어가면 더 많은 것을 발견하고, 더 많이 발견하면 더 많은 것을 추구하게 된다. 우리의 영혼은 하나님의 심연에서 한 번만으로는 만족할 수 없는데, 그 이유는 영혼은 영원한 삼위일체를 향하여 늘 영적으로 굶주리고 영원한 삼위일체의 빛 가운데 빛과 함께 하나님을 보기를 열망하기 때문이다. 마음이 생수의 샘을 열망하듯이, 우리의 영혼이 이 어두운 육체의 감옥을 떠나 진리 안에 삼위일체 하나님을 보기를 열망한다. 이 영원한 삼위일체의 진리는 인간이 가진 육체의 한계를 넘어서 삼위일체를 향한 영광과 찬양을 통하여 피조물의 아름다움과 지성의 빛을 체험하게 된다. 삼위일체 안에서 우리는 하나님 안에 있는 자신을 발견하며, 하나님의 형상대로 창조된 자신임을 깨닫고, 하나님의 능력이 부여되는 것을 체험한다. 따라서 우리는 삼위일체 하나님을 사랑하고 하나님과 하나님의 아들, 그리고 성령의 하나 되심을 통하여 온 우주가 하나님의 작품이며 새 창조를 통한 하나님의 사역을 바라보게 된다.[14]

---

[13] Anicius Manlius Torquatus Severinus Boethius, *The Theological Tractates*.
[14] St. Catherine of Siena, *The Dialogue of Saint Catherine of Siena*.

거룩한 삼위일체의 영성은 하나님의 축복을 바란다. 이 축복의 삼위일체, 성부, 성자, 성령 안에서 전능자이시고, 가장 의롭고, 지혜로우시며, 선하신 하나님, 그분에게 모든 영광과 능력, 그리고 다스리심이 지금부터 영원히 있는 것이다.[15]

2. 하나님의 주권과 창조의 신비

(1) 삼위일체 하나님의 창조 주권

삼위일체의 창조에 대한 초기 기독교의 영성은 전적으로 하나님과 피조물의 관계를 설명하면서 하나님의 절대적인 주권을 강조하고 있다. 이는 창조주와 피조물 사이 두 존재의 물리적 비교가 가능한 존재의 유비類比, analogy가 아니라, 창조를 통한 하나님의 사랑과 은총을 이해할 수 있는 관계의 유비로 나타난다고 할 수 있다.

창조주 하나님과 창조세계의 관련성은 매우 중요하다. 모든 창조의 시작은 영원하신 하나님의 말씀과 형상으로 이루어진다.[16] 영원하신 삼위일체에 의해서 모든 것들이 선하게 창조되었다. 그러나 피조물들 자체는 영원하지도 불변하지 않지만, 각각의 피조물들은 창조주의 섭리로서 아름다운 삼라만상을 구성한다.[17]

하나님의 창조는 이상적인 본질을 포함하고 있다. 인간은 하나님의 고귀한 창조로서 그분의 계획 가운데 이루어진 완벽한 창조라고 할 수

---

[15] John Bradford, *Godly Meditations upon the Lord's Prayer*.
[16] Origen, *De Principiis*.
[17] St. Augustine, *Handbook on Faith, Hope, and Love*.

있다. 왜냐하면 하나님의 창조란 섭리가운데 드러난 하나님의 작품으로서 그 본래의 목적에 의하여 이루어진 위대한 결과이기 때문이다. 따라서 모든 창조는 신적 지성의 표현이며, 이 신적 지성은 원형을 담지하여 모든 것은 이것의 유출이고, 형상이며, 진리에 더 가깝고, 원형과 어렴풋한 유사성을 가지고 있는 것이다.[18]

창조는 하나님의 권능을 통하여 드러난 결과이지, 자연이 만들어낸 것이 아니다. 하나님은 시간도 창조하셨으며, 이 창조는 단순히 하나의 시작이 아닌, 창조세계를 통하여 무궁무진한 변화를 나타낸다.[19]

밀라노Milano의 대주교인 암브로시우스Ambrose는 창조는 전적으로 가시적이든 영적이든지, 거룩한 능력으로 완성된 산물로 보았다.[20] 창조는 하나님의 인도를 받는 반면, 하나님은 인도하신다. 창조는 다스림을 받는 반면, 하나님은 통치하신다. 창조는 위로받지만 하나님은 위로하시며, 창조는 구속되어있는 반면 하나님은 자유를 주신다. 창조는 지혜롭게 인도 되는 반면, 하나님은 지혜의 은총을 주시며, 창조는 선물인 반면 하나님은 그 선물들에게 당신의 기쁨을 부여하신다.[21] 이와 같이 창조세계 전체는 하나님과 비교될 수 없으며, 모든 것 위에 아버지와 아들과 성령의 신성이 존재한다. 삼위일체의 신성은 창조의 이유가 아니지만, 창조는 신성 때문에 존재한다.[22]

하나님의 창조에 대한 기독교의 영성은 창조세계를 향하신 하나님의 구속을 대망한다. 성경은 "믿음으로 모든 세계가 하나님의 말씀으로 지

---

[18] Plotinus, *The Six Enneads.*
[19] St. Hilary of Poitiers, *Homilies on Psalms.*
[20] Ambrose, *On the Duties of the clergy, etc.*
[21] Gregory of Nyssa, *Dogmatic Treatises, etc.*
[22] Ambrose, *On the Duties of the Clergy, etc.*

어진 줄을 우리가 아나니 보이는 것은 나타난 것으로 말미암아 된 것이 아니니라(히11:3)"고 증거 한다. 우리는 창조세계를 통하여 하나님의 구원계획을 알 수 있다. 창조는 하나님의 명령으로 지음을 받았다(시 148:5). "만물이 그에게서 창조되되 하늘과 땅에서 보이는 것들과 보이지 않는 것들과 혹은 왕권들이나 주권들이나 통치자들이나 권세들이나 만물이 다 그로 말미암고 그를 위하여 창조되었다(골1:16)."

믿음으로 우리는 창조 너머에 있는 하나님의 계획을 깨달으며, 그 분의 구속을 기다린다. 이와 같이 창조는 우리를 하나님에 관한 지식으로 이끌며, 우리로 하여금 창조주 하나님을 완전히 알게 해준다.[23]

오리겐Origen은 이 믿음으로 우리는 삼위일체 하나님의 창조를 통하여 인간은 타락의 굴레에서 벗어나 하나님의 자녀가 되는 영광을 누리며 자유로 옮겨져 가는 것을 확신하였다. 하나님의 창조 안에는 하나님의 아들을 통하여 구속을 기다림으로써 독생자 예수 그리스도를 대망하게 되는 것이다.[24]

삼위일체 하나님은 말씀으로 창조하신 세계를 구원하시기 위하여 이 땅에 오셔서 말씀으로 새롭게 하셨으며, 많은 기적을 행하시고, 수치를 감당하셨다. 하나님은 첫 번 창조를 통하여 인간을 만드심으로 지금의 우리를 존재하게 하셨으며, 예수 그리스도를 통한 두 번째 창조를 통하여 자신을 내어주심으로써 새로운 우리를 선물로 허락하셨다. 클레르보의 베르나르Bernard of Clairvaux는 이를 "우리는 하나님에게 두 번이나 빚을 진 것이다!"라고 묘사하였다.[25]

토마스 아퀴나스는 창조세계가 '하나님께 의지하는 관계'라는 관점에서

---

[23] St. John Chrysostom, *On the priesthood*.
[24] Origen, *De Principiis*.
[25] St. Bernard of Clairvaux, *On Loving God*.

보았다. 창조가 우주 안에서 무無로 시작되었음을 전제하고, 이 창조 안에 하나님의 지혜가 보존되어 있다고 보았다. 하나님의 지혜와 선하심에 따라 창조된 피조물들은 질서가운데 보존되어 있다. 피조물들에게 있는 특성의 다양함은 하나님의 뜻이지만, 하나님은 전 창조의 질서 밖에 계시며, 하나님의 본성과 그 어떠한 피조물과의 관계는 없다. 왜냐하면 하나님은 그의 본성의 필요에 의해 피조물을 만드시지 않고, 그의 지성과 의지로 생산하셨기 때문이다. 그러므로 하나님과 창조물의 진정한 관계는 없다. 반면에 피조물과 하나님과의 관계는 유지되는데, 왜냐하면 피조물들은 신적 질서 속에 포함되어 있고 그들의 본질은 하나님께 의존하고 있기 때문이다.

아퀴나스는 창조된 세계의 현재는 그 이전 것과는 다르기 때문에 변화를 전제한다고 주장하였다. 창조세계의 현재는 과거의 것과 양과 질, 그리고 장소와 움직임에 따라 변화한 결과이다. 이 변화의 과정 속에 창조주와 피조물의 관계는 유지된다. 한편 아퀴나스는 '창조주'와 '피조물'은 결과에 대한 원인, 그리고 원인에 대한 결과라는 관계를 내포하지만, 오직 결과로서의 원인을 분명하게 규정하여 준다고 봄으로써 하나님의 창조를 증명하였다.

아퀴나스의 창조에 대한 관점을 요약하면, 창조는 피조물과 관계 맺는 적극적인 신적 행위, 즉 하나님의 본질을 전제하지만 하나님과 피조물의 관계는 본질의 관계가 아니다. 창조는 변화를 의미하고, 변화는 움직이게 하는 자와 움직이는 자 사이의 매개체와 같기 때문에, 창조 역시 창조주와 피조물간의 매개체를 의미한다. 따라서 만들어진 피조물의 창조세계 안에는 그 이상의 창조의 필요성은 없다. 왜냐하면 피조물들에게 나타나는 변화의 특성이 스스로에게 위탁되어진 질서이기 때문이다.[26]

다마스커스의 성 요한St. John of Damascus도 창조는 하나님의 본질로부터 나왔다고 강조하였다. 창조는 하나님의 의지와 능력에 의해 무로부터 존재하게 된 것이며, 창조된 세계의 변화는 하나님의 본성을 간섭하지 않는다고 보았다. 왜냐하면 하나님의 창조는 하나님의 창조하시는 능력에 절대 의존하며, 피조 된 세계는 신적 본질이 옮겨간 것이 아니라 전적으로 지어진 것이다. 분명한 것은 모든 창조는 하나님의 창조와 그 능력에 의존하여 있고, 인간은 성경에도 기록된 바 그 본질상 타락에 종속되어 있는 것이다.[27]

삼위일체 하나님과 피조된 세계는 본질상 다르지만, 삼위일체 내의 위격은 본질상 같다. 삼위일체 창조의 영성에 있어서 독생자 예수 그리스도는 하나님에게 속하여 예수는 영원히 하나님 아버지의 본질에 속하여 유일한 독생자로서 하나님의 본질과 일치한다. 아울러 삼위일체의 성령은 우주 창조를 완벽하게 하는 분이다.

이와 같이 하나님의 창조가 무로부터 시작되었으며, 이 창조에 대한 신실한 믿음과 하나님의 절대 주권을 인정하는 것이 기독교 신앙의 근본적인 원리이다. 우리는 하나님이 우주를 만든 분이시며, 우주는 선하고 우주는 그것을 만든 자가 주시는 자유로운 선물임을 부인할 수 없다. 왜냐하면 자연 자체가 이것을 가르쳐주기 때문이다. 우리는 한 하나님을 예배하는 자들로서 자연을 통하여 하나님의 존재하심과 우리를 향하신 뜻을 배울 수 있다.[28] 그러나 우리는 창조세계가 다시 비존재로 되돌아간다고 생각해서는 안 된다. 우주를 만드신 하나님은 당신의 지혜 가운데 이 창조세계의 질서를 보존하시기 때문이다.[29]

---

[26] St. Thomas Aquinas, *Summa Theologie*.
[27] St. John of Damascus, *Exposition of the Orthodox Faith*.
[28] Tertullianus, *Apology*.
[29] Moses Maimonides, *The Guide for the Perplexed*.

(2) 삼위일체 창조의 신비와 자연

삼위일체 하나님은 인간과 세계를 지으시고, 우주적 화해의 사역에 있어서 모든 삼위가 연합하여 일을 하신다.[30] 따라서 영성의 출발은 이 모든 일에 근원이 되시는 삼위일체 하나님으로부터 출발한다. 하나님의 피조물로서 인간은 성경에 기록된 창조의 질서에 따라서 영을 부여받았다(창2:7). 인간이 '살아있는 영'이 되었기 때문에 인간은 에덴동산에서 하나님과 대화하며 축복가운데 살 수 있었다. 그러나 인간은 하나님의 말씀에 불순종하여 선악을 알게 하는 나무의 실과를 따먹게 되며, 아담과 하와의 후손은 타락하여 '육신'이 되어 하나님의 영이 사람과 함께 하지 아니하게 되었다(창6:3). 이 '육'이 된 죽을 수밖에 없는 인간에게 하나님은 예수 그리스도를 보내셨다. "예수 그리스도의 성육신은 하나님이 당신의 영광, 선하심, 은혜, 사랑, 거룩함, 공의, 그리고 진리를 세상에 나타내신 가장 결정적인 방법이다(히1:1-3)."[31]

현대 기독교영성에서 하나님의 창조는 인간 앞에 무한한 신비로 펼쳐 있다. 하나님의 존재도 신비이지만 하나님이 지으신 세계 또한 하나님의 말씀에 의하여 만들어졌기 때문에, 인간에게는 무한한 경외감으로 다가온다. 하나님이 지으신 창조세계가 하나님 자신은 아니지만, 우리는 자연을 통하여 마치 "우리 눈앞에 가장 아름다운 한 권의 책처럼 펼쳐져 있으며, 그 속에는 모든 피조물들이 커다란 것이든 조그만 것이든 눈으로 볼 수 없는 하나님의 일들을 우리에게 보여주는 글자들처럼 존재한다."는 사실에 놀랄 뿐이다.[32]

---

[30] 케네스 보아, 『기독교 영성, 그 열두 스펙트럼』, 332.
[31] 케네스 보아, 『기독교 영성, 그 열두 스펙트럼』, 213.
[32] 앨리스터 맥그라스, 『종교개혁 시대의 영성』, 209.

삼위일체 하나님의 신비에 관한 특징은 인간을 둘러싸고 있는 자연의 세계에 대한 경외감을 불러일으킨다. 하나님의 창조세계에는 하나님의 뜻이 담겨져 있으며, 하나님이 말씀하신 순간 드러난 것이 이 우주이기 때문에, 그런 의미에서 자연Nature은 영성과 매우 밀접하다. 따라서 자연은 절대정신의 직접적인 현현이며, 자연이 아직은 자기-성찰적으로 깨어 있지 않으며, 비록 그 핵심은 신성한 것이기는 하지만, 아직 그것은 잠들어 있는 정신이라고 할 수 있다.[33]

이런 맥락에서 하나님의 창조세계에 대한 기독교의 영성은 자연을 물리적으로 넘어서는 무엇이 아니라, 자연의 내면이자 온 우주의 내부라고 할 수 있다.[34] 하나님은 우주와 함께 인간을 지으셨기 때문에 우리는 우리와 함께 있는 이 우주와 자연을 통하여 하나님을 경배한다. 그리고 우리는 그리스도의 새 창조를 기대하게 되는 것이다.

여기서 우리는 많은 영성가들이 고행자의 삶을 살아가는 이유를 발견하게 된다. 영성가들에게 '자연적'이라는 것은 본질적으로 '초자연적'이거나 하나님의 고귀한 선물이라는 뜻이 아니라, 인위적이고 비인간적인 생활과 구별하여 하나님의 창조세계 안에서 하나님이 주신 자연과 함께 살아가는 것이다. 그렇게 함으로써 영성가들은 하나님께서 인간에게 바라시는 삶을 관조하고 죄에 빠지지 아니하도록 노력하였다.[35]

따라서 '고행'이라는 것은 순전히 인간의 주관적인 자기 판단이며, 삶의 안락에 빠져 불편한 것은 참지 못하는 관점에서 내 뱉는 말일 수 있다. 자기가 속한 문명과 문화적인 혜택과 단절되어 낯설고 적응하기 힘든 것이 고행이 아니며, 그것을 감수하는 것이 고난이 아님을 우리는

---

[33] 켄 윌버, 『감각과 영혼의 만남』(조효남 옮김, 범양사, 2010), 201.
[34] 켄 윌버, 『감각과 영혼의 만남』, 358.
[35] 루이 부이에, 『영성 생활 입문』, 28~285.

영성을 통하여 알 수 있다.

진정한 의미의 고난은 하나님이 창조하신 이 위대한 자연의 세계에 자신을 맡기는 것이다. 이는 이전의 인간 중심적인 자기 삶과 단절을 의미하며, 하나님이 우리를 위하여 지어주신 것과 사랑하며 '더불어' 살아가는 것이다. 자연과 하나가 되어 하나님을 갈망하는 것이다. "피조물이 다 이제까지 함께 탄식하며 함께 고통을 겪고 있는 것을 우리가 아느니라(롬8:22)."는 말씀처럼 우리도 자연의 일부이다.

"자연의 저 전체성을 보라. 창조의 저 위대한 유비類比를 주시하라. 존재하는 모든 것은 그 자신, 그리고 자신과 같은 다른 존재를 느끼면서, 생명은 생명과 더불어 메아리치며 퍼져나간다…우리 마음에서 일어나는 충동은 우리의 실존의 원동력이고, 또한 그것은 우리의 가장 고귀한 앎에도 이같이 남아있어야 한다. 사랑은 가장 고귀한 느낌이므로 그것은 앎의 가장 고귀한 형태이다." [36]

칼빈Calvin은 창조세계가 모든 점에서 창조주를 반영하고 있음을 강조하였다. 창조된 피조물들은 그의 창조주를 다양한 방식으로 증거하며, 모든 형상들은 우리의 눈앞에서 빛나고 있는 것이다. "마치 이것은 우리가 눈으로 볼 수 없는 하나님이 당신을 우리에게 알리시고자 걸쳐 입으신 옷과 같은 것이다. 그것은 마치 한 권의 책과 같은 것으로, 그 책속에는 창조주의 이름이 저자로 기록되어 있다. 그것은 마치 하나의 극장과 같은 곳으로, 그 안에서는 하나님의 영광이 관객들에게 펼쳐지고 있다. 그것은 마치 하나의 거울과 같은 것으로, 하나님이 행하신 일들과 그분의 지혜를 그 안에서 보게 된다." [37]

---

[36] 켄 윌버, 『감각과 영혼의 만남』, 178. 여기서 켄 윌버는 '헤르더'의 말을 인용하고 있다.
[37] 앨리스터 맥그라스, 『종교개혁 시대의 영성』, 208.

칼빈은 인간이 이 자연세계 안에서 하나님의 창조에 대하여 두 가지 방식으로 이해하게 된다고 보았다. 만약 하나님의 창조를 올바르게 이해하게 되면, 자연은 하나님의 창조주 되심을 반영하고 그분이 창조주 되심을 가리키지만, 만일 우리가 하나님의 창조를 그릇되게 이해하게 되면, 우리는 창조주와 그의 목적을 망각하고 오히려 피조물인 자연을 하나님으로 오해하며 결국 피조물을 경배하게 된다.[38]

삼위일체 하나님에 대한 바른 영성은 창조세계는 하나님의 영광을 드러내기에 우리는 창조세계를 잘 보전하고 가꾸어야 하는 사명으로 인도한다. 모든 창조 세계는 하나님이 지으시고 하나님의 영광을 담고 있다. "하늘이 하나님의 영광을 선포하고 궁창이 그의 손으로 하신 일을 나타내는도다. 날은 날에게 말하고 밤은 밤에게 지식을 전하니 언어도 없고 말씀도 없으며 들리는 소리도 없으나 그의 소리가 온 땅에 통하고 그의 말씀이 세상 끝까지 이르도다. 하나님이 해를 위하여 하늘에 장막을 베푸셨도다. 해는 그의 신방에서 나오는 신랑과 같고 그의 길을 달리기 기뻐하는 장사 같아서 하늘 이 끝에서 나와서 하늘 저 끝까지 운행함이여 그의 열기에서 피할 자가 없도다(시편19:1-6)." 이와 같은 영성이 이 창조세계를 통하여 하나님께 영광을 돌려드리는 것이다.

삼위일체 영성을 통하여 우리는 창조세계와 함께 하나님을 찬양하는 성례전적인 사명을 가지게 된다. 왜냐하면 창조세계는 하나님의 구속을 기다리기 때문이다. 성 프란시스는 창조 세계를 진정한 형제자매들로 보았는데, 그 이유는 하나님이 창조하셨으며, 마지막 날에는 회복될 것이기 때문이다. 따라서 프란시스는 하나님의 창조물들을 사랑하였고, 그들을 이기적으로 소유하려고 하지 않았다.[39]

---

[38] 앨리스터 맥그라스는 칼빈을 이렇게 이해하였다. 위의 책, 212.

지금까지 살펴본 삼위일체의 영성은 하나님의 창조와 예수 그리스도의 대속, 그리고 성령의 진리를 통하여 온 우주와 자연이 함께 하나님의 구속을 대망하는 신앙으로 인도함을 살펴보았다. 자연을 신성화하지 않으면서 자연과 함께 벗하며 하나님의 주권을 인정하는 영성은 우리를 하나님의 구원에 집중하게 한다. 그 내용을 다음에서 살펴보자.

3. 하나님의 구원

(1) 삼위일체 구원의 신비

삼위일체의 영성을 통하여 우리는 인간을 향하신 하나님의 구원계획을 알 수 있다. 삼위일체의 신성은 하나이며 유일한 것으로서, 모든 것 중에 있지 않고 모든 것을 초월하여 있다. 삼위일체를 통하여 아버지와 아들과 성령이 주는 평화와 은총도 하나이다. 이 삼위일체의 은총을 통하여 우리를 향하신 하나님의 구원계획이 드러나며, 하나님과의 교제도 하나로 나타난다.[40]

삼위일체를 통한 구원은 신비이다. 이 삼위일체를 통하여 우리는 하나님을 믿으며 말씀을 따르기 때문이다. 어거스틴은 삼위일체로 말미암아 하나님 아버지를 믿으며 그의 거룩한 말씀을 추구한다고 고백하였다. 삼위일체는 모든 창조의 창조주이며 그들이 단수이든지 복수이든지간에, 삼위일체는 존재한다고 강조하였다. 그는 삼위일체가 각각이든지, 그래서 각각에 속하든지 삼위일체는 존재한다고 믿었으며, 삼위일체의

---

[39] 사이몬 찬, 『영성신학』, 257.
[40] Ambrose, On the Duties of the Clergy, etc.

연합과 존재방식, 그리고 그 불변과 동일성은 인간의 지혜로 이해할 수 없는 신비임을 고백하였다.

어거스틴은 삼위일체 위격들의 연합을 통하여 모든 것이 수행되었다고 설명한다. 삼위일체에 의해 행해진 것은 무엇이든지 간에 아버지와 아들과 성령이 함께 수행한 것이다. 그 어느 것도 아버지에 의해서만 되고 아들과 성령에 의해서 되지 않은 것은 없다. 또한 성령에 의해서만 되고 아버지와 아들에 의해서 되지 않은 것은 없다. 또한 아들에 의해서만 되고 아버지와 성령에 의해서 되지 않은 것은 아무것도 없다. 이러한 삼위일체에 대한 해석으로부터 어거스틴은 삼위일체는 그 어떠한 순간에도 분리가 없으며, 이 삼위는 동등하고 상호 영원하며 절대적으로 하나의 본질이다. 따라서 인간의 구원에 있어서도 아들과 성령 없이 아버지에 의해서만 구원받을 수 없고, 아버지와 성령 없이 아들에 의해서만 구원받을 수 없으며, 마찬가지로 아버지와 아들 없이 성령에 의해서만 구원받을 수 없으며, 오직 하나이고 참되고 절대적으로 불변하는 삼위일체 하나님에 의해 구원받는다.[41]

어거스틴은 삼위일체의 위격을 통한 구원을 흔들리지 말고 붙들어야 한다고 강조하였다. 즉 삼위일체는 한 분이고 유일하고 진실한 하나님이라는 사실과 또한 아버지와 아들, 그리고 성령은 한 분 이시며 동일 본질을 가진 분으로 정확하게 고백하고 믿고 이해하여야 한다. 종종 사람들은 삼위일체에 대한 이 믿음이 난해하다고 여겼다. 무엇보다도 아버지가 하나님이고, 아들이 하나님이고, 성령이 하나님인데, 이 삼위일체가 세 명의 신들이 아니라, 한 분 신이라는 점에 있었다. 또한 삼위일체의 하나님이 활동하실 때 다른 위격도 개별적으로 분리되지 않고 활동한다는

---

[41] St. Augustine, *The Confessions and Letters of St. Augustine*.

점을 이해하지 못하는 사람들도 있다. 하나님 아버지가 말씀하시는 음성이 있는데, 이것은 아들의 음성이 아니라는 것, 또한 아들을 제외하고는 아무도 육신으로 오셔서 고난 받고 부활한 후 승천하지 않았다는 점이다. 또한 성령을 제외하고는 아무도 비둘기의 형태로 오지 않았다는 점을 들어서 삼위일체의 동일 본질에 대하여 많은 사람들이 의심한다.

그러나 어거스틴은 아버지와 아들과 성령은 한 분이시고, 동일한 본질이며, 창조주 하나님이고, 전능한 삼위일체이며, 분리됨 없이 일하신다고 주장하였다. 삼위일체는 성서에서 은유적으로, 그리고 비유를 통해서 말해진다. 각 삼위가 스스로와 관련하여 단수로 언급될 때, 그 때 그들은 복수적인 숫자로 셋이 아니라, 하나, 즉 아버지와 아들과 성령이 하나님이라는 삼위일체 자체로서 언급되는 것이다. 어거스틴은 다음과 같이 주장한다. "아버지는 선하며, 아들도 선하고, 성령도 선하다. 아버지는 전능하고, 아들도 전능하고, 성령도 전능하다. 그러나 세 분의 하나님이 아니고, 세 분의 전능자가 아니며, 한 하나님이고, 선하고 전능하고 삼위일체 자체이고 무엇이든 간에 각각이 상대적으로 언급되는 것이 아니라, 그들과 관련하여 개체적이다. 왜냐하면 그들은 본질에 따라 언급되는데, 이는 그들 속에 존재하는 것은 동일하게 위대하며 선하고 현명하며 각각의 인격person에 무엇이라고 말해지든지 간에, 삼위일체 자체이다." [42]

이와 같은 삼위일체는 하나님의 신비이다. 인간의 이성을 넘어서 믿음으로만 이해 할 수 있는 영역이다. 이 삼위일체는 인간의 구원을 위하여 존재한다. 삼위일체의 신비는 인간의 구원을 위한 하나님의 존재방식을 드러내며, 구원을 대망하는 사람들에게 은총이 된다. 이제 이 삼위의 연합은 인간과 공동체를 위한 신앙의 모형이 된다. 삼위일체의 공동체적

---

[42] St. Augustine, *On the Holy Trinity; Doctrinal Treatises; Moral Treatises.*

특성을 살펴보면, 다음과 같다.

(2) 삼위일체와 공동체

삼위일체는 공동체를 지향한다. 삼위일체의 영성은 영적인 공동체를 통하여 교회를 건설하며, 예수 그리스도가 머리가 되시고 이 공동체 안에서 사람들과 함께 만물을 다스리게 된다(엡 1:9-10, 22-23)는 사실에 기초한다. 우리는 성령 안에서 하나님의 영광을 드러내며, 그분의 영광을 영원토록 나타내는 공동체의 일원이 되는 것이다(엡2:21-22).[43]

성경에는 하나님의 복수 표현이 많이 나타난다. 이는 다양성의 일치를 전제하며, 하나님의 인격을 구분하는 창세기 1장 26절의 "우리의 형상을 따라 우리의 모양대로 우리가 사람을 만들고"라는 내용과 창세기 11장 7절의 "자, 우리가 내려가서 거기서 그들의 언어를 혼잡케 하여"와 시편 110편 1절에서의 야훼와 아도나이, 그리고 다니엘 7장 9-14절의 "옛적부터 항상 계신 이와 인자"와 같은 표현은 하나님의 삼위가 영원하고도 평등한 인격으로 존재하시는 한 본체시며 연합을 지향하는 신약의 증거(빌2:6)를 뒷받침한다.[44]

삼위일체를 통하여 하나님이 우리와 함께하시는 공동체의 정신은 삼위일체의 한 인격이 무엇이든지 간에, 그 인격에 삼위일체 전체가 현존한다. 왜냐하면 그것은 자체로 분리되지 않으며, 전적으로 통일체이기 때문이다.[45] 이 삼위일체 안에는 차이가 없다. 유일한 차이점은 하나는

---

[43] 케네스 보아, 『기독교 영성, 그 열두 스펙트럼』, 120~122.
[44] 케네스 보아, 『기독교 영성, 그 열두 스펙트럼』, 468.
[45] St. John Chrysostom, *Homilies on the Acts of the Apostles and the Epistle of the Romans*.

아버지이고, 다른 하나는 아들이며, 나머지 세 번째는 성령으로서 위격 person들 간의 차이는 사실상 본질이 실체 안에서 연합된 것이다. 이 삼위일체를 통하여 우리에게 오신 하나님의 독생자 아들은 태초에 존재하는 모든 것들의 창조에 함께 하셨으며, 인간의 육체와 영혼을 취하여 인간으로 탄생하시고, 우리의 구원을 위해 고난당하셨다. 그리고 하나님의 아들은 죽음에서 부활하심으로써 모든 인류에게 부활의 희망이 되셨다.[46]

어거스틴은 이 삼위일체가 연합과 조화와 평등을 추구한다고 정의하였다. 삼위일체임에도 불구하고 한 분의 하나님이시며, 전체가 인격의 개체성을 유지하면서도 삼위일체이다. 나누어지지 않는 신적 실체에 의해 한 하나님이고, 나누어지지 않는 전능성에 의해 한 분의 전능자이다. 그러므로 각각의 개별성을 조사해보면, 각각은 하나님이고 전능자라고 말할 수 있다. 이 선함이 성령이고, 삼위일체 전체는 창조를 통해 우리에게 계시된다.

이 삼위일체는 나누어지지 않으며, 세 개의 인격은 한 본질이고, 세 개의 하나님이 아니라 한 분의 하나님이다. 삼위일체, 즉 한 하나님, 모든 것이 그에 속해 있으며, 그를 통해 모든 것들이 존재하고, 그 안에 모든 것들이 있다. 따라서 아버지, 아들, 그리고 성령, 각각은 스스로 하나님이며, 동시에 그들 모두는 한 분 하나님이고, 각각은 완벽한 본질로서 그들 모두는 하나의 본질이 된다. 아버지는 아들이 아니고 성령도 아니고, 아들은 아버지가 아니고 성령도 아니며, 성령은 아버지가 아니고 아들도 아니다. 그러나 아버지는 오직 아버지이고, 아들은 오직 아들이며, 성령은 오직 성령이다. 이 모든 세 개는 동일한 영원성을 소유하며,

---

[46] Tyrannius Rufinus, *The Apology, A Commentary on the Apostles' Creed*.

동일한 불변성과 위대함과 능력을 가지고 있다. 아버지 안에서 연합하고, 아들 안에서 동등하며, 성령 안에서 이 연합은 조화와 평등을 이룬다. 이 세 개의 실체들은 모두 아버지로 인해 하나이며, 아들로 인해 동등하고, 성령으로 인해 조화롭다.[47]

삼위일체의 영성을 통하여 우리는 통일체로서 하나님이 인격적으로 역사하심을 알 수 있다. 인격은 자기를 비우며 연합함으로 사랑을 드러내신다. 성부는 성자에게 다가가고, 성자는 성령에게, 성령은 성부와 성자에게 다가간다. 그리고 삼위일체 각각의 인격은 다른 두 인격에 의해 다가갈 때, 스스로를 다가가게 한다. 왜냐하면 그들 셋은 하나이기 때문이다. 성부는 그의 전능한 능력을 지니시고, 성자는 그의 깊이를 알 수 없는 지혜를, 성령은 그의 사랑을 지닌다. 따라서 우리는 악한 것으로부터 선한 것으로 가고, 선한 것에서 더욱 선한 것으로 가고, 더욱 선한 것에서 가장 선한 것으로 나아가며, 능력과 지혜와 사랑을 가진 거룩한 삼위일체에 의해 더욱 끌리게 되는 것이다.[48]

이와 같은 삼위일체의 연합과 동등, 개체성과 조화, 특수성과 평등은 우리에게 참된 공동체의 모형이 된다. 삼위일체를 통하여 우리는 삼위 개별성의 차이가 특권이나 차별이 아니라 배려와 주권의 양도를 보며, 삼위 복수를 통하여 소수를 지배하는 다수의 횡포가 아니라 연합과 일치의 조화를 보며, 사랑과 헌신, 그리고 영적 일치의 모형을 발견하게 된다. 이 삼위일체는 결국 우리가 이 땅에서 살아갈 때 기준이 되는 '연합의 삶'을 위한 초석이 되는 것이다.

지금까지 필자는 삼위일체의 영성을 통하여 '하나님의 거룩하심', '창

---

[47] St. Augustine, *City of God and Christian Doctrine*.
[48] Johannes Eckhart, *Meister Eckhart's Sermons*.

조의 신비', 그리고 '하나님의 구원'에 대하여 살펴보았다. 이제 다음에서 삼위일체를 통한 '새 창조'에 대하여 살펴보자.

4. 삼위일체와 새 창조

필자는 여기에서 먼저 '창조'에 관한 신학적 내용을 살펴보고 이어서 '영성'에 대하여 나누도록 하겠다.

(1) 창조

창조교리 또는 창조의 상징, 특히 창세기 1장과 시편, 제2 이사야와 요한복음 1장에서 유래한 창조교리는 종교적, 그리고 실존적 의미로 가득하다. 창조교리에 관한 특징은 대체로 세 가지 요소로 나눠질 수 있다.[49]

첫째, 창조교리는 유대교를 포함한 대부분의 기독교 세계관을 이해하는 데에 있어서 핵심적인 역할을 하고 있으며, 아울러 형이상학적 사고를 전개하는 데에 중요한 모티브를 제공하고 있다. 창조교리는 기독교 교리, 상징, 인간의 존엄성과 자유, 죄, 계시, 성육신, 구원, 그리고 역사와 종말론과 같은 내용을 발전시키는 데에 있어서 없어서는 안 될 요소이다. 창조의 확신이 없다면, 기독교 신앙에 따른 믿음과 또 신학의 소재들은 전혀 이해가 되지 못한다.

---

[49] 이하 창조에 관한 내용은 Langdon Gilkey의 글을 번역하여 참고하였다. Abingdon Press. 이 글은 필자의 선행연구에서 옮겼다. 유경동, 『영화속의 신학과 인권』, 251~261.

둘째, 창조에 관한 문제는 기독교에서 일어나는 대大 논쟁, 특히 초대 교회와 오늘날에 일어나는 논쟁들에 있어서 주제가 되어 왔는데, 이 논쟁에서는 창조에 대한 문자적, 성서적 관점이 대부분의 근대 과학에 반대하는 입장을 취하였다.

그리고 마지막으로, 창조에 관한 현대의 이해와 연관이 되어있는데, 이는 자연의 보전保全, 또는 자연의 실존과 연관되어있다. 특히 현대 생태계의 위기로 인해 그동안 신학계에서 소홀히 다루었던 창조에 과한 해석이 이제는 돌연 전면으로 대두되었다.

먼저 창조의 종교적 의미에 대하여 살펴보자. 종교적 상징은 근본적으로 이 세상의 어떤 특정한 존재를 표현하기 위한 것이며, 때로는 그러한 존재양식의 필요성에 의하여 만들어지기도 한다. 창조에 대한 '종교적인' 의미는 세상 속에서의 현실과 생명에 관한 의미로 나타나는데, 여기서 의미란 하나님과 이 세계the world와의 관계, 그리고 시공간 속에서 존재하는 인간 생명에 관한 것이다.

종교적 상징은 형이상학적인 의미를 추구하며, 정신적인 측면에서 인간을 뛰어넘는 그 어떤 실체나 신비하게 보이는 우주에 대한 종교적인 태도와 연관이 되어있다. 따라서 종교적 상징들은 그것들이 '과학'적인 관점으로 이해할 수 있는 것은 아니지만, 광의적인 의미에서는 충분히 인지할 수 있는 표현양식으로 간주된다. 창조에 대한 기독교의 해석은 근대 경험 과학이 출현할 수 있는 근거를 제공하였다. 기독교의 창조관은 믿음에 따라서 해석의 차이가 생길 수는 있지만, 이 세계를 현실적이며 구체적인 물질세계로 인식하였다. 따라서 이 세계에 대하여 경험적으로 조사할 수 있다는 '개방된 세계관'을 제공하였다고 할 수 있다. 창조에 대한 해석은 초기의 형이상학적 의미보다는 점차 종교적 의미를 강조하는 방향으로 나아갔다. 창조에 대한 형이상학적 관점들은 플라톤, 아리스토텔레스, 합리주의, 관념론, 신新 고전주의 등의 입장에 따라서 다양한 철학적 내용으로 구성되어 있다.

창세기의 내용처럼, "하나님께서 모든 만물을 창조하셨다"고 말하는 것은 전통적으로 처음부터 하나님이 만물의 유일한 근원임을 의미한다. 창조는 하나님으로부터 유출된 것이라거나 하나님으로부터 떨어진 일종의 '낙하fall'와 같은 것으로 간주되는 것이 아니라, 하나님의 신중하고 자유로운 행위의 결과로 간주된다. 성서는 하나님이 선하신 존재이기 때문에 창조는 마땅히 선한 것으로 간주해야 한다고 강조한다. 비록 모든 피조물들이 유한하며, 일시적이고, 유한한 육체를 가졌으며, 반드시 죽으며, 독립적이지 못하며, 그리고 변하기 쉬운 속성을 가졌지만, 그럼에도 불구하고 선한 것이지 악한 것은 아니다. 만약 하나님께서 모든 것을 창조하셨다면, 근본적으로 제거할 수 없는 악이란 존재하지 않으며, 고통과 같은 것도 운명으로 정해진 것이 아니며, 또한 반드시 필요한 것도 아니고, 그러한 고통에서 구원받을 수 있는 것이다. 마찬가지로, 하나님께서 창조하신 육체도 정신이나 영처럼 선한 것이지 악한 것은 아니다. 그러므로 피조물은 비록 유한성, 공간성, 일시성, 개별성과 같은 속성을 가지고 있으면서도 그 생명은 창조주의 형상을 닮아 근본적으로 창조적이며 의미 있는 것으로 간주되는 것이다.

창조는 모든 만물의 근원, 또는 그 근거이신 하나님의 절대성과 그 어느 것에도 제한받지 아니하는 완전한 독립성을 전제하고 있다. 이 세계가 전적으로 의존하는 근원으로서 하나님은 이 세계 안에 내재할 뿐만 아니라 이 세계를 초월한다. 창조는 시간의 근원이신 하나님의 영원성을 암시하면서도 한편 세계와 관계한 존재로서 하나님의 일시성과 변화가능성을 암시한다. 심지어 창조는 불완전하고 죽을 수밖에 없는 인간이 살고 있는 이 세계를 경험하고, 이해하며, 돌보는 하나님의 수동성과 고통을 암시한다. 창조의 종교적 의미를 묻는 과정에서 드러나는 이러한 역설들은 창조자에게 나타나는 신비의 '표징sign'이라고 할 수 있다.

창조는 기독교와 유대교 신앙의 유일신론적인 관점을 더욱 더 강화시켰다. 하나님 한 분 만이 만물의 근원으로서 존재하시면서도 변화하는 피조세계와 끊임없이 관계하신다. 이와 같은 맥락에서 창조가 함축하는 의미들 중에 가장 중심적인 것은 인간의 실존과 운명, 그리고 인간의 가능성과 동시에 딜레마에 대한 것이다. 그러한 함축적 의미 중 하나로서 남자와 여자를 하나님께서 창조하셨다는 기독교의 신앙은 인간의 자유와 존엄성, 그리고 영적 구조와 인간 생명의 가치를 확립하는 데에 큰 역할을 하였다. 이 모든 것들은 특히 인간이 '하나님의 형상'대로 창조되었다는 창세기의 중요한 구절에 의하여 확증된다. 그러한 창조의 결과로서 인간들은 자유롭고 동시에 책임적이다. 그러나 인간은 도덕적 피조물로서 모든 사람이 서로 책임을 지는 도덕법을 따르지만, 다른 한편으로는 무책임하며 심지어 악한 행위를 할 수도 있다. 인간 실존의 자유와 책임, 그리고 잠재적인 '과실' 모두 창조와 함께 나타난다.

창조의 상징에는 또한 하나님이 인간 생명에 있어서 필수적인 모든 조건들, 즉 인간 생명의 육체적 여건과 물질적 환경, 그리고 인간 생명을 둘러싼 공간과 시간적 환경들을 창조하셨다는 점이다. 인간들이 하나님의 형상대로 살아간다면, 원칙적으로 이러한 유한적인 변수들 또한 '선한 것'으로 확립될 수 있다.

이와 같이 하나님께서 시간을 창조하시고, 연속적으로 발생하는 역사의 사건들을 통치하시며, 그리고 역사에 있어서도 분명한 목적을 가지고 당신의 뜻대로 수행하셨기 때문에, 역사에는 잠재적 의미가 주어지게 되었는데, 이것은 그 이전 종교적, 또는 문화적 관점에서 보면, 새로운 것이었다. 다른 말로 하면, 창조는 하나님의 영광을 드러내며 하나님과 피조물 사이의 인격적 친교를 위한 근거를 만들었으며, 아울러 여자와 남자의 가치와 그들의 영적인 존엄성을 위한 토대를 제공하였다. 전체적으로 볼 때, 창조는 자연과 생명에 대한 긍정적인 평가를 위한 기초를 제공하였을 뿐만 아니라, 일시적이며 유한한 피조물의 실존적 상황에 대한 확고하며 희망적인 믿음체계를 제공하였다.

창조는 기독교인들이 하나님에 대하여, 그리고 자신이 사는 세계, 아울러 그 세계 속에 존재하는 자기 자신에 대한 해석의 중심이 되었을 뿐만 아니라, 실재reality를 해석하려는 다양한 이론적 가설들을 위한 근거가 되었다. 이 실재에 대한 가설은 전반적으로 서구 의식의 중심을 이루어 왔다. 시간이 지나면 결국 종교도 세속화의 과정을 겪게 되고 종교적 의미 또한 절대적이지 않다는 비판이 나타나지만, 기독교의 창조에 함축된 이러한 의미들은 현실과 현실 안에서 존재하는 생명의 해석에 대한 중요한 가치평가의 기준으로 계속 남아있다.

위에서 언급한 내용을 요약해 보면, 창조의 종교적 의미들은 과학이나 기술공학적인 발전을 중시하는 문명에 있어서도 값지고 중요하다. 히브리 성서와 기독교 성서에 나타난 모든 종교적 신념들과 마찬가지로 창조는 설화와 이미지들, 즉 하나님과 하나님의 역사에 대한 '이야기들'을 통해 표현되고 소통이 된다. 창조와 관련하여, 이러한 이야기들은 창세기 1장에 집중적으로 나타나는데, 하나님께서 온 우주를 창조하시고 그 중요한 내용들을 완성하신 엄청난 사건들에 대하여 성서는 경건하며, 시적으로 증언하고 있다. 이 창조 이야기는 BC 7세기, 또는 5세기의 히브리인들이 이해하였던 자연 질서의 특징, 즉 하늘과 땅, 땅의 식물과 동물, 그리고 인간 역사에 대해 가졌던 관점을 반영하고 있다. 그러므로 창조 이야기는 이 세계의 기원과 초기 역사에 대하여 상대적으로 '고대적인' 관점을 보여주며, 종교적 의미들을 통해 설명되고, 또한 그 의미들은 다양한 방식으로 표현되었다.

이와 같은 고대의 창조관에 대한 현대 기독교의 사명은 그러한 고대의 과학과 역사를 종교적 의미들로 재해석하는 것이며, 현대 세계의 우주론과 역사인식의 언어로써 그러한 종교적 의미들을 다시 고쳐서 표현하는 것이다. 그러므로 원죄에 대한 상징적인 해석과 마찬가지로 창조의 상징은 신학이 '성서적'이면서 동시에 현대인들이 이해할 수 있도록 해석되어야 할 도전에 직면하게 되는데, 이 도전은 피할 수 없으며, 흥미로운 것이지만 수행하기 매우 어려운 것이다.

대부분의 중요한 기독교 전통에 있어서, 개신교나 가톨릭은 문자로 기록된 창조 이야기의 역사적 관련성을 인정해왔고, 과학이나 역사학이 제기한 질문들에 대하여 현대적인 우주론의 언어로써 창조의 종교적 의미를 해석하려고 노력하여왔다. 그러나 현대의 기독교인들 중에는 이러한 방식에 대하여 찬성하지 않는 사람들이 많이 있다. 많은 사람들은 성서가 축자적으로 영감을 받은 것이며, 성서의 모든 진술은 종교적, 또는 상징적으로 타당할 뿐만 아니라, 문자 그대로 사실이라고 생각한다. 이런 사람들에게 창세기의 내용은 진리이기 때문에 이들에게 창세기에 나타난 세계관과 창세기의 '종교적' 의미는 분리될 수 없다. 그러므로 '창조 과학creation science', '하나님의 과학God's science', 또는 '진화적 과학'이라는 종교적인 입장과 일반과학 사이에 논쟁이 발생하게 되는 것이다.

전술한대로 창조와 관련하여 오늘날 새롭게 나타난 사상들 가운데 전혀 생각지 못했던 것은 바로 '창조 과학'의 출현인데, 이는 우주의 기원을 종교적으로 이해하기 위한 대안적인 '성서적' 우주론으로서, 진화론을 주장하는 현대의 과학과 정면으로 배치된다. 창조과학은 창세기의 기록, 예를 들어, 특별히 인류와 같은 구별된 '인종'의 창조, 노아 시대 기적적으로 전 세계에 걸쳐 일어난 대홍수, 그리고 약 만 년 전에 온 우주가 '무無'로부터 갑작스럽게 창조되었다는 것을 글자 그대로 받아들이고, 창세기 우주론의 관점을 모델로 삼고, 창세기의 세계관을 보호할 목적으로 창조과학을 만든 것이다. 한편, 창조 과학은 '과학적 자료'와 '그러한 자료로부터 추론된 결과'에 근거하여 만물의 기원에 대하여 전적으로 나름대로의 '과학적인 모델'을 만들 수 있다고 주장한다.

창조과학은 근본주의와 매우 깊은 관계가 있다. 비록 근본주의가 근대 과학의 입장, 또는 근대의 역사적 연구의 결과를 그대로 따르지는 않았지만, 그럼에도 불구하고, 근본주의는 현대의 기술공학적, 상업적, 자본주의적, 민족주의적 문명 이해를 자신들의 입장에서 수용하고 변형시켜 창조과학을 과학이라는 미명 아래 타당한 학문적 분과로 발전시키기를 원하였다. 사실, 하나의 이론으로서의 창조과학은 자연과학에 종사하는 전문가들에 의하여 시작되었는데, 사실 그들 역시 근본주의자들이다.

창조론자와 진화론 간의 논쟁에 있어서, 근본주의는 창조 이야기를 문자 그대로 받아들였고, 성서에 나타나는 창조설화에 대한 영원한 권위와 그 '과학적' 타당성을 주장했다. 미국의 경우 이전에 유사과학에 만족했던 근본주의자들이 창조과학과 이상하게 결합된 데에는 우익右翼의 복음주의가 보수적인 공화당 정책과 동맹함으로써 중요한 정치적 사회적 지지를 받을 수 있었는데, 보수 공화당은 아마도 창조과학의 성서 문자주의에는 관심이 없었지만, 대신 창조과학을 신봉하는 미국의 중요한 중산층계급과 중하층계급 일부의 사람들과 지속적인 정치적 지지를 얻을 수 있었다는 점에 만족하고 있는 것 같다. 결과적으로, 미국의 대다수의 주州들이 과학시간에 세계의 기원에 대한 질문이 제기될 때마다 진화교육과 함께 창조 과학 교육을 의무화하는 법률을 제안했다. 그러나 지금까지 미 연방 법원은 이 법안이 헌법에 위배된다고 규정하고 이 법률을 파기하고 있다.

과학과 종교가 일시적으로 갈등 관계에 있었던 19세기에, 신학적 성찰은 주로 자연의 발전 과정에 집중했고, 수많은 진화론적 신론을 고안해 냈다. 이후 1914년부터 대략 1960년대까지는 유럽 사회가 혼란 중에 있었는데, 당시 신학은 주로 역사의 의미에 관하여 주목했고, 자연의 역할과 자연의 적합성에 대하여서는 무시하는 경향이 있었다. 사실상 수많은 신학들은 대부분 위에서 대략적으로 언급한 창조에 대한 종교적 의미를 조직적으로 표현하는 것조차 싫어했다. 예를 들어, 구스타프 아울렌Gustav Aulen의 『기독교 신앙』The Christian Faith, 루돌프 불트만Rudolf Bultmann 의 『역사와 종말론』History and Eschatology, 그리고 오스카 쿨만Oscar Cullmann의 『그리스도와 시간』Christ and Time에는 자연에 대한 부분을 중요하게 취급하지 않고 있다.

그러나 그 후 20년이 지나 자연의 보전과 보호가 현대 문명에 있어서 절대적으로 중요한 문제로 대두되었다. 거의 모든 영역에 있어서, 즉 공기와 대기, 바다와 호수, 숲, 지하수, 지구상의 다양한 종種들, 심지어 기온까지도 산업 문명에 의해 위기에 처해 있음이 드러나고, 이 모든 결과가 결국 인간문명에 의하여 치명적인 손상을 입은 것으로 인정되고 있다. 역사가 전적으로 자연에 의존한다는 사실은 이미 모두가 알고 있었지만, 그것을 실감하지는 못했다. 결과적으로 우리가 이제 처음으로 그러한 사실을 알게 되었을 때, 우리는 이미 자연을 착취하였을 뿐만 아니라, 자연을 파괴하고, 나아가 자기 자신도 파괴할 수 있는 능력을 갖게 된 것을 뒤늦게나마 깨달은 것이다. 인간의 창조성과 자유가 자기 자신을 파괴할 수 있는 가능성을 가지고 있음을 깊이 깨달을 수 있었던 것은 사실 전적으로 '성서적이며', 또한 헬라적Greek인 사고에 의하여 가능하였다고 할 수 있다. 그러나 기독교 전통과 헬라 전통 모두 자신들의 고안한 문명의 확장된 힘을 통해 자연과 생명이 은연중에 파괴될 수 있었다는 점을 간파하지 못했고, 바로 그것이 오늘날 우리가 처한 현실인 것이다.

결과적으로 1960년대 후반부터 자연 신학이 등장하였는데, 자연 신학은 창조와 연관된 상징체계들에 대하여 기독교 신앙의 의미를 새롭게 표현하고, 나아가 조직 신학을 통해 그렇게 재해석된 상징에 확실성을 부여해 주려는 노력을 하였다. 20세기 초반에는 신학과 철학, 그리고 역사적 방법론의 교류를 통하여 계시 신학과 성육신 신학, 그리고 역사 신학과 같은 분야가 발전하게 되었지만, 이제는 신학과 과학, 기술공학, 그리고 생태학 간의 학제 간 교류가 전면으로 대두되고 있다. 이렇게 자연에 대한 관심이 새롭게 주목을 끌면서, 창조에 관한 신학의 관심도 다시 두드러지게 나타났는데, 주로 자연의 선함과 그 가치를 강조 하였다.

특히 자연이 인간을 위해서만 존재하는 것이 아니라, 자연 질서를 통하여 드러난 하나님의 목적을 있음을 깨닫고, 자연의 선함과 그 가치를 주목하고, 나아가 인간의 구원뿐만 아니라 자연의 구원에 대해서도 강조하게 되었다. 그러므로 대부분의 신학적 입장은 이제 자연은 단지 우리를 위해서가 아니라, 자연 자체를 위해, 그리고 하나님을 위해 근본적으로 가치를 지닌 물질적 질서로서 하나님의 형상을 따라 창조되었으며, 나아가 자연의 존재와 자연의 가치 안에는 또한 하나님의 표지sign, 또는 상징이 깃들어 있다고 주장하게 된 것이다. 이와 같은 자연에 대한 재해석은 자연의 역할을 단지 역사의 배경, 또는 인간 드라마의 장場으로 보는 전통적인 이해와 상반되며, 자연을 하나님의 목적, 즉, 대상 그 자체로 간주한다. 나아가 '자연에 대한 하나님의 보살핌'과 같은 해석은 창조의 신학적·종교적 의미를 전통적인 인간중심적인 편견과 거리를 두도록 이끌어가고 있다.

위에서 지적한 바와 같이, 생태적 위기에 있어서 가장 심각한 문제 중 하나는 자연에 대한 인간의 태도이다. 자연은 단지 우리 행위의 장場으로서, 우리의 소비를 위한 원료로서, 그리고 휴양지로서 우리 인간만을 위해 존재하는가? 문제는 자연에 대한 '실용주의적' 관점은 단지 자연이 우리를 위해 사용되는 한에서, 자연이 우리의 문제와 딜레마를 해결해주는 한에서, 그리고 자연이 우리의 행복을 증진시켜주는 한에서만 평가하는 것이다. 마찬가지로, 자연에 대한 과학적 관점도 자연의 풍요로움과 다양성만을 강조하고, 그리고 자연의 본래 모습을 왜곡시키며, 자연의 신비를 감소시키는 경향이 있다. 그러므로 현대 문명에 있어서 자연은 인간에 의하여 대상화되고, 그 가치가 결정되며, 무의미한 실체로 이루어진 체계로서 이해될 소지가 많다. 이렇게 되면, 자연을 단지 우리 인간에게만 가치 있고, 따라서 전적으로 우리 인간에 의해 이용될 수밖에 없는 존재라고 평가 절하하게 된다. 이러한 이유로 인해, 허버트 마르쿠제Herbert Marcuse는 근대 경험 과학은 아무리 그것이 자연의 실존에 대하여 철저하게 설명해준다고 여겨질지라도, 인간이 자연을 산업적으로 착취하는 데에 대한 이념적 정당화를 제공하였다고 비판하였다. 이런 맥락에서 이제 분명히 우리에게 가장 필요한 과제는 바로 인류가 자연을 단지 과학 연구에 한정된 대상의 체계로서만 이해하거나 산업 과정에 있어서 사용가능한 원료로서 이해하는 그러한 사고방식을 탈피하고, 자연의 실존을 깊게 이해하는 다른 방식들을 창안하고 각성하여야 하는 것이다.[50]

(2) 현대의 창조론

기독교와 과학은 창조의 문제에 대하여 신의 창조를 주장하는 종교적인 이해와 진화론적인 관점에서 팽팽한 대립 양상을 보여 왔다. 물론

---

[50] 지금까지 필자는 Langdon Gilkey의 글을 옮겼다.

이 창조론과 진화론 사이의 갈등을 해소하여 보려는 다양한 학문적인 견해들이 나타났다. 이 장에서 그러한 내용을 소개하는 이유는 "창조론인가 또는 진화론인가?"와 같은 질문이 생태적 위기 앞에서 너무 추상적인 이론으로 비쳐지기 때문이다. 따라서 지구의 위기를 극복하려면, 우리가 사는 세계관에 대한 양 극단적인 이해를 지양하고, 양 측이 공감할 수 있는 차원, 즉 신학과 과학의 공명을 요청하게 된다. 본 글에서는 이 공명의 문제를 각각 가톨릭, 판넨베르크 Wolfhard Pannenberg, 그리고 클리포드 Alan Clifford의 사상을 살펴보도록 하겠다.[51]

가톨릭은 지난 3세기 동안 과학과 신학의 관계를 갈등으로부터 점차 개방적인 대화의 관계로 나아가고 있다. 17,18세기 근대 무신론의 출현을 계기로 신학을 비난하는 19세기 유럽은 반(反)교권주의로 발전하게 되는데, 이와 같은 반신학적인 추세는 20세기 이후 과학의 발전을 수용하여야 한다는 교회의 각성을 요청하게 되었으며, 그리고 결국 과학을 대화의 파트너로 이해하게 되었다.

가톨릭이 진화론에 대하여 보다 개방적인 입장을 취하게 된 것은 교황 요한 바오로 2세의 영향 때문인데, 그는 교황 비오 12세 Pius XII의 칙서 "인류의 기원"을 받아들여 진화론이 단순한 가설이 아니라는 입장을 '생명의 복음 Evangelium vitae'이라는 칙서를 통하여 밝혔다.[52] 교황 요한 바오로 2세는 진화론과 같은 과학지식이 비록 불확실하지만, 인류의 발전에 공

---

[51] 여기에서 소개하는 내용은 테드 피터스의 『과학과 종교』(서울: 동연, 2002)를 참고하였다. 가톨릭은 창조를 강조하는 기독교의 입장에서 진화론을 포용하는 방식을 취하고 있으며, 판넨베르크는 현대 과학의 도전에 직면하여 신학이 자기 정체성을 확립하는 방식에 대하여 이론을 전개하고 있으며, 클리포드는 전통적인 기독교의 영/육 이원론을 극복할 수 있는 '발생설'을 강조한다.
[52] 『인류의 기원』 Humani generis(1950)은 창조와 진화론 사이에 충돌이 없다는 내용으로 구성되어 있다. 참고) 테드 피터스, 259.

헌하기를 희망한다는 내용을 피력하였다. 가톨릭이 계시의 진리와 모순되는 그 어떤 이론도 부정하지만, 과학적 가설에 열린 마음으로 대하여야 한다는 입장을 지지하고 나선 것이다.

진화의 관점에 비추어 기독교 교리를 재해석하려는 시도 중에 1923년 로이드 모건Lloyd Morgan은 '창발적emergent', 또는 '유기적organic' 진화라는 이론을 제시하였다. '창발'은 단순한 유기적인 개체의 합으로는 이해할 수 없는 현상으로서, 하위 수준에는 없는 특성이나 행동이 상위 수준에서 자발적으로 갑자기 출현하는 현상을 말하는데, 이는 진화가 단지 과거의 조건으로부터 기계적인 필연성에 의하여 일어난다는 해석을 반대하는 것이다.

특히 판넨베르크와 같은 신학자는 이 창발개념을 가지고 진화론을 해석하였다. 그는 주장하기를, 만일 창세기 1장에 나타나는 하나님의 창조가 B.C. 6세기의 바빌로니아의 자연과학을 빌려 해석한 것으로 본다면, 현대인은 현대과학의 창을 통하여 하나님을 이해할 수 있어야 한다는 것이다. 즉, 진화란 다윈주의가 보았던 과거의 기계론적인 관점이 아니라, 진화의 단계에서 새로운 것의 출현을 의미하는 '후성설後成說, epigenesis' 개념을 배경으로 하는 후성적 진화로 볼 때, 판넨베르크는 창조론과 진화론의 갈등을 극복할 수 있다고 보았다.

신의 창조 활동은 피조물들을 만드는 과정에서 2차적 원인들의 사용을 허용하는데, 예를 들어서 창세기 1장 11절 12절의 경우, 창조자는 땅에서 식물을 내라고 명령하고, 다시 동물들, 특히 포유동물들을 내라는 명령을 내린다. "하나님이 이르시되 땅은 풀과 씨 맺는 채소와 각기 종류대로 씨가진 열매 맺는 나무를 내라 하시니 그대로 되어 땅이 풀과 각기 종류대로 씨 맺는 채소와 각기 종류대로 씨가진 열매 맺는 나무를 내니 하나님이 보시기에 좋았더라(창1:11-12)." 이러한 진술은 창조의 과정에 자연적 매개를 허용하는 것인데, 그렇다고 생물들이 신의 작품이라는 진술과도 모순되지 않는 것이다. 왜냐하면 하나님은 계속 들짐승과 집짐승과 땅에 기는 모든 것을 땅에서 내라고 명령 하시지만, 성서는 그 모든 것을 하나님이 만드셨다고 고백하기 때문이다. "하나님이 이르시되 땅은 생물을 그 종류대로 내되 가축과 기는 것과 땅의 짐승을 종류대로 내라 하시니 그대로 되니라. 하나님이 땅의 짐승을 그 종류대로, 가축을 그 종류대로, 땅에 기는 모든 것을 그 종류대로 만드시니 하나님이 보시기에 좋았더라(창1:24-25)."

한편, 신의 형상으로 창조된 인간의 몸은 '흙'으로 지어졌고, 인간의 '영'은 신으로부터 왔다는 성서의 내용에 대하여 판넨베르크는 이와 같은 관점 또한 인간만이 '살아 있는 영혼'이 아니라, 동물들도 같은 입장을 취한다고 강조한다. 단지 차이가 있다면, 인간이 동물과 구분되는 '살아 있는 영혼'을 가졌다는 점이 아니라, 인간은 신과의 특별한 관계를 가진 존재라는 점에서의 차이이며, 동물들이 비록 땅의 소산이라고 할지라도 그 안에 인간과 같은 호흡을 가지고 있다면, 동물들도 '살아 있는 영혼'이라고 기술되는 점에서 결국 인간과 아무런 차이가 없다는 것이다.[53] 이와 같은 해석은 진화의 과정 속에서 창조자의 활동이 배제되지 않으며, 진화론이 단지 기계적인 과정을 설명하는 것이 아니라, 그 과정을 통한 신의 창조적 활동을 전제하게 되는 것이다. 따라서 이러한 창발 개념은 창조에 대한 신의 개방성을 뜻하게 되며, 진화과정에서 '우연'이라고 여겨지는 것은 다름 아닌 신의 창조행위를 뜻하는 표현이 된다.[54]

---

[53] 테드 피터스, 위의 책, 251. 판넨베르크는 '모든 생명이 하느님의 영에서 나온다'는 해석에 있어서 영은 '의식'이나 '이성'이 아닌, '숨결', 또는 '바람'을 의미한다고 보았다. 참고) 판넨베르크 외 4명 공저, 『신, 인간 그리고 과학』(여상훈 역, 시유시, 2000), 108.

생명의 자발적인 창조성은 인간의 주체성을 확립할 수 있는 토대가 되며, 특히 인간의 언어활동은 인간만이 가진 독특한 특성이다. 그러나 이러한 생명의 자기 조직화 과정은 그 종말에 이르기까지 하나님의 창조 활동을 통하여 지속할 수 있다는 점에서 진화론과는 차이가 있으며, 그리고 신의 창조적 활동의 절정은 종말론적 부활을 통하여 완성된다는 점에서 기독교의 관점을 견지하고 있다. 그럼에도 불구하고 진화의 관점과 창조의 관점을 '공명'의 차원에서 보려는 판넨베르크의 관점은 현대 자연세계의 위기에 대한 과학과 종교의 연대에 대하여 그 가능성을 제시하였다는 점에서 크게 공헌하였다고 할 수 있다.

한편 클리포드는 창발적 진화를 주장한 판넨베르크와는 달리 발생설을 주장하였다. 그는 요한 바오로 2세의 "영혼은 신에 의하여 직접 창조되었다"는 주장을 반박하면서, 모든 생명체로부터 인간을 구별하려는 이와 같은 '존재론적 도약'은 결국 인간을 영과 육으로 나누었던 플라톤의 이원론적인 사유의 현대적 해석에 지나지 않는 것이라고 비판하였다. 즉 인간의 영혼이란 인간의 의식과 정신, 그리고 그 정신의 깊이를 지시하는 것에 지나지 않으며, 영혼은 독자적인 실재를 가진 것이 아니라, 은유적 의미로 받아들여야 한다는 것이다.

인간의 육체는 진화의 과정을 통과하면서, 영혼은 신의 주입이라는 창조설은 인간을 전체로 이해하였던 성서의 주장이나 영육의 통일성을 주장하였던 중세 이후 기독교 인간관과도 부합되지 못한다. 문제는 그와 같은 창조설이 육체와 모든 물질적 실재를 저급한 것으로 여기는 세계관을 용인하게 된다는 점에 있다. 전통적인 창조설은 인간의 생식세포가 결합되는 순간에 신이 영혼을 주입하기 위하여 인간에게 직접 개입한다는

---

[54] 판넨베르크 외, 위의 책, 127~128.

입장인데, 클리포드는 이러한 관점보다는 음악이나 수학 같은 인간의 특성이 유전적으로 전이된다는 유전학자들의 연구결과를 중시하여 진화 메커니즘에 나타나는 '우연성'을 더 강조하였다.

클리포드가 발생설을 통하여 강조하려는 것은 인간을 영과 육체로 나누는 이원론적인 사유를 극복하여 인간과 자연 모두를 하나님의 거대한 생명창조의 발생학적인 틀 안에서 함께 존재함을 인정하여야 한다는 것이다. 그러나 클리포드가 인간을 단지 육체적 관점이 아니라 영혼이라는 점에 있어서도 중시하여야 한다고 강조한 것은 유념하여야 한다. 그는 아퀴나스의 '성찰적 지성'의 예를 들면서, 창조는 '신비'와 연관이 되어 있다는 입장을 취하고 있다. 왜냐하면 '신비'란 모든 것을 포괄하는 지평으로서 창조 세계에 대하여 무한히 알고 싶어 하는 인간의 개방성과 연관이 되어있기 때문이다.

이와 같은 클리포드의 발생설은 신의 형상이라는 은유적 명칭을 통해서 인간을 긍정하며, 또한 신의 형상은 인간이 침범할 수 없는 신의 존엄성을 드러내는 기독교의 일차적인 상징으로 계속 남아있게 된다. 그리고 인간 중심적인 차원에서 영육으로 분리하였던 이원론적 세계관을 극복하여 과학과 창조, 진화와 종교가 '공명'할 수 있는 사고의 지평을 열어주었다는 점에서 그의 이론은 높게 평가받을 수 있다고 본다. 이제 기독교 초기 사상가들을 통한 영성을 살펴보자.

(3) 삼위일체와 새 창조

우리는 예수 그리스도를 통하여 새 창조에 관한 영성의 희망을 보게 된다. 이 희망은 전혀 인간의 편에서 바라볼 수 있는 가능성이 아니라, 전적으로 하나님의 사랑에 의하여 시작된 복된 소식이다. 영성은 인간의 고상한 지적 활동이 아니며, 수양을 통하여 획득되는 것도 아니다. 영성은 이 땅에 육신으로 오신 예수 그리스의 삶과 죽음, 그리고 부활을 통하여 하나님이 우리에게 주신 선물이다.

여기서 영성의 특성이 분명하게 드러난다. 즉, 영성은 새로운 영적인 삶과 연관이 된다는 점이다. 이 땅에 오신 예수 그리스도에 대한 전적인 믿음과 소망이 없이는 우리의 영성은 유지될 수 없게 된다. 예수 그리스도를 따름과 제자도는 영성의 가장 중요한 지표이다. 이 땅에 우리는 육신으로 살지만, 영적인 삶을 살도록 부르심을 받았다. 이 부르심에 합당하게 살 때, 우리는 다시 하나님의 자녀로 거듭나게 되는 것이다.

한편, 진리의 성령은 우리가 영성을 회복할 수 있도록 이끌어주신다. 성령은 우리의 연약함을 돌보시고 매 순간 하나님을 의지할 수 있도록 이끌어 주신다. 성령은 우리가 기도할 때, 우리와 함께 하시며, 우리가 하나님의 뜻에 따를 수 있도록 도우신다. 성령은 우리가 마땅히 기도할 바를 알지 못하나 말할 수 없는 탄식으로 우리를 위하여 친히 간구하여 주신다(롬8:26).

성령은 성부께서 성자를 세상에 보내셨을 때, 기름을 부어 능력을 부여하셨다. 성자이신 예수 그리스도께서 십자가의 고난과 부활을 통하여 인간을 구원하시는 사명을 다 마치시고 성부께로 돌아가셨을 때, 예수님은 성령을 보내시어 이 땅의 사람들을 통해 그의 일을 계속해나갈 수 있도록 하셨다.

성령의 사역에 있어서 가장 중요한 세 가지는 "예수 그리스도를 증거하시는 것, 사람들 안에서 그리스도의 구원 사역을 이루시는 것, 그리고 믿는 자들이 그들의 삶에서 그리스도를 닮아갈 수 있도록 개인적으로 또한 점차적으로 일하시는 것"이다.[55]

성령을 통하여 하나님이 기뻐하시는 새 존재의 성숙으로 나아간다.

믿는 자들이 성령으로 충만하여 지는 헬라어 동사 '플레루pleroo'와 그의 어원 '플레레스pleres'의 '채운다'라는 의미는 그리스도와 같은 성품과 영적 성숙을 이루는 존재의 성장을 뜻한다.[56]

삼위일체의 영성을 통하여 우리는 우리의 영혼 안에서 새로운 형상의 가능성을 발견하게 된다. 이것은 우리에게 "하나님에 대한 기억, 이해, 사랑이 하나님을 반영해 준다는 인식을 내 모든 행위의 주된 동기로 삼아야 한다고 가르친다. 왜냐하면 마음은 하나님의 형상인 바, 그 안에 기억, 이해, 의지라는 능력이 존재하기 때문이다." [57]

삼위일체의 영성은 우리를 진정한 기쁨과 사랑으로 인도한다. 삼위일체 하나님의 영성은 하나님은 관계적인 존재임을 전제한다. 하나님이 먼저 우리와 관계를 시작하신 분이시기 때문에 우리에게 가장 거룩한 소명은 예수 그리스도를 통한 하나님의 사랑에 응답하는 것이다.[58] 아울러 이 삼위일체 영성은 신성Godhead 안에 영원한 자기희생적 성향을 가진 삼위의 위격이 존재함을 믿으며, 이 삼위일체의 친밀한 인격적 관계는 인간의 소망이 된다.[59]

삼위일체적 영성은 창조 세계에 대한 하나님의 자기 참여방식과 연관이 되며, 예수 그리스도의 인격을 통해 '거룩한 친밀감holy familiarity'으로 나아가고, 성령 하나님의 권능의 역사를 체험할 수 있다. 특히 교회의 사명과 연관하여 삼위일체적 영성은 "세속 사회에 대한 비판적이면서도

---

[55] 케네스 보아, 『기독교 영성, 그 열두 스펙트럼』, 332.
[56] 케네스 보아, 『기독교 영성, 그 열두 스펙트럼』, 340.
[57] 클레르보의 베르나르, 『하나님의 사랑』, 37. 이하 "클레르보의 베르나르, 『하나님의 사랑』"으로 한다.
[58] 케네스 보아, 『기독교 영성, 그 열두 스펙트럼』, 21~22.
[59] 사이몬 찬, 『영성신학』, 김병오 옮김, (한국기독학생회출판부, 2009), 35. 이하 "사이몬 찬, 『영성신학』"으로 한다.

건설적인 참여, 하나님의 은혜의 복음과 예수 그리스도께의 개인적인 회심에 대한 선포, 창조 질서와 개인의 구원 둘 다에서의 '능력 대결'을 지향한다."[60] 따라서 삼위일체 영성은 교리에 관한 것이 아니라 "자신의 삼위일체적 실존 안에서 홀로 하나님(a God-in-himself)이신 동시에 우리를 위해 존재하는 하나님(a God-for-us), 그리고 하나님의 신비에 관한 것이라는 점"이 강조되어야 한다.[61]

하나님은 아버지와 아들과 성령이라는 최고의 인격적 존재로 우리에게 다가 오시며, 그 분은 '전적타자'일 뿐만 아니라 '우리를 위한' 하나님이시며, "초월적이면서도 내재적이고, 만물을 통합시킬 뿐만 아니라 창조 세계의 모든 다양성의 근원이 되기도 하신다."[62]

기독교 초기 교부들에게 나타나는 삼위일체 영성은 하나님의 존재 방식에 많은 시간을 보냈음을 알 수 있다. 그러나 점차로 삼위일체의 존재론적 증명을 넘어 하나님의 신비와 인간의 구원에 관한 내용으로 영성이 흐름을 알 수 있다.

이 영성은 하나님의 창조세계에 대한 '신비'와 아울러 인간존재도 이 세상에서 '새롭게' 될 수 있다는 자각과 연관이 된다. 하나님이 이 창조 세계에 참여하셔서 인간을 선하게 이끄신 은총은 이제 우리로 하여금 '죄'와 '타락'에 대하여서도 이를 극복할 수 있는 영적 에너지가 되었다. 다음 장에서 그 내용을 살펴보자.

---

[60] 사이몬 찬, 『영성신학』, 67~68.
[61] 사이몬 찬, 『영성신학』, 62. 사이몬 찬은 올바른 삼위일체 영성은 오직 하나님의 단일성unity과 복수성plurality, 초월성과 내재성에 동등한 지위를 부여하는 교리로부터만 발전될 수 있다고 강조하면서, 일신론은 플라톤적 형이상학의 비기독교적 첨가물 accretion이라는 몰트만의 입장에 반대하면서, 이 일신론이 하나님에 대한 기독교적 이해의 진정한 한 부분으로 이해되어야 한다고 주장한다.
[62] 사이몬 찬, 『영성신학』, 56.

04 인간의 죄와 타락에 대한 영성

죄론은 그 출발점을 재정립해야만 할 것인데, 이 출발점은 아무 죄 없는 아기들을 위해, 또는 영겁의 시간 후에 태어날 신실한 신앙인을 위해, 아니면 아담이 혹은 이브가 죄를 범했다고 믿는 데에서 죄론을 시작하는 것이 아니라, 나사렛 예수가 죄를 이기시고 하나님의 뜻을 이루어나가신 신실하심으로부터 죄론이 시작되어야 할 것이다.

1. 죄

삼위일체 하나님이 선하신 목적으로 온 세계와 인간을 창조하셨음에도 불구하고 인간의 타락은 고통과 고난을 이 세계에 불러들였다. 초대교회 이후 교부들은 이 죄와 고통의 문제에 대하여 깊은 영성으로 극복하였으며, 그 영적 노력은 아직도 우리가 간직하여야 할 귀한 신앙의 유산이다.

(1) 성경의 죄

성서적 관점에서 '죄'는 피조물을 향한 하나님의 의도를 저버리는 모든 행위와 태도, 또는 삶의 과정을 의미한다.[1] 죄는 죄인을 하나님으로부터 소외시키고, 죄인이 하나님의 공동체와 분열되도록 하며, 자신과 이웃의 삶을 파괴하고, 그러한 방법으로 피조 세계 자체를 혼란스럽게 만든다. "주님께만, 오직 주님께만, 나는 죄를 지었습니다.(시51:4)"라는 어구는 시편기자의 죄 이해를 단적으로 보여주는데, 그는 진심으로 인간의 실존이 종교적으로 부패하게 되는 것을 죄라고 본다. 만약 우리가 '부도덕성 immorality'을 근본적으로 반反 사회적으로 이해하고, '범죄crime'는 국가에 반대하는 것이라고 간주한다면, '죄sin'는 직접적으로 하나님을 거역하는 것이다. 이 세 가지 혼란(부도덕성과 범죄, 그리고 죄) 중에서도 가장 난해한 문제인 죄sin는 또한 다른 두 문제인 부도덕성과 범죄에도 영향을 미친다.

  죄의 문제에 대하여 연구하여야 할 사안은 무엇보다도 인간 실존에 있어서 나타나는 질병과 무질서에 대한 인간의 포괄적 인식의 배경을 알아보는 것이다. 죄는 하나님께서 이스라엘과 함께 맺으신 계약, 그리고 그리스도 예수를 통해 새롭게 갱신한 계약을 배반하는 것이며, 따라서 예수의 추종자들에게 죄란 곧 예수 그리스도께서 자신들에게 명하신 그 완전한 헌신을 거역하는 것이다. 또 중요한 사안은 전통적인 '원죄 original sin' 교리에 대한 것인데, 과연 죄 이해에 있어서 원죄의 의미가 무엇인지 살펴보는 것은 중요하다. 최근에는 원죄교리를 대신할 수 있는 몇 가지 대안적 죄 이해들이 있는데, 그것은 각각 율법주의적 죄 이해, 주관주의적 죄 이해, 주의주의主意主義, voluntarist적 죄 이해와 물리주의적

---

[1] 이하 '죄'에 대한 해석은 제임스 맥랜돈James McClendon의 정의를 빌렸다. The Abingdon Dictionary of Theology (Abingdon Press, 1996). 아울러 번역 내용은 필자의 선행연구에서 별도의 각주와 재인용 부호 없이 옮긴다. 유경동, 『영화,속의 신학과 인권』(감리교신학대학교 출판부, 2008), 199~210.

physicalist 죄 이해와 같은 것이 있다. 그리고 아울러 성서에 근거한 죄 교리를 살펴보는 것도 중요하다.

죄에 해당하는 히브리어 단어들 중 흔히 사용되는 단어는 '하타chatta'ah', '아원awon', '페샤pesha' 등이다. '하타'가 많이 사용되었는데, 그 의미는 하나님의 기준에 '미달됨'을 의미한다. '아원'은 종종 '불법iniquity', 또는 '유죄, 죄, 범죄guilt'로 번역되는데, 그 의미는 하나님의 기준을 왜곡하거나 탈선하는 것을 의미한다. '페샤'는 '허물, 죄과, 위반, 범죄transgression', 혹은 '거역, 반항rebellion'으로 번역되며, 그 뜻은 하나님의 기준이나 표명된 하나님의 뜻에 대항하는 인간의 거역revolt을 말한다.

신약에서는 두 개의 헬라어 단어가 죄 개념의 핵심을 표현하는데, '아디키아adikia'와 '하마르티아hamartia'이다. '아디키아'는 '행악, 불의, 불법wrongdoing, unrighteousness'과 '불의, 불법, 부정injustice'을 뜻한다. 즉 '아디키아'의 죄는 하나님의 기준을 위반함으로써 다른 사람들에게 해를 끼치는 의도적인 인간의 선택들을 말한다. 이것은 히브리어 '아본'과 유사한 단어이다. '하마르티아'는 히브리어의 '하타'의 의미와 거의 흡사한 단어로 '표적을 맞히지 못함'을 뜻한다. 신약의 서신서들에서 '하마르티아'는 특유한 신학적 의미로 사용되며, 이 단어는 인간의 행위가 아니라 인간의 본성에 초점을 맞춘다.

(2) 죄의 교리와 개념

죄의 교리는 기독교가 처음 만들어낸 것이 아니다. 현대 이교도들이 기독교에 의심의 눈초리를 보내고 있음에도 불구하고, 죄를 인간의 삶에 있어서 어긋난 무언가로 보는 죄 의식은 본래부터 근본주의나 청교도, 또는 중세 가톨릭교회 때문에 생겨난 것이 아니라, 전全 세계에 걸쳐 광범위하게 분포된 개념이다. 즉 금기tabu와 두려움에 대한 관념들이 곧 이러한 인간의 불안을 보여주며, 그러한 불안을 어떠한 신, 또는 신들의 불쾌함과 연관 짓도록 한다. 이렇게 전 세계적으로 널리 퍼진 현상들의 내용은 히브리 성서에서 특정한 공통 용어들로 표현되는데, 이러한 용어는 왜곡됨crookedness, 또는 자기 비난을 의미하는 '아원awon', 자신이 행할 수 있는 행동의 한계를 반反 사회적으로 무너뜨림을 의미하는 '하타아chatta'ah', 그리고 지극히 높으신 존재에 대한 반항을 의미하는 '페사peshah' 등이다.

  이 세 용어 모두가 성서에서 되풀이하여 나타나는데, 이 용어들 전체가 그리스어 번역판 구약성서인 셉투아진트Septuagint에서는 '하마르티아hamartia'로 번역되었는데, 이 하마르티아는 히브리어의 '하타'의 의미와 거의 흡사한 단어로 '표적을 맞히지 못함' 또는 '목적을 잃고 길에서 벗어나는 것'을 의미하며, 결과적으로 이 말이 곧 우리가 '죄sin'라고 번역하는 신약 성서 특유의 용어가 되었다. 이러한 점을 통해 기독교의 개념은 전술前述한 대로 더 광범위하며 다문화적 현상에 포괄적으로 일치하기 위하여 받아들여진 것임을 보여준다.[2]

  그러나 죄의 개념에 대한 폭넓은 이해과 공통적인 요소들은 단순히 같음을 의미하는 것이 아니다. 사실상 성서의 죄 개념과 기독교의 죄 개념은 죄를 지음으로써 생긴 죄의식과 불안감을 반영하는 다양한 현상들, 그리고 지그문트 프로이드Sigmund Freud의 연구를 통하여 나타나는 죄의 현상들과 단순히 동일하다고 볼 수 없다. 기독교의 죄 개념은 히브리

---

[2] 신약에서는 죄의 개념을 설명할 때, 주로 '아디키아adikia'와 '하마르티아hamartia'로 설명한다. '아디키아'는 행악, 불의, 불법, 그리고 부정을 뜻한다. 이 '아디키아'는 히브리어 '아원'과 유사한 단어로서 하나님의 뜻을 거역함으로써 이웃에게 해를 끼치는 '죄'를 의미한다.

성서에서는 '계약'으로서, 그리고 신약성서에서는 '예수 그리스도를 통한 구원'으로서 명확히 언급된 대로, 인류를 향해 나아오시는 하나님을 이해함으로써만 파악될 수 있다.

다른 말로 하면, 죄는 예수 그리스도가 그 추종자들에게 가르쳐 주신 새로운 이해의 견지에서만, 즉 새로운 자기 이해(골1:27 참조. "너희 안의 그리스도, 곧 영광의 희망이라")와 새로운 형태의 공동체(요15:5 참조, "나는 포도나무요, 너희는 가지니") 안에서, 그리고 하나님과 하나님의 소유물divine things에 대한 새로운 이해(요10:30 참조. "아버지와 나는 하나이다.")와 같은 성서이해를 통하여 '죄'의 의미가 무엇인지 분명하게 드러나는 것이다. 그로 인해 예수의 제자들은 이러한 것들이 결핍되면, 반드시 어떠한 일이 벌어지는지에 대한 새로운 지식을 얻게 된다.(요 3:19 참조: "이것은 심판이니, 빛이 세상에 들어왔지만, 사람들이 빛보다 어둠을 더 좋아하였다…")

한 마디로 말하자면, 기독교의 죄 개념은 기독교의 구원 이해와 분리될 수 없으며, 이는 마치 유대교의 죄 개념이 계약과 율법과 구별될 수 없는 것과 마찬가지인데, 이 유대교에 나타난 하나님의 계약을 통해 이 세상에 죄를 넘어 생명이 알려지게 된다. 엄밀히 말해서, 기독교의 죄의식은 그리스도 안에서 실현된 구원과 새로운 생명the new life, 새로운 비전과 새 창조에 의존하며, 이러한 그리스도를 통한 질서를 파기하는 것은 그리스도에 대한 교리뿐만 아니라 죄 교리마저도 왜곡시키게 되는 것이다.

그러므로 신앙인의 죄와 죄의 지배로부터 해방할 방법은 객관적이며 자명한 도덕법(칸트)에서도 얻을 수 없으며, 신경증적인 자기 감시(프로이드)와 같은 방식으로도 해결 될 수 없다. 신앙인들이 처한 죄를 극복할 수 있는 실재적인 대처법은 '온전한 신실함the full faithfulness'으로서만 가능한데, 기독교인들은 주 예수의 성육신하심과 그가 십자가에 못 박히시고 다시 살아나심을 통해 그 온전한 신실하심을 확증하게 된다. 즉 예수는 이러한 신실하심으로 인하여 '죄 없으시다without sin'고 인정된다(히4:15). 따라서 신앙인의 죄와 죄로 변질되는 신앙 공동체는 '그리스도의 몸'인 직분을 파기하는 것이 되며, 그리스도의 생명(빌1:21)을 통하여 새롭게 된 모든 제자들 한 사람 한 사람의 삶이 죄로 말미암아 그리스도의 뜻을 거스르게 되는 것이다.

(3) 죄를 대속하시기 위하여 세상에 오신 예수 그리스도

예수님의 충만하고 무조건적인 신실하심에 관한 문제는 우리의 죄 이해에 있어서 매우 중요하다. 원죄교리에 근거한 죄 교리를 바탕으로 하는 신학적 해석은 예수의 죄 없으심에 대하여 설명하려고 노력을 하였다. 예수의 '죄 없으심', 즉 예수의 절대적인 신실하심은 하나님께서 이스라엘에게 부여하신 계약, 즉 족장들에게서 예시되었고, 출애굽 시대에, 그리고 시내산에서 십계명을 통하여 계약의 정신이 드러났으며, 예언자들에 의해 암송되었으며, 이제 메시야를 통해 새롭게 된 계약을 끊임없이 고수했음을 말하는 것이다.

이 경우에 예수는 '죄 없으신'이라는 말이 의미하는 대로 인간적인 결함을 가진 존재가 아니라, 오히려 예수는 진정으로 충만한 인간적 존재the truly and fully human One, 즉 인자the Son of man이며, 예수의 신실하심은 예수가 완성하신 인간성 안에서 드러나는 대로 우리의 모든 신실하지 못함을 드러내신다. 그렇기 때문에 우리가 죄를 짓는다는 것은 우리가 스스로 예수께서 성취하신 인간성을 상실하고 있음을 나타내는 것이다. 우리의 죄, 즉 로마서14장 23절에 기록된 바와 같이, '믿음으로 하지 않는' 죄는 우리의 신실하지 못함failures in faithfulness을 나타내는 것이며, 따라서 죄란 우리의 실존에 부가된 흠 있는 부가물spicy additions이 아니라, 인간의 결함flaws이자 적합하지 못한 것들이며, 예수가 모범적으로 보여주신 인간성으로부터 이탈된 것이다. 이 죄를 통해 우리는 또한 하나님의 영광, 즉 인간 존재 안에 충만하게 실체화된 신성의 영광을 빼앗기게 된다(롬 3:23).

모든 죄는 실제적인 죄이며, 아무도 죄를 상속받은 채로 태어나지는 않는다고 보는 신학적인 입장은 매우 강력한 장점을 가진다. 이러한 방식은 오랫동안 기다려온 하나님의 형상으로서 그리스도를 인정하는 것이며(창1:27; 히1:3 참조), 이러한 의미에서 그리스도는 하나님께서 인간의 삶에 베푸시려고 오래 전부터 준비하신 계획과 연관이 된다. 물론 이 계획은 종종 아담과 그의 후손으로 인하여 좌절되었음을 성서는 증언하고 있다. 따라서 하나님의 뜻에 순종하는 기독교인으로서의 삶은 '불가능한 이상(예, Reinhold Niebuhr, impossible ideal)', 또는 성인군자와 같은 사람들을 위해서만 가능한 것이 아니라, 그리스도가 자비롭게 자기의 백성으로 부르신 모든 사람들을 위해 선택하신 것이다. 그러나 이 방식 또한 몇 가지 이론적인 문제가 있으며, 이 약점들은 오로지 원죄 개념을 더 밀접하게 연구함으로써만 해결될 수 있을 것이다.

만약 죄가 예수와 예수의 가르침을 따르지 않은 계약의 파기로 말미암아 생긴 것이라면, 초대 기독교에 있어서 죄의 기원이나 죄의 지배력에 대한 해석은 그렇게 다양하게 설명되지는 않았을 것이다. 사실 창세기 3장은 죄가 후대에 미칠 인과적인 설명이 아니며, 아담의 죄는 단순히 아담 자신의 죄였다. "모든 사람이 죄를 지었으므로, 죽음이 모든 사람에게 이르게 되었습니다(롬5:12)."와 같은 신약 성서의 말씀도 죄에 대한 인간의 운명을 말하고 있다.

그러나 북아프리카 신학자들은 결론적으로 새로운, 그리고 더 장황한 죄 이해를 만들어 냈다. 오리겐에게 있어서 아담과 이브 이야기는 우리 모든 사람의 이야기를 반영하는 거울이었으며, 터툴리안은 죄가 모든 창조 이전의procreative 행위와도 연관된다고 생각했으며, 어거스틴은 죄와 죄의식이 아담으로부터 유전적으로 상속되었다고 가르쳤다. 이러한 어거스틴의 죄에 대한 해석은 오리겐과 터툴리안의 사상을 넘어섰는데, 어거스틴의 이론은 로마서 5장 12절의 "그러므로 한 사람으로 말미암아 죄가 세상에 들어오고, 죄로 말미암아 사망이 들어왔나니, 이와 같이 모든 사람이 죄를 지었으므로 사망이 모든 사람에게 이르렀느니라."를 해석한데에 기인한다. 이러한 해석은 흠정역KJV 성서에서도 발견되는데, 죄의 상속이 인류 안에 유전적 장애를 만들었으며, 죄를 짓는 행위와는 완전히 거리가 먼 시점, 곧 우리가 잉태되고 태어나는 시점부터 우리 모두를 죄인으로 만들어 버렸다. 그러므로 원죄, 즉, 처음부터 상속된 죄의 교리는 실제 죄들마저 설명하기 위하여 동원되었다.

어거스틴이 주장하는 죄의 교리에 대한 펠라기우스의 저항은 중세 신학자들에게 무시되었음에도 불구하고, 여전히 암암리에 인정되기도 했다. 루터와 칼빈, 그리고 그와 같은 계통의 사람들은 (재세례파는 제외하고) 은총의 우월성을 강조하기 위해 어거스틴의 교리를 재 확증했고, 원죄 교리는 적어도 기록상, 모든 서구의 주요 교회들의 가르침으로서 여전히 유지되고 있다. 원죄교리는 위에서 설명하였던바와 같이, 이 세계에 편만遍滿한 인간의 불안감에 대하여 어느 정도 설명해주었으며, 종교개혁 이후에는 가톨릭교회와 개신교 공히 죄에 대한 무감각과 죄의식을 설명하기 위한 교리로 사용되었다. "아담의 타락에서 우리 모두가 죄를 지었다(In Adam's Fall/We Sinned all)."라고 뉴잉글랜드 기도서New England Primer에 기록되어 있는데, 이 말이 인간이 처한 상황을 가장 잘 설명해

주는 것 같았다.

그러나 개신교에서는 여전히 죄에 대한 교리의 해석에 있어서 문제점들이 제기되었는데, 예를 들면, 유전된 죄의식(라마르크Lamarck주의적 용어를 빌리면, 후천형질 그대로가 유전됨), 죄와 그리스도의 인간적 본성과의 부조화, 로마서 5장에 대한 잘못된 해석과 같은 문제들이 포함되었다. 그리고 어린 아이들에게도 존재하는 죄의 문제를 해결하기 위하여 유아세례와 같은 대안적 방법들이 촉구되기도 하였다.

(4) 죄에 대한 다양한 입장

죄의 문제에 대한 위와 같은 다양한 입장과 해석들은 다음과 같은 네 가지 입장으로 요약될 수 있다. ① 율법주의Legalistic theories의 측면을 강조하는 이론은 죄란 신적인 도덕법을 어기는 것으로 정의하는데Calvin, 그러나 이러한 이론들은 '신-인 관계성'을 너무 쉽게 비인격화시킨다는 비판이 제기된다. ② 주관주의 이론들Subjectivist theories은 믿음을 가지는 주체로서 인간을 설정하고 인간이 인간의 죄에 대한 유일한 원인이라고 설명하지만, 기독교의 도덕성과 경건성에 심각한 상대주의를 주입시킨다는 문제가 제기되었다. ③ 주의주의主意主義적 이론들Voluntarist theories은 죄를 인간의 고의적인 비행의 문제로 제한하며Kant 도덕적 의무에 대하여 강조하지만, 신의 거룩성에 대한 기독교의 이해관에 대하여 적절치 못할 뿐만 아니라, 도덕적 의무를 수행하는 인간의 의지와 본성의 문제에 대한 설명이 충분하지 못하다는 한계가 있다. ④ 물리주의적 이론들Physicalist theories은 가톨릭 교회의 도덕 신학적 설명과 비슷하게 죄의 원인을 그 죄를 유발하는 물리적 상태와 육체적 행위로 제한하는데, 이 이론들 또한 죄 자체에 대한 종교적 개념을 상실한다는 약점이 있다. 이 네 이론들 각각은 죄의 본질에 대하여 어느 정도 명백히 해주기는 하지만, 이 네 이론 중 그 어떤 이론도 죄에 대한 폭넓은 관점, 또는 죄에 대한 기독교의 독특한 견해를 충분하게 담아내지는 못한다.

특별히 북미 기독교Anglo-American Christianity에 있어서는 원죄론이 맹공격을 받게 되었다. F.R. 테넌트Tennant와 N.P. 윌리엄스Williams는 둘 다 영국 국교도Anglicans로서, 20세기 초반에 교회 교리의 논리적, 신학적 모순을 폭로하는 글을 썼다. 그 와중에 미국에서는 사회복음Social Gospel이 집단적corporate, 또는 국가적 악惡에 대하여 깊이 관심을 갖고, 죄를 아담이나 인간의 유전과 연관하여 설명하는 것이 아니라, 인간의 삶을 좀먹는 죄로 가득한 사회 구조와 연관하여 죄를 설명하였다. 특히 침례교의 월터 라우쉔부쉬Walter Rauschenbusch는 이러한 주제에 대하여 광범위하게 글을 저작하고, 그러한 주제에 대하여 가르쳤다. 그의 저서 '사회복음 신학Theology for the Social Gospel'에서는 다른 문제들보다 더 많은 장章을 죄를 설명하는 데에 할애한다. 라우쉔부쉬는 자신이 비평하는 사회적 악의 구조와 그 구조의 주권자들과 권력자들에 대한 성서적 비판을 새롭게 해야 할 것을 촉구했다. 그러한 예언자적 목소리를 내는 데에 있어서, 사탄Satan은 분명히 실제하며, 사회 내의 억압적이며 집단적인 대리자들과 그 사단의 힘을 동일시하였다. 미국 무대에서 라우쉔부쉬의 같은 시대에 활약한 라인홀드 니버Reinhold Niebuhr는 원죄 교리를 신화로 설명함으로써 20세기 초의 죄의 해석을 다소 모호하게 만들었다.

기독교의 죄 교리는 분명히 오늘날 더 많은 연구가 필요한 하나의 이론임에 틀림없다. 한편 교회에서 받아들이고 있는 원죄 교리에 긍정적인 측면이 없는 것은 아니다. 이를테면, 원죄 교리는 이 세계에 만연한 인간의 불안을 인식하며, 그러한 인간의 불안을 현실적 죄의 문제와 연관하여 성서의 해석을 통해 적절하게 설명하여주는 것이다. 그리고 원죄교리는 인간이 죄의 곤경에 처한 상황 때문에 그 어떤 희망도 없음을 주장함으로써 은총의 우선성을 고려할 것을 추구할 수 있는 것이다. 무엇보다도 원죄 교리는 인간이 처한 죄의 상황을 인식하고, 또한 인간의 악惡이 세상 어디에나 존재하고, 이 세상에 깊이 내재되어 있음을 인식하게 하는 것이다.

위와 같은 긍정적인 측면에도 불구하고, 원죄론은 이론상 한계성을 가지고 있는데, 그것은 죄의 문제와 연관된 그리스도의 인성과 신성의 문제, 그리고 진정한 그리스도의 제자직을 수행하는데 있어서 거룩성이 요청되는 상황에 야기되는 인간의 죄성 등과 같은 어려운 문제점이다. 그뿐만 아니라, 원죄론의 주장 가운데 가장 어려운 문제 중의 하나는 선하신 하나님이 창조하신 이 세계에 악惡이 존재한다는 원리인데, 이러한 주장은 특히 최근에는 그 입지가 약하다.

만약 교회가 받아들인 죄 교리에 있어서 긍정적인 특징은 유지되고, 의심스러운 부분은 개혁되거나 제거되어야만 한다면, 이 죄론은 그 출발점을 재정립해야만 할 것인데, 이 출발점은 아무 죄 없는 아기들을 위해, 또는 영겁의 시간 후에 태어날 신실한 신앙인을 위해, 아니면 아담이 혹은 이브가 죄를 범했다고 믿는 데에서 죄론을 시작하는 것이 아니라, 나사렛 예수가 죄를 이기시고 하나님의 뜻을 이루어나가신 신실하심으로부터 죄론이 시작되어야 할 것이다. 나사렛 예수는 자신이 십자가를 향해 나아가는 길에서 항상 직면했던 유혹에 저항했고, 자신의 생명을 드려 당대의 주권자들과 권세들을 극복했으며, 죽은 자 가운데에서 다시 살아나셨고, 그 추종자들로 하여금 모든 죄악을 버리고, 선한 믿음을 통해 자신들의 구원을 개척하도록 명하셨다.

이러한 핵심적 설명과 관련된 죄론은 율법주의와 주관주의, 주의주의와 물리주의적 설명에 내재된 진리를 다음과 같이 포용하며 수용할 수 있다. ① 신적 명령이 존재하는데, 때로는 율법의 형태로 존재하며, 죄인들은 그러한 신적 명령을 위반한다. ② 그렇게 행함으로써, 죄인들 자신의 자아를 왜곡하고 거부하게 된다. ③ 죄는 때때로 난폭하게 고의로 저지르는 사악함을 초래한다. ④ 우리는 스스로를 현실화하며, 우리가 저지르는 죄는 우리가 행한 정의로운 행위와 마찬가지로 실제 우리에 의하여 자행되는 현실적인 행위이다. 그러나 죄로 드리워진 어두운 세상에 이와 같은 제한적인 설명들을 통하여 죄의 문제를 이해하려고 하더라도, 인간과 세상의 구원을 계획하시는 하나님의 신실하심에 대한 충분한 해석이 될 수는 없을 것이다. 그 대신에 이 죄론은 모든 생명의 제한성을 설명하는 기준으로서 아무리 우리가 그리스도의 신실하심을 이해하지 못한다 할지라도, 또는 그리스도의 신실하심을 거부한다고 할지라도, 그러한 것 자체가 무엇이든지 '죄'라는 고백으로 이끄는 진리의 기준이 될 것이다.[3]

2. 신정론

한편 죄와 악의 문제는 신정론에 대한 질문을 가능하게 한다.[4] '선'의 반의어로서 '악'은 부정적인 가치 판단을 시사한다. 가장 간단하게 정의한다면, 악은 대개 인류에게 상당한 해를 미치는 존재에 대한 설명에 붙여지는 단어이다. 철학과 마찬가지로 신학, 또한 악을 두 가지 주요한 내용으로 구분하는데, 하나는 도덕적 악과 다른 하나는 자연적(또는 물

---

[3] 지금까지 필자는 James McClendon의 '죄'론을 옮겼다.
[4] '신정론'에 대한 신학적 해석은 페트리셔 위스머Patricia L. Wismer의 해석을 인용하였다. The Abingdon Dictionary of Theology(Abingdon Press, 1996), 번역은 『영화속의 신학과 인권』(감리교신학대학교 출판부, 2008)에서 별도의 재인용 각주 없이 옮겼다. 같은 책, 56~61.

리적) 악이다. 도덕적 악은 그 마음이 악으로 충만한 사람이 행한 행위의 결과를 말하며, 그 행위의 의도는 다른 이에게 해를 끼치기 위한 것이다. 그 예로는 살인, 도둑질, 거짓말과 같은 것이 포함된다. 한편 자연적 악이나 죄는 자연적으로 일어나는 일들을 말하는데, 그 일들이 결과적으로 사람에게 해를 미치는 결과를 가져오기 때문에 악이라 여겨진다. 그 예로서 지진, 가뭄, 질병, 그리고 죽음과 같은 것으로서 누구나 이런 자연적 악의 결과로부터 자유로울 수 없다. 이러한 악에 대한 신학적 논의는 종종 신정론적 의문, 즉 하나님이 선하시다면 어떻게 세상에 악이 존재할 수 있는가 하는 문제가 제기되는데, 도덕적 또는 자연적 악에 대한 '하나님의 정당화'에 관한 질문과 연관이 된다.

하나님은 선하시기 때문에 악의 문제와 연관시킬 수 없다고 보는 신정론의 문제는 다음과 같은 세 가지 특별한 전제들을 서로 조화시키기 어렵다는 상황에 직면하게 된다. 이 세 가지 전제는 모두 전통적인 기독교 교리에서 인정하여 왔는데, 그 내용은 다음과 같다: ① 창조주이신 하나님은 전능하다. 즉 전능의 존재자이시다. ② 하나님은 자비하시다. 즉 모든 일에 선하시다. ③ 악은 존재한다.

이와 같은 세 가지 기독교 원리를 인정할 때, 신정론에 대한 딜레마는 다음과 같다. 만약 ①에 암시한 대로 하나님이 악을 없앨 수 있으시면서 그렇게 하지 않는다면, ②의 '하나님은 선하시다'는 전제는 분명히 틀린 말이다. 만약 ②에서 암시한 대로 하나님이 악을 없애시기를 원하시지만, 그렇게 할 수 없다면, ①의 '전능하신 하나님'이란 말은 틀린 말이다. 그리고 만약 하나님은 악을 없애실 수 있고, 그렇게 하시기를 원하시며, 실제로 그렇게 하신다면, ③의 '악은 존재한다.'는 말도 틀린 말이 된다.

이러한 딜레마를 극복하기 위한 현대 신정론은 다양한 이론으로 발전하여 나가고 있다. 이는 전통적 논증, 즉 하나님의 완전하신 전능함과 자비하심을 보존하려는 시도에서부터 거의 하나님을 정당화하려고 하지 않는 급진적 논증에까지 이른다.

(1) 신의 전능성

첫 번째 입장은 신의 전능성에 초점을 두고 있다. 두 번째는 정 반대의 입장에서 직설적으로 하나님의 전능성을 부정하고, 하나님의 능력은 다른 존재들로 인해 제한된다고 주장한다. 그리고 세 번째 입장으로서 하나님은 스스로 자신의 전능성을 제한한다고 주장한다. 즉 하나님은 피조물들이 자유의지를 가질 수 있도록 사랑으로서 스스로의 능력을 억제한다는 입장이다. 그리고 네 번째는 '피조물의 자유의지'가 어떠한 방식으로든지 하나님의 전능성을 억제하지 않는다는 입장을 취하는데, 이것은 피조물에게 자유의지를 주면서 항상 선한 행위만을 하도록 결정하는 것은 논리적으로 말이 안 되기 때문에 오히려 악에 대한 책임이 하나님이 아니라 피조물에 있다는 입장을 취하고 있다.

이와 같은 입장을 조금 자세히 정리하면 다음과 같다. 우선 첫 번째 입장은 '하나님의 전능성과 능력'에 관한 것인데, 과거 신정론에 나타난 하나님의 '지배domination' 개념을 현대 신학적으로 재구성한 것이다. 예를 들어서 과정 신학자들은 하나님의 능력을 '강압적coercive'이라기보다는 '설득적persuasive'인 것으로 재 정의한다. 즉 피조물의 자유로 인해, 하나님은 오로지 피조물들이 선을 행하도록 설득하려고 할 수 있을 뿐이라는 논리이다. 한편 여성신학과 해방신학의 접근법은 하나님의 능력에 대하여 위와 같은 관점을 취하고 있다. 즉 하나님의 능력을 '가능케 하는 능력power as enabling', '권한을 부여하는 능력power as empowering', 그리고 '동정적인 능력power as compassionate'과 같은 것으로 이해하는 것이다.

(2) 전능성의 부정

두 번째 입장은 '하나님의 전능성을 부정'하는 것인데, 이미 욥기에 그 내용이 잘 나타나듯이, 하나님의 '완전한 선하심'에 대하여 직설적으로 의문을 제기하는 것이다. 이러한 극단적인 '저항적 신정론'은 하나님의 정당성을 인정하지 않는다. 왜냐하면 만일 하나님의 정당성을 주장하게 되면, 지난 2차 세계 대전 중에 자행된 대학살the Holocaust을 경험하고 그 처절한 고통을 겪은 사람들의 기억들이 무시되기 때문이다.

하나님의 전능성을 부인하는 이 두 번째 입장에 대한 다소 완화한 신정론적인 접근법은 악이 결국 죄에 대한 처벌과 연관되어 '하나님의 심판'을 필연적으로 만드는 것이다. 즉 하나님께서 악을 묵인하는 것은 하나님이 악을 방치하시는 것이 아니라, 장차 심판하실 것이기 때문에 하나님은 계속 선하신 것이다.

같은 맥락에서 조금 다른 신학적인 입장은 "하나님이 이 세상에서 우리와 함께 고통을 당하신다."는 주장이다. 즉 인간의 고통에 대하여 하나님은 그 책임이 무엇이든 간에, 인간과 함께 그 고통을 나누시며, 또 그것을 선택하신 하나님은 선하시다는 것이다.

(3) 전능성의 제한

세 번째 입장은 비록 악의 현실성은 의심의 여지가 없는 것처럼 보이지만, 그럼에도 불구하고 하나님은 자신의 전능성을 스스로 제한하고 계시다는 것을 강조한다. 즉 궁극적인 관점에서 보면, 악은 더 넓은, 더 조화로운 전체에 공헌을 하는 것으로 보일 수 있다는 주장이다. 예를 들어서, 이 땅에서 경험되는 그 어떤 불가항력적인 고통들에 대한 보상으로서 천국의 보상이 주어진다고 할 때, 그 고통들은 천국의 영광의 빛에 비하면 보잘 것 없는 것이다.

그러나 이와 같은 세 번째 입장의 신정론은 실제적인 고통을 겪는 사람들과 고난의 원인과 문제에 대하여 관심을 갖지 않는 것으로 보일 수 있다. 따라서 이와 같은 약점을 보완하기 위하여 하나님의 역사 참여를 강조하는 '해방', 즉 하나님은 악에 대하여 거세게 저항하시고, 고통을 당하시며, 그리고 죽음을 넘어 부활로 나아가는 일에 앞장서신다는 것을 강조한다. 하나님은 사람들이 악에 대항할 수 있도록 도우시며, 가난한 자들을 선택하셔서 사회의 구조적 부정의에 대항하여 투쟁하시며, 고통 당하는 이들과 함께 하신다는 것이다.

(4) 자유의지와 인간의 책임

네 번째 입장은 인간의 자유의지와 인간의 책임을 강조하고, 또 악에 대한 인간의 경험적 차원에 대하여 진지하게 성찰하는 것이다. 예를 들어, 상징과 신화, 그리고 성서의 이야기 본문에 대한 깊은 문헌학적 연구는 도덕적, 또는 자연적 악에 대한 신학적 통찰력을 더하여 줄 것이며, 나아가 악의 문제를 현실적으로 접근하는 데에 도움을 줄 것이라고 보고 있다.

악의 문제를 신학적으로 이해 할 때, 하나님의 절대성과 악의 현실적 경험 사이에서 생기는 갈등의 문제를 더 깊이 이해할 수 있다. 물론 악의 현실성 때문에 하나님의 전능성이 상대화 될 수밖에 없는 한계를 가져오지만, 그럼에도 불구하고 선과 악의 갈등을 이해하고, 나아가 이러한 관점의 차이를 극복하려는 신학적 노력이 지속적으로 요청된다는 데에 여전히 그 의의가 있다. 그리고 인간의 현실적인 고통과 그것을 극복할 수 있는 사랑의 하나님에 대한 믿음이 공존하는 한, 사람들은 악의 문제와 계속 씨름할 것이고, 신학은 최선을 다해 고통을 당하는 사람들에게

희망의 윤리를 제시하여야 할 사명이 있는 것이다.[5]

이제 이러한 신학적 내용을 기반으로 죄와 악에 대한 신앙적 통찰과 이를 통한 영성의 내용을 살펴보도록 하자.

3. 죄악의 내용

(1) 죄악에 대한 영성

현대 기독교 영성에서 악에 대한 해석은 어거스틴의 전통에 따라서 선의 결핍으로 보는 관점이 지배적이다. 악이란 타락, 선함의 결핍, 하나님께서 창조하신 위치로부터의 타락이다.[6] 악은 하나님의 신비와 함께 때때로 그 근원에 대하여 모호한 관점을 취할 수 있는데, 그러나 이를 형이상학적 비밀로 볼 수 없다. '형이상학적 비밀deus absconditus'이란 하나님은 숨어 계시다가 필요에 따라 자신을 드러내신다는 의미로서 루터는 중세 교회에서 하나님의 감추어진 부분을 제멋대로 그려 내는 오류를 지적하기 위하여 이 용어를 사용하였다.

악은 신비가 아니며, 만일 그렇게 되면 인간에게 책임을 물을 수 없는 막연한 문제가 되어 버린다.[7] 오히려 우리는 세상에 존재하는 악에 대한 개인적, 공동적 책임을 받아들일 준비가 되어 있을 때에만 하나님의 숨어 계심에 대해 의미 있게 말할 수 있게 될 것이다. 죄가 하나님이 숨어 계시는 신비와 연관되면 책임이 축소될 뿐만이 아니라 심지어 죄가 어떤

---

[5] 지금까지 필자는 Wismer의 '신정론'에 대한 해석을 옮겼다.
[6] 리처드 포스터, 『생수의 강』, 박조앤 옮김, (두란노, 2011), 273.
[7] 사이몬 찬, 『영성신학』, 58.

신비스러운 악으로 대체되는 방식으로 악의 문제는 과장되게 된다.[8]

인간의 책임과 연관하여 기독교에게 주어진 커다란 도전은 인간의 내재적 악에 대한 인식의 부족함을 극복하는 죄의 교리를 체계 있게 다루어야 한다는 점이다. 악이 우주적 질서와 조화를 이루는 식으로 만일 "인간 본질의 내재적 선함의 부적절한 발달"에 지나지 않는다면, 인간이 구원받아야 할 이유는 없는 것이다.[9]

(2) 죄악의 내용

죄는 근원을 가지고 있지만 표현되는 양상은 다양하기 때문에, 따라서 죄와 맞서기 위해서는 하나님의 말씀에 비추어 죄를 둘러싸고 있는 다양한 형태들을 깊게 이해하여야 한다. 우리는 예수 그리스도의 대속으로 옛 자아를 죽이고 새 자아로 거듭남을 통하여 죄악을 극복하여야 한다.

구약 성경의 예언자들이 볼 때, 이스라엘 백성들이 저지른 큰 죄는 약속의 땅에 들어간 백성들이 가나안에 정착하여 하나님보다는 세상에 안주하며 우상숭배를 하고 불의를 저지르기 시작하였다는 점에 있었다.[10]

죄는 인간으로 하여금 자기를 창조하신 분에 맞서서 의도적으로 반역하는 것이다. 이 반역의 핵심은 창조주와 피조물을 비교하는 것이다. 인간은 하나님이 창조하신 피조물의 좋은 점들을 사랑하며, 하나님을 향한 믿음이 가로막히게 된다. 즉 피조물들을 우상숭배하게 되며, 세상을 향한 욕심은 하나님과 세상을 바라보는 신앙의 균형을 무너뜨리는 것이다. 따라서 인간이 하나님께 되돌아가고자 한다면, 필연적으로 이런 것들로

---

[8] 사이몬 찬, 『영성신학』, 58~59.
[9] 사이몬 찬, 『영성신학』, 93.
[10] 루이 부이에, 『영성 생활 입문』, 178.

부터 자발적으로 떠나야한다. "인간의 마음속에 새롭게 인식되고 기쁘게 받아들여진 하나님 사랑의 징표로서 자발적으로 응답하는 이런 이탈(포기), 곧 죽음은 다시 한 번 창조주와 일치하게 해주는 창조물의 완전한 회복 곧 부활의 원칙이 되는 것이다." [11]

하나님께로 돌아가는데 있어서, 말씀은 인간이 그 죄의 결과로 말미암아 고통과 죽음을 맞이하게 되는 진리로 우리를 인도하시며, 그 죄의 결과에 대하여 분명하게 알게 하신다.[12] 하나님의 말씀은 우리에게 죄의 본질을 깨닫게 하신다. "죄는 단순히 인간의 의식으로부터 나오는 것이 아니다. 죄는 인간 자신보다 훨씬 더 '영적인' 의식 안에서 만들어지며, 이 의식은 그 자신이 하나님과 동등하게 되고 싶은 유혹에 빠지게 할 만큼 영적인 것이다." [13] 여기서 인간의 교만은 "피조물이 마치 창조주인 듯이, 자기의 법칙과 자기의 목적을 가지고자 하는 행위이다." [14]

현대 영성에서 악에 대한 문제는 인종 차별이나 성 차별과 같은 사회적이며 정치적인 '구조 악'에 대한 통찰을 필요로 한다. 왜냐하면 개개인의 악의 경우 대부분 매우 광범위하고 뿌리 깊은 사회 구조의 악과 연관되며, 심지어 구조적 악을 형성하는 데에 기여한다.[15] 따라서 우리는 악의 특성과 내용을 객관화할 필요가 있으며, 근본적인 악의 실재에 대하여 민감해야 한다.

특히 개별적이고 상황적으로 규정된 죄와 추상적인 맥락에서의 보편적인 악을 혼동하여 자신이 강한 혐오감을 가지고 있는 대상을 근본적인

---

[11] 루이 부이에,『영성 생활 입문』, 196~197
[12] 루이 부이에,『영성 생활 입문』, 223.
[13] 루이 부이에,『영성 생활 입문』, 278.
[14] 루이 부이에,『영성 생활 입문』, 337.
[15] 사이몬 찬,『영성신학』, 94.

악과 동일시하는 우를 범하지 말아야 한다.[16] 즉 차이와 차별을 혼동하지 말아야 한다는 것이다. 차이란 관점과 행위에 있어서 유형의 다양성에 불과한데, 이것이 도덕적 판단이 개입되어 차별이 되면, 악을 스스로 규정하고 대상을 부인하게 되는 것이다. 이러한 악은 인간의 교만과 연관된 문화적 편견과 깊은 관계가 있다고 할 수 있다. 심지어 '자기도취와 자만이 혼합된 교만'이 심리적으로 나타나는 악의 원인이기도 하다.[17]

기독교 초기 교부들에게 죄악은 그 실재 보다는 하나님의 통치를 요구하는, 그리고 교정하여야 할 인간의 죄를 지적하는 종합적 개념으로 나타난다. 악은 하나님께 복종하지 않기 때문에 기인하며, 결국은 죽음으로 귀결된다.[18] 악은 자신만이 아니라 이웃들에게 피해를 끼치며, 하나님이 몹시 싫어하는 것이 된다.[19] 악은 하나님께 불순종하는 것이기 때문에 하나님의 말씀을 경청하는 것 바로 그것이 선이 된다.[20] 주님을 기쁘시게 하지 않는 것들은 결국 주님을 공격하는 것이 된다.[21]

오리겐은 악은 선의 반대이고 불의는 정의의 반대로서 불의는 분명 악과는 다른 어떤 것으로 보았다. 악은 학습된 것이 아니기 때문에 덕으로 가는 교육으로 극복될 수 없다. 악의 특징은 특히 그것의 유포인데, 선의 형태를 가장할 때 가장 절정에 이른다. 이러한 이유로 악의 아버지인 마귀와의 협력을 통하여, 표징, 경이, 기적들이 악과 함께 수반된다, 그러나 우리가 영성으로 숙고해야 할 점은 하나님의 말씀에 의해 정복되지 않는 악은 없다는 사실이다.[22] "이것은 이상한 일이 아니니라. 사탄도

---

[16] 사이몬 찬, 『영성신학』, 99~100.
[17] 사이몬 찬, 『영성신학』, 102.
[18] St. Irenaeus, *Against Heresies*.
[19] St. Irenaeus, *Against Heresies*.
[20] St. Iranaeus, *THE DEMONSTRATION OF THE APOSTOLIC PREACHING*.
[21] Tertullianus, *On the Pallium*.

자기를 광명의 천사로 가장하나니 그러므로 사탄의 일꾼들도 자기를 의의 일꾼으로 가장하는 것이 또한 대단한 일이 아니니라. 그들의 마지막은 그 행위대로 되리라(고후11:15)." 선을 가장한 악의 정체는 하나님의 권능으로 파괴되는 것이다.

하나님과의 관계에서 인간이 선하게 지음을 받았지만 타락에 의하여 악이 시작이 되었기 때문에, 죽음을 논함에 있어서 그것은 우리 존재의 죽음이 아니라 악의 죽음이라고 할 수 있다. 왜냐하면 우리의 존재는 하나님의 뜻 가운데 진행하지만 소멸하는 것은 악이 되기 때문이다.[23]

플로티누스Plotinus는 악은 근본적으로 추하며 악의 반대는 선함과 아름다움임을 강조하였다. 그는 악을 앎에 있어서 반드시 선에 대한 분명한 인지와 이해가 있어야 한다고 보면서, 절대 선이 있듯이, 분명 절대 악이 존재한다고 주장하였다. 한편, 영혼은 모든 영혼이 악한 것이 아니며 육체적인 것, 즉 물질적인 것이 악하다고 보았다. 영혼은 완전을 위하여 있고, 영적 원리에 의하여 작동하고 순전하며, 영혼은 물질로부터 멀리 떨어져 있다고 보았고, 영적인 것은 오로지 영적 원리에 의하여 결정된다고 했다. 그에게 있어서 악은 부족함에 의한 것이 아니라 절대적 결핍이다. 플로티누스는 우리 자신은 악의 원천이 아니며 우리는 스스로 악이 아니라고 강조하면서, 악은 우리가 존재하기 전에 이미 존재하고 있었다고 보았다.[24]

플로티누스와 달리 어거스틴은 악이 인간의 타락으로 기원하였음을 강조하였다. 하나님은 절대 '선'이시기에 하나님은 악의 존재를 불허하신다. 하나님이 지으신 모든 세계는 하나님이 보시기에 "좋았더라."라는

---

[22] Origen, *De Principiis*.
[23] Ambrose, *On the Duties of the Clergy, etc.*
[24] Plotinus, *The Six Enneads*.

말씀에 완결된다. 반면 인간의 타락은 악인데, 이는 인간은 선의 결핍으로 말미암아 타락에 이르게 된다. 모든 실재적인 본질이 선하기 때문에 선이 있는 곳에 악은 없다. 악은 선 없이 결코 존재할 수 없다. 반면 선은 악 없이 존재할 수 있다. 악의 원인은 변하지 않는 선으로부터 변하는 선한 존재의 의지의 결핍이다.[25]

어거스틴은 플라톤주의자들에 대한 연구를 통하여 이 세상은 이원론적인 경향, 즉 감각-육체적인 것과 지적-영적인 것 사이의 근본적 분리가 있다고 해석하였다. 그런데 어거스틴은 마니교나 영지주의와 같은 도덕적 이원론을 반대하고, 그 이원론적인 경향을 극복하는 하나님의 절대 은총에 대하여 강조한다. 어거스틴이 보는 이원론적 분리는 궁극적인 연합성으로부터 시작하며, 다양성이 증가하는 다양한 단계를 통해 발전하는 더 큰 연합된 위계질서 하에서의 분리를 의미한다. 어거스틴에게 하나님은 궁극적 근원으로서 모든 존재는 그 근원점으로부터 시작된다. 따라서 신은 불변하는 점으로서, 그로부터 나오는 모든 것은 이성적 위계를 통해 서로 통합될 수 있다.

어거스틴은 주장하기를 악은 선에 의해 완전히 극복되어질 수 있고, 비록 악들은 형식적으로는 존재가 허락되기는 하지만, 하나님의 거룩하신 능력으로 악을 선하게 사용할 수 있다. 악은 그 자체로 본질을 가지고 있지 않다. 그러나 선의 결핍은 악이라는 이름을 획득하게 된다. 따라서 악은 본질이 아니라 부도덕한 것이 되고, 최고 '선'이신 하나님과는 반대

---

[25] St. Augustine, *Handbook on Faith, Hope, and Love*. 하나님의 절대 진리의 빛이 세상에 와서 모든 사람을 비추었다. 어거스틴은 이 진리가 모든 순전한 천사들을 비추는데, 만약 천사가 하나님으로부터 돌아서면, 타락한 영이 되어 더 이상 주님 안에서의 빛이 아니고, 그 자체로 어둠이며, 빛에 참여하는 것이 영원히 박탈된다고 보았다.

되는 것이다. 그러므로 하나님을 따라 사는 사람, 즉 인간의 본성을 따라 살지 않는 사람은 선을 사랑하는 자임에 틀림없고, 따라서 악을 미워하는 자이다. 하나님의 말씀을 따라 사는 사람은 악하고 부도덕한 사람을 향해 혐오감을 가지게 된다. 선한 사람은 부도덕 때문에 사람을 미워하지 않으며, 사람 때문에 부도덕을 사랑하지도 않으며, 부도덕은 미워하고, 사람은 사랑한다.

선은 악 없이 존재할 수 있지만 악은 선 없이는 존재할 수 없다. 악의 존재는 본질상 선과 연관되어 있기 때문에 선으로 악은 제거될 수 있다. 이는 악에 의해 훼손된 본질의 부분을 제거함으로써가 아니라, 부패되고 타락한 것을 치유하고 바로잡음으로써 제거된다. 이때 의지는 그 의지가 부도덕과 죄악의 노예가 아닐 때에는 진정 자유 하는 상태에 있게 된다. 악은 죄와 심판이 기다리며, 선은 영적 성장과 질서 있는 조화가 예비되어 있다.[26]

죄에 대한 하나님의 심판은 악을 다스리시는 하나님의 뜻이지만, 그렇다고 인간이 죄를 질 수 밖에 없다는 식의 숙명론에 빠져서는 안 된다. 죄는 심판도 있지만 하나님의 은총가운데 용서도 있다. 죄는 하나님이 예정하신 것이 아니라 죄를 지은 사람의 전적인 책임에 기인한다.[27]

하나님은 악을 행할 수 있는가? 그렇지 않다. 악은 하나님의 능력 밖에 있기 때문에 악은 무無이며 하나님의 능력을 초월할 수 없다. 선과 악은 한 쌍이면서 보상과 심판이 상반되는 것처럼 각각 다르다. 따라서 선에 따르는 보상들은 그 반대쪽에 있는 악의 심판에 정확히 부응한다.[28]

한편 디오니시우스Dionysius도 악은 선으로부터 생긴 것이 아니라고 강

---

[26] St. Augustine, *City of God and Christian Doctrine*.
[27] St. Augustine, *City of God and Christian Doctrine*.
[28] Anicius Manlius Torquatus Severinus Boethius, *The Consolation of Philosophy*.

조하였다. 만약 선으로부터 생긴 것이라면, 그것은 악이 아니다. 비유로 불의 본질이 차가운 것이 아닌 것처럼 아니고, 선하지 않은 존재로 만드는 것은 선의 본질이 아니기 때문이다. 그리고 만약 존재하는 모든 것이 선에서 온 것이라면, 악에서부터 온 존재는 없을 것이기 때문에 악 그 자체는 존재하지 않을 것이다. 따라서 그것은 전부 선이다. 그렇다면 악은 결핍과 실패, 힘의 부족, 양의 부족, 획득의 부족, 목적의 부족과 같은 연유로 기인한다. 아름다움이 없고, 삶이 없고, 생각이 없고, 이성이 없고, 사고가 없고, 안정이 없고, 원인이 없고, 제한이 없고, 생산이 없는 것이다. 악은 비활동적이고, 결과가 없고, 무질서하고, 닮지 않았고, 경계가 없고, 어둡고, 비본질적이고, 어떤 방식으로든지 간에 존재하지 않는 무와 같은 것이다.[29]

오직 하나님만이 세계를 창조하시고 모든 존재는 선하다. 반면 악은 부정적 특징을 지니고 활동할 수 없다. 악은 하나님에게 기원을 둘 수 없다. 악은 부정적인 것과 연결되어 있고, 모든 파멸의 근원이다. 물질적인 요소를 가지고 있지 않은 것들은 파괴와 악에 종속되어 있지 않다. 결과적으로 하나님의 진정한 활동들은 그것이 존재하는 한, 모두 선하다고 할 수 있다.[30]

악은 어둠이 빛의 부재인 것처럼 단지 선의 부재이다. 왜냐하면 선은 생각의 빛이고, 이와 유사하게 악은 생각의 어둠이다. 이 세상은 창조주의 활동이고 선하게 창조되었다. 왜냐하면 하나님은 그가 창조한 모든 것을 보고 참으로 좋게 보셨기 때문이다. 그러나 인간은 그의 자유의지로서 빛과 같았지만, 선의 결핍인 어둠을 만들어 냈다. 악의 경향을 가진

---

[29] Dionysius, *the Pseudo-Areopagite*.
[30] Moses Maimonides, *The Guide for the Perplexed*.

인간의 자유의지는 미덕과 하나님의 의지에 반하는 것이다. 그리고 악하여 우리의 감각을 지배하여 고통을 초래한다. 그러나 이러한 고통은 얼핏 보기에는 악이지만, 실제로는 선하다고 할 수 있다. 왜냐하면 그들은 회심과 구원을 위한 사절단과 같은 역할을 하기 때문이다.[31]

아퀴나스는 죄 때문에 차라리 존재하지 않고 비존재로 있는 것이 더 나은 것이 아닌가 생각하는 것은 잘못 되었다고 지적한다. 어떤 의미에서 비존재는 바람직하여 보이는데, 이유는 그 자체로서가 아니라 죄와 연관하여 상대적으로 그러하다. 어떤 의미에서 악이 없는 상태는 비존재의 상태와 같다고 할 수 있기 때문이다. 그러나 비존재는 악이 없는 존재를 추구한다는 측면에서 또한 상대적인 선이다. 따라서 존재가 선을 추구하며 하나님의 질서 안에서 그 존재를 유지할 때 존재로 있는 것이 더 좋다고 할 수 있지만, 이를 인간이 마음대로 선택할 수는 없다.

아퀴나스는 우리가 하나님을 알려고 하는 것은 악 때문이 아니며 오히려 선이 있기 때문에 악이 알려진다고 보았다. 오히려 악은 악에 의해 전혀 영향 받지 않는 신적 본질과 반대된다. 악은 하나님이 하시는 일들에 배치되며, 하나님은 오로지 하나님 자신의 본질에 의하여 알려지신다.

악은 그 자체로 알 수 없고 선에 의하여서만 그 정체가 드러난다. 하나님의 선은 그 자체로 하나님의 본질에 의하여 알려지지만, 악은 선의 결핍에 의한 것이기 때문에 선에 의하여서만 정의 되거나 인식될 수 있다.

아퀴나스는 악을 피하기 위하여 지혜가 필요하다고 주장하였다. 악은 존재와 비존재로부터의 떨어짐이다. 왜냐하면 그것은 습관도 아니고, 순수한 부정도 아니고, 결핍이기 때문이다. 악은 선의 부재를 내포하지만, 그렇다고 모든 선의 부재가 악은 아니다. 왜냐하면 선의 부재는 어떤

---

[31] St. John of Damascus, *Exposition of the Orthodox Faith*.

성질이 결여된 것이고 부정적인 의미가 내포되지만, 부정적으로 취해진 선의 부재를 다 악이라고 할 수는 없다. 만약 그렇다면 존재하지 않는 것은 악이고, 또한 어떤 선을 소유하지 않으면 그 나머지는 모두 악이 될 수 있기 때문이다. 예를 들어 노루의 빠름이나 사자의 힘을 소유하지 않은 사람은 악이라고 할 수 없는 것이다.

이러한 맥락에서 선은 삼중적이라는 것을 고려해야만 할 것이다. 한 종류의 선은 전적으로 악에 의해 파괴되는데, 이것은 빛이 전적으로 어둠에 의해 파괴되고, 맹인의 시력이 파괴되는 것처럼, 악에 반대되는 선이다. 또 다른 종류의 선은 악에 의해 전적으로 파괴되거나 그 능력이 감소되지 않는 경우인데, 이때 악의 주체는 선이 된다. 예를 들어 어둠이 있더라도 공기의 실체가 손상되지 않는 것처럼 말이다. 또한 악에 의해 지배되나 전적으로 없어지지 않는 또 다른 선이 있다. 이 선은 인간의 습성과 같은 것으로서 죄를 지으나 다시 회복하여 온전하게 되는 경우이다.[32] 아퀴나스는 하나님의 사랑과 은총에 의하여 인간이 죄악으로부터 돌아서서 하나님의 뜻을 온전히 행하며, 하나님이 주시는 지혜로 악을 물리칠 수 있다고 보았다.

지금까지 죄악에 대한 초기 영성가들의 사상을 살펴보았다. 그렇다면 죄악의 결과는 얼마나 심각하며 이에 대한 하나님의 뜻은 무엇인지 살펴보자.

(3) 죄악의 원인 교만

인간의 악은 교만에 이르러 정점을 찍는다. 성경에 인간은 하나님이

---

[32] St. Thomas Aquinas, *Summa Theologie*.

없다고 스스로 부정하는 존재들이다. "악인은 그의 교만한 얼굴로 말하기를 여호와께서 이를 감찰하지 아니하신다 하며 그의 모든 사상에 하나님이 없다 하나이다(시10:4)." "어리석은 자는 그의 마음에 이르기를 하나님이 없다 하는도다. 그들은 부패하고 그 행실이 가증하니 선을 행하는 자가 없도다 (시14:1)." "악인의 죄가 그의 마음속으로 이르기를 그의 눈에는 하나님을 두려워하는 빛이 없다(시36:1)."고 성경은 지적한다.

악을 이기기 위하여서 우리는 영적 전쟁을 치러야 하는데, 그것은 교만이라는 영적 죄에 대항하는 것이다. 영적인 관점에서 인간의 교만은 하나님을 적대하는 것이 최종 목적이다. 이 영적인 교만은 성경에 처음서부터 등장하는 것이다.

창세기 3장을 보면, 인간의 타락으로 인간이 스스로 교만하여 하나님이 되려는 유혹을 물리치지 못한다. 하나님의 말씀과 권위에 대한 뱀의 도전이 시작이 된다. 이 도전은 인간의 마음속에 하나님의 말씀에 대하여 '의심'을 집어넣은 것이었다. 이 의심은 하나님이 말씀하시지 않은 것을 인간이 스스로 더하게 한다. 의심의 순서를 살펴보면 다음과 같다.

첫째, 하나님은 "선악을 알게 하는 나무의 열매는 먹지 말라(창2:17)"고 말씀하셨는데, 뱀은 "하나님이 참으로 너희에게 동산 모든 나무의 열매를 먹지 말라 하시더냐(창3:1)."라는 질문을 함으로써 하나님의 금하신 것과 여타의 것을 마치 동등한 것처럼 희석시킨다.

둘째, 하와는 하나님이 말씀하시지 않은 "만지지도 말라."를 덧붙임으로써 하나님의 말씀보다도 선악을 알게 하는 나무의 실체에 대하여 더 관심을 가지게 된다.

셋째, 따라서 하와는 먹을 것과 먹지 말아야 할 것을 명령하신 하나님의 말씀 보다는 선악을 알게 하는 나무가 생명을 좌우하는 것처럼 착각한다. 선악을 알게하는 나무가 '우상'이 되었다.

넷째, 뱀은 의심하는 인간에게 "결코 죽지 아니하리라."고 말하면서 하나님의 말씀에 정면 도전한다. 심지어 뱀은 창조주이신 하나님이 인간을 시기하시는 것처럼 의심케 하여 하나님의 권위에 도전하고 하나님과 인간의 존재를 비교한다.

이처럼 뱀은 인간에게 헛된 기대를 심어주어 하나님이 생명의 근원인 것을 잊어버리게 하고, 선악과가 마치 생명을 좌우하는 것처럼 착각하게 한다. 선악을 알게 하는 나무나 생명나무라도 피조물에 불과함에도 불구하고 이러한 피조물을 하나님보다 더 높게 여기는 우상숭배에 빠지게 되는 것이다. 이 모든 것은 인간이 신이 되려는 헛된 교만에서 연유한다.

결국 교만과 독선의 영적인 죄가 가장 무거운 죄라고 할 수 있다. 이 죄는 "자기중심적인 야망, 다른 사람에게서 배우는 것을 싫어하는 기피증, 비교의식과 질투, 권위에 대한 불순종, 고통이나 상처를 기피하려는 획책, 그리고 개인적인 고통과 상실에 대해 하나님께 분노하는 것과 같은 다양한 형태의 문제를 일으킨다." [33]

죄는 또한 우리를 영적인 무감각인 나태acedia, 懶怠로 이끌어간다. 나태는 "죄로 조금씩 이끌어 가는 영적인 쇠약으로서, 그 자체로 충족될 수 없는 감각적 쾌락과 한 쌍이 되는 영적인 실재들에 대한 무감각이다." 이렇게 무감각하게 되면, "명예욕은 더 이상 우리 안에서 찾아낼 수 없다고 느끼는 만족을 찾아 껍데기뿐인 자기 과시를 하며, 우리 주변에 있는 모든 헛된 것을 찾아 나선다. 그리고 이 모든 악한 생각들의 밑바닥에서 스스로 감추고 있던 육체적인 껍질이 벗겨지게 될 때, 최종적으로 드러나는 것은 죄의 뿌리가 되는 반항하는 영, 곧 교만이다." [34]

---

[33] 케네스 보아, 『기독교 영성, 그 열두 스펙트럼』, 513.
[34] 루이 부이에, 『영성 생활 입문』, 342.

우리 그리스도인들이 더 지혜롭게 죄와 대적하기 위하여서는 우리는 다음과 같은 교만을 주의하여야 한다. 즉 우리가 다른 사람이 짓는 죄와 같은 유사한 죄들을 범하지 않기에 우리가 훨씬 낫다고 생각하는 교만이다. 이렇게 되면 우리는 우리가 이웃이 죄에 빠져서 고통당하는 것을 보고 염려하는 것 이상으로 더 큰 죄에 빠져서 고난을 당하게 될 수 있다.[35]

죄는 성령을 방해하고, 우리의 기쁨과 확신, 그리고 평화를 빼앗아간다. 이러한 상황에서 우리가 할 수 있는 일은 하려고 하는 일들을 멈추고 성령을 방해하는 것이 무엇인지 하나님께 기도하는 것이다. 그리고 그 정체를 분명히 알고 하나님께 위탁하여 문제를 해결 받는 것이다.[36]

(4) 포괄적 죄

인간의 죄는 다양하다. 성경에는 "음행과 더러운 것과 호색과 우상 숭배와 술수와 원수를 맺는 것과 분쟁과 시기와 분 냄과 당 짓는 것과 분리함과 이단과 투기와 술 취함과 방탕함과 또 그와 같은 것들(갈 5:19-21)"을 지적하고 있다. "이 목록은 도덕적 죄(음행과 더러운 것, 호색)로 시작하여, 종교적 죄(우상 숭배, 술수)를 지적하고, 사회적 죄(원수를 맺는 것, 분쟁, 시기, 분냄, 당 짓는 것, 분리함, 이단, 투기)와 무절제의 죄(술 취함, 방탕함)로 결론을 맺는다."[37]

죄는 우리들을 죄의 희생자인 동시에 죄를 전파하는 대행자로도 전락시킨다. "우리가 갖고 있는 영혼의 상처는 외적인 요인(예: 육체적, 성적, 언어적, 또는 감정적 학대, 율법주의, 완벽주의, 거부, 배신, 실적 위주의

---

[35] Jean le Charlier de Gerson, *Snares of the Devil*.
[36] 케네스 보아, 『기독교 영성, 그 열두 스펙트럼』, 517.
[37] 케네스 보아, 『기독교 영성, 그 열두 스펙트럼』, 376.

평가)들뿐만 아니라, 우리 자신(예: 부인, 합리화, 음모, 비통, 용서하지 못하는 것, 증오, 편견)에 의해서도 생긴다."[38]

사이몬 찬Simon Chan은 죄의 범위를 포괄적으로 보았다. 죄는 개인의 행위와 소외와 같은 인간 상호간의 관계, 그리고 구조 악, 즉 부정과 억압 같은 사회적 질서와 관련이 있다. 이러한 포괄적인 죄 개념은 하나님과의 개인적 관계에 국한할 수 없고, 우정의 영성과 같은 인간관계와 해방의 영성과 같은 사회 참여 형태의 영성을 포함해야 한다.[39]

이러한 포괄적인 죄를 극복하기 위하여 가톨릭 영성 신학에서, "죄는 그리스도인의 삶에서 성장의 한 측면으로 취급되고, 대개 그리스도인의 덕이 함양이라는 관점에서 이해된다."[40] 가톨릭에서 죄는 주로 금욕, 또는 정화의 과정을 설명할 때 논의된다.

사이몬 찬은 죄에 대한 전통적인 가톨릭의 견해는 죄를 관계적인 용어보다는 존재론적인 용어로 인식한다고 보았다. 죄는 죄인과 하나님과의 관계를 설명하는 관계적인 용어라기보다는 존재론적인 용어로서 일종의 영적 오염을 설명한다. 이와 같은 가톨릭의 견해는 인간의 심적 상태인 마음보다는 인간의 의지에서 죄를 발견한다. 죄는 인간들의 죄된 행위를 미리 결정하는 조건이 아니라, 오히려 인간의 행동 자체 안에 존재하는 것으로 파악된다. 가톨릭 교리에서 하나님의 은혜는 인간의 본성 안에서 역사하고 본성이 하나님의 선하신 뜻을 따른다는 관점에서 죄는 본질적인 차원에서 해석되지 않는다.

따라서 가톨릭에서 인간은 은혜를 배반하고 타락한 본성을 가진 죄인으로 이해되고, 인간의 죄성은 의지의 무질서를 동반한 모순된 행동을

---

[38] 케네스 보아, 『기독교 영성, 그 열두 스펙트럼』, 496.
[39] 사이몬 찬, 『영성신학』, 80.
[40] 사이몬 찬, 『영성신학』, 83.

유발하는 약함이라는 특징을 갖는다. 죄와 은혜에 관한 최근의 가톨릭 신학은 죄를 행동으로 보는 관점에서 죄를 근본적인 조건으로 보는 관점으로 옮겨가고 있다고 마이클 찬은 보고 있다. 마이클 찬은 마크 오키페 Mark O' Keefe의 관점을 인용하면서, "죄와 은혜는 일차적으로 선하거나 악한 개인의 행동이라는 관점에서 이해되어서는 안 되고, 사람의 근본적인 삶의 방향성이라는 관점에서 이해되어야 한다."고 보고 있다.[41]

여기서 근본적인 삶의 방향성이란 인간이 취하는 '근본적인 선택 fundamental option'과 연결되어 이 선택의 여부에 따라서 사람의 살아가는 기본적인 방향에 영향을 미치는 선택들을 말한다. 따라서 근본적으로 부정적인 선택은 하나님을 멀리 떠나는 삶을 선택하는 것이고, 긍정적인 선택은 은혜 아래에서 사는 인생을 선택하는 것으로서, 어거스틴에 따르면, 죄는 인간이 '하나님을 떠나서 창조물로 향하는 aversio a Deo perconversionem ad creaturam' 행위로 정의될 수 있다.[42]

어거스틴은 우리의 존재는 참으로 존재하는 절대적 존재도 아니요, 참으로 존재하지 않은 절대적 비존재도 아님을 깨달았다. 하나님께로부터 왔으니 존재하는 것이나 하나님과 같은 존재가 아니므로 비존재라 할 수 있다. 따라서 우리는 비존재이면서 존재이신 하나님을 바라며 창조주이신 하나님으로 재정향하여야 한다.

사이몬 찬은 성경적인 죄 개념에 대하여 네 가지로 정리하였다. 첫째, 성경은 '소죄venial sins'와 '대죄mortal sins'를 구분하지 않으며, 둘째, 마가의 목록을 제외한 모든 목록이 죄의 관계적 성격 차원에서 하나님의 진노를 경고하며, 셋째, 어떤 죄들은 다른 죄들보다 더 자주 언급되는데, 그 내

---

[41] 사이몬 찬, 『영성신학』, 84.
[42] 사이몬 찬, 『영성신학』, 84.

용은 주로 어떤 특수한 상황에서의 성적 부도덕이나 탐욕과 같은 것이다. 그리고 넷째, 성경에 나타나는 죄들의 내용은 아주 다양한데, 그것은 각각 악한 생각과 같은 마음의 죄, 투기와 미움 같은 태도의 죄, 비방, 험담, 그리고 부도덕한 말을 포함하는 언어의 죄, 그리고 도둑질, 사기와 같은 행동의 죄 등이 있다.[43]

결국 이와 같은 포괄적인 죄는 지배의 영역에 놓이면, 인간은 죄로 말미암아 신음하게 된다. 그 죄의 지배가 얼마나 큰지 다음에서 살펴보자.

(5) 죄의 지배

죄는 논리적으로 보아 죄의 결과에 이를 때면 그 자체로 막강한 힘을 소유하는데, 성경은 이 죄악의 구조에 대하여 사단의 영역과 연관이 되어 '정사와 권세principalities and powers'와 동일시한다고 사이몬 찬은 해석하였다.

---

[43] 사이몬 찬, 『영성신학』, 90. 사이몬 찬은 연구를 통하여 죄에 대한 여러 학자들의 정의를 아래와 같이 소개하고 있다. 패트릭 맥코믹Patrick McCormick은 "죄는 사람들의 개인적 행위와 습관을 통해 바이러스성 암이 존재한다는 것을 알리는 소용돌이와 같다."고 보았으며, 테드 피터즈는 『죄: 영혼과 사회 안에 있는 근원적 악』Sin: Radical Evil in Soul and Society에서 근원적 악에 이르는 7단계를 불안, 불신앙, 자만, 색욕, 자기정당화, 잔인함, 신성모독으로 해석하였다. 한편, 케빈 오쉐Kevin O'Shea는 세상의 죄를 '구원사salvation history'에 반대되는 '파멸사perdition history'라고 보고, "세상의 죄는, 원죄를 통해 인격적인 세력으로 세상에 들어왔고, 역사의 흐름에 따라 점진적인 방식으로 역동적인 전진을 보이며, 인류와 세상에 대한 통제력을 장악해 가는 악의 바이러스다. 죄는 인류 역사에서 범죄들을 증가시키는 숨겨진 힘이다. 범죄들은 단지 그 증상에 불과하다. 죄는 모든 범죄들보다 더 크고 더 깊다. 그것은 인간사를 소위 '파멸사'로 만든다."고 해석하였다. 91~95. 한편 죄에 대하여 규정하고 있는 초기 기독교 역사에서 7가지 대죄는 이미 4세기에 요한 카시안이 성문화하였다고 사이몬 찬은 지적하면서, 그레고리 대제Gregory the Great(540~604)에 의하여 정해진 7가지 대죄의 내용은 허영, 시기, 분노, 우울tristitia, 탐욕, 폭식, 정욕이다. 같은 책, 101.

"죄는 강력하고도 교묘한 정신spirit의 형태를 취한다. 그것은 한 시대나 단체나 국가, 혹은 정치 운동이 기치로 내거는 정신의 형태로 나타난다. 죄는 제도와 전통의 중심부에 잠복해서, 그 곳을 본거지로 삼아 그것들을 탈취한다. 탈취를 통해 형성된 새로운 구조는 왜곡perversion, 무형태formlessness, 혹은 과도한 경직성이 혼합되어 있는 양상을 띠는 것 같다." [44]

무엇보다도 죄는 인간의 교만을 통하여 인간과 여타의 세계를 지배한다. 특히 교만은 가장 근원적인 죄로서 창조자만이 최상의 위치에 계실 수 있음에도 불구하고, 인간이 자신 스스로를 높여 하나님을 최상에 두지 않고 오히려 자기 존재를 그 자리에 둠으로써 자기를 부당하게 높은 자리에 위치시킨다. 따라서 하나님이 최고의 자리에 계심으로써 우리가 누릴 우주적인 번영과 전인격적 기쁨을 왜곡시키고, 자신의 가치와 능력을 스스로 높이고 과장되게 자기를 스스로 충족시킨다.

아울러 스스로 높아진 자신을 타인보다 더 높이기 위하여 다른 이들을 경멸하게 된다. 이는 허무하게 과장되어진 자기중심적 생각인 자기 충족성과 자기만족으로 죄는 그 모습을 드러낸다. 그것은 자아를 높이기 위해서 다른 사람들을 경멸하기 시작하는 것이다. 이는 "내게 주신 은혜로 말미암아 너희 각 사람에게 말하노니 마땅히 생각할 그 이상의 생각을 품지 말고 오직 하나님께서 각 사람에게 나누어 주신 믿음의 분량대로 지혜롭게 생각하라(롬12:3)"의 말씀처럼 자신에 대한 거짓된 평가를 동반하며, 세속적 권위에 대한 지나친 사랑으로 기인한 명예나 야망, 그리고 하나님보다 인간에게 더 잘 보이려는 허영심에 가득 차게 된다.[45]

---

[44] 사이몬 찬, 『영성신학』, 95
[45] 사이몬 찬, 『영성신학』, 104~105, 사이몬 찬은 이그나티우스의 『영적 훈련들』이란 책에 나온 내용을 소개하면서, 영성 훈련을 시행하는 첫 주에 적용되는 규칙들에 대하여 언급하고 있다. 무엇보다도 하나님과 올바른 관계를 맺지 않은 사람들은 거

이제 인간은 하나의 개별적 죄가 아니라 더 많은 죄를 지으며 자신과 공동체를 더 위태롭게 한다. 처벌받지 않는 죄는 없으며, 극악한 죄는 더 무서운 심판을 받게 될 수밖에 없지만, 죄는 이를 무시하고 죄악으로 치닫게 된다. 공의와 정의의 하나님에 대항하여 당신의 영광을 가로막은 죄악은 심판에 놓이게 된다.[46]

요한 브래드포드 John Bradford는 악은 두 가지 종류가 있다고 보았다. 하나는 번영과 성공을 가장한 악이고, 다른 하나는 불행으로 드러나는 악이다. 성공을 가져오는 악은 감사하지 않고 교만하며 자신의 안위를 구하고 자신이 누구인지 잊어버린다. 또한 다른 사람들을 등한히 하고 나아가 하나님을 무시함으로써 죽음을 면할 수 없게 된다. 반면 불행을 통하여 나타나는 악은 인내심이 없이 불평하고 인색하여 스스로 불행을 자초하는 것이다.[47]

이와 같은 모든 악은 자기 사랑에 기초하고, 자기 사랑은 올바로 판단할 수 있는 지혜가 없어서 구름과 같이 덧없는 것이다. 이러한 죄의 지배를 극복할 수 있는 가능성은 하나님의 은총에 의하여 가능하다. 특히 하나님이 인간에서 부여하신 이성은 그 자체 안에 신앙의 빛을 가지고 인간을 올바른 신앙으로 인도하는 역할을 한다.[48]

우리가 늘 조심하여야 할 것은 불결하고 더러운 생각들을 하는 것이 치명적인 죄 라기 보다는 그 생각들을 기뻐하고 즐기며 우리의 의지가

답해서 치명적인 죄를 범하며, 이때 악한 영은 죄인들에게 '망상적인 환희'와 '관능적인 쾌락과 즐거움'을 준다고 강조하였다. 반대로 선한 영은 하나님 앞에서 자신이 죄인임을 고백하는 양심의 가책과 후회를 동반하게 된다. 따라서 악한 영은 곤경을 주지만, 선한 영은 위로를 주는 것이다. 같은 책, 290.

[46] St. The Great Albert, *On Cleaving to God*.
[47] John Bradford, *Godly Meditations upon the Lord's Prayer*.
[48] St. Catherine of Siena, *The Dialogue of Saint Catherine of Siena*.

그것들을 더 선호하는 것이 치명적인 죄이다. 불결한 생각들이 우리를 엄습할 경우, 우리는 그것을 미워하고 증오할 때, 치명적인 죄로부터 자유 할 수 있다. 죄는 공개적이든 은밀하든지 동일한 죄이다. 사람들은 아주 부주의한 못된 습관에 빠져서, 하나님은 인간의 양심을 아신다고 말하면서도 자신이 하는 일 스스로를 정당화한다.

우리의 죄는 그 본질상 하나님과 우리를 분리시켜 교제를 단절시키고, 나아가 우리의 영적인 민감성까지 둔화시킨다.[49] 우리의 죄는 우리가 짓는 죄를 포함하여 하지 않고 내버려 두는 것까지 포함한다. 하지 말아야 할 일을 하는 죄도 죄이고, 또 해야 할 일을 하지 않는 죄도 죄인 것이다.[50]

죄를 내버려 두면 죄는 개인들뿐만 아니라 인간 구조와 사회에도 영향을 미친다. 루터의 말처럼 우리는 세상의 여관에서 종노릇하고 있는 것과 같다. 비유로 말하자면, 그 집 주인은 마귀이고, 집주인의 애첩은 이 세속적인 세상이며, 그리고 모든 종류의 악한 열정들이 이 세상 속에 가득 차있다. 따라서 "인간 사회 속에 고유하고 자리하고 있는 구조적인 죄를 인정하지 않는 인간 사회를 긍정할 수 없는 것이다."[51] 죄는 개인 차원에서가 아닌, 구조 차원의 문제로 사회 전체에 영향을 끼치고 있다는 사실을 직시하여야 한다.[52]

죄는 오염의 속성을 가진다. 인간이 타락하여 악하게 되면, 인간은 죄로 말미암아 육체적인 것을 추구하고, 하나님이 주신 지혜는 그 능력을 상실하게 된다. 이렇게 되면 인간은 죄의 생각으로 육체적인 즐거움에

---

[49] 리처드 포스터, 『리처드 포스터의 '기도'』, 246.
[50] 리처드 포스터, 『리처드 포스터의 '기도'』, 249.
[51] 앨리스터 맥그라스, 『종교개혁 시대의 영성』, 194.
[52] 앨리스터 맥그라스, 『종교개혁 시대의 영성』, 205.

이끌리어 덕을 미워하게 되며, 더 나아가서는 그의 이웃을 향한 사랑보다 자기를 더 사랑하는 감각적인 육욕에 지배당하게 된다. 그리고 이러한 습성은 이웃을 향해 죄를 연이어 짓게 되며, 자신의 감각적인 육욕의 다양한 방식에 따라 지속하게 되고, 결국 잔인함을 동반하게 된다. 죄는 은밀하게, 또는 공개적으로 자신의 육체적인 만족을 위하여 행하여진다. 은밀한 죄는 죄를 숨김으로써 이웃이 알아야 할 권리를 박탈하고, 공개적인 죄는 이웃을 기만하여 뻔뻔하게 행한다. 인간의 죄는 예수 그리스도에 대항하여 이웃을 자신의 욕심을 위한 수단으로 전락시킨다.[53]

결국 죄는 개인을 넘어 이웃을 지배하기 시작한다. 이웃을 미워하는 것은 매우 큰 악이다. 이 마음이 우리의 생각을 점령하는 동안, 우리가 하는 그 어떤 것도 하나님을 기쁘게 할 수 없다. 또한 다른 이들이 저지르는 죄악을 방관하는 자도 진정 비참하며, 평화를 가질 수 없다. 따라서 선한 것은 장려하되, 악한 것들은 쉽게 판단하지 말고, 사람의 마음을 헤아리시며 무엇이 악인지 완전히 아시는 하나님의 심판을 기대하여야 한다.[54]

그러나 분명한 것은 죄는 이 세상을 통치하기를 원하지만, 궁극적으로 비존재의 상태이기 때문에 아무것도 지배할 수 없다는 것을 우리는 확신하고 선으로 악을 이겨야 한다.[55]

4. 원죄와 자유의지, 그리고 타락

지금까지 죄의 개념과 신정론, 그리고 죄악의 내용에 대하여 살펴보았다.

---

[53] St. Catherine of Siena, *The Dialogue of Saint Catherine of Siena*.
[54] Louis of Blois, *A Mirror for Monks*.
[55] St. Catherine of Siena, *The Dialogue of Saint Catherine of Siena*.

특히 죄악의 포괄적 특성과 지배에 대하여 숙고하며 보았다. 이러한 죄의 속성 속에서 과연 기독교 초기 사상가들은 원죄를 어떻게 이해하였으며, 자유의지에 대한 생각은 어떠했는지 궁금하여진다. 그 내용을 잠깐 살펴보자.

(1) 원죄

악에 대한 설명으로 원죄는 어떻게 볼 것인가? 제롬은 원죄의 대가가 너무 크다고 보았다. 그러나 우리에게 주신 하나님의 은총은 우리의 의지가 죄를 짓지 아니하도록 이끄신다고 제롬은 주장하였다. 우리는 아담 이후로 다 타락하였기에, 오로지 예수 그리스도의 대속으로 구원받을 수 있다. 원죄는 태어나면서부터 영혼에 얽매어 있기 때문에, 우리는 오로지 다시 태어남으로써만 이 죄로부터 자유 할 수 있다. 온 세상에는 신앙의 선조인 사도들과 모든 증인들에 의한 하나의 분명한 사실이 있는데, 그것은 "죄는 세례 후에도 가능하다"는 것이다. 만약 인간이 죄를 짓지 않는다면, 우리에게 예수 그리스도는 의미가 없게 된다.[56]

물론 인간은 유혹과 고난으로부터 자유로울 수 없다. 인간은 원죄를 가지고 태어나며, 유혹과 고난이 인간으로부터 기인하기 때문에, 이로부터 자유로울 수 없다. 인간은 본래의 축복을 상실하였기 때문에, 이러한 고난은 숙명과도 같다. 특히 인간은 원래의 축복을 잃어버렸기 때문에, 육체적인 것을 사랑하게 된다.[57]

그러나 우리가 중시하여야 할 분명한 것은 모든 고난의 원천은 원죄나

---

[56] St. Jerome, *The Letters of St. Jerome*.
[57] Thomas à Kempis, *THE IMITATION OF CHRIST*.

실제적인 죄가 연루되어있는 것이 사실이지만, 하나님은 인간의 영혼을 변화시키는 것을 기뻐하시며, 인간의 영혼이 더욱 순수하고 순전하며 모든 흠에서 자유하도록 이끄신다. 인간은 하나님이 정하신 선하신 목적으로부터 멀리 떠남으로써 원죄에 더 많은 죄를 짓게 되지만, 하나님은 다시 인간을 구원하시며 자신의 선하신 목적을 통하여 회복시키신다.[58]

(2) 자유의지

죄를 짓게 되면, 자유의지는 어떻게 되는가? 인간이 죄를 짓게 된다는 사실로써 자유의지는 상실되게 되는가? 인간이 죄를 짓지 않을 수 없다는 것은 자유의지를 상실했음을 의미하는가?[59] 물론 원죄로 인하여 육체는 연약하여져서 죄를 짓고 타락하며 영육 간에 많은 상처를 받게 된다. 그러나 하나님을 향한 자유의지는 남아서 회복될 가능성은 있다.[60]

하나님은 창조 시에 인간을 본질상 죄 없이 만드셨고, 그에게 자유의지를 주셨다. 죄가 없다는 것은 죄가 인간 속에 있을 자리가 없다는 뜻이 아니며, 이는 오직 신의 경우에만 가능하다. 죄는 인간이 본래 하나님이 원하시는 본질을 추구하기 보다는 즐기는 것을 자유롭게 결단한 결과이다. 즉 인간은 하나님의 거룩한 은총에 따라서 선한 길로 계속 나아갈 수 있으며, 반대로 선에서 돌이켜 악을 택할 수도 있다. 왜냐하면 하나님은 인간에게 의지의 자유를 허락하시기 때문이다.[61]

---

[58] St. Catherine of Genoa, *LIFE AND DOCTRINE OF SAINT CATHERINE OF GENOA*.
[59] 클레르보의 베르나르, 『하나님의 사랑』, 87. 엄성옥 옮김, (은성출판사, 2009)
[60] 클레르보의 베르나르, 『하나님의 사랑』, 131.
[61] St. John of Damascus, *Exposition of the Orthodox Faith*.

어거스틴은 인간이 하나님의 뜻을 어기고 죄를 지을 때, 그것은 악마에게가 아닌, 하나님께 빚진 것임을 강조하였다. 왜냐하면 그가 행한 죄는 악마가 아닌, 하나님에게 대항하는 것이다. 인간은 악마에게 속한 것이 아니며, 오히려 사람과 마찬가지로 악마도 하나님께 속한 것임을 기억하여야 한다.[62]

어거스틴은 악은 인간이 죄를 지음으로써 자유의지를 악하게 사용하게 되었기 때문에 이 자유의지를 올바르게 사용하여야 한다고 강조하였다. 죄의 노예가 되어 자유의지를 잘못 사용하였을 때, 의지는 죄를 위하여 봉사하게 된다. 그러나 인간이 죄의 굴레로부터 벗어나 의로움을 위해 봉사하기를 시작하지 않는 한, 그는 올바르게 행동할 자유는 없다. 따라서 인간의 의지가 진정한 자유에 봉사하려면, 의로운 것을 행하여야 하며, 이때 기쁨이 동반된다. 의로운 하나님의 뜻에 복종하고 헌신함으로써 진정한 자유에 이르게 되는 것이다.

어거스틴에 따르면, 인간은 두 가지 원인에 의해 죄를 짓는다. 하나는 우리가 해야 하는 것을 모르는 무지에서 연유하거나 다른 하나는 우리가 이미 해야만 하는 것을 알고 있는 것을 하지 않는데서 연유한 것이다. 이 둘 중에 첫째는 악에 무지한 것이고, 두 번째는 약함이다. 자유의지가 타락하면, 자유의지는 선을 구하거나 정의를 유지하기에는 충분하지 않고, 인간은 하나님의 도우심으로 불변하는 선에 참여하는 은총으로 구원받을 수 있다.[63]

어떤 의미에서 죄를 만약 자발적으로 짓는 것이 아니라면, 실제적인 죄가 아니라고 할 수 있다. 우리가 만일 온전한 그리스도인이라면, 우리

---

[62] St. Anselm, Archbishop of Canterbury, *The Devotions of Saint Anselm Archbishop of Canterbury.*
[63] St. Augustine, *Handbook on Faith, Hope, and Love.*

모두는 우리의 실수들과 죄에 대하여 후회를 한다. 바로 이것이 죄가 자발적이라고 하는 증거이다. 우리가 회개할 때 우리의 죄악이 드러나고 고백하는 이유는 우리가 이전에 죄를 행할 때 우리의 본성이 자유의지를 가지고 하나님의 뜻에 거슬려 행하였기 때문이다. 따라서 우리는 죄를 지을 때, 당시는 몰랐다고 하더라도 그것은 영적 무지에 의한 것이지, 전적인 무지에 의해서 죄를 지은 것이 아니다. 따라서 인간의 모든 죄는 자발적이며 자유의지를 가지고 행한 것이다.[64]

휴 라티머Hugh Latimer는 죄 용서가 있는 곳에 죄인식이 있다고 강조하였다. 따라서 결코 용서받을 수 없는 죄는 끝까지 회개하지 않는 것이다.[65] "죄는 자발적인 것이다. 자발적이 아닌 것은 죄가 아니다. 악을 박해하고 사람을 박해하지 말라. 왜냐하면 사람은 하나님이 창조한 선한 것이기 때문이다. 죄는 사람이 만든 악한 것이다. 죄는 전적으로 의지에 달려있다. 따라서 만약 자발적이 아니라면 그것은 죄가 아니다."라고 휴 라티머는 주장하였다.[66]

그리스도를 믿지 않는 죄는 우리의 이성과 의지를 지배하며, 영적인 일에 무관심하게 한다. "분명한 것은 자유의지는 이 죄에 사로잡혀 있고 하나님 앞에서 저주받는다. 따라서 그것이 그리스도에 대해 무지하고 그를 믿지 않는 한, 그것은 선한 어떤 것을 원하거나 시도할 수 없으며 필연적으로 죄에 무지한 상태로 봉사한다."[67]

---

[64] St. Augustine, *Handbook on Faith, Hope, and Love*.
[65] Hugh Latimer, *Sermons*.
[66] Louis of Blois, *A Mirror for Monks*.
[67] Martin Luther, *De Servo Arbitrio* "On the Enslaved Will" Or *The Bondage of the Will, De Servo Arbitrio*.

(3) 타락

악을 피하지 못하게 될 때, 가장 치명적인 죄는 영혼이 죽는 것이다. 죽는 것은 생명을 잃는 것이다. 하나님은 영혼을 주신 분이시다. 치명적인 죄가 우리를 하나님으로부터 분리시킬 때, 바로 영혼이 죽는다. 치명적인 죄는 마치 마음이 쉬지 못하는 것과 같다. 모든 것은 오직 하나님 안에서 쉼을 누린다. 영혼이 거할 안식처는 하나님이며, 성 어거스틴의 고백처럼 우리의 마음이 하나님 안에서 참된 쉼을 얻기까지 우리는 안식을 얻지 못한다.

치명적인 죄는 인간이 결코 자신의 죄 무게를 홀로 감당할 수 없고, 죄에 빠지는 것을 저항할 수 없는 경우이다. 이렇게 되면 인간의 영적 감각은 상실하게 되어 욕망의 즐거움이 일시적이라는 것을 알지 못하고 지옥의 심판에 대하여 무감각하게 된다. 이렇게 되면 천국에서 누릴 기쁨의 영원함도 잊은 채 하나님의 은총에 대하여서도 죽은 자와 같게 된다.[68]

치명적인 죄는 본질적으로 인간을 타락시켜, "영혼이 죽게 되며, 마음이 요동하고, 능력이 약화되고, 감각이 마비상태에 빠지고, 영혼이 슬퍼하고, 은총이 그치고, 미덕도 죽고, 선한 행위도 중지하고, 영혼이 탈선하며, 악마와 동행하게 되고, 기독교도 추방되며, 지옥의 감옥으로 가서, 지옥의 잔치가 열리고, 지옥을 영원하게 하는 것이다." 따라서 우리가 죄를 짓게 되면, 삼위일체 하나님의 형상을 따라 지음 받은 우리의 본성이 상처를 입고 영혼이 죽게 되는 것이다.[69]

인간이 타락하게 되면, 피조물이 변함없는 선함으로부터 변하는 것으로

---

[68] Johannes Eckhart, *Light, Life, and Love*.
[69] Johannes Eckhart, *Meister Eckhart's Sermons*.

돌아선다. 즉 완전함에서 불완전함, 그리고 가장 종종 자신에게로 돌아선다.[70] 하나님이 우리 속에 계시지 않고 사탄이 있으면, 우리는 오직 악을 행하고자 한다. 그러나 하나님이 우리 안에 거하시면, 우리의 자유는 죄에 봉사하는 대신, 하나님의 뜻을 따르도록 할 것이다.

"죄가 지배하는 곳에 그 죄와 함께 죽음을 실행하는 하나님의 분노만이 존재한다. 자비만이 하나님과 우리를 화해시키며 우리를 생명으로 회복한다. 우리는 무지와 실수로 죄를 짓는 것이 아니라, 하나님에 대한 전적인 냉소에 의해 죄를 짓는다." [71]

지금까지 필자는 4장을 통하여 인간의 죄를 살펴보았다. 삼위일체 하나님의 구원은 인간의 죄와 그 결박을 깨뜨리고 우리를 자유하게 하신다. 그럼에도 불구하고 인간은 죄 속에 빠져서 죄를 필연으로 만든다. 어거스틴이 이해하였듯이, 사악이란 어떤 실체가 아니고 인간 의지의 왜곡이다. 이 의지의 왜곡이라 함은 그 의지가 최고 실체이신 하나님으로부터 돌아서서, 자신 안에 깊이 놓여있는 보배를 버리고, 낮은 부분으로 떨어져 밖으로 잔뜩 교만한 상태에 빠지는 것이다. 인간은 다른 사람의 쇠사슬에 의해서가 아니고, 바로 자신의 의지의 쇠사슬에 묶여 있다. 이 자유의지가 왜곡되어 육욕이 생기고, 육욕을 계속 따름으로 버릇이 생기며, 그 버릇을 저항하지 못하면 필연이 된다.[72]

인간의 죄와 이로 말미암아 기인한 타락은 고통을 필연적으로 만들었다. 그러나 고통으로 말미암아 우리는 오히려 하나님께 더 가까이 나아갈 수 있다. 아울러 용서함을 받아 영생에 대한 소망을 가지게 된다. 다음 5장에서 그 내용을 살펴보자.

---

[70] Henry Suso, *A MEDITATION ON THE PASSION OF CHRIST.*
[71] John Calvin, *Commentaries.*
[72] St. Augustine, *The Confessions.*

05 고통과 용서에 대한 영성

우리는 "어떻게 전능하신 하나님이 선한 인간에게 일어나는 악惡을 허락하실 수 있는가?"라는 질문을 바꾸어야 한다. 이제 고난의 질문을 우리 자신에게로 향하게 하여 "얼마나 오랫동안 우리가 가난한 자들에게 일어나는 악을 허락할 것인가?" 그리고 "함께 고난을 당하시는 하나님이 어떻게 고난 중에 있는 사람들과 함께 거할 수 있는가?"와 같은 질문으로 바꾸어야 한다. 아울러 "왜 하나님께서 아우슈비츠의 대학살이 일어나도록 했는가?"라는 질문이 이제는 "왜 우리는 그 일이 일어나도록 했는가?"로 질문할 수 있어야 한다.

1. 고난과 고통은 무엇인가?

인간의 죄는 필연적으로 고난과 고통을 부른다. 4장에서 필자는 고난과 고통의 근원이 되는 포괄적 죄의 현상과 죄의 지배를 살펴보았다. 이제 5장에서 죄로 유발된 고난과 고통을 살펴보고, 이를 극복하는 영성에 대하여 살펴보도록 하겠다.

(1) 고난의 현상

무의식과 의식이 교차하는 가운데, 우리는 내면의 깊은 곳으로부터 올라오는 '신음'소리를 내뱉기도 한다. 의식의 세계에서 우리는 또렷하게 자신이 사용하는 말들을 정렬하여 의사소통의 수단으로 삼지만, 의식과 무의식의 경계선에서 터져 나오는 신음소리는 '언어 이전의 언어'라고 할 수 있다.

성서에 나타나는 십자가상의 주님의 고통은 말이 아니면서 호소력이 있고, 누구에게 전하는지 분명하게 알 수 없지만 그것은 일종의 '기도로서의 언어'와 같은 것이다. 이것은 더 이상 기도도 나오지 않고, 자신의 깊은 고통을 말로 표현할 수 없을 때 나오는 '몸의 소리'인 것이다. 더 이상 알아들을 수 있는 소리가 나오지 않을 때, 입을 굳게 닫고 '몸으로 신음하는 소리'는 절망과 고통 중에 하나님만 바라는 소리이다.

성서에 보면, 하나님은 이스라엘 백성들이 내는 '고통의 신음 소리를 들으셨다'고 기록되어있다. 놀라운 것은 우리의 하나님은 당신의 백성들이 내는, 언어가 아닌 신음에 '공명'하는 하나님이시라는 것이다. 분명한 소리가 아닌 소리에도 반응하시는 하나님은 언어로 표현되기 이전의 인간의 저 깊은 내면의 소리에도 응답하신다. 인간만이 아니라 자연 만물의 모든 피조물이 고통 받으며 탄식하는 소리에도 귀 기울이신다.

따라서 기도의 능력은 우리의 언어에서 나오는 것이 아니다. 오히려 미세한 소리, 심지어 소리가 없는 신음하는 '몸의 소리'에 귀 기울이시는 하나님의 '공명'이 있을 때에만 기도의 능력은 나타나는 것이다. 그런 의미에서 예수 그리스도의 고난은 바로 우리를 위한 고난이며, 우리를 대변하는 몸의 제사라고 할 수 있다.

고통과 은총은 전혀 상반되는 개념과 같다. 그러나 우리는 고통과 고난을 통하여 하나님을 향하여 나아간다. 고통은 오히려 우리의 죄악을 정화하는 약과 같은 역할을 한다. 여기서 악은 존재론적인 개념이 아니라, 우리가 느끼는 실존적인 개념이다. 고통을 통하여 하나님의 은총으로 나아갈 수 있기에, 우리는 고통과 은총이 서로 멀리 떨어져 있지 않음을 깨닫게 된다.

어거스틴의 지적처럼, 진실로 인간은 어떤 아픔을 통해서 인생의 쾌락을 경험하게 된다. 배고픔과 목마름의 괴로움을 먼저 경험하지 않고서는 인간은 먹고 마시는 기쁨을 알지 못한다.

언뜻 죄로 기인하는 육체적 감각의 쾌락은 부인할 수 없다. 그러나 말로는 표현할 수 없는 행복한 성자들의 생애와는 비교할 수도 없는 것이다. 그 이유로 어거스틴은 우리 안에 있는 사람이 밖에 있는 사람보다 더 나은 것을 알게 되었다고 고백한다.[1] 따라서 우리 안에 있는 속사람은 고통과 고난을 통하여 더 새롭게 거듭나며, 하나님과 가까워지는 것이다.

고통을 통하여 우리가 깨닫는 영성은 고통에 대한 원인이나 이것을 피하기 위한 지혜가 아니라, 이 고통과 고난을 통하여 하나님이 우리를 향하신 구원의 은총에 가까이 다가가는 것이다. 고난을 통한 화나 은총을 통한 복은 다 하나님의 주권에 달려있다(애3:38). 하나님은 저주가 변하여 복이 되게 하시는 분이시며, 사망에서 부활로 이끄시는 전능하신 분이시다(신23:5).

(2) 예수 그리스도의 고난

예수 그리스도의 처절한 고난은 우리에게 깊은 비애를 느끼게 한다.

---

[1] St. Augustine, *The Confessions*.

왜 그리스도는 고난을 당하실 수밖에 없었는가? 왜 인간은 고난의 문제로부터 자유롭지 못한가? 이와 같은 고난에 대한 신학적인 질문은 인간의 실존에 대하여 통찰력을 제공하여 줄 것이다.[2]

고난에 대한 연구는 전형적인 종교적 문제 중의 하나이다. 모든 종교들과 심지어 비종교적 이념들은 아무 죄 없는 사람들이 끊임없이 고난을 당하는 문제에 대하여 응답하려고 시도하였다. 고난에 관하여 기본적으로 제기되는 종교적, 신학적 질문들은 다음과 같다. 고난은 과연 하나님의 뜻인가, 아닌가? 하나님은 선의 근원일 뿐만 아니라, 우리가 이해하지 못하는 악의 근원도 되시는가? 하나님은 하나님 이외의 다른 근원으로부터 기인하는 고난을 허락하시는가?

유대전승과 기독교전승은 자연 사건에 의해 일어나는 비극적이며, 인간의 관점에서는 잘 이해할 수 없는 고난을 강조하지는 않는다. 대신에 그들은 역사의 틀 안에서 고난과 직면하여, 왜 인간이 고난을 받아야만 하는가에 대한 질문을 현저하게 '윤리화'하려고 시도하였다. 세계의 기원에 관한 유대교의 관점은 처음부터 고난을 창조의 선善에 반하는 것으로서 간주했다. 가부장적 지배와 쉼 없는 고된 노동, 그리고 인간과 자연 사이의 적대감은 타락한 세상이 만들어낸 일종의 '저주'이지, 하나님의 뜻과는 일치하지 않는다고 보았다.

고난은 하나님의 생명을 공급하는 사랑으로부터 스스로 소외되거나 자신들이 자처한 폭력에 의해 하나님과 갈라선 결과로 말미암아 생긴 것으로 볼 수 있다. 카인은 "너의 형제는 어디에 있느냐?(창4:9)"라고 물

---

[2] 이하 고난에 대한 해석은 필자의 선행연구에서 별도의 재인용 각주 없이 옮겼다. 유경동, 『영화 속의 신학과 인권』(감리교신학대학교 출판부, 2008), 158~164. 고난에 대한 해석은 도로시 쉘레Dorothee Soelle의 정의를 빌렸다. The Abingdon Dictionary of Theology (Abingdon Press, 1996)

으시는 하나님의 질문에, "내가 나의 형제를 지키는 자입니까?"라고 대답한다. 이러한 카인의 대답은 우리가 서로를 향한 유대감에 대한 거부를 의미하며, 그리고 생명의 수여자인 하나님으로부터 분리되는 것을 나타낸다. 생명은 서로 소중히 여겨야 하기 때문에, 예를 들어 지진과 같이 무자비한 자연적 고난이 닥칠 때, 자신과 직접적인 관계가 없는 사람들이라 할지라도 도울 수 있는 것이며, 그러한 이웃들을 자신의 친형제들처럼 대하여 줄 수 있는 것이다.

역사적으로 볼 때, 인간이 스스로 자초하여 만든 끔찍한 고난도 수없이 많았는데, 이것은 인간이 처한 죄의 실존적 상태를 나타내는 것이다. 음식과 물, 거주지, 건강관리와 교육, 그리고 일자리가 부족한 사람들이 오늘날 전체 인구의 3분의 2에 해당하는데, 이들은 정의롭지 못하며, 죄로 가득한 경제 세계의 희생자들로서 고난을 당한다.

이런 맥락에서 죄罪, sin 개념은 인간이 마땅히 져야 할 책임의 입장에서 인간의 고난을 이해하도록 돕는 실마리가 된다. 그러나 고난 받는 사람이 그 고난을 단순히 자신이 저지른 죄 값에 의한 처벌로 간주한다면, 죄 개념은 잘못 사용된 것이다(요9:2 참고). 고난의 희생자를 비난하는 것은 고난을 설명하는 가장 쉽고 피상적인 방법이다. 반면에 그리스도가 당하신 고난의 방식은 연민을 가지고 고난을 당하는 사람들과 함께 고난을 받는 특징을 가진다.

유대교와 기독교의 영성이 고난의 문제에 대하여 기여한 바는 크지만, 여전히 이해할 수 없는 고난에 대한 '분노'와 또 고난을 운명적으로 받아들이는 '수용적'인 입장 사이의 긴장은 여전히 남아있다. 특히 구약 성서의 욥기에서 분노와 수용이라는 이 두 가지 성질이 가장 명백하게 드러난다.

사랑으로 어떤 일을 감당하여야 할 경우에도 종종 증오, 분노, 항의,

그리고 저항과 같은 것이 표출되기도 하지만, 그러나 참을 수 없는 괴로움을 잘 견뎌낸 사람들 안에는 또한 인내와 독립성, 그리고 내적 자유를 발견할 수 있다. 고난에 직면하여 분노를 표출하거나 그대로 받아들이는 수용이 주어진 기독교 역사를 통하여 다양하게 나타났다. 그러나 분노와 수용 사이의 변증법적 긴장 가운데 한 부분이 완전히 패배하면, 다른 한 쪽도 퇴보한다. 예를 들어 여성은 하나님이 주신 고난에 복종하고, 그것을 인정해야 한다고 설교하는 교회의 경우, 대부분 하나님의 모든 자녀를 해방시키며 구원하려고 하시는 하나님의 적극적이며 지속적인 구원에 대한 메시지는 약화될 수밖에 없는 것이다.

하나님은 악의 근원도 아니고, 인류를 처벌하거나 인간을 어떤 목적을 가지고 훈련시키는 그 어떤 다른 권세들을 허락하시지도 않으신다. 하나님은 우리가 고통 받도록 하시는 것이 아니라, 우리와 함께 고통을 당하신다. 고난을 초래하는 분이 아니라, 고난에 함께 참여하는 분이야말로 욥에 대하여, 그리고 우리의 절망에 대하여 응답하실 수 있다.

성서의 하나님은 히틀러를 세상에 보내어서 죄 없는 수백만 명의 유대인들을 살해하라고 명령한 악마적 권력자가 아니다. 아우슈비츠와 히로시마의 대학살과 고난에 대하여, 유대교 신학자들, 예를 들어, 아브라함 헤셀Abraham Heschel, 한스 요나스Hans Jonas, 해럴드 쿠쉬너Harold Kushner와 기독교 신학자들, 예를 들어, 제임스 콘James Cone과 다른 대부분의 여성주의자들은 신정론theodicy에 입각한 질문, 즉 "어떻게 전능하신 하나님이 선한 인간에게 일어나는 악惡을 허락하실 수 있는가?"를 인간학적인 질문으로 바꾸어야 한다고 강조하였다.

그것은 고난의 질문을 우리 자신에게로 향하게 하여 "얼마나 오랫동안 우리가 가난한 자들에게 일어나는 악을 허락할 것인가?" 그리고 "함께 고난을 당하시는 하나님이 어떻게 고난 중에 있는 사람들과 함께 거할 수 있는가?"와 같은 질문으로 바꾸어야 한다는 것이다. 아울러 "왜 하나님께서 아우슈비츠의 대학살이 일어나도록 했는가?"라는 질문이 이제는 "왜 우리는 그 일이 일어나도록 했는가?"로 질문할 수 있어야 한다는 것이다.

그리스도의 십자가는 고통에 참여하시는 사랑의 하나님을 나타내며, 동시에 인간이 당하는 고난의 의미를 상징한다. 원래 제국의 권력을 유지하기 위하여 반대자들을 고문하는 수단으로 사용된 십자가는 궁극적으로 성부 하나님의 뜻을 성취하는 사람들에 대한 '이 세상'적인 방식으로서의 응답이라고 볼 수 있다. 그리스도는 하나님께서 인간에게 참된 생명을 전하시고자 하는 뜻, 즉 충만한 하나님의 은혜와 영생을 인간에게 전하시려는 하나님의 뜻을 성취했으며(요10:10), 그로 인해 그리스도는 고문과 사형 선고를 받았다.

예수 그리스도의 삶처럼, 자신의 생명을 희생하며, 정의를 실현하고, 배고픈 사람들에게 양식을 나누어주는 사랑의 행위는 마땅히 그리스도인들이 행하여야 할 본분이었다. 그러나 그러한 요청을 문자 그대로 수행할 수 없었던 교회와 국가는 갈등할 수밖에 없었다. 소위 고난을 동반하는 희생과 사랑이라는 종교적 이미지가 조금 채색된 '부드러운 십자가의 면'만을 부각시킨다 하더라도, 실제 생활에서는 오히려 친구들과 가족과의 관계가 깨지게 되고, 자신의 경력과 부, 또는 건강에 있어서 손해를 보게 될 수밖에 없다.

진리를 위해 박해를 받는 것이 곧 교회의 특징이었고, 이는 오늘날 해방을 쟁취하기 위한 투쟁에 있어서도 그렇다. 기독교인들은 "우리가 또한 그리스도와 함께 영광을 얻기 위하여(롬8:17)", 고문을 당하고 죽을지도 모르는 위험에도 불구하고, 자신의 삶을 바치고, 그리스도와 함께 고난을 당한다. 스티브 비코Steve Biko, 마틴 루터 킹Martin Luther King Jr., 아이타포드Ita Ford, 그리고 오스카 로메로Oscar Romero와 같은 순교자들은 인간이 겪는 고난의 가장 깊은 의미를 드러내는데, 성서에 기록된 대로, 이들이 곧 "하나님의 상속자요, 그리스도와 더불어 공동 상속자(롬8:17; 딤후 3:13 참조)"가 될 것이다. 우리가 그리스도와 함께 겪는 고난을 회피할 때마다 우리는 토마스 뮌쳐Thomans Müntzer의 말대로 '악마의 순교자들'이 되어 가는 것이다.[3]

그렇다면 우리는 고난과 고통을 어떻게 극복할 수 있는가? 이를 극복하고 어떻게 주님의 영광에 참여할 수 있는가? 그 내용을 살펴보자.

2. 고난과 고통을 넘어

사랑은 그 대가가 있다. '기꺼이 고난을 받는 것'은 인간이 자유롭게 수행할 수 있는 최고의 표현이다. 그리스도 안에서 우리는 고난과 동떨어진 기술만능주의와 그러한 삶의 환상을 벗어나 정의와 평화, 그리고 창조의 보전에 참여하여야 한다.

리처드 포스터는 고난에 대한 우리의 과제는 우리에게 아무 의미 없는 것처럼 보이는 고난과 고통을 그리스도가 겪으신 고난의 빛을 통하여 이해하여야 한다고 보았다. 이 세상의 고통들은 이 세계에 대한 하나님의 고난과 우리가 겪는 고통을 연결시킴으로써 견딜 수 있다. 물론 이때 분노와 인내는 함께 일어난다. 우리는 분노와 인내를 우리와 함께 고통 당하시는 하나님의 손에 맡기고, 그리스도와 함께 하늘과 땅의 근본적인 변화를 기다려야 한다. 우리는 하나님이 내시는 탄식의 목소리를 들을

---

[3] 지금까지 Dorothee Soelle의 '고난'에 대한 정의를 옮겼다.

때에만 동시에 하나님이 이 땅에 오신 뜻을 이해할 수 있다. "모든 사람들의 눈에서 그 눈물을 모두 깨끗하게 하실(계21:4)" 하나님께서 우리와 함께 눈물을 흘리시는 것이다.

성경은 우리가 '그리스도의 몸'이라고 말한다. 이는 믿음의 공동체를 묘사하며 진정한 실재적 표현이라고 할 수 있다. 예수 그리스도는 성령으로 그의 교회 안에 거하신다. 따라서 우리의 고난은 우리 안에 거하시는 그리스도의 고난이 된다.[4] 바로 이러한 고난이 대속적인 고난이다. 여기서 주님이 당하시는 고난은 사람들을 변화시키셔서 "그리스도의 길에 들어서도록 인도하시는 하나님의 고난을 묘사할 때 쓰인다."[5]

고난과 시련을 통하여 우리는 희망을 가지게 된다. 고난은 희망을 보다 분명히 보여주는 역할을 한다. "다만 이뿐 아니라 우리가 환난 중에도 즐거워하나니 이는 환난은 인내를, 인내는 연단을, 연단은 소망을 이루는 줄 앎이로다. 소망이 우리를 부끄럽게 하지 아니함은 우리에게 주신 성령으로 말미암아 하나님의 사랑이 우리 마음에 부은바 됨이니, 우리가 아직 연약할 때에 기약대로 그리스도께서 경건하지 않은 자를 위하여 죽으셨도다(롬5:3-6)." 이 말씀과 같이 우리는 시련을 통하여 더 크신 하나님의 뜻을 발견할 수 있다.

우리가 로마서 8장 18절의 "현재의 고난은 장차 우리에게 나타날 영광과 족히 비교할 수 없도다."라는 말씀을 이해하기 위해서는 우리는 현재에서 영원을 볼 수 있는 비전을 가져야 한다. 우리들의 관점에서 하나님의 뜻을 보려하지 말고, 하나님의 뜻을 통하여 우리가 처하여 있는

---

[4] 리처드 포스터는 칼빈을 인용하여 "그러므로 그리스도께서 자기 자신의 몸에 고난을 당하신 것처럼, 그 지체들 속에서 날마다 고난을 당하신다."고 보았다. 리처드 포스터, 『리처드 포스터의 '기도'』, (송준인 옮김, 두란노서원, 1995), 304.
[5] 리처드 포스터, 『리처드 포스터의 '기도'』, 304.

환경을 이해하여야 한다. "우리는 하나님께서 결코 우리에게 무관심한 분이 아니시며, 우리에게 고통을 사용하시는 것이 우리의 유익을 위함이고, 결국 우리가 그리스도와 보다 완전하게 연합할 수 있도록 하기 위함임을 깨달을 수 있다(참고: 히12:10-11, 벧전4:12-17)." "또한 하나님은 고통 가운데 있는 우리를 위로하시며(고후1:3-5), 그러한 고통이 영원하지 않을 것임을 우리에게 상기시켜주신다(고후4:16-18)."[6]

(1) 악을 정화하는 고통

C.S. 루이스는 『고통의 문제』The Problem of Pain에서 고통의 이유는 하나님이 우리를 덜 사랑해서가 아니라, 오히려 우리가 원하는 것보다 더 우리를 사랑하시기 때문이라고 정의하고 있다.[7] C. S. Lewis가 다루고자 하는 고통은 신경계통에서 발생하는 문제가 아니라, 피조물이 창조주에게 자신을 양도하는 과정에서 생기는 영적인 문제로 보고 있다. 즉 고통의 문제를 인간의 항구적인 죄의 문제와 깊게 연관되어 있다고 해석하고 있는 것이다. '인간'이란 루이스가 인용하는 뉴먼John Henry Newman의 말처럼, "단순히 개선될 피조물이 아니라 손에 든 무기를 내려놔야 할 반역자들"이다. 하나님을 배반한 인간의 영혼은 인간적으로 자신에게 상황이 유리할 때는 아집을 포기하지 않는다. 그러나 고통이 따를 때, 자신이 추구하는 것이 무엇인지를 잠시나마 깨닫고 하나님께로 돌아서게 된다.

인간은 고통을 통하여 만사가 잘 돌아가고 있다는 환상에서 벗어나게 되는데, 이것이 고통이 주는 일차적인 영적 유산이다. 나아가 지금 인간이

---

[6] 케네스 보아, 『기독교 영성, 그 열두 스펙트럼』, 509.
[7] 이하 C.S. 루이스의 『고통의 문제』를 요약한다.

자신의 뜻대로 할 수 있다는 모든 주관적인 의지를 꺾게 되는데, 이것이 고통을 통하여 인간이 나아가는 궁극적인 목표이다. 이때 하나님의 뜻은 인간들이 고통을 통하여 자신들이 부족하다는 것을 깨닫고 발견하여야 할 더 좋은 것을 추구하도록 하는 것이다. 중요한 것은 "배가 이미 가라 앉고 있는 상황에서 하나님께 백기를 드는 것은 궁색한 일이다." 하나님께 자아를 완전히 양도하는 일에는 고통이 따를 수밖에 없다.

그러나 인간이 반드시 고난이나 고통의 시련을 통과하여야만 하는가? 하나님이 전능하시다면, 그러한 고통의 과정이 없이 인간을 구원하실 수 있으신 것은 아닌가? 그 답은 인간은 고통의 시험을 겪지 않고는 자신이 과연 스스로 하나님의 뜻을 따르게 될지 그렇지 않을지 모르는 것이다. 고통이 때로 피조물의 거짓된 자족감을 깨뜨려 준다면, 극도의 시험에서 나오는 고통을 통한 자족감은 피조물이 자기 것으로 삼아야할 목표이다. 고통에는 두려움과 연민이 따르는 경험의 세계와 무관하지 않다. 세상은 영혼을 만드는 골짜기이다.

루이스가 설명하는 고통을 통한 구원은 다음과 같은 여섯 가지 관점을 가지게 된다. 첫째, 타락한 이 세계가 구원받는 과정은 다음과 같은 네 가지 단계를 거치는데, 그것은 ① 하나님의 선하신 뜻은 ② 타락한 세계와 악을 치유하기 위하여 ③ 악을 사용하시고, 그리고 ④ 고난을 통하여 인간을 하나님께로 돌이키시는 것이다.

둘째, 시련이 지속는 가운데 이 세상이 구속함을 받기 까지는 고통은 지속된다.

셋째, 그리스도인이 보는 악의 관점은 전적으로 신학적인 것으로서 정치와는 별개의 것이다.

넷째, 이 세상에 때때로 좋고 행복한 것이 있지만, 그것은 다 임시적인 것이다. 비유로 여관이 집은 아니다.

다섯째, 고통의 총화는 없다. 고통 x가 또 다른 고통 x와 합쳐져서 2x가 되는 것은 아니다. 한 개인이 당하는 고통은 그 자체로 최고의 고통이다.

마지막 여섯째로, 모든 악 중에 고통만이 살균 소독된 악이다. 고통은 반드시 끝이 있다. 고통은 증식하지 않으며, 이것이 지나면 기쁨이 오게 되어 있다.

루이스(C.S. Lewis)는 지옥이 있는 이유는 악의 해석과 연관이 되어 있다고 보았다. 악을 묵과하는 것은 악을 무시하는 것이며, 악을 선처럼 취급하는 것이다. 구원받지 못한 영혼의 특징은 자기 자신외의 것은 아무것도 받아들이지 않는 데에 있다. 지옥도 결국은 인간을 정화하는 마지막 수단으로 사용되는 것이며, 그 목적은 인간에게 구원의 과정을 분명하게 보여주시려는 하나님의 뜻인 것이다. 그러나 인간은 인간의 자유의지를 잘못 사용하여 지옥에 직면하게 될 수도 있다. 천국에 들어간다는 것은 이 땅에 있을 때보다 더 인간다워진다는 것이며 지옥에 간다는 것은 인간의 잔해가 지옥에 던져진다는 의미이다. 여기서 더 온전한 인간이 된다는 것은 자신의 열정을 의지에 순종시키며, 그 의지를 하나님께 바치는 것이다. 따라서 지옥은 인간을 위하여 만들어진 것이 아니라, 구원받는 인간을 위한 것이라는 역설이다.

루이스는 악과 연관된 지옥에 관한 문제를 다루면서, 일반적인 수준에서 반대자들에 의하여 제기되는 문제들을 다음과 같이 정리하였다. ① "지옥이 응보적 처벌이기 때문에 반대한다."는 주장에 대하여 만일 이렇게 되면 악을 소홀히 다루게 되는 것이다. ② "일시적인 죄를 영원히 처벌하는 것은 너무 가혹하지 않느냐?"는 질문에 대하여 인간의 삶을 입체적으로 볼 때, 작은 기준선 하나의 실수가 전체를 망칠 수 있을 정도로 죄는 심각한 것이다. ③ "죽음이 끝이 아니라 한 번 더 기회를 주어야 한다."는 의견에 대하여 그렇게 할지라도 또 같은 실수를 범할 것으로 본다. ④ "지옥의 무서운 고통은 너무 가혹한 것이 아닌가?"에 대하여 이것은 지옥에 대한 상징이며, 이것은 인간이 인간의 본래적 영혼으로 돌아가지 못하는 죄의 상태를 의미한다고 보았다. ⑤ "사랑이 있는 사람은 지옥에 있는 영혼들 때문에 괴로워하게 될 것이 아니냐?"라는 질문에 대하여 지옥은 천국과 평행선상에 있는 것이 아니며, 지옥은 바깥 어두움, 즉 비존재의 상태라고 설명하고 있다. ⑥ "한 영혼이라도 지옥에 가면 전능하신 하나님의 실패를 의미하는 것은 아닌가?"라는 질문에 대하여 하나님이 당신이 만든 작품에 의하여 배반을 당하시는 것은 오히려 '기적'이며, 영혼이 궁극적 선에 이를 수 있는 것을 포기하는 것에 대하여 책임은 인간에게 있다고 보았다.

지금까지 필자는 루이스의 고통에 대한 명상과 그의 영성을 살펴보았다. 고난의 원인 제공자인 인간의 본성과 그 악의 경향에 대한 그의 해석은 고난을 이해하는 데에 있어서 매우 설득력이 있다고 생각한다. 이제 이 고난과 신앙의 관계에 대하여 살펴보자.

(2) 고난과 신앙

그리스도인의 고난과 겸비함, 그리고 배척당함이야말로 신앙의 순전함을 보증하는 '증명서hallmark'라고 할 수 있다. 이 고난을 통하여 신자들은 참 제자의 정체성을 확립하며 부활하신 그리스도의 영광에 참여하게 될 확신을 가지게 된다. "그런 점에서 십자가는 인간의 고난에 새로운 의미를 부여하고 있다. 신자들이 하나님의 자녀들임을 나타내는 증표인 십자가로 세례 받는 것처럼, 모든 하나님의 자녀들의 삶은 예수 그리스도의 고난과 십자가로 말미암아 빚어지고, 그것으로부터 영향을 받는다." [8]

고난은 억지로 지는 짐 같은 것이 아니며, 진정한 그리스도인은 십자가를 지는 고통을 삶 속에서 깨달으며, 고난이 일어날 장소와 시간, 그리고 그 고난 자체를 하나님께 맡기는 것으로 만족한다.[9] 그리스도인에게 고통이나 죽음만이 그 자체로 항상 좋거나 구원이 될 수 있다고 할 수는 없지만, 그리스도의 고난과 죽음이 우리에게 구원이 되었듯이, 우리도 십자가 앞에 우리 자신을 내어주는 것이 참된 믿음이 될 수 있다. 따라서 자신을 십자가에까지 내어 주는 것은 오직 그리스도에 대한 믿음뿐이며, 자신을 하나님께 희생 제사로 드리는 것이다.[10]

이 고난은 우리를 홀로 내버려 두지 아니하고, 이웃과 연대하며 함께 신앙의 여정으로 인도한다. "고난의 공동체, 세례를 통해 우리는 해산의 고통으로 신음하는 세상에서 고난 받는 공동체와 함께 여정을 시작한다(롬8:22). 세례는 그리스도와 함께 장사되는 것이고(롬6:4-6) 고통스러운 죽음에서, 그리고 그리스도의 고난을 공유하면서 성취된다(빌3:10)."[11] 따라서 하나님은 우리에게 더 이상 고통이 아닌 기쁨이 되신다. 하나님은 두려움이나 분냄의 대상이 아니라 지혜이며, 거룩함과 진리, 그리고 기쁨과 평화를 주시는 절대적인 분이시다.[12]

우리가 모두 고난 받아야 한다면, 누구는 덜 고난 받고 누구는 더 고난 받고, 그리고 왜 모든 사람이 동일하게 고난 받느냐는 문제를 이해하려면, 우리는 이들 중에 누가 다른 사람의 유익을 위해 고난 받는지를 물어야 하며, 그것을 아는 것은 쉽다. 그리스도인은 고난을 피하여 스스로를 자유롭게 할 수 있으나, 신앙을 위하여 고난을 선택할 수 있다. 예수 그

---

[8] 앨리스터 맥그라스, 『종교개혁 시대의 영성』, 127.
[9] 앨리스터 맥그라스, 『종교개혁 시대의 영성』, 130.
[10] 루이 부이에, 『영성 생활 입문』, 185.
[11] 사이몬 찬, 『영성신학』, 159.
[12] Gregory of Nyssa, *Dogmatic Treatises, etc.*

리스도는 그의 생명을 우리를 위해 버리셨다. 따라서 우리는 형제들을 위해 우리의 삶을 버려야한다.[13]

토마스 모어St. Thomas More는 시련과 낙담에 처한 두 종류의 사람들이 있는데, 한 종류는 위로를 추구하지 않는 사람들이고, 다른 한 종류는 위로를 추구하는 자들이라고 보았다. 위로를 추구하지 않는 자들은 또한 두 종류로 나뉘는데, 첫 번째 종류는 너무나 슬퍼서 낙담하여 아무것도 고려하지 않고, 아무것도 생각하지 않고 무기력에 빠진 사람들이다. 그들에게는 재치나 기억력은 사라지고 당연하게 여긴다. 그리고 고난에 대해 이러한 위로가 없는 것은 게으름이라는 치명적인 죄 중에 최고의 죄라고 토마스 모어는 해석하였다. 위로를 추구하지 않고 아무 것도 받지 않고 그들의 고난에만 관심 있는 또 다른 종류의 사람들은 성미가 급하고 발끈하고 인내가 없어서 아무도 그들에게 말하는 것이 유익하지 않다고 보았다. 이들은 격앙되었던 만큼 인내심 없이 화를 내는데, 고난에 대한 이러한 종료의 낙담은 분노라는 치명적인 죄를 유발시킨다.[14]

따라서 우리는 우리 주변에 시련과 낙심에 좌절하는 사람들을 위하여 우리는 반드시 그리스도와 함께 우리 이웃을 위로하며 선을 행하기 위해 고난을 견뎌야한다, 즉 몸과 모든 몸의 지체뿐만 아니라 마음과 정신으로 그렇게 해야 한다.[15]

어거스틴은 육체를 통하여 느끼는 고통은 단지 육체의 통증이 아니라 영적인 현상으로 이해하였다. 왜냐하면 고통은 몸 안에서 발생하지만, 그것을 지각하는 것은 몸으로부터 생겨난 영혼의 고통과 연관이 되기 때문이다. 육체는 영혼 없이 스스로 어떤 고통과 열망을 느낄 수 없는데,

---

[13] St. Augustine, *The Confessions and Letters of St. Augustine*.
[14] St. Thomas More, *Dialogue of Comfort Against Tribulation*.
[15] Hugh Latimer, *Sermons*.

그 이유는 영혼이 육체의 고통을 알기 때문이다.[16] 따라서 고통과 고난을 받을 때, 이는 육체의 영적인 현상임을 기억하여야 한다.

우리가 반드시 기억하여야 할 것은 하나님은 불변하시고 선하시기 때문에, 비록 "일시적으로 그렇게 보이지 않을지라도 그분의 자녀들의 삶에 허락하신 모든 환경은 그들에게 유익하다. 우리를 향한 그분의 뜻은 선하시고 기뻐하시고 온전하시기(롬12:2) 때문에, 우리가 만나는 시험과 낙망, 실패, 그리고 수고와 역경은 영원의 관점에서 볼 때, 하나님 나라와 축복이 임하는 자리이다."[17] 따라서 그 어떤 상황에서도 고난과 고통을 신앙으로 극복하는 믿음의 자세가 중요한 것이다.

인간의 의지의 왜곡과 남용은 고난과 고통을 필연으로 만들었다. 죄의 쇠사슬에서 헤어 나오지 못하고 방황할 때, 하나님은 우리를 용서하시고 은총으로 자녀 삼으신다. 죄의 용서는 전적으로 예수 그리스도의 속죄를 통하여 가능하다. 다음에서 이 내용을 살펴보자.

3. 용서와 은총

하나님은 가난한 자와 궁핍한 자를 불쌍히 여기시고 생명을 구원하시는 분이시다. "죄는 은혜의 자유 아래 신앙적으로 살고자 하는 자를 지배할 수 없다."[18] 우리가 죄인임을 고백하고 주님께 나아가면 주님은 의로우시며 자비로운 분으로서 우리의 죄를 용서하여 주시고 죄악으로부터

---

[16] St. Augustine, *City of God and Christian Doctrine*.
[17] 케네스 보아, 『기독교 영성, 그 열두 스펙트럼』, 319~320.
[18] John Cassian, *The Twelve Books on the Institutes of the Cœnobia, and the Remedies for the Eight Principal Faults*.

우리를 구원하여 주신다(눅18:13). "서로 친절하게 하며 불쌍히 여기며 서로 용서하기를 하나님이 그리스도 안에서 너희를 용서하심과 같이 하라(엡4:32)"는 말씀을 기억하고 용서를 통하여 의의 자녀가 되도록 서로 격려하여야 한다.

1) 속죄

'용서'는 신학적으로 우리를 향하신 하나님의 '속죄'와 연관이 된다. '속죄'라는 개념은 구약의 속죄일Yom Kippur, Day of Atonement에서 유래하였으며, 영어로 '속죄atonement'라는 단어는 16세기 영국의 종교개혁자 윌리엄 틴덜William Tyndale이 소개하면서 알려지게 되었다.[19] 기독교에서는 복음서와 성례전을 통해 전해지듯이, 속죄는 특별히 십자가를 통해 이루어진 하나님과 죄인들 사이의 화해를 표현하는 단어이다. 십자가는 예수 그리스도를 통한 죄의 선포이지만, 사실상 인간이 죄의 곤경에 빠질 때 제기되는 신학적 질문은 인간이 처한 문제가 악의 세력과 인간 사이의 관계에서 일어나는지, 아니면 하나님과 인간 사이의 관계에서 일어나는지, 또는 인간들 스스로의 문제인지에 대한 다양한 질문들이 생기게 되었는데, 크게 세 가지로 나눠질 수 있다.

(1) 죄의 값

첫째, 초기 기독교 교부들은 죄와 연관 된 인간의 곤경에 대한 질문

---

[19] '속죄'에 대한 해석은 유진 터셀Eugene Teselle의 정의를 빌렸다. The Abingdon Dictionary of Theology (Abingdon Press, 1996). 아울러 번역 내용은 필자의 선행연구에서 별도의 각주와 재인용 부호 없이 옮긴다. 유경동, 『영화속의 신학과 인권』(감리교신학대학교 출판부, 2008), 234~238.

중 첫 번째인 죄와 악한 세력과의 관계를 강조했다. 만약 인간 존재가 악마나 악마의 세력과 결속한다면, 인간은 '몸값ransom'을 지불함으로써 구원받아야만 한다. 그런데 어떻게, 누구에게, 무엇에 의해 이러한 보상이 가능한가? 교부신학의 핵심은 유혹에 넘어가고 죄의식에 사로잡힌 죄인들에 대하여 악의 세력이 죄인들에 대한 적법한 소유권을 주장한다 할지라도, 그러한 악의 세력이 그리스도에 대하여 까지 같은 소유권을 주장할 수는 없었다는 것을 강조한 데에 있다. 그리스도는 자기 자신을 죄인들과 같힌 자들에게 보이신 후에, 그리고 자신이 마치 죄인인 것 같이 고소당하고 죽임을 당하셨지만, 부활하심으로써 하나님께서 그의 죄 없음을 입증하셨다. 그러므로 믿음과 세례를 통해 그리스도에 속하게 된 모든 사람들은 악마에게서 해방된다. 이러한 방식으로 교부 신학자들은 그리스도가 인간의 죄와 인간이 악에 결부된 데 대한 값을 제공한 것이라 생각했다.

비록 이 '몸값'이라는 모티브가 때때로 신화적인 것이라고 무시되기도 하지만, 이 몸값이라는 모티브는 희생양scapegoating과 피해자가 되는 과정victimization의 일부를 보여준다. 특히 해방 신학은 악의 세력에 의한 인간 지배에 대하여 관심을 가지고 이 악의 세력은 '악의 구조'를 통해 자신의 권리를 주장하고, 죄의식과 공포를 결합함으로써 그 권리를 강화시켜나 감을 폭로하였다. 부당한 고통과 지배 세력들의 권력을 폭로하고, 악과 죄에 대한 대중들의 의견 토론이 이루어 질 때, 죄와 악에 사로잡힌 자들은 도덕적, 심리적 속박에서 해방될 뿐만 아니라, 새로운 삶의 양식을 가질 권리를 부여받게 된다는 것이 해방신학의 주장이다.

(2) 희생의 동기

둘째, 하나님과 인간 사이의 관계성의 변화로서의 속죄는 또한 신약

성서와 교부들의 사상에 드러나는데, 이는 특별히 인간이 자신의 죄에 대하여 '죄를 비는 것expiating', 또는 하나님의 진노를 '달래는propitiating' 것으로서의 '희생의 모티브'인데, 이것은 중세시대와 종교개혁 시기에 이르러서야 하나의 이론으로 발전했다.

안셀름은 『왜 하나님이 인간이 되셨는가?』Cur Deus Homo에서 죄로 가득한 인류에 의해 그 권위가 침해당하는 봉건적 군주의 모델을 하나님과 연관시킴으로써 이러한 희생의 모티브에 대한 장場을 마련했다. 죄에 대한 하나님의 심판은 ① 인간이 죄에 따라 받는 처벌, 즉 자신도 모르게 일어나는 고통과 저주와 같은 처벌 방식과 ② 자발적으로 고통을 당함으로써 하나님께 해를 끼친 것에 대하여 보상하는 식으로서 하나님을 만족시키는 방향으로 발전하였는데, 이 모델은 고백성사penance를 행하는 것과 매우 유사한 모델이다. 특히 두 번째 가능성에 일치하여, 죄의 문제를 해결하기 위하여 신-인으로서의 그리스도론이 등장하게 되는데, 이 신-인으로서 그리스도 사역의 특징은 예수는 아무런 죄가 없지만, 그 사역은 인간의 죄와 그 결과를 속량할 수 있는 무한한 가치로 인정받는 것이다

종교개혁자들은 그 초점을 참회의 희생을 통해 만족하시는 하나님의 위엄God's honor에서, 오히려 처벌을 요구하는 것처럼 보이는 하나님의 진노God's wrath로 바꾸었다. 그러므로 그리스도는 죄로 가득한 인류의 '대변자'로 간주되며, 십자가 위에서 하나님의 진노를 온전히 감당하신 분으로 이해되었다. 이러한 이론은 하나님께 경멸 받을 수밖에 없는 죄로 가득한 인류와 하나님의 사랑을 실행하시는 죄 없으신 그리스도 사이의 '교환exchange'을 포함하기 때문에, 하나님 이해에 있어서 이론적인 긴장관계를 형성하게 된다. 왜냐하면 창조는 하나님의 본래의 목적을 성취하시기 위해 하나님께서 주도하시는 일이지만, 구원은 마치 하나님의 아들

성자가 죄인들이 용서받기 위하여 성부의 진노를 달래야하기 때문이다.

이러한 유형의 신학적 이해들은 고통이나 심지어 처벌을 받는 행위도 구원의 도구라 간주하는데, 이 가설은 도덕적, 심리학적 관점에서 계속 의문이 제기되어 왔으며, 가장 최근에는 해방신학자들과 여성신학자들이 이 가설에 반대의 입장을 표하였다. 왜냐하면 이러한 이해는 지배체제를 강화하는 것으로 거부되어야 할 것이라 보았기 때문이다. 오늘날 신학에서도 십자가를 신적 고통으로 해석하고, 악을 극복하기 위하여 고통을 당하는 사람들의 노력과 등치시키고 있는데, 이러한 맥락에서 과연 어떤 종류의 고통은 거부되어야만 하고, 어떤 종류의 고통은 수용될 수 있는가를 분별하는 문제는 쉬운 문제가 아니다.

(3) 내적 변화

셋째, 인간 존재의 '내적 변화'로서의 속죄는 중세기 피터 아벨라르 Peter Abelard와 현대 해방 신학의 입장과 연관이 된다. 이러한 신학적 입장에서 보면, 십자가는 죄로 가득한 인류에 대하여, 심지어는 그 십자가를 지고 가는 예수를 향한 인간의 배반과 폭력에도 불구하고, 하나님께서 용서와 사랑으로 대신 대답하시는 도구이다. 이 이론은 인간의 태도와 삶의 양식에 있어서의 변화를 그 목적으로 보기 때문에, 종종 '도덕적 감화moral influence'설이라 불리는데, 이 용어는 종종 잘못 이해되기도 한다. 왜냐하면 도덕적 감화라는 말은 단순히 도덕적, 또는 모범적이라는 것을 의미하는 것이 아니라, 인간이 하나님의 사랑을 의식적으로 이해할 수 있도록 가장 깊은 애정을 수반하는 호소이기 때문이다. 이 도덕적 감화는 인간의 주관성과 인간의 성장가능성, 그리고 인간 상호 관계에서의 역할을 초월하는 역동성에 강조점을 둔다.

만약 전통적인 속죄론이 현대인에게 이해되기 위하여 어떠한 수정이 불가피 하다면, 그것은 속죄 개념이 이에 관한 다양한 이미지들을 발전시킬 필요가 있다. 그렇게 할 때 속죄에 대한 신적인 주도성과 속죄에 따른 인류의 책임, 그리고 속죄 개념을 통하여 인류의 생명을 계속 새롭게 발전시킬 가능성을 가지게 될 수 있을 것이다.[20] 이러한 속죄개념을 통하여 드러난 용서와 치유의 영성을 초대교부들의 글을 통하여 살펴보자.

4. 죄악에서 돌아서기

모든 치명적인 죄는 그리스도의 값비싼 피로 새로워진다. 그런 의미에서 예수 그리스도는 영적으로 날마다 십자가에 못 박히신다.[21] 죄는 절대적인 것이 아니기 때문에 한계가 있다. 우리가 그리스도인이 되기 위하여 완전한 의로움을 갖추고 있어야 하는 것은 아니다! "죄가 곧 믿음이 없다는 것을 가리키는 것은 아니며, 하나님의 일이 실패했다는 것을 말하는 것도 아니다. 오히려 죄는 사람들이 자신의 인격을 끊임없이 하나님의 너그러우신 보살핌에 내어 맡겨야 함을 강조하고 있다."[22] 죄는 인간의 부패를 드러내는 척도가 된다. 인간은 자신의 힘으로 선한 행동을 할 수 없기 때문에 하나님의 구원과 은총의 섭리로 온전하게 될 수 있다.

제롬Jerome은 죄와 악의 온전한 치유를 위하여 우리는 하나의 실수를 또 다른 하나의 실수로, 그리고 하나의 죄를 또 다른 하나의 죄로 극복하려는 시도를 중지하여야 한다고 주장하였다. 우리는 우리의 실수들은

---

[20] 지금까지 Eugene Teselle의 글을 옮겼다.
[21] John Tauler, *Light, Life, and Love*.
[22] 앨리스터 맥그라스, 『종교개혁 시대의 영성』, 262.

그 반대의 덕목을 사랑하는 것을 배움으로써 극복해야만 한다. 시편 기자는 "악에서 떠나라"라고 말하면서, "선을 행하라, 평화를 찾고 얻고자 애써라"고 말한다(시37:27). 만약 우리가 악을 미워하지 않으면, 선을 사랑할 수 없다. 더 나아가 우리는 악에서 떠나고 싶으면, 선을 행해야만 한다. 전쟁을 피하기 위해서는 평화를 얻고자 애써야만 한다. 어떤 선한 목적을 발견했을 때, 우리는 단지 그것을 추구하는 것으로는 충분하지 않으며, 반드시 우리의 모든 힘을 다하여 그것을 얻고자 애써야 한다.[23]

죄는 오로지 하나님의 거룩한 능력으로만 극복할 수 있다. 하나님은 우리가 죄악으로 살아가지 아니하도록 자유의지를 허락하셨다. 하나님의 뜻에 의하여 살아가는 우리는 하나님의 능력으로 죄를 거부할 수 있다. 우리가 죄를 극복할 수 있는 은총을 부여받지 못하였다면, 죄에 대한 책임은 우리에게 없는 것이다.[24] 제롬은 유다서를 인용하면서, "너희는 너희의 지극히 거룩한 믿음 위에 자신을 세우며 성령으로 기도하며 하나님의 사랑 안에서 자신을 지키며 영생에 이르도록 우리 주 예수 그리스도의 긍휼을 기다리라(유1:20-21)."는 말씀을 통하여 우리는 하나님의 뜻에 따라 죄악에 빠지지 말 것을 강조하였다.

나아가 "능히 너희를 보호하사 거침이 없게 하시고 너희로 그 영광 앞에 흠이 없이 기쁨으로 서게 하실 이 곧 우리 구주 홀로 하나이신 하나님께 우리 주 예수 그리스도로 말미암아 영광과 위엄과 권력과 권세가 영원 전부터 이제와 영원토록 있을지어다(유1:24-25)."의 말씀처럼, 사람은 그가 선택한다면 죄를 짓지 않을 수 있다고 제롬은 강조하였다. 만약 사람이 죄를 짓지 않는 것이 불가능하다면, 예수 그리스도의 대속과 십

---

[23] St. Jerome, *The Letters of St. Jerome*.
[24] St. Jerome, *The Letters of St. Jerome*.

자가의 고통은 무의미한 것이 된다. 사람이 죄와 흠이 없을 수 있다는 유다서의 말씀처럼, 우리는 죄로부터 자유 할 수 있다. 다만 죄는 한 번의 세례로 깨끗하여 지는 것이 아니라, 근신하고 늘 깨어서 기도하며 주님을 따르면 우리는 의로움을 유지하며 평생 모든 죄를 피할 수 있다고 제롬은 주장하였다.

그러나 죄악으로부터 돌아서는 것은 인간 스스로의 선택에 의한 것이 아니다. 이것은 우리는 세례 후 즉시 죄로부터 자유로운 것이 불가능하다는 것을 제롬이 강조하려는 것이 아니라, 오히려 죄 없음의 시간은 결코 인간의 능력이 아니라, 하나님의 은총에 의하여 가능하다는 것을 주장하려는 것이다. 그러므로 그는 인간의 능력을 주장하지 말고 인간이 죄로부터 자유 할 수 없으며 그럴 능력도 없다고 고백하라고 권하였다.[25] 육신의 건강은 중요하게 여기면서 육체보다 더 소중한 영적인 건강은 소홀하게 취급하는 것은 우매한 짓이다. 육체에 질병이나 상처가 생기면 많은 고통이 따르고 이를 치료하기 위하여 의사를 찾듯이, 우리는 영혼이 병들 때 주님께로 돌아서야 한다. 우리는 영혼과 육체를 주님께 온전히 맡기고 죄로부터 돌아서는 은총으로 주님께 더욱 가까이 나아가야 한다.

(1) 회개

죄로부터 자유하기 위해서 회개하지 않으면 안 된다. 회개는 명령이다. 회개는 복음을 받아들이는 전조가 되며, 하나님의 나라가 시작되는 신호탄이 될 수 있다(막1:15; 눅3:8). 예수님도 의인을 부르러 오신 것이 아니라, 죄인을 불러 회개시키시기 위하여 이 땅에 오셨다(눅5:32). 회개는

---

[25] St. Jerome, *The Letters of St. Jerome*.

지속적인 것이며(눅17:4), 하나님이 기뻐하시는 일이다(눅15:7). 회개는 기독교 복음 사역의 중심이 되었으며(행2:38), 새 생명과 새 창조를 향하여 나아가는 구원의 사건이다.

크리소스톰은 회개를 통하여 거듭난 이들은 같은 죄를 반복하지 말아야 할 것을 강조하였다. 왜냐하면, 우리가 죄를 반복하게 되면, 예수 그리스도를 두 번 십자가에 못 박는 것이 되기 때문이다. 죄를 짓는 것은 인간의 실패이지만, 같은 죄를 지속하는 것은 인간이 되는 것을 중지하고 나아가 악마적이 되는 것이라고 그는 보았다.[26]

죄로부터의 해방은 용서를 가져온다. 크리소스톰은 이 용서의 능력은 육체의 질병을 치유하는 것보다 더 큰 능력임을 강조한다. 죄가 죽음을 가져오기 때문에 죄를 용서하는 것은 죽음의 권세를 깨뜨리는 것이다. 죄란 진정 비참한 것이고, 그 외의 것들은 단지 먼지와 연기에 지나지 않는다는 것을 깨달아야 한다. 크리소스톰은 죄는 우리에게 두 가지를 가져왔다고 강조하는데, 그것은 슬픔과 죽음이다. 창세기의 말씀에 의하면 인간이 죄를 지었을 때, 그 결과는 죽음과 고통이었다. 아담에게는 땀을 흘리며 평생 수고하고 흙으로 돌아가고, 하와는 해산의 고통이 더하며 다스림을 받게 되었기 때문이다.

크리소스톰은 인간이 죄에 처하여 있는 상태를 다음과 같이 묘사하였

---

[26] St. John Chrysostom, *On the priesthood*. 악, 오히려 악이 아닌 것이 있는데, 기근, 전염병, 죽음, 질병, 그리고 이런 종류의 다른 것들이 있다. 이런 것들은 악이 아니라고 할 수 없다. 악은 게으름에서 오고, 미덕은 부지런함에서 오며, 그 어떤 세력도 신실한 사람에게는 해를 끼칠 수 없다. 크리소스톰은 악은 그 자체로 악이지만, 선은 다른 사람들에게도 선함을 끼칠 수 있다고 보았다. 그는 잠언의 말씀을 통하여 지혜로운 자는 자신과 이웃, 그리고 나아가 하나님을 기쁘시게 할 수 있지만, 악은 인간이 떠나야 할 명령이다. 이 땅에 오신 예수 그리스도는 말씀으로 모든 악을 물리치셨다. 모든 악의 요인과 뿌리와 그 모체는 죄의 본성과 연결이 된다.

다. "죄가 있는 곳에 혼란이 있고, 불순종이 있는 곳에 파도의 넘실거림이 있다. 누군가 상처를 입었다고 가정하자. 무엇이 가장 두려운가? 괴저(병)인가, 혹은 외과의사의 칼인가? 혹은 병이 격렬히 진행되는 것인가? 죄는 하나의 괴저이고, 심판은 외과의사의 칼이다. 괴저에 걸린 자는, 비록 그가 절개하지 않아도 그 질병을 계속 가지고 있을 수 있고, 절개하지 않는다면 상태는 더욱 악화된다. 죄인 역시 그러해서, 비록 그가 심판 받지 않아도 가장 비참한 상태에 있는 사람인 것이다."[27]

크리소스톰은 악이란 단지 부도덕한 것이 아니고 고통과 괴로움, 그리고 재앙이라고 보았다. 악은 위로부터 오는 징벌이다. 이는 하나님이 악을 일부러 만드셨다는 뜻이 아니라, 하나님의 주권 아래 악이 있다는 말이다. 잠언의 "여호와께서 온갖 것을 그 쓰임에 적당하게 지으셨나니 악인도 악한 날에 적당하게 하셨느니라(잠16:4)."라는 말씀처럼, 죄도 하나님의 주권아래 있다. 하나님은 악을 다스리시며 당신의 뜻 안에서 악과 악한 자들을 통치하신다.

악의 특성은 강한 질투와 교만이다. 인간들은 이 땅에 오신 예수님을 죽였다. 대제사장들과 온 공회가 예수님을 죽이려고 거짓 증거를 꾸며서 그를 십자가로 처형하였는데, 이는 인간들이 신을 대항하여 악을 드러낸 것이다. 따라서 우리는 이러한 교만의 죄를 회개하고 주님께 더욱 가까이 나아가야 한다.

우리에게 죄는 일만 개의 샘들도 그것을 제거할 수 없고, 오직 눈물과 고백만이 제거할 수 있다. 죄는 작지만 간과하면 더 큰 죄의 뿌리가 된다. 죄는 숫자로 이해될 수 없고 입체적으로 이해되어야 한다. 작은 것이지만 전체를 파괴할 수 있다. "이와 같이 혀도 작은 지체로되 큰 것을 자랑

---

[27] St. John Chrysostom, *On the priesthood*.

하도다. 보라 얼마나 작은 불이 얼마나 많은 나무를 태우는가. 혀는 곧 불이요 불의의 세계라. 혀는 우리 지체 중에서 온 몸을 더럽히고 삶의 수레바퀴를 불사르나니 그 사르는 것이 지옥 불에서 나느니라(약3:5-6)." 라는 말씀처럼, 죄는 작지만 인간을 무너뜨린다. 죄는 마치 "혀는 능히 길들일 사람이 없나니 쉬지 아니하는 악이요 죽이는 독이 가득한 것이라(약3:8)."는 말씀처럼 길들일 수 없다. 악은 혀의 경우처럼 아주 미미한 것이라고 할지라도 결국은 인간을 파멸하고 궁극적으로는 하나님과 인간의 관계를 깨뜨리게 된다. 우리에게 이러한 죄악의 결과로부터 돌아서서 회개하지 않으면 하나님의 심판만이 남아있게 된다.

(2) 회개의 열매

역설적으로 악은 하나님의 선하심을 드러내며 하나님은 악을 심판하심으로 인간에게 바른 길을 보여주신다. 무엇보다도 하나님의 말씀은 선악을 구분하는 기준이 된다. 하나님의 심판을 통하여 악을 징벌하시는 것은 악을 제거하기 위한 하나님의 선하심이 된다. 악을 제거하는 것이 더 큰 악이 아니다. 병으로 비참한 상태에 빠진 사람을 치료하는 것처럼, 악을 심판함으로써 더 큰 악으로부터 인간을 구원하시는 하나님의 선하심을 우리는 깨달아야 한다.

죄악으로 인하여 죽음이라는 심판이 따를 때, 하나님은 당신의 백성들을 불쌍히 여기시고 구원하여 주심을 우리는 기억하여야 한다. "여호와께서 아브라함과 이삭과 야곱과 더불어 세우신 언약 때문에 이스라엘에게 은혜를 베풀며 그들을 불쌍히 여기시며 돌보사 멸하기를 즐겨하지 아니하시고 이때까지 자기 앞에서 쫓아내지 아니하셨더라(왕하13:23)."는 말씀은 하나님의 심판보다 자비를 드러낸다.

죄는 본질이 아니라 악한 의지에서 시작되기 때문에 우리의 삶은 수 없는 마음의 고통으로 가득 차게 된다. 우리의 삶을 마음의 고통으로 가득 채우는 것이 죄이다. 그래서 많은 경우 인간들은 자살과 같은 방식으로 삶보다 죽음을 더 사랑하게 되는데, 이것은 인간의 죄 때문이다. 인간이 아직 오지 않은 미래의 삶에 대하여 조차도 두려워 떠는 이유는 죄 때문이다.[28]

그렇다면, 죄란 다름 아닌, 하나님으로부터 소외되는 것이다. 그렇다면, 영혼이 죄는 아니다, 비록 영혼이 잘못된 충고의 결과 죄를 받아들일 수는 있을지 몰라도 사실상 죄란 하나님에 대한 적대감정과 같은 것이다.[29]

인간이 자신에게 고통을 가져다주는 죄를 스스로 범할 때 모르고 저지르는 죄는 차라리 개선의 여지가 있다. 무지해서 죄를 지은 사람들은 실수를 고치는 법을 배우면 죄를 짓지 않게 된다. 기독교를 통하여 신앙이 시작되면, 삶의 방식은 변화되기 시작한다.[30] 죄인들의 완악함은 마치 얼음과 같다. 그러나 그 얼음처럼 차가운 죄는 맑은 물에 녹는다.[31]

죄악의 치유는 어떻게 가능한가? 그레고리Gregory는 죄가 세 가지 단계를 통하여 들어온다고 비유로 해석하였다. 그것은 각각 '유혹', '즐거움', 그리고 '동의'이다. 유혹은 마귀에 의하여 넌지시 어떤 제안이나 생각에 의하여 인간의 마음에 스며들어오는 것이고, 즐거움이라는 것은 육체를 통해서이며, 그리고 동의라는 것은 영을 통해서 들어오는 것이다. 어떤 사악한 것들이 유혹하면, 육체가 이에 굴복하고, 마지막으로 즐거움에 의해 정복당한 영이 동의한다. 성경에 따르면 첫 번째 죄의 경우 뱀이

---

[28] Theodoret, Bishop of Cyrus, *The Ecclesiastical History, Dialogues, and Letters.*
[29] Gregory of Nyssa, *Dogmatic Treatises, etc.*
[30] Salvian, *On the Government of God.*
[31] St. Eucherius of Lyons, *Formulas of Spiritual Intelligence.*

제안했고, 하와가 육체로서 그것을 즐거워했고, 아담이 영으로서 그것에 동의한 것이 바로 그러한 맥락이다.32

그레고리는 아주 작은 것들을 자주 어기는 자들에게는 때로는 작은 잘못이 큰 잘못보다 더 나쁜 죄라는 것을 고려하도록 일깨워 주어야 한다고 강조하였다. 왜냐하면 바로 인식할 수 있는 큰 잘못은 좀 더 일찍 인식된다는 점에서 그 만큼 빨리 고쳐질 수 있기 때문이지만. 그러나 작은 잘못은 비록 아무것도 아닌 사소한 것 같아도 내버려두면 나쁜 영향력이 점점 커지기 때문이다.33

그레고리는 이 세 단계의 유혹을 설명하면서, 죄악을 이기기 위하여 위대한 영적 분별력이 요구된다고 주장하였다. 온전한 즐거움과 동의를 구별하는 판사의 역할을 해야 한다. 왜냐하면 악한 영이 영혼에게 죄를 제안했을 때, 만약 죄를 짓는 즐거움이 없다면, 죄는 실행되지 않는다. 그러나 육체가 즐거움을 느낄 때, 그때는 죄가 시작된다. 그리고 만약 죄가 동의를 얻게 되면, 죄는 자기의 목적을 이루게 된다.

그러므로 죄의 씨앗은 처음 유혹에 있으며, 즐거움은 죄의 영양분이며, 동의는 죄의 완성이다. 따라서 종종 악한 영이 생각에 씨를 뿌리는 것이 즐거움을 유발하지만, 생각이 그 즐거움에 동의하지 말아야 한다. 육체는 영혼 없이는 즐거울 수 없는 반면, 생각은 비록 육체의 즐거움에 맞서 싸우나 그의 어떤 면에서는 의지에 맞서 세속적인 즐거움에 얽매여 있다. 따라서 우리는 인간 이성의 힘으로 그것에 대항하며 거부하려고 하지만, 일면 즐거움에 묶여있기 때문에 우리는 이 일로 영적인 신음을 하는 것이다.34 이는 사도바울의 고백처럼 "오호라 나는 곤고한 사람이로다. 이

---

32 St. Gregory I, *The Letters and Sermons of Leo the Great*.
33 St. Gregory I, *The Letters and Sermons of Leo the Great*.
34 St. Gregory I, *The Letters and Sermons of Leo the Great*.

사망의 몸에서 누가 나를 건져내랴(롬7:24)."고 신음하는 것이다.

"내가 행하는 것을 내가 알지 못하노니 곧 내가 원하는 것은 행하지 아니하고 도리어 미워하는 것을 행함이라. 만일 내가 원하지 아니하는 그것을 행하면 내가 이로써 율법이 선한 것을 시인하노니 이제는 그것을 행하는 자가 내가 아니요 내 속에 거하는 죄니라. 내 속 곧 내 육신에 선한 것이 거하지 아니하는 줄을 아노니 원함은 내게 있으나 선을 행하는 것은 없노라. 내가 원하는 바 선은 행하지 아니하고 도리어 원하지 아니하는바 악을 행하는도다. 만일 내가 원하지 아니하는 그것을 하면 이를 행하는 자는 내가 아니요 내 속에 거하는 죄니라. 그러므로 내가 한 법을 깨달았노니 곧 선을 행하기 원하는 나에게 악이 함께 있는 것이로다. 내 속사람으로는 하나님의 법을 즐거워하되 내 지체 속에서 한 다른 법이 내 마음의 법과 싸워 내 지체 속에 있는 죄의 법으로 나를 사로잡는 것을 보는도다(롬7:15-23)." 따라서 악을 이기려면 우리는 게으름에 빠지지 말고, 하나님이 주시는 지혜로 살아야 한다. 지혜는 죄를 피할 수 있게 한다.[35]

아퀴나스는 죄로 말미암아 드러나는 인간의 악은 하나님의 선하심에 의하여 치유될 수 있다고 보았다. 하나님은 당신의 창조세계를 선하게 만드셨으므로 하나님의 의지는 만드신 피조세계에 반영된다. 따라서 죄의 악은 하나님이 원하시는 것이 아니다. 하나님은 사물이 존재하거나 존재하지 않기를 원하시며, 이 두 가지 상반된 것 중에 하나를 선택하실 수 있다. 동일한 방식으로 우리 자신은 죄를 단념할 의지를 가지거나 가지지 않을 수 있는 것이다.

인간이 죄를 짓는 것은 온전한 행위가 부족한 것이다. 따라서 인간이

---

[35] St. Gregory I, *The Letters and Sermons of Leo the Great.*

죄를 짓게 되는 것은 행위에 있어 결핍되어 있다는 것, 즉 전능에 반대되는 것이다. 하나님은 전능함 때문에 죄지을 수 없다는 것이다.

아퀴나스에 따르면 인간의 죄는 자유의지에 의해 두 가지 방식으로 발생한다. 첫째는 무엇인가 악한 것이 선택되었을 때이다. 예를 들어서 간음에 의해 죄를 지었을 때, 그러한 죄들은 늘 무지와 실수에 의해 발생한다. 그렇지 않으면 죄라는 것은 결코 선하게 선택되지는 않는다. 간음은 특히 잘못된 탐닉이나 습관의 성향으로 말미암아 현세적인 쾌락을 추구함으로써 발생한다.

두 번째는 죄에 끌리는 것이다. 죄에 끌리는 것은 영적 본성과 연관된 육체적인 유혹에 의하여 죄를 지게 된다. 영적 본성 자체는 육체에 속한 쾌락에 의해 끌린다고 할 수 없지만, 영적인 것들과 접촉을 하는 것에 의하여 죄로 이끌린다. 따라서 죄를 짓지 않으려면, 선한 영적 영향을 통하여 말씀에 복종하는 것이다. 이 말씀에 복종하지 않게 되면 교만이라는 죄에 빠지게 된다.

아퀴나스는 죄의 악에 반하는 의지가 선하다는 것을 강조하였다. 죄를 지은 후에 사람은 죄 짓기 전보다 더 큰 하나님의 은총을 요청한다. 그러나 하나님의 은총이 인간이 죄 지은 후에 이전보다 새로운 것은 아니다. 왜냐하면 사람은 죄짓기 전에도 영생을 주시는 하나님의 은총 속에 있었기 때문이다. 그럼에도 불구하고 인간은 죄지은 후에 용서받기 위해 그리고 자신의 약함을 극복하기 위하여 여전히 은총을 필요로 한다.

우리의 죄악은 이사야 59장 2절에 의하면, 우리와 하나님을 분리시킨다. "오직 너희 죄악이 너희와 너희 하나님 사이를 갈라놓았고 너희 죄가 그의 얼굴을 가리어서 너희에게서 듣지 않으시게 함이니라." 그러므로 우리가 지은 과거의 죄들이나 혹은 다른 사람들의 죄들 때문에 슬퍼하게 된다. 무엇보다도 죄가 우리로 하여금 신적인 선함에 참여하는 것을 방

해하기 때문이다.[36]

　범죄자가 죄를 용서해달라고 요청하는 것은 죄를 짓지 않은 자가 죄 때문에 미움을 받지 않고 그대로 있는 것보다 더 낫다. 왜냐하면 설령 죄를 짓지 아니하였다고 하더라도 이것은 자칫 다른 사람을 미워하지도 사랑하지도 않고 무관심하게 있는 상태일 수 있기 때문이다. 죄를 용서하는 것은 오로지 선한 의지에 의하여 가능한데, 그 근거는 하나님의 은총이다. 인간이 죄를 지은 후에 죄가 없다는 것은 오로지 하나님의 은총에 의하여서만 가능하다.[37]

　죄를 멈추는 최선의 방법은 죄를 미워하고, 눈물로 근신하고 기도하며, 기도와 금식을 통한 정숙한 삶에 더 관심을 가지는 것이다.[38] 루터는 죄의 은밀성은 공개적으로 다루어져야 한다고 강조하였다. 죄의 은밀한 것이 밝은 빛에 나올 때, 그 잘못된 것을 분명하게 다룰 수 있다. 마치 범죄를 정의의 기준으로 올바르게 다룰 때 교정되는 것처럼, 죄악도 그렇게 다루어져야 한다.[39]

　안셀름St. Anselm은 죄를 짓지 않기 위하여 우리는 성경에 전념하고 깨어있어야 한다고 강조하였다. 예수님을 더 잘 이해하기 위하여 우리는 노력하여야 한다. "죄짓는 자는 악마에게 속하는데, 왜냐하면 죄는 하나님에 속한 것이 아니라 악마에게 속하고, 죄짓는 자는 하나님을 보지 못했고 알지도 못한다. 또한 우리가 알건데, 하나님의 아들은 분명 죄를 제거하고, 악마의 행위를 파괴시키며, 그의 죽음을 통해 죽음의 힘을 가진 악마의 힘을 박탈하며, 죽음의 노예로 평생 속박되어 있는 그들을 구제

---

[36] St. Thomas Aquinas, *Summa Theologie*.
[37] St. Thomas Aquinas, *Summa Theologie*.
[38] Desiderius Erasmus, *In Praise of Folly*.
[39] Martin Luther, *The Large Catechism*.

한다." [40]

이렇게 죄악에서 자유하면, 우리는 죄 때문에 울고 회개하고 고백하고 거룩한 명상을 통하여 마음이 평화를 얻게 된다. 이는 죄로부터 빠져나온 것이다. 그리고 다시 죄에 빠지지 않게 조심하여야 한다.[41] 또한 우리는 기독교의 성례전을 따라서 우리는 세례 받을 때 죄가 사해짐을 진실로 믿어야 한다. 이제 죄는 악마의 것이다.[42]

죄에서 자유하게 되면, 그리스도인에게는 선행이 나타난다. 믿음, 소망, 자선행위와 같은 것들은 전적으로 선하다. 그것들을 실천하고 게을리 하지 말아야 하며, 이를 금지하는 것은 옳은 일이 아니다. 그러나 도둑질, 신성모독, 간음과 같은 악덕들은 전적으로 악이다. 이것을 실천하거나 주문하는 것은 결코 옳지 않은 일이며, 이것들을 피하거나 금지하는 것은 잘못된 것이 아니다. 클레르보의 성 베르나르St. Bernard는 심지어 자신의 재산을 소유할 수 있는 자유를 세속적 삶을 사는 사람들에게는 있지만, 수도사, 즉 어떠한 것도 소유하는 것이 허락되지 않은 자에게 소유는 전적으로 악이라고 강조하였다.[43]

악을 피한 자는 선의 보상이 따르게 된다. 악은 불행을 자초하며 하나님의 심판이 따르게 되지만, 선은 보상을 받게 된다. 따라서 우리는 위선의 경우 마땅히 보상을 기대할 수 없으며, 사람으로부터 이익을 기대하지 않는 것이 마땅하다. 우리는 오로지 오직 주님으로부터 현재가 아니라 미래에, 그리고 덧없이 흘러가는 무상한 시간이 아니라 영원한 하나

---

[40] Menno Simons, *The Complete Works of Menno Simon.*
[41] St. Anselm, Archbishop of Canterbury. *The Devotions of Saint Anselm Archbishop of Canterbury.*
[42] Ambrose, *On the Duties of the Clergy, etc.*
[43] St. Bernard of Clairvaux, *Some Letters of Saint Bernard, Abbot of Clairvaux.*

님의 은총 속에 있음을 깨달아야 한다.[44]

(3) 죄와 하나님의 은총

우리는 자신의 신앙과 신학에 관하여 말할 때에 은총은 항상 예수 그리스도 안에서의 하나님의 행위와 관계있다는 점을 명심하여야 한다. 은총은 그리스어로 카리스charis에서 유래한 말인데, 이는 주로 신의 '호의 favor'를 의미한다.[45] 그러나 기독교 신앙인들은 이 은총의 어원인 카리스가 지칭하는 그 의상의 의미를 은총에 부여한다. 사실상, 은총은 기독교 신앙과 기독교 생활에 있어서 기본적인 특징을 압축한 것이며, 그것을 완곡하게 표현한 것이다.

은총은 하나님의 특성character을 나타낸다. 하나님은 무엇과도 관계하지 않을 자유를 가지셨지만, 오히려 그 자유로 이 우주를 창조하시고, 우주 안에 인간의 자리를 마련하시며, 인간을 향해 나아가기로 결심하셨다. 하나님이 의도하신 바는 자신이 창조한 모든 인간은 '선하고good', 그 선한 모습 그대로 유지하는 것이었다. 그럼에도 불구하고 성서는 인간을 타락한 존재요, 하나님과의 실재적인 관계성으로부터 추방된 존재, 그리고 멸망당할 위기에 처한 존재로서 묘사한다.

하나님은 기독교 정경에서 드러난 바와 같이, 그리고 기독교 신앙이 믿는 바와 같이, '사랑'이시다. 사랑이신 하나님이 의미하는 또 다른 의미가 무엇이든지 간에, "하나님은 사랑이시다"라는 이 실재는 하나님께서

---

[44] St. The Great Albert, *On Cleaving to God.*
[45] '은총'에 대한 해석은 마틴 마티Martin Marty의 정의를 빌렸다. The Abingdon Dictionary of Theology (Abingdon Press, 1996). 아울러 번역 내용은 필자의 선행연구에서 별도의 각주와 재인용 부호 없이 옮긴다. 유경동, 『영화 속의 신학과 인권』(감리교신학대학교 출판부, 2008), 238~242.

인간을 만나시고, 인간이 다시 하나님께 돌아오도록 하며, 인간을 회복케 하시기 위한 자신의 사랑 이외에 자신을 감화시킬 수 있는 것은 없음을 보여준다. 이러한 사랑, 즉 아무런 이유 없이 인간을 향하신 하나님의 자발적인 사랑은 그 사랑의 대상 안에서 그것을 보완할 그 어떠한 부가적인 요소들을 구할 필요가 없음을 의미하며, 이 사랑은 은총 안에 나타난다.

그러므로 은총은 그 어떤 다른 용어들보다도 하나님의 행위 안에서 드러나는 하나님의 성격을 계시하고, 인류와 하나님의 관계를 더 훌륭하게 설명한다. 결과적으로, 은총은 인격적이며, 하나님의 존재로부터 인간 실존의 장場으로 나아가는 움직임으로서 간주된다. 은총은 단순히 하나의 관념이나 개념이 아니라, 기독교 신앙 안에서 '이야기된' 특성에 속한다. 즉 예수 그리스도와 관련된 사건 안에서, 그리고 그 예수 그리스도의 사건을 기독교의 이야기 형태로 증언함으로써, 우리는 생생한 은총을 보고 경험한다. 예수의 임재, 그리고 특별히 예수가 자신의 탄생과 삶, 그리고 죽음에 자신을 내어준 것은 하나님이 예수를 죽은 자 가운데에서 다시 살리신 행위를 의미하며, 그리고 다른 사람들을 위해 죽으신 예수의 죽음을 정당화함으로써 '은총의 실현'을 가능케 하는 것이다.

히브리 정경은 기독교 이야기에 나타나는 하나님의 은총을 설명할 수 있는 용어들을 가지고 있지만, 기독교 신앙생활과 관계된 은총이란 단어를 사용할 때는 주로 신약성서의 용어를 인용한다. 신약 성서에 한정하여 보면, 바울은 은총이라는 단어를 101번에 걸쳐 사용하는데, 바울은 타락한 인간에 대한 하나님의 관계성이 갖는 핵심적 특질을 강조하려고 할 때, 은총이라는 말을 사용한다. 반면에 바울서신 외의 문헌에서는 은총이란 단어가 51번 나타난다. 종종 사도 바울이 은총이라는 용어를 사용할 때, 그는 은총이야말로 하나님과 인간의 관계성에 있어서 무엇이 계속 지속되는지를 표현할 수 있는 가장 확실한 방법임을 강조한다. 바울은 '그리스도의 은총'에 대하여 말하는 만큼, 자주 '하나님의 은총'에 대하여 이야기하며, 은혜가 충만하신 하나님의 속성이야말로 하나님의 특성을 가장 잘 묘사하는 것임을 주장했다.

바울 저작들은 항상 '값없이 받은 은사로서의 은총free gift of grace'을 강조한다(롬5:15 참조). 비록 오랜 시간에 걸쳐 정확히 어떻게 은총이 인간에게 이르게 되며, 인간이 어떻게 은총을 받는지에 관한 논쟁이 있었음에도 불구하고, 은총은 값없이 받는 은사라는 점에 있어서는 대부분의 기독교인들이 동의한다. 이미 모든 경우에 있어서, 은총은 인간의 상황에 존재하는 무언가를 위해 필요한 구제책이자, 신의 호의를 보여주는 증거이며, 하나님과 인간 사이의 회복된 관계를 이루는 요인으로 간주된다.

결과적으로 이러한 질문이 제기 될 수 있다. 은총이라는 개념은 오로지 일방적인 그 무엇인가? 인간은 은총을 얻고, 유지하기 위하여 무언가를 보완해야만 하는가? 일반적으로 중세 가톨릭교회는 '인간 행위자human actor'가 하나님의 호의를 이끌어 내기 위해 무언가를 해야만 하며, 그 다음에는 특정한 행위의 절차대로, 그리고 자신의 의지의 표현을 통해 하나님께로부터 받은 그 호의를 유지해야만 한다는 점을 강조했다.

루터의 뒤를 이어 등장한 개신교 종교개혁자들은 이러한 중세 가톨릭의 이해가 결국 심각한 결점과 과오를 야기했다고 본다. 만약 은총이 어떻게 해서든지 공로로서 얻을 수 있다면, 과연 그것이 여전히 은총이겠는가? 만약 은총이 인간의 협력을 요구하고, 단지 인간에게 부여되고, 인간이 응답해야 하는 것 이상을 의미한다면, 어떻게 타락한 인간은 자신이 은총을 받기에 합당한 행위를 했다고 확신할 수 있겠는가? 만약 은총이 인간의 노력에 의하여 마땅히 주어지는 것이라면, 그것이 어떻게 진정한 은총이 되겠는가?

종교개혁자들은 은총은 인간들에게 '주입되는infused' 것이 아니라, 은사로서 외부에서 인간들에게 부여되는imparted 것이라고 말했다. 비록 은총은 믿음으로 받는 것이지만, 이 은총은 하나님을 감화시키기 위하여 신자들이 베푸는 희생에 의존하지는 않는다. 본질적으로, 은총을 경험하는 사람들은 이번에는 자신들이 은총의 효용성을 선포하고, 그 은총을 다른 사람들에게 전파하는 대리자agent가 됨을 깨닫는다.

기독교인들은 은총의 '주입infusion'이라는 관념에 대하여 뿐만 아니라, 은총의 주입은 저항할 수 없는 것인지, 아니면 그것을 저항하고 거부하거나 철회할 수 있는지에 대하여도 논쟁을 벌였다. 또한 어떻게 은총이 인간의 자유와 자유의지에 관계될 수 있는지에 대한 논쟁도 있었다. 그러나 시간이 지남에 따라, 특별히 에큐메니칼 시대에 이르러, 은총의 의미들에 관한 일부 과거의 구태의연한 해석들은 사라졌다. 순전한 은사로서의 은총 개념은 개신교 영역에서 선포되는 것과 마찬가지로 가톨릭교회에서도 선포된다. 대개 은총이 없는 세상에서, 점점 더 많은 신앙인들은 하나님의 은총의 놀라우며 귀한 특성을 강조해 왔으며, 이 은총에 대하여 정확한 정의를 내려야 하는 것 이상으로 우리가 이 은총에 응답해야함을 촉구해왔다.

지금까지 필자는 5장에서 고통과 용서에 대한 영성을 탐구하였다. 고난과 고통을 넘어서는 영성을 위하여 우리는 하나님의 은총과 예수 그리스도의 속죄를 필요로 한다. 우리는 죄악에서 돌이켜 회개의 열매를 맺고 하나님의 사랑을 더욱 더 기대하게 된다. 다음 장에서 그 사랑의 신비와 감격에 대하여 알아보자.

06 사랑의 영성

하나님의 사랑은 세 가지 단계로 표현 될 수 있다. 그 첫 번째 단계는 우리 자신의 이익을 위해 스스로를 사랑하는 것이고, 두 번째는 우리 자신의 축복을 위해 하나님을 사랑하는 것, 그리고 사랑의 세 번째 단계는 하나님을 위해 하나님을 사랑하는 것이다. 소수만이 이 사랑으로 축복받은 단계를 경험하며, 자기 이익에 의해 더럽혀지지 않은 사랑을 가질 수 있다.

1. 사랑

(1) 사랑이란 무엇인가?

기독교의 사랑은 다양하게 정의를 내릴 수 있다. 그러나 그 출발점은 하나님으로부터 시작한다는 면에서 그 독특성이 있다. 아가페 사랑은 아무런 대가를 바라지 않고 주는 것으로서 예수 그리스도의 십자가 죽으심과 부활을 통하여 사랑을 이해할 수 있다. 이 하나님의 사랑은 그리스도인에게 믿음과 소망의 원천이라는 사실을 우리는 성경을 통하여 확증한다.[1]

케네스 보아Kenneth D. Boa는 사랑의 정의를 다섯 가지로 설명하고 있는데 그것은 각각 '에피튜미아Epithumia', '에로스Eros', '스토르게Storge', '필레오Phileo', 그리고 '아가페Agape'이다.[2]

'에피튜미아Epithumia'는 '욕망'이라는 부정적 의미를 담고 있지만, 긍정적인 측면에서는 '정당한 욕구'로 해석될 수 있다. 예를 들어서 결혼에 있어서 최소한 육체적인 욕망이 개입된다. 성적인 욕구는 결국 그 욕망을 넘어서 사랑을 더 풍성하게 한다.

'에로스Eros'는 신약성경이 아닌 그리스 문헌에 나오는 사랑의 유형이지만, 반드시 감각적인 차원의 사랑에 국한되어 사용되지 않는다. 이것은 사랑하는 사람 사이에 로맨틱한 몰입 이상의 의미를 가지며 감정적인 사랑이기 때문에 대상과의 관계에서 유지된다.

'스토르게Storge'는 친밀감을 나타내는 감정과 소유를 향한 사랑으로서 같이 소속감을 느낄 수 있는 편한 가족원들이 나누는 사랑이다. 특히 부모와 자식 간의 사랑을 표현할 때 쓰인다. 이런 사랑은 성원 간 안정감을 느끼며 정서적인 피난처의 역할을 한다.

'필레오Phileo'는 친구간의 우정이나 아주 가까운 동료 관계에서 나오는 솔직함이나 사랑으로서 관심을 공유하며 시간을 같이 나누고, 통찰력을 공유하고 비전과 경험을 나눌 때 생기는 것이다.

마지막으로 '아가페Agape'는 이타주의를 전제하며 희생을 동반하기 때문에, 가장 고결한 사랑으로 이해된다. "아가페는 행위로서 판단하는 조건적인 사랑이 아니다. 그것은 또한 상호 매력이나 우정의 산물로서 주어지는 사랑도 아니다. 아가페는 조건을 두지 않고, 어떤 환경에도 불구

---

[1] 케네스 보아,『기독교 영성, 그 열두 스펙트럼』, 31.
[2] 이하 해석은 보아의 이론을 옮긴다. 케네스 보아,『기독교 영성, 그 열두 스펙트럼』(송원준 옮김,디모데, 2005), 260~261.

하고 굳건한 사랑이다. 아가페는 타고난 것이 아니다. 그것은 신의 사랑이다."[3] 따라서 아가페는 인간 경험의 범주를 넘어서는 '신성한 사랑', 또는 '초자연적인 사랑'이라고 할 수 있다.[4]

성경에서의 아가페는 하나님이 인간을 위하여 기꺼이 희생하신 사랑을 말한다. 그리스도의 사랑은 "사심이 없고(고전13:4-7), 종의 마음가짐을 가지며(갈5:13-14), 그리고 허다한 죄를 덮는 것이다. 이러한 사랑은 몸 된 지체들의 필요를 보게 하는 용납과 신뢰, 그리고 자발성의 분위기를 불러일으킨다."[5]

사랑은 하나님께 그 근원을 두고 있다. 사랑은 하나님에게서 태어나고, 하나님 안에서 양육되고, 하나님 안에서 성장하고 발전하며(엡2:19), 사랑은 하나님에 의해서만 주어지고, 하나님 안에서 계속 존재한다. 사랑은 오직 하나님에게서만, 그리고 하나님을 위해서만 합당한 것이며 우리가 개인적으로 소유할 수 있는 것이 아니라 오직 하나님의 것이다.[6]

사랑은 예수님이 십자가를 지시기 전 다락방에서 말씀하셨던 주제였다. 예수님이 하신 말씀은 사랑에 관한 새 계명으로서 서로 사랑하며 그 사랑 안에 거하는 것이었다. "새 계명을 너희에게 주노니 서로 사랑하라 내가 너희를 사랑한 것같이 너희도 서로 사랑하라 너희가 서로 사랑하면 이로써 모든 사람이 너희가 내 제자인 줄 알리라(요13:34-35)." "거하는 것"과 연관된 사랑도 주님이 가르쳐 주신 것이다. "아버지께서 나를 사랑하신 것같이 나도 너희를 사랑하였으니 나의 사랑 안에 거하라… 내 계명은 곧 내가 너희를 사랑한 것같이 너희도 서로 사랑하라 하는

---

[3] 케네스 보아, 『기독교 영성, 그 열두 스펙트럼』, 261.
[4] 리처드 포스터, 『생수의 강』, 박조앤 옮김, (두란노, 2011), 285.
[5] 케네스 보아, 『기독교 영성, 그 열두 스펙트럼』, 482.
[6] 클레르보의 베르나르, 『하나님의 사랑』, 114. 187.

이것이니라. 사람이 친구를 위하여 자기 목숨을 버리면 이에서 더 큰 사랑이 없나니(요15:9-13)." [7]

요한은 우리 인간의 사랑이 '우리로부터 시작되는 사랑originating love'이 아니라 우리가 주님의 사랑에 '응답하는 사랑responding love'임을 분명히 밝히고 있다. "우리가 사랑함은 그가 먼저 우리를 사랑하였음이라(요일 4:19)." 이와 같은 하나님의 사랑은 구체적이지 막연하거나 모호한 것이 아니다.[8] 이 사랑은 예수 그리스도를 통하여 드러난 하나님의 사랑이다.

(2) 사랑의 대상과 목적

사랑을 통해 형벌의 두려움과 같은 불완전함이 제거되지만, 거룩한 두려움은 남아있게 된다. 그것은 최고의 선을 이루어야 한다는 요청이며, 사랑은 율법을 완성하게 된다. 사랑한다는 것은 그 대상을 찾는 동기가 이미 주어진 것이다. 따라서 사랑의 대상을 찾는 것은 사랑의 결실이 나타나는 증거이다.[9] "하나님의 사랑은 수직적인 움직임이고, 이웃 사랑은 수평적인 움직임이다. 물론 이 둘은 분리된 계명이지만 사실은 분리될 수 없다. 뜨거운 하나님 사랑은 우리를 긍휼이 있는 이웃 사랑으로 인도한다."[10]

루이 부이에는 성 그레고리오의 글을 인용하면서 "사랑은 항상 자기로부터 나와서 타자를 지향한다."고 강조하였다. 여기서 이 타자는 "우리가 우리 자신에게 가까운 것보다 더 우리 자신에게 가까울"뿐만 아니라

---

[7] 앨리스터 맥그라스,『종교개혁 시대의 영성』, 68.
[8] 앨리스터 맥그라스,『종교개혁 시대의 영성』, 68.
[9] 클레르보의 베르나르,『하나님의 사랑』, 316.
[10] 리처드 포스터,『생수의 강』, 박조앤 옮김, (두란노, 2011), 237.

무엇보다도 '온전히 다른 자', 즉 신적인 타자를 의미하여 "서로 구별되는 두 존재 사이가 아니라면 사랑이란 있을 수 없다Nusquam caritas esse potest minus quam inter duos."고 주장하였다.[11]

아가페는 사랑의 대상으로서 하나님을 그 일차 목적으로 삼고, 그리고 주님이 말씀하신 이웃을 이차 목적으로 삼는다. 사랑을 이 하나님의 말씀을 믿음으로 받아들이는 것이고, 하나님은 약속하신 성령을 통하여 은총을 부어주신다. 아울러 타자 이웃을 위한 봉사를 동반하는 사랑은 세상 속에서 이웃을 사랑함으로써 대상을 분명히 하며, 하나님과의 친교를 이어나가게 된다.[12]

이웃에 대한 사랑은 마땅히 사랑할 수 있는 사람을 사랑하는 것이 아니라, 죄악 속에 있는 사람을 사랑함으로써 구원에 이르게 한다. 아울러 사랑은 죄에서 죄인을 구해내려고 하신 하나님의 뜻이기 때문에, 진정한 사랑은 이 하나님의 뜻을 혼동하지 않는다.[13]

하나님의 사랑은 아울러 공동체를 그 대상으로 한다. 하나님의 아가페는 인간적인 '필요'나 '요구'와 같은 것에 의하여 이루어지는 것은 아니지만, 친교communion를 '필요'로 하기 때문에 '요구'하는 것으로 규정될 수 있으며, 이와 같은 점에서 하나님의 위격성이 설명이 된다. "하나님께서는 당신 자신의 생명을 우리에게 나누어 주시고, 당신과 함께 이루는 사랑의 공동체 안에서 우리가 살기를 무한히 바라시고 끊임없이 요구하신다는 것을 그리스도와 그리스도의 십자가 안에서 우리에게 보여주신다."[14]

---

[11] 루이 부이에, 『영성 생활 입문』, 209~210.
[12] 루이 부이에, 『영성 생활 입문』, 400.
[13] 사이몬 찬, 『영성신학』, 101.
[14] 루이 부이에, 『영성 생활 입문』, 408.

어거스틴도 사랑의 궁극적 대상은 하나님과 우리의 이웃임을 강조하였다. 하나님의 사랑은 모든 선한 것의 근원이시기 때문에, 우리의 잘못된 것을 치유하시고, 우리를 하나로 부르시며, 서로를 견고히 하게 하신다. 하나님에 대한 사랑과 이웃에 대한 사랑은 마치 영혼과 육체가 함께 있는 것과 같다. 온전한 사랑에 거하면, 우리는 사랑하지 말아야 할 것을 사랑하지 않으며, 사랑하고 싶은 것을 사랑하지 않으며, 덜 사랑해야 할 것을 더 사랑하지도 않으며, 평등하게 사랑해야할 것을 더 혹은 덜 사랑하지도 않는다. 인간은 죄인으로서 사랑을 정당화 할 수 없다. 그러나 하나님은 우리에게 사랑받으셔야만 한다. 하나님이 우리의 사랑을 요구하시는 것이 아니라, 모든 선의 근원이시기 때문이다. 따라서 만약 하나님이 어느 누구보다 사랑받아야 한다면, 각 사람은 하나님을 그 자신보다 더 사랑해야 한다.

어거스틴은 사랑의 근원이신 하나님을 그 무엇보다 더 사랑해야만 하는 것처럼, 우리는 다른 사람을 우리 자신의 육체보다 더 사랑해야 한다고 지적하였다. 모든 것들은 하나님과 관련하여 사랑받아야만 하고, 다른 사람은 하나님이 주는 기쁨 안에서 우리와 유대 관계를 지속하여야 하는데 이는 주님이 말씀하신 명령이다. 우리의 육체는 오직 영혼을 통하여 인도되며, 우리는 하나님의 뜻을 따라 하나님과 이웃을 사랑해야 한다.[15]

하나님을 온전히 사랑한다는 것은 전인격적이라고 할 수 있는데, 이는 지적, 정서적, 의지적인 것과 관련되기 때문이다.[16] 따라서 하나님의 사랑은 표현될 수밖에 없다. 왜냐하면 그 자체만 가지고는 의미가 없고, 이웃 사랑을 통하여 그 사랑을 알 수 있기 때문이다. 따라서 이웃 사랑은

---

[15] St. Augustine, *City of God and Christian Doctrine*.
[16] 케네스 보아, 『기독교 영성, 그 열두 스펙트럼』, 34.

'하나님이 호흡하시는 방법'이라고 할 수 있다.[17]

　하나님과 이웃에 대한 사랑을 통하여 우리는 결국 자기 자신을 올바르게 사랑할 수 있다. 하나님을 온전히 사랑함으로써 자아를 올바로 사랑할 수 있게 된다. 이는 하나님이 보시는 것처럼 자신을 바라볼 수 있기 때문이다. 이렇게 될 때, 우리는 다른 사람을 자신처럼 사랑할 수 있는 열쇠가 된다. "하나님의 조건 없는 사랑과 그리스도 안에서 우리를 받으심에 대한 이해가 커가면서, 우리 자신의 필요를 채우기 위해 사람들을 이용하는 이기적인 추구에서 점점 자유로워진다." [18]

　사람이 건강하고 부유할 때, 친구들이 많이 생기고 즐겁게 노는 것은 자연스러운 일이다. 그러나 어려운 환경에 처하여 있는 이들에게 친구는 더욱 필요하다. 나이 들어 육체가 약할 때 친구들의 격려는 큰 힘이 된다. 하나님의 사랑은 부모와 자녀들 사이 뿐 만이 아니라, 어려움에 처하여 있는 이들에게도 필요하다. 온전한 사랑에 근거한 형제애와 상호 협력은 매우 절실한 것이다.[19]

　인간은 사랑을 통하여 느낌을 공감할 수 있지만, 그 느낌 자체는 때때로 실제적인 사랑의 대상이 없이도 상상으로도 가능하다. 따라서 인간적인 사랑은 늘 후회스러운 것이 많다. 진정한 사랑은 진정한 대상을 필요로 한다. 우리는 진리이신 주님과의 연합을 유지함으로써 지속적이고 행복한 존재가 될 수 있다. 우리는 서로 사랑함으로써 서로 유익하게하고, 서로 돕고 의지함으로써 서로에게 필요한 사람이 될 수 있다. 그러나 이 모든 것은 자발적인 것이라고 할 수 있다. 마찬가지로 우리는 주를 위하여 자발적으로 봉사하여야 한다. 왜냐하면 사랑은 자유를 주기 때문

---

[17] 리처드 포스터, 『리처드 포스터의 '기도'』, 339.
[18] 케네스 보아, 『기독교 영성, 그 열두 스펙트럼』, 47.
[19] Moses Maimonides, *The Guide for the Perplexed*.

이다. 우리는 두려움을 물리치고, 봉사와 헌신을 부담스러운 일이라고 느끼지 말고, 대가를 구하지 말고, 유익을 생각하지 말고, 더 절실한 사랑으로 주님께 봉사하여야 한다. 왜냐하면 진리의 영은 십자가의 능력으로 우리에게 믿음을 선물로 주시기 때문이다.[20]

2. 하나님의 사랑

(1) 하나님은 사랑이시다.

사랑은 하나님이시요, 동시에 하나님의 은사라고 말하는 것은 옳다. 사랑은 은사를 주는 실체로서 이 사랑이라는 단어가 주신 분을 의미하면 그것은 실체의 이름이고, 주어진 것을 의미하면 그것은 은사의 이름이라고 할 수 있다.[21]

'하나님의 사랑'은 하나님이 대상이 아닌 '주체'라는 사실에 있다. 하나님이 사랑받는 대상으로서의 사랑이 아니라, 하나님께서 사랑하시는 사랑 그 자체이시라는 것이다. 이것은 그리스도교적인 '하나님의 사랑'을 뜻하는 아가페(αγαπη)의 근본적인 특징이다.[22] 이 사랑은 우리를 악으로부터 구해 주며, 하나님이 사랑하시듯이 우리도 사랑할 수 있게 해줄 수 있다.[23]

---

[20] St. Bernard of Clairvaux, *Some Letters of Saint Bernard, Abbot of Clairvaux.*
[21] 클레르보의 베르나르, 『하나님의 사랑』, 334.
[22] 루이 부이에, 『영성 생활 입문』(정대식 옮김, 가톨릭출판사, 2005), 27. 루이 부이에의 글 번역에는 '하느님'으로 되어 있으나 필자는 '하나님'으로 옮긴다.
[23] 루이 부이에, 『영성 생활 입문』, 124.

사랑은 본질적인 것이므로 무엇보다도 인간을 지으신 분을 사랑하는 것이 그 중심에 있다. 따라서 성경은 "네 마음을 다하고 목숨을 다하고 뜻을 다하여 주 너의 하나님을 사랑하라(마22:37)"는 것이 크고 첫째가는 계명이라고 밝히는 것이다.[24]

사랑은 또한 명령이다. "이스라엘아 들으라! 우리 하나님 여호와는 오직 유일한 여호와이시니 너는 마음을 다하고 뜻을 다하고 힘을 다하여 네 하나님 여호와를 사랑하라(신6:4-5)." 사랑의 실천은 명령으로 우리에게 주어졌으나, 이 명령은 인간적으로 수행하기에 불가능한 것이다. "그러므로 하나님은 불가능한 일들을 명령하셔서 인간을 겸손하게 만든다."[25]

아가페는 인간이 하나님과 같아지는 것이 아니라, 하나님의 모상을 따라 하나님의 자녀가 될 수 있게 해주는 유일한 가능성이다.[26] 인간은 사랑을 통한 은혜의 도움을 받을 때에 선하게 된다. 인간이 스스로 존재할 때에는 악하다. 왜냐하면 인간은 본질적으로 부족한 것이기 때문이다. 인간 영혼은 본질적으로 약하다.[27]

(2) 사랑의 완전

'하나님의 사랑'이란 '하나님에 대한 사랑'이 아니다. 하나님께서 사랑 받으시는 것이 아니라, "이 사랑은 봉사와 아낌없는 헌신으로 옮겨져야만 하는, 하나님 안에서처럼 우리 안에 있는 구원되어야 할 세상과 다른

---

[24] 클레르보의 베르나르, 『하나님의 사랑』, 238~239.
[25] 클레르보의 베르나르, 『하나님의 사랑』, 305.
[26] 루이 부이에, 『영성 생활 입문』, 213.
[27] 클레르보의 베르나르, 『하나님의 사랑』, 116.

사람에 대한 사랑인 것이다."[28] 그리스도교의 아가페, 곧 사랑은 자기본위의 이기적이고 자기중심적인 어떤 욕망과도 완전히 다른 것이다. 이 사랑은 은총으로서 하나님의 사랑에 대한 전적인 자기 포기이다.[29]

하나님만이 사랑의 하나님이시라면, 그리스도인에게 있어서 '삶의 완전'은 하나님이 말씀하신 사랑의 속성에서 살펴보아야 한다. 특히 고린도전서 13장의 사랑과 로마서 12장의 사랑에 대한 말씀은 그리스도인으로 하여금 갖추어야 할 신앙의 덕이 무엇인지 알려주며, '최고의 선'이 하나님이심을 분명하게 정의하고 있다.[30]

사랑이 사랑하는 대상에게 충실 하는 것이라면, 하나님 외에 그 어느 것도 사랑해서는 안 된다는 결론에 다다른다. 우리에게 '최고의 선(사랑)'이시며, 나를 위한 최고의 선(소망)이 되시고, 가장 지고한 진리(믿음)이신 하나님에 대한 우리의 중심이 흐트러져서는 안 된다.[31]

---

[28] 루이 부이에, 『영성 생활 입문』, 397. 루이 부이에는 헬라적인 사랑의 개념과 기독교의 아가페는 근원적으로 다른 것이라고 설명하고 있다. 아가페적인 사랑은 "그리스도와 그리스도의 십자가 안에서 하나님께서 우리에게 보여주신 사랑인 까닭에 하나님 안에서처럼 우리 안에서 활동적이고 창조적인 사랑"이며, 이 사랑은 "다른 사람들의 유익을 위해 자기를 뛰어넘고 가장 가치 없는 데로 나아가 거기서 발견할 수 없는 유익을 거기에 갖다 놓으며, 이런 행동을 완전히 사심 없이 행하는 것"이라고 정의하고 있다. 한편 에로스적인 사랑은 창조하시고 구원하시는 하나님의 사랑(아가페)에 근거하지 않으며, 또한 타락한 인간을 위한 하나님의 자비로부터 사랑이 흘러나오지 않는다고 보았다. 이 사랑은 오직 욕망에 의해 이루어지며, 플라톤이 말한 "에로스 우라니오스ερος ουρανιος, 천상적 사랑"는 항상 자아의 중심의 욕망을 만족하는 것이 우선시 된다고 보았다. 따라서 이러한 사랑은 사랑을 추구하는 사람이 아무리 심미적이 된다고 할지라도 타락한 인간의 특징이 나타난다. "반면에 자기를 잊어버리고, 자기 자신의 유익을 찾지 않으며, 다만 주기만 할 뿐 아니라 자기 자신까지 내어 주는 아가페는 두드러지게 하나님께 속하는 특징을 나타내는데, 이 하나님은 복음을 통해 우리에게 계시되신 그리스도교적인 하나님이시다." 같은 책, 398~399.
[29] 루이 부이에, 『영성 생활 입문』, 406.
[30] 사이먼 챤, 『영성신학』, 128.
[31] 사이먼 챤, 『영성신학』, 130.

하나님의 사랑은 세 가지 단계로 표현 될 수 있다. 그 첫 번째 단계는 우리 자신의 이익을 위해 스스로를 사랑하는 것이고, 두 번째는 우리 자신의 축복을 위해 하나님을 사랑하는 것, 그리고 사랑의 세 번째 단계는 하나님을 위해 하나님을 사랑하는 것이다. 소수만이 이 사랑으로 축복받은 단계를 경험하며, 자기 이익에 의해 더럽혀지지 않은 사랑을 가질 수 있다.[32]

사랑은 여러 가지 중에 하나의 은사에 불과한 것이 아니라, 가장 좋은 하나님의 은사이다. "하나님의 사랑이 우리에게 이렇게 나타난바 되었으니, 하나님이 자기의 독생자를 세상에 보내심은 그로 말미암아 우리를 살리려 하심이라. 사랑은 여기 있으니 우리가 하나님을 사랑한 것이 아니요 하나님이 우리를 사랑하사 우리 죄를 속하기 위하여 화목제물로 그 아들을 보내셨음이라(요일4:9-10)." 하나님의 사랑은 우리를 위하신 하나님의 최고 선물이다.

하나님은 사랑이시며 사랑의 완전을 요구하신다. 하나님이 사랑이신 이유는 하나님이 헤아릴 수 없는 사랑 자신이시기 때문이다. 우리가 하나님을 사랑해야만 하는 이유는 하나님을 사랑해야 할 분명한 이유가 있고, 이보다 더 귀한 일은 없기 때문이다. 사랑은 하나님 자신이기 때문에 우리는 영혼의 이끌림에 의하여 하나님을 향하게 된다. 사랑은 동의를 구하지 않으며, 요청해서 얻어지는 것도 아니다. 사랑은 자발적이며 그 자체로 완전하다. 진정한 사랑은 보상을 요구하지 않지만, 그러나 보상받을 충분한 이유가 있다. 왜냐하면 사랑이 지속되는 동안 이를 통한 열매들이 생기기 때문이다. 사랑은 자연적인 것으로서 이 자연적인 것의

---

[32] 케네스 보아, 『기독교 영성, 그 열두 스펙트럼』, 188. 보아는 클레르보의 베르나르 Bernard of Clairvaux가 쓴 『하나님의 사랑The Love of God』을 인용하면서, 사랑을 기술하고 있다.

창조자를 가장 우선적으로 사랑하는 것은 옳은 일이다. 아울러 사랑은 마치 영원한 법과 같아서 이 법으로 우주가 창조되었고, 통치되고 있음을 우리는 깨달아야 한다. 사랑은 선하고 기쁜 하나님의 법이다. 인간으로서 이 영원한 사랑의 법을 지키기가 쉽지 않지만, 우리는 주님의 말씀을 통하여 사랑으로 더욱 나아갈 수 있다. 주님은 말씀하시길, "나는 율법을 파괴하러 온 것이 아니라 성취하러 왔다(마5:17)"고 하셨다. 사랑에는 결코 두려움이 없지 않지만, 있다면 그것은 신적인 두려움이다. 사랑은 결코 요구가 없지 않지만, 있다면 그것은 율법적인 요구이다. 따라서 사랑은 헌신으로 봉사의 율법을 완성한다. 두려움과 혼합된 헌신은 사랑을 파괴하지 않고 깨끗하게 한다.[33]

3. 하나님의 선물

(1) 성령의 능력으로서의 사랑

사랑은 하나님이 주시는 은총이다. 하나님의 사랑은 성령의 은사이며, "소망이 우리를 부끄럽게 하지 아니함은 우리에게 주신 성령으로 말미암아 하나님의 사랑이 우리 마음에 부은바 됨이니(롬5:5)"라는 말씀처럼 삼위일체 전체가 우리 안에 거하게 된다.[34] 이 삼위일체 안에서 사랑은 하나님의 뜻으로 드러나며 기쁨은 하나님과의 합일을, 그리고 자비는 하나님을 즐겁게 해드리게 된다. 하나님과의 '영의 합일'은 우리가 "더 이상 하나님이 바라시는 것을 바라거나 하나님을 사랑하는 것이 아니라, 하

---

[33] St. Bernard of Clairvaux, *On Loving God*.
[34] 클레르보의 베르나르, 『하나님의 사랑』, 38.

나님이 원하시는 것만을 원하도록 완전한 사랑 가운데 거하게 된다."[35]

"성령은 사랑이다. 그는 성부와 성자의 사랑이다. 그는 삼위의 합일, 매력, 선, 입맞춤, 포옹, 그리고 삼위가 그들의 지고한 진리의 합일과 합일의 진리 안에 지니는 모든 것이다. 복된 영혼은 성부와 성자처럼, 삼위의 포옹과 삼위의 입맞춤 안에 사로잡혀 있다. 따라서 영혼은 성자가 성부로부터 받아들이고 혹은 성자가 성부께 드리는 것처럼 받아들인다."[36]

북이탈리아 제노바의 주교였던 야코부스 데 보라지네Jacobus de Voragine는 사랑을 성령의 능력으로 비유하면서, 사랑이 세 가지 이유로 인하여 지속적으로 불붙는다고 강조하였다. 첫 번째로 성령이 임재하실 때처럼 불은 늘 움직이면서 뜨겁게 타오르며 번진다. 따라서 신실한 신앙인들이 결코 게으를 틈이 없는 것처럼 사랑은 항상 부지런히 움직이게 한다.

두 번째로 불은 아무리 작아도 뜨거운 것처럼, 강한 미덕과 같은 역할을 한다. 따라서 성령은 이 땅의 것을 덜 사랑하게 하고, 영적인 것을 더 사랑하게 한다. 야코부스 데 보라지네는 베르나르Bernard의 말을 인용하면서, 네 종류의 사랑이 있다고 설명한다. 그것은 각 각 세상을 육욕적으로 사랑하는 것, 영을 육욕적으로 사랑하는 것, 육체를 영적으로 사랑하는 것, 그리고 영을 영적으로 사랑하는 것이다. 여기서 우리는 영적인 것을 영적으로 사랑하여야 한다.

세 번째로 불은 높이 있는 것들을 태움으로써 무너뜨리고 낮추어 버린다. 보라지네는 데니스S. Denis를 인용하면서, 사랑은 높은 것을 낮게 하고, 낮은 것을 맹렬한 불길로 높게 타오르게 하고, 그리고 모든 것을 동일하게 태움으로써 동등하게 한다. 이는 사랑으로 우리는 겸손하며, 저

---

[35] 클레르보의 베르나르, 『하나님의 사랑』, 53.
[36] 클레르보의 베르나르, 『하나님의 사랑』, 54.

높은 거룩한 것을 바라보고, 서로 한 형제와 자매로 부르심을 받았다는 것을 강조하는 것이다.[37]

에크하르트는Johannes Eckhart는 하나님이 주시는 성령의 도우심을 통하여 인간은 의지적으로 사랑할 수 있다고 보았다. 그것은 인간이 사랑할 수 있는 능력이 있기 때문이 아니라 하나님의 성령의 능력이 의지를 자유롭게 하여 하나님의 도우심으로 사랑하는 것을 가능하게 하는 것이다. 따라서 의지는 사랑을 통해 자유에 도달하며, 사랑으로 하나님과 연합한다. 의지와 연관된 모든 진실한 도덕성은 내적이든 외적이든 사랑에 포함된다. 왜냐하면 사랑은 모든 명령들의 기초이기 때문이다.

(2) 전인적인 사랑

클레르보의 베르나르는 사랑은 전인적인 것으로 우리는 마음과 영혼, 그리고 힘을 다하여야 한다고 강조하였다. 그는 마음의 사랑은 진지한 애정으로, 영혼(성품)의 사랑은 이성의 목적과 판단을 가지고, 그리고 힘의 사랑은 마음의 한결같은 정성을 말함으로 주 하나님을 온전하고 충만한 마음의 애정으로 사랑하여야 한다고 강조하였다.[38]

"사랑은 죽음같이 강하고 질투는 스올 같이 잔혹하다(아8:6)"는 말씀처럼, 사랑은 감정과 연관이 되어 있다. "영혼의 사랑은 이성적이긴 하지만, 용기와 열정이 함께 그것을 강화하지 않으면 나약해지는 경향이 있다."[39]

사랑은 하나님을 알아가는 과정에서 인격적이 된다. 하나님과의 인격

---

[37] Jacobus de Voragine, "Blessed Holy Feast of Pentecost or of the Holy Ghost." *The Golden Legend vol. 1*. 필자는 독자의 이해를 돕기 위하여 내용을 의역하였다.
[38] 클레르보의 베르나르, 『하나님의 사랑』, 282.
[39] 클레르보의 베르나르, 『하나님의 사랑』, 283.

적인 친밀감에 기초를 둔 하나님에 대한 깊은 사랑은 마음, 감정, 뜻, 그리고 행동으로 나타난다. 하나님의 사랑은 시간과 공간 속에서 경험하는 실체이다. 이 사랑은 인간이 마땅히 받아야 할 권리가 있는 것이 아니라 하나님이 주시는 선물이다.

사랑은 기도 생활의 초기에는 우리가 아무리 노력해도 그 사랑을 진정으로 느낄 수 없지만, 점차 하나님의 비밀스럽고 평안하고 사랑스러운 유입을 느끼게 된다. 처음에는 사랑을 조금씩 느끼다가 점차 강하고 안정되게 된다.[40]

사랑은 때때로 맹목적으로 보이기도 하며, 열망하는 바를 행한다. 이러한 맹목적인 사랑은 그러나 그것이 어디에서 오는지 어디로 가는지 알지 못하는 것과 같기도 하다(요3:8). 그렇게 되면 사랑은 마치 '손으로 더듬어서 보는 장님'과 같은 애정으로 표현될 수도 있다.[41]

이러한 면에서 훈련된 그리스도인이 사랑의 실천을 통하여 구원의 열매를 맺게 될 때(히12:11), 하나님의 자비에 이끌려 사랑을 깨닫게 된다. 요한은 "하나님은 사랑이시라(요일4:16)"고 고백하는데, 이 짧은 찬양은 사랑을 함축하며, 하나님의 자비로운 은총으로 사랑이 가능하다는 증언이다.[42] 하나님의 사랑에 대한 인간의 애정은 시간과 대상에 따라서 변하지만, 성품과 덕을 통하여 사랑의 은총은 안정적으로 유지된다.[43]

클레르보의 베르나르는 사랑을 인간의 오감에 비유하여 설명한다. 부모의 사랑은 마치 촉각과 같아서 모든 사람에게 있어서 무의식적이면서도

---

[40] 앨리스터 맥그라스, 『종교개혁 시대의 영성』, 82. 맥그라스는 '사랑의 점진성'에 대하여 십자가의 성 요한을 인용한다.
[41] 클레르보의 베르나르, 『하나님의 사랑』, 121~122.
[42] 클레르보의 베르나르, 『하나님의 사랑』, 127.
[43] 클레르보의 베르나르, 『하나님의 사랑』, 131.

정상적인 것으로서 분명하게 느낄 수 있는 것이다.[44] 사회적 사랑은 미각과 같아서 형제에 대한 사랑과 거룩한 교회에 대한 사랑과 같은 것이다. 사회적 사랑은 같은 몸을 가지고 같은 직업을 통하여 상호 의무의 짐을 지거나 양육되는 것이다.[45] 후각은 같은 인성을 가지고 있어서 당연시되는 자연적 사랑에 비교될 수 있다. 이러한 사랑을 통하여 우리는 대가를 바라지 않고 모든 사람들을 사랑하며, 우리 존재의 깊은 곳으로부터 나와 영혼 속으로 침투하는 사랑이기 때문에 모든 것을 포함하게 된다.[46]

청각은 원수마저도 사랑하는 영적 사랑에 비견될 수 있다. 청각은 우리의 내적 감각에 영향을 주지 않으며, 소리의 진동이 고막을 울리듯 우리 외부의 일처럼 영혼을 불러일으키는 사랑이다.[47] 그리고 시각은 육체의 감각 중에서 시각이 가장 중요하듯이, 하나님의 사랑은 애정에 있어서 가장 중요하다고 할 수 있다. 다른 모든 감각들은 우리의 눈이 보는 것을 통하여 느끼지만, 눈은 직접 볼 수 있다. 한글에도 우리는 "만져 본다." 또는 "맛을 본다."는 식으로 표현하는 것처럼, 시각에 비유되는 사랑은 매우 중요하다(시34:8, 45:10).[48]

자연을 지으신 분에 의해 창조된 영혼의 자연적인 역할은 하나님을 보는 눈과 같은 사랑이라고 할 수 있다.[49] 우리는 사랑으로 어떠한 결점이든지 극복하고 더욱 발전하며, 무지에 직면할 때 사랑으로 더욱 잘 이해하게 된다. 따라서 전인적인 사랑의 특성에는 이성의 역할이 있다. "이성은 하나님이 아닌 것을 통하여 하나님인 것을 향해 나아가는 것이

---

[44] 클레르보의 베르나르,『하나님의 사랑』, 134.
[45] 클레르보의 베르나르,『하나님의 사랑』, 135.
[46] 클레르보의 베르나르,『하나님의 사랑』, 135.
[47] 클레르보의 베르나르,『하나님의 사랑』, 136.
[48] 클레르보의 베르나르,『하나님의 사랑』, 136~137.
[49] 클레르보의 베르나르,『하나님의 사랑』, 139.

지만, 사랑은 하나님이 아닌 것을 버려두고 오직 하나님인 것 안에 열중하기를 즐거워한다." 그 이유는 사랑은 하나님으로부터 나왔기 때문에, 자연히 그 근원으로 되돌아가려고 하기 때문이다. "이성은 가장 맑은 정신을 가지고 있고, 사랑은 보다 큰 행복을 가지고 있다." [50]

이성의 역할은 사랑을 가르치며 사랑은 이성을 밝혀줌으로써 이 둘은 서로를 돕는다. 이렇게 될 때, "이성은 사랑의 선의affectus 안으로 스며들고, 사랑은 이성의 한계 안에 스스로를 제한한다. 그리하여 이 둘은 서로를 위해 보다 큰일을 할 수 있다." [51] 사랑은 이성을 밝히고 이성은 사랑을 가르친다는 의미는 사랑은 주지주의主知義를 넘어 우리에게 실체에 대한 깊이를 깨우쳐 준다는 것이다. "사랑이 없는 이성은 교만하게 되며, 이성이 없는 사랑은 정욕에 지나지 않는다." [52] 사랑이 지식에 의해 인도되고 배워야한다는 것은 참으로 맞다. 그러나 만약에 지식이 사랑을 동반하지 않는다면, 그것은 유용하지 않을 것이다.[53]

사랑은 또한 죄를 두려워하지 않으며, 실패할 것도 두려워하지 않고 오히려 "사랑은 무수한 죄를 덮는다." 사랑은 불의를 사랑하지 않고, 늘 궁극적으로 승리할 것을 믿는다. 사랑은 모든 것을 존재하게 하고, 모든 것을 선으로 넘치도록 하며, 스스로를 비생산적으로 머물게 하지 않고 창조를 향해 움직인다.[54]

토마스 아퀴나스는 사랑이란 인간이 바라는 것과 하고자 하는 의지의 궁극적인 동기가 된다고 보았다. 일반적으로 인간에게는 사랑의 행위는

---

[50] 클레르보의 베르나르, 『하나님의 사랑』, 139~140.
[51] 클레르보의 베르나르, 『하나님의 사랑』, 140.
[52] 클레르보의 베르나르, 『하나님의 사랑』, 17.
[53] Henry Suso, *A MEDITATION ON THE PASSION OF CHRIST*.
[54] Dionysius, *The Pseudo-Areopagite*.

늘 두 가지를 지향하는데, 하나는 사랑을 통하여 이루고자 하는 선good과 그 대상이 되는 사람이다. 우리가 기억하여야 할 중요한 것은 하나님은 선하시며 그 선하심을 따라서 세상을 창조하시고 인간을 사랑하셨다는 점이다. 예를 들어 사람을 사랑하는 것은 우리가 우리 자신을 사랑하는 것처럼, 사랑의 대상이 되는 사람에게 선을 원하는 것이라고 할 수 있다. 하나님의 선하신 의도에 따라 우리가 누군가를 사랑할 때, 우리는 그 사람에게 선하고자 하며, 그 결과를 통하여 우리는 사랑의 목표를 이룬다. 이때 우리 안의 내재적인 사랑의 동기와 사랑을 이루게 되는 결과의 과정은 일종의 묶어주는 힘과 같은 것이다. 따라서 사랑은 창조자의 본질에 의지하는 자연스러운 성향이라고 할 수 있다.[55]

누루시아의 성 베네딕트 St. Benedict of Nursia는 전인적 사랑에 대하여 다음과 같은 글을 남겼다.

교만을 사랑하지 않기
어린 자들을 사랑하기
적을 그리스도의 사랑으로 사랑하기
해가 지기 전에 적과 평화하기
금식하는 것을 사랑하기
자선행위를 사랑하기
그리스도를 사랑하는 것을 선호하기
원수를 사랑하기
많이 말하기를 사랑하지 않기
지나치고 시끄러운 웃음을 사랑하지 않기

---

[55] St. Thomas Aquinas, *Summa Theologie*.

불화를 사랑하지 않기
악을 미워하고, 형제를 사랑하기[56]

(3) 값없는 사랑

하나님을 아는 것은 곧 하나님을 사랑하는 것이며, 사랑은 하나님의 놀라운 선하심에 대한 마음의 반응이다.[57] 하나님의 사랑은 자발적이며 끝이 없으시고 그분은 사랑하기로 선택했기 때문에 우리를 사랑하고 계시다.[58] 하나님이 보여주신 참된 사랑은 이기적이 아니며, 자기의 유익을 구하지 아니하며(고전13:5) 아무것도 부족하지 않다. 참된 사랑은 보상을 받을 법도 하지만 그것을 구하지 않는다.[59] 사랑은 영혼의 애정과 같은 것이기 때문에 양자 간 계약적인 합의를 통하여 나오는 것이 아니다. 사랑은 그 근원과 동기가 자발적인 것이어서 우리를 자유롭게 하며 보상은 대가가 아니라 참된 사랑이다.[60]

사랑은 돈으로 살 수 없으며 애정은 가격을 매길 수 있는 것이 아니다. 오래가지 못하는 우정은 결코 진정한 우정이라고 할 수 없다. 인간의 영혼은 사랑하도록 되어 있으며, 정신도 마찬가지이다. 육욕은 영혼을 사랑하는 것으로 극복될 수 있으며, 욕망도 누그러뜨릴 수 있다. 사랑은 측정이 불가능하며, 사랑이 없는 평화, 혹은 평화가 없는 교제는 가능하지 않다. 성경을 사랑하고 지혜를 사랑하면 진리로 인도하며, 완벽한 하

---

[56] St. Benedict of Nursia, *The Holy Rule of St. Benedict*.
[57] 리처드 포스터, 『리처드 포스터의 '기도'』, 189.
[58] 케네스 보아, 『기독교 영성, 그 열두 스펙트럼』, 32.
[59] 클레르보의 베르나르, 『하나님의 사랑』, 230.
[60] 클레르보의 베르나르, 『하나님의 사랑』, 230.

나님의 사랑이 두려움을 몰아내게 될 것이다.[61]

　우리 마음과 뜻, 정성과 힘을 다하여 하나님을 사랑하는 것은 자신을 제대로 사랑하는 열쇠가 되며, 이렇게 할 때 하나님이 보시는 대로 우리를 보는 것이다. 우리 안에서 그리스도의 생명이 넘쳐나서 다른 사람을 섬기는 것은 다른 사람을 열정적으로 사랑하는 것이다.[62]

　사랑을 과연 온전하게 할 수 있을 수 있는지에 대한 염려로 사랑은 종종 두려움과 함께 시작된다. 두려움은 사랑에 근접해있다. 두려움은 가죽을 통해 구두를 만드는 사람의 바늘을 끌어내는 송곳과 같다.[63] 사랑은 죽음처럼 강하고, 지옥처럼 무지막지하다. 죽음은 육체와 영혼을 분리하지만, 사랑은 영혼으로부터 모든 것을 분리한다.[64] 그러나 사랑은 열정만으로 되지는 않는다. 오로지 하나님만을 사랑하는 자는 내적으로 그와 연합해있고, 십자가의 짐을 기꺼이 지며, 불평하지 않는다.

　시에나의 성 캐서린 St. Catherine of Siena은 강조하기를 순수한 사랑은 그 어떤 보상도 기대하지 않는다고 하였다. 사랑한다는 것은 나를 사랑하지 않고 나 자신에 대한 어떠한 고려 없이 사랑하는 것이다. 상대방의 사랑을 기대하지 않는 사랑은 하나님의 사랑처럼 인간이 존재하기 이전에 사랑하는 것과 같다. 창세전에 그리스도 안에서 우리를 택하셔서 우리로 사랑 안에서 그 앞에 거룩하고 흠이 없게 하시려는(엡1:4) 하나님의 뜻은 참 사랑과 연관되어 있다. 이웃을 사랑하나 그로부터 사랑받지 말고, 자기 자신의 이익을 영적으로나 시간적으로든 고려하지 않고, 하나님의 이름을 찬양하고 영광을 돌리려고 사랑하는 것만이 진정한 사랑이다.[65]

---

[61] St. Jerome, *The Letters of St. Jerome*.
[62] 케네스 보아, 『기독교 영성, 그 열두 스펙트럼』, 253.
[63] Johannes Eckhart, *Meister Eckhart's Sermons*.
[64] Johannes Eckhart, *Light, Life, and Love*.

이와 같이 아무 값을 요구하지 않으며, 이웃을 사랑하는 것은 그를 위해 영원한 구원과 현생에서의 은총을 바라는 것이다.[66]

4. 사랑하기

(1) 숭고한 사랑

그리스도인들은 삶 속에서 하나님의 사랑을 드러내야 하는데, 이 사랑은 "그리스도 안에서 인식되는 하나님께 대한 감사의 행위로서 자기의 전존재를 바치게 하는 믿음의 결과이다."[67] 사랑은 우리로 하여금 하나님을 닮게 하고 하나님께서 우리에게 보여주시는 것을 쉽게 이해할 수 있도록 한다. 이 사랑은 우리의 영혼이 하나님이 창조하신 그 뜻을 따라 하나님을 믿는 신앙으로 하나님을 닮게 한다.[68]

"행동으로 표현되는 사랑이 그 대상으로서 초자연적인 원칙을 지닌 참된 사랑이라면, 이 사랑은 참으로 신비적인 생활을 살아가기 위한 뛰어난 예비 과정이 될 수 있다. 이런 사랑은 믿음에 의해 받아들여진 사랑이고, 하나님의 은총으로부터 나오는 것이지 외적인 분주한 일을 찾아 나서도록 하는 자연적인 강박 관념으로부터 나오는 것이 아니다."[69]

어거스틴은 사랑으로 일하고 소망 없이는 존재할 수 없는 신앙에 대

---

[65] St. Catherine of Siena, *The Dialogue of Saint Catherine of Siena*.
[66] Jean le Charlier de Gerson, *Snares of the Devil*.
[67] 루이 부이에, 『영성 생활 입문』, 223.
[68] 루이 부이에, 『영성 생활 입문』, 358~359.
[69] 루이 부이에, 『영성 생활 입문』, 411.

하여 말한다. 성경의 말씀처럼, 사랑은 소망 없이 존재하지 않으며, 소망은 사랑 없이 존재하지 않고, 사랑과 소망도 신앙 없이 존재하지 않는다. 어거스틴은 믿음과 소망, 그리고 사랑 가운데 제일은 사랑이라는 말씀은 사람에 대하여 누군가 좋은 사람이라고 말할 때, 그것은 "그가 믿느냐, 소망하느냐"가 아니라, "그가 사랑하느냐"와 연관되어지는 것이라고 강조하였다. 즉 사랑은 명사가 아니라 동사인 것이다.

올바르게 사랑하는 자는 믿는 것도 올바르고 소망하는 것도 올바르며, 사랑하지 않는 자는 헛되이 믿는 것이며 설령 그의 믿음이 진실할 지라도 그는 헛되이 바라는 것이 된다. 바라는 것이 진정한 행복이라 할지라도 그리고 사랑 없이 바라는 것이 가능할지라도, 만약 그가 그것을 사랑할 수 없다면, 그가 소망하는 것의 실체를 인식할 수 없게 되는 것이다. 어거스틴은 한 예로, 사람이 영생을 소망하는데 어떻게 영생을 사랑하지 않을 수 있느냐고 반문하다.[70] "사랑은 그 자체 안에 있고 스스로 존재한다. 사랑 없이 존재하는 믿음과 소망은 생각할 수 있지만, 믿음과 소망이 없는 사랑은 생각할 수 없다. 믿음은 사랑의 실체를 확립하기 때문이다. 소망은 우리들에게 사랑을 약속한다."[71]

토마스 아켐피스Thomas à Kempis는 사랑이야 말로 최고의 것이고, 매우 위대한 축복이라고 강조하였다. 사랑은 모든 어려움을 쉽게 하고 모든 그릇된 것을 올바르게 한다. 사랑은 측량할 수 없고, 마치 쓴 맛을 없애고 단 맛을 더하여 주는 것과 같다. 예수님의 고귀한 사랑은 우리로 하여금 위대한 행위를 하게하고, 더 완벽한 것을 갈망하게 독려하신다. 사랑은 저 높은 뜻을 행하게 한다. 사랑은 어떤 세속적인 것에 이끌리지 아니

---

[70] St. Augustine, *Handbook on Faith, Hope, and Love*.
[71] 클레르보의 베르나르, 『하나님의 사랑』, 133.

하며, 하나님을 바라는 내면적인 영적 눈이 닫히지 않는다. 사랑을 일시적인 흥밋거리로 보지 아니하며, 그 어떠한 악의도 극복하게 한다. 사랑보다 달콤한 것은 없으며 사랑보다 강하거나 높거나 넓은 것은 없다. 어떠한 것도 사랑보다 즐겁거나 완전하지 못하다. 또한 하늘과 땅에 있는 그 어떤 것도 사랑보다 낫지 않다. 왜냐하면 사랑은 하나님으로부터 나서 모든 피조물위에 거하기 때문이다.[72]

아켐피스는 사랑 안에서 우리는 기뻐뛰며 즐거워하는 자라고 주장하였다. 우리는 이 사랑으로 자유하고 얽매이지 않는다. 사랑의 하나님은 모든 것을 주시며, 또한 모든 것을 소유하신다. 하나님은 모든 것들 위에 계시고, 모든 것이 그로부터 시작되었으며, 모든 것은 전능하신 하나님 안에서 참된 안식을 누린다.

사랑은 경계가 없고 오히려 그것을 초월하며 부담스럽지 않으며 힘들다고 생각하지 않는다. 사랑은 불가능하다고 여기는 것을 가능하다고 믿으며, 사랑을 통하여 모든 것을 이룰 수 있다고 확신한다. 따라서 사랑은 모든 것을 할 수 있으며 사랑하지 못함으로써 낙심하고 절망한 사람들이 있는 곳에서 역사하며 영향을 행사한다.[73]

사랑은 항상 세심하다. 자는 것 같지만 아주 깊이 잠든 것은 아니며, 지치긴 하지만 피곤한 것은 아니다. 쫓기긴 하지만 궁핍해서 그런 것은 아니다. 놀라긴 하지만 혼동스럽지는 않으며, 활활 타는 불길 같지만 곧 꺼질 횃불 같은 것은 아니다. 사랑은 앞으로 전진하며 나아가지만, 가로막는 장애물들을 안전하게 지나간다.[74]

사랑은 신속하며, 신실하고, 친절하고, 기쁘고, 그리고 즐겁다. 사랑은

---

[72] Thomas à Kempis, *THE IMITATION OF CHRIST*.
[73] Thomas à Kempis, *THE IMITATION OF CHRIST*.
[74] Thomas à Kempis, *THE IMITATION OF CHRIST*.

강하고, 끈기 있고, 신앙적이고, 신중하고, 오랜 고난을 참으며, 힘이 있다. 사랑은 결코 자기중심적이지 않은데, 이는 그렇게 하면 사랑으로부터 이탈하기 때문이다. 사랑은 용의주도하고, 겸손하고, 정직하다. 사랑은 연약하지 않고, 가볍지 않으며, 헛된 것들을 추구하지 않는다. 사랑은 냉정하고, 순결하고, 굳건하고, 조용하고, 모든 면에서 신중하다. 사랑은 복종하며 권위에 순종한다. 사랑은 그 자신에게 하찮고 한심하게 보여도 하나님께 헌신하고 감사한다.[75]

사랑하는 것이 싫을 때조차도 늘 하나님을 신뢰하고 바라는데, 이는 슬픔 없이 사랑으로 사는 인생은 없기 때문이다. 모든 것에 고난 받을 준비가 되어 있지 않고 주님의 뜻에 따를 준비가 되어 있지 않은 사람은 '사랑하는 자'라고 불릴 가치가 없다. 사랑하는 자는 주님을 위하여 어렵고 힘든 것을 자발적으로 감내하며, 고난 때문에 주님으로부터 돌아서서는 안 된다.[76]

하늘의 은총과 진정한 자선이 있는 곳에, 시기나 마음의 편협함, 그리고 자기애가 있을 수 없다. 신적인 사랑은 모든 것을 정복하고, 영혼의 능력을 배가시킨다.[77] 주는 것은 하나님에게는 본질적인 것이다, 왜냐하면 그의 본질은 그의 선함이고, 그의 선함은 그의 사랑이기 때문이다.[78]

(2) 사랑과 용서

용서는 하나님의 사랑을 통하여서만 완성된다. 용서는 다른 사람을

---

[75] Thomas à Kempis, *THE IMITATION OF CHRIST*.
[76] Thomas à Kempis, *THE IMITATION OF CHRIST*.
[77] Thomas à Kempis, *THE IMITATION OF CHRIST*.
[78] Johannes Eckhart, *Meister Eckhart's Sermons*.

우리가 변화시키는 것이 아니고, 오직 하나님 한분뿐이라는 진리에 바탕을 둔 행위다.[79] 따라서 용서는 신적인 행위이다.

리처드 포스터Richard Poster는 용서는 은혜를 통한 기적으로서, 용서하게 되면 다른 사람의 잘못 때문에 우리가 더 이상 분열되지 않는다고 보았다. 용서는 우선 용서하려는 자의 자아가 상처 입었음을 전제한다. 상처가 깊을 때는 아주 오래 고통이 남아있는 것처럼 용서한다고 고통이 완전히 없어지는 것은 아니다. 왜냐하면 감정적인 고통이 남아 있을 수 있으며, 용서함으로써 그 이전의 것을 다 잊어버리게 되는 것도 아니기 때문이다. 그렇다고 용서는 잘못이 대수롭지 않다고 여기는 것도 아니며, 이전의 잘못은 여전히 잘못이었음을 전제한다. 그러나 중요한 점은 용서함으로써 더 이상 잘못이 우리의 행동을 지배할 수 없다는 점이다.[80] 용서함으로써 그 잘못을 저지르기 전과 똑 같은 것은 아니다. 물론 상황이 이전보다 나아지겠지만 그전과 같지는 않다.

리처드 포스터는 용서함으로써 서로에게 상처를 입히고 상처를 가하면서 서로의 사이를 분열시키는 그 잘못을 더 이상 반복하지 않게 된다고 강조하였다. "용서는 우리를 결속시키는 사랑의 힘이 우리를 분리시키는 과실의 힘보다 큰 것을 의미한다. 그것이 바로 용서이다. 용서할 때 우리는 우리에게 잘못한 사람들을 해방시켜 준다. 그래서 그들이 더 이상 우리에게 묶여 있지 않게 한다. 진정한 의미에서 우리는 그들을 해방시켜 줌으로써 하나님의 은혜를 받게 된다. 그리고 그들을 초청하여 우리의 교제권 속으로 다시금 들어오게 한다."[81]

용서는 궁극적으로 자신의 내면세계의 자유를 의미한다. "잘못을 저

---

[79] 케네스 보아, 『기독교 영성, 그 열두 스펙트럼』, 57.
[80] 리처드 포스터, 『리처드 포스터의 '기도'』, 251.
[81] 리처드 포스터, 『리처드 포스터의 '기도'』, 252.

지르는 사람들을 잘못에서부터 풀어줄 때, 당신의 내면세계에서 자라던 악성 종양을 제거하는 것이다. 죄수 한 명을 해방시켜주었는가? 그 죄수는 바로 당신 자신이다."[82]

용서는 주님의 명령이다. 우리는 우리에게 잘못한 모든 이들을 용서해야만 한다(마6:14-15, 18:21-35). 우리는 주님께 우리가 용서하지 못하고 있는 부분을 깨닫게 하여주시기를 간구하며 주님이 주시는 은혜로 용서하지 못하는 우리 자신과 타인을 용서할 수 있도록 하여야 한다. 그렇게 할 때 우리는 원한과 증오, 분노의 뿌리로부터 자유 할 수 있다. "하나님을 초청하여 감추어져 있는 고통, 불의, 거절감과 학대를 드러나도록 하고, 주님의 임재와 진리의 빛 가운데 과거와 화해하는 것이 필요하다."[83]

"서로 인자하게 하며 불쌍히 여기며 서로 용서하기를 하나님이 그리스도 안에서 너희를 용서하심과 같이 하라(엡4:32)"는 말씀처럼 우리는 다른 사람을 자비와 은혜로 대하겠다는 자발적인 결단을 통하여 자유에 이를 수 있다. "다른 사람의 죄로 인한 상처를 깨닫고도 그 영향을 감수하며 사는 것은 희생이 따르는 일이다. 그러나 개인과 공동체의 용서는 치유와 화해를 위해 반드시 필요한 길이다. 이러한 선택이 없다면, 우리는 고통의 무거운 짐을 질 것이며, 하나님의 사랑과 용서의 체험을 축소시켜야 할 것이다."[84]

우리는 지속적으로 주님께 "우리가 이전에 지은 죄를 용서해달라"고 기도하여야 한다. 우리는 우리 스스로의 문제를 해결 할 수 없으며 주

---

[82] 케네스 보아, 『기독교 영성, 그 열두 스펙트럼』, 57. 케네스 보아는 루이스 스머즈 Lewis B. Smedes의 『용서의 기술Forgive and Forget』에 나오는 글을 인용하였다.

[83] 케네스 보아, 『기독교 영성, 그 열두 스펙트럼』, 396. 케네스 보아는 린 페인Leanne Payne의 『치유하시는 임재The Healing Presence』와 『영혼의 회복Restoring the Christian Soul』을 통하여 내적 치유나 감정 치유는 영적 전쟁과 직접 연결될 수 있다고 보았다.

[84] 케네스 보아, 『기독교 영성, 그 열두 스펙트럼』, 487.

님의 치유하심을 통하여 용서받아야 한다. 인간은 의롭지 못하기에 우리의 모든 불의를 흠도 점도 없으신 예수 그리스도를 통하여 용서받는 길 외에는 없다.[85] 용서는 십자가에 달리셔서 우리의 모든 죄를 직접 몸으로 대속하신 존귀하신 아들 예수 그리스도의 공적과 공로로써만 이루어진다.[86]

(3) 젖과 꿀이 흐르는 사랑의 공동체

에릭 프롬은 『소유냐 존재냐』에서 현대 인간의 문제는 근본적으로 소유에 집착하는 삶의 방식에 있다고 주장한다.[87] 그의 주장에 의하면, 우리에게 매우 익숙한 소유 개념은 인류 역사를 통하여 조명하여 보았을 때 오히려 낯선 것이다. 오히려 인간의 본질적인 삶의 방식은 소유가 아니라 존재인데, 이 존재의 삶의 방식이란 어떤 것을 소유하지도 않고 또 소유하려고 갈망하지도 않으면서 즐거워하고 자기의 재능을 생산적으로 사용하며 세계와 하나가 되게 살아가는 방식이다.[88]

현대 기독교인에게 '젖과 꿀'을 상징하는 '약속의 땅'은 내세적 의미보다는 여전히 '현세적 축복'의 의미로 더 많이 강조되는 것 같다. 그 주된 이유는, 한국 근대화 과정에서 국가가 강조한 '경제 성장'의 전략과

---

[85] Hugh Latimer, *Sermons*.
[86] John Bradford, *Godly Meditations upon the Lord's Prayer*.
[87] Erich Fromm, *To have or to be?*(『소유냐 존재냐』, 범우사, 1999)
[88] 프롬은 존재란 삶의 방식이 지배하는 사회가 되기 위해서는 무한 성장보다는 필요에 의한 선택적 성장을 지향하여야 하며, 물질적 이익보다는 정신적 만족을 추구하고, 기본적인 삶의 안정을 보장받기 위하여 관료제의 도구가 되기보다는 주체적인 결단에 의한 삶을 살아가야 한다고 강조한다. '젖과 꿀'의 공동체에 대한 해석은 필자의 선행연구에서 옮겼다. 유경동, 『한국 기독교 사회윤리의 쟁점과 과제』(감리교신학대학교 출판부, 2006), 76~79.

그 맥을 같이하여 기독교도 '축복'을 지나치게 '외형적 풍요'라는 제한된 의미로 사용하여 왔기 때문일 것이다. 물론 6.25 전쟁 이후, 폐허로 변한 당시의 현실 속에서 '복 받으면 잘 살 수 있다'는 기독교의 메시지가 가난한 한국 민중에게 희망을 심어주고, 아울러 개신교의 성장에 큰 역할을 한 것은 부인할 수 없는 사실이다. 하지만 축복을 외형적인 면에 집착한 결과, 현대 기독교계 일각에는 과도한 외형적 성장주의와, 교단, 교파, 그리고 교회 간 패권주의의 부작용이 생기게 되었으며, 축복의 크기를 소유한 물질의 크기로 비교하여, 그 격차 때문에 교회와 교회, 교인과 교인 사이의 불화와 소외의 문제들이 나타나게 되었다.

'젖과 꿀'의 메시지는 애굽을 떠나는 이스라엘 백성에게 주신 하나님의 약속과 연관이 되어있다. 그러나 험난한 광야의 생활을 거쳐 막상 도착한 그 약속의 땅은 '젖과 꿀'이 의미함직한 '풍요로움'이 기다린 것이 아니었다. 양들에게서 젖이 많이 나 쓰고도 남아 버린 우유가 흐르는 땅도 아니었고, 비옥한 땅을 채운 과수나무에 달린 벌통들이 땅에 떨어져 꿀이 질펀한 그러한 땅도 아니었다. 오히려 그 약속의 땅은 이스라엘 백성들이 생존을 위하여 수많은 전쟁을 치루며, 매 순간 목숨을 부지하여야 하는 척박하기 이를 데가 없는 황량한 땅이었다. 그렇다면 '젖과 꿀'이 이스라엘이 정착한 팔레스타인의 지리적 특성과 거리가 먼 것이라면, 그 본래적 의미는 이스라엘의 역사적 경험 속에서 찾아야 할 것이며, 특히 하나님과 이스라엘 백성의 '신앙적 관계'에서 파악하여야 할 것이다.

'젖'은 무엇을 의미하는가? 젖은 소유가 아니라 '관계'의 개념이다. '젖'은 내가 소유한 젖을 내는 짐승의 수를 의미하는 것이 아니다. '젖'은 '어미'가 갓 태어난 '새끼'에게 그의 생명수를 전달할 때 나타나는 '몸의 표현'이다. 이것이 사람에게서는 '젖을 물리는 어머니'와 그 생명의 물이 없이는 살 수 없는 '자녀'와의 불가분의 관계로 나타난다. 따라서 '젖'의 가장 중요한 의미는 '사랑'이라고 할 수 있을 것이다. 어머니는 아이에게 젖을 물릴 때, 본능적이지만 자신을 희생하며, 모태로서 아이와 신체적 연관이 있지만 자신을 주장하거나 이기적이지 않으며, 갓난아이보다 압도적으로 덩치가 크지만 결코 그의 힘을 무력으로 사용하지 않는다. 거기에는 배려와 따스함이 있으며, 자애어린 눈동자의 쉼 없는 경계와 부드러운 키스가 끊이지 않는다.

'꿀'은 수많은 벌들이 한 뜻을 품고 열심히 노력한, 고된 노동의 끝에 나타나는 '삶의 향기'이며, '협동정신'을 의미한다. 한 방울의 꿀이 만들어지기까지 그 수많은 벌들은 하나가 되어 마침내 그들의 목적을 이룬다. 그러나 그 '꿀'은 결코 개인의 것으로 주장되지 아니하며, 오히려 공동체를 위한 양식으로 저장이 된다. 서로 무질서하게 엉켜있는 것 같으나, 자신의 자리를 지키며, 몰려다니는 것 같지만, 서로 평등하고, 꿀과 이것의 향기에 집착할 것 같지만, 결코 독점하지 않는다. 따라서 '꿀'은 공동체의 정신이자 과정이고 그 결과를 뜻하는 것이다.

따라서 성서의 젖과 꿀의 정신은 바로 사랑과 협동의 신앙원리와 통한다. 이스라엘 역사 속에서 하나님은 그의 백성에게 생명의 하나님이셨다. 광야에서 음료와 양식을 주셨으며, 어미 닭이 병아리들을 품듯이, 이스라엘 백성을 품어주셨다. 그 하나님은 예수 그리스도로 이 땅에 오셔서 다시 모든 사람에게 하늘의 음료와 양식이 되셨다고 요한은 고백한다. 그리고 모든 백성을 제자삼아 당신이 바로 '우리의 하나님 되심을 증거'하라고 우리에게 부탁하셨다. 그러므로 '젖과 꿀'은 예수 그리스도와 관계하는 신앙적 관계이며, 동시에 이웃과 나누는 상생의 법칙인 것이다.

'약속의 땅'에서는 내가 소유할 것이 무엇인가를 헤아리는 경제 제일주의 원칙보다도 내가 전달하여야 할 생명을 잉태할 '사랑'과 승리와,

패권주의의 논리보다는 같이 나누어야 할 '공동체의 정신'을 필요로 한다. 우리가 속하여 있는 교회와 교단, 그리고 사회와 국가가 진정 젖과 꿀이 흐르는 축복의 땅으로 바뀌어 지기 위하여서는 자신의 가장 소중한 것을 줄 수 있는 마음과 그것을 누구에게도 나누어 줄 수 있는 정신이 필요하다. 이러한 신앙의 원리가 없으면, 결국 '젖과 꿀'은 '힘'과 '권력'으로 변질되고 말 것이며, '축복의 땅'은 승리주의를 앞세운 '제국주의' 모습으로 바뀌게 될 것이다.

지금까지 필자는 사랑의 영성에 대하여 살펴보았다. 사랑의 대상과 목적을 분명히 하고 성령의 능력으로 사랑을 받으면, 우리는 전인적인 사랑으로 무조건적인 사랑을 하게 된다. 그 사랑으로 하나님은 우리 안에서 '불가능의 가능성'을 실현하시며, 하나님 사랑과 이웃 사랑을 성취하도록 인도하신다. 이 사랑으로 신적인 사랑인 용서가 이루어지며, 젖과 꿀이 흐르는 사랑의 공동체를 형성할 수 있다. 이 모든 것은 전적으로 하나님의 선물이며 은총이다. 이제 그 사랑이 이루어진 공동체의 평화에 대하여 살펴보도록 하자.

07 평화의 영성

평화와 전쟁이 누가 더 잔인한가 경쟁하다가 평화가 이겼다. 왜냐하면 전쟁은 무장한 군사들만 거꾸러뜨렸지만, 평화는 비무장한 사람들마저 살해했기 때문이다. 그리고 전쟁은 공격당한 사람에게 가능한 한 반격의 기회를 주었지만, 평화는 살아남은 사람들에게 생명이 아니라 저항할 기회조차 얻을 수 없는 죽음을 수여했기 때문이다.

1. 성경의 평화

필자는 '평화의 영성'을 통하여 평화에 대한 의미와 본질을 살펴보면서 이 땅에서의 현실적인 평화개념도 주목하였다. 기독교 초기 사상가들 중에 어거스틴, 아퀴나스, 루터, 그리고 칼빈의 평화개념을 살펴보고 평화에 고나한 영성을 정리하였다.

기독교가 역사 속에서 취한 평화적인 입장은 샬롬שלום, 또는 에이레네ειρηνη로 표현할 수 있다.[1] 성서에서 '평화', '평강'으로 번역되는 히브리

---

[1] 다나 윌뱅크스Dana Wilbanks는 샬롬에 대하여 다섯 가지로 정의를 내렸는데, 이는 샬롬에 관한 연구와 그 노력의 결과라고 할 수 있다. 샬롬, 즉 평화에 대한 성서적 비전은

어 '샬롬'은 '전쟁'이 없는 상태를 나타내는 '평화'보다는 더 광의적인 뜻을 가진다. '샬롬'의 기본 의미는 '전체wholeness', 또는 '완전completeness'을 말하는 것이다. 전체로서의 평강은 전쟁이 그친 상태를 말하는 것뿐 만 아니라, 불의와 거짓이 없고 동시에 공의와 진리가 나타나는 것이기 때문이다. 따라서 평화의 사상은 구약 성서 전체에 걸쳐 하나님과의 관계성 회복이라는 맥락에서 이해될 수 있다. 샬롬은 매우 광범위한 의미를 가지며, 어떤 경우 다소 애매모호하게 사용되기도 한다. 기본적으로 샬롬은 '행복well-being'을 의미하며, '구원'을 암시하고, 민족의 번영을 강조하기도 한다.

개인적인 인사로 쓰일 때의 샬롬은 육체의 건강을 비는 것이다. 민족들 간의 관계에 있어서 샬롬은 동맹과 친교 관계를 의미한다. 이와 같이, 샬롬은 계약적 의미를 함축하는데, 하나님께서 이스라엘과 맺은 계약도 평화의 계약이며(사54:10), 솔로몬과 히람(왕상5:12) 사이의 동맹도 샬롬의 관계를 나타낸다. 종교적으로 샬롬은 종종 종말론적 성취에 있어서 요구되는 요소들 중 하나이다(슥9:10). 예언서에서 샬롬은 이스라엘을 위한 진정한 정치적 평화를 지칭한다. 거짓 예언자들도 비록 자신의 예언이 실현되지는 않았지만, 그러한 평화가 실현되는 미래를 예언하였다. 예레미야와 에스겔은 이스라엘 백성들로 하여금 이스라엘이 겪게 될 당

---

(1) 종말론적이며, (2) 그 의미에 있어서 필수적 요소인 정의를 포함하고, (3) 모든 개인들과 그들의 공동체들을 돌볼 뿐 아니라, (4) 신적인 은사요 동시에 인간의 과제로서 평화가 실현되는 것을 보며, 그리고 마지막으로 (5) 평화를 경험하고 목격한 증인들과 그 평화를 수행하는 대리자들을 요구한다. '샬롬'과 '에리레네'에 대한 신학적 해석은 Abingdon Press에서 CD로 만든 기독교사전Christian Dictionary에 실린 로날드 스톤Ronald Stone의 해석을 인용하였다. The Abingdon Dictionary of Theology (Abingdon Press, 1996). 이하 평화에 관한 이론은 필자의 일부 선행연구를 별도의 재인용 각주 없이 옮겼다. 유경동, 『남북한 통일과 기독교의 평화』(나눔사, 2012), 158~179.

면한 미래는 종말론적인 지평에서 전쟁과 파괴임을 인식하기를 바랐다(겔13:16).

신약은 히브리 성서의 헬라어 번역본에 근거하여, 샬롬이 갖는 '행복'이라는 의미를 헬라어에 도입하여, 보다 수동적인 '에이레네'라는 말로 대체했는데, 에이레네는 '평안한 상태에 있음'을 의미한다. 샬롬이나 에이레네 모두 전쟁과 상반된 평화라는 의미를 가진다. 샬롬과 에이레네는 단지 환상이나 비전 이상의 것이다. 즉 개인적으로, 그리고 공동체 안에서 샬롬과 에이레네의 이상이 실현되는 것이다. 신약에서 샬롬과 에이레네가 쓰일 때에 그 의미는 다양하게 사용된다. 그 내용은 ① 평안한 기분으로서의 평화, ② 화해로서의 평화, ③ 구원으로서의 평화, 그리고 ④ 사람들 사이의 구원적인 관계로서의 평화와 같은 의미로 사용된다.

(1) 구약의 평화

평화 사상이 성서의 핵심이지만, 국가와 기독교, 그리고 국가 폭력에 의하여 야기되는 전쟁에 대한 해석은 기독교 역사 속에서 일관된 사상의 궤를 긋기가 용이하지 않다. 예를 들어 구약과 신약성서에 나타나는 전쟁과 폭력의 문제는 해석이 서로 상반되는 내용이 많이 나타나기 때문에, 이것을 어떻게 조화시키느냐의 문제가 주요 과제가 된다.

구약 성서에 보면, 전쟁에 관한 많은 표현들이 나온다. 구약의 하나님은 '용사이신 하나님'으로서, '만군의 여호와'라는 표현은 구약성경에 249회가 나온다. 하나님은 '전쟁에 능하신 여호와'이시다. 이러한 표현들은 신약에 나타난 우주적 사랑과 평화 지향적인 하나님의 개념과 일치하지 않기 때문에 혼돈을 일으키게 된다. 고대 역사의 대부분이 전쟁이라는 역사 문학적 장르로 구성되었다고 할지라도, 그렇게 많은 전쟁문학이 정경인 구약성서 속에 포함되어 있는 문제는 간과할 수 없다.

그러나 이러한 표현들은 인간과 하나님과의 관계를 표현하는 실존적인 의미를 나타내는 것이지, 전쟁이나 군사적 표현을 빌려 하나님을 고백하였다고 구약의 하나님이 전쟁을 정당화한다고 일반화 할 수 없다. 오히려 성서는 하나님이 전쟁에 관여하실 때마다 그의 백성이 기대하는 것과는 달리, 하나님의 심판과 구속의 목표가 더 명확하게 드러난다고 보아야 할 것이다. 따라서 구약에서 인간의 역사에 개입하신 하나님의 주권은 하나님의 왕국이라는 대리개념을 가지는 이스라엘이라는 나라의 역사에서 분명하게 드러난다. 그렇게 많은 전쟁의 신이라는 이미지를 가진 하나님이지만, 하나님의 왕국으로 선택된 이스라엘의 운명 속에 하나님은 패전의 신으로 드러난다. 그러나 이스라엘의 패망이 하나님의 패전으로 나타나는 것이 아니라, 하나님을 잊고 인간이 주도한 이스라엘의 역사는 결국 실패하였다는 역사적 진리로 드러나는 것이다. 오히려 더욱 완전한 신적인 주도권이 새 언약의 성취인 도래할 왕국에서 약속되었던 것이다.

(2) 신약의 평화

신약 시대에 이르러서 하나님은 직접적인 방식으로 인간의 역사에 참여하시는데, 그것은 하나님이 사람이 되신 것이다. 즉 새로운 언약의 실현에서 하나님의 나라를 성취하기 위한 것이었다. 중요한 점은 예수의 인격을 통하여 드러난 하나님 나라의 성취는 폭력에 대한 새로운 이해를 우리에게 제시한다. 그것은 폭력의 수용receipt이다. 뿐만 아니라 예수께서 '크고 첫째 되는 계명은 마음과 목숨과 뜻을 다하여 하나님을 사랑하는 것'이며, '이웃을 내 몸과 같이 사랑하는 것'이었다. 이는 모두 구약의

<토라>로부터 인용된 것이다.

예수는 유대교의 본질, 즉 구약성서에 바탕을 둔 사랑의 원리를 확인하고 있는 것이다. 전쟁을 수행하는 용사로서의 고대 이스라엘 왕국의 하나님은 이제 용사가 아니라, 십자가에 달리신 하나님이 되신다. 용사의 목적은 이 땅을 정복하는 것이 아니라 사랑으로 이 땅을 정복하고, 예수는 검이 아니라 피를 흘리는 고난과 죽음으로서 진정한 정복이 무엇인지를 알려주고 있다. 예수의 죽음과 부활을 통하여 드러난 새로운 나라의 원리는 용사의 칼에 있지 아니하고, 오히려 무력을 받아들이는 겸손한 행위에 있다. 그렇기 때문에 기독교의 진리는 바로 용사이셨던 하나님이 십자가에 달리신 하나님이 되셨다는 사실을 기억하여야 한다.

이와 같이 초기 기독교가 제시한 평화의 이상이란, 그 자체에 종말적인 성격을 가지고서 아직 '미래에 다가오는 평화'에 속한 것이라고 할 수 있다. 이 평화의 이상은 역사 안에서 하나님의 구원 사역의 목표가 되며, 구원의 과정을 포함하게 된다. 이 평화의 이상은 인식될 수 있지만, 불완전하게 이해된다. 왜냐하면 평화란 하나님의 신비와 초월성을 함축하고 있을 것이기 때문이다. 이것은 믿음의 눈으로 볼 수 있는 부분이어서 이 희망을 단지 현세적 경험으로 이해하려는 사람들에게는 별로 실재성이 없어 보일 수 있다. 따라서 우리는 예수 그리스도에 의해 가르쳐지고 시작된 하나님의 왕국에 비추어서 구약성서 선지자들의 종말적 이상을 꾀해야 한다. 현재의 왕국은 하나님이 그 인간을 회복하시는 사역의 장이며, 미래의 왕국은 그 하나님의 구속 사역이 최종 완전Consummation에 이를 때, 진정한 평화인 하나님의 평화가 임할 것이다.[2]

---

[2] Peter C. Craigie, 『기독교와 전쟁문제: 구약성서를 중심으로』(김갑동, 성광문화사, 1996, 2판), 25.

2. 하나님의 평화

(1) 평화는 하나님의 선물

평화는 하나님이 주시는 선물로서 우리는 하나님 안에서 내적인 화합과 평안을 발견할 수 있다. "주께서 심지가 견고한 자를 평강에 평강으로 지키시리니 이는 그가 주를 의뢰함이니이다(사26:3)."는 말씀처럼 우리가 주님을 의지할 때, 주님 안에서 우리는 기뻐하며, "우리의 길을 그분께 헌신하며, 그분 안에서 안식을 얻고, 그분을 인내하고 기다리며(시 37:3-7), 세상에서는 평안과 기쁨을 얻지 못한다는 것을 발견한다(요 14:27, 빌4:6-7)." [3]

하나님 안에서 참된 평화가 이루어질 때, "모든 지각에 뛰어난 하나님의 평강(빌4:7)"이 우리의 마음에 찾아온다. 평강은 실재이며 우리 마음 속에 있는 모든 잡음들을 물리치고 조용한 안정을 이끌어낸다.[4]

'깨어 있는' 영혼의 내적 상태를 표현하는 평화는 무정념도 아니며, 세상과 육체의 잠 속에 빠져 있는 영혼의 거짓된 평화도 아니다. 평화는 사랑을 동반한 적극적인 개념이다.[5] 평화는 내적 상태 뿐 만이 아니라 정치 사회적 불안이 해소된 현실적인 개념이기도 하다. 은혜는 범죄 후에 존재하며, 평화는 전쟁 후에 존재한다.[6] 주님이 우리에게 주시는 평화도 그의 죽으심과 부활을 통하여 우리에게 주시는 선물이다. 영적인 평화는 헌신적으로 하나님께 영광을 돌리는 자들에 의해 수립된다.[7]

---

[3] 케네스 보아, 『기독교 영성, 그 열두 스펙트럼』, 254.
[4] 앨리스터 맥그라스, 『종교개혁 시대의 영성』, 82.
[5] 루이 부이에, 『영성 생활 입문』, 279.
[6] Tertullianus, *Apology*.

(2) 하나님의 약속

은총과 평화는 영의 열매이다. 평화는 선한 것이며 하나님이 주시는 은총으로서 그 어떤 논쟁이나 마찰을 일으키지 않으며, 육체의 정욕이 넘실대는 파도에도 흔들리지 않고, 오히려 지성의 순전함과 고요함으로 조용히 하나님을 예배할 마음으로 인도한다. 평화가 있는 곳에 그리스도가 있으며, 그리스도가 평화를 이루신다.[8]

이 평화는 성령을 받기 전에 주님이 제자들에게 말씀하신 것이다. 주님이 부활 후, 그들에게 오셨을 때 말씀하셨다. "예수께서 또 이르시되 너희에게 평강이 있을지어다. 아버지께서 나를 보내신 것 같이 나도 너희를 보내노라. 이 말씀을 하시고 그들을 향하사 숨을 내쉬며 이르시되 성령을 받으라(요20:21-22)."[9] 이와 같이 평화는 주님을 향한 절대 믿음에 대한 결과로서 나타난다.

3. 세상의 평화

기독교의 평화사상에 영향을 준 희랍철학의 전쟁관은 플라톤과 아리스토텔레스의 사상에 근거하여 전쟁 또한 어디까지나 수단이지, 궁극적인 목적이 될 수 없다고 보았다. 로마인들은 전쟁을 법률적으로 해석하였는데, 가령 나라 간에 계약을 위반하거나 그것으로 인하여 피해가 초래되었을 경우, 그 국가는 자신의 정당한 명분에 따라 법정과 같은 역할을

---

[7] Gregory of Nyssa, *Dogmatic Treatises, etc.*
[8] Ambrose, *On the Duties of the Clergy, etc.*
[9] Jacobus de Voragine, *The Golden Legend.*

하게 되어 전쟁으로 유발된 피해를 보상받거나 잘못을 시정할 수 있다고 보았다. 따라서 전쟁이 정당하게 되려면, 전쟁을 유발하는 국가의 가해적 행위를 통한 계약 위반이 전제되어 있는 것이다.

(1) 어거스틴의 평화론

플라톤의 영향을 받은 어거스틴의 평화와 전쟁관은 그의 고전적인 현실주의 입장을 통하여 잘 드러난다. 즉 인간은 죄인이기 때문에 이 죄로 말미암아 야기되는 인간 세계의 무질서를 바로 잡기 위하여 국가가 필요하다고 보는 것이 어거스틴의 주장이다. 따라서 국가는 최소한의 질서와 평화를 유지해야 할 임무가 있으며, 어떤 사회든 자기사랑의 정도가 지나칠 때, 이를 시정시켜야 할 강제적 힘이 필요하다고 그는 보았다.

따라서 당시의 로마 제국은 지상의 국가로 하나님으로부터 부여 받은 땅의 도성을 통치하는 제도가 된다. 어거스틴의 입장에서는 이세상의 어떤 것도 그 자체가 선하거나 악한 본질을 갖고 있는 것이 아니다. 즉 피조물 자체는 선하지만, 그것을 사랑하는 방법이 선할 수도 악할 수도 있기 때문에, 인간의 제도로 세상을 구원할 수 있다거나 인간 본성에 흐르는 죄성과 타락이 치유될 수 있는 것은 아니다. 왜냐하면 타락한 인간은 이미 진정한 의미의 자유를 상실한 상태이므로, 그들에게 무한정 임의의 선택을 허용할 수 없다는 점에서 어떤 형태의 제재적 수단을 필요로 한다.[10] 다시 말하면, 세상의 악은 그대로 방임할 수만은 없는 것으로 이를 통제할 수밖에 없다는 것이다.[11]

---

[10] St. Augustine, 『하나님의 도성』, 제14권, 17.
[11] 어거스틴의 국가관은 강한 종말적 역사의식에 기초하고 있기 때문에, 역으로 현실을 받아들이는 역설적 측면을 보여주고 있다. 그는 그리스인들이나 헤겔과 같이 국가

어거스틴의 국가관은 전쟁을 해석하는 데에 있어서도 그대로 반영이 된다. 초기 기독교는 평화주의에 근거하지만, 점차로 기독교의 인구가 증가하고 로마제국에 의하여 기독교가 공인이 되면서, 기독교는 자연히 정치와 사회의 변화와 같이 호흡을 맞추어 나가게 된다. 따라서 4세기와 5세기에 들면서 초기 기독교의 신학자들은 무력을 사용하는 것에 대한 입장들을 밝히게 되는데, 이것이 후에 정당 전쟁론의 이론적인 배경이 되는 것이다. 어거스틴의 입장은 전쟁이 불가피하다면, 그것은 자연의 질서에 따라야 하는 것이며, 전쟁을 수행할 때는 바른 지도자의 통제에 따라 그에게 부여된 권위와 결단이 도덕적으로 옳아야 된다고 주장한다.[12] 어거스틴은 국가를 수호하기 위해서는 전쟁은 허용될 수도 있다는 입장을 취하고 있으며, 전쟁을 수행하는 것은 평화를 유지하는 책임을 진 군주들에게는 자연스러운 무력 행사였던 것이다.

어거스틴은 전쟁을 수행할 때, 그 수단들이 항상 정당하여야 할 것에 대하여 강조한다. 왜냐하면 전쟁을 할 수 밖에 없는 정확한 이유와 그 전쟁이 누구의 리더십에 의하여 수행되느냐에 따라서 그 결과들은 엄청나게 차이가 있기 때문이다. 어거스틴이 강조하는 것은 전쟁의 유일한 목적은 '평화를 수호하기'위해서다. 평화는 전쟁을 일으키는 빌미를 주는 것이 되어서는 안 되고, 평화를 유지하기 위하여 전쟁이 수행되는 것이다. 어거스틴은 전쟁을 유발하는 불순한 동기들에 대하여 경고하는데, 예를 들어서 상해나 보복이라는 잔인성, 분노에 의하여 절제하지 못

존재를 이상화하거나 반문명주의자들이나 아나키스트들과 같이, 국가 존재의 무용론을 편 것이 아니었다. 오히려 제도의 최종목적을 종말의 지평에 설정함으로써 현실국가를 수용하는 융통성을 갖게 된 것이다.

[12] Augustine of Hippo, Against Faustus the Manichaean XXII. 73~79, in *Augustine: Political Writings* (Micahael W. Tkacz and Douglas Kries, trans, Ernest L. Fortin and Douglas Kries, eds. 1994), 221~ 222.

하는 인간의 심성, 격분에 의한 충동, 지배하고 싶은 욕망등과 같은 것들은 정당한 것이 될 수 없음을 강조하였다. 전쟁의 목적이 평화에 있기 때문에 어거스틴은 포로들의 처우에 대하여도 관심을 보였고, 그들이 평화에 대하여 더 이상 적이 될 수 없다고 여겨질 때, 자비를 베풀어야 된다고 주장하였다. 어거스틴은 특히 전쟁은 합법적인 지도자에 의하여 수행되어야 될 것이며, 전쟁이 사회의 모든 성원에게 이익이 되어야 하며, 전쟁에 임하는 군인들도 바른 지도자에 의하여 자신이 싸우는 전쟁을 통하여 자신의 국가에 반드시 유익을 줄 것을 확신하고 싸워야 된다고 강조하였다.

어거스틴은 전쟁의 궁극적 목적이 평화를 이루는데 있다고 보았지만, 그는 단순히 평화주의에 머무르지 않고, 평화를 두 영역으로 나누어 지상의 평화와 천상의 평화로 나누고, 지상의 평화는 항상 깨어질 수 있는 불안한 것으로 본 반면에, 천상의 평화는 영원하고 궁극적인 것으로 이해하였다. 따라서 영원한 평화와 비교하여 이 땅의 도성에서의 지상 평화는 임시적인 것이기에, 이 땅의 무질서를 해결하기 위하여서는 전쟁이라는 수단도 불가피하게 되는 것이다.[13]

따라서 지상에서 이룩할 수 있는 의義는 절대적인 것이 아니라, 상대적인 의義이며, 상대적 질서일 수밖에 없다. 지상에서의 의는 선한 자들

---

[13] 어거스틴은 평화를 크게 둘로 나누고 있는데, 하나는 하나님 도성의 평화이며, 다른 하나는 이 세상의 평화이다. 하나님의 나라에서의 평화는 인간의 오성으로는 이해할 수 없는 범주에 속하며 이것은 궁극적인 신의 평화에 해당한다. 이 신의 평화는 완전하여 깨어질 수 없고 다만 인간은 그것을 부분적으로만 소유할 수 있다. 어거스틴은 인간이 영원히 지향하여야 할 평화를 이 천국의 평화로 보고 있는 것이다. 한편 이러한 신국의 평화에 대응하는 개념인 지상의 평화는 신국의 평화를 반영한 것이지만, 인간이 의지를 잘못 사용하여 부분적인 평화나 임시적인 평화의 속성만을 가지게 된다. J. Macguarrie, 『평화의 개념』(조만덕 역, 기독교서회, 1980), 27~29

뿐만이 아니라 불의한 자들까지 포함하여 상대적인 평화를 유지하게 된다. 그렇기 때문에 지상에서의 평화는 임시적이다. 따라서 현세적인 질서는 불안정하며 신과의 참다운 관계를 통하여 회복될 수 있기 때문에 개별적이고 자율적인 성격을 띠게 된다.

어거스틴의 평화론은 하늘의 평화와 이 땅의 평화로 대립되는 것 같지만, 개인의 평화나 사회적인 평화가 진정한 평화의 상태를 유지하기 위하여서는 무엇보다도 하늘의 평화가 먼저 전제되어야 한다고 보았다. 물론 하늘의 평화는 먼저 개인의 신앙 속에서 이루어져야 하며, 이것이 바른 사회와 국가의 평화를 이룩하는데 중요하다.

어거스틴은 참된 하나님을 경배하며 올바른 의식과 진실된 도덕성으로 하나님을 섬기는 사람들이라면, 오랫동안 널리, 그리고 멀리 지배영역을 확장하는 것이 바람직하다고 보았다. 하나님의 큰 은사인 경건과 고결성이 진정한 행복과 현세에서의 복된 삶과 내세에서의 영생을 만족시켜주기 때문이다. 그는 이 세상에서의 선한 사람들의 지배는 자신에게 보다는 사회 전체에 유익이 된다고 확신하였다.

(2) 토마스 아퀴나스의 평화론

토마스 아퀴나스Thomas Aquinas는 아리스토텔레스의 영향을 받아 인간은 사회적이며 정치적인 동물이기에 때문에, 인간이 공동체를 형성하고 그 안에서 생활하는 것은 인간의 자연스러운 본성이라고 보았다. 어거스틴이 지상의 국가에서 인간의 욕망의 죄를 다스리기 위해 국가를, 또 법을 필요로 본 것에 반하여, 아퀴나스는 국가를 인간의 사회적 속성으로 인해 형성되는 자연스런 인간의 소산물 중의 하나로 보았다.[14] 아퀴나스는 인간이 본성적으로 사회적 동물이며, 이성에 의하여 개인 보다는 공동체적인 노력으로 생존할 수 있는 환경을 만들어 나가는 것으로 이해하였다.[15] 따라서 국가는 인간에게 자연적인 것이며, 인간이 사회적인 존재가 되는 것은 신의 섭리이며, 국가 역시 신의 뜻에 의해 존재하는 것이므로, 인간은 사회적인 존재이자, 동시에 공동체적인 존재로서 국가의 제도를 필요로 하게 되는 것이다.[16]

아퀴나스는 그의 국가 정치철학의 이론에 있어서 두 가지 주요 원천을 사용한다. 하나는 아리스토텔레스의 '정치학'이며, 다른 하나는 그리스도교의 가르침에 근거한 '정부 개념'이다. 이 두 가지 내용의 결합은 교회와 국가가 어떻게 지상에서 평화를 추구할 수 있는지, 그 가능성에 대하여 방법을 제시하여 준다. 이 두 영역은 어느 하나가 또 다른 하나의 영역을 침해하지 않도록 각 영역이 서로의 독특한 역할을 인정해 주어야 할 필요성이 있다. 교회의 주요 기능은 인간의 영적인 삶을 강화시켜 주어 미래의 삶에서 신과의 결합을 통하여 지복의 평화를 제시하여 준다. 반면에 국가는 지상의 삶에서 공동체적인 인간관계를 다루는 교회가 지복의 평화를 이룩하도록 돕는 것이다.[17]

아퀴나스는 국가가 자연적인 제도로서 국가는 스스로에게 고유한 기능을 행사하면서 교회와 공존한다고 보았다. 국가의 기능은 국내 평화의 보호와 공동체의 방어, 시민의 도덕적 복지 추진과 물질적인 필요 공급에 있다. 국가는 물질적 및 지상적 사역에 관여하고, 교회는 국가의 기능을 능가하는 인간의 초자연적인, 초현세적인 목적을 위한 것으로 보고

---

[14] 지동식 외 편역, 『서양중세사상사론』(한국신학연구소, 1981), 55.
[15] Anton C. Pegis, *Introduction to St. Aquinas* (Modern Library College Editions, 1948), 611~613.
[16] Frederick Copleston, *A History of Philosophy* (New York: Image Books), 417~419.
[17] 위의 책, 420~421.

있다. 따라서 국가와 교회는 하나님의 영원한 법 아래 있으며, 인간을 위하여 나란히 존재하는 제도들인 것이다. 공동이익의 옹호 아래에서 행동하는 국가는 사람의 현세적 요구들을 돌보며, 교회는 영원한 도구들을 돌본다. 따라서 정치적 조직체 곧 국가를 위해 행복을 만들고 보전하는 행위들은 정당하다.[18]

인간에게 최대한으로 이득이 되는 정부 형태에 관하여 아퀴나스는 가장 좋은 형태로는 군주제를 선호하고, 가장 나쁜 형태로는 전주제의 형태인 참주제를 들었다. 그러나 어떤 상황에서는 군주제도 참주제로 타락할 수 있으며, 그러한 경우에 국민들이 그들의 정부를 뒤엎고, 그 대신에 좀 더 합당한 정부를 세우는 것이 적합하고 올바르다고 아퀴나스는 인정하였다. 따라서 아퀴나스는 국가나 군주의 정치적 역할에 대해 절대적인 것으로 이해하지는 않았다. 비록 국가는 세속적인 일에 대하여 최상의 권위를 가지고 있었기에 권력에 저항할 수 있는 가능성은 거의 없지만, 만일 정치 권력자가 "악을 피하고 선을 행하라."는 자연법적 원리를 위배한 경우에는 이를 폭군으로 규정하고 이에 대해 저항할 수 있는 가능성은 여전히 있다.[19]

아퀴나스는 『신학대전』을 통하여 전쟁에 필요한 세 가지 조건을 다음과 같이 제시하였다.[20] 첫째, 전쟁은 평화를 수호하기 위하여 국가를 보호할 의무와도 같은 근거 있는 권위가 있어야 하며, 둘째, 정당한 이유, 공격을 받았을 때, 혹은 침입자가 배상하기를 원하지 않는 손해가 있을

---

[18] 지동식 외 편역, 『서양중세사상사론』, 389.
[19] Frederick Copleston, *A History of Philosophy*, 421.
[20] Thomas Aquinas, *Summa Theologica*, First Part, Question. 66 - ON THE ORDER OF CREATION TOWARDS DISTINCTION (FOUR ARTICLES), Christian Classics Ethereal Library, http://www.ccel.org/ccel/aquinas/summa.FP.html

때, 그리고 셋째, 전쟁을 하는 사람이 악을 피하고 선을 지향하는 것과 같은 올바른 지향성을 가질 때이다. 그는 위의 전쟁에 대한 정당성을 제시하면서도 전쟁을 하는 것은 명령자들에게 자신들도 피를 흘릴 각오가 되어있어야 하기 때문에, 불안을 야기하며 전쟁을 한다는 것은 죄 없이 피를 흘리는 사람들도 정상적이 아니라는 사실을 분명히 드러내 보여준다고 보았다.

아퀴나스는 전쟁을 수행할 경우라도 받은 신앙을 잃어버리고 거짓을 말해야 하는 전략들은 정당하지 못하지만, 적에게 목표물과 계획들을 감추기 위해 분산하고 기만하는 전략들은 정당하다고 보았다. 또한 축일祝日의 준수는 건강을 위해 요구되는 것을 방해하지 않기 때문에, 필요하다면 축일에 전쟁을 하는 것도 정당하다고 보았으며, 언어로서가 아니고 실제로 적의를 갖는 싸움은 하나의 사적인 전쟁이며 정당하지 못하지만, 적당한 절제로서 합법적인 방어를 위한 경우는 예외로 간주하였다.

거룩의 영역과 세속의 영역이 교차하던 아퀴나스의 시대적 상황 속에서 교회는 국가 권력과 전쟁의 정당성을 설명해야만 했다. 이러한 아퀴나스의 국가론과 전쟁론은 기독교의 초월성과 동시에 현세적 지침을 제시하는 효용성을 가진다는 측면에서 긍정적으로 평가될 수 있지만, 국가의 현세적인 권력과 이익관계를 기독교 윤리가 과연 극복할 수 있는지에 대하여는 의문의 여지가 남는다. 교회와 국가를 구분함으로써, 아퀴나스 이후 국가론은 국가 나름대로의 윤리관을 만들어 교회의 사랑의 윤리와는 거리가 먼 자국의 이익을 추구할 수 있는 가능성을 인정해 주는 결과를 초래하게 되는 것이다. 기독교 초기의 교회와 어거스틴의 하나님 나라를 향한 종말론적 사랑의 공동체의 윤리적 특성이 완화되고, 하나님 나라의 지평이 지상적 교회에 대한 봉사와 헌신으로 대체된다는 점이 아퀴나스 윤리관의 장점이자 한계가 될 수 있다.

(3) 마틴 루터의 평화론

마틴 루터Martin Luther도 국가의 역할과 전쟁에 대한 교회의 입장을 밝혔다. 그에 따르면 정부는 하나님께서 세우신 것이기에 저항 받지 말아야 한다고 보았다. 이러한 루터의 입장은 통치자들의 권력이 무제한적이고 그들의 명령에 무조건 복종해야한다는 것을 의미하지 않는다. 반대로 루터는 세속 권력에 대한 분명한 제한을 설정하였다. 즉 통치자는 하나님을 향해서는 참된 신뢰와 진지한 기도가 있어야 하며, 시민을 향해서는 사랑과 그리스도인의 봉사가 있어야 하고, 보좌관과 관리들에 관해서 자유로운 판단과 이성을 지녀야 하고, 그리고 악행자들에 대해서는 절도 있는 엄정함과 확고함을 나타내야 한다고 보았다.

루터에 의하면, 세속 권력자들의 권력은 순전히 현세적인 것이다. 그것은 단지 이 땅에서의 인간의 삶과 재산에만 관여를 하며, 인간 영혼에 관해서는 어떠한 권한도 가지고 있지 않다. 따라서 세속 권력이 하나님의 말씀에 반대되는 어떤 것을 명령하거나 하나님의 명령에 불복종하는 것을 포함하는 어떤 것을 명령한다면, 복종하지 말아야한다. 그러나 그것이 무력으로 저항해야하는 것을 의미하지 않는다. 오히려 루터는 아주 확고하게 그리스도인들의 저항은 복종을 보류하는 것으로서 세속 권력에 복종하지 않는 것이다. 오히려 억압하면 고통 받을 준비가 되어 있어야 하는 식으로 루터는 무저항의 교리를 가르쳤다.[21]

루터에게 있어서 집권자들은 세상 질서에서 하나님의 대표자이다. 그들은 하나님께로부터 세상의 칼을 위임받았으며, 그러한 그들에게 불복종하거나 특별히 저항하는 것은 곧 하나님께 불복종하는 것이다. 그러나

---

49) 카질 톰슨, 『마르틴 루터의 정치사상』(김주한 역, 민들레 책방, 2003), 143~146.

루터는 하나님 나라와 사탄의 나라는 영원한 전쟁 가운데 있으며, 영적인 왕국에서 사탄이 인간을 말씀으로부터 분리하고자 이단이 득세하는 것처럼, 세상왕국에서도 사탄은 하나님이 임명한 통치자들에 대항하여 반란을 꾀하여 사람들을 자극시켜 하나님의 전부를 전복하려 시도한다고 보았다. 그러므로 국가에 대한 반란이 정당하게 보일 때조차 반란은 인간들을 배반하도록 하고, 자신들의 진정한 관심들에 거슬려 행동하도록 설득하는 사탄의 가면일 뿐이라고 루터는 본 것이다.

전쟁에 대한 루터의 사상은 당시의 '농민전쟁'에 대한 그의 입장을 통하여 살펴볼 수 있다. "네 검에서 피가 식지 말게 하라."는 토마스 뮨처Thomas Müntzer의 구호는 1524년 농민전쟁을 이끌었고, 1525년 사회주의적 신정정치를 잠시 실현할 수 있었다.[22] 이때 혁명에 참여한 농민들의 동기는 다양했지만, 당시의 수렵법과 산림법, 그리고 십일조 등으로부터의 자유를 요구하였고, 교회와 기층 계급에 저항한 루터도 자신들의 혁명을 지지하는 것으로 이해하였다. 루터는 슈바벤 농민들의 '12개조 요구Twelve Articles'를 분석한 '평화를 위한 권면'을 통하여 제후들을 비판하였지만, '그리스도교도의 반역'이라는 개념은 거부했다.[23] 루터는 1525년 "살인자들인 도적질하는 농민폭도들에 반대하여Against the Murderous, Thieving Hordes of Peasants"라는 글을 통하여 폭동은 마귀의 계략이며, 귀족들로 하여금 미친개와 같은 폭도들을 물리칠 것을 촉구하였다.[24]

루터가 농민전쟁을 반대한 이유는 세 가지이다. 첫째, 세속 정부에 합

---

[22] Schaff, Philip, *History of the Christian Church*, Vol VII, Ch IV.
[23] Martin Luther, 'An Admonition to Peace: A Reply to the Twelve Articles of the Peasants in Bswabia', 1525.
[24] Jaroslav J. Pelikan, Hilton C. Oswald, *Luther's Works*, 55 vols. (St. Louis and Philadelphia: Concordia Pub. House and Fortress Press, 1986), 46, 50~51.

법적으로 저항할 수 있음에도 불구하고 폭력에 의지한 것은 결국 '가이사의 것은 가이사에게'라는 그리스도의 가르침을 따르지 못하는 것이다. 둘째, 반역, 도적질, 그리고 약탈로 이어지는 농민혁명은 하나님의 법과 세속 정부의 법을 다 어긴 것이며, 따라서 혁명에 가담한 자들은 산적들이나 살인자들에게 내려지는 영육간의 죽음이 마땅한 것이다. 셋째, 농민들이 복음의 갑주 대신 잔혹한 죄악을 저지르면서 그리스도교 형제로 불리는 것은 신성모독이다.[25]

이러한 루터의 사상은 종말론과 관련하여 그의 무정부에 대한 두려움과 밀접한 연관을 가지고 있다. 인간의 죄 된 본성으로부터 보호하기 위해 세상 정부의 억제가 없다면, 인간들은 자연의 상태로 퇴보할 수 있다고 루터는 확신했기에, 반란을 가능한 죄 중 가장 나쁜 것으로 보았다. 왜냐하면 반란은 정부를 전복하고 위협하여 세상의 온갖 죄들(살인, 유혈 사태, 강간, 약탈 등)에 대한 길을 열어 놓기 때문이다.

루터의 세속 권력에 대한 입장은 후에 변화를 가지게 되는데, 루터는 하나님께 대한 순종을 위로 두고, 권세에 굴복은 아래에 둔 것으로 보인다. 따라서 루터는 보통 때는 권세에 대한 복종을 주장하다가, 자기가 하나님의 진리라고 믿는 일에 대해서는 하나님에 대한 순종을 강조한다. 1531년 루터는 종교개혁을 탄압하는 황제에 대해 조심스럽게 저항할 것을 권했다. 이것은 자기 방어로서의 저항을 인정한 것으로 정당성의 규명을 법률가들에게 맡겨 폭력에는 계속 부정적인 입장이며, 신학적 인정이 아닌 상황적, 법률적 인정으로 이해해야 할 것이다.[26]

---

[25] Martin Luther, *Luther's Works* (Philadelphia: Fortress Press, 1971), 50, 172~173. 54) 이양호, 『루터의 생애와 사상』(대한기독교서회, 2002), 214.

(4) 칼빈의 평화론

칼빈(J. Calvin)은 로마 카톨릭, 절대 왕권, 그리고 재세례파 사이에서 그의 국가관을 정립시켜야만 했다. 중세 교황들은 교권을 확장시켜 정치 권력까지 지배하고 있었으므로, 정치권력을 교권의 지배에서 해방시켜 정당한 지위를 확보하는 것이 절실하였다. 종교개혁기에 정치권력이 교회 지배에서 벗어나자, 이제 거꾸로 국가가 교회를 지배하려는 절대왕권이 등장하게 되었다. 또 다른 한편에서 재세례파는 교회는 신앙의 원리에 의해 유지되고 국가는 칼의 강제력에 의존하므로, 교회와 국가를 완전히 분리시켜 그리스도인들은 국가의 정치 영역에 참여해서는 안 된다고 주장하였다. 칼빈은 이러한 다양한 국가관이 충돌하고 있던 상황에서 기본적으로 루터의 두 왕국 사상을 이어받으면서, 로마 카톨릭, 절대왕권, 재세례파의 잘못된 견해들을 비판하면서 올바른 성서적 국가관을 정립하여 나갔다.

칼빈은 로마 카톨릭, 절대왕권, 재세례파의 주창자들의 잘못된 주장을 반박하기 위하여 영적 통치와 국가의 통치를 명확하게 구별하였다. 영적 통치는 인간의 양심을 통하여 경건과 하나님을 경외하는 일을 배우는 내면적 통치이고, 국가의 통치는 시민들의 외면적인 삶을 법으로 규제하는 정치적 통치이다. 이러한 두개의 통치는 하나님이 모두 인정하신 것으로 서로 반대되는 것이 아니라 조화되는 것이므로 구별되어야 하지만, 분리되어서는 안 되고 서로 상호 연결되어야 함을 칼빈은 강조하였다.

인간 사회에서 정부가 하는 일은 인간의 의식주를 해결하는 일에 못지않게 건전한 종교의 발전을 도모하는 일이다. 칼빈은 정부의 중요한 두 가지 임무 중에서 종교적인 임무를 더 중요시한다. 그래서 국가 통치의 목적을 열거할 때, 우상숭배, 하나님의 이름에 대한 모독, 하나님의 진리에 대한 훼방 같은, 종교에 대한 공공연한 방해가 발생하거나 만연하지 않도록 방지하는 소극적인 임무뿐만 아니라, 하나님에 대한 예배의 존중과 보호, 건전한 교리와 교회의 지위의 수호 같은 적극적인 종교적 임무를 먼저 제시한 후에, 공평과 정의를 행하여 사회 전체의 안전과 평화를 확보하고 증진시키는 정치적 임무를 열거한다.

칼빈은 정치 형태 가운데 귀족정 내지는 민주정을 결합한 제도가 가장 좋다고 평가한다. 왕정은 모든 권력이 왕 한 사람에게 집중되고 모든 사람들이 복종해야 하므로 고대부터 반대가 있어 왔다. 더구나 권력을 올바르게 행사할 분별력 있고, 총명하고 지혜로운 왕이 거의 없기 때문에 왕정에는 문제가 많다. 칼빈은 왕정자체를 부정하지는 않았지만, 결국 왕정이 자주 전제정으로 타락하기 때문에 왕의 전제정치에 대해서는 신랄하게 비판하였다. 칼빈은 군주정을 인정하면서도 국왕의 전제적인 통치를 신랄하게 비판했던 바와 마찬가지로 난동으로 전락한 민주정치도 비판하였다.

지금까지 살펴보았지만, 어거스틴은 플라톤의 영향으로 지상의 국가는 천상국가의 순례의 여정으로 가는 임시적인 것으로 파악하였다. 심지어 악과 전쟁까지도 그것을 통해 역사하시는 하나님의 또 다른 질서 속에 있음을 어거스틴은 보여주고 있다. 반면 아퀴나스는 국가를 사회성을 가진 인간의 공동선을 위한 역사로 보았기 때문에, 국가는 하나님이 주신 이성으로 인간의 행복과 평화를 추구할 수 있는 신의 권위가 부여된 현세적인 질서이다. 이 국가는 교회와 함께 인간의 자연적인 욕구와 초자연적인 요구를 둘 다 충족하며, 천상의 선한 의지로 공동체 성원을 인도하는 것이다.

어거스틴과 아퀴나스의 국가관은 국가가 하나님의 통치의 권한에 있으며, 이 지상의 국가는 천상의 하나님의 나라로 인도되는 곳이며, 따라서 통치자는 하나님으로부터 그 권한을 부여 받았다는 점에서는 강한 일치를 보이고 있다. 그러나 국가와 통치자에 대한 다소 낙관적인 모습은 권력에 탐닉하는 인간과 그 집단의 본성에 대하여 간과하는 점들이 있음을 지적하지 않을 수 없다. 한편 루터에게 나타나는 세속적 권력에 대한 이해의 변화는 그의 사상이 발전한 결과로 보아야 하며, 통치자에 대한 무력 사용을 절대 금지한 초기의 입장에서 적극적인 자기 방어의 정당성을 인정하는 데로 나아간 루터의 사상을 통하여 기독교 국가개념에 있어서 최초로 저항 의식이 대두되었다는 점에서 그 의의가 크며, 이는 후에 민주주의의 기본 의식으로 발전되었다고 볼 수 있다.

한편 칼빈은 "하나님께서 제정하신 정치 지도자들에게 순종하라"는 그의 견해에도 나타나듯이, 하나님의 뜻에 의하여 이루어진 신정정치, 하나님의 질서가 편만한 하나님의 도시를 이루려고 시도하였다. 기독교 윤리학에 있어서 시민적 저항, 나아가서는 하나님의 뜻에 일치하는 사회를 이루려는 신앙적 비전을 고무해 왔다고 볼 수 있다. 이러한 칼빈의 정치 신학적 견해는 현대에 이르기까지 그리스도 주권론에 근거한 신정론의 이론적 근거가 되고 있다.

어거스틴과 아퀴나스에게서도 나타나는 무력사용은 현재의 국제정치 상황에서 보면 유엔헌장 제2조 4항에 따라서 조약 규칙과 관습법에 의해 분명하게 규제된다.[27] 그러나 두 가지의 예외를 인정하는데, 51조에는 '개별적 혹은 집단적 자위의 고유 권리'를 명시하고 있고, 제7장에서는 "유엔 안보리가 국제평화와 안전을 보호하고 유지하기 위해 무력사용을 승인한다."고 명시하고 있다.[28] 무력사용은 전통적으로는 관습법에 의하

---

[27] David Armstrong & Theo Farrell & Helene Lambert 『국제법과 국제관계』(조한승 역, 매봉, 2010), 170.
[28] David Armstrong 외, 171.

여, 그리고 국제법 내에서는 '전쟁 목적의 정당성jus ad bellum'과 '전쟁 행위의 정당성jus in bello'으로 구분하고 있다.[29]

어거스틴과 아퀴나스가 주장한 정의의 전쟁 원칙은 공적 임무와 연관하여 전쟁 임무를 수행할 때 개인에게 적용되었다. 기독교 전통에서 정의의 전쟁 전통은 기독교 세계관 안팎에 윤리적 지침을 제공하였지만, 인간 존엄성과 세계평화에 대해서는 한계가 있었다. 따라서 "정의의 전쟁은 무고한 사람을 보호하는 방식으로 치러져야 하는 것이었지, 근대적 의미의 인도주의적 개입과는 달리 무고한 사람을 보호하기 위한 목적으로 치러지는 것이 아니었다."[30]

(5) 현대의 평화론

지금까지 설명한 기독교의 평화 이론은 이후 자연법에 의하여 흡수되었다고 할 수 있다. 종교적 윤리에 대비되는 체계안정에 대한 관심은 '국가들의 법 law of nations(국제법)'에 기초한 세속적인 자연법에 의하여 발전되었다. 휴고 그로티우스Hugo Grotius의 『전쟁과 평화의 법』On the Law of War and Peace(1625)과 에머리히 드 바텔 Emmerich de Vattel의 『국제법』The Law of Nations(1758)에서는 '법의 연원 source of law'으로서의 국가 행위에 대한 새로운 인식의 전환이 있게 되는데, 법은 신의 명령과 대비되는 것으로서 국가가 행동하는 것으로 인정하였다. 따라서 정의의 전쟁 전통과 달리 전쟁의 법은 개인 윤리가 아니라 국가 책임의 문제이며, 이 새로운 자연법의 해석은 분쟁에서 양쪽이 서로의 입장에서 정당한 이유를 가질

---

[29] David Armstrong 외, 172.
[30] David Armstrong 외, 174.

수 있다는 가능성을 인정하는 것이었다. 이와 같은 관점은 "전쟁을 정당화하는 것으로부터 전쟁을 선포하고 수행하며 종결함에 있어서 올바른 공식적 절차를 따르는 것으로 주안점을 바꾸어놓았다."[31]

유엔헌장과 국제법의 관습 규칙은 자위권을 인정하고 있는데, 전쟁에 있어서 자위권은 무력사용에 대한 관습법의 두 가지 핵심 원칙을 조건으로 한다. 그것은 각각 '필요성 necessity'과 '비례성 proportionality'이다.[32] 필요성 원칙은 '최후의 수단'이라는 정의의 전쟁 원칙으로부터 기인하는데, 본질적으로 국가들은 평화적 대안이 소진되었을 때에만 무력에 의존하게 된다는 관점이다.[33] 한편 비례성의 원칙은 정의의 전쟁 전통으로부터 유래하였으며, 유엔 헌장에 명시되어 있지 않다. 그러나 자위의 무력 사용 여부를 국가가 판단에 맡기는 것이 필수적인 것은 아니지만, 자신의 무력사용이 적법하기 위해서는 반드시 적의 무력사용과 비례하여야 한다는 입장을 취하고 있다.[34]

현재 국제사회에서 예방적 자위의 합법성과 선제적 무력사용에 대한 국가들의 견해는 결정되지 않기 때문에 매우 혼란하다고 할 수 있다.[35] '예방 prevent'과 '선제 pre-empt'는 상호 교환적으로 사용되고 있는데, 예를 들어서 미국 국방부는 선제를 '적의 공격이 임박하다는 것에 대한 명백한 증거에 근거하여 이루어지는 공격'으로 정의하고 있으며, 반대로 예방전쟁은 '군사 분쟁이 임박한 것이 아닐지라도 그것을 피할 수 없으며, 늦어질 경우 더 큰 희생을 초래한다는 믿음 속에서 이루어지는 공격'이라고

---

[31] David Armstrong 외, 175.
[32] David Armstrong 외, 176.
[33] David Armstrong 외, 177.
[34] David Armstrong 외, 177.
[35] David Armstrong 외, 184.

보고 있다.[36]

한편, "인도주의적 개입은 실패한 국가 failed states에 대한 원조와 재건활동을 지원하고 살육이 자행되는 국가에서 대량의 인권침해를 멈추도록 하기 위한 무력사용을 포함한다. 주권, 영토보전, 정치적 독립에 대한 개별 국가의 권리는 어떤 국가든 내정에 대한 보편적 불간섭에 의해 보장된다."[37]

현재 국제사회에서 문제는 국가들이 인간의 존엄성을 보호하기 위해 점점 더 군사력을 사용하고 있지만, 그럼에도 불구하고 "체계 안정에 대한 그들의 주요 관심 때문에 국가들로 하여금 인도주의적 개입의 실천을 법 테두리에서 인식하는 것을 가로막고 있다."[38] 유엔 체제 수립 후 전쟁은 감소하고 있지만, 여전히 필요성과 비례성의 원칙은 더 심도 있게 적용되어 공정성 fairness 개념으로까지 발전되어야 할 것이다.[39]

결국 자유민주주의에 있어서 평화는 국가들 사이에 서로 비폭력적 관계를 추구하고 신뢰할 수 있을 때 유지될 것이다. 구성주의자들은 이러한 평화를 형성하게 되는 일체감을 강조하는데, 일체감은 국가의 담론과 정책 및 법률 속에 내재화될 수 있다.[40]

지금까지 살펴보았듯이, 기독교의 평화사상은 창조주의 관점을 반영하는 평등과 자유의 사상에 근거하였으며, 이것에 기초하여 '하나님의 나라' 개념도 형성되었다. 따라서 현실을 변혁시키며, 나아가 이 땅에 정의사회 건설이라는 과제도 주어지게 되었다. 하지만 기독교의 역사 속에서

---

[36] David Armstrong 외, 185.
[37] David Armstrong 외, 189.
[38] David Armstrong 외, 195.
[39] David Armstrong 외, 196.
[40] David Armstrong 외, 201.

이러한 원론적인 평화주의는 시대에 따라 사상적인 변형을 겪게 된다. 이제 다음에서 '평화의 영성'에 대하여 살펴보자.

4. 평화의 영성

(1) 평화의 영성과 현실 변화

평화는 인간의 이성을 통한 지성적인 원리이기도 하다. 평화는 우리 안에 이성적인 이미지와 이러한 이미지가 나타나는 지성적인 원리들을 반추하는 능력에 의하여 만들어진다. 이 평화는 마치 거울의 원리처럼, 하나님의 능력에 의하여 우리의 영혼에 각인된 하나님의 잔영과 같은 것이다.[41]

평화를 만드는 방법은 잠언에서 가르치는 지혜와 신앙 안에서의 연합을 통해서이다. 제롬 Jerome은 만약 평화를 원한다면, 먼저 무기를 내려놓아야 한다고 강조하였다. 친절함을 보이는 자와 평화할 수 있기 때문이다. 위협하는 자를 두려워하지 말고 신앙으로 하나가 되면, 평화는 즉각 올 것으로 그는 확신하였다.[42]

평화를 이루기 위하여 지속적인 계몽과 교육도 필요하다. 평화를 원하는 사람은 욕을 먹더라도 두려워해서는 안 된다. 비난에 의하여 좌우되는 평화가 아니라 항상 내적으로 흔들림이 없는 평화를 갈망하여야 한다. 평화를 사랑하면, 하나님의 자녀가 되는 것이다. 그러므로 평화를 만들고자 소망하는 자들은 완고한 생각 보다 내적 평화를 추구하는 법을

---

[41] Plotinus, *The Six Enneads*.
[42] St. Jerome, *Jerome's Apology for Himself Against the Books of Rufinus*.

배워야 한다. 그렇게 하면 결국 선을 따라 외적인 평화도 이루게 될 것이다.[43]

평화는 영혼의 평안과 지성적 기쁨을 추구하면서도 이 땅의 현실이 변화되는 '샬롬'을 의미한다. '샬롬'은 하나님의 백성들이 여호와의 산에 올라 하나님의 성전에 이르러 그의 길로 가르침을 받고 그 길로 행할 수 있도록 하는 '비전'이다.[44] 이 '샬롬'은 하나님의 창조세계에 화해를 이끌어내는 축복이다. 성경의 말씀처럼, 이리와 송아지가 친구가 되고, 사자와 양이 함께 누우며, 어린아이에게 이끌린다(사11:1-9). 우리는 샬롬으로 하나님에게 충성하며, 이웃들과 화목하게 지낸다. 샬롬 안에 정의와 자비가 풍성하며, 자연과 조화를 이루고, 내면의 평강과 진리가 중심에 있게 된다. 샬롬은 모든 이들을 향한 돌봄과 배려이며 빈부의 차이를 넘어 서로 부요하게 한다. 따라서 의와 화목과 균형이 이루어져 하나님의 '샬롬' 아래 가난과 억압은 사라진다.[45]

따라서 우리가 원하는 평화는 그리스도가 주는 평화, 진정한 평화, 적개심이 없는 평화, 전쟁을 유발하지 않는 평화, 즉 적은 줄이고 친구들을 연합시키는 평화이다. 천국에는 죄가 없고, 영광과 영원한 찬양과 지칠 줄 모르는 노래가 있다. 그러나 땅에는 폭동이 지배하고, 전쟁과 불화가 지배한다. 평화는 기도를 통해 이루어져야만 하는데, 이는 모든 사람이 아닌, 선한 의지를 가지고 사도적인 인사법을 존중하는 사람들에 의해 이루어져야 한다. 사도적 인사란, "너희에게 하나님 우리아버지와 주님이신 예수 그리스도로부터의 은혜와 평화가 있기를!"이라고 바라는 것이다.[46]

---

[43] St. Gregory I, *The Letters and Sermons of Leo the Great*.
[44] 리처드 포스터, 『생수의 강』, 박조앤 옮김, (두란노, 2011), 243.
[45] 리처드 포스터, 『생수의 강』, 243.

앞에서도 살펴보았듯이, 어거스틴은 평화를 현실주의적 관점에서 날카롭게 통찰하였다. "평화와 전쟁이 누가 더 잔인한가 경쟁하다가 평화가 이겼다. 왜냐하면 전쟁은 무장한 군사들만 거꾸러뜨렸지만, 평화는 비무장한 사람들마저 살해했기 때문이다. 그리고 전쟁은 공격당한 사람에게 가능한 한 반격의 기회를 주었지만, 평화는 살아남은 사람들에게 생명이 아니라 저항할 기회조차 얻을 수 없는 죽음을 수여했기 때문이다." [47]

어거스틴은 불법이 그치기까지는, 그리고 심판이 정의로 회복되기 까지는, 완벽한 평화를 소유하고 있다고 생각해서는 안 된다고 보았다. 평화는 우리의 소망의 대상이 되어야만 한다. 전쟁은 필요할 때만 수행되어야하는데, 즉 오직 하나님이 필요에 의해, 전쟁을 통해 평화를 유지하기 위해 수행되어야한다. 왜냐하면 평화는 전쟁을 유발하기 위해서가 아니라, 평화를 획득하기 위해서 수행되어져야하기 때문이다. 그러므로 전쟁할 때조차도, 평화를 만드는 사람의 영을 간직하고 있어야 하며, 공격하는 사람들을 정복함에 있어서도 그들을 평화적으로 이끌어야한다. 왜냐하면 우리의 주님이 말씀하시기를, "평화를 만드는 자에게 축복이 있을지어다. 그들은 하나님의 자녀라 일컬음을 받을 것이다."라고 하셨기 때문이다.[48]

어거스틴은 평화를 지키기 위하여 하나님을 사랑하고 세상을 사랑하지 말라는 의무가 우선시 되며, 전쟁의 상황에서 조차도 신앙을 굳건히 지켜야 한다고 보았다. 만약 전쟁을 해야만 할 경우에도 평화를 추구하며, 선한 행위로 이 세상에 헌신할 수 있는 선한 일들을 하며, 악을 피하

---

[46] St. Jerome, *The Letters of St. Jerome*.
[47] St. Augustine, *The City of God* (하나님의 도성, 크리스챤 다이제스트), 217. 한국어 번역판의 해석을 옮겼다.
[48] St. Augustine, *The Confessions and Letters of St. Augustine*.

여야만 한다고 강조하였다.[49]

아퀴나스는 진정한 평화란 오로지 선한 것과 연관이 된다고 보았다. 진정한 선이 두 가지 방식, 즉 완전한 것과 불완전한 것이 있는 것처럼 평화도 마찬가지이다. 완전한 평화는 절대 선이 이루어진 완전한 기쁨으로서 모든 바램이 하나로 성취된 경우이다. 다른 하나는 불완전한 평화로서 영혼이 하나님 안에서 쉼을 구하긴 하지만, 평화를 방해하는 무엇인가가 여전이 내면, 또는 외적으로 존재한다. 따라서 이 경우 평화는 '정의'가 평화를 이루는 데에 장애가 되는 것들을 제거할 때 이루어진다.[50]

(2) 공동체의 사명

평화는 공동체를 통하여 이루어진다. 따라서 평화를 위한 교회의 역할도 매우 중요하다. 교회의 역할은 비둘기에게 필요한 둥지와 같다. 교회는 축복받은 사람들이 평화롭게 거하는 처소이다. 예루살렘에 거하는 이들에게 참된 평안이 있고 형통함이 있는 것처럼(시122:6) 하나님은 평화를 축복으로 주신다.[51]

두려운 마음으로 하나님께 봉사하는 것도 좋고 사랑으로 봉사하는 것은 더 좋다. 그러나 사람과 두려움과 함께 봉사하는 것이 가장 최상이다. 마찬가지로 하나님 안에서 쉼과 평화를 가지는 것은 좋다. 인내로서 고통의 삶을 견뎌내는 것은 더 좋다. 그러나 고통의 한 가운데서 평화를 가지는 것은 가장 좋다.[52]

---

[49] St. Augustine, *The Confessions and Letters of St. Augustine*.
[50] St. Thomas Aquinas, *Summa Theologie*.
[51] St. Eucherius of Lyons, *Formulas of Spiritual Intelligence*.
[52] Johannes Eckhart, *Meister Eckhart's Sermons*.

주님의 뜻을 최상으로 받아들이는 사람들은 늘 온전한 평화를 유지하는데, 이는 그들 안에서 하나님의 뜻을 따름으로써 그들의 뜻도 일치하였기 때문이다. 하나님의 뜻에 인간의 뜻을 감히 비교할 수 없지만, 하나님이 원하시는 일을 함으로써 우리는 하나님의 뜻을 수행하여 나갈 수 있다.[53]

최종적인 평화는 굳건한 경건으로 완전을 향해 꾸준히 나아가는 사람을 위해 존재한다. 이는 영으로 반응하고, 최종적으로는 몸의 부활을 통해 이생의 저편에서 완성되어질 것이다.[54] 평화를 구하는 이들은 온 마음으로 하나님께 돌아가야 한다. 이 세속적인 세상에 마음을 두지 않으면, 영혼이 쉼을 얻을 것이다. 눈에 보이는 세속적인 것을 포기하고, 내면에 있는 하나님의 선한 것에 헌신하며, 하나님의 나라가 임하게 된다. 천국은 성령 안에서의 평화와 기쁨이다.[55]

진정한 마음의 평화는 인간의 욕구를 만족해서가 아닌, 오히려 그러한 욕망에 저항함으로써 생긴다. 우리 그리스도인이 이 세상 속에서 다른 사람들과 평화를 이루며, 일치와 연합을 이루기 원한다면, 우리는 먼저 우리의 의지를 포기하여야 할 것이다. 다른 사람의 뜻을 위하여 자신을 낮게 여기고 영적으로 겸손하면 평화를 이룰 수 있다.[56]

하나님은 평화와 일치의 하나님이시다. 그는 연합과 일치를 사랑한다. 그러나 악의 궤계에 의하여 평화를 이룰 수 없을 때, 하나님은 검을 가지실 것이다. 하나님은 일치를 사랑하시며 우리 모두를 연합하게 하신다. 그러나 악에 의하여 그렇게 할 수 없을 때, 검을 들어 악과 겨루어서

---

[53] Johannes Eckhart, *Light, Life, and Love.*
[54] St. Augustine, *Handbook on Faith, Hope, and Love.*
[55] Thomas à Kempis, *THE IMITATION OF CHRIST.*
[56] Thomas à Kempis, *THE IMITATION OF CHRIST.*

이겨야 한다.⁵⁷ 주의 평안을 사랑하는 자에게는 큰 평안이 있고 장애물이 제거된다. 이 평화는 진정으로 행복한 삶을 위한 첫 주춧돌이라고 할 수 있다. 우리는 이 평화를 위하여 평온한 영으로 행동하며, 하나님의 은혜를 구하고 하나님의 선하심으로 인도되어야만 한다.⁵⁸

평화를 위하여 우리의 믿음은 정치적인 사항에 대하여 가치관과 판단을 내리지만, 신앙이 정치적 설득이나 정치적 의제에 흡수되지 않도록 조심하여야 한다.⁵⁹ "우리가 사람들에게 받아들이라고 권하는 믿음은 단지 그들이 죽으면 어떻게든 신성한 손잡이를 작동시켜 그들을 천국으로 들어가게 해주실 예수님을 믿는 그런 믿음이 아니라는 점을 기억해야 한다." ⁶⁰

우리는 평화의 영성에 관하여 신앙과 정의는 전쟁에서조차 지켜져야만 한다는 것을 배웠다. 그리고 신앙은 좋은 실체로서, 우리기 살아가는 데에 있어서 꼭 필요한 소망의 결과이기도 하며, 평화를 위하여 노력하여야 할 사명이 있다. 왜냐하면 신앙은 선한 목적을 가지고 있기 때문에, 영원한 삶을 약속하며 이 삶으로 향하는 여정에 사랑과 평화는 필수적이기 때문이다.⁶¹ 평화를 통하여 우리는 신앙의 고귀함이 있는 곳에 차별이 있을 수 없음을 깨달았다. 신앙 안에서 모두 다 하나이며 고결하다.⁶²

지금까지 필자는 7장에서 평화의 영성에 대하여 살펴보았다. 구약과 신약의 평화를 중심으로 기독교 역사 속에서 평화관이 어떻게 형성되었

---

[57] Hugh Latimer, *Sermons*.
[58] John Calvin, *Commentaries*.
[59] 리처드 포스터, 『생수의 강』, 254.
[60] 리처드 포스터, 『생수의 강』, 310.
[61] Ambrose, *On the Duties of the Clergy, etc*.
[62] St. John Chrysostom, *Homilies on the Acts of the Apostles and the Epistle of the Romans*.

는지 사상가들의 관점을 연구하였다. 이 평화는 현실적인 조건 속에서 현실의 변화와 개혁을 요구하며, 나아가 공동체의 사명이 있음을 강조하였다.

이제 우리는 하나님의 사랑과 평화를 믿으며, 기도로 영성을 추구하여야 한다. 기독교의 영성에서 기도는 매우 중요한 위치를 차지한다. 하나님과의 인격적인 관계에서 형성되는 기도의 신비한 능력은 하나님이 살아계시는 증거이다. 이제 그 기도의 세계에 들어가 보자.

08 기도의 영성

 본회퍼는 우리가 세상의 유혹을 이길 수 있는 비결은 오로지 세상에서 버림을 받는 것이라고 역설적으로 정의하였다. 예수 그리스도도 하나님께 시편의 말씀을 인용하여 자신의 버림받음을 절규하시지 아니하셨는가? 그리고 그전에 이미 제자들도 당신을 버리지 아니하였는가? 세상에 버림받고 홀로 남았을 때, 하나님만이 천사를 통하여 도우시는 것이다(눅22:42-44). 하나님이 예수님을 버리셨을 때, 마귀도 유혹을 멈추었다! 홀로남아 버림받은 존재와 같이 되었을 때, 사역이 완성되는 것이다!

1. 위를 향한 기도

 현대 영성 신학에서 기도는 매우 중요한 위치를 차지한다. 리처드 포스터는 하나님의 마음 곧 우리의 본향을 여는 열쇠가 기도라고 정의하고 있다.[1] 기도는 우리를 거룩한 지성소로 인도하며, 거기서 우리는 신앙의 가장 깊은 신비 앞에 꿇어 경배하게 된다.[2] 그리고 이 지성소의 문에 서

---

[1] 리처드 포스터, 『리처드 포스터의 '기도'』, 14. 필자는 기도의 영성을 정리하면서 리처드 포스터의 기도유형론을 중심으로 정리하여 보겠다.

신 분이 예수 그리스도이시다. 우리는 주님에 의하여 하나님이 원하시는 기도의 길로 들어서게 된다.[3]

기도는 전통적으로 일상적 기도habitual prayer와 실제적 기도actual prayer로 나눌 수 있으며, 일상적 기도는 넓은 의미에서 바울이 "쉬지 말고 기도하라"는 권면을 한 것처럼, 하나님에 대한 그리스도인의 기본적인 태도와 하나님과의 올바른 관계를 가리킨다. 좁은 의미에서의 일상적인 기도는 하나님과 교제하는 영혼의 구체적인 행동을 일컫는다. "실제적 기도는 정해진 기도, 자유로운 기도, 절규하는 기도와 같은 기도의 다양한 방법, 고백, 청원, 감사, 찬양과 같은 기도의 다양한 종류, 공적인 기도와 사적인 기도 같은 기도의 다양한 상황들에 의해 구별될 수 있다."[4]

기도가 하나님과의 인격적인 관계를 통하여 변화하는데 있어서, 기도는 다양한 종류로 분류될 수 있는데, 리처드 포스터는 크게 세 가지로 나누어 '안으로 향하는 기도', '위를 향한 기도', 그리고 '밖으로 향하는 기도'로 나누었다.[5] 필자는 리처드 포스터의 기도를 유형론으로 참고하면서, 여기에 한 가지를 더 붙여 '아래로 향하는 기도'를 추가하였다. '위를 향한 기도'가 하나님과 전적인 은총을 구하는 기도라면, '아래로

---

[2] 리처드 포스터,『리처드 포스터의 '기도'』, 9.
[3] 리처드 포스터,『리처드 포스터의 '기도'』, 15.
[4] 사이몬 찬,『영성신학』, 178~179.
[5] 참고로 필자는 기도에 관한 유형을 리처드 포스터의 연구를 참고로 하였다. 기도의 유형 순서를 포스터의 순서를 따르지 않고, 필자의 관점에서 재구성하였으며, 일부는 필자의 선행 연구를 옮겼다. 리처드 포스터는 '안으로 향하는 기도'로 '단순한 기도', '버림받은 자의 기도', '성찰의 기도', '눈물의 기도', '포기의 기도', '성숙의 기도', 그리고 '언약의 기도'를 소개하고, '위를 향한 기도'로서 '찬양의 기도', '안식의 기도', '성례의 기도', '쉬지 않는 기도', '마음의 기도', '묵상 기도', 그리고 '무언의 기도'를 예로 들었다. '밖으로 향하는 기도'로는 '일상적인 기도', '간구기도', '중보기도', '치유의 기도', '고난의 기도', '권세 있는 기도', 그리고 '철저한 기도'를 소개하였다. 참고) 리처드 포스트『리처드 포스터의 기도』(두란노, 2011).

향하는 기도'는 자신을 포기하고 자신의 십자가를 지고 겸비하는 기도라고 할 수 있다. 한편 '안으로 향하는 기도'는 자신의 내면 세계를 정화하는 기도이며, '밖으로 향하는 기도'는 하나님과 창조 세계를 연결하는 중보기도의 형태를 띤다고 할 수 있다. 이제 '위를 향한 기도'부터 순서대로 살펴보자.

'위'는 전적인 하나님의 주권과 영광을 의미한다. 우리가 기도하면서 마땅히 하나님께 올려드려야 할 감사와 찬양은 위를 향한 기도의 핵심이며, 우리의 기도자세는 철저하게 기쁨과 미소를 통하여 주님의 말씀을 기다리는 것이다.

(1) 예수님의 기도

"그러므로 너희는 이렇게 기도하라. 하늘에 계신 우리 아버지여 이름이 거룩히 여김을 받으시오며 나라가 임하시오며 뜻이 하늘에서 이루어진 것 같이 땅에서도 이루어지이다. 오늘 우리에게 일용할 양식을 주시옵고 우리가 우리에게 죄 지은 자를 사하여 준 것 같이 우리 죄를 사하여 주시옵고 우리를 시험에 들게 하지 마시옵고 다만 악에서 구하시옵소서. 나라와 권세와 영광이 아버지께 영원히 있사옵나이다. 아멘(마6:9-13)."

우리가 하나님께 드리는 기도는 어떤 정해진 틀이나 순서가 있는 것이 아니다. 우리는 "하늘에 계신 우리 아버지"라고 주님이 기도하신 기도를 따라 매 순간 기도한다. 예수님은 우리에게 '주기도문'을 가르쳐주셨을 뿐만 아니라 항상 기도하시는 모범이 되심으로서 우리에게 기도의 표준이 되는 것이다.

'예수님의 기도'는 영적 진보에 어려움을 겪을 때마다 순간순간 드리는 기도로서 "마음에 초점을 두도록 돕고 모든 유혹에 저항하는 의지를 강화하도록 돕는다." [6] "예수님의 기도는 모든 기도들 위에 있는 기도라고 불릴 것이다. 즉, 원칙적이고 가장 완벽한 기도이다. 우리 주님 스스로가 이 기도의 저자라는 것을 고려할 때, 모든 기도위에 있는 기도로 간주해야만 한다. 진정 하나님이며 진정 인간이신 주님이 이 기도를 만들었다. 그분은 이 기도를 우리에게 가르쳤고, 가장 완벽한 지도자이고 이것을 기도하라고 명령하셨다." [7]

우리는 예수님의 기도를 통하여 하나님의 뜻이 이 땅에 이루어짐을 믿으며 하나님의 주권을 고백한다. 하나님은 온 우주의 창조자이시며 우리에게 모든 것을 공급하시는 분이심을 고백한다. 일용할 육신의 모든 것을 주시며 하나님의 온전한 자녀가 되도록 영적으로 인도하여 주심을 감사하게 된다.

우리는 또한 주님의 이름으로 "우리에게 죄지은 자를 용서함같이 우리 죄를 용서해 주옵소서!"라고 기도한다. 우리는 주님의 이름으로 주님이 용서하신 것처럼 용서하여야 한다. 이 때 주님의 뜻대로 기도하며 그 말씀에 순종할 때 주님은 기뻐하실 것이다. 우리가 주님이 기도하신 것처럼, 어느 상황에서도 기도할 때 우리는 기쁨으로 충만하여진다. 주님의 이름으로 구할 수 있는 이유는 믿음이 있기 때문이고 이 믿음으로 우리는 주님께 담대하게 나아갈 수 있다. 그리고 우리는 이 믿음으로 모든 영광과 권세를 하나님께 돌려 드린다.

앨리스터 맥그라스는 예수님의 기도는 마치 누비이불의 반복되는 무늬처럼 성경을 수놓고 있다고 강조하고 있다.[8] 요한에게 세례를 받으실

---

[6] 사이몬 찬, 『영성신학』, 205.
[7] Hugh Latimer, *Sermons*.
[8] 앨리스터 맥그라스, 『종교개혁 시대의 영성』, 22~23. 이하 기도에 관한 성구들은

때(눅3:21), 그리고 12명의 제자를 택하시기 전에도 예수님은 홀로 산으로 가셔서 밤이 맞도록 하나님께 기도하셨다(눅6:12). 예수님은 병 든 많은 사람들을 고치시고 귀신들린 사람들을 치유하심으로 피곤하셨어도 새벽 미명에 한적한 곳으로 가사 기도하셨다(막1:35). 제자들에게 "너희는 나를 누구라 하느냐"고 질문하셨을 때도 예수님은 혼자 기도하셨다(눅9:18-20). 변화산상에서 베드로와 야고보와 요한 앞에 서실 때도 예수님은 기도하시러 산에 올라가셨다. 예수님이 기도하실 때 그의 얼굴이 변했다고 누가는 기록하고 있다(눅9:28-29). 병 든 아이를 고치지 못하는 제자들에게 예수님은 기도 외에 다른 것으로는 할 수 없다고 강조하셨다(막9:29). 예수님이 가장 분노하신 성전정화 사건도 성전을 기도하는 장소가 아닌 매매하는 장소로 변질시킨 사람들을 향한 것이었다(마21:13). 그리고 제자들이 기도하는 법을 가르쳐 달라고 요청하였을 때, 예수님은 한적한 곳에서 기도하시고 난 후였다(눅11:1).

(2) 찬양의 기도

"주의 의로운 규례들로 말미암아 내가 하루 일곱 번씩 주를 찬양하나이다(시119:164)."

'찬양의 기도'는 우리의 영혼을 둘러싸는 하나님의 영원한 사랑에 대한 신앙인의 반응이라고 할 수 있다. 하나님만이 찬양받으시고 영광 받으시며 인간은 겸손히 주님만 의지하는 것, 이것이 신실한 그리스도인들의 기도이고 소망이다.[9] 하나님께 대한 우리의 대답이 가장 직접적일 때

맥그라스가 정리한 내용을 참고하였다.

우리는 이 찬양의 기도를 드릴 수 있다.[10] 이 찬양의 기도에는 감사와 찬송이라는 두 가지 측면이 있는데, "감사는 하나님께서 우리에게 행하신 일에 대해 영광을 돌리는 것이고, 찬송은 본질적으로 하나님이 누구신가에 대해 영광을 돌리는 것이다."[11]

이 찬양의 기도는 아침과 저녁으로 드리는 교회의 기도에 적합하다. 무엇보다도 이 찬양의 기도 속에는 하나님의 말씀을 믿고 받아들임으로써 우러나는 감사의 응답이 있으며, 하나님 말씀을 통하여 그 감사를 확증한다.[12] 초기 수도원에서는 주일 예배 전 날 저녁 성서를 읽고 묵상하면서 지내는 전야 기도가 있었는데 모든 신자들은 주일 성찬례를 준비하기 위해 매주 토요일 밤 모여서 찬양의 기도를 드렸다.[13]

성경에는 '찬양'이란 단어가 90회 등장한다(개역개정판). 찬양은 열방 중에 위대하신 하나님의 이름을 송축하며 하나님이 행하신 놀라운 일들에 대한 감사와 기쁨으로 넘쳐난다. 하나님에 대한 찬양은 우리가 평생토록 하여야 하는 것이며(시104:33), 마음을 다하여 하나님의 선하심과 그 이름의 아름다움을 찬양하여야 한다(시135:3).

---

[9] Menno Simons, *The Complete Works of Menno Simon*.
[10] 리처드 포스터, 『리처드 포스터의 '기도'』, 116. 리처드 포스터는 더글라스 스티어를 인용하여 "찬양의 기도를 통해 우리는 하나님께 대한 사랑을 표현한다. 그분 자신과 그분이 바로 그 존재와, 그분의 빛나는 기쁨으로 인해 그분을 사랑한다."고 강조한다. 116.
[11] 리처드 포스터, 『리처드 포스터의 '기도'』, 118.
[12] 루이 부이에, 『영성 생활 입문』, 87.
[13] 루이 부이에, 『영성 생활 입문』, 91.

(3) 감사의 기도

"주 안에서 항상 기뻐하라 내가 다시 말하노니 기뻐하라 너희 관용을 모든 사람에게 알게 하라 주께서 가까우시니라. 아무 것도 염려하지 말고 다만 모든 일에 기도와 간구로, 너희 구할 것을 감사함으로 하나님께 아뢰라. 그리하면 모든 지각에 뛰어난 하나님의 평강이 그리스도 예수 안에서 너희 마음과 생각을 지키시리라(빌4:4-7)."

감사의 기도는 항상 어떤 상황에 놓이든지 하나님만을 의지하여 드리는 기도이다. 감사의 기도는 염려를 기도로 바꾸는 신앙의 행위이다. 성경에는 이러한 믿음을 가지고 불가능의 상황에서도 하나님의 능력을 간구하였다. 저주가 변하여 복이 되며, 눈앞의 바다가 갈라져서 마른 땅을 드러냈으며(출14:16, 수3:17), 반석이 터져서 샘물이 흘렀다(출17:6). 처녀가 잉태하여 아들을 낳을 것이라는 천사의 언약에 마리아는 감사의 찬가를 드렸다(눅1:46-56).

성경에는 '감사'의 단어가 188회 나타난다(개역 개정판). 시편에 나타나는 감사는 하나님이 이스라엘 백성들을 돌보아 주심에 대한 감사, 창조주와 그분의 전인적 사랑을 알게 하신 것에 대한 감사, 하나님의 위대하심에 대한 감사, 세상과 피조세계를 의로 통치하시는 하나님에 대한 감사들이 잘 나타나 있다.

예수님도 성만찬을 통하여 하나님께 감사기도를 드리셨다. 예수님의 감사는 십자가로 나아가시는 여정에서도 자신이 고난을 당하실 것을 아셨음에도 감사의 기도를 드리셨다. 죽었던 나사로를 살리신 후에 감사의 기도를 드리셨으며(요11:41), 하늘나라의 비밀을 지혜롭고 슬기 있는 자들에게는 숨기시고 어린아이들에게 나타난 것에 대하여서도 감사기도를 드리셨다.

바울 서신에는 환난과 핍박 중에도 하나님을 의지하며 그 분을 원망하지 아니하는 감사가 넘쳐나고 있다(롬5:3; 고후4:17; 엡3:13). 바울은 은사가 넘쳐남에도 감사하였고, 범사에 항상 주님께 감사한다고 고백하고 있다(엡5:20). 바울에게 감사는 기도 중에 빠져서는 안 되는 조건이었다(골1:3). 심지어 영적으로 깨어있는 상태는 늘 하나님께 감사하고 있을 때임을 바울은 강조하였다(골4:2).

(4) 성례의 기도

"내가 너희에게 이르노니 내가 이제부터 하나님의 나라가 임할 때까지 포도나무에서 난 것을 다시 마시지 아니하리라 하시고 또 떡을 가져 감사기도 하시고 떼어 그들에게 주시며 이르시되 이것은 너희를 위하여 주는 내 몸이라 너희가 이를 행하여 나를 기념하라 하시고 저녁 먹은 후에 잔도 그와 같이 하여 이르시되 이 잔은 내 피로 세우는 새 언약이니 곧 너희를 위하여 붓는 것이라(눅22:16-20)."

'성례의 기도'는 성육신의 기도로서 예수 그리스도를 우리에게 주신 하나님의 크신 사랑과 우리에게 주신 생명에 대한 신비에 몰입하는 기도이다.[14] 성례의 기도는 성례전을 따라 기도에 몰입하며 자신을 봉헌하고, 궁극적으로는 그리스도의 삶과 말씀대로 따라가려는 믿음의 기도이다. 이를 통하여 우리는 하나님께 모든 영광을 올리며 이 세상의 모든 주권을 돌려드릴 수 있다.

---

[14] 리처드 포스터, 『리처드 포스터의 '기도'』, 146.

성례전을 따라서 기도하는 경우에 있어서 리처드 포스터는 기도서를 준비하여 기도하는 장점을 다음과 같이 설명한다. "첫째, 기도서의 기도는 표현하고자 하는 마음의 열망을 말로 분명하게 나타내 준다. 둘째, 기도서의 기도는 '성도가 서로 교통하는 일'에 우리가 연합할 수 있게 해준다. 셋째, 기도서의 기도는 남의 시선을 집중시키고 사람들을 즐겁게 하려는 유혹에 대항할 수 있게 한다. 넷째, 기도서의 기도는 '개인적인 종교'의 유혹을 이기게 한다. 다섯째, 기도서의 기도는 자칫 습관적으로 하기 쉬운 기도에 빠지지 않게 한다." [15]

성례의 기도를 통하여 우리는 하나님의 뜻에 순종하신 주님을 따라서 믿고 순종하며, 우리에게 모든 것을 주시는 그 사랑에 우리를 다시 내맡기게 된다. 이렇게 하여 우리는 우리에게 계시된 하나님의 뜻, 곧 우리도 순종하며 우리 자신을 봉헌하는 믿음으로 나아갈 수 있다.[16]

성례의 기도는 예수님이 자신의 몸을 화목제물로 드림으로서, 우리와 온 세상의 죄를 사하여 주시는 축복으로 우리를 인도하시는 기도가 된다(요일2:2). 이 성례의 기도로 우리는 주님과 원수 된 상태에서 다시 화목하며 나아가 세상에서 원수 된 사람들끼리 서로 화목하게 되는 축복에 거하게 된다(엡2:16).

시나이의 그레고리Gregory of Sinai가 표현한 것처럼, 기도는 성도들의 외적인 표현과 같다. 기도는 우리가 세례를 받아 그리스도의 몸 안에 거하고, 그 몸 안에서 그리스도의 삶과 그분의 말씀을 공유하고 있다는 기본적인 사실에서 나온다. 기도는 본질적으로 말씀에 대한 인간의 반응으로서 우리가 스스로 기도를 창작할 수 있는 것은 아니다. 기도는 우리의

---

[15] 리처드 포스터, 『리처드 포스터의 '기도'』, 148~149.
[16] 루이 부이에, 『영성 생활 입문』, 154.

심령 안에 있어서, 하나님의 말씀이 주도권을 가지고 있고, 우리는 그저 그 말씀을 듣고 그 말씀대로 기도하는 사람들인 것이다.[17]

(5) 무언의 기도

"여호와 앞에 잠잠하고 참고 기다리라 자기 길이 형통하며 악한 꾀를 이루는 자 때문에 불평하지 말지어다(시37:7)."

기도를 침묵으로 드리는 '무언의 기도'는 하나님의 말씀을 기다리는 영적인 순간을 나타낸다. 우리는 기도할 때 하나님에게만 호소하는데, 굳이 소리를 크게 하지 않고서라도 하나님은 늘 우리 안에 계심을 믿고, 우리의 영혼은 하나님에게만 의지하여 기도할 수 있다.[18] 침묵은 언어의 모어이며 모든 것이 존재하기 전 하나님의 창조와 함께 시작된 은총의 순간과 같다. 따라서 침묵은 하나님의 새 창조를 기다리는 기도의 첫 번째 순서와 같다.

'무언의 기도'는 우리를 말 중독증에서 벗어나게 할 수 있는 유일한 훈련임을 리처드 포스터는 강조하면서, 하나님과의 교제가 깊어진다는 것은 점점 더 침묵할 수 있음을 의미한다고 보았다.[19] 이 무언의 기도는 "하나님께 대한 애정 어린 정신 집중이다. 우리를 사랑하시고, 우리와 가까이 계시며, 우리를 자신에게로 인도하시는 하나님께 주의를 집중하는 것이다."[20]

---

[17] 사이먼 찬, 『영성신학』, 180.
[18] Plotinus, *The Six Enneads*.
[19] 리처드 포스터, 『리처드 포스터의 '기도'』, 210.
[20] 리처드 포스터, 『리처드 포스터의 '기도'』, 213.

이 무언의 기도는 정지되어 있는 수동의 상태만을 의미하는 것은 아닙니다. 안토니 블룸Anthony Bloom의 말처럼, "기도가 의미를 갖는 것은 삶이 동반될 때뿐이다. 삶이 뒤따르지 않고 기도와 삶이 완전히 일치하지 않으면, 기도는 하나님께 시간을 드리면서 때때로 하나님께 올려 드리는 일종의 정중한 서정시가 되고 만다."는 것을 기억할 필요가 있다.[21] 따라서 무언의 기도에는 침묵의 정적인 상태를 말하는 것이 아니라 우리의 몸과 삶 전체를 하나님께 위탁하는 결단이 요구되는 것이다.

본회퍼는 그의 『그리스도론』의 서론에서 '침묵'의 의미를 강조하였다. 침묵은 그냥 잠잠히 있는 것이 아니다. 하나님의 말씀을 기다리는 긴장의 순간이며, 하나님이 우리에게 다가오시는 은총의 순간이다. 우리 인생의 모든 시작은 바로 이 하나님의 말씀을 기다림으로써 온전히 파악할 수 있다.

브라운Norman Oliver Brown은 침묵을 몸의 언어라고 말하였다.[22] 진정한 의미에서 언어는 몸의 의미이자 육체적인 지식이고, 몸의 의미는 무언이며 몸은 항상 소리 없이 말하는 존재인 것이다.[23] 따라서 침묵은 모어mother language이며, 침묵한다는 것은 몸의 언어를 소멸시키는 것이 아니라, 오염된 언어를 구제하는 것으로 보아야 한다고 브라운은 이해하였다.[24]

이용도 목사는 자신의 호를 '시무언是無言'으로 하였다.[25] 이용도 목사에게 진리는 먼저 하나님의 말씀에 경청함을 의미했다. "하나님 앞에서

---

[21] 리처드 포스터, 『리처드 포스터의 '기도'』, 232.
[22] Norman Oliver Brown, *Love's Body* (New York: Random House, 1966), 264~265. 재인용, 정화열, 『몸의 정치』, 64.
[23] Norman Oliver Brown, *Love's Body*, 265. 재인용, 정화열, 『몸의 정치』, 64.
[24] Susan Sontag, *Styles of Radical Will* (New York: Farrar, Straus and Giroux, 1969), 32. 재인용, 정화열, 『몸의 정치』, 65.
[25] 시무언是無言 이용도李龍道(1901.4.6~1933.10.2)는 감리교 목사이다.

잠잠하라!"는 뜻의 '시무언昰無言'의 '무언無言'은 예수님의 언어에 집중하는 시간과 공간을 의미하며 이는 마치 하나님의 말씀으로 만물이 창조되는 순간에 응집되는 영적인 기대와 같은 것이다. 하나님의 말씀에 이끌리는 영적인 상태는 오로지 하나님 앞에서 겸손하게 잠잠함을 통하여서 유지될 수 있다고 이용도 목사는 보았다. 이 잠잠함이란 예수님이 우리에게 말씀하실 것을 기다리는 순간이기에 말씀으로 주님이 새로운 일을 하실 것을 확신하게 된다. "시무언! 이 말은 얼마나 좋은 말입니까. '말 없는 것이 옳다.' 세상이 하는 대로 버려두고는 그냥 우리는 주께 돌진하여 사명만 다합시다."[26] 즉, 무언의 기도는 하나님 앞에서 잠잠히 자신의 할 일을 하며 주님의 처분만 기다리는 평화의 상태이며 그리고 진리를 깨닫는 깊은 묵상의 시간을 의미한다. 따라서 이와 같은 기도는 그리스도의 신비를 관상하며 눈앞에 그리스도의 십자가를 보게 된다.

(6) 철저한 기도

"여호와여 내가 깊은 곳에서 주께 부르짖었나이다. 주여 내 소리를 들으시며 나의 부르짖는 소리에 귀를 기울이소서. 여호와여 주께서 죄악을 지켜보실진대 주여 누가 서리이까. 그러나 사유하심이 주께 있음은 주를 경외하게 하심이니이다. 나 곧 내 영혼은 여호와를 기다리며 나는 주의 말씀을 바라는도다. 파수꾼이 아침을 기다림보다 내 영혼이 주를 더 기다리나니 참으로 파수꾼이 아침을 기다림보다 더하도다. 이스라엘아 여호와를 바랄지어다. 여호와께서는 인자하심과 풍성한 속량이 있음이라. 그가 이스라엘을 그의 모든 죄악에서 속량하시리로다(시130)."

---

[26] 이용도, "김예진 씨에게(1932.4.20.)," 『이용도 목사전집 제1권, 서간집』(변종호 편, 장안문화, 2004), 135.

'철저한 기도'란 우리의 심장과 중심에까지 내려가는 기도로서 '철저한'이란 말은 라틴어의 '라딕스radix'에서 온 말로 '뿌리'를 의미한다. 철저한 기도는 영혼의 깊은 곳 까지 감찰하시는 하나님께 더 이상 숨길 것이 없는 영적 상태를 의미한다고 할 수 있다. 시편 기자는 "깊은 곳에서 주께 부르짖었나이다(시130:1)"라고 고백한다. 사람에게 지혜가 있어 보이지만 하나님은 인간의 깊은 곳까지 살피시는 분이시기에 우리는 철저한 기도를 드려야 한다. 중언부언하며 드리는 기도는 피하여야 하며(마6:7), 자신을 세밀하게 살펴서 시험에 들지 않게 늘 깨어서 기도하여야 한다(갈6:1).

아울러 철저한 기도는 '중심이 있는 기도'로서 삶의 커다란 문제들이 가장자리에 맴돌도록 내버려두지 않으며, 그 목표는 사람과 제도와 사회의 완전한 변화로서 예언자적인 기도이다.[27] 월터 윙크Walter Wink의 말은 '철저한 기도'의 예가 될 수 있다. "성경적인 기도는 뻔뻔스럽고, 굽힐 줄 모르며, 부끄러워하지 않을 정도가 되어야 한다. 그것은 교회의 정중한 독백이라기보다는 야외에서 열리는 바자회에서 끈질기게 값을 깎는 흥정과 더 흡사하다."[28] 즉, 기도는 그 기도가 응답되기까지 지속적으로 드리는 것이기에 하다가 중지하는 것이 아니라 목표를 이루기까지 철저하게 하는 것이어야 한다.

기도는 "시간의 제한을 받는 세계를 영원과 접촉하게 한다."[29] 따라서 우리의 기도가 이 영원의 세계와 연결되기 위하여 기도는 말이 아니라 하나님만을 간절히 소망하여야 한다. 기도는 진실하여야 하며, 영혼이 담겨있어야 하기 때문에, 우리는 기도할 때 많은 말로 하기 보다는 주님을

---

[27] 리처드 포스터, 『리처드 포스터의 '기도'』, 326.
[28] 리처드 포스터, 『리처드 포스터의 '기도'』, 330.
[29] 사이몬 찬, 『영성신학』, 175. 사이몬 찬은 올친A. M. Allchin의 말을 인용하였다.

바라며 영혼을 전적으로 주님께 위탁하여야 한다.[30]

(7) 기쁨의 기도

"주께서 나의 슬픔이 변하여 내게 춤이 되게 하시며 나의 베옷을 벗기고 기쁨으로 띠 띠우셨나이다. 이는 잠잠하지 아니하고 내 영광으로 주를 찬송하게 하심이니 여호와 나의 하나님이여 내가 주께 영원히 감사하리이다(시30:11-12)."

'기쁨의 기도'는 하나님과의 친밀한 인격적 교제에 따른 우리의 정서적 상태를 반영한다. 기도하면서 감사와 찬송, 그리고 기쁨의 찬양이 흘러나오게 되는 이유는 이 모든 결과가 오로지 하나님의 영광을 드러내기 때문이며 이는 마치 작은 '신현theophany'을 경험하는 것과 같다.[31] 기쁨의 기도에는 주로 웃음이 동반되는데, '거룩한 웃음'도 기도의 또 다른 표현이라고 할 수 있다. 그 이유는 성령의 기쁨이 충만하게 되면 거룩한 환희의 웃음이 사람의 마음속에서 샘솟듯 솟아나기 때문이다.[32] 이 거룩한 웃음은 진정한 기쁨을 동반하며, 그저 웃음거리가 있어서 웃는 일반적인 웃음과는 다르다. 이 웃음은 하나님의 은총을 맛본 사람들에게 나타난다. 그것은 우리를 치유하고 온전케 하며, 우리의 기쁨을 위해 주어진다.[33]

---

[30] St. Catherine of Siena, *The Dialogue of Saint Catherine of Siena*.
[31] 리처드 포스터, 『리처드 포스터의 '기도'』, 124. 리처드 포스터는 C. S. Lewis를 인용하였다.
[32] 리처드 포스터, 『리처드 포스터의 '기도'』, 187.
[33] 리처드 포스터, 『리처드 포스터의 '기도'』, 188.

우리가 기뻐할 수 있는 이유는 하나님은 우리의 영혼을 향해 웃으시고, 우리 영혼도 하나님을 향해 웃을 수 있기 때문이다. 웃음은 하나님과 사랑에 빠진 달콤하고 즐거운 영적 삶을 통하여 드러나는 매혹적이고 불가사의한 비전이 수반된 현상이다. "거룩한 기쁨은 성령의 능력 안에서 걷는 이들의 가장 공통된 흔적이다." [34] "우리는 진정 웃어야 한다. 아낌없이 즐거워하고, 우리가 기뻐할 수 있는 만큼 끊임없이 즐거워하여야 한다. 오직 천진난만하게, 그리고 웃음과 기쁨이 하나님께 해가 되지 않는 한, 우리는 즐거워하여야 한다." [35]

하지만 우리가 기억하여야 할 것은 기쁨은 언제든지 방해받을 수 있다는 점이다. "우리는 밀물과 썰물, 정교한 기쁨이 고통스러운 열망과 뒤엉키는 경험을 한다." [36] 신앙생활을 통하여 우리는 '기쁨과 슬픔'이라는 두 가지 상반된 경험을 할 수 있으며 이는 상호 보완적이라고 할 수 있다.[37] 중요한 것은 웃음이나 울음을 동반한 종교 체험을 너무 과대평가해서는 안 된다는 사실이다. "거룩한 웃음을 경험한 후에 행복감을 가지거나 혹은 수적인 측면에서 성장하는 교회가 있다는 사실이 궁극적인 진실성을 확인할 수 있는 적절한 검증 도구는 아니다. 결정적인 문제는 거룩한 웃음을 경험한 사람들이 그것으로 인해 자신들의 인격에 어떤 영향을 받는가 하는 것이다." [38]

따라서 웃을 때 "우리는 삼가 웃어야 한다."고 영성가들은 경고한다.

---

[34] 리처드 포스터, 『생수의 강』, 156.
[35] Salvian, *On the Government of God*.
[36] 앨리스터 맥그라스, 『종교개혁 시대의 영성』, 83. 맥그라스는 '십자가의 성 요한'을 언급하였다.
[37] 리처드 포스터, 『리처드 포스터의 '기도'』, 293. 리처드 포스터는 교황 바오로 6세를 인용하였다.
[38] 사이몬 찬, 『영성신학』, 314.

너무 길게 웃는 것은 조심하고 격렬하고 과도한 웃음은 오히려 겸손한 수도생활을 파괴할 수 있다고 영성가들은 보았다. 과도한 웃음은 자칫 영혼의 내적인 힘을 흐트러트리고, 심령으로부터 성령의 은총을 쫓아버릴 수도 있기 때문이다.[39]

(8) 미소의 기도

"하나님의 나라는 먹는 것과 마시는 것이 아니요 오직 성령 안에 있는 의와 평강과 희락이라(롬14:17)."

필자는 '기쁨의 기도'는 '미소의 기도'와 일맥상통한다고 본다. 필자는 웃음에 대한 미학적 분석을 통하여 기도와 연관된 미소의 의미를 살펴보도록 하겠다.[40]

우리는 복부의 근육에 무리가 생길 정도로 격렬하게 웃으면, '뒤집어진다'라고 표현한다. 참 좋은 한국적 표현이다. 다른 말로 하면, 이 말의 뜻은 "저 무의식 밑에 깔려 있던 음산한 것, 저 깊은 내면세계에서 웅크리고 있던 모든 것들이 다 바깥세계로 나온다."라는 뜻이 아닐까 싶다. 장마철이 지난 다음, 장롱 안의 곰팡이 냄새나는 이불과 옷들을 모두 다 꺼내어 햇볕에 말리는 것처럼, '웃음'은 정신적으로 우리를 붙들어 두고 있는, 그 짓누르는 무엇인가를 뒤집어서 바깥으로 내 놓을 때 나타나는 '얼굴의 현상'이다.

---

[39] Louis de Blois, *A Mirror for Monks*.
[40] 웃음에 관한 해설은 필자의 『거룩한 중독, 사랑』(기독교대한감리회 홍보출판국, 2005)에 나온 내용을 재인용 각주 없이 옮겼다. 유경동, 『영화속의 신학과 인권』(감리교신학대학교 출판부, 2008), 342~352.

우리는 웃을 때 순간적이나마 육체적인, 또는 정신적인 고통을 잊고, '우리를 괴롭히는 문제'가 해결되었다고 착각한다. 그렇기에 우선 많이 웃을수록 정신건강에 좋다. 물론 웃는다고 문제가 다 해결되는 것은 아니다. 그러나 어떤 상황에서도 웃거나 웃어 줄 수 있는 마음의 여유가 있다면, 이미 문제 해결의 실마리는 찾은 것이라 볼 수 있다.

웃음의 현상은 사람의 얼굴에 나타난다. '얼굴'이란 단어의 어원語源은 '얼의 꼴'일 것이다. '얼(정신)'의 '꼴(형상)'이란 뜻의 '얼굴'은 사람의 정신과 영혼이 안면을 통해서 드러난다는 의미가 된다. 따라서 '얼굴'은 본래 타고 난 '꼴'이 있지만, '얼'의 가꿈에 따라서는 '꼴'의 변함도 가능하다는 말이다.

얼굴은 사람과 사람의 관계에서 제일 중요한 사회적 '인식'의 수단이다. 얼굴은 바로 다른 사람과 직접적으로 접촉하는 부위일 뿐 아니라, 다른 사람의 관심을 끌고 자신의 관심을 표현하는 도구가 되기도 한다. 더 중요한 것은 이러한 사회적 행위에 중개되는 얼굴은 바로 자신을 '대표'할 수 있는 '상징'이 되는 것이다. 그러므로 얼굴을 보여준다는 것은 다른 사람과의 관계에서 수반되는 윤리적 '책임'을 전제로 하는 것이다.

책임을 동반하는 얼굴의 진가는 '얼굴과 얼굴이 마주 칠 때' 나타난다. 즉 사람과 사람 사이에 구체적인 관계성이 형성된다는 뜻이 된다. 흔히 사람과의 관계가 나빠질 때 쓰는 표현중의 하나로 '꼴 보기 싫다'라는 말을 사용한다. '얼굴을 보기 싫다'는 것은 두 사람 사이가 깨지는 증거이다.

그러나 다른 사람의 얼굴이 그리워지기 시작할 때, 그것은 관계가 회복되는 징조이다. 성서에 보면 그렇게도 형, 에서의 '꼴'을 보기 싫어하던 야곱이 나중에 형을 보자, "내가 형님의 얼굴을 보니, 하나님의 얼굴을 보는 것과 같다(창33:10)."고 고백한다. 그렇기에 얼굴과 얼굴을 마주

보는 것은 신앙으로 볼 때, 회개의 열매이며, 사랑의 시작이고, 믿음으로 연결되는 통로이며, 하나님을 만나는 입구가 되는 것이다.

'얼의 꼴 안'에서 눈과 입의 역할은 인간미를 한층 더하여 주겠지만, 웃음은 피터 버거Peter Berger의 말을 빌리면, 천사의 소문과 초월자의 암시가 들어 있는 몸의 현상이다. 즉 웃음 안에는 하나님의 신호가 있어서 인간의 상황을 넘어 거룩한 신비의 의미가 담겨 있다고 본 것이다.[41]

성서에는 웃음과 관련하여 하나님의 웃음에 대하여 언급하고 있다. 하나님의 웃음에 관한 구약성서의 예는 네 군데(시2:4; 37:13; 59:8, 잠 1:26)에서 찾아볼 수 있다. 하나님의 웃음은 세상 악인의 생활태도에 대한 조소로서 묘사되고 있는데, 이것은 하나님의 웃음은 유머로서의 의미가 아니라, 세상의 인간에 대한 하나님의 우월성을 나타내는 것이라고 할 수 있다.[42]

신약성서에는 웃음은 거의 나타나고 있지 않은데, 그리스도인의 기쁨과 즐거움을 표현하는 카이로chairo는 "와" 하고 웃는 것보다는 억누르고 억제된 기쁨을 의미하는 쪽에 가깝다.[43] 초대 기독교 전통에서 웃으면 안 된다고 생각하였던 이유는 웃음이 아니라 눈물이 이곳 지상에서의 순례의 특징이라고 해석하였기 때문이며, 따라서 예수의 모습 가운데 웃는 모습을 그려내지 못한 것이라고 할 수 있다. 따라서 미소 짓는 어린 아기 예수의 모습은 그려낼 수 있지만, 웃고 있는 어른 예수의 모습은 없는 것이다.

---

[41] Peter Berger, *A Rumor of Angels, Garden City* (New York: Doubleday, 1970), 69~72.
[42] Richard Cote, *Holy Mirth: A Theology of Laughter*, 『웃음의 신학』(정구현 역, 카톨릭대학교출판부, 2001), 28.
[43] 참조, Richard Cote, 『웃음의 신학』, 28.

이와 같이 초대 기독교 사상에 영향을 준 고대 그리스의 이상적인 도덕관에는 웃음이 배제되었고, 따라서 기독교인들에게 웃음은 저급한 것으로 인식되었다. 그리고 웃음 이면에 인간의 본래적인 모습을 감출 수 있다는 악마적인 의도에 대한 경계 때문에 웃음은 교활함, 사기와 기만이라는 특성을 상징하고, 오히려 공포를 야기하였다. 또한 웃음이 하나님 나라보다 육의 세상에 더 관계가 있고, 믿음보다 이 세상의 정신에 더 관계가 있다는 해석이 지배적이었다고 할 수 있다. 보들레르는 웃음의 본질을 신화론적인 시각에서 보고 있다. 즉 웃음도, 눈물도 은총의 천국에서는 나타날 수 없다고 보았으며, 양자는 모두 슬픔의 아들이며, 쇠약해진 인간이 자신이 통제할 힘을 잃었을 때 등장하는 것으로서, 그의 기독교 철학적인 관점에서 보면, 인간에게 나타나는 입술의 웃음은 인간의 눈에 어리는 눈물만큼이나 엄청난 타락의 상태로 보았다.[44]

그러나 라인홀드 니버Reinhold Niebuhr는 '유머와 신앙Humour and Faith'이라는 글에서 시편 2편 4절에 나오는 하나님의 웃음에 대하여 긍정적으로 그 의미를 살피고 있다. 니버는 만일 유머와 신앙을 연결하여 해석하여 본다면, 성서가 그렇게 웃음에 대하여 인색하지 않다고 말한다. 그는 정의하기를 유머는 신앙으로 인도하는 서곡humour is a prelude to faith과 같은 것이며, 웃음은 기도의 시초laughter is the beginning of prayer라고 하였다.[45] 웃음은 종교의 지성소 밖에서 들려야 하는 것이지만, 웃음의 여운 즉 미소는 지성소 안에서 반향이 되어야 하는 것이다. 그 지성소에서 웃음은 조용히

---

[44] C. Baudelaire, *Baudelaire: Selected Writings on Art and Artists*, tr. P. E. Charvet (Cambridge University Press, 1972), 143. 재인용, 김종엽, 『웃음의 해석학, 행복의 정치학』(한나래, 1994), 207~208.

[45] Reinhold Niebuhr, Humour and Faith, M. Conrad Hyers (ed), *Holy Laughter* (New York: The Seabury Press, 1969), 134~135.

미소의 기도로 나타나는 것이고, 유머는 하나님의 약속에 대한 신앙으로 충만하여지는 것이다.[46]

'웃음의 신학'에서 코트Richard Cote는 인간은 웃음을 통해서 하나님을 접촉할 수 있다고 주장하였다. 기독교인에게 웃음은 육체적인 반응이 아니라 하나님을 신뢰하는 사람에게 나타나는 감정의 표현이다. 따라서 그는 하나님에게 근거를 둔 웃음의 신비를 칭송한다.[47] 기독교인의 삶의 방식과 연결된 영성에서 유머감각을 잃으면, 믿음의 중요한 요소를 잃은 것이라고 코트는 주장한다.

기독교의 웃음은 언뜻 인간이 가지고 있는 여러 종류의 모순에서 생기는 고통과 같은 감정 표현과 다르지 않다. 그러나 우리는 이 땅의 모순과 어두운 면을 완전히 인식하면서도 하나님을 전적으로 믿음으로서 웃을 수 있는 여유를 가지게 된다.[48] 곤경에 빠져 있을 때도 우리가 웃을 수 있다면 신앙의 최고 유산 중 하나가 될 수 있다. 만일 우리의 미소가 저 높은 곳으로부터의 반향일 수 있다는 것, 즉 웃음이 하나님을 절대 신뢰하는 믿음의 반향이 된다면 이는 거룩의 속성을 담는 반증이 되기 때문이다.[49]

---

[46] Reinhold Niebuhr, *Humour and Faith*, 135.
[47] Richard Cote, *Holy Mirth: A Theology of Laughter*, 『웃음의 신학』(정구현 역, 카톨릭대학교출판부, 2001), 8. 번역본에는 하느님으로 나오는 것을 문장의 통일을 위하여 하나님으로 고친다(필자).
[48] Richard Cote, 『웃음의 신학』, 15~16.
[49] Richard Cote, 『웃음의 신학』, 23.

2. 아래를 향한 기도

'아래'는 겸손과 겸비, 그리고 인간으로서 한계에 부딪혀 더 이상 무엇인가 할 수 없을 때 하나님만 바라는 영적인 공간이다. 이 아래를 향한 기도에는 오로지 하나님의 권세와 영광만이 드러난다.

(1) 버림받은 자의 기도

"내 하나님이여 내 하나님이여 어찌 나를 버리셨나이까. 어찌 나를 멀리 하여 돕지 아니하시오며 내 신음 소리를 듣지 아니하시나이까. 내 하나님이여 내가 낮에도 부르짖고 밤에도 잠잠하지 아니하오나 응답하지 아니하시나이다(시22:1-2)."

'버림받은 자의 기도'는 "나의 하나님, 나의 하나님, 어찌하여 나를 버리셨나이까(마27:46)"라며 기도하신 우리 주님과 같이 이 세상에서 버림받은 자의 심정으로 하나님께 드리는 기도이다. 그러나 이 기도는 모든 희망이 사라지고 자포자기의 상태에 빠지는 것 같지만, 오히려 하나님의 도움을 바라는 기도이다. 하나님은 침묵하시는 것 같지만(시13:1), 우리는 믿고 조용히 기다려야 한다.

본회퍼Bonhoeffer는 우리가 이 세상의 유혹을 이길 수 있는 비결은 오로지 세상에서 버림을 받는 것이라고 역설적으로 정의하였다.[50] 예수 그리스도도 하나님께 시편의 말씀을 인용하여 자신의 버림받음을 절규하시지 아니하셨는가? "내 하나님이여 내 하나님이여 어찌 나를 버리셨나이까.

---

[50] 본회퍼, 『나를 따르라』(대한 기독교서회, 2010), 91~101.

어찌 나를 멀리 하여 돕지 아니하시오며 내 신음 소리를 듣지 아니하시나이까. 내 하나님이여 내가 낮에도 부르짖고 밤에도 잠잠하지 아니하오나 응답하지 아니하시나이다(시22:1-2).”

그러나 우리는 예수님이 버림받고 홀로 남으셨을 때 하나님만이 천사를 통하여 도우셨음을 기억하여야 한다(눅22:42-44). 더 중요한 사실은 예수님이 "나의 하나님 어찌 나를 버리셨나이까"라고 기도하셨을 때 마귀도 유혹을 멈추었다는 사실이다. 즉, 예수님이 홀로남아 버림받은 존재와 같이 되었을 때, 더 이상 십자가에서 예수님을 끌어내리려는 마귀의 시도는 필요하지 않게 되었다는 것이다. 따라서 마귀는 떠나고 예수님의 사역이 완성된 것이다!

버림받은 자의 기도는 하나님이 버리시는 것이 아니라 세상으로부터 받을 수 있는 모든 기대와 유혹을 중지하는 것이다. 이는 마치 한 밤중에 드리는 기도와 같다고 할 수 있다. 욥기에는 하나님을 '밤에 노래를 주시는 분(욥35:10)'으로 표현하고 있다. 모든 이들이 잠들어 있을 한 밤에 하나님께 드리는 기도는 마치 버림받은 자의 기도와 같다. 그러나 새벽은 곧 올 것이다. 파수꾼이 아침을 기다리는 그 간절한 마음보다 더 한 심령으로 하나님의 도우심을 갈망하는 것이다(시130:6).

예수님은 우리를 고아와 같이 버려두지 아니하시고 우리에게 오실 것을 약속하셨다(요14:18). 이 세상에서 의지할 것 없는 절망의 상태에서, 그 누구도 돌보지 않고 내쳐진 상황에서라도, 우리 주님은 반드시 우리를 도우시고 새 힘을 주실 것을 믿고 드리는 기도가 버림받은 자의 기도가 되는 것이다.

(2) 고난의 기도

"내가 주의 인자하심을 기뻐하며 즐거워할 것은 주께서 나의 고난을 보시고 환난 중에 있는 내 영혼을 아셨으며 나를 원수의 수중에 가두지 아니하셨고 내 발을 넓은 곳에 세우셨음이니이다(시31:7-8)."

'고난의 기도'는 우리의 필요나 소원을 구하는 기도와도 거리가 멀며, 심지어 우리의 영적 변화를 추구하거나 하나님과의 신비한 연합을 시도하는 기도가 아니다. 이 고난의 기도는 "우리가 직면하는 많은 어려움과 시련을 하나님께 맡기고 하나님께서 구속하여 사용하시기를 구한다. 또한 다른 사람들을 자유케 하기 위해서 다른 사람들의 슬픔과 애통을 자발적으로 우리 자신 속으로 받아들인다. 우리는 우리 자신과 이웃의 고난을 통해서 고난당하시는 하나님의 얼굴을 보는 것이다."[51]

고난의 기도는 우리가 다른 사람들의 죄를 위하여 회개할 때 주님이 주시는 은혜를 통하여 그 의미가 가장 잘 드러난다. 특히 우리에게 잘못한 원수들을 용서하고 그들을 대신하여 회개할 때 더욱 그러하다. 본회퍼는 우리가 원수들을 위해 기도하는 것은 "그들의 좌절과 빈곤, 그리고 그들의 죄책과 지옥의 형벌을 우리 자신이 짊어지고 하나님께 그들을 대신하여 탄원하는 것이며, 그들 스스로 할 수 없는 일을 우리가 대신하여 우리 자신의 문제로 알고 대리적으로 하는 것이다."라고 고난의 기도를 이해하였다.[52] 이와 같은 고난의 기도는 능력이 있어서 "하늘과 싸워 이길 수 있고 전능자를 기도의 소원대로 움직일 수 있다."[53] 그리고 쓰라린

---

[51] 리처드 포스터, 『리처드 포스터의 '기도'』, 292.
[52] 리처드 포스터, 『리처드 포스터의 '기도'』, 301.
[53] 리처드 포스터, 『리처드 포스터의 '기도'』, 303. 리처드 포스터는 찰스 스펄전을

십자가의 수난에서 우리 주님이 기도드리신 것처럼, 그리고 가혹한 고문의 고통을 당할 때 거룩한 순교자들이 기도한 것처럼, 고난 중에 하는 기도만큼 강하고 유력한 기도는 없다.[54]

고난의 기도로서 금식은 영적 투쟁의 한 표현이라고 할 수 있다. "금식은 격렬한 영적 활동을 위하여 스스로 정상적인 기능을 부인하는 것이다. 그것은 우리의 심각함과 강렬함을 나타내는 표시이다. 금식한다는 것은 우리가 에덴동산에서 인간에게 주신 첫 번째 권리인 먹는 권리를 의도적으로 포기하는 것이다. 우리가 음식을 거절하는 것은 다른 사람들이 훨씬 더 많은 영양분을 받게 하는 일에 열중하기 때문이다. 우리는 모든 멍에를 풀고 갇힌 자들을 자유케 하라고 임명되었다. 금식은 바로 상처받고 억압받는 자들을 위해서 싸우는 우리의 투쟁을 그 어떠한 것도 멈출 수 없다는 징표이다."[55]

고난의 기도가 주는 신비는 고난을 하나님의 뜻으로 이해하는 것이다. "하나님의 뜻대로 고난을 받는 자들은 또한 선을 행하는 가운데에 그 영혼을 미쁘신 창조주께 의탁할지어다(벧전4:19)." 고난은 부끄러운 것이 아니라 하나님께 영광을 돌리는 것이며(벧전4:16), 선과 의를 위하여 자발적으로 당하는 것이다. 따라서 고난 중에서라도 악을 선으로 갚으며 위협 가운데에서도 하나님께 공의를 구하는 기도로 승리하여야 한다.

우리 주님은 이 세상에서 고난을 직접 당하셨고 시험을 당하셨으며 그리고 고난을 통하여 순종함을 배우셨다고 히브리서 기자는 이해하고 있다(히2:18). 따라서 고난은 기도하는 기회이며 곧 즐거워 할 수 있는 축복의 통로인 것이다(약5:13). 심지어 부당하게 고난을 받아도 하나님을

인용하여 이 말을 하였다.
[54] St. Thomas More, *Dialogue of Comfort Against Tribulation*.
[55] 리처드 포스터, 『리처드 포스터의 '기도'』, 303.

생각하며 모든 슬픔을 참으면 기쁨이 넘치게 된다(벧전2:19). 따라서 우리는 고난에 참여하는 주님의 병사가 되어 부활의 권능에 동참하게 되는 것이다(딤후2:3; 빌3:10).

(3) 권세기도

"그가 동풍을 하늘에서 일게 하시며 그의 권능으로 남풍을 인도하시고 먼지처럼 많은 고기를 비 같이 내리시고 나는 새를 바다의 모래 같이 내리셨도다. 그가 그것들을 그들의 진중에 떨어지게 하사 그들의 거처에 두르셨으므로 그들이 먹고 심히 배불렀나니 하나님이 그들의 원대로 그들에게 주셨도다(시78:26-29)."

'권세기도'는 위로 향하는 기도와 반대 위치에 있다고 할 수 있다. 일반적으로 기도드린다고 할 때는 위로 향하는 기도는 공간적인 개념으로는 땅에서 하늘로 올라가는 형태를 띠는데, 하나님께 용서와 감사, 또는 치유를 구할 때 그러하다. 그러나 권세 있는 기도는 특별한 땅의 문제를 해결하기 위해 하나님의 전권이 위에서 아래로 향하게 된다.

윌리암 로William Law는 기도란 "인간의 뜻이 하늘에서 이루어지게 하는 도구가 아니라 하나님의 뜻이 땅에서 이루어지게 하는 도구"라고 하였다. 오 할레스비Ole Hallesby는 기도를 하늘의 권능을 땅으로 가져 오는 통로로 본 것처럼, 사실상 우리는 하늘에서부터 땅으로 기도하는 것이라고 할 수 있다.[56] 특히 권세 있는 기도는 "하나님 나라를 확장시키는 수단으로서 주로 지금 현존 하는 어두움의 주관자들과 권세들에 대항하는 데에

---

[56] 리처드 포스터, 『리처드 포스터의 '기도'』, 320.

초점이 맞추어진다."57 이와 같이 권세 있는 기도는 우리가 하나님께 말하는 것이 아니라 하나님을 대신하여 말하는 것이라고 할 수 있다. "하나님께 어떤 것을 해달라고 요구하는 것이 아니라 하나님의 권세를 사용하여 어떤 일이 이루어지도록 명령하는 것이다."58

  우리 주님은 이 땅에서 죄를 사하는 권세가 있음을 성경은 증언하고 있다(막2:10). 주님은 축복과 아울러 지옥의 심판도 행하실 수 있는 분이시다(눅12:5). 우리가 예수님을 영접하면 하나님의 자녀가 되는 권세를 주시고(요1:12), 사탄의 권세를 깨뜨리시고 우리를 주님의 거룩한 백성이 되게 하신다(행26:18).

  권세 기도는 정치적인 행동과 연관되기도 한다. 성경에 예수님이 제자들에게 "주의 나라가 임하옵시며"라고 기도하라고 가르치셨을 때, "주님은 궁극적으로 지상에서의 하나님의 통치는 기도하는 사람들, 즉 하나님이 우주의 중심에 계시며 그들의 삶의 중심에 계시다는 것을 인정하며 사는 사람들을 통해서 성취된다는 것을 그들에게 보여 주셨다."59

  이 세상의 그 어떤 통치나 권세라 할지라도 우리 주 예수 그리스도는 무력화시키셨으며 오히려 그러한 것들을 구경거리로 삼으시고 십자가로 이기셨다(골2:15). 따라서 우리도 이 땅에서 끝까지 믿음을 지켜서 주님의 권세로 만국을 다스리는 축복에 거함을 믿고 기도하여야 한다(계2:26).

---

57 리처드 포스터, 『리처드 포스터의 '기도'』, 321.
58 리처드 포스터, 『리처드 포스터의 '기도'』, 308.
59 사이몬 찬, 『영성신학』, 268.

3. 안을 향한 기도

'안'은 내면세계를 말하며 성찰을 통하여 변화를 추구하는 기도이다. 이 내면에는 그리스도의 신비를 담는 깊은 영적 평화와 참된 안식이 있다.

(1) 단순한 기도

"그 때에 제자들이 예수께 나아와 이르되 천국에서는 누가 크니이까. 예수께서 한 어린 아이를 불러 그들 가운데 세우시고 이르시되 진실로 너희에게 이르노니 너희가 돌이켜 어린 아이들과 같이 되지 아니하면 결단코 천국에 들어가지 못하리라(마18:1-3).”

'단순한 기도'는 어린이가 드리는 기도처럼 소박한 기도이다. "기도는 소박한 마음을 가지고 하나님의 품에 안겨서 하나님께 사랑의 노래를 불러 달라고 하는 것이다." [60] "예수님께서 우리에게 상기시켜 주신 것은 기도는 어린아이들이 부모님께 나아오는 것과 어느 정도 유사하다는 사실이다. 즉 하나님과의 친밀하고 끊임없는 상호작용 속에서 이 문제들은 때가 되면 자연스럽게 해결될 것이다." [61]

단순한 기도에서 언급되는 어린이들에게는 과연 어떤 영성이 있을까?[62] 코울즈Robert Coles 박사는 하바드 대학의 어린이 심리학자였으며, 저

---

[60] 리처드 포스터, 『리처드 포스터의 '기도'』, 17.
[61] 리처드 포스터, 『리처드 포스터의 '기도'』, 23.
[62] 이하 소개되는 전문가들의 '어린이에 대한 영성'은 미국의 공영라디오방송American Public Media에 나오는 내용 중에 '신앙을 이야기 하며Speaking of Faith'라는 프로그램의 내용을 소개한다. "Children and God," American Public Media. http://americanpublicmedia.publicradio.org/

서들로는 『어린이의 영적 삶』The Spiritual Life of Children과 같은 주로 어린이의 영성을 다룬 50여권의 책들이 있다. 코울즈 박사는 어린이의 특성으로서 먼저 '호기심'에 대하여 강조하고 있다. 호기심이란 단지 무엇을 알고자 하는 단순한 지식을 말하는 것이 아니라, 보다 궁극적인 것에 대한 관심을 말하는 것이다. 호기심을 가진 어린이는 '질문'을 하게 되는데, 어린이들이 하는 질문은 어떤 것의 '시원'에 대한 것이며, 동시에 그것의 '끝'에 관한 질문과도 연결이 된다.

호기심을 통하여 유발된 어떤 궁극적인 것의 '처음과 마지막'에 관한 질문은 어린이에게 바로 '신비'에 대한 종교적인 감정을 준다고 코울즈 박사는 강조하면서, 어린이들이 가지고 있는 가장 중요한 종교성의 특성이 바로 이 '신비'에 있다는 것이다. "어떻게 이런 일이 가능할까?"라는 호기심의 영역은 "이렇게 하신분이 누구일까?"라는 신비의 종교적 대상에 대한 질문으로 바뀐다는 것이다. 이 우주의 삼라만상에 대하여 신비감을 가지게 되는 어린이들은 어려서부터 자신들에게 들려주는 '이야기'에 대하여 깊은 관심을 가지게 되는 것이다.

코울즈 박사는 인간을 '이야기를 하는 피조물story telling creature'이라고 정의를 내리면서 어린이들은 이야기를 듣고 말하는 과정을 통하여 듣는 법과 말하는 법에 대하여 알아가기 시작한다고 강조한다. 특히 그는 지난 40년간 수천 명의 다양한 어린이들과의 대화를 통하여 대화 속에서 어린이들이 관심을 가지고 있는 공통된 주제들을 발견하게 되었는데, 그것은 날짜, 시작과 끝, 죽음과 생명, 음식 등과 같은 일상의 공통적인 관심사들과 연관이 되어 있었다.

그러나 여기서 중요한 것은 어린이들의 질문은 일반 문화적인 일상사에 관한 질문이 아니라, 그러한 평범한 것을 영적인 것으로 바꾸는 능력이 있다는 것이다. 예를 들어서 어린이들은 '어떤 날'에 대하여 굉장히

집착하는데, 생일, 졸업식, 방학 등등이다. 그러나 이러한 날은 단지 무엇을 기념하기 위한 '날'이 아니라, 위에서 언급하였듯이, 무엇의 '시작'과 '끝'에 대한 궁극적인 질문과 연관이 되어있는 것이다.

코울즈 박사는 특히 어린이들이 '고난'을 신비로 이해한다고 한다. 왜냐하면 대부분의 고난은 어른들도 이해할 수 없는 내용들이 많기 때문이다. 어린이들은 자신들이 이해하지 못하는 고난과 고통에 대하여 신비감을 가지고 그 고난을 해결하여 줄 '구원적 사건'을 기다리게 된다. 그리고 그런 구원적 사건의 대망에 예수 그리스도의 죽으심과 부활에 대하여 깊은 이해를 하게 되는 것이다. 이 부분이 바로 "어린이들이 하나님과 가깝다"는 대목이다.

교육학자이며 기독교 교리학 연구가인 딜 버너Carol Dittberner는 마리아 몬테소리Maria Montessori 교육 훈련가이다. 몬테소리는 이탈리아의 교육자로 노동자 자녀들을 위한 유치원 '어린이의 집Casa dei Bambini'을 열어, 소위 몬테소리법에 의한 교육을 실시하였다. 몬테소리는 어린이의 권리존중을 주장하여 자유스러운 교육과 개성발전교육을 역설하였는데, 그는 어린이에게는 특별히 하나님을 알 수 있는 지력이 뛰어나다고 주장하였다. 특히 어린이는 언어를 배우기 시작하면서부터 하나님을 표현할 수 있는 능력을 가지는데, "하나님과 어린이는 같은 언어를 쓴다."라고 주장하였다. 딜 버너는 몬테소리 교육법칙은 외부세계와 영적인 세계를 연결하여 종교교육의 기초를 쌓게 하는 중요한 도구가 되어주고 있다고 강조하고 있다. 특히 어린이의 상상력을 이용하여 신앙에 대한 영적 지력을 향상시켜주어야 함을 역설하며, 우리는 이와 같은 생명의 힘을 어린이들에게 불어넣어주어야 하며, 그들을 위하여 봉사하여야 한다고 그는 강조하고 있다.

캄프Diane Komp 박사는 예일대의 소아암전문 의사이며, 『천국으로 가는

창문: 어린이가 죽음을 맞이하였을 때』Window to Heaven: When Children See Life in Death와 같은 책들을 출간하였다. 그는 지난 40년간 죽음에 임박한 어린이들을 치료하면서, 어린이들의 영성에 대하여 눈을 뜨게 되었다고 한다. 그가 발견한 내용 중에 가장 중요한 것은 "어린이들은 자신들이 할 수 있는 것과 할 수 없는 것, 들을 수 있는 것과 들을 수 없는 것"을 구별할 수 있는 능력을 겸비하였다는 것이다. 주로 성인들이 일반적인 지식의 습득이나 종교적인 것이라 할지라도 단지 율법적인 형식이나 규례에 대하여 관심이 있는 반면에, 어린이들은 그러한 것을 넘어 '도덕적인 것'에 깊은 관심을 가지고 있다는 것을 캄프박사는 강조한다. 즉 현상을 넘어 초월적인, 시공을 넘어 우주적인, 인간의 관계를 넘어 신과의 관계에 대하여 영적인 관심을 가지고 있다는 것이다.

그렇다면 성서는 어린이에 대하여 어떻게 말하고 있을까? 예수님이 어린이에 대하여 주목하시고 비유로 말씀하신 내용을 보면, 우리에게 매우 중요한 신앙적 단서를 발견할 수 있다. 그 내용을 말씀을 중심으로 간단히 살펴보면 아래와 같다.

① 하나님의 뜻이 어린이들을 통하여 나타난다.
"그 때에 예수께서 대답하여 이르시되 천지의 주재이신 아버지여 이것을 지혜롭고 슬기 있는 자들에게는 숨기시고 어린 아이들에게는 나타내심을 감사하나이다(마11:25)."

② 어린이와 같은 온유한 성품을 가져야 한다.
"이르시되 진실로 너희에게 이르노니 너희가 돌이켜 어린 아이들과 같이 되지 아니하면 결단코 천국에 들어가지 못하리라(마18:3)."

③ 어린이와 같이 겸손하여야 한다.
"그러므로 누구든지 이 어린 아이와 같이 자기를 낮추는 사람이 천국에서 큰 자니라(마18:4)."

④ 어린이에게서 느끼는 바와 같은 '약한 것'을 항상 도와주워야 한다.
"또 누구든지 내 이름으로 이런 어린 아이 하나를 영접하면 곧 나를 영접함이니(마18:5)."

⑤ 어린이와 같이 순전한 마음으로 찬양하여야 한다.
"대제사장들과 서기관들이 예수께서 하시는 이상한 일과 또 성전에서 소리 질러 호산나 다윗의 자손이여 하는 어린이들을 보고 노하여 예수께 말하되 그들이 하는 말을 듣느냐? 예수께서 이르시되 그렇다. '어린 아기와 젖먹이들의 입에서 나오는 찬미를 온전하게 하셨나이다.'함을 너희가 읽어 본 일이 없느냐 하시고(마21:15-16)."

⑥ 어린아이와 같이 천국을 사모하여야 한다.
"내가 진실로 너희에게 이르노니 누구든지 하나님의 나라를 어린 아이와 같이 받들지 않는 자는 결단코 그 곳에 들어가지 못하리라 하시고(막10:15)."

⑦ 어린아이들을 항상 축복하여야 한다.
"그 어린 아이들을 안고 그들 위에 안수하시고 축복하시니라(막10:16)."

지금까지 살펴보았듯이, 단순한 기도는 어린아이처럼 기도하는 것이다.

주님을 절대적으로 신뢰하며 어머니의 품에 있는 아기처럼 주님 안에서만 참된 위로와 안식을 구하는 기도가 '단순한 기도'이다.

(2) 성찰의 기도

"밤에 내 영혼이 주를 사모하였사온즉 내 중심이 주를 간절히 구하오리니 이는 주께서 땅에서 심판하시는 때에 세계의 거민이 의를 배움이니이다(사26:9)."

'성찰의 기도'란 하나님이 하루 동안 어떻게 우리들의 삶 속에 임재하셨는지 살피는 '의식의 성찰'과 그리고 우리 안에 정화되어야 하고 치유되어야 할 영역을 발견하는 '양심의 성찰'로 나눌 수 있다.[63] 성찰의 기도는 외부가 아닌, 더 깊은 내면을 향하여 기도하는 것이다.[64] 이 기도는 하나님을 만물의 중심에 두는 것이며, 쉬지 않고 기도드림으로써 하나님을 우리 매일의 생활 구석구석에 모시는 기도라고 할 수 있다. 우리는 기도를 통하여 "모든 창조물 안에서, 모든 역사적, 혹은 세속적 사건 안에서, 모든 결과, 혹 외관상 모순되어 보이는 것 안에서 하나님을 보기 시작한다."[65]

우리가 깊이 살펴야 할 성찰은 기도할 때 먼저 하나님은 온 천하를 살피시며 땅 끝 까지 감찰하시는 분이라는 고백이 있어야 한다(욥24:23).

---

[63] 리처드 포스터, 『리처드 포스터의 '기도'』, 44.
[64] 리처드 포스터, 『리처드 포스터의 '기도'』, 50. 리처드 포스터는 안토니 블룸Anthony Bloom을 인용하면서, "당신의 기도는 내면을 향해야 한다. 하늘에 계신 하나님을 향하는 것도 아니고, 멀리 계신 하나님을 향하는 것도 아니며, 오직 당신이 알고 있는 것보다 더 가까이 계신 하나님을 향해야 한다."고 강조하였다.
[65] 사이몬 찬, 『영성신학』, 199~200.

그리고 아무리 우리가 하나님을 헤아린다고 할지라도 우리는 피조물로서 하나님을 온전히 알 수 있는 지각이 없다는 겸손이 동반되어야 한다(시14:2). 그러나 하나님이 우리와 함께 하시면 우리의 의지와 양심은 단련이 되며(시26:2) 그리고 삶 속에서 하나님이 원하시는 정직한 사람이 될 수 있다(시37:37).

우리가 온전한 성찰에 이르면 그 어떤 시험 앞에서도 하나님에 대한 믿음이 흔들리지 않게 된다(시139:2). 이 성찰의 기도를 통하여 우리는 또한 성령이 우리 안에 거하시는 임재를 체험하며 하나님의 신비한 비밀을 우리에게 알리시는 성령의 능력을 통하여(고전2:10) 우리의 깊은 속을 살필 수 있는 기도를 할 수 있다(잠20:27).

이러한 성찰에 이르게 될 때 우리는 양심에 거리낌이 없이 하나님과 사람 앞에서 담대하여 질 수 있다(행24:16). 그리고 우리의 심령은 항상 성령님의 임재에 반응하며(롬9:1-2) 이 성찰을 통하여 거짓이 없는 믿음과 사랑이 나오게 된다(딤전1:5).그리고 모든 일에 선한 목적을 가지고 하나님의 영광을 따라 행하게 되는 것이다(히13:18).

(3) 눈물의 기도

"여호와여 나의 기도를 들으시며 나의 부르짖음에 귀를 기울이소서. 내가 눈물 흘릴 때에 잠잠하지 마옵소서. 나는 주와 함께 있는 나그네이며 나의 모든 조상들처럼 떠도나이다(시39:12)."

'눈물의 기도'란 하나님의 선하심을 거역하고 하나님을 떠나 죄에 빠진 것에 대하여 '마음을 찢는 것'을 말한다(행2:37). 우리와 세상의 죄에 대하여 슬퍼하며 죄에서 해방하는 회개의 경험을 갖는 것이다. 또한 그것은 "죄가 우리를 하나님의 충만한 임재로부터 단절시켜 버린다는 것을 분명하고도 절실하게 깨닫는 것을 말한다." [66] "눈물의 기도는 우리가 돌이키는 데에 가장 먼저 도움을 준다." [67]

기도는 회개를 통하여 내면의 죄가 자백되며 고백이 된다. 기도를 통하여 우리의 은밀한 내면의 세계가 폭로되고 하나님의 거룩하심에 노출되며, 비록 이것이 부끄러운 일이지만, 하나님의 자비와 용서가 동반되기 때문에 동시에 즐거운 일이 된다. 뿐만 아니라 영적 진리의 힘에 사로잡혀 하나님의 사랑과 은혜, 그리고 성령의 임재하심을 느끼게 된다. 그렇게 되면 예배를 통하여 감사가 끊이지 않게 된다. 따라서 이러한 "기도는 그리스도의 생명이 상호 임재하고, 또 그 생명을 나의 정체성으로 삼으면서 삼위일체의 하나님이 내면화의 주체가 되는 데에 참예하는 시간이다." [68]

눈물의 기도는 자신의 내면을 살펴보고 통회하는 마음이 동반된 경건한 슬픔을 의미한다. 눈물이 동반되지만 복 있는 거룩한 애도와 같다. 눈물의 기도는 마음 속 깊이 진심으로 뉘우치는 것과 연관이 된다. [69]

성경에 나오는 많은 인물들은 그들의 영성에서 눈물이 매우 중요한 역할을 하고 있다. [70] 욥은 고통 가운데에서 "나의 친구는 나를 조롱하고 내 눈은 하나님을 향하여 눈물을 흘리니(욥16:20)"라고 고백하고 있으며, 이사야는 모압의 죄를 탄식하며 "그러므로 내가 야셀의 울음처럼 십마의 포도나무를 위하여 울리라 헤스본이여, 엘르알레여, 내 눈물로

---

[66] 리처드 포스터, 『리처드 포스터의 '기도'』, 56.
[67] 리처드 포스터, 『리처드 포스터의 '기도'』, 62.
[68] 케네스 보아, 『기독교 영성, 그 열두 스펙트럼』, 203.
[69] 리처드 포스터, 『리처드 포스터의 '기도'』, 56.
[70] 이하 눈물에 대한 성경 구절과 해석은 리처드 포스터의 정리를 참고하였다. 리처드 포스터, 『리처드 포스터의 '기도'』, 57~59.

너를 적시리니 너의 여름 실과, 네 농작물에 즐거운 소리가 그쳤음이라(사16:9)."고 애통해하고 있다. 예레미야는 기도 가운데 "어찌하면 내 머리는 물이 되고 내 눈은 눈물 근원이 될꼬. 죽임을 당한 딸 내 백성을 위하여 주야로 울리로다(렘9:1)."라고 절규하고, "그들의 마음이 주를 향하여 부르짖기를 딸 시온의 성벽아 너는 밤낮으로 눈물을 강처럼 흘릴지어다. 스스로 쉬지 말고 네 눈동자를 쉬게 하지 말지어다(애2:18)."라고 하나님께 호소하고 있다.

시편은 눈물에 대한 표현이 많이 나오는데, 다윗은 "내가 탄식함으로 피곤하여 밤마다 눈물로 내 침상을 띄우며 내 요를 적시나이다(시6:6)."라고 하나님께 간절히 기도하고 있으며, 예수님도 기도 가운데 많은 눈물을 흘리셨다고 히브리서 기자는 간증하고 있다. "그는 육체에 계실 때에 자기를 죽음에서 능히 구원하실 이에게 심한 통곡과 눈물로 간구와 소원을 올렸고, 그의 경건하심으로 말미암아 들으심을 얻었느니라(히5:7)." 바울 또한 그의 사역에 있어서 "모든 겸손과 눈물이며 유대인의 간계로 말미암아 당한 시험을 참고 주를 섬긴 것(행20:19)"에 대하여 고백하고 있다.

"이 모든 슬픔과 눈물과 애통의 의미는 무엇일까? 적어도 그것은 좋은 감정과 만사형통의 신앙의 결과라고 믿고 자란 우리들에게는 다소 절망스럽게 느껴질 것이다. 그러나 옛사람들은 우리와는 전혀 다른 견해를 갖고 있었다. 그들은 그것을 우리가 사모해야 할 은사, 곧 '눈물의 은사'라고 보았다. 그들은 이러한 내적인 마음의 슬픔을 오히려 '마음속의 큰 기쁨'이라고 불렀다. 사실 진정한 기쁨은 회개하며 하나님께 영원히 머리 숙여 경배하는 자들의 마음속에 나타나는 가장 분명한 결과이다. 두려움은 눈물을 만들어 내고 눈물은 기쁨을 만들어 낸다. 그리고 기쁨은 힘을 가져오고 그 힘을 통해 영혼이 범사에 열매를 맺게 된다."[71]

세상에는 두려움에 의해 야기된 불완전한 눈물들이 있다. 악인에게도 눈물이 있으며, 심판의 두려움으로 말미암아 죄로부터의 해방에 대한 웃음 대신 두려움으로 울 수도 있다. 또한 세상에서의 달콤함을 애절하게 간구하는 울음도 있으며, 그리고 신앙인들의 이웃을 향한 진심어린 눈물도 있다. 아울러 하나님의 평화를 구하는 눈물도 있다.[72] 그러나 우리 신앙인은 무엇보다도 날마다 죄와 싸우고 악과 머물고 상처받고 모든 쓸데없는 말에 스스로 영적 책임을 떠올리며 스스로를 위해 좀 더 올바르게 울어야 할 것이다. 우리의 길을 수정하여 눈물과 애통으로 연합하며 함께 울고, 우리의 창조자인 주님께 돌아가야 한다.[73]

특히 우리는 살아있는 것이 행복하다고 기뻐하지 말고, 죽은 자를 슬퍼하지 말아야 한다. 오히려 죄 안에 있는 자들을 위해 울어야 할 것이다. 그리고 그들이 죽었든지 살았든지 의로운 가운데 있는 자들이 행복하다고 고백하여야 할 것이다.[74]

눈물의 기도와 연관하여 좀 더 미학적으로 분석하여 보자. 눈물의 기도와 연관하여 우리에게 나타나는 눈물의 현상은 무엇일까?[75] 투명하게 보이는 눈물에 색깔이 있다면, 그 색은 무엇일까? 아마 회색이 아닐까 싶다. 눈물이 우리의 시선을 가릴 때면 분명하게 보이던 모든 사물은 회색으로 흐릿하게 채색된다. 참기 힘든 현실세계 안에 슬픔의 빛깔은 어느 누구도 부정할 수 없을 만큼 너무나 선명하지만, 눈물은 마치 어두운 먹구름 아래의 사물들과 같이 그 모든 것을 하나같이 회색으로 덧칠

---

[71] 리처드 포스터, 『리처드 포스터의 '기도'』, 59.
[72] St. Catherine of Siena, *The Dialogue of Saint Catherine of Siena*.
[73] St. Jerome, *The Letters of St. Jerome*.
[74] St. John Chrysostom, *On the priesthood*.
[75] 이하 '눈물'에 대한 해석은 필자의 선행연구에서 재인용 각주 없이 빌려왔다. 유경동, 『영화 속의 신학과 인권』(감리교신학대학교 출판부, 2008), 359~362.

한다.

우리가 슬프다고 생각하는 모든 것을 눈물은 흐릿하게 보이게 함으로써 우리를 보호하고 있는 것이다. 마치 외부로부터 침입한 상처를 보호하기 위하여 액체를 거듭 거듭 내는 진주처럼 사람의 눈물은 자신을 위로하기 위하여 빛나는 회색으로 슬픔의 세상을 덧칠하는 것이리라.

눈물은 언어의 기능처럼 사람 간에 소통을 형성한다. 비록 신체는 서로 떨어져 있지만, 눈물을 통하여 사람의 마음은 교감하게 된다. 눈물을 흘리고 있는 사람 앞에서 눈물을 참기가 힘든 이유는 인간은 다른 사람의 고통을 나누고 싶은 보다 원초적인 욕구가 있다는 것을 증명하여 준다. 서로를 배려하고 이해하고 싶어 하는, 이러한 '눈물의 전염'은 막을 수가 없다.

따라서 눈물은 그 어떤 언어보다 앞서 진실을 전달하는 능력이 있다. 깊은 침묵 가운데 떨어지는 한 방울의 눈물은 수만 마디의 미사여구보다 더 설득하는 힘이 있다. 그러한 눈물은 예외 없이 독특한 맛을 지니고 있다. 삶의 부패를 정화하여 주는 염분이 있기 때문이다. 삶의 곁 저리에 흩뿌려지는 눈물은 영혼의 깊은 곳까지 절인다. 그렇기에 눈물은 인생을 더욱 더 성숙하게 하는 것이다.

모든 눈물이 다 진실한 것은 아니다. 악어는 다만 그 먹이를 한 입에 물어뜯으려고 너무 입을 크게 벌리다가 눈물샘을 자극하여 눈물을 흘릴 뿐이다. 다른 사람을 희생시켜 놓고, 그 사람의 상처와 슬픔의 눈물 앞에 슬퍼하는 척하는 가식은 자신의 감정에 스스로 도취되어 흐르는 의미 없는 눈물을 얼마든지 흘려낼 수 있다

그렇기 때문에 눈물의 가치는 그 눈물의 양에 의한 것이 아니라, 그 눈물을 담고 있는 바른 삶에 의하여 결정이 되는 것이다. 따라서 눈물은 윤리적이라고 할 수 있다. 남에게 호소하면서도 무조건적인 동정을 바라

지 않으며, 타인의 눈물에 교감하면서도 동정심에 끝나지 아니하는 삶의 진실을 담고 있기 때문이다.

앞에서 살펴본 웃음이 삶의 생명력을 불어넣어주는 요소이지만, 그렇다고 웃음으로만 점철되어 있는 삶은 없다. 웃음만큼 우리에게 친숙한 '울음,' 이것은 우리가 피해가고 싶은 '얼굴의 현상'이지만, 이 울음은 알고 나면 웃음보다 더 필요한 것이다. 물론 울음의 종류는 너무나 많다. 그러나 기독교의 울음이 중요한 이유는 '울음'이 웃음보다 훨씬 공동체적이라는 데에 있다.

예를 들어서 어떤 사람이 혼자 실실 웃고 있다고 가정하여 보자. 물론 이유가 있어서 웃겠지만, 주변에 있는 사람들은 그 웃는 사람의 정신상태에 대하여 의구심을 가지게 된다. 반대로 혼자 울고 있는 사람의 경우에는 주변 사람들에게 '왜 우는지'에 대한 강한 궁금증과 함께 마음의 동화를 불러일으킨다. 따라서 울음은 웃음보다 훨씬 회중을 결속하는 데에 강한 응집력을 형성케 한다.

웃음이 일상의 가벼운 경직성이 깨질 때 나타나는 현상이라고 한다면, 울음은 그 경직성이 시간이 지나면서 해결이 되지 않아서 마음의 무거운 짐이 되고, 이제 더 이상 희망이 없어보이다가 극적으로 문제가 해결될 때 나타나는 '얼굴의 현상'이라고 할 수 있다. 어린 아이들은 필요한 것은 울음으로 해결하려고 한다. 그러나 성인이 되면서 필요한 것을 보채거나 울음으로 문제를 해결하려는 시도는 사회적으로 제약을 받는다. 그러나 성인임에도 문제가 해결되지 않을 때는 결국 눈물을 보일 수밖에 없다. 그것은 어린이의 행태로 돌아가는 것이 아니라, 자신의 바라는 궁극적인 것을 표현하는 수단이 '눈물' 외에 딱히 없기 때문이다.

'눈물'의 가장 심오한 기독교적인 뜻은 특히 인간과 하나님과의 '만남'에서 그 의미를 드러낸다. 인간이 하나님을 만나는 '회심'의 자리에서 예외 없이 나타나는 현상은 '웃음'이 아니라 '눈물'이다. 이 세상에서 하나님과 인간의 단절만큼 그 역사가 긴 것도 없으며, 그 해후만큼 극적인 것도 없다. 창조 후의 시간만큼 그렇게 오래 지체된 만남이었기에, 하나님을 만나는 '회개'의 자리에는 예외 없이 기다리던 '눈물'이 쏟아진다. 그리고 참된 평안의 '기쁨과 웃음'은 그 후에 주어지는 '축복'인 것이다.

성도들의 웃음이 교회 공동체에 생동감을 주는 영적 비타민이라면, 오히려 성도들이 눈물로 기도하는 영적 힘은 교회 전체를 하나로 묶어주는 거룩한 '띠'의 역할을 한다고 할 수 있다. 완고한 자신의 죄악을 향하여, 그리고 고쳐질 수 없어 보이는 이 세상의 부정과 부패를 향한 교회 공동체의 간절한 기도는 훨씬 미래 지향적이며 영적으로 더 건강하다는 징후가 될 수 있는 것이다.

(4) 포기의 기도

"우리가 선을 행하되 낙심하지 말지니 포기하지 아니하면 때가 이르매 거두리라(갈6:9)."

'포기의 기도'는 인간적인 노력을 단념하고, 그러한 노력에 대한 미련을 잊어버리는 것이다. "하지만 그것은 소망 있는 포기이다. 운명론적 단념이 아니다. 하나님의 성품에 대한 분명한 믿음이 우리에게 격려가 된다." [76]

우리가 진정 포기하여야 할 것은 교만하여진 자기 자신의 포기이다. 하나님만 의지하는 온전한 기도를 통하여 하나님의 임재를 체험하며 하

---

[76] 리처드 포스터, 『리처드 포스터의 '기도'』, 76.

나님의 말씀으로 돌아가야 한다. 과거의 죄를 회개하고 영적인 새 삶으로 돌아가는 것이다. "사람이 귀를 돌이키고 율법을 듣지 아니하며 그의 기도도 가증하니라(잠28:9)."는 말씀처럼 온전한 기도는 하나님의 말씀만을 청종하는 것이다.

필자는 '포기의 기도'와 연관하여 현대 기독교 윤리학이 처한 위기는 인간이 하나님 앞에서의 진정한 '자기 부정'에 이르지 못하고 '자기 부정'이 자기 긍정으로 너무 쉽게 바뀌는 허위의식과 자기기만이 문제라고 본다.[77]

신석구 목사는 하나님 앞에서 '자기포기'를 '못난이'란 표현으로 대신하였다.[78] 신석구 목사가 '자기 부정'을 통하여 '못난이'로 자인하는 것은 다음과 같은 뜻을 가진다. '못난이'란 '못나고 어리석은 사람'을 뜻한다. 주어진 환경에 잘 적응하지 못하고 마땅히 해야 할 일을 잘 해내지 못할 때 붙이는 말이 '못난이'다. 은재는 신앙인이 취해야 할 자기 고백을 '못난이'라고 불렀다. 이와 같은 '못난이'라는 단어에는 '자기 부정'에 이르는 윤리학적 해석에 매우 중요한 근거를 제공한다.

첫째, '못난이'란 주어진 환경과 조건 속에서 맡겨진 일을 적절하게 수행하지 못할 때 불리는 말이다. 이때 "왜 알면서도 하지 못하는가?"라는 의문을 갖게 된다. 남들처럼 행동하며 어엿하게 잘 할 수 있는데, 왜 그렇게 하지 못하는 것일까? 이것은 스스로 도덕적 행위의 문제점에 대해 의문을 가지면서 동시에 그것을 극복해야 하는 자아에 대한 주체성의 요구에 대해 진지하게 되묻는 과정을 내포한다.

---

[77] 이하 '자기부정'에 관한 해석은 필자의 선행연구를 옮겼다. 유경동, 『한국 감리교사상과 기독교윤리』(감리교신학대학교 출판부), 53~56.
[78] 은재殷哉 신석구申錫九(1875.5.3.~1950.10.10.)는 한국 감리교 목사로서 민족대표 33인에 포함된 독립 운동가이다.

둘째, '못난이'란 단어가 자신을 향하게 될 때 자신에 대한 주관적 표현이면서 동시에 사회적 상황, 즉 공동체적인 환경에서 자신의 부정적 위치를 파악하는 사회적 준거점을 가지게 된다. 마땅히 행해야 할 당위성이 있음에도 요구에 부응하지 못하고 자존감이 상처를 받게 될 때 자신을 부정하게 되며, 사회적 조건 속에서 자신의 열등한 위치를 분명하게 파악하게 된다.

셋째, '못난이'란 마땅히 행동할 수 있음에도 자신의 의사에 반하여 행동하는 낯선 자아를 향해 부르는 자조적인 표현이다. "이런 못난이 같으니라고!"하면서 자신을 질책한다. 어떤 상황에 처할 때 그 상황을 자신을 위해 이용할 수 있음에도 오히려 더욱 불리한 조건을 수용하며 행동하는 자신에 대한 부정적인 표현이 될 수 있다.

기독교 윤리학적인 맥락에서 중요한 점은 바로 여기에 있다. 즉 은재에게 '못난이'란 기독교인에 대한 부정적 자기표현이지만, 자신의 부정적 모습을 또다시 부정하게 될 때, 즉 부정적인 모습을 부정하면서 그대로 인정하는 표현이라는 점이다. 일반적으로 인간성의 구현이 자기 긍정에 있을 때, 자신을 향해 '바보'나 '못난이'로 표현한다는 것은 '자기 부정'을 통해 자기가 아닌 또 다른 낯선 자아를 대면하는 것이다.

따라서 '못난이'로 인식된 자아는 자신의 부정적 모습이지만 '못난이'를 수용함으로서 동시에 또 다른 새로운 인간성의 가능성으로 다가오는 자아인 것이다. 왜냐하면, 여기서 '못난이'는 처음의 자아가 아닌 새로운 가능성으로써의 자아이며 그 자아를 바라보는 사회 구성원에게 다른 주체성으로 평가받을 수 있는 가능성이 있기 때문이다.

넷째, '못난이'로 돌아온 낯선 자아는 처음의 자아와는 다른 자아이지만, 처음과는 다른 새로운 정체성을 갖게 된다. 이 자아는 각성한 자아이므로 나아갈 분명한 목적의식이 성립되고 삶의 방향 또한 새롭게 세워진다.

따라서 '못난이'로 살아가지만, 이제 부끄러운 '못난이'가 아니라, '못난이'란 타인의 질타를 당연하게 여기며 살아가는 주체로서의 '못난이'인 것이다. 또한, 사회 속에서 자신에 대한 새로운 이해와 자아의 성립은 소위 자기 긍정으로 향하는 것이 아니라, 본래 자신의 부정과 되돌아온 자신의 부정을 통해 '못난이'란 새로운 정체성을 갖게 된다.

은재는 이와 같이 기독교인은 '못난이'로 살아가야 한다고 주장했다. 그 '못난이'는 단지 자신의 부정을 통해 얻어지는 부끄러운 자아가 아니라 철저하게 예수 그리스도를 통해 형성된 새로운 자아로서의 '못난이'이다. 즉, 그리스도를 위해 '못난이'가 되는 것이다. 자신의 한계와 죄를 인정함으로서 이 '못난이'는 주님 앞에 서게 된다. 그러나 주님은 그 '못난이'를 질타하시지 않고 있는 그대로 받아주신다. 하나님의 자녀로서 새롭게 변화되어지는 '못난이'는 세상 사람이 무엇이라고 하든 상관하지 않고 주님 앞에서 '못난이'로 살기로 각성한다. 왜냐하면 세상에서는 '못난이'이지만 주님 앞에서는 피로 값 주고 사신 믿음의 자녀가 되었기 때문이다.

사도 바울은 세상에서 자신은 버림받은 자와 같다고 고백하였다(고후 13:7). 바울이 이와 같이 자기를 낮춘 이유는 그리스도를 아는 지식이 가장 고상하기 때문에 주님 외에 모든 것을 배설물과 같이 여겼기 때문이다(빌3:8). 우리 주님도 건축자들이 버린 '모퉁이 돌'과 같이 여김을 받으시지 아니하셨는가? 그 버림받은 돌이 집 모퉁이의 머릿돌이 되신 것이다(행4:11).

'포기의 기도'는 이런 면에서 자신을 하나님 앞에서 '못난이'로 인정하는 것과 같다. 자포자기가 아니라 하나님 앞에서의 자기 부정과 포기는 오히려 하나님의 전적인 은총을 기대하게 된다. 이 때 믿음으로 기도한 것은 주님이 반드시 응답하실 것을 믿어야 한다. 왜냐하면 하나님이 우리의 요구들을 승인해 줄 것에 대해 의심하면서 기도하는 것보다 더 하나님을 불신하는 것은 없기 때문이다. 그렇게 하면 우리는 하나님이 진실하신지, 그리고 하나님이 더 위대하시고 선하신지에 대하여 의심하게 되며 야고보 사도가 표현한 것처럼, 두 마음을 품은 사람이 되는 것이다(약4:8).

비록 열정적인 기도는 금식이나 철야, 또는 자선행위를 동반하지만 그렇다고 이러한 것들 때문에 하나님이 우리의 기도를 받아주시는 것은 아니다. 오히려 인간의 열정보다는 하나님에 대한 전적인 신뢰, 즉, 인간적인 것을 포기하고 하나님의 자비만을 구하는 기도가 되어야 한다.

한편, 명심하여야 할 것은 기도하는 사람에게 기도조차 포기하고 싶은 유혹이 있을 수 있다는 점이다. 우리는 때때로 기도 중에도 극심한 고통과 두려움이 있을 수 있다. 그러나 고통과 두려움은 오히려 기도의 동기가 될 수 있다. 왜냐하면 거대한 재난들에 둘러싸여있고 지속적인 근심에 쌓여 있을 때, 그리고 구원의 희망이 없이 순전히 절망의 상태에서 심판과 그 후에 있을 더 큰 심판에 대한 두려움이 엄습할 때, 우리는 고난의 구덩이로부터 벗어나 위로와 지지를 받고자 하나님을 부르며 하나님의 임재를 간구하게 된다.[79] 따라서 우리는 기도할 때, 예수 그리스도에 대한 믿음을 더욱 새롭게 하여야 한다. 주님의 이름으로 기도할 때, 십자가에 달려 돌아가시고 대속하신 주님에 대한 온전한 믿음이 있어야 한다. 인간적인 노력보다도 하나님만을 더 의지하는 기도를 통하여 영혼이 새로워지고 주님의 거룩한 옷으로 갈아입는 능력을 체험하게 되는 것이다.

---

[79] John Knox, *Treatise on Prayer*.

(5) 변화의 기도

"그의 영광의 힘을 따라 모든 능력으로 능하게 하시며 기쁨으로 모든 견딤과 오래 참음에 이르게 하시고(골1:11)."

'변화의 기도'는 기도를 통한 사물의 변화뿐만이 아니라, 우리 자신의 변화를 더 당위적인 목표로 삼는 것이다. 기도는 변화하는 것이다. "기도란 성부, 성자, 성령 하나님과 사랑의 관계가 지속적으로 성장하는 것 이외에 아무것도 아니라는 점을 상기하라는 것이다." [80] 기도는 기독교 신앙의 영적생활과 연관하여 통전적인 맥락에서 이해하여야 하며, 성경에서 말씀하시는 하나님의 뜻 이상으로 강조되어서는 안 된다. 기도는 기도와 연관된 다양한 역동적인 상호작용과 함께 살펴보아야 한다.[81]

성경에는 변화에 대하여 우선 마음의 변화를 강조하고 있다(롬12:2). 이 세대의 풍조 속에서 마음이 변화되어야만 하나님의 선하시고 온전하신 뜻을 분별할 수 있기 때문이다. 예수님은 기도하실 때 변화되셨다(눅9:29). 기도를 통한 이 변화는 궁극적으로 마지막 나팔소리에 썩지 아니할 것으로 부활할 우리의 신앙을 전제로 하는 것이다(고전15:51). 나아가 우리는 변화되어 주님의 영광을 볼 날을 또한 고대하는 것이다(고전 15:52).

이와 같은 변화를 통하여 우리는 성령의 능력으로 악을 물리칠 수 있다. 우리를 사로잡는 죄와 악을 이기고 선한 일에 최선을 다할 수 있도록 주님은 우리를 인도하시며, 우리는 분별력을 통하여 하나님이 기뻐하시는

---

[80] 리처드 포스터, 『리처드 포스터의 '기도'』, 28.
[81] 리처드 포스터, 『리처드 포스터의 '기도'』, 85.

일을 하게 되는 것이다.[82]

기도는 많은 것들을 변화시킬 수 있다. "기도하라, 기도하라, 기도는 결코 실패하지 않는 구제책이다. 모든 다른 것이 실패해도 기도는 결코 실패하지 않는다. 따라서 하나님께 기도하라." [83]

(6) 성숙의 기도

"범사에 감사하라. 이것이 그리스도 예수 안에서 너희를 향하신 하나님의 뜻이니라(살전5:18)."

'성숙의 기도'는 기도를 통한 영적 생활에 있어서 그 목표를 완전에 두지 않고 성숙에 두는 것이 그 특징이다.[84] 리처드 포스터에 따르면, 성숙의 기도에는 능동적인 면과 수동적인 면이 있는데, 능동적인 면이란 우리가 기도를 통하여 하나님을 찾는 것이며, 수동적인 관점에서 우리는 하나님께서 찾고 계시는 대상이 되기 때문에, 우리는 정신을 차리고 하나님의 부르심에 응답해야 하는 것이다. "그 두 가지는 서로 역동적인 긴장 관계에 놓여 있다. 그것은 마치 하나님과 아담이 서로를 향해 손을 내밀고 있는, 시스틴 교회에 있는 미켈란젤로의 변화와 같다." [85]

계란에 얽힌 '줄탁동기茁啄同機'란 한자성구가 있다. '줄茁'이란 부화 과정 중에 있는 새끼 병아리가 부화가 될 때, 알 안에서 밖으로 나오기 위하여 껍질을 쪼는 것을 말하며, 알을 품고 있던 어미 닭이 이 소리를

---

[82] 리처드 포스터, 『생수의 강』, 박조앤 옮김, (두란노, 2011), 245.
[83] Hugh Latimer, *Sermons*.
[84] 리처드 포스터, 『리처드 포스터의 '기도'』, 85~86.
[85] 리처드 포스터, 『리처드 포스터의 '기도'』, 86.

들고 병아리가 나오는 것을 돕기 위하여 바깥에서 껍질을 쪼는데, 이것을 '탁啄'이라고 한다.

여기에서 중요한 것은 바로 이 '줄탁茁啄'이 병아리나 어미 둘 중, 한쪽의 일방적인 노력에 의하여서가 아니라, 동시에 발생하여야만 한 생명체가 비로써 세상의 빛을 볼 수 있다는 것이다. 부단히 세상으로 나아가려는 병아리의 끊임없는 노력과 그 새 생명을 고대하는 어미 닭의 섬세한 배려가 서로 만나지 못하면, 병아리는 죽음을 피할 수 없게 된다. 껍질을 사이에 둔 두 영역에서, 두 존재가 서로 하나가 되려는 몸짓이 바로 계란에 얽힌 부화孵化의 의미인 것이다.

성숙한 기도 생활에는 항상 감사가 넘쳐나는데, 그 이유는 기도함으로써 성령의 기쁨 안에 거하기 때문이다.[86] 기도는 하나님께 간절히 의존하며 성숙한 헌신으로 나아간다. 기도를 통하여 우리는 하나님의 사랑에 감격하며 사랑에 감사하는 신앙인의 성숙이 동반된다. 기도를 통하여 우리는 우리 자신의 뜻이 아니라, 하나님의 뜻이 이루어지기를 겸손하게 바란다(요6:38).[87]

감사의 기도를 통하여 이스라엘 백성들은 '하나님의 계시로 이루어진 역사를 기념(아남네시스, Αναμνησις)'하면서 먼저 과거를 돌아보고 다음에 하나님이 이루어주실 최종적인 미래, 즉 하나님께서 계획하시고 이루어주실 약속을 향하여 나아갔다. 이 기도로 그들은 기억 속에 간직하고 있는 것을 손수 갱신하고 성취시키고 완성하여 나아간 것이다.[88]

이 성숙의 기도는 우주의 대 주재이신 하나님의 그 크신 무한한 사랑을 통하여 우리를 영적으로 성장하게 한다. 이 성장은 하나님의 사랑을

---

[86] 클레르보의 베르나르, 『하나님의 사랑』, 47.
[87] 클레르보의 베르나르, 『하나님의 사랑』, 120.
[88] 루이 부이에, 『영성 생활 입문』, 48.

깨달아 가는 과정이다. 따라서 기도하는 사람은 하나님의 사랑을 깨달아 가는 사람이기 때문에 사랑을 실천하는 사람이 된다. 따라서 능력 있는 성숙의 기도는 능력 있는 사랑을 일구어내는 사람으로 변화시킨다.[89] "기도는 우리로 하여금 하나님과 교제하는 생활을 하게 함으로써 성령의 능력으로 우리가 점점 아들의 형상을 닮아 가게 하는 데에 일차적인 목적이 있다. 성숙의 기도의 유일한 초점은 바로 변화되어 가는 이 과정에 있다."[90]

(7) 언약의 기도

"여호와의 산에 오를 자가 누구며 그의 거룩한 곳에 설 자가 누구인가. 곧 손이 깨끗하며 마음이 청결하며 뜻을 허탄한 데에 두지 아니하며 거짓 맹세하지 아니하는 자로다(시24:3-4)."

'언약의 기도'는 하나님의 뜻으로 충만한 삶을 살기로 다짐하는 마음속 깊은 외침으로서 개인적 결단에 이르게 된다. "그 기도는 신성한 헌신의 골짜기를 통과하며, 거룩한 순종의 산등성이로 우리를 안내한다."[91] 이 언약의 기도는 단순한 순종이 아닌 구체적인 결단을 요구하는 것이다.[92]

---

[89] 리처드 포스터, 『리처드 포스터의 '기도'』, 16.
[90] 리처드 포스터, 『리처드 포스터의 '기도'』, 84.
[91] 리처드 포스터, 『리처드 포스터의 '기도'』, 98. 리처드 포스터는 디트리히 본회퍼를 인용하면서, "기도는 하나님께 하고 싶을 때 하는 것이 아니라 의무적인 것이다. 하나님께서는 그렇게 요구하신다."는 점을 강조하고 있다. 99.
[92] 리처드 포스터, 『리처드 포스터의 '기도'』, 104. 유진 피터슨Eugene Peterson의 "기도는 중간태로 일어난다"는 말을 언급하면서, 리처드 포스터는 문법에서 능동태가 우리가 행동을 취하는 표현이고, 수동태란 다른 사람의 행동을 받을 때를 말하지만, 중간태는 우리가 행동을 취하기도 하고 받기도 한다는 점을 강조하면서, 기도는 행동의

성경 전체에는 하나님을 따르는 백성들의 다짐과 약속들이 많이 나온다. 족장, 모세나 여호수아 같은 지도자, 사사, 예언자, 열왕들의 신앙은 하나님의 말씀을 따르겠다는 약속이 많이 포함되어 있다. 그러나 중요한 것은 언약은 하나님께 인간이 드리는 것이지만, 그 결과에 대한 책임은 하나님의 인자하심으로 보호된다. 하나님은 당신의 뜻을 따르려는 자녀들을 축복하시지만, 궁극적으로는 인간의 죄로 말미암아 그 약속이 파기되었을 때도 당신의 사랑을 보여주신다.

대표적인 예로 구약 성경에서 하나님과 인간의 언약은 '계약사상'으로 나타난다. 창세기 15장에는 하나님과 아브라함 사이의 신성계약이 있었다. 이 신성계약의 내용을 보면, 제물로 드려지기 위하여 짐승을 구별한다. "여호와께서 그에게 이르시되 나를 위하여 삼 년 된 암소와 삼 년 된 암염소와 삼 년 된 숫양과 산비둘기와 집비둘기 새끼를 가져올지니라. 아브람이 그 모든 것을 가져다가 그 중간을 쪼개고 그 쪼갠 것을 마주 대하여 놓고 그 새는 쪼개지 아니하였으며(창15:9-10)."가 그 내용이다. 이 당시에는 관습에 의하여 사람 사이의 쌍방계약은 쪼개진 짐승 사이를 계약자가 지나가는 전통이 있었다. 짐승들을 쪼개놓고 그 사이를 지나가는 뜻은 계약을 지키지 않을 때, 쪼개진 짐승과 같은 모습이 될 것이라는 무서운 의미가 포함되어 있다.

그러나 하나님께서는 아브라함과 계약을 맺으실 때, "연기 나는 화로가 보이며 타는 횃불이 쪼갠 고기 사이로 지나가는 내용(창15:17)"이 암시하듯이, 혼자 계약을 이루신다. 하나님은 아브라함과 계약을 맺으며, 하나님만 그 사이로 지나가신다. 이 신성계약의 의미는 인간이 그 결과를 책임지는 것이 아니라 하나님의 은혜로 하나님만이 전적으로 그 결과를

형성에 참여하여 그 유익을 거두어들이는 것을 말한다고 하였다. 136.

책임지시는 것이다. 하나님의 윤리라는 것은 인간의 보상을 요구하는 윤리가 아니다. 하나님이 우리에게 보여주신 윤리는 진정한 사랑의 윤리이다. 이 신성계약의 완성은 예수 그리스도의 십자가로 마무리된다. 인간의 모든 죄를 담당하시고 돌아가신 하나님의 사랑은 인간이 그 계약을 파기하고 하나님을 배신하였음에도 계약을 완성시킨 것이다. 인간이 죄를 지을 때, 하나님이 책임을 지신 십자가의 사건은 언약의 의미를 가장 숭고하게 나타내는 것이다.

(8) 밀회의 기도

"여호와께서 환난 날에 나를 그의 초막 속에 비밀히 지키시고 그의 장막 은밀한 곳에 나를 숨기시며 높은 바위 위에 두시리로다(시27:5)."

'밀회의 기도'란 마치 사랑하는 두 연인이 데이트를 하듯이, 하나님과 영적인 교제를 나누는 것이다. "이 기도는 우리를 마음의 본향으로 인도하기 때문에 우리를 자유롭게 하고 편하게 한다." [93] "기도와 기도 응답은 인간 편에서의 하나님과의 우정과 하나님 편에서의 인간과의 우정을 구성하는 것이다"라고 몰트만이 말한 것처럼, "우리는 기도를 통해서 하나님과의 우정의 의미를 배우고, 이것은 다른 사람들과의 우정을 위한 조건이 된다." [94]

본회퍼에게 기도는 철저하게 은밀한 것으로 이해되었다. "기도는 어떤 방식으로든 공개되어서는 안 된다. 기도하는 자는 자기 자신을 알지

---

[93] 리처드 포스터, 『리처드 포스터의 '기도'』, 110.
[94] 사이몬 찬, 『영성신학』, 253.

못하고, 오직 자신을 부르시는 하나님만을 안다. 기도는 세상에 영향을 끼치는 것이 아니라 오직 하나님만을 바라보기 때문에 과시와는 전혀 무관한 행동이다."[95]

본회퍼가 경계한 것은 기도하는 당사자가 기도의 응답자가 될 수 있다는 착각의 가능성에 있었다. 공개적인 기도의 본질은 기도하는 사람임과 동시에 기도를 듣는 사람이라는데 있다. "나는 내 자신의 기도에 귀를 기울인다. 나는 내 자신의 기도에 응답한다. 하나님이 기도에 응답하지 않으려고 하시기 때문에, 하나님이 기도응답의 표시를 전혀 보여 주지 않으려고 하시기 때문에, 나는 나의 기도에 스스로 응답한다. 나는 경건하게 기도했다고 확신한다. 그리고 이런 확신 속에서 기도가 응답되었다고 만족한다. 나의 기도는 응답되었다."[96]

따라서 '밀회의 기도'는 본회퍼가 지적한 잘못된 기도를 극복할 수 있는 기도이다. 하나님만이 아시는 기도로서 오직 하나님만이 들으시는 기도이다. 이런 맥락에서 기도는 일종의 '비범성'을 드러낸다. 비범성이란 고난과 순종 가운데서 십자가로 나아가는 예수 그리스도의 사랑이며, 자기 부정과 완전한 사랑, 완전한 순결, 완전한 진실, 그리고 완전한 비폭력의 길이다.[97] 이 비범성은 숨겨질 수 없지만 그러나 주님의 능력으로만 드러나야 한다. 그렇지 않으면 인간 자신의 능력처럼 치부될 수 있기 때문이다.

기도의 능력은 기도하는 자에게 있는 것이 아니라 기도를 들으시는 주님에 의하여 나타나는 것이다. 기도의 내용은 기도하는 자가 구성하는 것이 아니라 기도를 들으시는 주님의 마음에 합당하게 될 때 온전하여

---

[95] 본회퍼, 『나를 따르라』(디트리히 본회퍼 선집, 대한기독교서회, 2010), 186.
[96] 본회퍼, 『나를 따르라』, 186~187.
[97] 본회퍼, 『나를 따르라』, 174.

지는 것이다. 기도의 소리는 기도하는 자의 목소리가 아니라 그 소리에 응답하시는 주님의 사랑에 달려있다. 기도하러 나아가는 자는 그 힘이 자신의 물질과 행위에 있는 것이 아니라 기도의 제단에 이끄시어 우리의 기도를 듣기 원하시는 주님의 은총에 있는 것이다.

이와 같이 우리는 하나님의 자녀들로서 기도를 하나님과의 은밀한 교제의 수단으로 사용하게 된다. 즉 기도로 우리는 하나님의 힘, 하나님의 현존, 섭리, 자비, 그리고 우리를 향하신 하나님의 거룩한 뜻을 깨닫는다. 하나님은 우리의 기도를 들어주시며 응답하심으로써 당신의 사랑을 확증하시는 것이다.[98]

(9) 안식의 기도

"하루는 제자들과 함께 배에 오르사 그들에게 이르시되 호수 저편으로 건너가자 하시매 이에 떠나 행선할 때에 예수께서 잠이 드셨더니 마침 광풍이 호수로 내리치매 배에 물이 가득하게 되어 위태한지라. 제자들이 나아와 깨워 이르되 주여 주여 우리가 죽겠나이다 한대 예수께서 잠을 깨사 바람과 물결을 꾸짖으시니 이에 그쳐 잔잔하여지더라. 제자들에게 이르시되 너희 믿음이 어디 있느냐 하시니 그들이 두려워하고 놀랍게 여겨 서로 말하되 그가 누구이기에 바람과 물을 명하매 순종하는가 하더라(눅8:22-25)."

'안식의 기도'는 마치 폭풍 한 가운데 있는 '태풍의 눈'이 고요하고 평온한 것처럼, 하나님이 그의 자녀들을 폭풍의 눈 속에 두시는 것을

---

[98] John Bradford, *Godly Meditations upon the Lord's Prayer*.

말한다. "우리 주변이 온통 혼돈과 혼란으로 둘러싸여 있을 때, 우리는 마음속 깊은 곳에서 안정감과 고요함을 느낀다. 엄청난 개인적인 갈등의 현장 한복판에서 우리는 고요하고 평안한 마음을 유지한다. 수많은 좌절이 우리의 마음을 흩어 놓으려 하여도 여전히 우리는 마음을 모아 집중할 수 있다. 이것이 바로 안식 기도의 열매이다."[99]

'평온의 기도(헤지카즘hesychasme)'라고 불리는 이 안식의 기도는 예수님을 우리 마음 안에 모시는 것이 목적이며, 그렇게 될 때 우리의 영혼이 그리스도 안에서 평화를 찾게 된다.[100] 안식의 기도는 우리에게 좋은 방패와 같은 역할을 한다. 우리에게 퍼부어지는 모욕과 저주, 그리고 이러한 것을 퍼붓는 자들로부터 우리를 보호하여 주기 때문이다.[101]

이는 마치 "그가 너를 그의 깃으로 덮으시리니 네가 그의 날개 아래에 피하리로다. 그의 진실함은 방패와 손 방패가 되시나니(시 91:4)"라는 말씀처럼, 안식의 기도는 하나님이 우리를 보호하고 지켜주시는 방패와 같은 역할을 한다. 따라서 안식의 기도는 '방패기도'라고 불릴 수 있는 것이다.

(10) 쉬지 않는 기도

"내가 그의 아들의 복음 안에서 내 심령으로 섬기는 하나님이 나의 증인이 되시거니와 항상 내 기도에 쉬지 않고 너희를 말하며 어떻게 하든지 이제 하나님의 뜻 안에서 너희에게로 나아갈 좋은 길 얻기를 구하노라(롬1:9-10)."

---

[99] 리처드 포스터, 『리처드 포스터의 '기도'』, 130.
[100] 루이 부이에, 『영성 생활 입문』, 134.
[101] Ambrose, *On the Duties of the Clergy, etc.*

'쉬지 않는 기도'는 하나님이 우리를 끝까지 사랑하시는 그 은혜를 경험하며 평화를 깨닫는 기도이다. 아울러 우리는 하나님의 무한하신 인내심에 대하여 체험할 수 있다.[102] 쉬지 말고 기도하는 것은 명령이다(살전5:17). 이 쉬지 않는 기도를 통하여 우리는 하나님과 그리고 형제자매들과 영적 교제를 나눌 수 있다(롬1:9).

리처드 포스터는 특히 설교자에게 있어서 이 쉬지 않는 기도가 필요하다고 강조한다. "기도, 오직 많은 기도만이 그런 거룩한 기름 부음이 임하는 설교를 낳는다. 그리고 기도, 오직 많은 기도가 이 거룩한 기름 부음을 유지할 수 있는 유일한 조건이다. 끊임없는 기도가 없이는 거룩한 기름 부음이 절대로 설교자에게 임하지 않는다. 기도의 인내가 없이는 그 거룩한 기름 부음은 너무 많이 거둔 만나처럼 벌레가 생긴다." [103] 리처드 포스터는 쉬지 않고 드리는 기도를 통하여 강한 설교를 할 수 있다고 하면서, E. M. 바운즈의 말을 인용하고 있다. "우리의 기도 성격이 설교의 성격을 결정한다. 가벼운 기도는 가벼운 설교를 만든다. 기도는 설교를 강하게 할 뿐 아니라 마음에 새겨지게 한다." [104]

---

[102] 리처드 포스터, 『리처드 포스터의 '기도'』, 166.
[103] 리처드 포스터, 『리처드 포스터의 '기도'』, 158~159.
[104] 리처드 포스터, 『리처드 포스터의 '기도'』, 157. 포스터가 인용한 내용을 정리하여 보면, 브라더 로렌스Brother Laxrence는 "하나님과 끊임없이 대화하는 것보다 더 기쁘고 충만한 삶은 없다."고 하였으며 래더의 성 요한St. John of the Ladder은 "숨쉴 때마다 예수님을 기억하라"고 권면하였고, 노리치의 줄리애나Juliana는 "기도는 영혼을 하나님께 결합시켜 준다"고 하였으며, 비잔틴의 신실한 작가 칼리스토스Kallistos는 "쉬지 않는 기도는 쉬지 않고 하나님의 이름을 부르며 기원하는 것"이라고 가르쳤다. 또 성 프랜시스에 대하여 사람들은 "그가 기도하는 사람이 아니라 기도 그 자체가 사람이 된 것 같다"고 하였으며, 프랑크 라우바흐Frank Laubach는 말하기를 "오, 이렇게 하나님과 끊임없이 교제하는 것, 하나님을 내 생각의 대상으로 삼고 내 대화의 상대로 삼는 것이야말로 내가 일찍이 경험한 것 중에서 가장 놀라운 일이다"라고 하였다. 164.

쉬지 않으면서 짧게 드리는 기도로 '단숨의 기도'가 있는데 이는 "하나님께 우리가 지금 필요로 하는 것에 대한 하나님의 뜻과 하나님의 방법, 그리고 하나님의 진리를 보여 달라고 기도하는 것"이다.[105] 그리고 쉬지 않는 기도는 '화살기도'라고도 할 수 있는데, 이는 하나님께 지속적으로 드리는 짧은 형식의 기도로서, 기억하고 있는 시편의 구절들을 이용하여 이 기도를 드릴 수 있다. 이 기도로써 하나님께 우리의 생활 전체를 바칠 수 있으며, 화살기도를 지속적으로 함으로써 우리의 모든 행위를 주께 맡길 수 있다.[106]

쉬지 않는 기도는 우리 안에 계시는 성령이 만들어 내는 '마음의 기도'이다. 성령의 목표는 항상 우리 안에서 기도하는 것이다. 그것은 "매순간 기도하는 명확한 행동들이 일어날 수 있다"는 의미가 아니라, "마음이 항상 성령의 뜻에 따를 준비가 되어 있어, 성령은 원하실 때마다 그와 같은 행동을 할 수 있다는 것, 그리고 그 행동들의 싹은 영혼의 토양에 보존되어, 경우에 따라 발달될 준비가 되어 있다는 것을 의미한다." [107] 이렇게 기도할 때, 우리는 우리를 위하여 탄식하시는 성령의 음성을 들을 수 있다. "이와 같이 성령도 우리의 연약함을 도우시나니 우리는 마땅히 기도할 바를 알지 못하나 오직 성령이 말할 수 없는 탄식으로 우리를 위하여 친히 간구하시느니라(롬 8:26)." 즉, 기도를 내가 하는 것이 아니라 성령이 내 안에서 기도하시는 것을 영적으로 느끼는 것이다. 하나님의

---

[105] 리처드 포스터, 『리처드 포스터의 '기도'』, 168~169. 데오페인Theophane이라는 수도사는 단숨의 기도를 "머릿속에서 여러 가지 생각들이 모기들처럼 계속해서 다툴 때, 이 싸움을 없애려면 마음을 단 한 가지 생각에만 고정시켜야 한다. 이 일을 돕기 위한 한 가지 방법은 짧은 기도이다. 그 기도는 마음을 단순하게 그리고 집중하게 한다."고 강조하였다. 170.

[106] 루이 부이에, 『영성 생활 입문』, 131.

[107] 사이몬 찬, 『영성신학』, 201.

뜻은 이처럼 우리가 주님의 품 안에 있어서 당신의 목소리를 듣기를 원하시는 것이다.

'쉬지 않는 기도'를 하기 위하여 우리에게 가장 필요한 것은 부지런히 기도하는 것이다. "왜냐하면 기도는 꿰뚫을 수 없는 갑옷이고, 확실한 피난처이고, 안전한 천국이고, 가장 안전한 도피처이기 때문이다. 기도는 악한 것을 물리치고, 선한 것으로 생각을 이끈다. 기도는 영혼을 순수하게 하고, 죄로 인한 심판을 용서하고, 이전의 태만을 교정한다. 신적 은총을 간청하고, 악한 욕망을 소멸하고, 영혼의 감당할 수 없는 욕망을 억누르고, 유혹을 이겨내고, 불행을 누그러지게 한다. 그리고 슬픔을 떠나가게 하고, 기쁨을 주고, 평화를 가져오고, 하나님과 연합하게 하고, 주님께 영원한 영광을 돌려드리는 것이다." [108]

(11) 마음의 기도

"나의 반석이시요 나의 구속자이신 여호와여 내 입의 말과 마음의 묵상이 주님 앞에 열납되기를 원하나이다(시19:14)."

'마음의 기도'는 하나님이 성경을 통하여 우리에게 말씀하시는 것을 내면화시키는 방법이다.[109] '마음의 기도'는 '관상기도' 또는 '묵상기도'라고 하며 친밀한 기도로서 마치 어린아이가 아버지 하나님께 드리는 사랑의 기도요 애정이 깃든 기도라고 할 수 있다.[110] 리처드 포스터는 장 니꼴라 그로우Jean-Nicholas Grou를 인용하면서, "기도하는 것은 바로 마음

---

[108] Louis of Blois, *A Mirror for Monks*.
[109] 케네스 보아, 『기독교 영성, 그 열두 스펙트럼』, 203.
[110] 리처드 포스터, 『리처드 포스터의 '기도'』, 178.

이고, 하나님께서 귀를 기울이시는 것은 바로 마음의 소리이며, 하나님께서 응답하시는 것도 마음이다."라고 정의하면서, 요한 웨슬리처럼 우리의 마음이 '이상하게 뜨거워지는 것'이야 말로 마음의 기도라고 강조하였다.[111]

한편, 성경에 나타나는 마음의 기도는 '아바 기도'로서 사도 바울은 우리에게 "하나님이 그 아들의 영을 우리 마음 가운데 보내사 아바 아버지라 부르게 하셨느니라(갈4:6)"고 하였다. 이처럼 마음의 기도는 예수님의 '아바' 체험과 같은 것이다.[112] 이 기도는 성령께서 우리 안에 내주하여 기도하시는 것이며,[113] 방언이나 성령의 능력에 붙들려 정신을 잃는 입신도 여기에 속한다고 할 수 있다.[114]

마음의 기도는 전형적인 묵상이라고 할 수 있는데, 본회퍼Bonhoeffer가 "사랑하는 사람의 말을 분석하지 않는 것처럼, 여러분에게 말씀이 선포될 때 그대로 받아들이십시오. 마리아처럼 성경의 말씀을 받고 그 말씀을 마음속에서 곰곰이 생각하십시오. 그렇게만 하면 됩니다. 그것이 바로 묵상입니다."라고 한 말과 일맥상통한다.[115]

한편, 가톨릭에서는 묵상기도의 형식으로 '로사리오Rosarium' 기도가 있는데, 로사리오는 '장미화관', 또는 '장미 꽃다발'이라는 뜻을 가졌으며, 묵주기도라고도 한다. 묵주는 구슬이나 나무를 열 개로 구분하여 여섯 마디로 엮은 염주형식으로 만들었으며, 로사리오기도는 이 묵주를 손에 들고 주의 기도와 마리아 성모송을 합송하면서 드리게 된다.[116] 이때 "주의

---

[111] 리처드 포스터, 『리처드 포스터의 '기도'』, 180~181.
[112] 리처드 포스터, 『리처드 포스터의 '기도'』, 181.
[113] 리처드 포스터, 『리처드 포스터의 '기도'』, 184.
[114] 리처드 포스터, 『리처드 포스터의 '기도'』, 186~187.
[115] 리처드 포스터, 『리처드 포스터의 '기도'』, 197.
[116] 로사리오기도에 대한 소개는 인터넷 가톨릭 사전을 참조하였다.

기도는 믿음에 근거하고 하나님의 뜻을 따라 신자들이 청원해야 할 모든 것을 포함하고 있기 때문에 완전한 기도라고 할 수 있으며, 이 기도 후에 성모송을 바침으로써 주의 기도 전체에 깔린 하나님의 부성과 그리스도 안에서의 양자養子 관계의 신비에로 들어가게 된다." [117] 신학이 단순한 사변이 아닌 살아 있는 학문인 것처럼 묵상기도는 사랑과 믿음을 통해 하나님을 알아가려는 시도이다.[118]

한편 마음을 묶어서 드리는 '관상 기도'는 말씀이 우리에게 임하는 것을 인식할 때, 가장 숭고하다고 할 수 있다. "폰 발타자르von Balthasar는 인간은 말씀을 듣도록 창조되었고, 말씀에 응답함으로써만 인간으로서의 온전한 존엄성을 갖게 된다고 말한다. 우리는 말씀에 응답함으로써 우리의 진정한 내적 존재, 즉 삼위일체 안에서의 우리의 삶을 발견한다." [119] 이와 같이 "관상 기도는 하나님의 선물을 믿음으로 깨닫고 당신이 성령으로 우리의 가슴에 쏟아 넣어준 당신 자신의 사랑으로 당신의 사랑에 기쁘게 응답하고 당신께 환호하며 '감사를 드리는 것'이고, 모든 것을 주신 창조주께 모든 피조물을 내맡기는 것이다." [120]

"종교에 있어서 기도는 과학에 있어서 기초 조사와 같다"고 말한 포어시드P.T. Forsythe처럼, 관상기도는 인격적인 만남을 통해 하나님을 알아가는 영적인 환경을 찾아가는 길과 같다.[121] 관상 기도는 내면의 삶을 풍성하게 하며, 다양한 환경들에 둘러싸인 외적인 삶에 빛나는 고요함을 제공한다. "그것은 가장 깊은 내면의 소망을 만족시키는 유일한 존재를

---

http://dictionary.catholic.or.kr/dictionary.asp?name1
[117] 루이 부이에, 『영성 생활 입문』, 124.
[118] 케네스 보아, 『기독교 영성, 그 열두 스펙트럼』, 188.
[119] 사이몬 찬, 『영성신학』, 180.
[120] 루이 부이에, 『영성 생활 입문』, 63.
[121] 케네스 보아, 『기독교 영성, 그 열두 스펙트럼』, 187.

향해 우리를 조율하는 영적인 귀환 장치이다."[122]

4. 밖을 향한 기도

'밖'이란 하나님이 선물로 주신 이 세계를 향한 쉬지 않는 중보와 간구의 영적 영역이다.

(1) 일상적인 기도

"그가 영원히 하나님 앞에서 거주하리니 인자와 진리를 예비하사 그를 보호하소서. 그리하시면 내가 주의 이름을 영원히 찬양하며 매일 나의 서원을 이행하리이다(시61:7-8)."

'일상적인 기도'는 로욜라의 성 이그나티우스 St. Ignatius of Loyola처럼, "하나님께로 향하게 하는 모든 것이 기도"가 되게 하는 것이다.[123] "기도는 생활의 모든 면을 영적으로 만든다. 기도는 일, 생각, 혹은 다른 무엇이든, 모든 활동을 종교적으로 만든다."[124]
모든 영성 훈련이 매일의 기도에 의존하며, 묵상은 기도를 위한 준비 작업이라고 할 수 있다. 이를 위한 부지런한 자기 점검을 통하여 우리는 주님께 올바른 고백을 해야 하며, 아울러 영적 독서를 통하여 우리의 영혼은 주님의 음성을 듣는 자세를 준비할 수 있다.

---

[122] 케네스 보아, 『기독교 영성, 그 열두 스펙트럼』, 187.
[123] 리처드 포스터, 『리처드 포스터의 '기도'』, 234.
[124] 사이몬 찬, 『영성신학』, 182.

기도는 갓난아이의 울음소리처럼 자연스러운 영적 생활이다.[125] 기도는 우리가 그리스도와 결합되었다는 사실로부터 시작되며, 세례의 증거이기도 하다. 기도는 하나님의 주권에 대한 영적인 반응이다. 기도는 하나님께 간구하며 그리스도 안에 있는 사람들의 삶의 징표가 된다. 갓난아이들의 첫 울음이 "나는 배가 고파요! 혹은 나는 오줌을 싸서 축축해요!"라고 호소하듯이, 새로이 거듭난 사람의 최초의 부르짖음도 자연스럽게 기도가 되는 것이다.[126]

여기서 하나님께 우리가 간구하는 것은 마치 물건을 흥정하는 임의의 억지스러운 그런 맥락이 아니라, 사랑과 우정의 맥락에서 이해되어야 한다. 하나님께 간구하는 것은 "하나님이 우리와 나누신 은사이고, 창조의 선물이며, 하나님은 그것 안에서 우리를 제쳐놓지 않고 우리를 통해서 역사하신다."[127]

케네스 보아는 기도는 살아계신 하나님과의 성찬이요 대화이지, 짐스러운 의무가 아니라고 정의하였다. 기도는 하나님을 만나는 기회이자 특권으로서 우리의 짐과 두려움을 내려놓고, 하나님과 터놓고 얘기할 수 있는 만남의 장소이다. 기도를 규격화된 시간의 틀에 제한할 수 없으며, 삶 속에서 하나님의 임재를 느끼며, 그분과 대화하는 것이다.[128] 이러한 기도를 통하여 우리는 하나님의 즐거움을 깨달을 수 있으며, 우리의 부족함을 넘어 주님의 은혜와 부요함을 알게 된다. 따라서 기도가 무시되거나 단지 예배 순서에 붙여지는 식으로 취급될 때, 하나님의 능력은 나타나지 않는다.[129]

---

[125] 사이몬 찬, 『영성신학』, 178.
[126] 사이몬 찬, 『영성신학』, 194.
[127] 사이몬 찬, 『영성신학』, 197.
[128] 케네스 보아, 『기독교 영성, 그 열두 스펙트럼』, 91.

케네스 보아는 기도 훈련을 영적 순례의 가장 중요한 부분으로 삼아야 하는 많은 이유로 다음과 같은 10가지 예를 들었다.[130]

① 기도는 하나님과 교제를 깊고 친밀하게 한다(시116:1-2, 렘33:2-3).
② 성경이 기도하라고 명령했다(눅18:1, 엡6:18, 살전5:16-18, 딤전2:1).
③ 기도는 예수님과 모세, 엘리야 같은 성경의 위대한 인물의 본을 따르는 것이기 때문이다(막1:35, 민11:2, 왕상18:36-37).
④ 기도를 통해 삶에 필요한 하나님의 능력을 사용할 수 있다(요15:5, 행4:31, 엡3:16, 골4:2-4).
⑤ 기도할 때 하나님으로부터 특별한 도움을 받는다(히4:16).
⑥ 기도는 정말 효과가 있다(눅11:9-10, 약5:16-18). 윌리엄 템플William Temple이 말한 것처럼, "기도하면 동시에 우연한 일이 생긴다. 그러나 기도하지 않으면 그런 일이 생기지 않는다."
⑦ 기도는 하나님에 대한 깨달음과 지식을 증가시킨다(시37:3-6, 63:1-8, 엡1:16-19).
⑧ 우리의 기도와 하나님의 응답은 마음에 기쁨과 평화를 가져다준다(요16:23-24, 빌6:6-7). 문제들은 사라지지 않지만 기도 속에서 그 문제를 바라보는 새로운 시각을 얻고 평강과 인내를 가지고 견딜 수 있게 된다.
⑨ 기도는 우리 인생을 향한 하나님의 목적을 깨닫게 하고 그것을 수행하게 한다(골1:9-11).
⑩ 기도는 우리의 태도와 욕망을 바꿔놓는다(고후12:7-9).

---

[129] 케네스 보아, 『기독교 영성, 그 열두 스펙트럼』, 101. 케네스 보아는 존 파이퍼John Piper의 『하나님의 기쁨The Pleasure of God』이란 책에서 이 내용을 옮겼다.
[130] 케네스 보아, 『기독교 영성, 그 열두 스펙트럼』, 102.

이와 같이 기도는 우리가 매일 일상 속에서 하나님과의 교제를 지속하도록 돕는다. 일상에서 기도는 훈련이 되는 것이며 이 훈련을 통하여 우리는 기도의 용사가 될 수 있다.

(2) 간구기도

"내가 주께 간구하오니 내 형의 손에서, 에서의 손에서 나를 건져내시옵소서. 내가 그를 두려워함은 그가 와서 나와 내 처자들을 칠까 겁이 나기 때문이니이다. 주께서 말씀하시기를 내가 반드시 네게 은혜를 베풀어 네 씨로 바다의 셀 수 없는 모래와 같이 많게 하리라 하셨나이다(창 32:11-12)."

'간구기도'와 '중보기도'의 차이는 우리가 구하는 것이 우리 자신들을 위한 것일 때 그것을 간구라고 하고, 다른 사람들을 위한 것일 때는 중보라고 한다.[131] 기도를 표현할 때 쓰는 히브리어와 헬라어는 '요구하다' 또는 '간구하다'라는 뜻으로 나타나는데, 성경에는 간구기도가 많으며, 간구 기도를 적극적으로 권유하고 있다.[132]

간구는 낮은 수준의 기도가 아니라, 매일 먹는 주식과 같은 영적인 기도라고 할 수 있다. 마치 어린아이가 필요한 것을 매일 보채듯이, 하늘 아버지께 우리의 매일 필요한 것을 기도하는 것이다.[133]

C.S. 루이스는 "모든 전쟁과 모든 기근과 전염병, 그리고 거의 모든 임종의 자리는 응답되지 않은 간구 기도의 기념비"[134]라고 보았으며, 캠

---

[131] 리처드 포스터, 『리처드 포스터의 '기도'』, 240.
[132] 리처드 포스터, 『리처드 포스터의 '기도'』, 240.
[133] 리처드 포스터, 『리처드 포스터의 '기도'』, 241.

브리지 대학의 허버트 파머Herbert Famer는 "만일 기도가 신앙의 핵심이라면, 간구는 기도의 핵심이다"라고 강조하였다. "간구 기도가 없으면 우리는 꼭지가 잘린 기도 생활을 하는 것이다." [135]

한편, 이 장에서 첫 번째 설명한 '주기도문'은 본질적으로 간구기도와 같다고 할 수 있으며, 이 기도의 관심은 "하나님 나라의 도래에서부터 일용할 양식에 이르기까지 전 세계를 포함하고 있다. 큰 문제나 작은 문제, 영적인 것들과 물질적인 것들, 내적인 것들과 외적인 것들, 그 어느 것 하나도 이 기도의 범주를 벗어나지 않는다.[136]

성경에는 간구기도의 내용이 많이 나오는데, 특히 홀로된 과부들에게 "하나님께 소망을 두어 주야로 항상 간구와 기도를 하거니와 소망을 가지고 기도하라(딤전5:5)"고 용기를 주고 있다. 기도는 과부의 심정처럼 믿음으로 기도하고, 사랑으로 기도하고, 정직하고 인내하며 기도하여야 한다.[137] 기도는 예수님이 말씀하신 것처럼, "자신의 무력함을 받아들이지 아니하고, 불의에 대해 분연히 일어서서, 결국에는 끈질긴 인내로 승리한 어떤 힘없는 과부와 흡사하다고 할 수 있다(눅18:1-8)." [138]

---

[134] 리처드 포스터, 『리처드 포스터의 '기도'』, 243.
[135] 리처드 포스터, 『리처드 포스터의 '기도'』, 255.
[136] 리처드 포스터, 『리처드 포스터의 '기도'』, 247.
[137] St. Augustine, *The Confessions and Letters of St. Augustine*.
[138] 리처드 포스터, 『리처드 포스터의 '기도'』, 265. 포스터는 누가복음 11장의 말씀을 상기하면서, 이 기도를 한 친구에게 찾아가 너무나 힘들고 불편한 일임에도 불구하고 나그네에게 줄 음식을 달라고 요청하는 것과 다소 흡사하다고 보았다. 한밤중에 찾아간 이유는 만일 그렇지 않으면, 나그네를 돌보지 않은 것으로 인해 그 마을 전체가 수치를 당하게 될 것이기 때문이라는 것이다(눅11:5-13). 이 말씀의 초점은 기도에 있어서 필요한 것은 끈질긴 지속성이며 끊임없이 구하고, 끊임없이 찾으며, 끊임없이 두드려야 하는 것이다.

(3) 중보기도

"너희 중에 고난당하는 자가 있느냐 그는 기도할 것이요 즐거워하는 자가 있느냐 그는 찬송할지니라. 너희 중에 병든 자가 있느냐 그는 교회의 장로들을 청할 것이요 그들은 주의 이름으로 기름을 바르며 그를 위하여 기도할지니라. 믿음의 기도는 병든 자를 구원하리니 주께서 그를 일으키시리라 혹시 죄를 범하였을지라도 사하심을 받으리라. 그러므로 너희 죄를 서로 고백하며 병이 낫기를 위하여 서로 기도하라 의인의 간구는 역사하는 힘이 큼이니라(약5:13-16)."

'중보기도'는 그리스도인들의 만인 제사장직에 근거한 기도이다. "하나님께 기름 부음을 받아 제사장으로 임명된 우리는 다른 사람들을 대신하여 지극히 높으신 하나님 앞에 나아갈 수 있는 영예를 가지고 있다. 이것은 선택이 아니라, 그리스도의 멍에를 메고 있는 모든 사람들의 신성한 의무요, 귀중한 특권이다." [139]

마틴 루터의 종교개혁은 무엇보다도 인간의 선행이 아니라, 믿음으로 하나님 앞에서 의로워 질 수 있다는 '하나님 중심'의 정신에 근거한다. 따라서 당시의 절대적인 교황 독점권을 철폐하고, 하나님 앞에서 신앙의 '자유'를 강조한 이러한 종교개혁정신은 개인으로 하여금 하나님께 아무런 방해가 없이 나아갈 수 있게 해주었다는 '만인사제'라는 측면에서도 많이 부각되었다.[140]

물론 신앙의 개인주의적인 측면이 종교개혁에 없는 것은 아니지만,

---

[139] 리처드 포스터, 『리처드 포스터의 '기도'』, 258.
[140] 만인 사제설에 대한 해석은 필자의 선행연구에서 옮겨왔다. 유경동, 『한국기독교 사회윤리의 쟁점과 과제』(감리교신학대학교 출판부, 2006), 115~116

종교개혁을 통하여 나타난 개혁자들의 논점 핵심은 개인에 있기보다는 참된 교회와 올바른 성도의 교제에 있다. 사실 '모든 신앙인은 그 자신의 사제'라는 만인 사제설의 개인주의적인 차원은 '모든 신앙인이 그 이웃의 사제'라는 뜻으로 바뀌어져야 한다. 즉, 모든 사람은 스스로가 하나님 앞에 나아가는 자신의 사제가 아니라, '그의 이웃을 위한 사제'로서의 사제이다. 따라서 한 사람은 다른 사람의 사제이며, 이것은 거룩하신 하나님 안에서의 삶이고, 성도의 교제로서의 삶인 것이다. 신약성서의 교회가 성도의 공동체를 그리스도의 몸으로 이해하였던 것처럼, 종교 개혁 또한 기독교인의 삶을 예수 그리스도의 몸인 교회 공동체와 연관하여 신앙의 본질을 회복하기 위하여 노력하였다.

루터는 불에서 빛과 열을 분리할 수 없듯이, 기독교인의 믿음과 선행을 분리할 수 없다고 강조하였다. 바른 교회는 고백하는 하나님에 대한 사랑을 교회 안의 것과 밖의 것으로 구분 할 수 없다. 따라서 종교개혁의 정신을 회복하기 위하여 우리의 신앙은 개인이나 교회만을 위한 것이 아니라, 이웃의 사제로서 사회를 변화시키는 일에 앞장서야 한다.

이와 같은 만인사제의 의미는 중보기도에서도 그대로 나타난다. 우리는 우리의 기도를 가지고 하나님 앞에 나아갈 수 있다. 그러나 중보는 이웃의 기도를 가지고 주님께로 나아가는 사명이다. 이웃을 위한 기도는 이웃을 위한 사랑과 같이 의무이며 하나님의 명령이다.

포어시드P.T. Forsyth는 "우리가 결단의 골짜기에 더 깊이 내려가면 내려갈수록 기도의 산으로 더 높이 올라가야만 하며, 하나님을 설득하고자 하는 것이 주 관심사인 사람들의 두 손을 떠받쳐 주어야만 한다."고 하면서 중보기도의 중요성에 대하여 강조하였다.[141]

---

[141] 리처드 포스터, 『리처드 포스터의 '기도'』, 259.

밀라노의 암브로스Ambrose of Milan는 "예수님께서 중보하지 아니하시면, 우리에게 하나님과의 교제란 없다"고 하였으며,[142] 이 중보사역은 미약한 우리 혼자 감당하는 것이 아니라 영원한 중보자 되시는 예수 그리스도의 뜻에 의하여 뒷받침되고 힘을 공급받아야만 한다.[143]

중보 기도는 하나님 앞에서 다른 사람들의 행복을 위하여 중재하는 것으로서 개별적으로나 집단적으로 할 수 있으며, 예수님께서는 그의 이름으로 사람들이 모일 때마다 능력을 부어주시겠다고 약속하셨다(마 18:20). 이러한 중보기도가 이루어지는 공동체가 되기 위하여서는 믿음, 소망, 사랑이 넘쳐날 때, 중보기도는 더 효과적이 될 수 있다.[144]

중보기도는 아울러 전도의 역할과 같다. 기도는 모든 효과적인 전도의 전주곡이라고 할 수 있다. 전도의 경우에도 사람들에게 하나님을 소개하기 전에 우리는 하나님께 먼저 그 사람들에 대해 말해야 한다. 이러한 과정에서 기도는 무릎으로부터 시작된다.[145] 사도행전 1장에 나타나는 이러한 공동체적인 기도는 사도행전 2장에서는 성령의 능력을 통하여 설교, 가르침, 전도, 치유 사역으로 이어지고, 교회의 성장으로 연결된다.[146]

중보기도는 자신을 낮추는 겸손한 일이기 때문에 어려운 것이다. 우리는 하나님께 나아가는 데에 인간적인 만족을 구하여서는 안 되고, 자신의 의를 주장할 수도 없다. 오히려 자기를 부정하고 이웃을 위하여 나아가는 기도를 통하여 하나님과의 교제를 지속할 수 있다.[147]

---

[142] 리처드 포스터, 『리처드 포스터의 '기도'』, 260.
[143] 리처드 포스터, 『리처드 포스터의 '기도'』, 259.
[144] 리처드 포스터, 『리처드 포스터의 '기도'』, 266.
[145] 케네스 보아, 『기독교 영성, 그 열두 스펙트럼』, 458. 케네스 보아는 무디Dwight L. Moody의 말을 인용하였다.
[146] 케네스 보아, 『기독교 영성, 그 열두 스펙트럼』, 501.
[147] 사이몬 찬, 『영성신학』, 186.

(4) 치유의 기도

"주께서 내게 말씀하시고 또 친히 이루셨사오니 내가 무슨 말씀을 하오리이까. 내 영혼의 고통으로 말미암아 내가 종신토록 방황하리이다. 주여 사람이 사는 것이 이에 있고 내 심령의 생명도 온전히 거기에 있사오니 원하건대 나를 치료하시며 나를 살려 주옵소서(사38:15-16)."

'치유의 기도'는 그리스도인들에게 자연적이지만, 이것이 믿음의 공동체 내에 있는 어떤 다른 사역보다 과대평가되거나 과소평가되어서는 안 되며, 적절한 균형을 이루어야만 하는데, 그 이유는 치유기도란 하나님의 통치 하에 사는 것이 무슨 의미인지 보여 주는 전형적인 모습이기 때문이다.[148]

특히 안수는 성경에 나타나는 중요한 치유기도의 형태인데, 이것은 공동체의 유익을 위하여 하나님께서 제정하신 확실한 사역이기도 하다. 안수를 통하여 하나님이 가장 좋은 것을 우리에게 주시며 신앙의 성숙으로 나아가는 과정에 그것은 무의미한 의식에 불과한 것이 아니라, 접촉과 전염의 율법에 대한 분명한 인식이다. 그것은 하나님께서 그 무한하신 지혜로 우리가 원하는 것이나 필요로 하는 것, 우리에게 가장 좋은 것이라고 생각하시는 것을 나누어 주시는 수단이다. 안수 자체가 치유를 불러오는 것이 아니라, 안수를 통하여 믿음이 촉진되며, 하나님께 치유의 기회를 드리는 행위로서 이해되어야 한다.[149]

안수기도는 기도자의 신체가 접촉이 되기 때문에, 하나님의 능력보다도

---

[148] 리처드 포스터, 『리처드 포스터의 '기도'』, 274.
[149] 리처드 포스터, 『리처드 포스터의 '기도'』, 281.

기도자가 더 중시될 수 있는 오해가 생길 수 있다. 이는 마치 모세가 반석을 쳐서 물을 낸 것이나, 뱀으로 변한 것, 그리고 애굽의 물과 강과 운하와 호수를 피로 바꾼 것이 '모세의 지팡이'인 것으로 오해하는 것과 같다(민21:18, 출7:15, 출7:19). 이 모든 이적을 행하신 분은 하나님이시지 지팡이가 아니다. 바다를 갈라 마른땅으로 인도하신 것은 하나님이시지 지팡이가 아니다(출14:16). 삼손이 기둥을 무너뜨리게 한 능력은 머리카락이 아니라 하나님께 거룩하게 구별된 '나실인'인 삼손에게 하나님이 주신 능력이다. 모세는 사람들이 헛된 것을 추구하지 못하도록 수건으로 빛나는 자기 얼굴을 가렸다(출34:33). 광채의 근원은 하나님이시다. 이스라엘 백성들은 마땅히 주목하여야 할 것을 주목하지 못하고 없어질 것을 주목하였다(고후3:13).

이와 같이 우리의 신앙은 자칫하면 기도 가운데 역사 하시는 하나님의 능력에 주목하기 보다는 사람이나 도구에 주목할 수 있다. 이렇게 되면 하나님이 아닌 우상을 섬기게 된다. 안수기도의 예처럼, 우리는 서로 기도하며 낫기를 간구하지만, 그 기도를 통하여 역사하시는 하나님의 주권을 더욱 믿고 의지하여야 할 것이다.

지금까지 필자는 '기도의 영성'을 통하여 위와 아래, 그리고 안과 밖을 향한 기도의 유형을 살펴보았다. 기도는 이론이 아니라 하나님이 임재하시는 현실이며, 수단이 아니라 하나님을 목적으로 한 삶이다. 기도를 통한 영성은 이제 우리를 온전한 믿음을 가지고 헌신으로 나아가게 할 것이다. 다음 장에서 '믿음과 헌신의 영성'에 대하여 살펴보자.

09 믿음과 헌신의 영성

신앙은 마치 혼인 계약과 같은 것이어서 신자와 그리스도 사이에 함께 소유할 물건들을 정하게 된다. 우리가 가진 것들(죄와 사망)이 그의 것이 되고, 그가 가진 것(구원과 생명)이 우리의 것들이 된다. 그리스도의 생명은 신자의 생명 속으로 뚫고 들어와, 이처럼 '찬탄할 만한 거래 commercium admirabile'를 만들어낸다.

1. 하나님과의 교제

우리는 민족과 세계를 위하여 주님의 십자가를 지라고 부르심을 받았다. 하나님은 이 세상을 우리가 헌신하여야 할 제단으로 주셨다. 그 위에 수고와 고통을 하나님께 드려야 한다. 바울은 예수 그리스도의 남은 고난을 주님의 몸 된 교회를 위하여 자신의 육체에 채운다고 고백하였다(골1:24). 우리도 이 세상에서 헌신하며 주님의 제자로서 하나님을 기쁘시게 하는 삶을 살아야 한다. 이 장에서 살펴볼 내용은 하나님의 백성들이 나아가야 할 '믿음과 헌신의 영성'에 관한 것이다. 헌신이 있으려면, 믿음을 통한 하나님과의 교제를 전제한다. 그리고 그 믿음과 헌신의 중심에 십자가와 하나님의 말씀이 있다. 순종과 헌신이 뒤따를 때,

우리는 변화하며 영생의 소망을 향하여 나아가게 된다. 이제 그 내용을 살펴보자.

(1) 믿음과 신앙

우리는 믿음에 의하여서만 구원받는다. 성경에는 믿음이란 단어가 총 233회 기록되어 있다(한글 개역 개정판). 한편 신앙이란 단어는 총 2회 신약성경에 나타나는데, '복음의 신앙(빌1:27)'과 '하나님께 대한 신앙(히6:1)'이 나타난다. 굳이 구별하자면, 믿음은 하나님에 대한 다양하고 개별적인 인격적인 관계를 지칭하며 능동적인 의지가 포함된다면, 신앙은 그 믿음에 근거하여 구성된 종교적 가치체계로서, 자신이 믿고 있는 것에 대한 흔들리지 않는 확신이라고 할 수 있다. 따라서 신앙은 주님을 따르는 '성도'의 통전적인 영성과 연관이 된다면, 믿음은 그 영성과 연결된 구체적인 내용이라고 할 수 있다. 그렇다면 믿음과 신앙의 구체적인 내용은 무엇인가?

첫째, 믿음은 하나님과의 관계를 전제로 한다. 하나님께 용납 받을 수 있는 것은 믿음에 의해서만 가능하다. 따라서 우리는 믿음으로 하나님께 기도할 수 있다. "우리의 영원한 중보자 예수 그리스도께서 우리의 기도 생활을 책임지고 계신다는 믿음"으로 우리는 주님께 담대하게 나아가 기도할 수 있다.[1] 믿음은 우리가 먼저 하나님을 알게 된 것이 아니라, 하나님이 먼저 우리를 아신바 되었다는 증거이며, 그 분과의 연합과 교제에 초대받은 은총이다.[2] 믿음으로 우리는 하나님의 주권과 선하심에

---

[1] 리처드 포스터, 『리처드 포스터의 '기도'』, 260.
[2] 케네스 보아, 『기독교 영성, 그 열두 스펙트럼』, 194.

대한 근본적인 신뢰가 생기는데, 이는 하나님이 내 마음속에 있는 모든 염려와 근심을 아시고 이것들을 다스리신다는 확신에 근거한다.[3]

둘째, 우리는 믿음으로 인간이 되신 하나님을 믿는다. 주님이 우리를 위하여 죽으시고 부활하신 것을 의심하지 않는다. 그리고 우리에게 약속하신 천국을 믿는다. 이 믿음으로 우리는 지금도 주님이 살아계셔서 우리를 사랑하심을 확신한다. 믿음의 주체는 예수 그리스도이시며 우리는 기쁨으로 주님의 십자가를 진다(히12:2).

셋째, 우리는 주님이 우리에게 허락하신 성령을 통하여 비전을 현실로 바꾸어 나간다(고전12:9). "믿음은 바라는 것들의 실상이요 보이지 않는 것들의 증거이다(히11:1)." 우리는 기도를 통하여 하나님이 이루시기 원하는 비전을 보고, 어떠한 불가능한 상황에서도 그 비전이 이루어질 것을 담대히 믿음으로써 비전을 현실로 바꾼다.[4] 하나님을 믿음으로 우리는 자신의 경험 속에 하나님이 존재하시며 일하고 계심을 깨닫게 된다.

따라서 이 맥락에서 믿음과 소망 사랑은 다 중요하지만, 우선 믿음 없이 소망과 사랑은 가능하지 않다. 믿음은 보여 지는 대상에 따라 그것을 믿는 것이 아니라 보지 못하는 것을 믿음으로 믿는 것이다. 보이는 것은 그 대상이 악한 것일 수도 있고, 선한 것일 수도 있다. 그러므로 우리가 믿는 것 혹은 바라는 것이 보이지 않는다는 사실 때문에, 우리는 믿음과 아울러 소망도 필요하다.[5]

이러한 구체적인 믿음으로 우리는 어떤 상황에도 의심하지 않고 하나님이 우리와 함께 하시겠다는 약속을 확신한다. 이것이 신앙이다. "신앙은 겉에 나타난 모습과 경험이 낳은 그릇된 인상들의 뒷면을 바라본다.

---

[3] 케네스 보아, 『기독교 영성, 그 열두 스펙트럼』, 282.
[4] 케네스 보아, 『기독교 영성, 그 열두 스펙트럼』, 351.
[5] St. Augustine, *On the Holy Trinity; Doctrinal Treatises; Moral Treatises.*

신앙은 당신이 계시겠다고 약속하셨던 그곳에, 심지어 우리 경험에 거기 계시지 않는다고 여겨질 경우에도, 열린 마음으로 기꺼이 하나님을 발견하는 것이다. 루터는 이 점을 분명히 표현한기 위해 '믿음의 흑암the darkness of faith'이라는 문구를 사용하고 있다." 6

칼빈은 신앙이란 우리를 향하신 하나님의 자비를 확고하게 그리고 확실하게 아는 것이라고 보았다. 따라서 "그 앎이 그리스도 안에서 하나님이 주신 은혜로운 약속의 진리 위에 기초하고 있으며, 나아가 성령께서 우리 마음에 계시하시고, 우리의 심장에 인印치신 것이라고 말한다면, 그제야 비로소 신앙을 올바로 정의하는 것이 될 것이다."라고 칼빈은 강조하였다.7

"신앙은 하나님께서 약속하신 것들, 나아가 그런 것들을 약속하신 하나님의 성실과 신실하심을 믿고 기꺼이 그것들에 자신을 내어맡기는 것이다."8 따라서 신앙은 우리를 하나님께로 이끄는 영적 에너지이다. "신앙은 단지 우리가 믿고 의지하는 그분만큼 강할 뿐이다. 신앙의 효험은 우리가 믿는 강도强度에 달려 있는 것이 아니라, 도리어 우리가 믿는 그분이 신뢰할 만한 분인가에 달려 있다. 중요한 것은 우리 신앙이 위대한 것이 아니라 하나님이 위대하시다는 것이다."9

'제네바 요리문답서'에서 칼빈은 한 걸음 더 나아가 하나님을 믿는 신앙과 소망의 관계를 다음과 같이 정의하고 있다. "신앙은 하나님이 실제로 존재하심을 믿는다. 반면 소망은 그분이 당신의 실재實在를 분명하게 보여주실 그 순간을 기다린다. 신앙은 하나님이 우리의 아버지이심을

---

6 앨리스터 맥그라스,『종교개혁 시대의 영성』, 121.
7 앨리스터 맥그라스,『종교개혁 시대의 영성』, 154.
8 앨리스터 맥그라스,『종교개혁 시대의 영성』, 160.
9 앨리스터 맥그라스,『종교개혁 시대의 영성』, 160.

믿는다. 반면 소망은 그분이 늘 우리를 향하여 아버지로 행동하실 것임을 믿는다. 신앙은 우리에게 영원한 생명이 주어졌다는 것을 믿는다. 반면 소망은 그 영원한 생명이 눈앞에 드러날 그 날을 앙망한다. 신앙은 소망을 의지하고 서 있는 기초이다. 반면 소망은 신앙을 양육하며 그에게 피난처를 제공해 준다." 10

(2) 믿음과 축복

믿음은 하나님의 영이 그 어떠한 것보다 우월한 실재이며, 하나님께서 우리를 진리로 이끄시는 강력한 힘의 근원이 되심을 의심치 않는다. 그리고 우리는 하나님이 인도하여 주셔서 축복해 주실 것을 확신하게 된다. 이 하나님의 실재에 대하여 우리는 '거룩한 두려움'을 느끼게 되며, 하나님의 말씀에 순종하게 된다.[11] "믿음은 죄와 육체와 세상, 그리고 사탄의 멍에에 묶여 있던 우리의 자유를 하나님께서 회복시켜 주시는 것이다." 12

믿음은 하나님과 하나님께 속하는 것을 인간적인 눈으로 보고 확신하기 보다는 오직 사랑 안에서 발견하고 결실을 맺는다.[13] 믿음이 하나님과의 관계이기 때문에 그리스도인에게 신앙의 삶이 성숙하여지는 이유는 믿음의 성장과 연관이 된다. 하나님과의 인격적인 관계를 통하여 믿음은 더욱 더 성장하게 된다. 이것이 하나님이 우리에게 바라시는 축복이다.[14]

---

[10] 앨리스터 맥그라스,『종교개혁 시대의 영성』, 156.
[11] 루이 부이에,『영성 생활 입문』, 345.
[12] 루이 부이에,『영성 생활 입문』, 346.
[13] 루이 부이에,『영성 생활 입문』, 397.
[14] 사이몬 찬,『영성신학』, 116.

우리는 믿음으로 하나님이 무에서 우주를 창조하신 것을 믿으며, 이 모든 것이 우리를 위한 하나님의 축복임을 믿는다. 하나님은 우리를 위하여 시간과 공간을 창조하시고, 이 세상의 변화와 함께 믿음으로 변화하기를 바라신다. 이 모든 것을 통하여 우리는 창조주 하나님이 우리를 위하여 예비하신 축복의 세계를 소망한다.

하나님의 창조는 한 번에 끝난 것이 아니며, 창조하신 후 하나님은 우리를 무관심에 내버려 두지 아니하셨다. 만일 그렇다면 예수 그리스도가 이 땅에 오실 이유가 없었기 때문이다. 예수님도 십자가의 죽으심으로 당신의 사역이 끝났다고 보지 아니하셨으며, 부활하신 후 우리를 방치하시지 않으셨다. 주님은 보혜사를 주셔서 우리와 영원히 함께 하시겠다고 약속하셨다(요14:16). 그리스도의 구원은 영원한 영광이기 때문에 일시적이지도 임시적이지도 않다(딤후2:10). 뿐만 아니라 하나님의 말씀은 영원히 우리와 함께 하시는 진리가 되신다(요이1:2). 따라서 믿음은 영원한 축복의 세계로 우리를 인도한다.

따라서 믿음은 기도 안에서 그 모든 것을 바란다(고전13:7).[15] 믿음으로 정화된 영혼은 더 이상 감각에 지배당하는 노예의 상태에 머물지 않게 된다. 오히려 모든 것을 이기는 승리를 가져다준다. 이러한 믿음으로 우리의 영혼은 온전히 기도에 모든 것을 맡기게 되며, 하나님의 더 크신 축복을 기대한다.[16]

덕의 윤리를 제시하는 아퀴나스는 하나님에 대한 우리의 신앙은 참으로 하나님이 주신 은혜의 선물로 보았다. 모든 선한 선물과 완벽한 선물은 위로부터, 빛의 아버지로부터 내려와서 우리에게 주어지기 때문에(약

---

[15] 클레르보의 베르나르, 『하나님의 사랑』, 120.
[16] 루이 부이에, 『영성 생활 입문』, 353~354.

1:17) 때때로 인간의 연약함으로 신앙생활을 하기가 힘들다고 하여도 우리는 선하신 주님께 우리 믿음의 부족함을 도와주시기를 간구하여야 한다.[17] 왜냐하면 주님은 항상 우리에게 좋은 선물을 주시며 부족하여도 꾸짖지 아니하시고 후히 주시며(약1:5) 흔들어 넘치도록 채워주시는 분이시기 때문이다(눅6:38).

(3) 좁은 길

믿음은 우리로 하여금 미래의 심판과 벌에 대한 두려움을 이기고, 죄의 오염을 멀리하도록 한다. 믿음은 넓은 길이 아니라 우리를 구원의 좁은 길로 인도한다. 우리는 좁은 문으로 들어가야 한다. 멸망으로 인도하는 문은 크고 그 길이 넓어 그리로 들어가는 자가 많다(마7:13). 중요한 사실은 하나님은 그 무엇보다도 우리의 구원을 가장 소중하게 여기신다는 점이다. 예수님이 이 땅에 오신 사실만으로도 더 이상 어떤 증거가 필요하겠는가? 따라서 우리는 좁은 문으로 들어가기를 힘써야 한다(눅13:24).

믿음은 미래에 있을 심판에 대한 두려움과 하늘나라에 대한 소망을 통하여 현세의 욕망을 파괴한다.[18] 거룩한 빛이 영혼으로 들어올 때 우리는 하나님과 연합한다. 이것이 신앙의 빛이다. 신앙은 영혼을 자연적인 인간의 감각으로 다다를 수 없는 저 높은 곳으로 우리를 인도한다.[19] 가장 높은 차원의 신앙은 우리가 믿는 하나님 나라는 아주 적은 사람

---

[17] St. Thomas More, *Dialogue of Comfort Against Tribulation.*

[18] John Cassian, *The Twelve Books on the Institutes of the Cœnobia, and the Remedies for the Eight Principal Faults.*

[19] Johannes Eckhart, *Meister Eckhart's Sermons.*

들만이 선택받았다는 것이다. 하나님의 자비는 모든 당신의 자녀들을 구원하는 데에 있지만, 사람들은 사랑보다는 미움과 비참한 고통을 선택한다.[20]

휴 라티머Hugh Latimer는 신앙은 선한 삶이 없는 겉치레의 모습이 아니라, 사랑에 의해 행동하는 신앙이라고 강조하였다. 그는 신앙은 매우 힘든 영적 순례의 길이지만, 우리는 주님의 용서를 통하여 믿음의 세계로 담대히 나아갈 수 있기 때문에 끝까지 견뎌야 한다고 주장하였다. 주님은 "인자가 올 때에 세상에서 믿음을 보겠느냐?"라고 질문하셨다(눅18:8). 주님이 이렇게 말씀하신 이유는 진정한 믿음을 발견하기 어렵기 때문이다. 진정한 믿음은 시간에 따라 변하는 것이 아니라, 지속적이고, 영원하고 오래 견디는 믿음, 하나님의 말씀처럼 영원한 믿음을 말하는 것이다.

우리는 올바른 신앙, 살아있는 신앙, 구원을 가져오는 신앙을 가져야만 한다. 이는 그리스도가 나의 죄를 위해 죽었다는 것을 믿는 신앙이다. 우리는 그러한 신앙을 가지고 그의 은혜로 그분에게 나아간다. 신앙은 우리를 그리스도에게로 이끌고, 그리스도는 죄를 용서하시고, 죄의 용서는 우리를 영생으로 인도한다.[21] 이 구원의 길에 우리가 초대를 받았으니 우리는 담대하게 이 믿음의 여정을 마쳐야 한다.

좁은 길로 나아가다가 우리는 눈앞에 도무지 넘어갈 수 없는 험산준령險山峻嶺과 같은 것을 만날 수 있다. 우리는 기도로서 산을 향하여 "여기서 저기로 옮겨지라(마17:20)"고 명할 수도 있다. 그러나 우리는 피곤한 자에게 능력을 주시며 무능한 자에게 힘을 더하여 주시는(사40:29) 하나님께 "저 산을 넘어 갈수 있는 용기를 주옵소서!"라고 기도할 수 있다.

---

[20] Martin Luther, *De Servo Arbitrio "On the Enslaved Will" Or The Bondage of the Will, De Servo Arbitrio.*
[21] Hugh Latimer, *Sermons.*

우리는 어떤 상황에도 기쁨을 가지고 모든 것을 견디고 오래 참음으로 우리 앞에 있는 구원의 경주를 마칠 때 까지 최선을 다하여야 할 것이다.

2. 믿음의 중심: 십자가와 성경

(1) 믿음의 중심 십자가

믿음의 중심에는 십자가가 있다. 주님은 십자가로 세상을 이기셨다(골2:15). 주님은 우리가 이 세상에서 환난을 당하나 두려워하지 말라고 말씀하셨다. 주님이 이미 세상을 이기셨기 때문이다(요16:33). 우리 안에 계신 주님은 세상에 권세가 있는 자들보다 크시다(요일4:4). 따라서 주님께로 난 우리는 세상을 이기는 능력이 있는데, 그것은 주님을 믿는 믿음이며(요일5:4), 이 하나님의 아들을 믿는 믿음으로 우리는 세상을 이기는 신앙인이 되는 것이다(요일5:5).

앨리스터 맥그라스는 루터의 신앙관과 관련하여 종교개혁 영성을 세 가지로 정리하였다. "① 신앙은 순수하게 역사와 관련된 것이라기보다 오히려 인격과 관련된 것이다. ② 신앙은 하나님께서 약속하신 것들을 믿고 의지하는 것들과 관련되어 있다. ③ 신앙은 신자를 그리스도에게 연합시킨다." [22] 신앙은 신조나 교리에 동의하는 것이 아니라, 하나님과

---

[22] 앨리스터 맥그라스, 『종교개혁 시대의 영성』, 157. 루터가 1520년에 썼던 『그리스도인의 자유에 대하여』를 언급하며, 맥그라스는 루터를 다음과 같이 인용한다. "신앙은 마치 한 신부가 자기 신랑과 연합하여 한 몸이 되듯이, 영혼soul을 그리스도에게 연합시켜 한 몸이 되게 한다. 바울이 우리에게 가르치는 것처럼, 그리스도와 영혼은 이 신비를 통하여 한 몸이 된다(엡5:31-32). 그들이 만일 한 몸이고 나아가 그 혼인이 실제라면-사실 이야말로 모든 혼인 가운데 가장 완전하며, 인간의 혼인은 유일하게

우리 사이의 '혼인 반지'이며, 그리스도와 신자가 연합하여 한 몸을 이루는 것과 같다고 할 수 있다.

신앙은 그리스도가 베푸신 은혜가 우리에게 흘러들어오는 하나의 물길channel이며, 우리를 그리스도와 연합시키는 혼인 약정과 같다. "신앙은 마치 혼인 계약과 같은 것이어서 신자와 그리스도 사이에 함께 소유할 물건들을 정하게 된다. 우리가 가진 것들(죄와 사망)이 그의 것이 되고, 그가 가진 것(구원과 생명)이 우리의 것들이 된다. 그리스도의 생명은 신자의 생명 속으로 뚫고 들어와, 이처럼 '찬탄할 만한 거래commercium admirabile'를 만들어낸다." 23

맥그라스는 '신앙'과 '신앙을 믿는 것'을 구별하였다. "신앙을 믿는 것to have faith in faith은 구원하시는 하나님의 능력보다 오히려 믿을 수 있는 당신의 능력을 신뢰하는 것이다. 자신의 밖을 바라보며 예수 그리스도의 죽음과 부활, 그리고 성령을 보내심을 통하여 확증된 하나님의 약속들을 깊이 생각해야 할 때에, 도리어 당신의 내면을 응시하면서, 자신의 마음 상태만을 생각하고 있다." 24 이 지적은 신앙의 특성을 설명하는 데에 있어서 매우 적절하다고 할 수 있다. 마치 달을 바라보라고 하면서 손가락

참된 이 혼인의 모습을 빈약하게 보여주는 사례일 뿐이다-그들(신랑과 신부)이 가진 모든 것이 좋든 나쁘든 공동 소유가 되는 결과가 뒤따른다. 그리하여 신자는 그리스도께서 소유하신 것이 무엇이든, 그것이 마치 자신의 소유인 것처럼, 그것을 자랑하며 그로 말미암아 영광을 얻을 수 있는 것이다. 또 신자가 소유하고 있는 어떤 것이라도, 그리스도는 자신의 소유로 그것을 주장하실 수 있다. 이것이 어떻게 성취되며 나아가 우리에게 어떤 이익을 주는지 살펴보자. 그리스도는 은혜, 생명, 그리고 구원이 충만하신 분이다. 인간의 영혼은 죄, 사망, 그리고 정죄定罪로 가득 차 있다. 이제 신앙이 그 둘 사이에 끼어들게 하자. 죄, 사망, 그리고 정죄는 그리스도의 것이 되고, 은혜, 생명, 그리고 구원은 신자의 것이 될 것이다." 앨리스터 맥그라스, 『종교개혁 시대의 영성』, 165~166.

23 앨리스터 맥그라스, 『종교개혁 시대의 영성』, 131.
24 앨리스터 맥그라스, 『종교개혁 시대의 영성』, 181.

끝을 보는 것과 같이 되어서는 안 될 것이다. 우리는 우리 안에 있는 신앙을 보지 말고 그 신앙이 의지하는 하나님만을 끝까지 바라보아야 한다.

우리는 우리가 가진 신앙 때문에 의롭게 된 것이 아니다. 우리는 우리가 신앙을 가지도록 은총을 베풀어 주신 예수 그리스도를 통하여 의롭게 된 것이며 그것은 그리스도의 공로이지 결코 우리가 가진 신앙에 의한 것이 아니다. 신앙은 단지 예수 그리스도께서 우리를 위하여 하신 일이 우리의 삶에 적용된 것에 불과하다. "이것은 결코 인간의 공로 때문에 의롭다 여기심을 받는다는 교리가 아니다. 도리어 그것은 그리스도 때문에 의롭다 여기심을 받는다는 교리이다." [25]

그리스도께 대한 신앙과 믿음은 "예수 그리스도 안에서 우리에게 주어진 하나님의 말씀에 우리가 동의하는 것이다." [26] 이 믿음은 예수 그리스도 안에서 허락하신 하나님의 약속들을 붙들고, 소망을 가지고 예수 그리스도께서 나타나실 때, 선물로 주실 충만한 은혜에 집중한다.[27]

따라서 신앙의 중심은 십자가임을 우리는 확신하여야 한다. 불 뱀에 물려죽는 이스라엘 백성이 많아지자 하나님은 불 뱀을 만들어 장대위에 매달라고 말씀하셨다. 그것을 보는 자마다 살아나게 되었다. 이 땅의 흉악한 죄악에 의하여 마땅히 죽어야 할 범죄자가 십자가에 달리지 않고, 죄가 없으신 예수 그리스도가 우리의 죄를 대신하여 달려 돌아가셨다. 이 십자가가 못 박히신 주님을 바라볼 때, 우리는 살 수 있다(갈3:1). 이 십자가가 우리의 자랑이요 이 십자가로 우리는 천국을 소망한다(히12:2). "내가 그리스도와 함께 십자가에 못 박혔나니 그런즉 이제는 내가 사는

---

[25] 앨리스터 맥그라스, 『종교개혁 시대의 영성』, 284.
[26] 루이 부이에, 『영성 생활 입문』, 15.
[27] 사이몬 찬, 『영성신학』, 128.

것이 아니요 오직 내 안에 그리스도께서 사시는 것이라 이제 내가 육체 가운데 사는 것은 나를 사랑하사 나를 위하여 자기 자신을 버리신 하나님의 아들을 믿는 믿음 안에서 사는 것이라(갈 2:20)." 이제 우리는 육체와 함께 모든 정욕과 탐심을 십자가에 못 박았다(갈5:24). 뿐만 아니라 우리의 자랑은 십자가 외에 아무것도 없다(갈6:14). 이 십자가의 은혜로 우리는 땅에 있는 것이나 하늘에 있는 것이나 예수 그리스도로 화목을 이루어 나간다(골1:20).

(2) 믿음의 중심 성경

우리가 좁은 길을 가는 동안, 신앙은 우리가 은혜를 받을 수 있는 손길과 같은 역할을 한다. 우리는 반드시 신앙을 가져야한다. 그러나 어떻게 신앙을 가질 것인가? 신앙은 그리스도에게로 우리를 이끌고, 그리스도는 우리의 죄를 용서하신다. 그러나 어떻게 우리가 신앙을 획득하는가? "신앙은 하나님의 말씀을 들음에서 온다." 그렇다면 만약 우리가 신앙을 가지고자한다면, 우리는 반드시 하나님의 말씀을 들어야만 한다. 만약 하나님의 말씀을 들어야 할 필요가 있다면, 그때는 우리에게 반드시 하나님의 말씀을 말해 줄 수 있는 설교자들이 있어야만 한다.[28]

성경적인 믿음은 어둠 속으로 뛰어드는 것이 아니라 빛 가운데로 한 발짝 다가가는 것이다. 우리는 성경과 우리의 경험, 그리고 이성과 역사적 전통을 통하여 우리가 확신하는 것을 믿음의 세계로 더욱 가까이 가지고 간다. 우리는 역사 속에서 믿음을 반대하는 그 어떠한 지적인 공격에 대하여서도 충분히 대답할 만한 근거들이 있다.[29] 믿음은 우리에게

---

[28] Hugh Latimer, *Sermons*.

정해진 대상에 집중하게 한다. "그 대상이 믿을 만한 가치가 있으면, 믿음이 약할 때에도 우리를 유지시킬 것이다."[30] 이 모든 것 뒤에 바로 성경의 진리가 있는 것이다.

다마스커스의 성 요한St. John of Damascus은 믿음을 두 가지 측면에서 살펴보았다. 첫째는 믿음이 말씀을 들음에서 오기 때문에 의지와 연관된다고 보았다. 성경을 들음으로 우리는 성경의 교훈이 하나님의 말씀임을 믿으며, 경건을 훈련하고, 우리를 구원하신 분의 명령들을 행한다. 믿음은 바라는 것들의 실상이요 보지 못하는 것들의 증거이며 하나님이 우리에게 약속하신 것과 우리가 기도하는 선한 주제들을 의심 없이 소망하는 것이다. 둘째는 성령의 선물에 속하는 것으로서 믿음 없이는 구원받지 못한다. 왜냐하면 믿음은 성령의 은사이며 믿음으로 하나님의 세계를 이해하기 때문이다. 모든 것들은 믿음으로 존재하기 때문이다. 마치 믿음 없이 농부는 쟁기질을 하지 못하는 것처럼, 상인은 작은 나무 배 위에서 믿음이 없이는 바다 물결에 자신을 맡기지 못할 것이며, 결혼이나 앞에 놓여있는 그 어떤 삶의 여정도 믿음이 없이는 견디지 못하기 때문이다. 믿음으로 우리는 모든 것이 무로부터 하나님의 능력에 의해 존재한다고 생각한다. 그리고 우리는 신적인 것이든, 인간적인 것이든, 모든 것을 믿음으로 이해한다.[31]

우리가 하나님의 말씀을 들을 때 믿음을 주시며, 또한 우리의 마음이 정화된다. 믿음은 들음에서 오고, 믿음으로 의로워진다. 따라서 우리는 사랑의 마음을 가지고 주님의 말씀을 올바르고 순수하게 믿으며, 또한 가르쳐야 한다.[32]

---

[29] 케네스 보아, 『기독교 영성, 그 열두 스펙트럼』, 295.
[30] 케네스 보아, 『기독교 영성, 그 열두 스펙트럼』, 295.
[31] St. John of Damascus, *Exposition of the Orthodox Faith*.

무엇보다도 복음적인 믿음은 성경적인 믿음이며, "그리스도 안에 있는 하나님의 사랑에 대한 자신의 모든 것으로부터 나온 감사와 진실한 반응"이 성경의 말씀을 믿음으로 더욱 더 기쁨으로 넘치게 한다.[33] "그리스도인의 믿음은 우리가 생각할 수 있는 하나님의 어떤 사랑에 대한 믿음이 아니다. 그것은 말씀이 우리에게 계시해 주는 특별한 사랑, 오직 그분만이 우리에게 계시해 줄 수 있고, 사실상 그분 홀로 우리에게 계시해 주었던 그 특별한 사랑에 대한 믿음인 것이다."[34]

창세기에 나타나는 인간의 타락의 경우에서도 나타나듯이, 믿음은 하나님의 말씀과 약속을 최고의 진리로 믿고 충성할 때 지켜지는 것이며, 보기에 먹음직한 감각적인 육욕에 의해서는 믿음을 지킬 수 없다. "믿음은 우리로 하여금 보이는 것을 넘어서 보게 하기 때문에, 즉 우리가 붙잡혀 있으면서도 깨닫지 못하고 있는 노예 상태와 더불어 보이지 않는 구세주를 보게 해주기 때문에 우리를 투쟁하게 하고 승리하게 해주는 것은 오직 믿음뿐이다."[35]

하나님 말씀에 대한 믿음을 지키기 위하여서는 육체적인 즐거움이나 만족을 멀리하여야 한다.[36] 믿음은 하나님 말씀의 권위에 근거하기 때문에 '객관적인 믿음'이라고 말할 수 있다. 그러나 이것은 믿음이 지식과 같이 이론적이고 학문적이라는 뜻이 아니라, 진리와 일치되게 산다는 의미에서이다.[37] 이와 같은 진리에 근거한 믿음은 어둠에서 빛으로, 그리고 그림자와 모상으로부터 참된 진리로 우리를 이끄는 안내자와 같은

---

[32] Menno Simons, *The Complete Works of Menno Simon*.
[33] 리처드 포스터, 『생수의 강』, 410. 리처드 포스터는 '루터'를 인용하였다.
[34] 루이 부이에, 『영성 생활 입문』, 27.
[35] 루이 부이에, 『영성 생활 입문』, 279.
[36] 루이 부이에, 『영성 생활 입문』, 220.
[37] 루이 부이에, 『영성 생활 입문』, 357~358.

역할을 한다.[38] 따라서 신앙은 모든 사람에게 생기는 것이 아니라, 말씀의 선포를 받은 자들이 지니는 특성이기에 우리는 더욱 더 하나님의 말씀에 전념하는 신앙생활을 하여야 할 것이다.[39]

3. 순종과 헌신

(1) 믿음과 행위

신앙은 우리를 하나님의 자녀로 확증하고 성령으로 우리를 하나님이 예정하신 축복으로 이끌어간다. 하나님 나라는 무엇인가? 하나님은 우리의 주, 그의 아들 예수 그리스도를 이 땅에 보내셨는데, 이는 우리를 구원하사 악마의 세력으로부터 우리를 건져주시기 위함이다. 그리고 우리를 주님께 인도하고, 주님은 의의 왕으로서 우리를 통치하시고, 죄에 대항하여 죽음과 악한 양심에서 우리를 구원하시기 위함이다. 이를 위하여 주님이 우리에게 성령을 주셔서 그의 거룩한 말씀을 따라 살 수 있도록 이끄신다.[40]

온전한 믿음으로 우리는 하나님을 기쁘시게 할 수 있다. 우리는 주님을 따르며 때로는 불 속에라도 들어가서 이웃을 구원해야 하는 상황도 있을 수 있다(유1:23). 행함이 없는 믿음은 그 자체가 죽은 것이다(약2:17). 영혼 없는 몸이 죽은 것 같이 행함이 없는 믿음은 죽은 것이다(약2:26).

칼빈Calvin은 하나님을 기쁘시게 하기 위하여서는 신앙은 행위를 동반

---

[38] 루이 부이에, 『영성 생활 입문』, 390.
[39] Gregory of Nyssa, *Dogmatic Treatises, etc.*
[40] Martin Luther, *The Large Catechism.*

하며, 또한 친절하여야 한다고 강조하였다. 이웃사랑 없이는 신앙이 있다고 할 수 없기 때문이다. 물론 친절함만으로는 신앙이 있다고 할 수는 없을 것이다. 칼빈은 신앙은 하나님에 관한 지식이라고 일컫는 것을 주목하는 것이 중요하다고 보았다. 이것은 신앙이 냉담하고 공허한 공식이 아니라는 것을 분명히 한다. 진실로 신앙은 하나님과 우리를 화해시킨다는 이유로 우리를 의롭게 하는데, 이는 우리 자신의 공로에 의해서가 아니다. 주님이 우리에게 약속하신 은총을 주시고, 당신의 자녀들로서 우리는 하나님에 의해 사랑받음으로 영생의 확신에 거하게 된다.

신앙은 단지 의로움의 시작이고, 삶이 진행됨에 따라 의로움은 행위들로 구성된다. 또한 신앙은 들음을 통하여 마음의 중심에 위치한다. 따라서 신앙은 인간의 권위에 기대지 않는다. 하나님에게 의지할 때, 신앙은 요동하지 않는다. 그러므로 신앙은 지식과 결합되어야만 하는데, 그렇지 않을 시 끊임없는 사탄의 공격에 대항하여 굳건할 수가 없다. 바울과 같이 이 믿음의 지식을 소유한 사람은 세상을 이기고 승리하게 된다. 칼빈은 신앙이 지식이라는 이유는 하나님의 말씀을 왜곡하고 진리를 모호하게 하는 이단 사조들과 싸워 이겨야하기 때문이라고 강조하였다. 온전한 믿음은 구원의 지식이 필요하다.[41]

마틴 루터는 종교개혁의 정신으로 참된 믿음이 무엇인가 역설하였다. 루터가 말하는 믿음이란 단순히 개인적인 것이 아니라, 이웃을 위하여 행동하며 사회를 향한 자신의 변화이며 사회에 대한 책임과 연관이 되어 있다.

"믿음이란 우리 안에 있는 하나님의 역사로 우리를 변화시키시며, 하

---

[41] John Calvin, *Commentaries*.

나님으로부터 새로운 삶을 줍니다(요1:13). 믿음은 옛 아담을 없애고 우리를 완전히 다른 사람으로 만듭니다. 믿음은 우리의 마음과 영과 생각과 모든 힘들을 바꿉니다. 믿음으로 성령의 임재하심을 불러일으킵니다. 그렇습니다. 믿음이야말로 살아있고 창조적이며 활동적이고 힘 있는 것입니다. 믿음은 선한 일 들을 계속적으로 하게 합니다. 믿음은 선한 일을 해야 될 것이냐고 묻지 않고, 오히려 누가 묻기 전에 선한 일들을 미리하며 쉬지 않고 합니다. 누구든지 이러한 자세로 선한 일을 하지 않으면 불신자와 같습니다. 그러한 사람은 비록 무엇이 믿음이며 선행인지 모르면서도 믿음에 방해만 되며, 믿음과 선행을 바라기만 되기 때문입니다. 그러면서 많은 말로 믿음과 선행에 대하여 늘어놓게만 되는 것입니다. 믿음이란 하나님의 은총 안에 살아있는, 그리고 확고한 신뢰입니다. 그 믿음으로 수천 번을 죽게 되는 위험을 무릅쓰고서라도 하나님의 도우심을 바라는 것입니다. 그와 같은 하나님의 은총에 대한 신뢰와 지식은 여러분들을 하나님과 모든 피조물들과의 관계에서 행복하고 담대하게 할 것입니다. 성령은 이러한 일들을 신앙을 통하여 가능하게 합니다. 믿음으로 여러분은 누구에게나 자유롭게, 기꺼이, 그리고 기쁨으로 모든 일을 할 수 있으며, 모든 사람을 섬기며 모든 일을 감수하고, 그와 같은 은총을 보여주신 하나님을 사랑하고, 찬양하게 되는 것입니다. 마치 불에서 빛과 열을 분리할 수 없듯이, 믿음과 선행을 분리할 수 없는 것입니다. 그러므로 여러분의 잘못된 생각을 조심하고 무익한 담론들을 멀리하고 자신을 스스로 지혜롭게 여겨 믿음과 선행을 안다고 하는 사람들, 그러나 세상에서 가장 큰 바보인 그런 사람들에게서 자신을 지키십시오. 하나님께 여러분 안에 믿음이 역사하도록 요청하십시오. 그렇지 않으면 여러분이 무엇을 바라든지 말하든지 또는 하든지 여러분은 믿음이 없는 자들로 남게 될 것입니다."[42]

믿음은 불과 같은 것이다. 불에서 빛과 열을 구분할 수 없듯이 온전한 믿음과 행위는 항상 함께한다. 이제 믿음은 하나님의 말씀을 순종하도록 이끈다. 예수님은 순종하는 모든 자에게 영원한 구원이 되시며(히5:9), 우리는 사욕을 따르지 아니하고 순종하는 주님의 자녀가 된다(벧전1:14). 진리를 순종하면 영혼을 깨끗이 하는 것이며, 이웃을 사랑하기에 이른다(벧전1:22).

(2) 믿음의 결과 순종

우리가 온전하게 주님을 따르려면, 순종하여야 한다. 이 순종은 믿음이 없이는 가능하지 않다. 아브라함도 보이지 않는 세계를 믿음으로 순종하여 나아갔다(창26:5). 우리의 의지를 굴복시키고, 말씀에 전념하는 이유는 하나님께 순종하기 위함이다. 우리 신앙 전체는 순종에 기초하며 순종에 의하여 하나님의 백성 됨을 증명한다. 이 순종에 근거하여 우리는 하나님의 진리와 하나님을 사랑하고 이웃을 우리 몸처럼 사랑하는 순종으로 나아간다.[43]

"그리스도 안에 있는 믿음은 순종을 통해 자라나는 재산이며, 순종하는 믿음은 하나님에 대해 더 많은 지식으로 이끈다. 그래서 믿음을 구성하는 지식과 행위 간에는 상호 관계가 있다."[44] 우리 주님도 고난을 통하여

---

[42] *Martin Luther's Definition of Faith: An excerpt from "An Introduction to St. Paul's Letter to the Romans,"* Luther's German Bible of 1522 by Martin Luther, 1483-1546 Translated by Rev. Robert E. Smith from DR. MARTIN LUTHER'S VERMISCHTE DEUTSCHE SCHRIFTEN. Johann K. Irmischer, ed. Vol 63 (Erlangen: Heyder and Zimmer, 1854), 124-125. [EA 63:124-125] August, 1994.
[43] St. Catherine of Siena, *The Dialogue of Saint Catherine of Siena.*
[44] 케네스 보아, 『기독교 영성, 그 열두 스펙트럼』, 295.

순종을 배우셨다고 성경은 증거 한다(히5:8). 하나님께 번제와 다른 제사를 드리는 것보다 그의 목소리를 청종하는 것이 믿음이다. "순종이 제사보다 낫고 듣는 것이 숫양의 기름보다 낫다(삼상15:22)." 이와 같이 믿음은 지식에 앞서 헌신을 필요로 하며, 소망은 순종과 믿음이 있어야만 가능하다.[45]

참된 순종이 있으려면 우리는 먼저 전적으로 주님만을 의지하여야 할 것이다. 제임스 맥컨키James McConkey의 표현처럼, 믿음은 하나님께 의존하는 것이다. 그러나 하나님께 온전히 의존하기 위하여서는 우리는 우리가 의존하는 것을 단념하여야 한다. "어떤 사람은 슬픔, 고통, 괴로움, 깨져 버린 계획과 희망이 스스로는 도울 수 없는 패배를 안겨다 준 후에야 자기 의존에서 벗어난다." [46]

신앙은 진리에 의해 생겨나며 진리란 진정으로 존재하는 하나님의 약속에 의지한다. 신앙은 우리의 구원을 보증하여주기 때문에, 우리는 고난이 있어도 참고 견디며 믿음에 대하여 깊게 이해하게 된다.[47] 이 믿음은 보이는 세상의 조건에 좌우되지 아니하며, 하나님의 말씀을 따르고 순종한다. 기독교인의 신앙은 그리스도를 신실하게 믿는 것이고, 그리스도의 명령들을 지키는 것이기 때문에, 이로부터 분명한 결론은 신실하지 않은 사람은 신앙이 없는 것이고, 그리스도의 명령들을 깨뜨리는 자는 그리스도를 믿지 않는 것과 같다.[48]

리처드 포스터는 본회퍼Bonhoeffer가 불굴의 신앙을 보여 준 이유는 믿음으로 저항과 복종을 할 수 있었기 때문이라고 보았다. 믿음은 행함을

---

[45] 케네스 보아, 『기독교 영성, 그 열두 스펙트럼』, 296.
[46] 케네스 보아, 『기독교 영성, 그 열두 스펙트럼』, 125.
[47] Iranaeus, *THE DEMONSTRATION OF THE APOSTOLIC PREACHING*.
[48] Salvian, *On the Government of God*.

낳고 순종이 있기에 진리를 통하여 이 세상의 불의에 저항하고, 하나님의 말씀에 복종이 가능한 것이다.[49]

청교도 신학자 윌리엄 에임스William Ames에 따르면, 믿음은 '영적인 삶의 일차적 행위'와, 규범이나 준수의 의무를 지키는 '이차적 행위'와 연관이 된다. 믿음을 통하여 하나님의 뜻을 따르려는 의지가 생기기 때문에, 믿음은 의무의 원인인 동시에 결과이며, 궁극적으로는 하나님의 뜻을 따르는 순종과 연관이 되는 것이다.[50]

4. 변화

(1) 믿음의 결과 헌신

어거스틴은 믿음은 눈에 보이는 보상을 추구하지 않으며, 주님의 은총에 의하여 죄에서 자유하여 주님을 따르는 헌신과 결합된다고 보았다. 따라서 하나님의 도성에서 믿음으로 사는 사람들은 믿음으로 하나님께 나아가는 것이다. 믿음은 영의 활동이지 육체의 활동이 아니기 때문에 신앙은 사랑을 통하여 선한 행위와 덕을 추구하게 될 것이다.[51]

우선 믿음 있는 영혼은 믿음의 빵을 먹는다. 우리는 육체에 거하지만 사랑을 통하여 믿음으로 일한다. 행함 없는 믿음이 죽은 것처럼, 행함 자체는 믿음을 위한 양식이다. 우리 주님은 "나의 양식은 나를 보내신 자의 뜻을 행하는 것이다(요4:34)."라고 말씀하셨다.[52] 이와 같이 믿음은

---

[49] 리처드 포스터, 『생수의 강』, 120.
[50] 사이몬 찬, 『영성신학』, 116.
[51] St. Augustine, *City of God and Christian Doctrine*.

하나님을 기쁘시게 하는 행위로 우리를 인도한다. 믿음 없이 어떠한 사람도 하나님을 기쁘시게 하지 못하고, 하나님에 대한 열렬한 믿음이 거룩한 빛으로 우리들의 행위를 이끌어 낸다.[53]

앞에서 믿음과 행위의 연관성을 살펴보았는데, 믿음에 이은 행위가 세상으로부터 우리가 하나님을 향하여 삶을 재정향하는 것이라면 헌신은 그 행위가 온전히 하나님의 뜻에 부합하도록 최선을 다하는 것이다. 신앙이 사람을 진정 거룩하게 만드는 것이고 신앙만이 주님께 헌신하게 하지만, 그렇다고 인간의 행위 자체가 사람을 거룩하게 하는 것은 아니다.[54]

"헌신은 책임을 의미하는데, 책임은 무언가 제한이 있는 것처럼 들린다. 우리는 또한 헌신을 하게 되면, 우리의 생활에서 자발성과 기쁨을 모두 빼앗기지나 않을까 두려워한다. 엄숙한 맹세는 너무나 냉혹한 것처럼 들리고 이를 악물고 살아가야 하는 것같이 보인다. 우리는 의무적으로 기도하기보다 기도하고 싶을 때 하기를 원한다. 헌신을 하게 되면, 기도가 하고 싶을 때 하는 것이 아니라 강제적인 것이 되어 버릴까 봐 걱정한다."[55]

그러나 하나님께 드리는 헌신과 섬김(롬12:7)은 "다양한 수단을 통해 지체들의 실질적 필요를 분별하여 채우는 은사"이다.[56] 헌신을 설명할 때, '도움,' '섬김', 그리고 '봉사'로 구별할 수도 있다. '도움(고전12:28)'은 "교회의 지체들의 사역을 효과적으로 증진시키는 능력이라고 할 수

---

[52] St. Bernard of Clairvaux, *On Loving God.*
[53] Jacobus de Voragine, *The Golden Legend.*
[54] Martin Luther, *The Large Catechism.*
[55] 리처드 포스터, 『리처드 포스터의 '기도'』, 98~99.
[56] 케네스 보아, 『기독교 영성, 그 열두 스펙트럼』, 351.

있으며, '섬김의 은사'는 좀 더 단체 중심적이고, 돕는 은사는 개개인 중심이라고 할 수 있다.[57] 한편 '봉사'는 성직자들에 의한 '공적인 봉사'라는 어원적인 의미가 담긴 '전례'와 같은 의미를 담고 있다.[58]

헌신은 성령의 활동이다. 우리가 하나님을 경외하며, 우리를 향하신 하나님의 뜻, 즉 구원을 위하여 노력하게 되면, 이때 나타나는 행위가 헌신이다. 사랑의 영이 우리 속에 두려움을 떨치고 헌신하게 한다.[59] 한편, 헌신에 나타나는 자선행위는 주님의 말씀하신 것이며, 신적인 행위라고 할 수 있다. 하나님이 이 세상에 예수 그리스도로 오셔서 자신을 드림으로써 거룩한 신성이 드러나는 것처럼, 자신의 것을 이웃을 위해 주는 자선행위도 이 하나님의 신적행위를 닮는 것이다.[60] 하나님께 헌신하는 것은 우리가 헌신함으로 우리는 더 온전하여 질 수 있다. 헌신은 우리에게 좋은 것이고, 우리를 완전하게 만든다.[61]

토마스 아퀴나스는 헌신은 내적인 의지와 연관된다고 보았다. 헌신과 같은 종교적 행위는 그 동기가 중요하기 때문인데, 이 내적인 종교행위로 대표적인 것은 헌신과 기도이다. 헌신은 라틴어로는 '맹세하다 devovere'라는 의미로 하나님께 헌신하는 것 자체는 그분에게 전적으로 자신을 복종시키는 것이다. 따라서 헌신은 분명 자신을 기꺼이 하나님께 봉사한다는 의지와 연관이 된다. 구약성경에는 "이스라엘 자손의 온 회중이 모세 앞에서 물러갔더니 마음이 감동된 모든 자와 자원하는 모든 자가 와서 회막을 짓기 위하여 그 속에서 쓸 모든 것을 위하여 거룩한 옷을

---

[57] 케네스 보아, 『기독교 영성, 그 열두 스펙트럼』, 353.
[58] 루이 부이에, 『영성 생활 입문』, 322~323.
[59] St. Bernard of Clairvaux, *Some Letters of Saint Bernard, Abbot of Clairvaux.*
[60] St. Bernard of Clairvaux, *On Loving God.*
[61] Moses Maimonides, *The Guide for the Perplexed.*

위하여 예물을 가져다가 여호와께 드렸으니, 곧 마음에 원하는 남녀가 와서 팔찌와 귀고리와 가락지와 목걸이와 여러 가지 금품을 가져다가 사람마다 여호와께 금 예물을 드렸으며(출35:20-22)"라고 기록되어 있다. 이와 같이 하나님께 마음이 감동되어 기꺼이 하고자 하는 것은 헌신이며 특별한 의지의 행위이다.

헌신은 절대자가 되시는 하나님께 봉사하는 것으로서 인간의 의지가 수반되며, 미덕에 속하며 경건한 것이다. 하나님께 헌신하는 우리가 하나님의 종으로 하나님께 영광을 돌리는 한, 하나님에게로 전달된다. 우리가 이 세상에서 일시적으로 노력하는 것들과는 다르게 우리는 영원하신 하나님을 위하여 헌신하기 때문에 헌신의 목적은 하나님이시다. 주님이 사마리아인들의 착한 행위를 칭찬하신 것처럼, 주님은 부르고자 하는 자를 부르시고, 그가 하고자 하는 자를 통하여 헌신하게 하시는 것이다.

이와 같은 헌신이 지속적인 행위가 되기 위하여서는 묵상이나 명상이 반드시 필요하다. 왜냐하면 위에서 언급했듯이, 헌신은 의지의 행위로서 사람으로 하여금 스스로를 하나님께 헌신하도록 자신을 포기해야하기 때문이다. 그리고 이 의지가 하나님의 뜻을 따르기 위해 묵상을 통하여 의지를 올바로 세워야한다. 올바른 의지는 그 의지의 대상을 온전히 인식할 때 가능하다. 따라서 묵상은 하나님의 뜻에 중심을 두고 헌신하고자 하는 생각을 인식하도록 이끈다. 이때 헌신은 하나님의 사랑과 자비를 동반하며, 이웃을 위한 사랑의 계명을 실천하게 되는 것이다.

"내가 산을 향하여 눈을 들리라 나의 도움이 어디서 올까. 나의 도움은 천지를 지으신 여호와에게서로다(시121:1-2)"라는 말씀처럼, 우리는 헌신하고자 할 때, 하나님의 능력에 기대어 하나님이 공급하시는 힘으로 기쁘게 봉사할 수 있다.[62] 헌신이 이와 같이 선한 의지로 하나님의 뜻에 참여할 때, 이웃을 돕는 사랑을 통하여 서로 분열되고 갈라진 공동체가

연합된다. 혼돈스러운 것이 정리되고, 불평등한 것이 연대하고, 불완전한 것이 완성된다.[63]

헌신은 초기에는 육체의 소욕에 의하여 좌우되기 때문에 영적인 헌신을 더욱 소망하여야 한다. 하나님께 자신을 드리겠다고 헌신하였어도 과거의 잘못된 죄악의 잔영이 남아있을 수 있으며, 이것이 온전한 헌신을 방해할 수 있다. 따라서 우리는 하나님께 헌신할 때, 가장 순수하고 자유롭고 흔들리지 않는 지성을 간직하여야 한다. 이것이 가장 진실한 헌신이며, 하나님이 가장 잘 받아주시는 것이다. 진정한 헌신은 감각적인 달콤함보다는 온전한 순종, 포기, 금욕, 자기 부인으로 구성되어 있다.[64]

스탠리 하우어워스Stanley Hauewas는 교회의 본질적인 사명이 제자도임을 강조하면서, 잘못된 헌신에 대하여 지적하였다. 만일 우리가 남을 돕는 일에 소홀이 하면 양심의 가책을 받을 것이고, 그것이 과하면 미워하게 될 것이라고 지적하였다. 이는 우리의 헌신이 중요함에도 불구하고, 그 동기가 감정에 치우치면 헌신은 오래가지 못한다는 것이다. 따라서 온전한 헌신은 진정한 순종과 자기 부정이 아니고서는 가능하지 않은 것이다. 물론 우리는 하나님을 예배하는 것이 우선적이고, 첫 번째로 해야 할 일임에도 불구하고, 사람들 간에 실천되어야할 정의 또한 하나님께 헌신한다는 진정한 증거가 될 수 있다.[65]

지금까지 살펴보았듯이, 신앙의 본질은 죄에서 회개하고 헌신에 이르기까지 우리의 모습을 철저히 바꾸어 버리는 변화에 있으며, 그 결과로 우리는 자연스럽게 선한 일을 하고자 하는 마음을 잉태하고 행하는

---

[62] St. Thomas Aquinas, *Summa Theologie*.
[63] St. Gregory I, *The Letters and Sermons of Leo the Great*.
[64] Louis of Blois, *A Mirror for Monks*.
[65] John Calvin, *Commentaries*.

것이다.[66] 다음에서 믿음과 헌신의 영성에 동반되는 행위와 실천, 프락시스Praxis에 관한 신학적 성찰을 살펴보자.

(2) 프락시스 성찰

프락시스에 관한 신학은 '믿음'을 단지 수동적인 영상이나 명목이 아니라 세상 속에서 그 구체적인 헌신을 촉구하며, 사회 질서의 변혁과 올바른 교회의 모습을 새로운 방식으로 구현하는 영적 성찰과 행동이라고 본다.[67] 프락시스 신학은 억압당하는 사람들이 자기 자신의 가장 깊은 속에 있는 욕구를 만족시키기 위하여 힘을 기울인 투쟁들에 대한 성찰의 한 형태이기도 하다.

'프락시스'는 이론과 실천의 변증법에 근거한 신학을 추구하는 한 방법이다. 프락시스 신학은 목적을 달성하기 위한 무분별한 행위나 또는 사회 변혁을 추구하지 않는 성찰 모두가 지닌 약점을 극복하려고 한다. 행위자체는 절대 자명한 것이 아니며, 이론은 행위에 대한 이해를 제공한다. 이론은, 자신이 추구하는 목표와 그 목표를 이루기 위한 수단들을 공식화한다는 점에서 또한 행위를 기대하며 행위를 미리 결정한다. 행위는, 특히 정치적 행위에 있어서, 그것이 효과적이기 위해서는 이론이 필요하다. 그리고 이론이 이 세계 내에서 구체적이고 객관적인 변화를 일으킬 때에만 실질적으로 그 이론은 프락시스를 구성한다. 따라서 프락시스 방법은 중립적이지 않으며 특정한 내용을 전제하는데, 이는 근본적으로

---

[66] 앨리스터 맥그라스, 『종교개혁 시대의 영성』, 287.
[67] '프락시스'는 이스마엘 그라시아Ismael Garcia의 해설을 번역한 필자의 선행연구를 재인용 각주 없이 옮긴다. 유경동, 『영화 속의 신학과 인권』(감리교신학대학교 출판부, 2008), 180~184.

자기 자신의 삶에 영향을 미치는 의사 결정의 중심으로부터 소외된 억압받는 개인들과 억압받는 민족들의 행복에 주된 관심을 가진다.

모든 신학은 실천적인 결과물을 기대하지만, 모든 신학이 프락시스를 구성하는 것은 아니다. 오로지 억압당하는 이들에 대한 의식을 강화하는 데에 공헌하는 신학, 그러한 억압당하는 이들과 그 사람들과 연대를 이루는 사람들에 대한 의식을 강화하는 데에 기여하는 신학, 더 확장된 정의로운 사회구조를 이룩하기 위해 투쟁하는 신학들, 그리고 해방과 정의, 자유의 기독교적 이상들을 가능하게 만들기 위한 제도들을 정립하려고 노력하는 신학들만이 온전히 프락시스 신학이라 불릴 수 있다.

프락시스 신학은 교회의 경전과 거룩한 가르침, 그리고 신학적 해석들 사이에 존재하는 다양한 해석의 긴장과 또는 통일성에 근거를 두고 있으며, 그 교회가 속한 사회의 갈등을 유발하는 현실에 대하여 교회가 구체적으로 응답할 것을 촉구한다. 이러한 배경에서, 신학적 성찰은 기독교의 영성, 복음의 내용, 하나님의 본질, 그리고 인간의 본성에 대한 프락시스의 근거들을 드러내도록 돕는다.

프락시스 신학을 추구하게 되는 가장 중심적인 이유는 복음의 메시지에 있어서 필수적인 요소인 정의와 자유에 대한 새로운 책임과 헌신에 대한 요청에 있다. 정의와 자유에 대한 새로운 책임성은 역사적으로 억압받는 사람들 가운데 성육하시고, 능동적으로 모든 인간의 선택권을 도덕적으로, 그리고 종교적으로 의미 있도록 하시는 하나님에 의하여 가능하게 된다. 하나님은 억압당하는 자들의 울부짖음을 들으실 뿐만 아니라, 어떠한 공동체도 설립하기가 불가능한 것 같은 상황에서도 해방의 공동체를 이루신다. 또한 하나님의 뜻에 맞는 사회와 공동체의 재창조, 그리고 그러한 공동체를 이룩하기 위한 해방의 투쟁은 '하나님의 나라'의 이상과 연관되어 있다. 하나님의 나라에 근거한 철저한 종교적 영성은 신앙인이 하나님의 목적에 대하여 전심으로 헌신하도록 부르고, 그들을 보호하며 가난한 이들을 위해 봉사하도록 한다.

이와 같은 프락시스 신학은 최소한 다음과 같은 다섯 가지의 특징을 가진다.

① 프락시스 신학은 억압당하는 자들의 관점에서, 그리고 그들의 투쟁에 능동적으로 연대함으로써 시작된다. 수많은 사람들이 겪는 고난의 현실은 사회에 대한 프락시스 신학의 급진적인 비판과 비난의 기초가 된다. 억압당하는 이들에게도 이론이 실천을 위하여 이용되고, 그들이 자신의 투쟁을 계속하도록 그 이론을 실행에 옮길 수 있다면, 그 이론은 이제 실제적인 힘이 된다. 따라서 억압당하는 사람들 자신은 이론과 실제 사이의 차이를 연결하게 되는 것이다.

② 프락시스 신학적 성찰은 진지하게 사회-역사적 상황을 탐구하고, 그 상황에 도움을 주는 역할을 하게 된다. 수많은 경우에, 신학적 성찰은 혁명적 성격을 성취하기도 한다. 신학적 언어와 목회적 행위는 절대로 그 자체의 사회-정치적 내용과 결과물을 간과하지 않는다. 사실상 사회론적 범주와 정치적 범주는 신학적 성찰의 본질적 요소이다.

③ 프락시스 신학들은 사회 분석의 중요성을 강조한다. 프락시스 신학은 억압의 원인에 대한 분석과 주요 제도들이 억압의 구조에 영향을 미치는 방식에 대한 분석을 제공한다. 프락시스 신학은 또한 대안적 제도와 대안적 조직체를 설립하는 데에 도움을 주며, 그러한 대안적 제도와 조직체가 이 세계를 변혁하려는 의도를 더욱 효과적으로 만들어 준다.

④ 프락시스 신학은 인간 본성에 대한 특별한 해석을 수반한다. 프락시스 신학에 있어서 인간은 의식적이며 실천적인 존재로 간주된다. 즉, 창조적인 프락시스가 우리의 인간성을 결정한다. 모든 형태의 의식적 창조에 있어서, 인간은 인간의 기본적인 욕구를 충족하기 위하여 ㉠ 자

연을 변혁시킴으로써, ⓒ 사회 현실을 더욱 포괄적이고 정당한 질서로 변혁시킴으로써, ⓒ 아름다움 또는 예술의 대상을 만들어냄으로써, 그리고 ⓔ 우리 자신과 이 세계, 그리고 우리 존재의 근거에 대한 이해를 생성하는 이론적 체계를 이룩함으로써 궁극적으로 자기 자신의 재창조와 연관된다.

⑤ 프락시스 신학은 또한 개인과 사회, 그리고 역사와의 관계성에 대하여 특정한 해석학적 의미를 부여한다. 프락시스 신학은 개인으로 하여금 사회적으로, 역사적으로 이루어진 조건들은 절대적인 것이 아님을 인식하도록 해준다. 사회는 단지 운명적으로 주어진 것이 아니라, 변화될 수도 있다. 마찬가지로 역사도 운명적으로 결정된 것이 아니라, 다양한 가능성과 변화에 열려있다. 그리고 사회 발전은 가능하지만, 그 발전은 공동체적이고, 서로에 대하여 사려 깊으며, 그리고 나아가 협동적인 행위를 필요로 한다. 역사와 사회 내에서 인간들에 의하여 취하여진 선택들은 종종 하나님의 나라를 충만하게 이루는 것이 아니라, 그러한 선택들은 오히려 인류의 행복을 어렵게 만드는 경우가 허다하다. 이러한 의미에서 프락시스 신학은 역사의 신학이 되어야 하며, 역사적으로 의식적인 신학이다. 프락시스는 오늘날 특히 해방 신학, 흑인 신학, 여성신학, 흑인여성신학, 그리고 제3세계 신학에 있어서 중요한 이론적 배경이 되고 있다.[68] 이제 기독교 신학에서 간과될 수 있는 '육체와 영'에 대하여 살펴보자. 온전한 헌신은 육체와 영을 이분법적으로 나누지 아니하고 통합적으로 보며 이렇게 될 때 온전한 헌신이 가능하게 된다.

---

[68] 지금까지 Ismael Gracia의 해석을 옮겼다.

(3) 육체와 영

기독교 영성에서 자칫하면 이원론의 경향으로 육체와 영을 나누어 육체는 저급하고 영은 구원받는 실체로 이해할 수 있는데, 이와 같이 '영혼soul'을 '몸body'과 대치시키는 것은 그리스 전통과 히브리 전통을 통합한 기독교 초기 사상에 나타나는 개념이다.[69] 그러나 대체적으로 말하자면, 고대 그리스적 사고에 있어서 '영혼'은 이원론적으로 '몸'에 반대되는 반면에, 히브리적 사고에 있어서는 그러한 이원론은 존재하지 않으며, 그 두 단어가 전달하는 개념들이 명백히 구분되지 않는다.

그리스적 사고에서 몸과 영혼의 이분법은 오르페우스orphism교로부터 유래했고, 초기 플라톤의 대화에서 표현된 점을 비추어 보면, 확실히 영혼과 몸 사이의 이원론이 존재한다.[70] 영혼은 신성의 영원한 영역에 속하며, 인간 존재에 있어서 사멸하지 않고 파괴할 수 없는 부분인데, 이는 불행하게도 이 지상에서 삶을 살 동안에는 몸에 갇힌다. 그러므로 몸은 단지 영혼의 장애물에 불과하다. 결과적으로 구원은 영혼이 몸으로부터 이탈하는 것과 인간 존재는 불멸의 영역으로 가기 위하여 죽을 수밖에

---

[69] 이하 '몸과 영혼'에 대한 해석은 필자의 선행연구에서 별도의 재인용 각주 없이 재구성 하여 옮겼다. 유경동, 『영화 속의 신학과 인권』(감리교신학대학교 출판부, 2008), 104~108. '몸과 영혼'에 대한 해석은 로버트 브라운Robert McAfee Brown의 정의를 빌렸다. The Abingdon Dictionary of Theology (Abingdon Press, 1996)

[70] 언젠가는 죽게 마련인 육체의 속박으로부터 벗어나, 인간의 영혼이 영적 존재로서 불사와 영원한 행복을 얻는다는 것을 기본종지宗旨로 하고, 그 목적을 달성하기 위하여 교의敎義에 바탕을 둔 계율에 따라 엄격한 수행과 특별한 제의祭儀를 행하였다. BC 7세기경 디오니시우스 숭배에서 파생된 것으로 보이나, BC 6세기에는 아테네를 중심으로 하여 그리스 본토와 남이탈리아 각지로 퍼졌다. 플라톤이나 핀다로스의 저서 등에서도 이 영향을 엿볼 수 있다. 참고) 두산백과사전 EnCyber & EnCyber.com.

없는 몸의 속박에서 벗어날 탈출구를 찾게 되는 것이다. "몸은 영혼을 가두는 감옥이다."라는 옛 그리스의 격언이 그러한 신념을 총체적으로 보여준다.

이러한 사고방식이 서구 문명에 너무 깊이 파고들어 있어서 종종 성서의 이해가 그러한 사고방식과 얼마나 철저하게 구분되는지 인지하는 것은 어렵다. 특히 '영혼'이라는 단어를 해석할 때, 근대 기독교인들이 '영혼'이라는 말을 이해하는 방식과 성서 저자들이 의미하는 바는 매우 다르다는 점을 간과해서는 안 된다. 히브리 성서의 단어 '네페쉬nephesh'는 기본적으로 '숨breath'을 의미하며, 이 용어는 종종 '살아있는 존재'를 의미하는데, 이것은 항상 인간만을 지칭한 것은 아니며, 종종 동물을 지칭하기도 하였다. 신약 성서에 나타나는 이 단어의 동의어는 '프쉬케psyche'인데, 이는 '생명'을 의미하기도 하고, 심지어 '인격person', 또는 '자아self'를 뜻한다. 프쉬케라는 용어가 성서에서 쓰일 때, 이는 우리가 보통 추측하는 것보다 훨씬 더 넓은 의미를 지니며, 인성의 결합the unity of personality을 상징하기 위해 쓰일 수도 있다. 이는 히브리적 사고에서는 인간 존재를 몸과 영혼의 이원적 존재로 보기보다는 몸과 영혼의 연합체a unity로 간주하기 때문이다.

이러한 의미는 '영혼'과 '몸'이라는 단어와의 관련성을 주목함으로써 훨씬 더 뚜렷하게 설명할 수 있다. 예를 들어, 바울은 몸soma을 육체sarx와 영혼psyche의 정신적-육체적 결합을 표현하기 위한 함축적인 단어로 이해하였다. 즉 육체와 영혼, 이 양자 사이에 그 어떤 확실하고 분명한 구별을 할 수 없다. 몸은 '전全 인격'이기 때문에, 이원론적인 틀 안에서 몸과 영혼이 구별될 수 없으며, 그렇기 때문에 더군다나 영혼이 그러한 전 인격으로부터 분리될 수 있는 부분이 아니다. 로빈슨J. A. T. Robinson은 그의 저서 『몸The Body』에서 "우리가 육체를 가진 것이 아니라, 우리 자체가 육체"라고 주장하였다. 즉 우리는 "영혼에 의해 생기를 부여받은 육체flesh-animated-by-soul이며, 정신적-육체적으로 결합된 결합체a psychophysical unity인 전체the whole"라고 그는 결론을 내린다.

몸과 영혼을 전체로 이해한 이 해석은 단순히 바울 특유의 표현이라고 할 수 없다. 이는 히브리 성서에 입각한 해석과도 일맥상통한데, 휠러 로빈슨H. Wheeler Robinson은 그의 저서, 『구약의 종교개념』Religious Ideas of the Old Testament에서 결합체the unity와 동일한 개념이 히브리 성서 전체에 나타난다고 주장하였다. 그에 따르면, 히브리 성서에서 인간의 본성 개념은 이원론이 아니라, 영육의 결합성을 암시한다. 몸과 영혼 사이에 있어서, 그 용어들 사이의 분명한 차이는 존재하지 않는다. 인성personality에 대한 히브리적 개념은 생기를 얻은 몸an animated body, 또는 육화된 영혼an incarnated soul으로 표현될 수 있다.

페더슨J. Pederson은 『이스라엘』Israel에서 위의 표현보다 한 걸음 더 나아가, '몸은 영혼의 외형적 형태'라고 보았다. 사실상 히브리어에서 '몸'을 지칭하는 특별한 단어가 별도로 존재하지 않으며, 그러한 단어가 필요하지도 않다. 왜냐하면 인간 존재는 몸과 영혼이라는 식으로 그렇게 구별되어야 할 필요가 없기 때문이다.

인간의 인격성에 관한 몸과 영혼의 상호연관성과 결합성에 대한 이러한 고대적 의미는 프쉬케-소마, 또는 '영혼-몸'의 관계를 연구하는 심신의학psychosomatic medicine을 통해 입증되고 있으며, 심신의학이란 단어 자체가 암시하듯, 몸과 영혼 사이의 분열이 불가능함을 보여주고 있다. 자기 자신의 질병과 치료의 경험과 관련하여, 그리고 그러한 경험에 대하여 성찰한 노먼 커즌스Norman Cousins는 그의 저서 『질병의 해부학』The Anatomy of an Illness을 통하여 환자의 태도가 환자 자신의 질병에 미치는 악영향과 얼마나 많이 연관되어 있는지에 대하여 보여주고 있다. 그리고 서원 눌

란트Sherwin Nuland도 『몸의 지혜』The Wisdom of the Body를 통하여 몸과 영혼과의 불가분의 관계를 강조하며, 오히려 영은 육체로부터 진화한 개념이라고 강조하고 있다.

'영혼과 몸'의 문제는 오늘날 신학에 있어서 매우 활발하게 논의되고 있으며, 특히 제3세계 교회들의 '해방' 운동에 잘 나타난다. 자칫 영육이란 표현이 '외부적outer 삶', 아니면 '내부적inner 세계'를 서로 소외시킨 상태로 이해 할 수도 있으며, 자칫 육체의 외부적 삶을 '정치적' 행위로, 그리고 다른 한편의 내적 세계를 '영'적인 자양분으로 나눔으로써 이원론을 계속 유지하려는 데에 대하여 제3세계의 신학은 이에 저항하여 왔다. 구스타포 구티에레즈Gustavo Gutierez, 존 소브리노Jon Sobrino, 그리고 그밖에 다른 사람들은 자신들이 무엇을 '해방의 영성spirituality of liberation'이라 부르는지에 대하여 연구하고, 기독교 생활에 있어서 '정치적', 또는 '영적'이라는 식의 두 실체로 분리할 수 없다고 주장한다. 이와 같은 모든 이원론들은 성서적 이해를 바르게 함으로써 올바르게 수정될 수 있을 것으로 로버트 부라운Robert McAfee Brown은 보았다. 이제 육과 영을 통합적으로 볼 때 나나타는 '덕'의 영성에 대하여 살펴보자.

(4) 덕(德, virtue)

영과 육이 이원론으로 나누어지지 아니하고 하나로서 인간의 실체를 구성한다는 맥락에서, 덕德의 개념은 기독교 영성에서 매우 중요하다고 생각한다. 덕이란 공동체에 속한 사람들이 인간이라면 당연히 따라야만 된다고 생각하는 도덕적 가치개념이다.[71] 그런데 이러한 정의가 가능하

---

[71] 이하 '덕'에 대한 해석은 필자의 선행연구에서 별도의 재인용 각주 없이 재구성하여 옮겼다. 유경동, 『영화 속의 신학과 인권』(감리교신학대학교 출판부, 2008),

려면, 반드시 그것을 덕이라고 할 만한 이유와 또 그것을 수행할 의지가 있음을 나타내어야 한다. 따라서 덕은 행동에 옮기려는 의지와 열망을 가지고 그것을 수행함에 있어서, 성취감을 느끼고자 하는 일종의 성향이라고 할 수 있다.

덕은 또한 도덕적인 판단을 수반하며, 그러한 도덕적 행위가 훌륭히 수행됨으로써, 인간의 도덕적 자질이 발전되고 있음을 보여주는 일종의 가치체계이다. 또한 덕행德行, virtuous activity은 인간이 삶을 영위하는 과정 중에 선한 방식을 보여주기 때문에, 근본적으로 행동의 선택을 필요로 한다. 그러나 덕 있는 사람들은 덕을 소유하려는 목적에 좌우되지 않고, 오히려 어떠한 도덕적 상황에 직면하게 되면, 그들의 덕이 스스로의 판단과 인식에 의하여 행동을 하도록 인도한다. 예를 들어 내가 자비롭게 행동하는 것은 바로 내가 처한 상황이 나로 하여금 자비를 베풀도록 하는 조건에 일치하기 때문이다. 또 내 앞에서 고통당하는 사람을 내가 도와주는 것은 그러한 도움의 행위가 내가 생각하는 선한 삶의 기준에 일치하기 때문이다.

덕은 인류를 위협하였던 여러 난관들을 극복할 수 있도록 선도하고, 인간이 피하여야 할 유혹으로부터 멀리 떨어지도록 인도하며, 수정 되어야 할 인간의 다양한 내적 동기들을 개선하여 준다. 인간에게 덕이 필요한 이유는 인간이 이기적 충동을 극복하고 어떠한 것을 수행할 때, 두려움으로 인해 머뭇거릴 때, 그 일을 성취할 수 있도록 돕는 도덕적인 힘이 되어주기 때문이다.

온전한 덕이 수행되어야 함에도 불구하고 종종 불완전한 덕의 문제가

61~65. '덕'에 대한 해석은 Lee Yearley의 정의를 빌렸다. The Abingdon Dictionary of Theology (Abingdon Press, 1996)

갈등으로 유발될 수 있는데, 특별히 주목할 만한 것은 '덕德'과 '겉으로는 덕과 같으나 덕이 아닌 것'들 사이에서 일어나는 갈등이다. 만약 어떤 사람이 자신의 명성을 높이기 위해서 덕이 없는 사람들이 욕심으로 추구하는 그런 방식으로 어떠한 결과물을 기대하여 덕행을 선택한다면, 이때 '덕을 가장한 거짓 덕'이 되는 것이다. 만약 어떤 사람이 자신의 동료들에게 환심을 사기 위하여, 직업을 잃는 것을 감수하고서라도 자기 직장 상사의 성차별적 행위에 도전하려 할 경우, 그것은 용기를 가장한 거짓 용기의 발로이다. 진정한 덕과 그 덕을 가장한 거짓 덕 사이의 관계성에 주목하는 일은 매우 중요하다. 덕과 거짓 덕의 관계성에 집중함으로써 우리들은 인간의 행위와 그 특성을 평가하는 다양한 방식들을 고안해 낼 수 있게 되며, 완전히 잘못되었음에도 불구하고 널리 만연된 덕 개념, 곧 노골적으로 공격성을 드러내는 것이 용기라고 설명하는 것 같은 덕 개념을 비판할 수 있게 되는 것이다.

    기독교 신학에 있어서, 로마 가톨릭 신학자들과 개신교 신학자들 모두 과거에는 종종 덕의 중요성을 이해하는 방식에 대하여 서로 일치된 견해를 내어놓지 못했다. 예를 들어서 가톨릭 신학의 대부인 아퀴나스Thomas Aquinas에 의하면, 도덕적 의무감이란 자연적으로 주어진 양심에 의하여 불러일으켜지는 근본적인 원리이다. 아퀴나스는 이러한 덕의 차원을 두 가지로 나누어 우선 자연적 덕목들로서 덕스러운 습성인 지혜prudentia, 감정을 순화시키는 덕으로서 절제temperantia, 삶의 위기에 용기 있게 대처하는 용기fortitudo, 그리고 타자에게 선을 의지하며 행하게 하는 정의justitia로 설명하였다. 아퀴나스에 의하면, 이러한 자연적 덕목들은 초자연적인 덕목들인 신학적인 덕, 즉 믿음, 소망, 그리고 사랑에 의하여 완성되어야 한다. 따라서 자연이성의 도움으로 가능한 헬라적인 네 가지 덕목과 은총에 힘입어야만 얻을 수 있는 기독교 신앙의 세 가지 덕목이 종합되고 있는 것이다.

개신교 사상가들은 성화로 인도하는 성령의 역사를 더 강조함으로써 가톨릭 신학의 덕 개념을 수정하려고 시도하였다. 특히 가톨릭 신학에 있어서 강조되는 인간의 책임이나 계시된 율법의 역할에 대하여 의문을 품었고, 덕을 인간 개인의 유익을 위한 관점으로 해석하는 부분에 대하여서도 반대하였다.

오늘날 덕과 관련한 신학적 논의에 있어서, 덕을 이해하기 어렵게 만드는 몇 가지 문제들이 있다. 첫 번째 문제는 덕을 이해함에 있어서 인간의 성품character과 어떻게 연관하여 설명할 것인가 하는 것이고, 어떻게 성품이 행위에 영향을 미치는지, 이때 발생하는 다양한 상황을 고려하여야 한다는 것이다. 이런 맥락에서 특히 인간의 자아를 어떻게 가장 잘 설명하는가는 매우 중요한 논제가 된다.

오늘날 덕 이해와 연관된 두 번째 문제는 덕에 대한 전통적 개념들은 명백하게 불공정한 방식으로 인간을 취급하는 기층 사회 체제들의 가치 개념들을 그대로 반영했으며, 그러한 체제들을 덕이라는 이름으로 지속적으로 강화시켜왔다는 역사적 사실로부터 기인한다. 따라서 불공정한 사회체제들의 차별적 권력이 계속 유지되고 용납할 수 없는 부정적 결과들이 지속적으로 나타나는 한, 전통적인 덕 개념들을 재 공식화reformulated 해야만 하는 필요성이 제기되는 것이다.

세 번째로, 덕 이해와 관련된 이러한 난점은 어떻게 전통적인 덕 개념들이 가지고 있는 한계성을 뛰어넘어 더 보편적 덕의 원리를 현대인에게 제공하여 줄 수 있는가 하는 질문으로 이어진다. 과연 덕에 대한 개념이 진정으로 근대의 도덕성 이론에 필요한 원리를 제시해 줄 수 있겠는가?

덕을 이해하는 것과 연관하여 제기되는 네 번째 문제는 과연 인간 본성 내의 덕과 연관 된 어떤 영속적인 특성들이 있을 수 있는가에 대한 의문과 연관이 된다. 그동안의 과학적, 문화적 연구들은 인간 본성에 절대 변하지 않는 특성들이 있다고 보는 생각을 비판해왔다. 사실상 그러한 비판에 대하여 적절한 대답을 주면서, 동시에 인간의 본성과 덕의 문제를 긴밀하게 연관시켜야 하는 신학적 과제는 쉽지가 않은 것 같다.

덕 이해와 연관하여 드러나는 마지막 문제는 우리가 아마 과거에는 받아들일 수 없을 법한 현대의 새로운 다양한 덕 개념에 대하여 충분히 이해하고 있지 못하다는 사실이다. 이 새로운 덕 개념을 통해 우리는 우리 자신이 당연하다고 생각하고 성취하는 그러한 덕의 개념과는 완전히 다른 덕의 개념을 가진 사람들을 이해하는 데에 큰 난점을 발견하게 된다. 이 세상의 천차만별의 다양한 조직과 공동체, 그리고 상이한 가치관을 가지고 살아가는 사람들과 다양한 문명을 통합적으로 이끌어갈 수 있는 덕의 개념이 과연 가능한 것인지 지속적인 연구가 필요하다고 리이얼리Lee Yearley는 주장하였다.

이제 다음에서 믿음의 열매로서 주어지는 '구원'에 대하여 살펴보자.

(5) 믿음의 열매 구원

믿음은 성장하며, 때때로 우리가 하나님의 목적과 그분의 방법을 이해하지 못할 때에도 그분을 신뢰하도록 이끈다.[72] 성경에 따르면, 신앙은 '조그만 분량의 믿음'이라고 정의를 내릴 수 있다. 성경은 그 조그만 믿음을 '겨자씨'에 비교한다(눅17:6). 비록 이와 같이 작은 신앙이라도 '견고하고 확실한 믿음의 지식'으로 성장할 것을 믿지만, 그 믿음이 결국 승리할지 의심하고 두려워하면서도 견고하고 확실한 구원에 이르는 지

---

[72] 케네스 보아, 『기독교 영성, 그 열두 스펙트럼』, 509.

식이 될 줄 믿는다.[73] 의인은 그 지식으로 말미암아 구원을 얻으며(잠 11:9) 믿음으로 구원받는다(막10:52).

루터는 구원에 이르는 믿음이란 "그리스도께서 우리보다 먼저pro nobis 나셨고, 우리를 위하여 인간으로 태어나셨으며, 나아가 우리를 위하여 구원의 일을 이루셨다는 것을 믿고 의지하는 것이다." 이와 같은 믿음에 근거한 중요한 두 가지를 살펴보면 다음과 같다.[74]

첫째, 이 땅에 오신 그리스도는 그 누구를 위한 것이 아니라, 지금 나 자신의 구원을 위하여 오셨다는 것을 믿는 것이다. 루터는 이 점을 이렇게 말한다. "나는 자주 서로 다른 두 가지 종류의 신앙을 말했다. 그 첫째는 이와 같다. 당신은 그리스도께서 복음서가 기록하며 선포하는 바로 그 사람임을 믿지만, 정작 그가 당신 자신을 위한 사람이라는 것을 믿지 않는다. 당신은 그것을 그분께로부터 받을 수 있을지 의심하면서 이렇게 생각한다. "그래, 그는 다른 사람(베드로나 바울처럼, 또 신앙이 강하고 거룩한 사람들처럼)을 위해 온 사람임이 틀림없어. 그런데 그가 나를 위해 왔다고? 성인聖人들이나 바랄 법한 그 모든 것을 그분으로부터 받을 것을 확신하고 기대할 수 있다고? 이런 신앙은 아무 것도 받지 못하며 그에게 속한 것을 털끝만큼도 맛보지 못한다. 그런 신앙은 기쁨을 느낄 수 없으며, 그분의 사랑 또한 그를 향한 사랑도 느낄 수 없다. 이것은 그리스도에 관련된 신앙일 뿐이지 그분을 믿는 신앙이 아니다. 모름지기 그리스도인이라 불릴 수 있는 신앙은 단 하나다. 단 한 점의 거리낌도 없이 그리스도가 베드로와 성인들을 위하여 이 땅에 오신 사람임을 믿을 뿐 아니라, 당신 자신을 위하여 – 사실은 다른 누구보다도 당신을 위하여 –

---

[73] 앨리스터 맥그라스, 『종교개혁 시대의 영성』, 155.
[74] 이하 앨리스터 맥그라스의 『종교개혁 시대의 영성』을 참조하였다.

이 땅에 오신 분임을 당신이 믿는 것이다."[75]

둘째는 '신뢰(믿고 맡긴다, fiducia)'는 신앙과 연관되어 있는데, 루터의 말을 재인용하면 다음과 같다. "모든 것은 신앙에 달려 있다. 신앙을 갖고 있지 않은 사람들은 당장 저 바다를 건너가야 하면서도 막상 자신의 몸을 믿고 맡길 배가 없다는 사실에 놀라는 사람과 같다. 그는 자신이 서 있는 자리에서 결코 구원을 얻지 못하는데, 그 이유는 그가 배 위에 올라타려고 하지도 않고 바다를 건너려고도 하지 않기 때문이다." 신앙은 단지 어떤 것이 참이라고 믿는 것만이 아니라, 도리어 믿음 위에서 늘 행동하려는 마음가짐을 갖는 것이며, 그 믿음을 의지하는 것이라고 할 수 있다. 루터의 비유처럼, "신앙은 단지 한 척의 배가 존재하고 있음을 믿는 것이 아니라 도리어 그 배 안으로 걸어 들어가 그 배에 자신을 믿고 맡기는 것이다."[76]

아래에 소개하는 글은 필자가 아침 묵상에서 읽은 짤막한 글이다. 진정한 믿음이 무엇인지 전해주는 내용을 통하여 우리는 신앙을 통한 구원에 이르는 믿음의 결과가 무엇이 되어야 할지 살펴보자.

이상한 어부 마을

'사람을 낚는 어부가 되라'는 주님의 말씀은 우리의 사명이 전도에 있음을 알리는 것이다. 어부의 감성은 어부 자신의 본능에 충실한 것이다. 물고기를 그리는 것이 아니라, 저 깊은 바다로 가서 물고기를 잡는 것이며, 타고 갈 배를 연구하는 것이 아니라, 노를 저어 바다 한 가운데로

---

[75] 앨리스터 맥그라스, 『종교개혁 시대의 영성』, 158~159. 맥그라스는 루터 연구를 통하여 위의 내용처럼 신앙의 종류를 두 가지로 설명하였다. 재인용 각주는 생략한다.
[76] 앨리스터 맥그라스, 『종교개혁 시대의 영성』, 159.

들어가는 것이며, 바람을 연구하여 나아갈 방향을 예측하는 것이 아니라, 바람을 거슬러 영적인 항구에 정착하는 것이다. 그리고 더욱 중요한 것은 잡은 물고기에 만족하는 것이 아니라, 따라오라고 하신 예수님을 계속 따라가는 것이다.

어느 바닷가에 어부들이 모여 사는 어부마을이 있었다. 제법 웬만한 중소도시의 규모 크기의 이 마을에는 모든 것을 갖추고 발전을 위하여 온 마을 사람들이 노력하고 있었다. 갖가지 꽃을 심은 화단 옆에는 어부 유치원이 있었는데, 무엇을 하는지 살펴보니 어린이들이 모여 선생님 지도 아래 "나는 이다음에 커서 훌륭한 어부가 될래요." 하면서 목청을 돋우고 신나게 노래를 하고 있었다.

어부 유치원 뒤에 자리 잡은 어부 중·고등학교를 돌아 큰 동산 중턱에 세워진 어부대학에서는 21세기 신교육의 선도 주자를 자부하며, 다양한 과목을 개설하고 있었는데, 그 면모를 살펴보니까 물고기의 출하시세와 물고기 주가를 연구하는 어부경제학과, 어부들의 심리와 어부로서의 직업 만족도를 연구하는 어부심리학과, 역대 어부들의 사상과 그 업적을 연구하는 어부역사학과, 심지어는 과학의 시대를 맞이하여 다양한 물고기의 문화를 연구하는 인터넷학과 등도 있었다.

특이한 것은 어부신학과도 있는데, 공부 내용은 부름 받은 학생들이 모여서 성서 속에 나타난 역대 어부들의 소명기사를 연구하며, 장차 하나님이 원하시는 참된 어부가 되고자 신학을 연구하며, 영성을 중심으로 한 기도의 생활을 게을리하지 않고 있었다.

동네 한 가운데는 많은 노인이 모이는 어부노인정이 있었는데, 젊은 시절 어부생활을 해보았던 노인어부들이 모여서 과거를 회상하고, 그 즐거웠던 시간을 생각하며 시간을 보내고 있었다. 노인정 옆에 있는 어부회관에는 역대 어부들의 사진을 걸어놓고, 차세대 지도자들을 위한 교육 중이었으며, 한 교실에서는 동네 지도자들이 모여 어부대회를 구상하면서, 어부의 단합과 어부마을 발전을 위하여 회의를 하고 있었다.

매주 주일만 되면, 많은 어부는 어부 교회로 모여서 찬송을 부르며 말씀을 듣고 어부로 불러주신 하나님께 감사하고, 친교시간에는 음식을 나누며 어부들끼리의 교제를 더욱 열심히 하는 모습도 볼 수 있었다.

그러나 이 어부마을에 대하여 말하는 사람마다 앞에 '이상한'이란 수식 어구를 붙여 '이상한 어부마을'이라고 부르는 것이었다. 왜냐하면 이 어부마을에 사는 사람 중에 어느 한 사람도 저 깊은 바닷가에 나가 고기를 잡는 사람이 하나도 없었기 때문이다!

믿음은 변화를 가져온다. 믿음의 열매는 구원이며, 이 구원은 자신과 이웃을 위한 하나님의 축복이다. 이제 그 축복의 최상은 하나님이 우리를 위하여 약속하신 영생이다. 이 영생으로 향하는 과정에 주님은 우리에게 교회 공동체를 허락하셨다. 이제 교회를 통하여 주시는 하나님의 뜻과 가정과 노동의 의미에 대하여 살펴보자.

10 교회와 가정의 영성

하나님의 교회는 오직 하나님의 말씀이 지배하는 곳, 하나님이 말씀으로 그의 구원의 방식을 보여주는 곳에만 설립될 수 있다. 따라서 진리의 말씀이 빛을 발하기까지 인간은 교회를 설립할 수 없다. 분명 진리의 가르침이 부패되고 멸시받는 곳에는 하나님이 승인하는 교회가 존재할 수 없다. 따라서 하나님의 말씀에 종속되지 않고, 그 말씀에 의해 지배되지 않는 교회는 없다.

1. 교회의 역사

믿음은 참된 진리를 인식하게 하며, 우리의 잘못을 깨닫게 해준다. 믿음은 우리의 잘못을 깨닫게 해 주며, 올바른 길로 나아갈 수 있는 방법을 알려준다.[1] 그리스도의 사랑을 인정하는 믿음은 하나님이 우리를 사랑하시는 그 사랑을 그대로 받아들이는 것이며, 이때 "그리스도의 영이 그 마음에 성부의 사랑을 쏟아 부은 사람들로 이루어진 그리스도의 몸인 교회 안에서 최종적으로 실현되는 것이다."[2]

---

[1] 루이 부이에, 『영성 생활 입문』, 343.

위대한 신앙과 성도들의 거룩한 삶으로 하나님의 깨끗한 성전이 이루어져 간다. 신앙에 따라 우리는 우리 자신을 하나님이 기뻐하시는 거룩한 산제사로 드리며, 육체와 영혼 모두 거룩하여진다. 이 신앙에 따라 교회는 하나이며 신앙도 하나이고 성도도 하나이다.[3]

사이러스의 주교 테오도렛Theodoret, Bishop of Cyrus은 우리 주 예수 그리스도를 믿는 진실하고 경건한 믿음은 성경을 읽어 아는 것처럼, 모두에게 분명한 것이라고 강조하였다. 그는 이 믿음으로 순교한 성인들은 완전하며, 우리를 떠나 주님과 함께 있음을 확신하고, 우리는 악으로부터 안전하여 이단적인 박해와도 싸워서 이길 것으로 확신하였다. 이 진실한 믿음은 신앙의 유산이며, 이 유산을 교회가 보존하고, 이 믿음으로 세례를 받는 것이다. 그것은 우리로 하여금 아버지와 아들과 성령의 이름으로 믿도록 하는 믿음이다.[4]

우리의 믿음은 그리스도가 하나님의 아들이고, 그의 말씀은 진실하며, 그가 그의 죽음과 그의 피로 우리를 사셨고, 세례로서 거듭나게 하시고 성령을 선물로 주셨다. 그러므로 우리가 진실한 교회이고 그리스도의 회중이다.[5]

기독교 초기의 교회는 '종말론'에 근거하여 하나님 나라의 도래를 기대하는 가운데 생겨났다.[6] 특히 공관복음서에 나타난 예수의 윤리적 개념은 당연히 신 중심적이고, 배타성을 띤 철저한 제자직의 윤리로 이해되었으며, 임박한 종말을 기대하는 이원론적 세계관에 기초한 개인주의적

---

[2] 루이 부이에, 『영성 생활 입문』, 29.
[3] St. Jerome, *The Letters of St. Jerome*.
[4] Theodoret, Bishop of Cyrus, *The Ecclesiastical History, Dialogues, and Letters*.
[5] Menno Simons, *The Complete Works of Menno Simon*.
[6] 교회론에 대한 기본 해석은 필자의 선행연구를 별도의 재인용 각주 없이 옮겼다. 참고) 유경동, "하나님의 나라와 교회", 『기독교와 세계: 소통의 윤리』.

윤리 성향이 강하게 대두되었다.[7]

초기 기독교의 완전주의 윤리는 '사랑'이라는 새 법을 통하여 혈연을 초월하는 하나님 나라의 완성을 추구한다. 그러나 로마 제국의 지배 문제를 '원수사랑'으로 극복하려는 윤리적 원리는 권력의 허구와 위험성을 지적함으로써 인간의 권력에 대한 욕망을 사전에 제거하는 데에 도움이 되었지만, 다른 한편 지배 권력의 현재성을 방임하는 결과를 초래하여 무정부의적 태도의 한계를 드러내게 되었다.

초기 기독교는 한편으로는 하나님 나라의 도래를 기다리는 종말론과 다른 한편으로는 기층 사회의 질서 속에서 그 하나님의 뜻을 찾아 적응해야 하는 일종의 '선택적 친화력'의 문제를 야기할 수밖에 없었다.[8] 따라서 완전주의에 근거한 하나님 나라 윤리는 임박한 종말이 지연되자, 자연스럽게 하나님 나라를 크게 역사적 제도권 안에서 이루어진다고 보는 견해와 초역사적 사건으로 해석하려는 입장이 나타나게 되었다.

이 중 대표적인 이론은 필자의 견해로 크게 네 가지 입장으로 요약할 수 있다고 본다. 그것은 각각 천년왕국설, 로마를 하나님의 나라로 해석한 유세비우스Eusebius적 관점, 영지주의적 관점, 그리고 하나님의 나라를 지상적 교회로 본 어거스틴Augustine적인 역사관이다.[9]

---

[7] 박충구, 『기독교 윤리사』(대한 기독교서회, 1994), 77~88.
[8] 막스 베버Max Weber는 종교윤리와 자본주의를 이해하는데 있어서 기독교의 칼빈주의 윤리와 금욕주의 정신이 자본주의 정신을 형성하는 데에 일조하였다고 보고 있다. 이때 선택적 친화력selective affinity은 합리성을 띠고 역사를 발전시키는 일종의 정신적 기제로서 필자는 초기 기독교의 가치관의 역사 속에서 교회는 이러한 합리적인 과정을 따라서 변형되었다고 본다.
[9] 일반적으로 교회의 유형론은 에른스트 트뢸취의 '교회, 섹트, 신비주의'의 유형이나, 리처드 니버의 문화와 기독교의 상관관계에서 전개한 다섯 가지 유형론을 대표적인 해석으로 들 수 있으나, 필자는 이 글에서 초기 기독교의 '하나님 나라'의 개념과 연관하여 네 가지의 유형으로 해석하고자 한다.

(1) 천년왕국설

몬타누스Montanus와 이레니누스Irenius로 대변되는 천년왕국설은 현세에서 하나님 나라의 실현은 불가능하기 때문에, 예수 그리스도가 육체적으로 재림하신 후에 구원받을 성도들의 육체적 부활이 일어날 것으로 보았다. 그리고 예루살렘을 중심으로 천년왕국이 실현된다고 보았다.[10]

몬타누스는 주후 156년 경 환상의 체험을 '제3의 성서'라고 부르면서 환상을 통하여 새 예루살렘이 프리기아 지방에 내려올 것이라고 믿었다. 2세기 말 이레니우스Irenaeus는 의로운 자들의 부활을 위하여 천년왕국설은 기독교의 정통교리로 보았으며, 초기의 천년왕국 사상은 3세기에 오리겐Origen에 이르러 천년왕국을 시간과 공간의 개념으로 보지 않고, 신자들의 영혼 속에서 일어나는 사건으로 보았으며, 어거스틴은 요한 계시록을 알레고리Allegory로 해석하여 교회의 탄생이 천년왕국의 시작으로 보았다.

'천년왕국'의 개념은 크게 역사적 전천년설과 후천년설, 그리고 무천년설로 나뉘진다. 역사적 전천년설은 세상의 마지막 때 큰 환난과 적그리스도가 나타나게 되면, 예수 그리스도의 재림이 이루어져 이 땅에 천년왕국이 건설된다는 해석이다. 후천년설은 예수 그리스도의 재림이 천년왕국의 끝에 있다는 점에서 전천년설과 차이를 보인다. 이 이론의 특징은 마태복음 20장 19-20절의 말씀을 그대로 받아들여 역사 안에서 복음의 전파가 성취되고, 하나님의 의가 드러난 후, 천년왕국이 시작된다는 입장을 취하고 있는데, 여기서 천년은 문자적이라기보다는 상징적으로 해석된다. 한편, 무천년설은 요한계시록에 나타난 천년이라는 기간을

---

[10] Norman Cohn, *The Pursuit of the Millennium* (천년왕국운동사, 김승환 역, 한국신학연구소, 1993), 13~33.

상징적으로 해석한다. 무천년설에 따르면, 예수님의 재림은 역사적으로 최종적인 완성을 의미하며, 새 하늘과 새 땅을 상징하는 나라를 가리킨다.

기독교 종말론의 한 변형으로서 천년왕국에 관한 주된 내용은 '구원관'에 있는데, 구원은 ① 집단적으로 이루어지며, ② 피안이 아니라 현실에서 완성되고, ③ 갑자기 이루어지는 '긴박성'을 특징으로 하며, 또한 ④ 현재의 개선이 아니라 절대적 완전을 전제하고, ⑤ 초자연적인 힘에 의하여 성취되는 것을 기대한다.[11] 이와 같은 초기의 천년왕국 사상은 기독교 역사 속에서 사회 정치적 상황과 연결되어 하나의 종교적 운동으로 발전하였으며, 제도적 종교와 제국주의에 대한 저항운동의 성격을 띠거나 보편적인 평등사회를 지향하는 운동으로 나타나기도 하였다.[12]

(2) 국가 교회

국가 교회는 현세의 정치적 권위가 하나님의 의지를 수반한다고 보는 입장으로, 그 예는 대표적으로 콘스탄틴Constantine 황제의 궁정 신학자 유세비우스Eusebius의 경우이다. 그는 콘스탄틴을 하나님이 세워주신 이 땅의 권력자로 이해하였으며, 로마제국을 하나님 나라가 지상에 임재한 기독교왕국으로 이해하였다.[13] 그뿐만 아니라 콘스탄틴을 하나님의 친

---

[11] Norman Cohn, *The Pursuit of the Millennium* (『천년왕국운동사』, 김승환 역, 1993, 한국신학연구소), 13~14. 고대 세계의 여러 예언서들을 통하여 형성된 천년왕국 개념은 묵시문학의 전통을 시작으로 중세를 거쳐 영국의 농민혁명, 타보르, 보헤미아의 무정부, 니클라스 하우젠, 토마스 뮌쩌, 재세례파, 뮌스터, 라이덴에 이르는 긴 역사를 가지고 있다.
[12] 손규태, '천년왕국운동들의 사회윤리적 해석', 『신학사상』(109호, 1999, 봄), 95~108.

구라고 칭하기도 하였으며, 인간에 대한 정의로운 기준을 설정할 수 있는 능력을 가진 자라고 묘사하기도 하였다.[14] 이러한 '유세비안주의 Eusebianism'는 로마제국 영향력을 통하여 기독교를 세계화하고 대중화에 일조한 면이 없는 것은 아니지만, 결국 기독교가 황제의 신격화를 용인하고 인간 권력의 절대화를 조장함으로써, 현세적 질서를 하나님의 나라와 등치하는 씻을 수 없는 오류를 범하였다. 하나님이 천국의 주재되듯이, 로마황제는 세상의 정부를 통치하며 하나님의 뜻을 실현시켜 나간다고 보았던 유세비우스는 결국 황제를 지상의 그리스도로 변형시킨 것이다. 이러한 유세비우스적인 해석은 역사에 대한 기독교의 패배로 간주되어질 수 있다. 즉 콘스탄티누스 이후, 기독교의 문제는 스탠리 하우어워즈Stanley Hauerwas의 말대로 "어떻게 순교자가 될 것인가."라는 질문으로부터 "어떻게 세상 속에서 이방인이 되어야 하는가?"의 질문으로 바뀌게 된 것이다.[15]

(3) 영지주의

초기 기독교의 세계관에 영향을 준 영지주의란 그노시스Gnosis, 영적 지식에 근거하여 삶과 실재에 대한 일정한 태도와 그노시스를 경험하여 깨달은 우주와 인간의 기원 및 본질에 관한 신화와 가르침에 관한 것이다.[16] 현대에서 이 영지주의는 학자마다 그 해석이 다양한데, 주로 영지주의의

---

[13] J. Stevenson(ed), *A New Eusebius* (Cambridge: University Press, 1987), 337.
[14] G. A. Willimson(ed), *Eusebius: The History of the Church* (Penguin Classics, 1986), 412.
[15] Stanley Martin Hauerwas, 'Dietrich Bonhoeffer on Truth & Politics' in Burke Lecture (University of California TV series, #8498, 13 April, 2004)
[16] Steven Hoeller, *Gnosticism* (『이것이 영지주의다』, 이재길 역, 샨티, 2006), 21~26.

종교적 개념과 상징이 성서에 어떤 영향을 주었는지에 관심을 두고 연구되고 있다.[17] 그러나 기독교와의 연관성에 대한 해석은 이 영지주의가 물질과 영혼으로 구별하는 이원론적 세계관을 주장한 플라톤의 영향 아래 형성되었으며, 따라서 구원은 하늘나라의 영적인 지식을 통하여 이루어지며, 그 대리인은 예수 그리스도로 이해되었다. 따라서 초월적인 영적 세계의 지식을 전달하여주는 대리인은 물질로 구성된 몸을 입을 수 없기 때문에, 기독교에서는 가현설과 같은 이단이 등장하게 된 것이다.[18]

중요한 문제는 영지주의가 기독교 초기에 자신들을 다른 기독교 전통과 구분해야 한다는 인식에서 형성되었다는 점이다. 비록 영지주의가 그 이론상 이단으로 분류되지만, 일면 기독교의 세속화에 대한 저항으로 비쳐지기도 한다. 영지주의의 원형을 여성의 지혜에서 찾아 보려한 점, 영지주의의 그리스도가 해방자로 해석되고, 그리고 해방의 신비의식으로서 성례전을 이해한 점 등, 이러한 관점은 후에 종교개혁과 계몽주의, 그리고 낭만주의에까지 영향을 주었다고 해석이 된다.[19] 이러한 영지주의의 저항은 기독교 초기의 종말론적인 윤리의 이상을 회복하려 하였던 수도원주의와 기독교 신비주의 운동과도 그 맥을 같이한다고 할 수 있다.

---

[17] 그 핵심적인 질문들은 창세기의 창조설화에 관한 영지주의적 해석, 요한복음의 영지주의에 대한 반대, 그리고 이단 유대교와 연관된 영지주의 연구 등을 예로 들 수 있다. Pheme Perkins, *Gnosticism and New Testament* (『영지주의와 신약성서』, 유태엽 역, 감신대성서학연구소, 2004), 9~12.

[18] 영지주의의 최초 본거지는 팔레스타인, 사마리아, 시리아, 그리고 이집트로 알려져 있으며, 이 글에서는 영지주의를 플라톤적인 색채를 가진 이원론으로 제한하여 설명한다. 참고) Steven Hoeller, *Gnosticism*,『이것이 영지주의다』, 137~142.

[19] Steven Hoeller, *Gnosticism*,『이것이 영지주의다』, 60~222.

(4) 하나님의 교회

'하나님 나라'를 '교회'로 해석한 예로서, 교회는 현세의 정치질서와의 긴장관계 속에서 하나님 나라의 뜻을 대변하는 것으로 이해한 어거스틴과 토마스 아퀴나스, 그리고 마틴 루터를 들 수 있다. 이들은 '교회를 제도화'하는 데에 큰 공헌을 하였지만, 사회의 질서를 위한 세속적 권력의 필요성과 그 질서를 유지하기 위한 권력의 사용을 허용한다. 이와 같은 기독교의 세속화는 어거스틴St. Augustine 이후로 국가와 정부의 역할에 상대적인 역사적 자율성을 허용하는 결과를 낳고 말았다. 어거스틴은 하나님의 도성과 땅의 도성이 궁극적으로는 나뉠 것으로 보았지만, 평화를 명목으로 이 땅의 질서를 유지하기 위하여 국가의 상대적인 권위를 허용하였다.[20] 토마스 아퀴나스Thomas Aquinas는 자연법사상을 통하여 하나님을 현 역사의 주권자로 회복하려고 시도하였지만, 기층 사회질서 내 국가의 상대적 주권을 하나님의 주권과 동일시하는 오류를 범하였고, 마틴 루터Martin Luther 또한 종교개혁에 필요한 종교적 권위authority에 세속적 정부가 제공하는 권력power의 필요성을 허용하고 말았다.

이와 같은 교회론은 초기의 하나님 나라 개념이 사회적이며 제도적인 조건들과 연관되어 다양한 종교 체계 중에 가장 영향력이 있는 '교회'로 발전되었다고 볼 수 있다. 그러나 교회의 제도화를 '하나님 나라 개념의 후퇴'로 볼 수 있다는 점에서 교회론은 현대 기독교의 한계를 극복하여야 할 변혁의 요구가 우리에게 있음을 제시하여 준다.[21]

---

[20] St. Augustine, *The City of God* (『하나님의 도성』, 조호연 역, 크리스챤다이제스트, 1998), 제19권 12;13;14, 936~942.
[21] 트뢸취는 초대교회의 두드러진 특징 중 '하나님 나라 개념'이 천당, 지옥, 연옥, 영생, 미래의 삶과 같은 내용의 '종말론'이었지만, 결국 이 목표도 천년왕국 개념으로

(5) 현대 교회론

지금까지 간략하게 다룬 초기 기독교 윤리의 대표적인 변형은 각각 천년왕국, 지상의 로마왕국, 영지주의 운동, 그리고 교회 등으로 나타나게 됨을 살펴보았다. 물론 이와 같은 각각의 입장은 역사 속에서 다양하게 서로 영향을 주고받으면서 발전되었지만, '교회'가 그 중 제도권의 영역을 형성하여 현대에까지 이루고 있다.[22] 특히 어거스틴 이후, 스콜라 철학의 토마스 아퀴나스, 중세의 교황권에 반대한 마틴 루터와 칼빈의 종교개혁적인 분리주의, 18세기 이후 이성의 시대와 조우한 자유주의, 20세기 1, 2차 세계대전을 겪은 후 칼 바르트를 중심으로 한 신정통주의, 그리고 현대의 포스트모던 신학에 이르기까지 교회론은 나름대로 발전하여 왔다.

현대의 신학은 서구적 근대주의와 함께 발전하여온 서구 신학에 대한 반성으로 등장한 포스트모던의 신학이 그 나름대로 전통적인 신학적 메타담론들에 대하여 수정을 가하고 있다. 해방신학, 흑인신학, 민중신학, 아시아신학, 여성신학 등은 외적으로는 남성, 백인중심주의, 제국주의, 식민지적 문화, 그리고 국가의 왜곡된 정치적 형태를, 그리고 내적으로는 성서와 교리, 그리고 교회의 구조 속에 역사적으로 방치된 억압된 '권력구조'를 밝힘으로써 올바른 '하나님 나라'의 모습을 구현하려고 노

바뀌게 되었다고 보고 있다. 그러나 무엇보다도 초대교회에 이미 하나님 나라 개념이 교회라는 관념과 혼합되었고, 앞으로 올 나라에 관한 생각은 교회를 찬양하는 태도로 바뀌기 시작하였다고 지적하고 있다. 에른스트 트뢸취Ernst Troeltsch, *Die Soziallehren der christlichen Kirchen und Gruppen*, (『기독교사회윤리』, 현영학 역, 한국신학연구소, 2003), 142~143.

[22] 제도권의 교회론은 크게 구교회(가톨릭, 동방정교회)와 개신교회로 나눌 수 있는데, 이 글에서는 '개신교회'의 교회론을 중심으로 전개한다.

력하였다.[23] 특히 로마 가톨릭의 제2차 바티칸 공의회 이후 변모한 대사회적 관심과 세계교회협의회(WCC)를 중심으로 한 다양한 에큐메니컬 연합운동[24]은 종교적 가치가 국가나 집단의 도덕성에 맹목적으로 야합하지 않도록 '간접적indirect'인 영향력을 행사하고 있다.[25]

---

[23] 물론 정치문제에 있어서 보수적 입장을 취하는 근본주의가 무시되어서는 안 된다. 자유주의신학에 대항하여 일어난 근본주의의 내용에는 정통주의 신학이 담고 있었던 신학적 내용과 그 맥을 같이 하는 점도 많지만, 문제는 근본주의의 관점이 반지성적이이고 반문화적이라는 데에 있다. 성경의 문자적 절대성을 고집하는 근본주의의 사관은 성서가 기록될 때의 역사적 정황을 맹목적으로 수용하여 순수한 신앙적 동기에도 불구하고 신학적으로는 여전히 문제를 남기고 있다.

[24] 에큐메니칼 운동에는 세 흐름이 있다. 신앙과 직제Faith and Order운동, 삶과 봉사Life and Work운동, 그리고 세계선교World Mission운동이 바로 그것이다. 1910년 '세계선교대회'W.M.C.:World Missionary Conference를 계기로 에큐메니칼 운동이 본격화된 이래로, 결국 1937년 '신앙과 직제' 위원회 대표들과 '삶과 봉사' 위원회 대표들이 W.C.C.를 창출해 냈다. 그러나 제2차 세계대전으로 인해 10년이 경과한 1948년에 암스테르담에서 제1차 세계교회협의회가 개최되었고, '세계선교대회' 전통은 이 WCC와 긴밀한 관계를 가지고 활동하게 되었다. 오늘날에 이르기까지 에큐메니칼 운동은 이 세 흐름에 의해서 지배를 받는다. 이 세 운동 중 '신앙과 직제'는 그 이름을 그대로 유지하며, '삶과 봉사'는 1960년대에 '교회와 사회'로, 그리고 1990년도에는 '정의, 평화, 창조세계의 보전JPIC: Justice, Peace and Integrity of Creation'으로 바뀌었고, '세계 선교'는 1929년부터 IMC(국제선교대회)로 그리고 1974년 방콕 이래로 CWME(세계 선교 및 복음전도대회)로 개칭 되었다.

[25] 유경동, 『한국기독교 사회윤리의 쟁점과 과제』(감리교신학대학교 출판부, 2006), 95~96. 필자가 보기에는 교회의 대 사회적 영향력은 '간접적'이란 표현이 적절할 것 같은데, 그 이유는 '간접적'인 영향력이란 존 베넷John Bennett이 교회가 사회에 미칠 수 있는 영향력의 유형으로 삼았던 분석에서 잘 나타나있다. 베넷은 교회가 국가에 영향을 줄 수 있는 '간접적 유형'을 중시하였는데, 그 내용은 (1) 기독교의 정신이나 사조, 도덕성, 공동체의 가치관을 통하여 사회에 간접적으로 미치는 장기적인 영향, (2) 교회의 순순한 도덕성을 유지할 때 나타나는 결과로서 자유에 대한 인간의 문호 개방이나 사회 정치적 화해와 같은 결과, (3) 그리고 국가나 사회의 중대한 문제점들에 대하여 교회가 성원들에게 교육함으로써 성원들이 공공의 결정에 영향을 줄 수 있는 경우이다. John Bennett, Christians and the State, 'Direct and Indirect Action of the Church upon the State' (『교회와 국가』, 고범서 편저, 범화사, 1984), 11~39.

그러나 이와 같은 현대 신학의 다양한 담론에도 불구하고, 교회론은 더욱 더 위기를 맞이하고 있다. 현대 교회론은 예수의 삶과 분리되고, 다양한 신학적 해석, 또한 교회를 세상과의 관계 속에서 변혁적으로 다루지 못하고, 교회를 위한 교회론으로 축소 해석되어 왔다. 그리하여 탈정치화와 탈역사화로 이어지는 교회와 신학의 사사화privatization를 이루게 되었다는 비판을 면치 못하고 있다. 즉 교회와 구원의 문제를 정치와 정치적 행동의 지평에서 바라보지 못하고, 개인 구원의 차원으로 축소하였고, 더욱이 현대 자본주의와 기독교의 결탁은 교회의 맘몬주의를 부추기는 결과로 이어지게 되었다고 비판받고 있다.

지금까지 필자는 교회에 관한 영성을 살펴보기 전에 교회를 중심으로 한 공동체의 흐름을 살펴보았다. 특히 국가 교회의 등장은 교회와 신앙의 세속화를 불러오기도 하였으며, 이에 저항한 영지주의와 소규모 교회 공동체(섹트)의 출현도 우리는 역사 속에서 발견할 수 있다. 그렇다면 비록 한계는 있지만 이 세상 속에서 교회의 존재는 무엇인지 그 정체성에 대하여 살펴보고, 이어서 우리에게 허락하신 가정을 통한 하나님의 뜻과 노동의 의미를 짚도록 하겠다.

2. 교회의 영성

(1) 그리스도의 몸

교회는 그리스도의 몸으로서, 독특한 부분들이 상호 의존하여 전체를 이루는 기관이다.[26] 케네스 보아는 교회의 특성을 루크 티모시 존슨Luke Timothy Johnson의 말을 빌려, '번잡한 은혜'라고 재미있게 표현하였다. "즐거움이 넘치는 존재에서 두려움 넘치는 존재에 이르기까지 교회 안의 다양한 인간의 속성은 아직도 수수께끼다. 성경 공부 그룹이나 교제 그룹에서 지극히 정상적으로 보이는 사람들은 당신이 그들을 '교회'라고 부르는 순간 변한다. 기대가 올라가고, 조종하려는 사람들이 전면에 나타나며, 개인적인 비평이 난무하게 된다. 그리고 소수의 사람들은 완전히 이상해 진다. 그러나 이러한 모든 오류와 공동체적인 특성이 있음에도 여전히 교회의 삶에 참여하는 것은 필요한 훈련이며 은혜다. 특히 독단과 개인 주의로 치닫는 오늘날의 문화에서는 더욱 그렇다." [27]

신약의 교회에 대한 은유는 "그리스도의 몸(고전12:27, 골1:18), 그리스도의 신부(고후11:2, 엡5:23-32, 계19:7), 성령의 전(고전3:16-17, 엡2:19-22, 벧전2:5), 하나님 가족의 일원(엡2:19), 그리고 하나님의 소유된 백성(벧전2:9)" 등으로 나타나는데, 이러한 이미지는 교회가 어떤 조직이라기보다는 하나의 유기체에 가깝다는 것을 잘 보여준다.[28]

신약은 에클레시아ekklesia, 집회, 회중 또는 공동체의 의미로 어떤 건물이나 조직보다는 관계성을 가진 사람들을 지칭한다. 신약 성경에 나타나는 교회는 그리스도를 머리로 가진 몸의 한 지체라는 것을 가르치며, 형제와 자매들로 구성된 영적인 가족이다. 이 교회의 정체성은 그리스도의 사랑에 뿌리를 내리고 있으며(엡3:17), 이 사랑을 통하여 "가르침, 코이노니아koinonia, 교제, 나눔, 기도(행2:42), 상호봉사와 격려(히10:23-25), 영적 은사의 활용(롬12장, 고전12-14장, 엡4장), 성찬(고전11:17-30), 그리고 감사와 예배(엡5:19-21, 골3:16)가 이루어진다." [29]

교회의 성찬은 기독교의 뿌리로 되돌아가는 통로가 되는데, 성찬은

---

[26] 케네스 보아, 『기독교 영성, 그 열두 스펙트럼』, 256.
[27] 케네스 보아, 『기독교 영성, 그 열두 스펙트럼』, 479.
[28] 케네스 보아, 『기독교 영성, 그 열두 스펙트럼』, 480.
[29] 케네스 보아, 『기독교 영성, 그 열두 스펙트럼』, 480.

이 세상에 몸으로 오신 예수 그리스도의 죽으심에 대하여 그 의미를 되살리며, 신자가 마땅히 살아야할 길을 제시하기 때문이다. 예수 그리스도가 우리를 위한 대속의 십자가로서 우리가 그 대가를 기억하지 못하면, 기독교는 그 이름값을 하지 못한다. "그리스도인들을 함께 묶어주고, 나아가 그들을 견고한 한 몸으로 남아 있게 하는 것은 바로 그리스도의 죽음이다. 그리스도의 죽음 대신에 공동체의 충성을 담보하는 다른 끈을 사용하는 것은 교회의 존재 이유 - 곧 그가 다시 오실 때까지 그리스도를 분명히 선포해야 한다는 것 - 를 망각한 것이다." [30]

교회는 사도들의 권위를 통하여 사도는 그리스도로부터, 그리고 그리스도는 하나님으로부터 그 권위가 전해진 것이다.[31] 교회가 있는 곳, 거기에 하나님의 영이 계시며, 하나님의 영이 있는 곳, 거기에 교회가 있고 모든 종류의 은혜가 있다.[32]

(2) 하나님의 주권

하나님의 교회는 오직 하나님의 말씀이 지배하는 곳, 하나님이 말씀으로 그의 구원의 방식을 보여주는 곳에만 설립될 수 있다. 따라서 진리의 말씀이 빛을 발하기까지 인간은 교회를 설립할 수 없다. 분명 진리의 가르침이 부패되고 멸시받는 곳에는 하나님이 승인하는 교회가 존재할 수 없다. 따라서 하나님의 말씀에 종속되지 않고, 그 말씀에 의해 지배되지 않는 교회는 없다. 또한 교회는 말씀의 대변자 역할을 해야 하기 때문에 하나님이 교회를 이룩하시는 방식을 따르며, 하나님이 교회를 통치하

---

[30] 앨리스터 맥그라스, 『종교개혁 시대의 영성』, 99.
[31] Tertullianus, *Apology*.
[32] St. Irenaeus, *Against Heresies*.

시도록 그 주권을 내드려야 한다. 교회에서 하나님은 그의 말씀과 영으로 사람들의 심령을 복종하게 하고, 이를 통해 그들은 자유롭고 자발적으로 하나님을 따른다.

교회는 장막에 비유될 수 있다. 장막은 일반적인 거주의 한 종류이지만, 교회가 장막과 비견되는 이유는 교회는 이 세상에서 굳건한 구조를 가지고 있지 않기 때문이다. 교회는 늘 정착하지 않은 채로 옮겨 다니며, 필요에 따라 다양하게 여기저기 이동한다. 이것이 뜻하는 바는 교회의 진정한 구조는 하나님의 나라이며, 이 나라는 파괴되지 않으며 부서지는 것도 아니고, 인간이 손으로 만든 장막과 같은 것은 아니다. 진정한 교회는 지상의 권력과 물질에 의존하지 않는다.[33]

케네스 보아는 교회를 축제의 의식, 회중, 소그룹, 그리고 핵심 그룹의 네 가지 요소로 나눌 수 있다고 보았다. "의식을 통해 교회는 예배와 설교, 그리고 기도를 위해 하나로 모인다. 회중을 통해서는 교제와 배움을 위한 적당한 크기의 그룹으로 모인다. 소그룹은 후원과 지도, 기도, 그리고 책무들을 위한 그룹이다. 핵심 그룹은 교회 내에 각 가정 단위로 구성된다."[34] 그러나 이러한 그룹들이 조직되었다고 교회가 저절로 형성되는 것은 아니며, 서로 역동성을 드러나는 다이내믹이 형성되게 하려면 하나님의 은혜를 간구하여야 한다.

교회는 솔로몬 왕의 혼인날, 그의 어머니가 씌운 왕관이 그 머리에 있는 것을 보며 기뻐한 것처럼(아3:11), 우리가 기쁨으로 바라보아야 할 하나님의 성이며, 아울러 독생자께서 십자가를 지고 채찍으로 맞으며

---

[33] John Calvin, *Commentaries*.
[34] 케네스 보아, 『기독교 영성, 그 열두 스펙트럼』, 492. 케네스 보아는 이 모델을 설명하면서, 빌 헐Bill Hull의 『목회자가 제자 삼아야 교회가 산다』The Disciple-Making Pastor 와 『모든 신자를 제자로 삼는 교회』The Disciple-Making Church를 예로 들었다.

조롱당하는 수난(요19:1-27)을 기억하는 성소이다. "교회는 나무 십자가에 모은 그의 수난의 열매와 신랑으로 하여금 신부를 자주 방문하도록 유혹하는 향기로운 부활의 꽃들로 새 힘을 얻는 거룩한 장소이다."[35]

교회는 그리스도가 초월적으로 임재하시는 곳으로 오직 우리 안에만 영적으로 존재하는 것이다. 교회에서 성도들은 하나님의 말씀을 받아들이고 거기에 자신을 내맡긴다.[36] "교회는 결코 자기 자녀들의 영감을 억제시키거나 대신하려고 하지 않는다. 오히려 교회 안에 현존하시는 성령은 하나님의 마음을 따라 무엇보다도 먼저 우리가 어떻게 마음과 마음으로 나누는 대화 안에서 참되게 기도할 수 있는지 쉬지 않고 가르치신다."[37]

(3) 세례와 성만찬 공동체

교회를 위하여 기도하는 것은 사적인 것이 아니라 공적이다. 교회를 통하여 우리는 헌신하며 자비와 자기 부인을 통해 교회 공동체의 사명을 이루어 나간다.[38] 교회는 만인이 기도하는 집으로서 주님이 부탁하신 사명을 이루어나가는 공동체이다(마21:13, 막11:17). 교회는 주님이 명령하신 세례를 주며(마28:19), 주님의 십자가를 기억하며, 떡과 포도주를 나누는 사랑의 공동체이다(마26:26-30; 막14:22-26; 눅22:14-23).

"교회는 세례와 성찬을 기념할 때 진정한 교회가 될 수 있다. 세례는 새로운 지체들을 그리스도의 몸에 연합시키고, 성찬은 그리스도인의 삶의

---

[35] 클레르보의 베르나르, 『하나님의 사랑』, 215.
[36] 루이 부이에, 『영성 생활 입문』, 64.
[37] 루이 부이에, 『영성 생활 입문』, 66.
[38] Thomas à Kempis, THE IMITATION OF CHRIST.

공동체적인 본질을 드러낸다(행2:42-47). 교회 자체의 정수가 살아 있고, 현존하며, 효력을 미치는 지점이 이것이다."[39] 세례와 성찬을 통하여 교회는 삼위일체 하나님의 가족으로 존재하며, 이 시대개인주의에 대한 강력한 개선책이 될 수 있다.[40] 따라서 하나님과 관련된 교회의 삶은 삼위일체적 삶의 확장이며, "그리스도의 몸으로서, 종말론적으로는 그리스도의 신부로서, 교회는 성령을 통해 하나님과 연합한다."[41]

어거스틴은 교회는 생명을 살리는 거룩한 공동체임을 강조하였다. 교회는 그 특성상 "생명으로 인도하는 문은 좁고 협착하여 찾는 이가 적음이니라(마7:14)"는 말씀처럼 귀하다. 그러나 "내가 네게 큰 복을 주고 네 씨가 크게 번성하여 하늘의 별과 같고 바닷가의 모래와 같게 하리니 네 씨가 그 대적의 성문을 차지하리라 (창22:17)."라는 말씀처럼, 거룩하고 선한 이들이 모인 교회는 숫자로 비교할 수 없을 정도로 큰 것이다. 또한 "기록된바 잉태하지 못한 자여 즐거워하라 산고를 모르는 자여 소리 질러 외치라 이는 홀로 사는 자의 자녀가 남편 있는 자의 자녀보다 많음이라 하였으니(갈4:27)"의 말씀이나 "두려워하지 말라 내가 너와 함께 하여 네 자손을 동쪽에서부터 오게 하며 서쪽에서부터 너를 모을 것이며(사43:5)"의 말씀이 의미하는 것처럼 하나님의 교회는 세상적인 의미의 숫자나 크기로 측량할 수 있는 것이 아니다.[42]

하나님의 교회는 우리의 눈동자와 같다. 작은 먼지조차도 잘못 눈에 떨어져서 상처를 입히면 우리는 시력을 잃게 된다. 그러하듯이, 만약 교

---

[39] 사이몬 찬, 『영성신학』, 158. 사이몬 찬은 개신교의 '참회의 경건'에 의해 조장된 개인주의를 반대하고 있다.
[40] 사이몬 찬, 『영성신학』, 159.
[41] 사이몬 찬, 『영성신학』, 171.
[42] St. Augustine, The Confessions and Letters of St. Augustine(고백록, 어거스틴의 편지들)

회지체에 몇몇 사람이 바람직하지 않게 행동한다면, 교회의 빛은 어둡게 된다.[43] 따라서 우리는 교회 공동체의 성원이 잘못된 길로 가지 않도록 서로 주의하며 근신하고 격려하여야 한다.

암부로스Ambrose는 교회는 모든 사람이 나누는 영적인 권리로 이해하였다. 왜냐하면 교회는 모든 이들을 위해 기도하며 수고를 마다하지 않고, 교회는 하나님의 나라를 위하여 모든 유혹을 견디어냈기 때문이다. 교회는 금을 가지고 있으나, 그것을 축적하지 않고 펼쳐놓아 가난한 사람들을 위하여 사용한다. 교회는 마치 영원한 샘에서 와인을 짜는 기계와 같다. 왜냐하면 교회는 그리스도의 몸이기 때문이다. 교회의 무기는 신앙이고, 교회의 무기는 기도이며, 기도는 적을 굴복하게 한다. 또한 교회의 재산은 가난한 자들의 생계비이다. 왜냐하면 교회는 로마 황제의 것이 아니고, 그리스도의 형상을 나타내기 때문이다. 교회는 하나님의 것이다.[44]

교회는 이처럼 거룩한 공동체이지만, 교회가 세상으로부터 빛과 소금의 역할을 할 수 있도록 항상 각성하여야 한다. 예를 들어 하나님의 거룩하고 영광스러운 교회를 건축하고자 하면, 이웃에 대한 도움의 손길이 있었는지 먼저 헤아리고, 교회가 잘못한 일로 공격받지 않도록 하여야 한다.[45] 아울러 거룩한 교회는 이단들의 질문으로 모욕을 받을 때면 언제나 진리의 가르침에 있어 철저히 무장하고 공동체를 지켜야 한다.[46]

---

[43] Salvian, *On the Government of God.*
[44] Ambrose, *On the Duties of the Clergy, etc.*
[45] Hugh Latimer, *Sermons.*
[46] St. Gregory I, *The Letters and Sermons of Leo the Great.*

3. 종말론적 공동체

(1) 세상의 빛과 소금

교회는 마치 지상에는 존재하지 않는 도시(히11:10, 16, 계21:2, 10)로서 임시적인 사회를 구성하고 있는 이방인들의 거류지와 같다고 할 수 있으며, 이들의 시민권은 천국에 있다.[47] 따라서 교회에는 인종차별주의, 성차별주의, 민족주의, 그리고 엘리트주의와 같은 것이 있을 수 없으며, 다양성 속에서 하나 되는 공동체가 되어야 한다(갈3:28).[48]

우리의 진정한 시민권은 하늘에 있지만, 이 땅에 살고 있는 '천국 시민'로서의 교회는 일종의 대안적 공동체alternative polis라고 할 수 있다. 교회가 이렇게 될 때, 세상과 무관하지 않고, 인격의 공동체를 통하여 훈련 받으며 세상에 '진정한 대안'을 제공함으로써, 실제적으로 세상에 도전할 수 있다. 세상과의 관계에서 나타나는 교회의 왜소함은 불리한 점이 아니라, 오히려 구별된 삶의 방식으로 더 빛과 소금의 역할을 할 수 있다.[49]

본회퍼는 교회에 대하여 다음과 같이 증언하였다. "교회는 잔인한 폭력이 불법적으로 쓰여진 일과, 무수한 결백한 사람들의 육체적 또는 영

---

[47] 케네스 보아, 『기독교 영성, 그 열두 스펙트럼』, 480.
[48] 케네스 보아, 『기독교 영성, 그 열두 스펙트럼』, 483.
[49] 사이몬 찬, 『영성신학』, 47~48. 사이몬 찬은 스태리 하우어워스의 교회에 대한 입장을 대변하고 있다. 한편, 사이몬 찬은 교회에 대한 하우어워스의 비전은 아시아의 교회들에게 중요한 의미를 가진다고 보았는데, 무엇보다도 영성을 교회의 삶과 사명의 가장 중심에 놓는다는 점을 강조하였다. "사회에 영향을 미치는 교회로 그가 상상한 교회는 인격의 공동체, 훈련을 받고 있으며 십자가를 지고 있다는 표지를 드러내는 사람들의 공동체이다. 그러한 교회는 바로 그 삶으로, 그 개인적이고 공동체적인 덕성으로, 그 '정치관'으로 세상에 영향을 미친다." 같은 책, 50~51.

적 고난, 억압, 증오와 살인을 목격해 온 사실을 고백한다. 그리고 피해자들을 대신해 목소리를 높이지 않은 것과 그들을 돕기 위한 방법들을 속히 찾지 않은 사실을 고백한다. 교회는 가장 약하고 가장 무방비상태에 있는 이들의 죽음에 대해 유죄이다."[50] 본회퍼는 유대인을 공무원직에서 배제하는 아리아인 조항에 대한 응답으로 "교회는 사회의 모든 피해자를 돌봐야 할 무조건적인 의무가 있다. 비록 그들이 기독교 공동체에 속하지 않더라도 그러하다"라고 강조했다.[51]

"개혁된 교회는 항상 자신을 개혁하는 교회가 되어야 한다"는 종교개혁 표어로부터 우리는 배워야 할 점이 많다.[52] 개신교 교회론은 삼위일체에 근거한 유기적 공동체를 강조하지만, 사이몬 찬은 개신교의 교회론에 부족한 부분이 있다고 지적한다. 개신교의 교회론은 자칫 "개인들이 영적 필요를 채우는 것을 돕는 부수적인 존재"가 될 수 있다. 그렇게 되면 거기에는 "천사와 천사장과 모든 천군의 무리와 함께, 사도와 예언자와 성도와 순교자와 더불어 하나님을 예배하는, 역사와 역사를 초월해 존재하는 집단적인 영적인 실재로서의 교회에 대한 인식이 거의 없게 되어 그리스도인이 스스로를 더 큰 실재 안에 참여하는 존재로 인식하여 완전히 새로운 전망이 열리도록 하는 데에 한계가 있다."[53]

따라서 교회는 종말론적 공동체로서 세상의 그 어떠한 것으로 제재받지 않으며 기적을 경험하며 세상에서 하나님 나라를 증거하여야 한다. 우리는 하나님 나라의 백성이며, 세상은 우리가 하나님의 통치 아래 있

---

[50] 리처드 포스터, 『생수의 강』, 121~122.
[51] 리처드 포스터, 『생수의 강』, 122. 리처드 포스터는 본회퍼의 "교회와 유대인 질문"이라는 글을 인용하였다.
[52] 앨리스터 맥그라스, 『종교개혁 시대의 영성』, 33.
[53] 사이몬 찬, 『영성신학』, 147. 사이몬 찬은 가톨릭으로 전향한 복음주의자 토마스 하워드Thomas Howard의 입장을 옮겼다.

다는 것을 알게 된다.[54] 이 신앙으로 교회는 세상에서 비난의 대상이 아니라 칭찬받는 공동체가 되어야 한다. 그리스도의 향기를 내는 교회가 되는 일은 세상의 고난에 참여하는 것이다. 하나님이 이 세상의 고통에 참여하셨듯이, 교회도 세상의 아픔을 치유하며 나아가는 빛과 소금의 공동체가 되어야 할 것이다.

(2) 한 몸의 공동체

바울은 성도의 공동체를 유기적인 몸에 비유하였다. 우리는 그리스도의 몸이요 지체의 각 부분이다(고전12:27). 우리는 예수의 죽음을 몸에 지고 예수의 생명이 드러나도록 하나가 된 공동체이다(고후4:10). 지체는 각자 자랑하지 않으며, 약한 지체를 오히려 귀중하게 여기고(고전12:23), 신령한 몸을 기다리는 영적 공동체로 자라간다(고전15:44).

교회의 연합은 두 가지로 구성되어 있다. 즉 하나는 교회 구성원들의 상호적 연결과 교제이고, 다른 하나는 교회 구성원들이 하나의 머리를 섬기는 것이다. 골로새서 2:19의 "온 몸이 머리로 말미암아 마디와 힘줄로 공급함을 받고 연합하여 하나님이 자라게 하시므로 자라느니라"라는 말씀처럼, 머리는 그리스도 자신이시다.

제롬St. Jerome은 교회를 유기체적인 몸으로 해석하였다. 만약 한 지체가 고통 받으면, 모든 다른 지체도 그 지체와 함께 고통 받고, 온 몸이 한 지체의 고통으로 인해 같이 고난당한다.[55] 제롬은 교회를 노아의 홍수에 나오는 '방주'에 비교하였다. 악마는 불신자들을 찾는 것이 아니라, 그리

---

[54] 사이몬 찬, 『영성신학』, 50~51.
[55] St. Jerome, *The Letters of St. Jerome*.

스도의 교회를 무너뜨리려 한다. "옛 세상을 용서하지 아니하시고 오직 의를 전파하는 노아와 그 일곱 식구를 보존하시고 경건하지 아니한 자들의 세상에 홍수를 내리셨다(벧후2:5)"는 말씀처럼, 방주는 구원받는 교회의 표징이 된다.

그러나 방주 안에 온갖 종류의 동물이 있는 것처럼, 교회에도 온갖 종류의 사람이 섞여 있으며, 다양한 성격을 가진 사람이 함께 있다. 한 방안에서 표범과 어린아이가 함께 있고, 늑대와 양이 같이 있으며, 다른 방에는 악인과 의인이 함께 있기도 한다. 즉, 금과 은으로 된 그릇이 나무와 흙으로 된 그릇과 함께 있다. 방주에는 많은 방이 있는 것처럼, 교회에는 많은 저택mansions이 있다. 방주는 그 길이가 삼백 규빗, 너비는 오십 규빗, 높이는 삼십 규빗(창6:15)이었는데, 상 중 하 층으로 나뉘었다(창6:16). 이와 비슷하게 교회도 많은 층으로 구성되는데, 예를 들어 집사, 장로, 감독으로 구성되어 있다.

방주가 홍수로 위험에 처했던 것처럼, 교회는 세상에서 위험에 처해 있다. 노아가 방주를 떠났을 때, 포도 나무을 심고 그것으로부터 포도주를 마시고 취한 것처럼, 그리스도 또한 육체로 이 세상에 오셔서 교회를 이루시고, 고통을 당하셨다. 각각의 별이 그 밝기가 다른 것처럼, 교회 안에서 서로 다른 지체가 많다. 태양이 자신의 광채를 가지고 있는 반면, 달은 밤의 어둠을 조절하며, 행성은 다른 밝기로 하늘을 서로 다른 방향으로 선회한다. 몸의 지체가 서로 다른 기능을 하듯이, 눈은 눈대로, 손은 손대로, 발은 발대로의 기능처럼, 교회 안의 많은 지체가 서로 다른 기능을 감당하고 있다.[56]

한 그물에 좋은 생선과 그렇지 못한 생선이 같이 잡히듯이, 교회는

---

[56] St. Jerome, *The Letters of St. Jerome*.

현재 이 땅에서 그리스의 왕국이면서 하늘의 왕국이 된다고 어거스틴은 강조하였다. 교회는 주님이 장래에도 다스릴 것이지만, 그리스도의 거룩한 백성들도 그와 함께 다스린다. 교회는 역사를 통하여 사도들의 가르침이 전달되며, 예수 그리스도의 몸을 이룬다. 한 몸 공동체로서 교회는 사랑으로 연합한다.[57]

(3) 거룩한 공동체

사도신경은 거룩한 기독교인들의 교회를 거룩한 자들의 교제라고 부른다. '에클레시아'라는 단어는 독일어로 철저하게 '모임Versammlung'을 의미하기 때문이다. 이 모임은 라틴어로 '쿠리아curia', 그리스 언어로 '키리아kyria'라고 부른다. 교회는 이처럼 기독교 회중이나 모임, 혹은 하나의 거룩한 기독교를 상징하는 것이다.

한편, 교회를 표현할 때, 'communio'라는 단어는 교제 또는 공동체성이라고 할 수 있다. 여기서 회중은 거룩한 사람들의 공동체 또는 거룩한 회중이라고 할 수 있다. 나아가 우리는 이 공동체를 통하여 죄의 용서가 이루어지는 것을 믿는다. 왜냐하면 교회의 복음을 통하여 성례전과 회개가 이루어지기 때문이다.[58] 이 교회는 하나님의 집이며, 죄 사함이 이루어지는 곳이다. 교회는 영생으로 가는 용서가 이루어지는 곳이다. 교회는 순교자들과 성인들의 고난 받음을 통해 전 세계로 확장될 것이 이미 예견되어 졌다. 왜냐하면 하나님의 성전은 거룩하며, 또한 우리는 주님이 거하시는 성전이 되기 때문이다. 거룩한 교회는 하나의 교회로서 이

---

[57] St. Augustine, *City of God and Christian Doctrine*.
[58] Martin Luther, *The Large Catechism*.

사명을 가지고 나아가야 하는 것이다.[59]

교회 안에서 우리의 고백은 최종적으로 하나님의 나라에 이른다. 그러나 지금 당장의 목표는 마음의 순결로서 이 거룩성이 없이는 그 마지막을 획득할 수는 없다. "그러므로 만약 하나님의 나라가 우리 안에 있고, 하나님의 실재적인 나라가 의로움과 평화와 기쁨이라면, 이곳에 사는 사람은 가장 확실히 하나님의 나라 안에 있는 것이며, 반대로 불의와 불화와 죽음을 부르는 슬픔 속에 사는 사람은 악과 지옥과 죽음의 나라에 있는 것이다. 왜냐하면 이것에 의해 하나님의 나라와 악마의 나라의 징표들이 구별되기 때문이다."[60]

13세기 이탈리아 제노아 대주교 보라지네Jacobus de Voragine는 성전이나 교회는 다섯 가지 이유 때문에 거룩하다고 강조하였다. 교회에는 거룩함, 평안, 기도, 신성, 그리고 성례전이 있기 때문이다.[61] 이 교회는 세상이 줄 수 없는 것으로 거룩한 공동체를 이루어 나간다.

교회는 어디까지나 신앙의 양육과 영혼의 거룩한 성장을 위해 하나님이 부여한 하나의 자원이다. 우리는 '고독한 방랑자'의 운명을 걸머진 사람들이 아니라, 도리어 하나님과 함께 다른 그리스도인들과 더불어 이 나그네 길을 걸어가도록 예정되었다.[62] 아 길은 외롭지만 구원으로 향하여 나아가는 거룩한 삶을 통하여 주님의 임재를 몸으로 경험한다.

성도의 교제sanctorum communio로서 교회의 본질을 중시하는 그리스도인이라는 것은 그리스도 안에 세례를 받아 거룩한 한 몸으로서의 교회에 속

---

[59] St. Augustine, *On the Holy Trinity; Doctrinal Treatises; Moral Treatises*.
[60] John Cassian, *The Twelve Books on the Institutes of the Cœnobia, and the Remedies for the Eight Principal Faults*.
[61] Jacobus de Voragine, *The Golden Legend*.
[62] 앨리스터 맥그라스, 『종교개혁 시대의 영성』, 311.

하는 것이다(고전12:13). 우리는 그리스도의 몸과 분리된 상태에서 올바로 나아갈 수 없다. 성도의 교제는 항상 '그리스도 안에서', 그리고 '그리스도를 통해서' 이루어진다. 그분은 다른 지체들과의 거룩한 교제를 현실로 만드는 '우리의 화평'이시다(엡2:14-18).[63]

(4) 안식과 생명의 공동체

요한 크리소스톰John Chrysostom은 교회는 하나의 장소가 아닌 생명의 장소를 의미한다고 강조하였다. 그가 강조하는 것은 교회는 벽으로 둘러쳐진 건물이 아니라 교회 안에 있는 생명의 법이 실재하는 영적 공간이다. 우리가 교회를 피난처로 택한다면, 교회는 은신처가 아니라 신앙과 생명을 주는 영혼의 안식처가 되는 것이다.[64]

크리소스톰은 교회야말로 우리의 희망이며 구원이 되고 피난처가 됨을 강조하였다. 그는 교회를 주님과의 결혼에 비교하여 교회는 주님의 신부라고 강조하였다. 교회는 세상에서 때가 묻고 흠이 많지만, 주님과의 거룩한 결혼을 통하여 처녀와 같이 성스러워진다고 보았다.[65]

교회는 평화의 처소이다. 교회는 모든 사람들이 공유하는 집이며, 평화가 유지되어야 할 처소이다. 교회는 세상적인 장소가 아니라 영적인 장소이어야 한다. 교회는 하나님이 말씀하시는 동안, 조용히 경청하고 따라야 할 믿음의 집이다. 교회가 금 그릇을 제공하는 것을 목표로 하지 말고, 정직한 수입을 공개하여야 한다. 교회는 금 제조공장이 아니며, 은을 위하여 예배하는 곳도 아니고, 천사들의 모임같이 되어야 한다.[66]

---

[63] 사이몬 찬, 『영성신학』, 156.
[64] St. John Chrysostom, *On the priesthood*.
[65] St. John Chrysostom, *On the priesthood*.

교회는 주님의 희생을 통하여 생명을 얻은 영적 처소이다. 이 생명의 공간에서 교회는 친구들뿐만 아니라, 교회를 핍박하는 적들에게까지도 사랑의 자선을 확장한다. 마태복음 5:44의 말씀처럼 우리는 원수를 사랑하며 우리를 미워하는 자들에게까지 선을 행하여야 한다. 우리가 마땅히 우리 이웃의 사랑하는 것은 그들의 생명을 사랑하기 때문이다. 그리고 교회의 적대자들이 회개하고 돌아오면, 우리는 그들을 용서하고 진리로 대해주어야 한다.

신앙고백은 신앙으로 함께 연합되어 있는 전 교회에서 고백되어진다. 교회의 신앙은 살아있는 신앙으로서 그 신앙은 외적으로뿐만이 아니라 공적으로 교회에 속한 모든 사람 속에 있다.[67]

교회는 국가의 양심이 되어야 하며, 국가가 정의와 사회 질서의 제공이라는 신성한 임무를 완수하도록 요구해야 한다.[68] 이는 교회가 세상의 중심이 되신 십자가를 높게 세우며, 이 세상에 생명력을 불어 넣는 것이다. 교회는 하나님을 만물의 창조자요 근원인 한 분으로 경험할 뿐만 아니라 세 분 하나님이신 삼위일체를 경험하고 있다.[69] 하나님은 당신의 백성을 위한 구원의 공동체를 세워주심으로써 교회는 우주적이며 포괄적이라고 할 수 있다.[70] 따라서 교회는 세상의 중심이며 우주의 중심인 하나님을 중심으로 생명의 공동체를 구성한다.

사이몬 찬은 교회가 '대조 공동체contrast community'의 역할을 다하여야 한다고 강조하는데, 그는 재세례파의 관점으로 '소금과 빛, 누룩과 겨자씨'

---

[66] St. John Chrysostom, *Homilies on the Gospel of Saint Matthew*.
[67] St. Thomas Aquinas, *Summa Theologie*.
[68] 리처드 포스터, 『생수의 강』, 254.
[69] 사이몬 찬, 『영성신학』, 56.
[70] 사이몬 찬, 『영성신학』, 63~64.

로서의 성경적인 교회 모델을 주장한다. 소금이나 빛, 누룩과 겨자씨는 작지만 엄청나게 큰 가능성이나 강한 영향력을 품고 있다.[71] 교회는 죽어가는 이 세상에 하나님의 생명력을 불어 넣는 축복의 통로가 되는 것이다.

교회는 이 땅에서 그 어떤 고난과 핍박을 견디어 나가는 불굴의 생명력을 가지고 있다. 교회는 사역을 통하여 주변의 이방 공동체를 '전복시키는 것subversion'으로 유진 피터슨은 이해하였다. 이는 교회가 세상과의 직접적인 대결보다는 그 자리에 흔들리지 않고 말씀에 서 있는 것이다.[72] 죽어가는 세상에 등대와같이 생명의 길을 비추는 것이다.

제롬은 칼과 사막의 맹수들이 우글거리는 한 복판과 같은 세상에서 신앙은 결코 굴복하지 않는다고 강조하였다. 그리스도를 위해 봉사하는 자는 죽을지 모르지만, 그러나 결코 정복되지는 않는다.[73] 교회도 이러한 생명력을 가지고 있다.

지금까지 필자는 교회의 영성을 통하여 몸, 빛과 소금, 안식과 거룩의 개념을 중심으로 교회의 모습을 살펴보았다. 하나님은 우리에게 가정 공동체를 통하여 믿음을 보존하고, 노동의 의무를 통하여 세상에서 하나님의 뜻을 이루도록 명령하셨다. 이제 그 내용을 살펴보도록 하자.

4. 가정과 노동

(1) 가정의 의미와 결혼

---

[71] 사이몬 찬, 『영성신학』, 148. 이 관점은 사이몬 찬이 스탠리 하우어워스의 입장을 대변하였다.
[72] 사이몬 찬, 『영성신학』, 149.
[73] St. Jerome, *The Letters of St. Jerome*.

우리는 가정을 통하여 생명이 이어지고 말씀의 법도와 그 거룩한 가치가 교육된다는 관점에서 가정이 사회의 기초가 되도록 설계한 하나님을 믿는다. 남편과 아내의 관계는 그리스도와 그분의 신부인 교회 사이의 사랑스런 관계로 형성되었고, 부모와 자식 관계는 양육과 훈계, 장래의 준비와 보호, 그리고 인격 형성을 위해 하나님이 기름 부으신 환경이다(신6:5-9, 수24:15).[74]

가정에서는 무엇보다도 신앙적 가치에 따른 바람직한 생활이 요구된다. 가정은 본질적으로 종교적인 제도이고, 가정의 식탁은 가정의 중심이다.[75] 가족 내에서 구성원은 신앙의 정체성을 확립하고 소속감을 경험하며 가족들이 헌신할 만한 가치를 발견한다.[76]

결혼은 사회의 기본 단위가 되지만, 하나님이 계획하신 거룩한 제도이다. "결혼은 남자와 여자가 영, 혼, 그리고 육체의 모든 단계에서 하나됨을 이루는 상호 헌신을 위한 일생의 약속이다." 창세기 2장 23-25절에는 하나님이 정하여 주신 가정의 목적이 분명하게 나타난다. "아담이 이르되 이는 내 뼈 중의 뼈요 살 중의 살이라 이것을 남자에게서 취하였은즉 여자라 부르리라 하니라. 이러므로 남자가 부모를 떠나 그의 아내와 합하여 둘이 한 몸을 이룰지로다. 아담과 그의 아내 두 사람이 벌거벗었으나 부끄러워하지 아니하니라." 두 사람이 하나가 되는 "결혼이란 서로 헌신하고, 지지하며, 그리고 존중하는 영원한 언약적인 관계이다."[77] "그리스도인 가정은 '관계라는 면에서 성경적인 진리를 적용해보는 실험실'로 불린다. 그것은 사랑을 주고받는 방법을 배우고, 관계를 발전시

---

[74] 케네스 보아, 『기독교 영성, 그 열두 스펙트럼』, 256.
[75] 리처드 포스터, 『생수의 강』, 377.
[76] 사이몬 찬, 『영성신학』, 159.
[77] 케네스 보아, 『기독교 영성, 그 열두 스펙트럼』, 260.

키기 위한 가치들을 전수하는 훈련의 장이다."[78]

결혼은 하나님과 사람 앞에서의 서약이다. 결혼은 수단이 아니며, 남녀 간에 거짓이나 속임수가 개입되면, 결코 진정한 결혼이 될 수 없다. 인간적인 계산이 가미되지 않은 자기 포기와 아울러 사랑과 서로의 충실함이 결혼을 통하여 나타나야 한다. 이는 마치 컴퓨터 디스크 드라이브와 디스크가 하나가 되어 기능하는 것처럼, 그리고 활과 화살이 서로에게 필요한 것처럼 결혼은 두 사람이 하나가 되는 것이다.[79]

바울이 독신이었음에도 불구하고 결혼의 가치를 존중하였듯이, 순결한 육체의 결합은 더 깊은 영혼과의 결합으로 나아간다. 결혼은 생명의 결합을 통하여 교회와 그리스도의 결합을 예상케 한다. 이는 결혼을 통한 온전한 결합이 하나님의 사랑이 드러나는 근거와 수단이 되는 것이다.[80]

요한 크리소스톰John Chrysostom은 죄악을 피하기 위하여 가정생활에 올바른 영성이 필요하다고 강조하였다. 현대적인 관점에서 보면 지나치게 보수적이라고 할 수 있으나, 그의 의도는 창조의 질서에 따른 신앙에 관심을 두고 있음을 알 수 있다.[81] 그는 결혼에 있어서 매우 가난하거나 또는 부유한 사람과 결혼하는 것은 악한 것으로 보았다. 왜냐하면 전자는 경제적인 입장에서 해롭고, 후자는 가난한 배우자의 권위와 독립성에 해가 되기 때문이다. 크리소스톰의 이러한 입장은 결혼을 통한 부부의 신앙생활에 대한 전념과 온전한 사랑과 연대, 그리고 자녀의 신앙교육을 염두에 둔 것으로 보인다.

---

[78] 케네스 보아, 『기독교 영성, 그 열두 스펙트럼』, 263.
[79] 리처드 포스터, 『생수의 강』, 377.
[80] 루이 부이에, 『영성 생활 입문』, 306.
[81] 크리소스톰Chrysostom은 원문에서 여성에 대한 남성중심적 관점을 가지고 있으나, 필자는 본문에서 여성을 중성명사로 바꾸어 번역하였다.

또한 그는 자녀를 가지는 것은 부담스러운 일이지만, 더 부담스러운 것은 자녀가 없는 것으로 보았다. 왜냐하면, 후자는 결혼의 목적이 없으며, 전자의 경우는 자녀때문에 서로 간에 구속을 경험해야하기 때문이다. 그러나 크리소스톰은 가정생활에 있어서 더 큰 악은 간통, 간음, 욕심과 같은 인간의 죄악이며, 이는 불명예이며, 하나님의 심판에 놓인다고 주장하였다.[82]

궁극적으로 결혼을 통하여 우리는 하나님의 창조섭리를 깨달아야 한다. 하나님은 우리를 만드시고 창조하신 분이기 때문에 육신의 아버지나 어머니보다 우리와 더 가깝다고 할 수 있다. 따라서 가정을 통하여 부모와 자녀들이 구성되는 것은 결혼 때문이 아니라, 주님의 뜻임을 명심하여야 한다.[83]

(2) 노동의 축복

노동은 하나님 형상의 반영이며 귀한 일이다.[84] 일을 한다는 것은 원죄의 결과가 아니라, 인간을 위한 하나님의 창조 질서의 일부분이고(창 2:5,15), 하나님이 명하신 사명이라고 할 수 있다(출20:11). "여호와 하나

---

[82] St. John Chrysostom, *On the priesthood.* 악, 오히려 악이 아닌 것이 있는데, 기근, 전염병, 죽음, 질병, 그리고 이런 종류의 다른 것들이 있다. 악은 게으름에서 오고, 미덕은 부지런함에서 오며, 그 어떤 세력도 신실한 사람에게는 해를 끼칠 수 없다. 크리소스톰은 악은 그 자체로 악이지만, 선은 다른 사람들에게도 선함을 끼칠 수 있다고 보았다. 그는 잠언의 말씀을 통하여 지혜로운 자는 자신과 이웃 그리고 나아가 하나님을 기쁘시게 할 수 있지만 악은 인간이 떠나야 할 명령이다. 이 땅에 오신 예수 그리스도는 말씀으로 모든 악을 물리치셨다. 모든 악의 요인과 뿌리와 그 모체는 죄의 본성과 연결이 된다.

[83] Theodoret, Bishop of Cyrus, *The Ecclesiastical History, Dialogues, and Letters.*
[84] 리처드 포스터, 『리처드 포스터의 '기도'』, 233.

님이 땅에 비를 내리지 아니하셨고 땅을 갈 사람도 없었으므로 들에는 초목이 아직 없었고 밭에는 채소가 나지 아니하였으며(창2:5)"의 말씀과 "여호와 하나님이 그 사람을 이끌어 에덴동산에 두어 그것을 경작하며 지키게 하시고(창2:15)"의 내용처럼 노동은 하나님이 허락하신 창조질서이다.

그러나 인간의 타락으로 말미암아 본래의 노동은 그 내용이 훼손되었다. 일을 통한 기쁨보다는 고생과 연관되어 버린다. "또 여자에게 이르시되 내가 네게 임신하는 고통을 크게 더하리니 네가 수고하고 자식을 낳을 것이며 너는 남편을 원하고 남편은 너를 다스릴 것이니라 하시고 아담에게 이르시되 네가 네 아내의 말을 듣고 내가 네게 먹지 말라 한 나무의 열매를 먹었은즉 땅은 너로 말미암아 저주를 받고 너는 네 평생에 수고하여야 그 소산을 먹으리라 땅이 네게 가시덤불과 엉겅퀴를 낼 것이라 네가 먹을 것은 밭의 채소인즉 네가 흙으로 돌아갈 때까지 얼굴에 땀을 흘려야 먹을 것을 먹으리니 네가 그것에서 취함을 입었음이라 너는 흙이니 흙으로 돌아갈 것이니라 하시니라(창3:17-19)."[85] 이 말씀처럼 하나님의 창조질서에 대한 인간의 배반으로 삶의 질은 현저히 떨어진다. 동등한 남녀의 입장이 종속으로 바뀌며, 자연은 순응하지 않고, 그리고 인간의 노동은 기쁨이 아니라 고통으로 바뀐다.

하나님은 노동을 통하여 우리가 다시 창조질서의 의미를 발견하기를 원하신다. 하나님은 노동을 통하여 "하나님 나라의 가치와 희망을 드러낼 수 있는 환경을 우리에게 주신다. 일을 통하여 서로의 관계를 세우고, 성품과 확신, 정직을 보여주며, 성실과 재능으로 일하게 함으로써 예수 그리스도를 증거할 수 있는 환경을 제공한다."[86]

---

[85] 케네스 보아, 『기독교 영성, 그 열두 스펙트럼』, 267.

온전한 그리스도인의 삶이란 육체노동으로 영혼이 더럽혀지지 않은 채 하나님을 섬기는 일에 헌신하는 것을 의미했다.[87] 따라서 "노동이 곧 기도이다laborare est orare"라는 말은 몇몇 수도회가 갖고 있었던 확신을 대변하는데, 그것은 묵상하면서 손수 노동을 한다고 해도 묵상이 방해받지 않는다는 믿음을 대변하는 것이다.[88] 한편 수도회에서는 한때 사본필사와 같은 노동이 행하여지기도 해서 이것이 수사들의 품위를 떨어뜨리는 것으로 인식되기도 하였다. 그러나 "노동을 통하여, 수사들은 자신의 영혼을 깨끗하게 만드는 방편으로 고통스럽고 수욕羞辱을 주는 노동을 감내하였다."[89]

노동은 신앙을 더욱 깊게 하는 행위이다. 노동은 "하나님께 새롭게 헌신하게끔 인도하는 것으로 여겨진다. 하나님께서는 이 세상 안에서 헌신하고, 그 안에서 행하도록 그리스도인을 부르셨다는 것이다."[90] "인간의 모든 노동은 하나님이 보시기에 진정으로 존중할 만한 것이며, 중요한 것으로 여겨질 수 있다. 그 어떤 직업도, 그 어떤 소명도, 너무 비천하고 볼품없어서 하나님의 은총을 받을 수 없다는 말은 성립할 수 없다."[91] 따라서 "인간의 모든 노동은, 설령 그것이 볼품없는 것이라 할지라도 하나님께 영광을 돌릴 수 있다. 한 마디로 말해 노동은 찬양, 그것도 뭔가를 만들어 낼 수 있는 찬양이다."[92]

---

[86] 케네스 보아, 『기독교 영성, 그 열두 스펙트럼』, 268~269.
[87] 앨리스터 맥그라스, 『종교개혁 시대의 영성』, 228. 맥그라스는 가이사랴의 유세비우스Eusebius의 말을 인용하였다.
[88] 앨리스터 맥그라스, 『종교개혁 시대의 영성』, 229.
[89] 앨리스터 맥그라스, 『종교개혁 시대의 영성』, 230.
[90] 앨리스터 맥그라스, 『종교개혁 시대의 영성』, 232.
[91] 앨리스터 맥그라스, 『종교개혁 시대의 영성』, 233.
[92] 앨리스터 맥그라스, 『종교개혁 시대의 영성』, 234.

『1850~1920년대 미국 산업의 노동 윤리』The Work Ethic in Industrial America 1850~1920에는 세속의 노동에 동기를 부여하는 원리를 다음과 같이 서술하고 있다. "노동 윤리의 중심 전제는 노동이 도덕을 추구하는 삶의 핵심이라는 것이었다. 노동은 인간을 희귀성이라는 경제 원리가 지배하는 세상에서 쓸모 있는 존재로 만들었다. 그것은 게으름을 먹고 사는 의심과 유혹에서 벗어나는 것이었으며, 합당한 재부財富와 지위를 얻을 수 있는 길을 열어 주었고, 사람들로 하여금 마음과 숙련된 기능을 물질세계에 새겨 넣게끔 만들었다." [93]

(3) 노동의 사명

막스 베버가 자본주의 속에서 발견한 노동의 윤리는 일상생활의 평범한 노동을 통해서도 최고의 고상한 정신을 구현할 수 있는 루터의 직업 소명 정신과 칼빈의 예정설과 금욕주의 정신이었다. 근대 자본주의의 출현에 대하여 기독교인들이 노동에 대한 소명을 새롭게 하고 이를 하나님의 뜻으로 해석하고 자신의 재화를 소유로 만족하지 않고, 사회를 위한 봉사와 헌신의 수단으로 사용하게 되었다는 베버의 해석은 매우 의미심장하다.

노동에는 단지 육체적 행위로 국한하지 말아야 하는 영적 의미가 담겨 있다. "노동은 하나님께서 은혜로 먼저 베풀어 주신 것에 대한 자연스러운 응답으로, 바로 그 노동을 통해 우리는 감사의 마음을 그분께 표현하고, 동시에 그분이 지으신 세상 속에서 그분을 영화롭게 하며 그분을 섬기는 것이다." [94] 칼빈은 노동을 "하나님이 창조하신 세계와 또 이 세계를

---

[93] 앨리스터 맥그라스, 『종교개혁 시대의 영성』, 235.

통해 하나님을 찬양하고, 그를 긍정하는 영예롭게 영광스러운 도구로, 다른 한편으로는 이 세계에 행복을 더해주는 개념"으로 정의하였다.[95]

휴 라티머는 몸과 영 모두를 위해 음식을 제공하는 분은 하나님이시며, 이 음식을 노동 없이 우리에게 주시는 것은 아니라고 강조하였다. 하나님은 모든 기독교인이 음식을 위해 노동하도록 하셨다. 일을 하면서 생계로 인한 고통을 감수하는 사람들을 하나님은 번영하게 하실 것이다. 그러므로 모든 사람은 소명대로 노동하여야 한다. 왜냐하면 우리의 예수 그리스도도 그렇게 하셨기 때문이다. 즉 이 땅에서 천국의 길을 우리에게 가르치시기 위해 오셨고, 우리를 위해 죽음의 고통을 받으셨다. 이 모든 것은 주님의 수고와 고통 없이 될 수 없었다.

휴 라티머는 우리는 분명 노동해야 하지만, 우리 노동이 마치 생계가 목적인 양 확대 해석해서는 안 된다고 보았다. 왜냐하면 노동을 인간적인 노력으로 하고자 하는 한, 우리는 노동을 통해 진정한 이익을 취하지 못할 것이기 때문이다. 주님이 우리의 노동을 허락하시기에 우리는 주님께 감사해야만 한다. 왜냐하면 주님도 일하시기 때문이다. 예수님도 "내 아버지께서 이제까지 일하시니 나도 일한다(요5:17)"고 말씀하셨다.

노동은 그렇다고 가난한 사람들에게 국한된 것도 아니다. 왜냐하면 우리는 반드시 일하여야 하고 그 일을 통하여 소명을 성취하기 때문이다. 우리는 직접 자기 손으로 수고하고 선한 일을 해야 하며(엡4:28; 살전4:11), 노동하며 기도해야 한다.

우리가 하는 모든 노동이 하나님께 간구하며 행하여질 때, 우리의 생계를 책임지시는 분은 하나님이며, 주님은 우리에게 필요한 것을 공급하

---

[94] 앨리스터 맥그라스, 『종교개혁 시대의 영성』, 235~236.
[95] 앨리스터 맥그라스, 『종교개혁 시대의 영성』, 237. 맥그라스는 비토리오 트란퀼리 Vittorio Tranquilli의 글을 인용하고 있다.

신다는 믿음을 가져야 한다. 비록 우리가 크게 부요하지 않을 수 있으나 우리는 만족하게 된다. 왜냐하면 큰 부자가 되기보다 충분한 생계를 책임지시는 하나님을 믿는 신앙이 더 좋은 것이기 때문이다.[96]

노동의 사명이 수행될 때, 우리는 궁극적으로 하나님으로부터 공급되는 큰 위로를 받을 수 있다. 마음의 불안전한 방황을 부지런히 억누르기 위하여, 그리고 우리의 허약한 지성이 피곤하고 나태하고 지루해지는 것을 극복하기 위하여 매일의 노동은 수도사들에게도 큰 힘이 되었다. 악을 타도하고 던져버리는 데에 있어서 열심 있는 노동은 신앙을 깊게 한다.[97] 특히 육체노동이 영혼의 참회와 결합될 때는 하나님이 가장 잘 받으시는 헌신이 될 수 있다.[98]

필자는 지금까지 교회와 가정의 영성을 살펴보면서, 노동의 축복까지 간략하게 정리하여 보았다. 1장부터 삼위일체에 대한 영성과 인간의 죄와 타락, 고통과 고난, 사랑, 평화, 기도, 믿음과 헌신, 그리고 교회와 가정에 관한 영성을 살펴보았다. 이 모든 영성의 여정은 이제 부활의 중심이신 예수 그리스도를 통하여 영생으로 인도한다. 우리에게 주시는 하나님의 최고 선물인 영생이 있기에, 그리고 우리를 향하신 새 창조의 축복이 있기에 영성의 길은 결코 힘들지만은 않다. 이제 다음 장에서 우리에게 허락하실 '영생에 관한 영성'의 길에 들어서보자.

---

[96] Hugh Latimer, *Sermons*.
[97] Louis of Blois, *A Mirror for Monks*.
[98] John Cassian, *The Twelve Books on the Institutes of the Cœnobia, and the Remedies for the Eight Principal Faults*.

11 부활과 영생의 영성

부활에 대한 진정한 고백은 육체가, 그 실체가 파괴되지 않으면서 영광스럽게 될 것이라고 선포하는 것이다. 육체와 뼈가 없는, 즉 피와 조직이 없는 부활의 실체는 이해할 수 없다. 살과 뼈가 있는 곳에는 피와 조직이 있고, 거기에는 성의 다양성도 있어야만 한다. 성의 다양성이 있는 곳에서 우리는 각자의 이름으로 부활하게 된다.

1. 부활의 영성

부활과 영생에 대한 영성은 우리에게 신앙의 최종 목표이기도 하다. 부활에 대한 올바른 믿음은 예수 그리스도의 죽으심과 우리에게 약속하신 영생에 근거한다. "죽음은 과연 무엇이며, 인류에게 있어 죽음이 주는 중요성이란 무엇인가?"라는 질문은 곧 기독교 신학의 가장 근간이 되는 질문이다.[1] 때때로 이 질문은 모든 사람이 갖고 있는 신념에도 불구하고,

---

[1] '영생'에 대한 신학적 해석은 헤럴드 헤윗Harold Hewitt Jr.의 해석을 인용하였다. The Abingdon Dictionary of Theology (Abingdon Press, 1996), 번역은 『영화 속의 신학과 인권』(감리교신학대학교 출판부, 2008)에서 별도의 재인용 각주 없이 옮겼다. 같은 책, 290~294.

그리고 죽음을 피하고자 최선을 다해 노력함에도 불구하고, 모든 사람의 주의를 사로잡는데, 이는 죽음의 의미에 대한 질문은 불가피하게 삶의 의미를 묻는 질문이 될 수밖에 없기 때문이다. 죽음과 미래의 삶에 대한 질문은 단지 무작위로 일어나는 비극의 소식을 너무 많이 접함으로써 우리를 사로잡게 되는 것인지, 아니면 사랑하는 사람 또는 친구를 참혹하게 잃음으로써, 또는 아마도 가장 직접적으로는 우리가 우리 자신의 죽음을 회피하려는 의도에서 우리의 관심을 끌게 되는 것인지에 상관없이, 죽음과 미래의 삶에 대한 이러한 질문은 우리에게 매우 중요하다.

죽음에 대한 기독교인들의 생각은 몇 가지 상이한 관점을 포함하는 풍부한 역사적 전통에 의존한다. 관습적으로 이러한 전통은 그 뿌리를 고대 히브리 사상에서 찾을 수 있는데, 이 히브리 사상에 따르면, 사람은 하나님께서 창조하시고 보존하시는 자연 질서의 일부분이며, 이는 죽음도 마찬가지이다. 수 세기 동안 히브리인들은 죽음 이후의 생명에 대하여, 하나님께서 생명을 주신 영spirit을 상실한 이후에 '스올Sheol'에 거하는 그림자 같은 존재라고 설명했다. 그리스도 시대에 이르러서는, 유대교 내에도 죽음에 대한 몇 가지 관점이 새롭게 생겨났다. 사두개인들은 죽음을 개인의 소멸과 동일시했고, 바리새인들은 일종의 육체적 부활을 고대했고, 에세네파 사람들은 영혼의 불멸성을 믿었다.

죽음과 영원한 생명에 대하여 생각한 초대 기독교인들은 유대 전통뿐만 아니라, 헬라 문화와 신플라톤주의에 의하여 영향을 받았다. 플라톤의 세계관에 따르면, 영혼soul과 육체body는 태어나면서부터 결합된, 그러나 분리될 수 있는 실체이다. 영혼은 영원불변하며, 육체는 일시적이고 변질되기 쉽다. 초대 기독교인들은 죽음 이후의 삶이 바리새인들처럼, 육체의 부활을 의미한다고 생각하는 것과 육체로부터 영혼이 분리되는 것으로 보는 생각 사이에서 고민했다.

영생의 주제에 대한 근래의 신학적 성찰은 전통적 개념을 인정하면서도, 그러한 개념을 새롭게 발전된 문화적, 역사적, 이론적 소산에 비추어 분석하는 경향이 있다. 기독교 신학에 대하여 최근 제기되는 가장 중요한 도전 중 하나는 세계의 종교들 간의 만남과 각 종교 간의 서로 상충된 진리관에 대한 해석의 문제였다. 존 힉John Hick은 기독교부터 불교, 힌두교에 이르기까지, 다양한 종교 전통에서 이끌어낸 신학적 설명을 통해 영생의 개념에 대하여 구체적으로 연구했다. 힉에게 하나님은 처음부터 끝까지 사랑의 하나님이며, 그가 각 사람이 태어난 역사적 환경에 관계없이, 모든 인류의 구원을 위해 정확하게 온 우주를 창조한 분이다. 죽음과 영생에 있어서, 힉은 죽음 이후의 삶을 일종의 과정, 즉 사람들이 점차 하나님의 공동체로 들어가게 되는 과정으로 설명하는데, 즉 처음에는 사후의 해체 단계에 들어가고, 그 이후에는 결합 단계에 이르며, 마침내 영원히 하나님과 직접 소통하게 된다. 비록 힉의 연구는 순수하게 종교 간 연구라고 보기에는 서구의 신 개념을 의존하고 있다는 점에서 많은 비판을 받아왔음에도 불구하고, 그의 연구는 죽음과 영생에 대한 전 지구적 신학을 이끌어 내기 위한 중요한 한 단계를 보여준다.

죽음과 영생의 문제에 주목하게 된, 또 다른 최근의 신학적 움직임은 과정신학이다. 과정신학은 하나님을 창조 세계의 동반자로 보는데, 과정신학의 하나님은 창조 과정을 도와주시지만, 절대적으로 창조 과정을 지배하시지는 않는다. 주로 화이트헤드(A. N. Whitehead)의 형이상학적 철학에 근거하기 때문에, 과정신학에 있어서 각 개인은 평생 단독으로 존재하는 하나의 실체로서가 아니라, 일련의 연속적 순간의 과정을 따라 '끊임없이 소멸해가며', 그리고 '재창조되는 자아'로서 간주된다. 과정사상은 구원의 드라마 형태로 간주되는 역사에 있어서, 신자들은 하늘로 올라가고, 저주받은 자들은 지옥으로 떨어진다는 식의 선험적 결정론의 종국이 있다는 것을 인정하지 않는다. 오히려 역사는 하나님과 온 우주가 이루어 가는 끝없는 상호 창조의 과정이다.

과정 사상의 관점에서, 철학적 신학자 찰스 호치슨Charles Hodgson은 죽음을 한 개인의 삶에 있어서 분명한 최후의 사건으로 간주하며, 육체의 부활이나 불멸의 영혼과 같은 개념을 거부한다. 호치슨에게 있어, '영원한 생명'이란 하나님께서 창조를 구성하는 일련의 모든 사건을 통틀어 우리를 완벽히 아시고 기억하시는 것이다. 다른 과정 신학자들은 다양한 방식으로 죽음 이후 개인의 삶에 대하여 논증해왔는데, 적어도 오늘날에는 이 중요한 문제에 대하여 과정학자들 사이에 그 어떤 합의점이 있는 것 같지는 않다.

로마 가톨릭 신학은 죽음에 이르렀을 때, 영혼이 육체로부터 분리된다는 생각을 오랫동안 고수했다. 20세기 가장 창조적인 로마 가톨릭 신학자 중 한 사람인 칼 라너Karl Rahner에게, 죽음은 한 개인의 삶에 있어서, 그의 삶이 완전히 확증되는 중심점이었다. 죽음은 개인 존재의 종말일 뿐 아니라, 개인 존재의 요체要諦, summation이며 완성이다. 죽음에 이를 때, 영혼은 한 개인의 육체에서 분리되어, 자연의, 그리고 온 우주의 질서와 결합한다. 라너는 영혼의 영원한 생명을 온 우주와 밀접하게 관계된 영속적인 개별적 정체성의 생명으로 간주한다.

칼 라너는 역사와 구원은 함께 결합된 것으로서, 일부 기독교인들이 그리스도께서 이 세상을 심판하기 위해 돌아올 시간으로 예견했던 '종말의 때'와 같은 대변동의 사건으로 분열되지 않는다고 보았다. 라너는 그리스도의 죽음이란 근본적으로 하나님의 구원 사건이라고 이해하는데, 그리스도는 자신의 죽음을 통해 온 우주와 전체적으로 결합되며, 그럼으로써 온 우주를 구원했다는 것이다. 마찬가지로, 라너는 우리 각자가 죽음에 이르러, 우리 영혼이 온 우주와 결합될 때에, 우리가 일생 동안 이루었던 업적이 마침내 현실에 이바지하게 됨을 믿는다.

　마지막으로, 오늘날 해방 신학자들은 '죽음 이후의 삶'에 대한 약속이 사회의 억압 구조와 어떻게 연관되었는지 밝혀내야 한다고 주장하고 있다. 라틴 아메리카 해방 신학자들 중 한 사람인 미란다Jose Porfirio Miranda는 교회의 죽음과 영생에 관한 관점이 기독교인들로 하여금 이 세계의 불의와 부정의로부터 관심을 멀리하도록 하고, 각 개인들이 죽음을 단지 이 땅에서만 이루어지는 세속적인 투쟁으로 보도록 오도하고 있다고 비판한다. 대신에 미란다는 올바른 죽음관은 이 땅으로부터 분리되는 해방이 아니라, 오로지 역사 안에서만 궁극적으로 성취될 수 있는 '정의justice'라고 이해하였다. 또한 흑인 신학자 중에 한 사람인 제임스 콘James Cone은 죽음과 내세에 대한 믿음은 오히려 현재의 역사적 세계 질서에 도전한다고 주장하였다. 콘에게서 죽음은 사람들이 억압과 부정의에 대항하기 위해 죽음의 위험을 감수할 때에 의미를 가지는 것이다. 콘은 내세의 본질에 대하여 너무 깊이 사색하려는 경향을 거부하면서도 내세에 대한 믿음을 확증함으로써 기독교의 신앙과의 연속성을 유지하려고 노력하였다.

　결국, 기독교 신학자들은 이렇게 다양한 방식으로 부활을 설명함으로써 모든 기독교인들이 부활의 첫 열매라는 기독교의 독특한 성서관을 재해석하는 한편, 죽음이라는 인간의 근본적인 경험을 심도 있게 다루고 있다.[2] 이제 부활의 중심 예수 그리스도에 대한 영성을 살펴보자.

---

[2] 지금까지 Harold Hewitt Jr.의 글을 옮겼다.

2. 부활의 중심 예수 그리스도

예수 그리스도의 부활을 통하여 우리는 하나님을 갈보리산 위에서도 계시고, 지금도 우리의 구원을 위하여 일하시는 분으로 믿게 되었다. 하나님은 인류의 구원을 이루시며, 예수 그리스도가 하나님의 아들이시요 구주이심을 확증하시는 분으로 계시된 것이다.[3]

예수 그리스도의 부활은 십자가의 참혹한 현장 뒤에서 하나님은 여전히 일하고 계셨음을 알게 된다. "그리스도의 부활은 인간의 경험이 내린 판단이 실제로 얼마나 신뢰할 수 없는지 잘 보여주는 것이다."[4] 하나님의 진정한 아들이 영생이며 부활이다. 영생이란 유일하신 하나님과 그가 보낸 분, 즉 예수 그리스도를 믿는 것이다.[5]

예수 그리스도는 우리에게 주님이 부활하신 것처럼 동일한 방식으로 부활해야만 한다는 희망을 주셨다. 즉, 우리는 주님이 죽음에서 부활했던 것과 동일한 방식과 과정을 통하여 하나님의 영광에 참여하게 될 것이다.[6] 주님의 부활은 "하나님께서 약속하신 것들을 믿는 것이 경험이나 이성을 압도한다는 것을 잘 보여주는 경우였다. 우리는 적절치 못한 우리의 인식보다는, 하나님을 하나님으로 인정하고 그분의 약속을 신뢰해야만 한다."[7]

부활을 믿는 과정에는 주님이 십자가에 달려 돌아가신 성 금요일의 고통이 있었듯이, 신앙인에게 두려움이 존재할 수 있다. 고통에 대한 두

---

[3] 앨리스터 맥그라스, 『종교개혁 시대의 영성』, 117.
[4] 앨리스터 맥그라스, 『종교개혁 시대의 영성』, 118.
[5] St. Hilary of Poitiers, *Homilies on Psalms*.
[6] Tyrannius Rufinus, *The Apology, A Commentary on the Apostles' Creed*.
[7] 앨리스터 맥그라스, 『종교개혁 시대의 영성』, 121.

려움이 있었지만, 중요한 것은 그리스도가 부활하셔서 그러한 의심을 깨뜨리셨다는 것이다. 우리의 현재 경험은 마치 성금요일의 그러한 두려움과 같다. "하나님은 분명히 계시지도 아니하고 일하시지도 않는 분처럼 보일 수도 있다. 그러나 사실은 하나님이 모습을 감추셨을 뿐 변함없이 거기에 서 계시는 것이다."[8]

예수 그리스도의 부활은 우리 부활의 모형으로서 네 가지 특징을 가진다. 첫째는 예수그리스도는 셋째 날 부활하셨지만, 우리는 마지막 날 부활로 연기되어졌다. 둘째, 우리는 주님에 의하여 부활되지만, 예수님은 스스로 부활하셨다. 셋째, 우리는 흙과 먼지로 돌아간 후 부활하지만, 주님의 몸은 재로 되돌아가지 아니하셨다. 넷째, 주님은 당신의 부활을 기념하여 성례전의 거룩한 예배를 허락하셨다.[9]

예수 그리스도의 부활을 통하여 하나님의 나라는 우리 앞에 있음에도 인간들은 이성의 빛을 잃었고, 주님께 영광을 돌리지 않았으며, 마치 눈먼 사람처럼 불의를 행하여 그분을 수치와 학대로 십자가의 죽음에 이르게 하였다.[10] 그러나 주님은 영생을 허락하셔서 그때는 현재와 같은 낮과 밤은 없고, 영원한 빛, 무한한 밝음, 지속적인 평화와 안위를 주실 것이다.[11]

---

[8] 앨리스터 맥그라스, 『종교개혁 시대의 영성』, 120. 맥그라스는 부활에 대한 설명에 있어서 종교개혁자 마틴 루터를 예를 들고 있다.
[9] Jacobus de Voragine, *The Golden Legend*.
[10] St. Catherine of Siena, *The Dialogue of Saint Catherine of Siena*.
[11] Thomas à Kempis, *THE IMITATION OF CHRIST*.

3. 부활

바울은 죽은 자의 부활을 말한 것이 아니라 죽은 자 가운데서 부활하는 것, 즉 의로운 자의 부활에 대해 말했다(눅20:35 참조, 바울이 사용한 단어의 의미는 '부활하여 나오는'이고, 이것은 신약에 단 한 번 나온다).[12]

우리는 죽음과 부활에 대하여 절대로 다음과 같이 말해서는 안 된다고 크리소스톰St. John Chrysostom은 강조하였다. "죽음을 용감하게 견디어 내라, 왜냐하면 이미 벌어진 일을 되돌리는 것은 불가능하기 때문이다." 그러나 그는 오히려 다음과 같이 말해야만 한다고 주장하였다. "죽음을 용감하게 견디어 내라. 왜냐하면 우리는 반드시 다시 일어날 것이다. 죽은 자들은 잠자고 있는 것이지 죽은 것이 아니다. 그들은 쉬고 있는 것이지, 죽은 것이 아니다. 왜냐하면 부활은 우리의 마지막 운명이고, 영생으로 인도한다." [13]

예수님이 하나님께 드린 기도에서 주님은 "영생은 곧 유일하신 참 하나님과 그의 보내신 자 예수 그리스도를 아는 것이니이다(요17:3)"라고 말씀하셨다. 이 앎은 명제적이고 신학적인 것일 뿐만 아니라 또한 개인적이고 헌신적인 것을 말한다. 영생은 하나님을 경험적으로 아는 것이며, 그것은 사람이 그리스도를 신뢰하고 용서와 새 삶을 선물로 받을 때 생겨나는 성장의 과정도 포함한다. 사람이 가질 수 있는 최고의 보물은 모든 피조물의 주가 되시는 살아계신 그분과 더불어 갈수록 친밀해지는 관계이다.[14]

다마스커스의 성 요한St. John of Damascus은 성도는 죽은 자의 부활을 의심치

---

[12] 케네스 보아, 『기독교 영성, 그 열두 스펙트럼』, 249.
[13] St. John Chrysostom, *Homilies on the Gospel of Saint Matthew.*
[14] 케네스 보아, 『기독교 영성, 그 열두 스펙트럼』, 521.

말고 믿어야 함을 강조하였다. 왜냐하면 죽은 자의 부활은 반드시 있을 것이기 때문이다. 부활이라 함은 몸의 부활을 의미한다. 부활은 죽었던 후 일어나는 인간의 두 번째 상태이기 때문이다. 만약 죽음을 영혼과 육체의 분리라고 정의한다면, 부활이란 분명 영혼과 육체의 재 연합이고 해체와 죽음으로 고통 받았던 피조물이 다시 살아나는 두 번째 상태이기 때문이다. 부패되고 해체되었던 것은 육체지만 부패되지 않게 다시 부활로 살아날 수 있는 것은 전적인 하나님의 능력이다. 하나님은 이 땅의 흙으로 인간의 몸을 만드셨기 때문에 육체가 썩어서 땅으로 돌아간 후에도 다시 그 흙으로 인간을 살리실 수 있다. 성 요한은 주님의 부활도 육체와 영의 연합이라는 사실은 분명하다고 확신하였다. 왜냐하면 육체와 영은 분리되어 있었기 때문이다. 주님은 말씀하시기를 "너희가 이 성전을 헐라 내가 사흘 동안에 일으키리라(요2:19)"고 하셨다. 주님은 육체의 죽음을 이기시고 두 번째 새 창조를 우리에게 보여주신 것이다.[15]

　이와 같은 성 요한의 육체와 영혼의 부활은 이원론적인 것이 아니라, 육체와 영 모두 하나님의 창조에 의하여 지배된다는 점에 있다. 필자가 부활에 관한 영성에서 깨달은 것은 육체의 죽음은 그것으로 소멸되고 끝나는 것이 아니라, 영과의 합일을 통하여 부활하여 하나님의 거룩한 도구로서 쓰임을 받는다는 점이다. 육체의 죽음과 부활은 인간의 영생에 대한 소망을 주목하게 하지만, 더 중요한 것은 부활 후에도 인간은 육체를 가진 하나님의 피조물이라는 사실이다. 부활 후에도 인간은 인간이며, 하나님은 하나님이시다. 비록 영원한 영생으로 인간이 초대받는다 할지라도 그것은 하나님과 같이 되는 것은 아니기 때문이다.

　몸의 부활은 "썩을 것으로 심고 썩지 아니할 것으로 다시 살아나며

---

[15] St. John of Damascus, *Exposition of the Orthodox Faith*.

욕된 것으로 심고 영광스러운 것으로 다시 살아나며 약한 것으로 심고 강한 것으로 다시 살아나며 육의 몸으로 심고 신령한 몸으로 다시 살아나나니 육의 몸이 있은즉 또 영의 몸도 있느니라(고전15:42-44)."라는 말씀처럼, 하나님의 능력으로 우리가 새 몸을 입는 것이다. 그러나 그 '영의 몸'도 하나님이 지으신 피조물이다. 흙에 속한자의 형상으로 살다가 하늘에 속한자의 형상을 입게 하신 분은 하나님이시다. 하나님은 예수 그리스도를 통하여 우리도 육체처럼 썩지 아니할 것으로 다시 살 수 있도록 축복하여 주신 것이다.

따라서 우리는 육체로 살지만, 우리 몸을 하나님이 기뻐하시는 거룩한 산 제물로 드려야 한다(롬12:1) 육체는 영혼이 하나님을 사랑하도록 돕는데, 아플 때조차도, 죽었을 때조차도, 무엇보다도 죽음에서 다시 부활했을 때조차도 그러하다. 왜냐하면 질병은 회개하도록 도와주고, 죽음은 휴식으로 들어가는 문이고, 부활은 육체를 완성시킨다. 따라서 영혼은 육체 없이 완벽하지 않으며, 육체는 모든 조건에서 영혼을 선하게 하는 데에 필요하게 쓰임을 받는다.[16]

부활을 통하여 하나님이 뜻하시는 것은 "타락한 인간의 지위를 최종적이고 극적으로 바로 잡은 것이다. 죄로 말미암아 낡고 더럽혀진 것이 그것을 만드셨던 창조주로 말미암아 질서를 회복하고 새롭게 만들어진다."[17] 부활은 주님의 심판과 더불어 우리에게 매우 중요하다. 하나님의 말씀을 지키는 자는 하나님의 나라에서 영광을 받게 될 것이며, 부활을 통하여 이 약속이 이루어진다.[18] 우리에게 약속된 부활은 본질적으로 죽지 않는 영에 관한 것이 아니고, 죽음을 면할 수 없는 육체에

---

[16] St. Bernard of Clairvaux, *On Loving God.*
[17] 앨리스터 맥그라스,『종교개혁 시대의 영성』, 205.
[18] *The Epistle of Barnabas.*

관한 것이다.[19]

  부활은 다름 아닌 우리의 본성을 본래의 형태로 재구성하는 것이다.[20] 부활을 통하여 영생으로 나아감으로써 우리는 더 이상 하나님과 분리되지 않고 하나님과의 연합을 이루는 것이다.[21] 부활이란 쓰러진 자가 다시 일어나고, 죽었던 자가 다시 살아야만 하는 것이다. 축복받은 삶은 현재의 결실이고, 영생은 미래의 희망이다. 왜냐하면 영이 있는 곳에 영생이 있기 때문이다.

  부활에 대한 진정한 고백은 육체가, 그 실체가 파괴되지 않으면서 영광스럽게 될 것이라고 선포하는 것이다. 육체와 뼈가 없는, 즉 피와 조직이 없는 부활의 실체는 이해할 수 없다. 살과 뼈가 있는 곳에는 피와 조직이 있고, 거기에는 성의 다양성도 있어야만 한다. 성의 다양성이 있는 곳에서 우리는 각자의 이름으로 부활하게 된다.[22]

  그리고 몸의 부활이 발생했을 때, 시간이라는 조건에서 해방되어, 우리는 부패됨 없이 말로 표현할 수 없는 사랑과 확신으로 타락함 없이, 영생을 완벽하게 즐긴다. "죄의 삯은 사망이요 하나님의 은사는 그리스도 예수 우리 주 안에 있는 영생이니라(롬6:23)."[23]

4. 하나님의 최후 선물 영생

---

[19] St. Irenaeus, *Against Heresies*.
[20] Gregory of Nyssa, *Dogmatic Treatises, etc.*
[21] Gregory of Nyssa, *Dogmatic Treatises, etc.*
[22] St. Jerome, *The Letters of St. Jerome*.
[23] St. Augustine, *On the Holy Trinity; Doctrinal Treatises; Moral Treatises*.

영생은 궁극적이고 완벽하며 미래의 행복이다. 한편 현재 우리 삶의 열매는 완벽하지 않으며 궁극적인 행복도 아니다. 하나님은 인간의 본질이 최후로는 영생에 이를 수 있도록 계획하셨는데, 이것은 인간 자신의 힘이 아니라 전적인 하나님의 은총이다.[24]

영생은 끝없는 행복이 있는 곳에 있는 삶이다. 왜냐하면 영혼이 심판을 받게 될 때, 한 쪽은 영원한 복으로, 그리고 다른 쪽은 영원한 죽음으로 결정되기 때문이다. 죽음이 더 이상 죽을 수 없을 때, 이보다 더 크고 나쁜 죽음이란 없다. 영원한 심판은 계속 지속되는 심판인 반면, 영생은 끝이 없는 삶이다.[25]

바실레아 슐링크Basilea Schlink는 말하기를, "천국의 첫 번째 특징은 통회와 회개에서 나오는 넘치는 기쁨이다. 통회의 눈물은 아무리 굳은 마음이라도 부드럽게 한다."고 했다.[26]

영생이 있는 천국의 특징은 바로 온전한 공동체를 이루는 데에 있다. "공동체에 대한 최고의 위협이 자기중심주의라면, 공동체를 세우는 핵심은 타인중심주의다. 지옥은 바로 자기중심주의와 분리주의일 것이다. 왜냐하면 천국은 타인중심주의와 관계적이기 때문이다."[27] 존 화이트John White는 다음과 같이 말한다. "우리가 자꾸만 천국의 보물보다 이 땅을 더 좋아하는 이유는 믿음이 부족하기 때문이다. 우리가 진정으로 천상의 보물이 있다는 것을 믿는다면, 우리 중 어느 누가 이 땅에서 금을 사려고 하는 바보짓을 하겠는가? 우리는 믿지 않고 있다. 천국은 우리에게 꿈이요, 우리가 정통이라는 것을 확인시켜주는 종교적 몽상일 뿐이다. 만약

---

[24] St. Thomas Aquinas, *Summa Theologie*.
[25] St. Augustine, *City of God and Christian Doctrine*.
[26] 리처드 포스터, 『리처드 포스터의 '기도'』, 59.
[27] 케네스 보아, 『기독교 영성, 그 열두 스펙트럼』, 473.

사람들이 천국의 존재를 믿는다면, 사람들은 그곳의 영원한 처소를 준비하는 데에 시간을 사용할 것이다. 그러나 아무도 그렇게 하지 않는다."[28]

이제 천국은 세상 전체에 있다. 하늘과 땅이 하나님의 통치 하에 있다. 이 세상의 제국과 왕과 황금과 그 아무리 좋은 것이라도 이 모든 것은 만들어진 것에 불과하다. "오직 그분만이 올바른 왕이다. 오직 그에게 하늘과 땅의 모든 피조물이 순종하고, 그의 위대함에 무릎을 꿇을 것이다."[29]

이제 우리는 부활과 영생의 영성으로 충만하여 다음과 같이 고백할 수 있다.

하나님의 약속은 영원하다(창9:16).
하나님은 영원히 우리의 하나님이 되신다(창17:7).
하나님은 우리의 영원한 안식처가 되신다(신33:27).
하나님은 우리의 영원한 기업이 되신다(대상28:8).
하나님은 우리의 영원한 감사를 받으신다(시30:12).
하나님은 우리의 생명을 주관하신다(시48:14).
하나님의 인자는 영원하다(시136:26).
하나님의 말씀은 영원하다(사40:8).
하나님의 구원은 영원하다(사51:8).
하나님의 사랑으로 우리는 영원히 수치를 당하지 않는다(욜2:26).
하나님은 영원히 찬송을 받으실 분이시다(롬9:5).
하나님은 영원히 영광을 받으실 분이시다(롬16:27).
하나님은 우리에게 당신의 뜻대로 선한 일을 하시게 하는 분이시다

---

[28] 케네스 보아, 『기독교 영성, 그 열두 스펙트럼』, 514.
[29] Hugh Latimer, *Sermons*.

(히13:21).

   하나님의 권능은 영원하시다(벧전5:11).

   하나님의 뜻을 행하는 자는 영원히 거한다(요일2:17).

   하나님은 영원히 생명과 죽음을 주관하시는 분이시다(계1:18).

   하나님은 영원히 우리의 왕이 되신다(계11:15). 아멘

결론

현대 기독교 윤리학이 처한 위기는 인간이 하나님 앞에서의 진정한 '자기 부정'에 이르지 못하고 '자기 부정'이 자기 긍정으로 너무 쉽게 바뀌는 허위의식과 자기기만의 문제와 연관되어 있다고 본다. 하나님 앞에서 자신의 부정은 결코 자신의 긍정으로 정당화될 수 없다는 것, 그리고 긍정이 이루어진다 할지라도 그것은 자신의 부정을 통해 하나님의 절대적 은총을 받아들이는 것이지, 긍정을 스스로 부과할 수 없다는 사실을 직시해야 한다. 그리고 이와 같은 자신의 부정은 개별적 사안이 아니라 공동체적으로 수행돼야 하는 하나님의 총체적인 구원 행위와 연관되어야 한다.

에른스트 블로흐Ernst Bloch는 인간은 '미완성의 존재'이지만, 『희망의 원리』Das Prinzip Hoffnung를 통하여 가능성의 존재가 될 수 있다고 주장하였다. 그는 특히 '꿈'을 '밤 꿈'과 '낮 꿈'으로 나누어 독특한 이론을 정립하였다.[1] 보통 의식하지 못한 것이 밤 꿈을 통하여 드러난다는 프로이드의 이론은 인간의 억압된 욕망에 대하여 적절한 해석으로 여겨진다. 프로이

---

[1] Ernst Bloch, *Das Prinzip Hoffnung* (『희망의 원리』, 박설호 역, 열린책들, 2004), 1권.

드에 따르면, 꿈에 나타나는 다양한 상징들은 현실에서 이루어지지 못한 욕구가 무의식적으로 왜곡한 이미지일 뿐이다.

블로흐는 프로이드의 '밤 꿈'이 아닌, '낮 꿈'을 강조함으로써 '유토피아'가 출현하는 '희망'을 말하고 있다. 프로이드의 '밤 꿈'이 '더 이상-의식되지 않는- 것'인 과거에 국한 된다면, 블로흐의 '낮 꿈'은 '아직-의식되지 않은- 것'인 미래를 지향한다. 이 '낮 꿈'을 통하여 인간은 자아의 자유를 신장하며, 자신을 둘러싸고 있는 세계와 타자에 대하여 관심을 가지며, 이를 위하여 독창성과 창조력이 발현된다.

필자는 기독교의 영성을 프로이드가 종교현상을 신경증으로 평가한 것을 넘어서는 인간의 자유와 해방을 위한 진정한 희망의 가능성으로 본다. 그 희망은 인간적인 것이 아니라 신적인 것이다. 이는 인간에게 스스로 행복을 성취하는 신적 권능이 있다는 뜻이 아니라 하나님의 은총에 의한 '불가능의 가능성'을 의미하는 것이다. 즉 인간적으로는 불가능하지만 신의 도우심으로 가능하다는 뜻이다.

필자는 이 책을 통하여 기독교의 초기 영성과 이에 대한 현대적 관점을 연구하면서, 삼위일체를 그 출발점으로 삼았다. 이는 영성을 신학적으로 재구성하기 위한 목적이 아니라 하나님의 창조 영역에서 '삼위일체의 흔적vestigia trinitatis'을 찾기 위한 것이었다. 인간의 세상 속에서 우리는 육체적인 한계와 이를 둘러싼 정치와 경제적 제한 속에서 허덕이며 살고 있다. 원죄의 타락에서 자유할 수 없는 영혼의 절망과 육체의 사회적 환경에서 안정을 취할 수 없는 이중적인 고통에 인간은 처하여 있다.

그러나 우리는 하나님의 형상imago trinitatis에 따라 지음 받은 존재로서 세상 속에서 하나님의 '사회적인 형상'을 발견하며 참된 위로를 받는다. 이것은 예수 그리스도가 이 땅에 오셔서 우리를 위하여 죄를 대속하시고 부활하심으로써 새 생명을 약속하신 말씀에 근거한다. 이전 것은 지나가고 하나님의 형상대로 지음을 받은 우리는 새 피조물로서 새로운 자아로 거듭난다(골3:10; 고후5:17). 이때 새 사람은 하나님과의 존재적인 유비가 아니라 관계적인 유비로서 하나님과 인격적인 관계를 가지며, 이 세상에서 새로운 존재로 살아가는 것이다.

인간은 공동체와 세계 안에서 삼위일체의 형상을 따라서 하나님을 닮도록 초대받았다. "하나님의 본성이나 본질은 상호 인격적 과정, 즉 타자에 대한 인식이나 사랑을 통하여 영속적인 성장을 하며, 위격들 자체가 사회적 과정에 있는 신적 공동체를 구성"하는 근거가 될 수 있다.[2] 이러한 삼위일체론의 신학적 토대는 우리가 추구하여야 할 '영성신학'의 이론적 근거가 될 수 있다고 본다.

삼위일체 하나님의 형상을 발견하여 나갈 때, 우리는 예수 그리스도의 계시를 통하여 하나님의 사랑이 십자가라는 고통을 통하여 이루어졌음을 믿는다. 이 점은 영성과 기독교 윤리의 접촉점이며, 기독교 윤리가 단지 형이상학이나 관념론과 같은 사상이 아니라, 실제 역사 속에서 형성된 실재reality에 근거하는 것이다. 인간의 죄를 위하여 십자가에 달리신 예수 그리스도의 실재는 '계시된 도덕revealed morality'이 아니라, '계시된 실재revealed reality'이다. 인간의 관점에서 스스로 도덕적 질문을 통하여 무엇이 선good한 것인지 묻는 것이 아니라, 이 땅에 오셔서 피 흘리고 돌아가신 예수 그리스도의 삶 자체가 우리 앞에 있는 실재인 것이다. 기독교의 영성은 예수 그리스도의 십자가를 통하여 그 본질에 다다를 수 있다.

이 십자가의 은총을 드러내는 삼위일체의 진리는 하나님의 말씀을 통하여 확증되며, 성경은 하나님의 실재에 대하여 증언한다. 성경은 하나

---

[2] John J. O'Donnel, 『삼위일체 하느님의 신비』(박종구 역, 가톨릭출판사, 2008), 176. 같은 책 재인용. 참고) 요셉 브라켄Joseph Bracken, 『삼위일체의 상징 : 위격, 발출과 공동체. The Triune Symbol : Persons, Process and Community』

님의 실재를 담고 있으며, 기독교 초기 영성을 통하여 우리는 '성경적 실재론biblical realism'을 확인할 수 있었다. 이 성경적 실재론은 영성가들을 통하여 예외 없이 다음의 내용을 증언한다. 즉, 하나님은 세상을 창조하시고 인간의 타락에도 불구하고 당신의 사랑을 보여주시려고 성자로 오셔서 십자가를 지셨으며, 그리고 성령의 진리로 우리를 믿음의 세계로 인도하신 것이다. 그리고 우리는 하나님의 백성으로서 예수 그리스도의 제자가 되어 세상을 변화시키는 것이다.

삼위일체에 근거한 영성은 십자가와 성경의 진리에 근거하여 우리로 하여금 진정한 공동체가 무엇인지 깨닫게 해준다. 공동체가 지향하는 것은 궁극적으로 예수 그리스도를 통하여 우리에게 약속하신 '하나님의 나라'이다. 하나님의 나라를 위한 임시적인 공동체인 교회 안에서 우리는 훈련받는다. 예배를 통한 말씀과 성례전, 그리고 세례의 공동체를 통하여 우리는 진리를 확장하며 세상으로 나아간다. 삼위일체의 신비 안에 나타난 하나님의 연합과 일치는 우리에게 신앙의 모형이 되며, 우리도 서로를 위하여 자신을 비우며, 십자가에서 달려 돌아가시고 부활하신 예수 그리스도의 사랑을 실천한다. 이때 사랑은 인간적인 노력으로 성취할 수 있는 것이 아니라, 하나님이 우리를 위하여 보여주신 사랑과 돌보심에 근거한 은총으로 가능한 것이다.

기독교의 초기 영성에는 위에서 지적한 바와 같이, 삼위일체에 근거한 신앙의 흐름이 분명하게 나타나고 있다. 예수 그리스도의 성육신에 근거한 믿음은 죄악과 용서에 대한 영성으로 흐르게 된다. 인간의 원죄와 타락에 대한 이해에 근거하여 이 땅의 고난과 고통을 감수하며 용서의 은총 안에서 하나님을 찬양하게 된다.

필자가 초기 기독교 영성운동에 대한 연구는 다음과 같은 결론에 이르렀다. 전체적으로 인간의 죄와 악에 대한 긴장과 이를 극복하려는 영성이 간구되지만, 육과 영을 이분법적으로 해석하기 보다는 '한 몸'을 구성하여 하나님을 기쁘시게 하는 거룩한 도구로 이해하고 있다. 용서 받은 죄인은 자신을 온전히 하나님께 드림으로써 가정과 노동, 그리고 교회 공동체를 통하여 하나님이 받으실 만한 거룩한 삶을 사는 것이다. 이 영적인 삶은 단순히 내면적인 영적 각성에 끝나지 아니하며, 세상에서 평화를 일구고 자신을 드려 헌신한다.

사실 영육의 이원론은 삼위일체에서 이미 극복된 것이다. 인간을 구원하려고 오신 하나님은 육체로 이 땅에 오셨다. 육의 몸으로 오셨지만, 죄를 짓지 아니하시고, 모든 시험과 고난을 이기시고 부활하셨다. 그 부활은 육체의 부활로서 우리가 장차 부활할 때의 모형이 된다. 이것이 기독교 영성이 지향하는 믿음이며 변화이고 부활의 열매되신 주님이 약속하신 영생으로 나아가는 길이다.

이 책 1장 '삼위일체'에서도 언급하였듯이, 기독교 신학은 일원론과 이원론의 긴장관계 속에서 이 세상의 문제를 설명하여 왔다고 해석할 수 있다. 일원론은 이 세상이 하나님의 통치하에 있으며, 인간은 선한 지혜를 가지고 분명한 목적과 의무를 담당하게 된다. 한편 이원론은 인간은 죄의 노예가 되어서 선하게 살 수 없으며, 오로지 하나님의 개입과 은총에 의하여서만 올바른 목적을 가지게 된다.

그러나 일원론은 신의 주권 아래 있는 세계관을 통전적으로 이해할 수 있는 인식론적인 틀을 형성하지만, 죽음이나 자연재해, 그리고 전쟁과 같은 불가항력적인 문제에 대하여서는 하나님의 뜻에 돌리는 운명론에 빠지게 된다. 한편, 이원론은 이 세계와 초월의 영역인 저 세상을 구분하며 해결하지 못하는 이 땅의 문제는 하나님이 개입하셔야 해결되기 때문에 그 해답은 초월의 영역으로 돌려버린다.

운명론에 빠지거나 아니면 초월의 영역으로 신앙의 문제를 돌리게 되더라도 결국 최종적인 답은 비슷하다. 마지막에 이 모든 책임은 결국 우리 앞에 그대로 놓여있는 '해결하여야 할 과제'인 것이다. 최종 행위의 주체는 인간이 되기 때문에 운명론의 경우는 '인간 이성'이 마지막 행위의 잣대가 되며, 초월의 영역에 맡긴 인간은 결국 내면화된 자신의 '신앙양심'에 따라 행동하게 된다.

결과론적인 것이지만, 하나님이 주신 이성의 지혜 아래 일원론적인 세계관에서는 인간은 책임의 주체가 되지만, 스스로 자신의 이성과 신적 이성의 구분이 모호하게 되며, 인간적 이성이 신적 지혜의 재가를 받으며, 그 이성이 절대화하므로 신앙은 자칫하면 경직되며 종교적인 가치는 율법적이며 제도적이 될 수 있다. 반면 이 땅의 문제를 초월의 영역으로부터 해결하려는 시도는 최종 보루가 내면적인 신앙이기 때문에 신앙의 판단과 책임이 개인의 양심 문제로 후퇴할 수 있다.

이렇게 되면 이성의 빛 아래 있는 신앙이나 은총 아래 있는 믿음체계는 엄밀하게 말해서 큰 차이가 없다. 종교개혁자들은 은총은 인간들에게 '주입되는infused' 것이 아니라, 은사로서 외부에서 인간들에게 부여되는 imparted 것임을 강조하였다. 가톨릭처럼 은총이 주입되면 하나님의 전권이 강조되지만, 자칫 인간 이성이 주입된 하나님의 지혜와 구분하기 힘들게 된다. 신정통주의 신학자들이 지적한 관념론의 문제가 바로 이 점에서 대두되는 것이다. 즉 주입된 하나님의 신적 지혜와 나의 믿음이 작동하는 신앙체계 안에서 어디서부터 하나님의 은총이며 어디서부터 인간 이성인지 모호하게 되는 것이다. '주입된' 은총은 절대적이기 때문에 만일 이것이 교회제도나 성직제도와 만나면, 자칫 절대교권이나 무소부위의 성직 권력으로 변질될 수 있다.

반면 개신교는 비록 은총은 믿음으로 받는 것이지만, 하나님을 감화시키기 위하여 예수님의 전적인 대속의 은총 외에는 또 다른 희생에 의존하지 않음을 강조하였다. 본질적으로, 은총을 경험하는 사람들은 은총의 효용성을 선포하고, 그 은총을 다른 사람들에게 전파하는 대리자agent가 됨을 깨닫는다. 그러나 개신교 또한 인간들에게 부여되는 은총이 자칫 개인구원으로 흐르게 될 때, 믿음은 사적인 영역에 머무르게 될 수 있다.

필자의 관점에서 현 개신교윤리의 가장 심각한 문제는 '은총의 사사화privatization of grace'에 대한 것이다. 즉 하나님의 은총은 위에서 언급한 삼위일체의 모델을 통하여 십자가의 구속과 유기적인 교회 공동체를 통한 세례와 성만찬 공동체로 나아가야 함에도 불구하고, '십자가가 없는 교회', '회개가 없는 축복', 그리고 '개인구원만을 위한 은총'만이 강조되는 것이다. 더군다나 하나님 앞에 나아가는 '만인 사제설'의 의미가 이웃을 위한 사제가 되어 하나님 앞에 함께 나아가는 헌신의 의미가 생략된 채, 개인과 자신이 속한 집단의 이익과 유익만 구하는 이기적 모습이 극대화 되고 있다는 점이다.

그렇다면 이와 같은 문제점들을 '기독교의 영성'으로 극복할 수 있는 내용이 무엇인지 몇가지 대안을 제시하도록 하겠다.

1. '용서받은 의인'에서 '용서받은 죄인'으로

윤리란 '관계'에 대한 학문이다.[3] 즉 인간과 인간의 관계, 나아가 인간과 인간 이외의 모든 것과 대면하는 상황에서 제기되는 도덕적 가치와 이것을 토대로 취할 수 있는 행위에 관하여 질문하는 학문이다. 그리고

---

[3] 이하 윤리와 자기부정에 관한 내용은 필자의 선행연구를 재인용 각주 없이 옮겨왔다. 유경동, 『한국 감리교사상과 기독교윤리』(감리교신학대학교 출판부, 2011), "은재 신석구의 못난이 윤리" 참조, 50~56.

그 행위를 성취하는 과정에서 묻게 되는 궁극적인 '선'에 대한 학문이다.

일반적으로 윤리, 특히 선에 대한 물음은 그 근거가 의무적으로 요청되는가, 동기 자체에 내재적인 목적을 가지는가, 아니면 주어진 상황에 적절하게 응답해야 하는가의 세 가지 방향으로 발전했다. 기독교 윤리는 각각 의무론, 목적론, 그리고 상황 윤리에 근거한 책임 윤리와 연관해, 선의 근거를 하나님의 뜻으로부터 시작하거나, 인간성에 가능성을 두거나, 아니면 양자 사이의 적절한 조화와 긴장 관계에서 찾으려고 나름대로 노력했다.

물론 기독교 윤리는 전통적으로 그 중심에 '하나님'을 두었으며, 인간의 존재와 인간 행동의 모든 동기를 하나님과의 관계에서 설명하려고 노력했다. 또한 하나님의 말씀에 응답하는 개인의 양심과 책임에 대해서도 진지하게 성찰해 왔다. 전자는 주로 이원론에 근거해 인간의 죄성에 강조점을 두고 하나님의 심판과 은총을 강조한 반면, 후자는 이성적인 인간의 역할에 따른 도덕성의 계몽과 인간의 책임성을 강조했다.

따라서 기독교 윤리는 하나님의 은총과 이에 응답하는 인간의 이성, 그리고 이 양자 사이의 적절한 긴장과 조화 관계에 놓여 있다. 결국, 윤리는 일종의 변증법적인 특성을 갖게 되는데, 그것은 인간성에 하나님의 은총이 어느 정도 필요한지를 묻게 되기 때문이다.[4] 전적인 타락은 하나님의 절대적인 은총이 허락되지만, 인간에게는 구원의 가능성이 없게 된다. 반면에 인간은 수동적이 되어 자칫 은총에 대해 정적주의에 빠질

---

[4] 필자는 여기에서 변증법의 의미를 하나님의 계시와 인간의 이성 간의 긴장이라는 뜻으로 제한한다. 일반적으로 변증법이 궁극적으로 대립을 극복하고 회복으로 나아가는 합리성의 과정이라고 볼 때, 필자는 이와 같은 변증법의 논리를 이 글에서는 부정적으로 취급하며, 철저한 '자기 부정'의 원리를 기독교 윤리학의 요소로 채택하고자 한다.

우려가 발생한다. 한편, 하나님의 은총에 적절하게 반응할 수 있는 인간의 가능성에 무게를 두게 되면, 역사의 책임과 의무는 인간에게 물을 수 있으나 하나님의 주권과 영역이 축소된다.

다시 말해, 인간과 계시의 만남에서 그 중심이 철저하게 계시에 있는 것인지, 아니면 계시에 조우할 수 있는 인간성에 그 가능성이 있는지에 따라서 자유주의 신학과 정통주의 신학의 구분점이 생겼다. 이것은 마치 인간의 철저한 '자기 부정'을 통해 하나님을 인정할 것인지, 아니면 내적인 자기 긍정을 통해 자율적으로 인간의 가능성을 추구할 것인지, 양자 사이에 갈등이 발생하는 것이다.

'자기 부정'과 자기 긍정의 관념론, 즉 '자기 부정' 안에 이미 자기 긍정의 가능성이 내재하여 최후의 절대 정신의 자리에 인간의 정신이 자리 잡는 변증법에 대한 비판은 이미 바르트나 본회퍼와 같은 신정통주의 신학자를 통해 진지하게 성찰되었다. 이들은 '자기 부정과 긍정'의 과정을 통해 독일 관념론이 취한 절대 정신의 자리에 독일 제국주의와 게르만 인종주의, '히틀러'라는 독재자가 자리 잡았고, 그 절대 정신을 세계화하는 과정에서 타자를 동일화하기 위해 전쟁이 일어나게 되었다고 고발했다. 인간의 '자기 부정'이 긍정으로 돌아올 때 나타난 결과는 돌이킬 수 없는 인간성의 파괴와 재난의 연속이었던 것이다.

'자기 부정'이 자기 긍정으로 쉽게 변질하지 않고, 오히려 '자기 부정'의 철저한 부정을 통해 하나님과 타자가 긍정이 되는 윤리는 지금 시대에도 여전히 요청된다. 하나님 앞에서의 죄 고백을 통해 자신이 죄인임을 인정하는 '회개'가 주님의 뜻을 따르는 제자도로 이어지지 못하고 자신의 죄만 정당화되는 '값싼 은총'으로 변질하는 문제는 얼마나 심각한가? 물론 하나님의 은총만을 바라며 수동적인 운명론에 빠지게 될 때 생기는 문제도 간과할 수 없다. 그러나 필자는 하나님 앞에서의 '자기 부정'이 자기 긍정이 되어서 자신의 윤리적 행위를 정당화하려는 유혹에 빠질 때, 결과가 더 심각하다고 본다.

죄를 용서받고 자기 긍정에 이를 때, 앞으로 지을 죄까지 영원히 용서함 받게 되는 '죄의 생략의 문제'를 보라! 우리는 하나님 앞에서 '용서받은 죄인'이지 '용서받은 의인'이 아니다! 자신의 부정을 극복하기 위해 인간의 영성과 그 도덕성에 이르는 방법론이 진리의 과정으로 절대화되는 문제들, 인간성을 아무리 헤집어 본들 결국 자신의 문제 이외는 발견할 수 없음에도 불구하고 마치 자아의 발견이 진리라는 관점으로 이해될 때 과연 우리는 하나님을 올바로 섬길 수 있겠는가? 설령 자신의 한계를 넘어서려는 적극적 사고방식을 취할지라도, 그 사고를 행위로 옮기는 데에 필요한 환경과 사회적 에너지에 대한 깊은 통찰력이 없이 맹목적으로 앞으로만 전진하는 신앙은 위에서 언급한 대로 '자기 부정'이 파괴적인 자기 긍정으로 귀착될 것이다.

필자는 현대 기독교 윤리학이 처한 위기는 인간이 하나님 앞에서의 진정한 '자기 부정'에 이르지 못하고, '자기 부정'이 '자기 긍정'으로 너무 쉽게 바뀌는 허위의식과 자기기만의 문제와 연관되어 있다고 본다. 하나님 앞에서 자신의 부정은 결코 자신의 긍정으로 정당화될 수 없다는 것, 그리고 긍정이 이루어진다 할지라도 그것은 자신의 부정을 통해 하나님의 절대적 은총을 받아들이는 것이지, 긍정을 스스로 부과할 수 없다는 사실을 직시해야 한다. 그리고 이와 같은 자신의 부정은 개별적 사안이 아니라, 공동체적으로 수행돼야 하는 하나님의 총체적인 구원 행위와 연관되어야 한다.

자기의 부정을 통해 다시 상면하게 되는 자기의 긍정이 오로지 하나님을 통해 이루어진다면, 그 긍정의 자리에 있는 자신은 완전해진 자아가 아니라, 여전히 '죄인으로서의 자아'이다. 다만 자신이 죄인임을 깨닫고 겸손해질 수밖에 없는 자아인 것이다. 따라서 '자기 부정'에 이른 자아의 자기 고백은 끝까지 죄인으로 남을 수밖에 없으며, 오로지 예수 그리스도를 통해 의에 이를 수 있다는 믿음의 확신으로 자신의 긍정을 용납할 수 있게 된다. 그렇기에 '자기 부정'의 자리에서 우리가 발견해야 하는 것은 우리를 위해 십자가에 달려 돌아가신 예수 그리스도이며, 그분이 가신 길을 묵묵히 따라감으로써 제자로 인정받는 것이다. 자기가 부정되지 않고서는 우리는 예수 그리스도를 따를 수 없다.

2. 죄의 윤리

현 개신교가 '값싼 은총'의 문제에 직면하여 발생하는 또 다른 심각한 문제는 '죄'에 대한 이해이다. 토마스 아퀴나스는 인간이 타락하여 저지르는 죄의 유형을 '생략의 죄sin of omission'와 '위반의 죄sin of commission'로 설명하였다.[5] '생략의 죄'란 해야 할 일을 하지 않는 죄이며, '위반의 죄'는 더욱 더 죄를 짓는 것이다. 아퀴나스는 이 두 종류의 죄는 차이가 없다고 보았는데, 예를 들어서 욕심 많은 인간이 타인의 것을 돌려주지 않으면 '생략의 죄'이며, 타인의 물건을 절취하는 것은 '위반의 죄'가 되는 것이다. 이 죄가 은총의 문제와 연결되면, 인간은 죄를 짓고도 자신이 지은 죄의 책임을 스스로 용서받았다고 생각하고 죄를 생략하는 '생략의 죄'를 야기하게 될 것이며, 만일 하나님이 용서하여 주실 것을 믿고 담대하게 죄를 짓게 되면 '위반의 죄'가 반복되게 되는 것이다.

---

[5] Tomas Aquinas, "Whether every sin includes an action?", "Whether sins of commission and omission differ specifically?", *Summa Theologie*.

'생략의 죄'는 마땅히 해야 할 일을 하지 않는 것이다. 하나님의 말씀을 알고도 이스라엘 백성은 지켜야 할 일을 지키지 아니하였다. 십계명을 주셨으며 율례를 통하여 해야 할 일을 지도하셨음에도 불구하고, 이스라엘 백성은 하나님의 말씀을 따르지 아니하였다. 돌아온 탕자를 기뻐하는 아버지에 반하여 형은 동생을 반갑게 맞이하지 아니한다(눅15:32). 믿음이 있는 자는 믿음이 약한 자의 약점을 기꺼이 담당하여야 한다(롬15:1). 신앙이 있는 자는 무엇이든지 선행으로 봉사하여야 한다(딤전2:10). 주님의 종들은 다투지 말며 항상 온유하고 잘 가르쳐야 한다(딤후2:24). 한 입에서 저주와 찬송이 나올 수 없다(약3:10). 주님의 사랑을 본 받아 형제를 위하여 목숨을 버릴 수 있어야 한다(요일3:16). 나그네 된 이들을 영접하는 것은 지극히 당연하다(요삼1:8). 그러나 이 모든 것을 알고도 행하지 아니하면, '생략의 죄'를 범하는 것이 된다.

반면, '위반의 죄'는 죄를 짓는 데에 더 담대하여 하나님께 반역한다. 애굽왕 바로는 마음이 완악하여져서 하나님께 대항하였다(출14). 이스라엘 백성은 하나님께 범죄하여 하나님의 말씀을 신속히 떠났다(신9:16). 하나님의 목소리를 순종하지 아니 한다(렘44:23). 하나님의 명령을 따르지 아니하는 사람들은 죄를 속히 짓는다(스7:26). 심지어 죄를 짓는 데에 으뜸이 된다(스9:2). 가룟 유다도 죄를 짓기 위하여 자기 길로 속히 움직였다(마26, 27). 심지어 바울은 변화되기 전의 자신을 죄인 중에 괴수라고 하였다(딤전1:15). 이와 같이 위반의 죄는 하나님을 모르거나 또 안다고 하여도 죄를 짓는 일에 담대하여 심판을 자초하는 것이다.

필자는 위의 '생략'과 '위반'의 죄에 더하여 '복종의 죄sin of submission', '허용의 죄sin of permission', 그리고 '전가의 죄sin of emission'를 생각하여 보았다.[6]

---

[6] 이 세 가지 죄에 대한 내용은 필자가 아퀴나스가 죄를 설명할 때, 영어번역에 있어서

'복종의 죄'란 죄의 노예상태에 빠지는 것이다. 죄를 다스리는 것이 아니라 죄가 자신을 주장하게 된다(시19:13). 행악의 종자로서 부패한 자식이 된다(사1:4). 죄를 범하는 자마다 죄의 종이 된다(요8:34). 죄의 종노릇을 하게 되어 죄에 이끌리는 대로 살게 된다(롬6:6). "우리의 씨름은 혈과 육을 상대하는 것이 아니요 통치자들과 권세들과 이 어둠의 세상 주관자들과 하늘에 있는 악의 영들을 상대함이라(엡6:12)."라고 성경은 증언한다. 죄에 대하여 복종하는 것은 하나님의 나라를 상속받을 수 없는 것이나 마찬가지이다(고전15:50).

'허용의 죄'란 죄를 짓는 것을 방치하는 것이다. 이스라엘 백성은 자신들의 죄를 내버려 두어 애굽 사람을 섬겼다(출14:2). 하나님을 따르지 않고 유혹에 이끌리어 다른 신을 섬기게 된다(신30:17). 가시떨기에 뿌려진 말씀은 세상의 염려와 재물의 유혹에 빠진 상태를 말한다(마13:22). 하나님은 인간을 정욕대로 욕심에 내버려 두셨다(롬1:26). 죄를 진 인간들은 상실한 마음대로 그대로 산다(롬1:28). 유혹의 욕심으로 옛 구습에 또 빠져 들어간다(엡4:22). 육체의 정욕에 이끌리어 음란하게 된다(벧후2:18). 이와 같이 허용의 죄는 자신의 욕심에 이끌려 죄 짓는 것을 방치하는 것이다.

'전가의 죄'란 자신의 죄를 인정하지 않고 다른 이들에게 덮어씌우는 것이다. 아담과 하와는 서로 자신들의 죄를 인정하지 않고 각각 하와와 뱀에게 전가하였다(창3). 심지어 하나님을 탓하기도 한다(창3, 욥40:2). 세상이 악하기 때문이라고 죄를 짓는데, 핑계를 대고 조급해한다(시

'-mission'에 관계된 단어가 사용된 것에 착안하여 신학적 상상력으로 만들어낸 개념이다. 'submission'은 복종을 의미하고, 'permission'은 허용을 뜻하며, 'emission'은 '자신의 것을 외부에 마구 방출하는 이미지'를 생각하고 '전가'라는 개념으로 죄의 해석에 적용하였다.

37:7). 선을 따른다는 핑계를 대면서 실상은 악으로 대적한다(시38:20). 하나님을 따라야 됨에도 불구하고 사람 때문에 신앙이 약하여진다(렘 1:8)고 핑계를 댄다. 자신의 죄를 기억하지 못하고 고통스럽다고 하나님께 하소연한다(렘30:15). 자기 죄 때문에 벌을 받아도 원망한다(애3:39). 완악함 때문에 가정에 문제가 생겼음에도 원망한다(마19). 예수님의 고난이 우리의 범죄 때문인 것을 깨닫지 못한다(롬4:24). 우리의 정욕으로 말미암아 세상에서 썩어질 것을 따르는 것을 깨닫지 못한다(벧후1:4). 이 세상의 재앙이 인간의 죄임에도 불구하고 하나님을 원망한다(계16:21). 전가의 죄는 살펴보았듯이, 자신에게 일어나는 잘못된 결과에 대하여 모든 책임을 자신이 아닌 것에 책임을 물으며, 심지어 하나님께조차 대항한다.

위와 같은 죄악에 대하여 우리는 과연 얼마나 자유로울 수 있을까? 그래서 우리는 올바른 영성이 필요한 것이다. "내가 확신하노니 사망이나 생명이나 천사들이나 권세자들이나 현재 일이나 장래 일이나 능력이나 높음이나 깊음이나 다른 어떤 피조물이라도 우리를 우리 주 그리스도 예수 안에 있는 하나님의 사랑에서 끊을 수 없으리라(롬8:38-39)." 하나님의 사랑에 대한 절대 믿음을 통하여 우리는 죄에 얽매이지 말고 올바른 영성과 신앙으로 극복하여야 한다.

3. 내적 혁명

현대의 크리스천도 과연 앞에서 지적한 이러한 신앙의 위기를 극복하고 있는가?[7] 300년대 닛사의 신학자 그레고리가 그리스도인의 이중적인 모습을 '서커스 몽키'에 비유하여 예를 든 적이 있다. 고대 알렉산드리아에서는 서커스를 할 때, 원숭이를 훈련시켜 가면과 무용복을 입히고 춤을 추게 하였는데, 사람들은 무대의 무용수가 원숭이라는 사실을 모른 채, 이상한 옷을 입고 우스꽝스럽게 춤추는 것을 보고 즐겼다. 서커스가 절정에 이르게 되면, 각본에 따라 관객 중 한 사람이 원숭이가 좋아하는 과일을 무대로 던지게 되는데, 그러면 이것을 본 원숭이는 자기가 무대에서 춤을 추고 있는 무용수라는 것이나 많은 사람의 박수를 받고 있다는 것도 잊어버리고, 자신의 굶주린 본성에 따라 과일을 향해 돌진한다. 그러고는 관객 앞에서 거추장스러운 가면과 무용복을 찢고 과일을 탐욕스럽게 먹어 치우게 된다. 관객은 그제야 무용수가 원숭이였음을 알고 비웃고 조롱함으로써 연극은 막을 내리게 된다. 겉으로 볼 때는 그리스도인인데, 자신의 이익과 욕망을 해소할 기회가 생기면, 이와 같은 서커스 몽키가 되는 것은 아닌가? 과연 이와 같은 인간에게 미래는 있는 것일까?

역사 속에서 교회가 경제문제와 직면하여 물신과 대항하였을 때에 극복한 적은 거의 없다. 리처드 니버Richard Niebuhr는 이를 『교회분열의 사회적 배경』에서 심각하게 지적하고 있다. 교회가 물질문제와 직면하여 위기에 처할 때, 위에서 지적한 경제적 요소와 직결한 사회적 문제를 다스릴 영적 혁명으로 나아가기 보다는 대개 '내적 회개'로 회피하게 된다고 그는 날카롭게 꼬집었다. 사회를 병들게 하는 물신에 대항하기 보다는 내적 회개의 문제로 회피하는 전형적인 교회의 메시지는 따라서 대개 내면치유나 자아회복과 같은 주제에 집중하게 된다. 그리고 물질주의의 절대적 욕망을 잘못하면 하나님의 축복과 등치하게 되는 실수를 범하게

---

[7] 이하 '서커스 몽키'에 대한 예와 '내적 혁명'에 관한 내용은 필자의 선행연구에서 재인용 각주 없이 옮겨왔다. 유경동, 『한국 감리교사상과 기독교윤리』(감리교신학대학교 출판부, 2011), 225~226.

되는 것이며, 값싼 은총의 문제를 야기하게 되는 것이다.

따라서 자아와 교회의 갱신은 내적혁명으로부터 시작이 된다. 이 혁명은 진정한 회개를 말하며, 하나님으로부터 시작되는 구속사의 원점에서 출발하는 것이 되어야 할 것이다. 하나님께 당신의 영광을 온전히 돌려드리며 하나님만이 우리의 구원을 책임져 주실 분임을 고백할 때, 우리는 이 땅의 헛된 것에서 눈을 돌려 하나님만을 바라보게 될 것이다.

내적 혁명에 필요한 죄의 용서는 하나님의 전적인 은총을 통하여 우리의 죄가 덮어지는 것으로 끝나는 것이 아니라, 변화되어 거룩한 삶을 사는 우리의 '사회적 성화'와 연관이 되어 있다. 우리는 용서받은 죄인이지 의로운 죄인은 아니다. 죄인이 용서받음으로 죄인의 행위가 정당화되는 것이 아니라, 오로지 은총을 주시는 하나님만이 의로운 분으로 드러나며, 이 후에는 하나님의 말씀대로 살아가는 제자의 삶이 이어져야 할 것이다. 따라서 기독교인의 진정한 회개는 자기 성찰과 반성으로 끝나는 것이 아니라, 변화된 삶의 모습을 통하여 사회를 정화하는 행동과 연관이 되어야 하며, 이때 한국 사회를 변화시켜 나갈 진정한 영적 에너지가 갖추어지게 될 것이다.

리처드 니버는 계시의 절대성을 강조한 '급진적 유일신론'을 주장하였으며, 본회퍼Bonhoeffer는 '제자도'의 신학으로 값싼 은총의 문제를 극복하려는 시도를 하였다. 하워드 요더Howard Yoder는 '성서적 실재주의Biblical Realism'로 예수 그리스도의 말씀에 순종하는 삶을 강조하였으며, 스탠리 하우어워스Stanley Hauerwas는 예수 그리스도의 윤리는 선에 대하여 질문하는 도덕이 아니라, '계시된 실재Revealed Reality'임을 강조하였다.

이러한 맥락에서 우리는 기독교의 영성이 내면적 신앙이나 신적 지혜를 구하는 이성에 제한되지 않고 이 세상 속에서 '삼위일체의 흔적'을 발견하는 영성으로 나아가야 한다. "무엇이 선하고 옳은가?"라는 정의

definition의 문제에 머물지 않고, 삶의 범주 속에서 참된 진리가 무엇인지 물어야 한다. 삶 속에서 성화를 통한 지속적인 변화의 과정process을 중시하며, 현실 속에서 '자아'의 변화와 세상의 변화를 향하여 나아가야 한다.

여기서 하나님의 계시를 강조하는 실재reality는 현실의 변혁을 전제로 한다. 현실은 그 자체가 스스로 방향을 정향하지는 못한다. 현실 자체에 내적인 목표telos가 있어서 미래로 나아가는 자연론적 세계관은 현실의 조건을 정당화하는 운명론적인 한계를 내포하며, 그렇다고 현실을 부정하는 종말론적인 세계관은 지금 현실의 근거가 되는 자아가 부정되며, 내면의 혁명이나 개혁은 축소되게 된다. 따라서 예수 그리스도의 '실재'나 나의 '현실'이 조우하기 위하여서는 이원론이나 일원론을 극복하고, 동시에 자연법이나 운명론적 종말론을 넘어서는 그 무엇이어야 한다.

필자는 그 가능성을 '하나님의 현실'을 내면화하고 자신과 사회를 바꾸어나간 '기독교 영성'에서 찾았다. 성경은 구체적으로 하나님의 현실을 다루는데, 그것은 바로 하나님의 성육신incarnation 사건이다. 역사에 오신 '예수 그리스도의 사건'이 바로 하나님의 현실인 것이다. 왜냐하면 이 '현실'을 통하지 않고는 하나님을 올바로 알 수 없기 때문이다. 기독교의 영성은 바로 이 예수 그리스도의 사건을 중심으로 세상을 바꾸어나가는 것이다.

4. 영성이 답이다.

우리는 영성을 생각하며 밤이 새도록 고기를 잡으려고 노력하였지만 헛수고를 한 후, 예수의 말씀에 의지하여 깊은 곳으로 그물을 내린 베드로의 모습을 떠올려보자(눅 5:1-11). 그물이 찢어질 정도로 많은 고기를 잡은 다음 놀란 베드로는 자신이 죄인임을 고백하고 예수가 떠나기를 요청한다. 베드로가 놀란 것은 그 많은 고기 때문이 아니라, 자신 앞에 선 '타자' 예수에 대한 새로운 자각과 두려움이었다. 어부 베드로의 삶 앞에 서신 그 새로운 타자로 말미암아 베드로는 이제 자신이 누구인지 새로운 경험을 한다. 죽음으로 향하는 자아의 모습, 죄인이라는 베드로의 자의식은 '타자'이신 예수 그리스도를 통하여 '자신의 모습'을 올바로 보는 것이다. "나를 떠나소서!"라는 베드로의 간구는 왜곡된 자아를 해체하고, 새로운 타자와의 올바른 관계를 맺는 "사람을 취하리라."는 '소명'으로 대치된다. 여기에 기독교인의 새로운 존재방식이 있는 것이다.

우리의 모습은 마치 광주리를 타고 들창문으로 몸을 피하여 성벽을 타고 도망치는 바울의 자랑을 기억하며 그와 같은 모습을 닮아야 한다(행 9:25, 고후11:33). 부활한 예수님을 만난 그 감격의 전율이 채 가시기도 전에 바울은 이제 채찍질 당하고 해골 골짜기로 향하는 예수님의 모습을 닮아가기 시작했다. 자기의 욕망을 따르는 것이 아니라 주님의 길을 따라가기 시작하였다. 자기로부터 도망치기 시작한 것이다. 이 도망치는 것이 자랑이 되어야 하는 것이다. 인간의 내면세계에 충만한 죄성을 자각하고 소스라치며 자신을 부정하고 주님의 십자가를 지는 것이다.

필자가 이 책을 통하여 깨달은 많은 내용이 있지만, 기독교영성을 정리하면서 몇 가지 제안하고자 하는 것은 아래와 같다.

첫째, 기독교 영성은 현대적인 세계관을 떠나 고전으로 돌아가는, 다시 말해 우리가 익숙한 현실의 평안한 조건을 떠나 불편한 조건의 세계관으로 들어가는 것이 아니라는 점이다. 영성훈련과 같은 것을 '고행'이라고 생각하는 것은 순전히 인간의 주관적인 자기 판단이며, 삶의 안락에 빠져 불편한 것은 참지 못하는 불평이다. 자기가 속한 문명과 문화적인 혜택과 단절되어 낯설고 적응하기 힘든 것이 고행이 아니며, 그것을 감수하는 것이 고난이 아니다.

  영성에 자연이 초대되는 이유는 간단하다. 영성은 창조세계와 함께 하나님을 찬양하는 성례전적인 사명을 가지는 것이며, 하나님의 구속을 기다리는 창조세계와 더불어 하나님께 영광을 올리는 것이 목적이 된다. 성 프란시스가 창조 세계를 진정한 형제, 자매로 인정하고 대우한 것처럼, 우리는 자연세계와 더불어 하나님을 찬미한다. 우리를 둘러싸고 있는 자연세계와 더불어 우리는 창조물들을 사랑하고 이기적으로 소유하려고 하지 말아야 한다.[8]

  둘째, 기독교 영성에서 다루는 죄론에서 우리는 그 출발점을 다시 재정립하여야 한다는 점이다. 필자가 '죄의 윤리'에서 다섯 가지 문제점을 지적하였듯이, 우리는 심리적으로, 그리고 스스로 유혹을 받아 죄를 면죄하고 의인이 되었다는 착각에 빠진다. '원죄론'이나 '자유의지의 왜곡'과 같은 죄에 대한 해석은 죄를 이해하는 데에 큰 도움이 되는 것이 사실이다. 죄와 싸워서 이겨야 할 영적 투쟁도 필요하고, 악과 고난의 문제에 적절하게 응답하여야 할 신학적 사명도 있다.

  그러나 가장 중요한 것은 십자가를 지시고 나사렛 예수가 죄를 이기시고 하나님의 뜻을 이루어나가신 신실하심으로부터 죄론이 시작되어야 한다. "나사렛 예수는 자신이 십자가를 향해 나아가는 길에서 항상 직면했던 유혹에 저항했고, 자신의 생명을 드려 당대의 주권자들과 권세들을 극복했으며, 죽은 자 가운데에서 다시 살아나셨고, 그 추종자들로 하여금 모든 죄악을 버리고, 선한 믿음을 통해 자신들의 구원을 개척하도록 명하셨다."[9] 죄를 극복하는 영성은 죄를 이기신 주님을 묵상하는 것이 아니라

---

[8] 사이몬 찬, 『영성신학』, 257.
[9] 앞에서 소개하였던 James McClendon의 죄론 중 내용을 재인용한다.

그 주님을 따라가는 것이다. 죄를 이기신 주님의 권능을 기다리는 것이 아니라, 죄의 자리에서 일어나 주님의 제자가 되는 것이다.

우리가 기독교 영성을 통하여 죄의 문제를 살펴보면서 도움이 되었던 것은 인간이 마땅히 져야 할 책임의 관점에서 인간의 죄와 고난을 이해할 수 있었다는 점이다. 고난 받는 사람이 마땅히 자신이 저지른 죄 값에 의한 처벌로 이해한 관점을 넘어서, 그리고 그 죄에 대한 죗값으로 비난하였던 것을 중지하고, 우리는 주님의 길을 따라야 한다. 예수 그리스도가 당하신 고난의 방식은 연민을 가지고 고난을 당하는 사람들과 함께 고난을 받는 특징을 가졌다는 점이다. 이러한 점에서 우리는 이 세상의 악과 고난에 대하여 새로운 영성을 가져야 한다.

따라서 기독교 영성에서 악은 신비가 아니며, 고난은 우리의 이성으로 파악할 수 없는 그 어떠한 영역이 아니라는 점이다. 만일 그렇게 되면 우리는 악과 고난에 대하여 더 이상 인간에게 책임을 물을 수 없는 막연한 문제로 치부하여 버린다. 우리는 세상에 존재하는 악에 대하여 내면적 양심의 영역에서 관조할 것이 아니라, 개인적이며 공동체적인 책임을 받아들일 준비가 되어 있어야만 한다. 죄와 악과 고난이 우리가 이해하지 못하는 어떤 신비스러운 영역에 속하였다고 생각하면, 우리의 책임은 축소되며 죄는 마치 신비의 힘을 지닌 비인격적인 마성을 가지고 인간을 지배하게 될 것이다.

따라서 죄의 문제와 연관하여 기독교에게 주어진 커다란 도전은 인간의 내재적 악에 대한 인식의 부족함을 극복하는 죄의 교리를 체계 있게 다루어야 한다는 점은 매우 중요하다.[10] 만일 죄를 인간의 본성에 나타나는 부적절한 내재적 특성으로 파악한다면, 악을 극복하여야 할 이유도

---

[10] 사이몬 찬의 지적을 재인용 한다. 사이몬 찬, 『영성신학』, 93.

없으며, 이 땅에 예수님이 오셔서 십자가를 지실 이유도 없는 것이다.

하나님은 악의 근원도 아니시며, 인류를 벌하시기 위하여 끊임없이 고통을 주시는 분도 아니다. 우리의 영적 무지를 깨우치시기 위하여 더 큰 고통을 주시는 분도 아니다. 만일 그렇다면 예수 그리스도의 고난은 무용지물이 된다. 주님의 고난이 부족하여 하나님은 또 다른 고통을 주셔서 우리를 깨닫게 하시려는 것인가? 하나님은 우리가 고통 받도록 내버려두시지 않고 우리와 함께 고통을 당하셨다.

우리는 고난의 질문을 하나님과 이웃의 책임으로 전가하지 말고, 우리 자신에게 "우리는 얼마나 오랫동안 이 세상의 가난한 자들에게, 어린이들에게, 여성들에게, 자연에게, 장애인에게, 노인에게 일어나는 악과 고난을 허락할 것인가?"를 물어야 한다. 그리고 우리는 "왜 하나님은 지금 전 세계에 전쟁을 그치지 않으시며, 재난이 반복되며, 수많은 사람들의 자살을 내버려두시는가?"라는 질문을 바꾸어 "왜 우리는 그 일이 일어나도록 했는가?"로 자신에게 물어야 한다. 전쟁의 위협 속에서 우리는 평화를 구하며 하나님의 도우심을 위하여 기도할 뿐만 아니라, 전쟁이 아닌 평화를 사랑하는 권력을 만들기 위하여 노력하여야 한다. 폭력의 반대는 평화가 아니라 올바른 권력이기 때문이다.

깨어 있는 영혼이 추구하는 평화는 묵상에 의하여 깨달아지는 것이 아니며, 세상의 평안과 안온한 육신의 잠 속에서 느끼는 일시적인 영혼의 거짓된 평화도 아니다. 하나님의 은혜는 범죄 후에 존재하며, 진정한 평화는 전쟁 후에 알 수 있다. 주님이 우리에게 주시는 참된 평화도 그의 죽으심과 부활을 통하여 우리에게 주신 선물이다. 따라서 영적인 평화는 이 땅에서 헌신적으로 하나님께 영광을 돌리는 자들에게 주신 하나님의 선물인 것이다.

셋째, 우리는 우리의 삶을 구성하는 '이야기' 안에서 하나님의 은총에 대하여 새로운 기독교 영성을 요청한다. 은총은 하나님의 행위 안에서 드러나는 하나님의 신성이며, 하나님과 인간의 관계를 매개하는 인격적 개념이다. 하나님의 은총은 기독교 신앙 안에서 생생한 증언, 즉 '이야기'를 구성하는 특성이 있다. 하나님의 은총은 예수 그리스도와 관련된 사건을 담은 기독교의 이야기 형태로 증언되었으며, 우리는 그 생생한 은총의 경험을 통하여 영성을 새롭게 할 수 있다. 예수님의 탄생과 삶, 죽음과 부활, 그리고 하나님의 나라와 약속하신 영생은 은총의 실현을 가능하게 하는 살아있는 이야기이다.

현대 기독교 영성에서 이 '이야기'에 대한 재해석이 중요한 이유는 '영성'은 개념이 아니고, 살아있는 공동체를 묶어주는 '씨줄과 날줄'과 같이 구성요소이기 때문이다. 어거스틴은 기독교의 신앙이란 사랑으로 일하고 소망 없이는 존재할 수 없는 것이라고 정의하였다. 사랑은 소망 없이 존재하지 않으며, 소망은 사랑 없이 존재하지 않고, 사랑도 소망도 신앙 없이 존재하지 않는다. "믿음과 소망 그리고 사랑 가운데 제일은 사랑이다." "그가 믿느냐, 소망하느냐가 아니라, 그가 과연 사랑하느냐"와 연관되어지는 것이라 강조한 어거스틴의 말을 곱씹어 볼 필요가 있다.

최근 한국 사회에『정의란 무엇인가?』로 잘 알려진 마이클 샌델Michael Sandel은 공동체와 자아의 개념을 강조하면서, 특히 알래스데어 매킨타이어Alasdair Macintyre의 이론을 통하여 도덕적 행위자로서 목적에 다다르기 위하여 '서사'라는 개념을 중시하였다.[11] 이 서사는 "나는 무엇을 해야 하는가?"라는 물음 이전에, "나는 어떤 이야기의 일부인가?"에 관심을 가진다. 매킨타이어의 관점처럼, 모든 체험된 서사에는 특정한 목적이 있

---

[11] Michael J. Sandel, *Justice: What's the right thing to do*,『정의란 무엇인가』(이창신 역, 김영사, 2010). 이하 해석은 필자의 선행 연구에서 일부 옮겨왔다.

는데, 이는 외적으로 부여된 고정된 목적이나 목표가 있다는 뜻이 아니라, 예측 불능으로서 서사적 삶은 무슨 일이 일어날지 모르면서, 앞으로 나아가게 하는 특정한 형식이 있다는 것이다.

샌델이 이러한 서사적 삶을 강조하는 이유는 다수의 행복을 위한 공리주의나 개인의 자유와 선택을 강조하는 자유주의, 그리고 선험적으로 주어진 의무론의 한계를 넘어서기 위한 전략이었다. 즉 서사는 개인의 삶을 더 큰 삶의 방식인 역사와 전통 속에서 해석한다는 점에서 개인의 자유나 또한 자율을 전제한 의무를 넘어선다. 또한 서사는 개인이라는 자격으로 선을 추구하거나 미덕을 실천할 수 없다는 점에서도 자유주의를 넘어선다. 아울러 개인은 사회의 일부로서 단지 계약의 상대를 이성적 존재로서만이 아닌 역사를 공유하는 존재로 보기 때문에 다수를 중시하는 공리를 넘어 도덕을 공동체적으로 이해한다.

따라서 서사적 공동체는 합의나 중립을 넘어서서 덕성 있는 공동체를 지향하는 것이며, 개인주의를 넘어서서 서로에 대한 배려와 감수성을 가지고, 자아를 사회적 연대와의 관계에서 파악하게 되는 것이다. 물론 연대적인 공동체는 자칫 타인에게 자신의 가치를 강요할 위험이 있는 것은 사실이지만, 개인의 선과 동시에 공동체의 선도 함께 고려하는 서사적 공동체는 의무나 인간의 자유에 근거한 과거 정의론의 한계를 극복하는 가능성이 있다고 할 수 있다.

샌델은 자신의 이러한 입장을 통하여 도덕적 종교적 신념이 정치와 법에서도 중요하며, 정의로운 공동체는 이성만이 아닌, 직관이 필요하며, 도덕과 시민의식이 함께 필요하다고 강조하였다. 따라서 공동체를 형성하기 위하여서는 희생과 봉사가 따르는 시민 의식과 시장의 도덕적 한계에 대한 공론화, 불평등을 극복할 시민의 연대와 미덕, 그리고 도덕에 개입하는 정치에 대한 이상을 역설하였다. 그리고 그 가능성을 미국 역사의 이야기를 구성한 '기독교'의 이야기를 주목할 필요가 있다고 제안하고 있다.

현대 정의론은 인간의 행복을 구하는 유토피아를 지향하지만, 하나님의 은총은 우리를 하나님의 나라로 인도한다. 정의와 행복을 위한 철학적 개념도 인간의 삶을 구성하는 '이야기'에 주목함으로써 개인의 자유와 다수의 공리, 그리고 의무를 극복하려는 철학의 인간학적 노력이 흥미롭다. 필자는 기독교의 '이야기'에 그 답이 있다고 생각한다. 왜냐하면 '예수 그리스도의 이야기' 안에는 창조와 구속, 계시와 생명, 자아와 타자, 죄의 현실과 은총의 실재, 죽음과 영생이 들어있기 때문이다. 우리는 이 하나님의 은총 안에서 영성의 살아 움직이는 것을 본다. 따라서 기독교 영성은 이 세상에서 하나님이 우리와 함께 하심을 고백하며 세상을 변화시켜 나갈 수 있는 것이다.

넷째, 기독교 영성은 이 역사 속에 하나님의 창조주 되심을 적극적으로 선포하고 나아가며, 우리가 이 땅에서 수고하여야 할 '노동'을 재해석하여야 한다. 필자가 '창조'에 관한 영성에서 지적하였듯이, 하나님의 창조는 한 번에 끝난 것이 아니며, 창조하신 후 하나님은 우리를 무관심에 내버려 두지 아니하셨다. 하나님은 당신의 창조세계에 자유의 영을 불어 넣어 주셨으며, 그리고 타락한 피조물들을 지속적으로 사랑하시며 구원하시기 위하여 역사에 개입하셨다. 만일 하나님이 무관심하셨다면, 예수 그리스도가 이 땅에 오실 이유가 없으셨다. 예수님도 십자가의 죽으심으로 당신의 사역을 완성하셨지만, 부활하신 후 우리를 방치하시지 않으셨다. 주님은 보혜사를 주셔서 우리와 영원히 함께하시겠다고 약속하셨다(요14:16). 이와 같이 그리스도의 구원은 일시적이지도 임시적이지도 않다(딤후2:10). 하나님은 창조부터 지금까지, 그리고 앞으로 영원히 우리와 함께 일하신다(요이1:2).

하나님도 일하시니 주님도 일하셨고 지금 성령도 진리로 일하시니, 따라서 우리도 일하여야 한다. 노동은 하나님도 태초부터 하신 일이며, 인간이 일을 한다는 것은 원죄의 결과가 아니라, 인간을 위한 하나님의 창조 질서의 일부분이고(창2:5,15), 그리고 하나님이 명하신 사명이라고 할 수 있다(출20:11).

우리는 썩을 것으로 심고 썩지 아니할 것으로 다시 살아나며 욕된 것으로 심고 영광스러운 것으로 다시 살아나며 약한 것으로 심고 강한 것으로 다시 살아나며 육의 몸으로 심고 신령한 몸으로 다시 살아난다.(고전15:42-44) 육의 몸이 있은즉 또 영의 몸도 있다. 이와 같이 하나님의 능력으로 우리가 새 몸을 입는 이 전 과정은 우리가 육신으로는 부지런히 땀을 흘리며 영으로는 사랑의 수고를 쉬지 말아야 하는 것이다.

다섯째, 기독교영성은 인간의 감정과 의지에 대한 훈련을 필요로 한다. 어거스틴은 악의 문제를 의지의 왜곡으로부터 출발하였다. 의지의 왜곡은 악덕과 만나서 잘못된 습관을 반복하게 된다. 그러면 악이 필연이 되는 것이다. 의지의 왜곡에 대한 올바른 처방은 선을 추구하고 악을 버려야 하는 도덕적 의무감을 신장하여야 하는 것이다. 인간의 감정과 육체적 활동이 죄악으로 흐르지 않으려면, 이성과 감정의 반복적인 훈련을 필요로 한다. 올바른 사고와 선을 행하려는 의지의 습관은 기독교영성에 매우 필요하다고 할 수 있다. 올바른 감정의 사용과 바른 언어의 구사, 절도 있는 공동체의 생활, 그리고 하나님의 말씀을 실천하고 기도하는 매일의 삶은 거룩한 영성을 유지하는 데에 있어서 필요한 요소들이다.

인간의 감정과 이성은 환경에 의하여 좌우된다. 즉 사회적이라고 할 수 있다. 언뜻 순수한 영성을 유지하기 위하여 우리는 세상과 결별하고 깊은 산 속으로 들어가야 할 것 같은 생각이 든다. 그러나 기독교영성은

'진공상태'에서 사변적인 능력을 키우는 것이 아니다. 오히려 이 세상 속에서 올바른 덕의 함양을 통하여 공동체의 거룩함을 함께 추구할 때, 기독교 영성은 빛나게 될 것이다. 우리 주님은 우리를 향하여 '세상의 소금과 빛'이라고 말씀하셨다. 세상의 불의와 부패를 정화하는 소금과 같은 영성이 되어야 한다. 우리의 빛이 사람 앞에 비치게 하여 사람들이 우리의 착한 행실을 보고 하나님께 영광을 돌리게 하는 것이 기독교영성의 실천적인 목적이 아니면 무엇이겠는가?

여섯째, 기독교영성은 거룩한 하나님의 진리를 깨닫고 성령 충만을 통하여 하나님의 사랑을 깨닫는 전 과정을 말한다고 할 수 있다. 영성은 하나님의 은총과 사랑을 '채우는 과정'을 필요로 한다. 그러나 기독교영성은 동시에 '비우는 과정'도 필요하다. 우리가 죄인임을 깨닫고 우리의 모든 헛된 욕심과 죄악을 비워내야 한다. 우리 주님도 '자기를 비워' 종의 형체를 가지셔서 이 세상에서 대속의 사역을 완성하셨다. 마찬가지로 우리도 '우리를 비워' 주님만을 인정하는 과정이 필요하다. '비움'은 겸손을 가장한 자기 비하도 아니며, 보상을 바라는 의도적인 행위도 아니다. 자기 비움의 최고 목적은 자신의 인간됨을 주장하기보다도 하나님이 창조주 되심을 인정하는 것이다. 자기를 부인하고 날마다 주님이 주시는 십자가만을 인정하고 주님을 따라 나서야 한다.

주님은 우리를 의의 최후승리인 종착지, 하나님의 나라로 인도하실 것을 약속하셨다. 우리를 비워 주님만 따르면, 약속하신 영생을 선물로 주실 것이다. 우리는 '영생의 상속자(딛3:7)'이다. 이 영생에 이르도록 우리는 주님의 긍휼을 기다려야 한다. 지금은 부분적으로 아나 그 때에는 주님이 우리를 아신 것 같이 우리가 주님을 온전하게 알 날이 올 것이다. 주님만이 우리의 목적이며 영생으로 주님을 만나게 된다. 기독교의 영성은 그 소망에 흔들리지 않도록 우리를 인도하는 도구가 될 것이다.

■ 영성인물 소개

플라비우스 요세푸스(Flavius Josephus, 37~100)

유대인 정치가이자 역사학자인 플라비우스 요세푸스는 예루살렘의 제사장 집안에서 태어났으며, 당시 중요한 정치-종교 공동체였던 에세네파, 바리새파, 사두개파로부터 영향을 받았고, 최종적으로 바리새파를 선택한다. 제1차 유대-로마 전쟁 시 갈릴리 요타파타Jotapata를 지키는 지휘관으로 로마군에 맞섰지만, 베스파시아누스Vespasianus와 그의 아들 티투스Titus가 이끄는 로마군에 패한다. 그는 자결대신 로마에 투항하며, 베스파시우스가 황제가 된 뒤, 69년에 풀려나 티투스의 막료로 중용되어 예루살렘이 최종적으로 함락되는 순간을 목격한 것으로 보인다. 예루살렘 파괴 후, 로마의 시민권을 획득한 그는 황제의 성씨인 플라비우스Flavius라는 로마 이름을 얻게 된다. 로마 시민이 된 이후, 요세푸스는 유대인과 이방 문화 사이의 정치적 중도를 추구했고, 특히 로마에 퍼져있던 반유대적 편견을 깨뜨리기 위한 변증에 몰두했다. 주요 저서로는 유대전쟁사Ioudaikou polemos(ADE 75년 경)와 유대고대사Antiquitates Judaicae(ADE 95년 경), 아피온에 대한 반박Contra Apionem(ADE 97년 경) 등이 있다.[12]

바나바스(Barnabas, 70~135)

바나바스는 바울과 더불어 초대교회에서 사도로서 추앙받은 사람이다.

---

[12] Hoeber, K. (1910). Flavius Josephus. In The Catholic Encyclopedia. New York: Robert Appleton Company. Retrieved July 14, 2014 from New Advent: http://www.newadvent.org/cathen/08522a.htm

사이프러스Syprus 섬 태생의 유대인이며, 레위인이기 때문에 예루살렘에서 살았다. 사도행전(4:36-37)에 따르면, 바나바는 오순절 사건을 전후로 기독교로 개종했으며, 탁월한 설교로서, 안디옥 교회의 예언자이자 박사로 임명된다. 기독교 역사에서 바나바스의 위치는 매우 중요하다. 그는 1세대 기독교인으로서, '선한 자이며 성경과 믿음으로 충만한 자'라 불릴 만큼 존경 받은 인물이다. 그는 자신의 유대인으로서의 편견을 넘어, 기독교인으로서 개인적 경건생활과 선교 사역에 힘쓴 인물이며, 바울처럼 이방인 선교에 힘썼다.[13]

한편, 바나바스의 편지the Epistle of Barnabas의 저자인 바나바스는 트라야누스와 하드리아누스 통치시기에 알렉산드리아의 디아스포라 유대인으로서, 신약성서에 기록된 바나바스와는 다른 인물로 추정된다. 그는 평신도이며, 신약성서에 기록된 바나바와 동일인물로 보지 않는다. 비록 초대교부인 알렉산드리아의 클레멘트나 오리겐 등은 바나바스의 편지를 중요한 성서적 기록물로 보고, 그 저자를 초대 기독교의 사도적 인물인 바나바로 인정하지만, 사실 알렉산드리아의 클레멘트 이전에는 아무도 이 서신을 성서의 바나바스의 저작으로 보지 않았으며, 이 서신이 초대교회에서 많이 읽혀진 것은 사실이지만, 그것을 성서적 권위를 가진 것으로 이해하지는 않았다. 또한 이 서신은 예루살렘 파괴(135)된 이후에 쓰여졌음을 보여주며(16장), 그 구체적 시기에 대해서는 아직도 논란이 있다. 바나바스의 편지 연구자인 힐겐펠트Hilgenfeld는 이 서신은 알렉산드리아 학파에 속한 이방인 기독교인이 1 세기경에 기록했으며, 이 저자는 기독교의 유대교적 형태로부터 벗어나 이방인 기독교인들의 기독교 사

---

[13] APA citation. Fenlon, J.F. (1907). St. Barnabas. In The Catholic Encyclopedia. New York: Robert Appleton Company. Retrieved July 14, 2014 from New Advent: http://www.newadvent.org/cathen/02300a.htm

상 및 형태를 보존하려는 경향이 있다고 본다.[14]

성 이레니우스(St. Irenaeus, 130~200)

리옹의 비숍이며, 초대 교부인 성 이레니우스는 특히 변증가로서 초대 기독교 신학의 발전에 공헌했다. 특히 영지주의 계통의 이단에 대항하여 정통 교리를 수호하기 위해 노력했다. 그의 생애에 대한 정확한 정보는 남아있지 않으나, 그가 젊은 시절 서머나에서 폴리캅에게 교육받은 것으로 보이며, 마르쿠스 아우렐리우스의 박해 시절에는 리옹 교회의 사제였던 것으로 추정된다. 이후 기독교에 대한 박해가 안정되었을 무렵, 그는 영지주의적 이단 사상에 대한 논박에 집중한다. 그의 저작은 주로 그리스어로 기록되었으나, 현재 남아있는 그의 자료들은 주로 라틴어 번역본이다. 이레니우스의 가장 중요한 저서는 이단반박Adversus haereses인데, 영지주의를 포함하여 당시 기독교 공동체에 만연했던 다양한 이단적 사상들에 대한 논박이 주를 이룬다. 특히 그는 기독교 복음서에 기반한 교리를 구약의 예언서와 연결하여 설명함으로써, 이단적 사상에 빠지지 않고, 정통교리를 이해하고 보호할 것을 주장한다.[15]

터툴리안(Quintas Septimus Florens Tertullianus, 160~225)

2~3세기의 초대교회의 기독교 신학자이자 저술가인 터툴리안은 카르타고의 비기독교 가정 태생이다. 로마법률을 공부하여 변호사가 된 터툴리안은 기독교로 개종한 이후, 카르타고 교회의 사제가 되었다. 기독교

---

[14] http://www.ccel.org/ccel/barnabas
[15] APA citation. Poncelet, A. (1910). St. Irenaeus. In The Catholic Encyclopedia. New York: Robert Appleton Company. Retrieved July 14, 2014 from New Advent: http://www.newadvent.org/cathen/08130b.htm

신학 발전에 큰 공헌을 한 터툴리안은 특히, 교회사 최초로 라틴어를 사용했으며, 삼위일체를 포함, 1000개에 가까운 라틴어 신학 용어를 만들었다. 기독교 변증가로서 종교적인 도덕성에 민감했던 터툴리안은 배교, 박해를 피해 도피하는 것, 살인, 간음 등을 모두 죄로 규정했으며, 예수의 십자가의 수난의 중요성을 강조한다.

터툴리안은 신학적 사고에 있어서 세속적인 철학적 추론이 불필요하다고 주장한다. 즉, 어떤 신학적 개념, 또는 사상이 철학자들에 의해 표준적 추론을 통해 반증된다 할지라도, 종교적 신앙인들은 절대 세속적 사상으로 신학을 설명하거나 논증, 또는 논박할 필요가 없다고 본다.[16]

그의 저서는 크게 세 가지 유형으로 분류할 수 있는데, 먼저 기독교를 옹호하는 변증론, 기독교 교리적 논문과 기독교의 실천적인 면을 다룬 논문으로 나눌 수 있다. 터툴리안은 엄격한 훈련을 강조하며, 이러한 경향은 그가 후에 몬타나주의Montanism에 빠지게 되는 원인이 된다. 그는 기독교인은 다른 세속인들이 하는 다양한 문화적 의식, 또는 행사에 절대 참여하면 안 되며, 언제나 기독교인으로서 겸손과 순전함을 유지해야 한다고 주장한다.

오리겐(Origen, 185~254)

오리겐은 기독교 주석가이자 신학자로, 특별히 알레고리를 주석에 많이 이용하였으며, 기독교 교회의 철학적 신학의 토대를 마련했다. 그는 암모니우스Ammonius에게 교육을 받았고, 초대 기독교인들은 그가 플로티

---

[16] Murray, Michael and Rea, Michael, "Philosophy and Christian Theology", The Stanford Encyclopedia of Philosophy (Fall 2012 Edition), Edward N. Zalta (ed.), URL=<http://plato.stanford.edu/archives/fall2012/entries/christiantheology-philosophy/>.

누스Plotinus의 스승인 암모니우스 사카스Ammonius Saccas와 동일인물로 보지만, 실제 그것을 증명할 증거는 없다. 분명한 것은 오리겐이 철학에 당시에 조예가 깊었으며, 철학적 지식을 성경을 해석하는 데에 잘 이용했다. 그가 구성한 조직 신학 체계는 주로 삼위일체, 성육신, 내세의 구원, 성경의 무오설과 같은 교회 교리에 근거한다.

전통적으로 오리겐은 알렉산드리아 기독교 플라톤주의자로 불린다. 그 자신이 당시 위대한 철학적 스승들의 작품을 알고 있었고, 그에 대해 깊이 이해했지만, 자신의 성서 주석의 방법이나 신학은 전적으로 그 자신의 것이다. 오리겐이 주로 인용한 플라톤의 글은 셀수스Celsus에 대한 대답으로, 계시가 없다면 어떠한 인간의 지식으로도 이해할 수 없는 신비가 존재한다(Cels. 4.15)인데, 오리겐은 이를 근거로, 말씀이신 그리스도의 성육신을 설명한다. 오리겐은 기독교인 최초로 삼위일체의 세 위격hypostasis에 대해 논의했으며, 제1격(성부)와 제2격(성자) 사이의 관계에 대해 동일본체homoousios라는 말을 사용했다. 성부는 그 자신이 신autotheos인 존재인 반면, 성자는 성부의 권능dunamis이자 실제 육신을 가진 순전한 하나님을 의미하며, 성령은 선택받은 백성에게만 허락되는 의존적 존재이다. 삼위는 모두 영원하고 불변하며, 성자는 성부와의 관계에 있어서는 지혜이며, 세상과의 관계에 있어서는 말씀logos이다. 오리겐에게 영혼은 위로부터 몸으로 내려온 것으로, 영혼은 어떤 선택에 있어서든 자유로운 존재이지만, 이 자유를 잘못 사용할 경우 악마에게 사로잡히게 된다. 오리겐은 이러한 영혼의 구원은 말씀의 성육신을 통해 가능하다. 십자가상에서 성자가 죽은 것은 악마에 대한 속전ransom이며, 그가 부활함으로 모든 인간이 내세에서의 구원이 가능하게 된다. 플라톤의 용어로 말하자면, 오리겐에게 육체란 영혼을 운반하는 매개에 불과하다. 오리겐은 하나님의 뜻에 따라 절대 다수의 영혼이 죽음 이후에 불의 심판을 견디게 될 것이라 확신했다. 그는 현세에서 그리스도의 현존을 체험하는 축복은 오로지 성경의 영적 의미를 완전히 이해한 성서해석자에게만 가능할 것으로 본다.[17]

플로티누스(Plotinus, 205~270)

플로티누스는 일반적으로 신플라톤주의의 창시자로 알려져 있다. 그는 플라톤과 아리스토텔레스 이후, 가장 영향력 있는 철학자 중 한 사람이다. 신플라톤주의라는 용어는 19세기 유럽 철학자들에 의해 만들어진 말인데, 이는 단순히 역사학자들의 시대구분을 위해 만들어진 것이다. 이 경우, 신플라톤주의는 플로티누스가 플라톤 철학 전통의 발전에 있어서 새로운 장을 마련했음을 의미한다. 플로티누스 자신도 자신을 플라톤주의자로 이해한 것 같은데, 그는 자신이 플라톤의 대변자이자 해설자라는 철학적 위치를 강조한 것으로 보인다. 그러나 실제 플라톤과 플로티누스 사이의 600년이란 시간이 있던 것을 고려하면, 플로티누스의 독특한 사상이 드러난다. 첫째, 플로티누스는 자신의 관점에서 플라톤이 주장한 철학적 설명의 의미를 밝히고자 한다. 둘째, 플라톤을 오역한 사람들에 대하여, 플라톤을 변호한다. 초대 기독교 신학의 발전에 있어서, 많은 학자들이 플라톤을 포함한 다양한 고대 그리스 철학의 전거로서 이용한 대부분은 플로티누스의 자료이다. 결국 플로티누스는 플라톤주의를 이해하기 위한 중요한 자료이다.[18]

---

[17] Edwards, Mark J., "Origen", The Stanford Encyclopedia of Philosophy (Spring 2014 Edition), Edward N. Zalta (ed.), URL = <http://plato.stanford.edu/archives/spr2014/entries/origen/>.

[18] Gerson, Lloyd, "Plotinus", The Stanford Encyclopedia of Philosophy (Summer 2014 Edition), Edward N. Zalta (ed.), URL = <http://plato.stanford.edu/archives/sum2014/entries/plotinus/>. he theological traditions of Christianity, Islam, and

플로티누스는 윤리란 인간이 자신의 차원 높은 자아와의 일체를 구성하는 기준에 따라, 그리고 우리를 그러한 일치로부터 구별하는 것들에 따라 구성된다고 본다. 모든 덕 있는virtuous 행동들은 이러한 목적에 부합된다. 그러나 덕은 인간이 이를 어떻게 행하는가에 따라 등급이 매겨질 수 있다. 플로티누스는 플라톤을 따라 시민, 또는 대중적인 덕은 인간의 욕구를 제어하는 것으로 본다. 반면, 보다 고차원적으로 깨끗하게 하는 덕은 구체화된 인간 존재로부터 덕을 행하는 인격을 구별하게 해 준다. 이렇게 구별된 사람은 신과 같은 존재가 된다. 플로티누스는 인간의 행복을 위해서는 덕스러운 삶이 필요함은 인정하지만, 그것들을 동일시해서는 안 된다고 주장한다. 아리스토텔레스와 같이, 플로티누스는 행복한 삶의 특성은 그것의 자립성self-sufficiency이다. 그렇다고 플로티누스가 덕을 행하는 데에만 집중하는 삶이 자립적이라고 주장하는 것은 아니다. 플로티누스는 최고의 삶은 불행으로부터의 면역을 통한 축복이라고 주장하며, 위대한 인간의 내재적 삶과 동일한 의미로 자립성의 의미를 바꾼다. 내재성이란 선을 갈망함으로써, 지적인 인간이 모든 지적인 것을 통한 인지적 이해를 통해 만족스러운 상태를 의미한다.

아타나시우스(St. Athanasius, 297~373)

알렉산드리아의 주교이자, 신학자인 아타나시우스는 가톨릭 신앙의 위대한 수호자였으며, 성육신의 의미에 대한 신학적 틀을 구성했다. 그의 가족이나 유년시기에 대한 어떠한 기록도 존재하지 않는다. 아타나시

Judaism all, in their formative periods, looked to ancient Greek philosophy for the language and arguments with which to articulate their religious visions. For all of these, Platonism expressed the philosophy that seemed closest to their own theologies. Plotinus was the principal source for their understanding of Platonism.

우스가 알렉산드리아의 유명한 교리문답 학교didascaleion의 학생인 것은 분명하며, 클레멘트나 오리겐이 스승으로 있던 학교로 보인다. 알렉산드리아교회가 박해받던 시기에, 아타나시우스는 유명한 사막의 안토니우스Antonius와 함께 지냈다고 말한다. 안토니우스와의 시간은 그로 하여금 신앙적 용기와 강한 믿음의 영을 갖게 되는 계기가 된 것으로 보인다. 아리우스와의 논쟁이 있기 전, 아타나시우스는 이단에 대한 에세이와 말씀의 성육화incarnation에 관한 논문을 기록했다. 두 에세이 모두 변증적 논문으로, 유일신론 및 세상을 구원하기 위해 신이 세상에 개입interpolation할 필요성을 주장한다. 두 번째 책에 이미 동일본질로서의 그리스도에 대한 자신의 생각이 드러난다. 1차 아리우스 논쟁에 아타나시우스가 참여한지에 대한 분명한 증거는 없지만, 이후 추방되어 팔레스타인에 잠시 머문 것을 보면, 그가 이 논쟁에 어느 정도 영향을 미친 것으로 보인다. 325년 니케아 공의회에 참석하여 아리우스 논쟁을 목격하였으며, 당시 그는 알렉산드리아 주교인 알렉산더의 부제로 참여한다. 이후 알렉사더 사후, 328년 알렉산드리아의 주교직을 계승한다.

신학자로서 아타나시우스의 중요한 특징은 그가 제2격인 그리스도가 성부와 동일본질로서 근본적인 신성을 가짐을 열렬하게 변증했다는 점이다. 이것이 곧 니테아 공의회에서 선언된 동일본질론homoousios이며, 그는 죽을 때까지 이를 옹호하고 변증했다. 아타나시우스가 동일본질 개념을 처음으로 사용하거나 설명한 것은 아니더라도, 그가 이 교리에 대한 가장 위대한 변증가인 것은 사실이며, 삼위일체 교리가 기독교 신학 역사에 있어서 가장 중요한 개념으로 자리잡게 한 중요한 인물이다.[19]

---

[19] http://www.ccel.org/ccel/athanasius, Encyclopaedia Britannica Ninth Edition, Vol. II Charles Scribner's Sons, New York, 1878

성 힐라리우스(St. Hilary of Poitiers, 300~368)

푸아티에Poitiers의 주교였던 힐라리우스, 즉 힐라리Hilary는 이교도 귀족 집안에서 태어났으며, 다양한 세속 학문에 대한 교육을 받았다. 성경을 연구하면서 기독교의 진리를 깨닫고 우상숭배를 멈추고 기독교인으로 개종했다. 이후 푸아티에의 이단에 반대하여 다양한 신학적 논의를 구성한다. 힐라리우스 당시 푸아티에 교회는 내부 분열로 시름하고 있었고, 특히 아리안주의의 침투로 인해 교회 내부 분열이 심화되었다. 이때 힐라리우스는 담대하게 정통교리의 중요성을 강조했으나, 이미 교회 대다수를 장악한 아리우스주의자들은 그를 프리기아Phrygia로 추방했다. 추방당한 중에도 힐랄리우스는 정통 신앙과 이단의 차이에 대하여 논의하였다. 특히 유배지에서 힐라리우스는 당시 논쟁이 된 신학이론에 대한 자신의 의견을 책으로 집필한다. 특히 동방신학을 접한 그는 자신의 신학을 체계화하여, 아리우스 주의자들이 주를 이루던 유럽지역 주교들에게 "de Synodis" 등의 서간을 통해, 모호한 성경 구절에 대한 동방 교회의 가르침을 전하고, 니케아 공의회의 결의문을 자세히 설명하고, 정통 신앙을 지킬 것을 권면한다. 뿐만 아니라, 아리우스주의에 반대하는 "삼위일체론De trinitate"를 저술하여 아리우스의 이론과 주장에 대해 체계적으로 논박했다.[20]

성 에프렘(St. Ephraim of Syria, 306~373)

시리아의 성자 에프렘은 시리아에서 활동한 초기 기독교의 은수사이며 신학자이다. 니시비스Nisibis에서 태어났으며, 원래 아브닐Abnil 여신을

---

[20] Clugnet, L. (1910). St. Hilary of Poitiers. In The Catholic Encyclopedia. New York: Robert Appleton Company. Retrieved July 15, 2014 from New Advent: http://www.newadvent.org/cathen/07349b.htm

섬기는 이교도 사제였다. 당시 니스비스의 주교인 성 야고보에 의해 세례를 받고 기독교로 개종한 에프렘은 니스비스 시민들의 도덕적 삶을 고양하기 위해 노력했다. 그러나 그 지역이 페르시아에 복속된 이후, 페르시아의 기독교인 박해를 피해 여러 지역을 떠돌다가 에뎃사Edessa에 마지막으로 정착하고, 엄격한 금욕을 실천하는 은수사의 삶을 살게 된다. 다른 은수사들과는 다르게 에프렘은 수많은 저작을 남겼는데, 그의 저작은 그 주제에 따라 세 가지로 분류할 수 있다. 먼저 자신의 신학을 기록한 저자들이 있으며, 그의 성서주석 저작들 및 시적인 작품들이 있다. 이 중 그의 영성에 관한 가장 중요한 저작들은 주로 시적 형태로 되어 있다. 여기에는 그의 설교나 찬양이 포함된다.[21]

그레고리(Gregory of Nyssa, 335~395)

유명한 가파토키아 교부 중 한 사람인 니사Nyssa의 그레고리의 출생일은 불명확하다. 나지안주스Nazianzus의 그레고리와 더불어 삼위일체설 및 니케아 신앙고백을 세우는 데에 공헌했으며, 신플라톤주의와 철학적으로 유사하다. 주로 오리겐의 철학적 영향을 받은 것으로 보이며, 아마 소아시아 출생의 지적인 특징을 가진 교부로 보여진다. 그레고리는 매우 종교적인 집안에서 태어났으며, 어려서부터 경건한 금욕적 훈련을 할 수밖에 없던 집안환경이었던 것 같다. 그의 부모 및 형제들 대다수가 성인으로 추앙받을 정도로 매우 경건한 기독교인 가정으로 보인다. 그레고리의 성격은 조용하고 차분했는데, 이는 그의 다른 형인 성 바질Basil과 대조를 이룬다. 그는 캐사레아Caesarea에서 교육을 받았으며, 특히 고전,

---

[21] Labourt, J. (1909). St. Ephraem. In The Catholic Encyclopedia. New York: Robert Appleton Company. Retrieved July 15, 2014 from New Advent: http://www.newadvent.org/cathen/05498a.htm

철학, 의학 등을 배웠는데, 이때 형 바질이 주로 교육을 담당했다. 전통적으로 닛사의 그레고리는 정통 삼위일체 신학자로 간주되며, 플로티누스의 신플라톤주의 및 오리겐의 사상에 많은 영향을 받았다. 그러나 그 자신이 매우 독특한 사상가인 점에서, 그를 단순히 보수적인 정통 신학자로 보는 것은 무리가 있다. 그가 기록한 대부분의 저작은 성서에 관한 것으로, 특히 오리겐을 존경한 그레고리는 성서 해석학을 매우 중요하게 생각했으며, 그렇기 때문에 그의 저작 대부분이 성서 주석이다. 성서 주석 이외에서 그레고리는 자신의 독특한 신학을 제시하는데, 그레고리의 신학은 주로 그 형식이나 방법론에 있다. 특히 그는 다른 가파도키아 교부들인 성 바질과 나지안주스의 그레고리의 신학 방법을 따르고, 한 단계 더 발전시킨다. 특히 신적 본질의 연합성과 세 위격의 삼위일체를 강조한다. 성례전에 관련하여 닛사의 그레고리의 독특성이 더 두드러지며, 기독론의 경우는 오리겐과 아타나시우스를 전적으로 따른다. 그레고리 또한 아리우스파를 비판하고 니케아 신앙고백을 강조하며, 이단에 대한 성 바질의 신학을 옹호한다. 이외에 닛사의 그레고리는 기독교인의 생활과 행동에 대한 저작도 남겼는데, 그는 특히 기독교인의 금욕적 생활을 강조한다.[22]

암브로시우스(Ambrose, 337~397)

밀라노Milano의 대주교인 암브로시우스는 기독교 역사상 4세기의 가장 중요한 인물 중 한 사람이다. 암브로시우스는 아리우스주의의 반대자이며, 반유대주의 및 이교도에 대한 박해를 주창한 인물이기도 하다. 전통

---

[22] Leclercq, H. (1910). St. Gregory of Nyssa. In The Catholic Encyclopedia. New York: Robert Appleton Company. Retrieved July 15, 2014 from New Advent: http://www.newadvent.org/cathen/07016a.htm

적으로 암브로시우스는 응답성가를 장려한 교부로 알려져 있다.

그는 성 어거스틴, 성 제롬, 대 그레고리와 더불어 라틴 교회의 4대 박사로 추앙받는 인물이며, 신학자들을 그를 푸아티에의 힐라리우스와 비교하곤 한다. 암브로시우스는 주로 주교로서의 인식을 강하게 가지며, 이러한 그의 인식은 주로 교회의 교리 및 성직자 업무를 강화하는 데에 주로 관련되며, 기독교인의 금욕적 윤리에 대해서는 스토아학파의 금욕적 윤리와 관련하여 엄격한 기준을 보인다. 그는 또한 기독교 보편주의자이기도 하다. 암브로시우스의 금욕 윤리적 저작 중 가장 중요한 저작은 "기독교 성직자의 의무에 대한 논문de officiis ministrorum"이다. 이 글은 일종의 기독교 도덕성에 대한 설명서로서, 키케로cicero의 동명의 저작과 같은 순서와 형식을 따른다. 그러나 형식적 유사함에 비해, 암브로시우스는 강력하게 이교도의 철학적 도덕성과 기독교 성직자의 도덕성을 강하게 대조한다.[23]

루피누스(Tyrannius Rufinus, 345~410)

수도사, 역사가, 신학자인 아퀼레이아Aquileia의 루피누스는 그리스어로 기록된 교부 문서를 라틴어로 번역한 번역자로 유명하며, 특히 오리겐의 저작을 번역하는 데에 공헌했다. 루피누스는 로마에서 공부할 당시, 제롬을 만났고, 이후 아퀼레이아의 한 수도원이 들어간다. 제롬 또한 자주 그 수도원을 방문했기 때문에, 제롬과 루피누스는 가까운 친구가 되었다. 373년 경 루피누스는 오리겐의 저작을 공부하기 시작했다. 390년대, 루피누스와 제롬은 오리겐의 가르침에 대한 논쟁에 참여하게 되는데,

---

[23] Loughlin, J. (1907). St. Ambrose. In The Catholic Encyclopedia. New York: Robert Appleton Company. Retrieved July 15, 2014 from New Advent: http://www.newadvent.org/cathen/01383c.htm

이 당시 정통 신학자들은 오리겐의 사상에 이단적 요소가 있다고 생각했다. 393년 제롬과 루피누스는 오리겐주의자로 고소를 당하지만, 그는 오리겐의 신학적 가르침을 공식적으로 부인하지 않은 반면, 제롬은 오리겐을 포기했다. 이후 제롬과의 관계가 멀어지게 된다. 397년 루피누스는 오리겐의 제1원리 de principiis를 번역, 출판하고, 그 번역서 서문에 제롬 또한 오리겐의 추종자라고 기록한다. 당시 정통신학의 중요한 학자로 인정받은 제롬도 혐의로 루피누스가 정통 신학자인지에 대한 의문이 공공연하게 일어났고, 당시 교황인 아나스타시우스Anastasius는 이에 대한 사과문을 쓸 것을 명령한다. 이후에도 루피누스는 오리겐의 다양한 성서주석과 설교를 번역하는 데에 힘썼다.[24]

성 제롬(St. Jerome, 345~420)

4세기 위대한 성직자 중 한 사람인 성 제롬은 제1차 니케아 공의회 이후 초대교회 신학자이자 서방 교회 4대 교부 중 한 사람이다. 그의 공헌은 특히 라틴어 성서 번역 vulgata에 있다. 아퀼레이아 근교 스트리돈 Stridon에서 태어난 제롬은 양친 모두 기독교인이었다. 360년 경 로마에 가서 세례를 받고 교회에 관련된 사안들에 대한 관심을 갖기 시작한다. 로마를 떠나 트리에르Trier에 가서, 본격적으로 신학 교육을 받기 시작했다. 아퀼레이아에 돌아온 후, 373년까지 동방지역을 여행한다. 이후 안디옥에 정착한 그는 라오디게아의 아폴리나리스Apollinaris를 만나 수학하고, 374년~379년까지 사막에서 금욕생활을 시작한다. 안디옥의 사제로 안수 받은 후, 그는 콘스탄티노플로 가서 나지안주스의 그레고리와 친구가 된다. 이후 로마에 잠시 머물지만, 교회 다마수스Damasus가 죽은 후,

---

[24] http://www.ccel.org/ccel/rufinus

그의 강한 비판적 언사로 인해 로마를 떠나게 된다. 이후 베들레헴에 정착하여, 386년~404년까지 성서 라틴어 번역에 집중한다. 394년에 어거스틴과 함께 펠라기우스주의자들을 교회에서 몰아냈으며, 420년 베들레헴의 수도원에서 죽었다. 기독교 역사에서 제롬의 중요성은 그가 성서 번역 및 주석에 공헌한 점에 있다. 최초에 그는 그리스어 성서인 70인역 septuaginta에 집중했지만, 히브리어 및 그 문헌에 대한 연구가 발전하면서, 성서의 원본에 더 큰 관심을 갖게 되며, 원본으로부터 번역의 필요성을 깨닫게 된다. 그는 히브리 성서로부터 직접 번역을 하는 과정에서, 매우 신중하게 자신이 가진 정보를 다루었다. 제롬은 성서 주석가는 성스러운 역사 및 세속의 역사에 대한 광범위한 지식을 가져야 한다고 보며, 언어학뿐만 아니라, 팔레스타인 지역의 지리에도 밝아야 한다고 보았다. 전통적인 신학적 입장에 서서, 제롬은 성서에 포함된 영적 의미에 집중하였으며, 성서 번역에 오차가 있지 않도록 신중해야 함을 강조했다.[25]

성 요한 크리소스톰(St. John Chrysostom, 347~407)

요한 크리소스톰은 초대 기독교 교부이자 37대 콘스탄티노플 대주교이다. 뛰어난 설교가였으며, 기독교 교리에 대한 논의에 적극적으로 참여했다. 콘스탄티노플 대주교가 된 이후, 그는 탁월한 설교와 강의로 시민들에게 인기를 얻었으며, 특히 권력자와 부자들의 사치를 비판하였다. 이로 인해 동로마 황제 아르카디우스에 의해 박해를 받고 폰투스Pontus로 유배를 당하며 그 곳에서 죽었다. 그의 별명인 크리소스톰은 황금의 입을 가졌다는 뜻으로 그의 사후에 붙여진 이름이다. 요한 크리소스톰의

---

[25] Saltet, L. (1910). St. Jerome. In The Catholic Encyclopedia. New York: Robert Appleton Company. Retrieved July 15, 2014 from New Advent: http://www.newadvent.org/cathen/08341a.htm

신학적 중요성은 그의 몇 가지 탁월한 재능과 연관된다. 첫째, 그는 탁월한 설교가였는데, 그는 특히 도덕적 삶에 관한 주제를 선호했다. 성서주석가로서 요한 크리소스톰은 특히 안디옥 학파의 성서주석을 대표한다. 안디옥 학파의 성서주석은 오리겐이나 알렉산드리아 학파가 독특한 알레고리적, 또는 신비적 해석을 하는 데에 반하여, 철저히 역사적이고 문법적인 방식으로 주석을 한다. 다만 요한 크리소스톰은 이러한 양 극단을 피하고, 중용을 지키고자 했기 때문에, 그의 성서주석에는 신비적 알레고리적 설명을 포함하기도 한다. 그러나 원칙적으로는 그의 성서해석은 철저히 본문에 집중한다. 교리적 신학에 관하여는 요한 크리소스톰 스스로는 사변적 정신을 싫어했기 때문에, 그 자신은 교리 논쟁에 참여하기를 꺼려했다. 그러나 그는 여러 공의회에 참여하여 성직과 교회론, 기독론 및 다양한 성례에 대한 논의에 참여했다.[26]

성 어거스틴(St. Augustine, 354~430)

아우렐리우스 어거스티누스, 또는 히포Hippo의 어거스틴은 기독교인 신플라톤주의자이며, 북아프리카 주교이며, 로마 가톨릭 교회의 박사이다. 그의 중요성은 기독교의 신학적 발전에 있어서 그리스 철학과 유대 – 기독교의 종교적, 성서적 전통의 만남에 있다. 어거스틴은 이러한 두 전통의 만남을 가능하게 한 중요한 인물 중 한 사람이다. 그는 또한 서양 중세 철학의 대표자인데, 그의 권위와 사상은 근대 데카르트Descartes나 말브랑슈Malebranche에까지 이어진다.[27]

---

[26] Baur, C. (1910). St. John Chrysostom. In The Catholic Encyclopedia. New York: Robert Appleton Company. Retrieved July 15, 2014 from New Advent: http://www.newadvent.org/cathen/08452b.htm

[27] Mendelson, Michael, "Saint Augustine", The Stanford Encyclopedia of Philosophy

북아프리카 타가스테Thagaste에서 태어난 어거스틴은 383년까지 타가스테, 마다우로스Madauros 카르타고Carthage에서 공부한다. 철학에 특히 심취한 어거스틴은 당시 마니교의 이석적이며 체계적 교리에 매료되어 마니교도로서 10년을 지낸다. 이후 마니교 지도자들이 생각만큼 지적 수준이 높지 않음을 깨달은 어거스틴은 신플라톤주의자가 되었고, 이후 로마로 이동한다. 로마 지역 학생들의 도덕적 문제에 실망한 그는 밀라노로 옮겨 수사학을 공부하게 된다. 이곳에서 당시 주교였던 암브로시우스를 만난 어거스틴은 기독교로 개종한다. 이후 다시 북아프리카로 돌아온 어거스틴은 사제 서품을 받고 히포의 주교가 된다. 이후 교회 내외적으로 벌어지는 다양한 논쟁에 참여하게 되는데, 먼저 그는 마니교와 악의 문제에 대하여 논쟁했으며, 교회 내부적으로는 도나투스Donatus 논쟁, 펠라기우스Pelagius 논쟁, 그리고 아리우스 주의와의 논쟁에 참여했다.[28]

어거스틴은 플라톤주의자들의 저작을 통해, 감각-육체적인 것과 지적-영적인 것 사이의 근본적 분리가 있다고 본다. 그런데 이러한 이분법적 인식은 마니교나 영지주의와 같은 도덕적 이원론을 의미하지는 않는다. 어거스틴이 보는 이원론적 분리는 궁극적인 연합성으로부터 시작하며, 다양성이 증가하는 다양한 단계를 통해 발전하는 더 큰, 연합된 위계질서 하에서의 분리를 의미한다. 어거스틴에게 신은 궁극적 근원으로서 모든 존재는 그 근원점으로부터 시작된다. 따라서 신은 불변하는 점으로서, 그로부터 나오는 모든 것은 이성적 위계를 통해 서로 통합될

(Winter 2012 Edition), Edward N. Zalta (ed.), URL = <http://plato.stanford.edu/archives/win2012/entries/augustine/>.

[28] Portalié, E. (1907). Life of St. Augustine of Hippo. In The Catholic Encyclopedia. New York: Robert Appleton Company. Retrieved July 15, 2014 from New Advent: http://www.newadvent.org/cathen/02084a.htm

수 있다.[29]

아우렐리우스 클레멘스 프루덴티우스(Aurelius Clemens Prudentius, 348~413)

아우렐리우스 클레멘스 프루덴티우스는 로마 제정 말기의 기독교 시인으로, 신에 대한 찬미가를 주로 썼다. 348년 경 스페인 북구 타라코넨시스Tarraconensis에서 태어난 프루덴티우스는 태어날 때부터 기독교인으로 보이는데, 그 자신이 어디에도 자신의 회심에 대해서 기록하고 있지 않음을 통해 알 수 있다. 본래 법조인으로 성공했으며, 지방 관리를 지낸 정도의 직위를 가졌다. 인생 말년에 관직에서 물러난 그는 금욕적 생활에 몰두하게 된다. 그가 기록한 기독교 시는 주로 이 시기에 기록된 것이다. 프루덴티우스의 시의 주제는 주로 신께 영광을 돌리는 것과 자신의 죄에 대한 용서를 비는 것이었다. 그의 작품을 세 가지로 분류하면, 서정시lyrical, 교훈시didactic, 논쟁적 시polemic으로 볼 수 있다. 서정시의 경우, 주로 교회의 축일이나 기념일들에 관련되며, 신에 대한 찬미로 가득하다. 교훈적 시는 두 개가 있는데, 하나는 삼위일체 교리에 대한 시apotheosis와 원죄에 관한 시hamartigenia가 있다. 이는 당시 이단논쟁과도 연관되며, 이외에도 다양한 신학논쟁에 관한 시들이 있다.[30]

---

[29] Mendelson, Michael, "Saint Augustine", The Stanford Encyclopedia of Philosophy (Winter 2012 Edition), Edward N. Zalta (ed.), URL = <http://plato.stanford.edu/archives/win2012/entries/augustine/>.

[30] Lejay, P. (1911). Aurelius Clemens Prudentius. In The Catholic Encyclopedia. New York: Robert Appleton Company. Retrieved July 15, 2014 from New Advent: http://www.newadvent.org/cathen/12517c.htm

요한 카시안(John Cassian, 360~435)

수도사이자 금욕주의 저술가인 요한 카시안은 동방 수도원을 서방에 전파한 첫 번째 사람이다. 특히 이집트의 수도원주의의 개념이나 활동을 초기 서방 중세교회에 소개했다. 그는 베들레헴에 있는 한 수도원에서 게르마누스Germanus 문하에서 수학하였다. 390년부터 카시안과 게르마누스는 베들레헴을 떠나 이집트 사막의 은둔생활을 시작한다. 7년간의 은둔생활을 마친 후, 카시안은 콘스탄티노플로 가서 크리소스톰으로부터 사제로 서품 받는다. 크리소스톰이 추방된 후, 카시안은 로마로 이동한다. 이후 그는 이집트에서의 은둔형 수도생활에 대하여 서방 세계에 전파한다. 당시 기독교 세계는 어거스틴으로부터 형성된 서방 조직 신학과 카시안이 배운 동방 신학의 구분이 심화되던 시대였으며, 카시안은 어거스틴 신학의 예정론이나 은혜의 무저항성 등과 같은 신학적 개념을 받아들이기 어려웠다. 그러나 펠라기우스 논쟁에 대해서는 어거스틴의 입장을 따르기도 했다. 학자들은 이후 카시안의 신학적 입장이 반semi 펠라기우스주의로 기울었다고 본다.[31]

카시안의 영성신학은 철저히 이집트 사막의 금욕적 수도생활과 연관된다. 그는 신비로 이르는 세 단계를 제시하는 데, 첫 번째는 정화purgatio(헬라어로 catharsis)이며, 철저한 금욕생활이 여기에 해당한다. 두 번째는 조명illuminatio(헬라어로 theoria)으로 수도자는 복음서에 계시된 거룩함으로 이르는 길을 수행한다. 마지막 단계는 신화unitio(헬라어로 theosis), 즉 하나님과의 일치와 연합의 단계이다.[32]

---

[31] http://www.ccel.org/ccel/cassian
[32] Feiss OSB, Hugh. "Cassian and Monasticism", Monastery of the Ascension; Jerome, Idaho; Hassett, M. (1908). John Cassian. In The Catholic Encyclopedia. New York: Robert Appleton Company. Retrieved July 16, 2014 from New Advent:

알렉산드리아의 성 시릴(St. Cyril of Alexandria, 378~444)

알렉산드리아의 시릴은 당시 알렉산드리아의 주교 테오필루스Theophilus의 조카이다. 그는 알렉산드리아에서 고전 및 신학 교육을 받았고, 테오필루스에게 사제로 서품 받았다. 403년 테오필루스와 함께 콘스탄티노플에 동행했으며, 요한 크리소스톰을 추방하는 데에 동의했다. 테오필루스가 죽자, 알렉산드리아의 주교가 되지만, 그와 라이벌 관계에 있던 티모데우스Timotheus 지지자들과의 충돌이 벌어지기도 했다. 이후 그는 그 지역의 다양한 이단적 세력을 몰아내기 위해 노력했으며, 유대인들을 알렉산드리아에서 추방하기도 했다. 430년에는 네스토리우스와 논쟁을 하기도 했다. 그는 삼위일체와 성육신 교리를 증명하는 논문을 기록하는 한편, 교회에서 네스토리우스파와 펠라기우스파의 신학을 몰아내기 위해 노력했다. 그는 철저히 알렉산드리아 신학을 대표하며, 그의 저작의 특징은 정확한 사고와 간결한 표현, 깊은 추론 기술에 있다.[33]

콘스탄티노플의 소크라테스(Socrates of Constantinople, 380~450)

콘스탄티노플의 소크라테스는 초대 교회 역사학자로 그의 유년시절이나 부모에 대해서는 알려진 바가 없다. 그의 진술에 따르면, 소크라테스는 헬라디우스Helladius와 암모니우스Ammonius로부터 교육받았으며, 법조계에서 일한 것으로 보인다. 생애 내내 주로 콘스탄티노플에 거주한 것으로 보인다. 사제는 아니었지만, 교회와 관련된 역사를 기록하는 데에 탁월했다. 특히 캐사레아Caesarea의 유세비우스를 존경한 그는 유세비우스의 역사기록 작업을 이어, 자신의 시대의 교회사를 기록하는 데에 힘

---

http://www.newadvent.org/cathen/03404a.htm
[33] http://www.catholic.org/saints/saint.php?saint_id=616

썼다. 소크라테스의 역사 기록은 306년부터 439년까지 이르고, 이를 7권의 책으로 나눠 기록했다. 소크라테스 역사서의 특징은 교리적 질문에 대한 자신의 태도를 기반으로 역사를 기록했다는 점이다. 특히 당시 다양한 신학 논쟁에 대하여, 그는 정통 가톨릭 교리를 중심으로 다양한 이단적 움직임에 대한 반대를 보인다. 그는 철저하게 교회에 대한 존경과 경의를 표현하였으며, 사제와 수도사들에 대한 존경의 태도를 보인다. 그는 독자들이 단순히 교회 역사를 논쟁과 분열의 역사로 보지 않도록, 당시 다양한 전쟁들에 대한 기록도 포함한다. 이러한 측면에서 소크라테스의 사관은 철저히 그 범위와 기능이 제한된다. 그의 생각에 역사가는 인간의 역사에 평화가 지속되는 한, 역사에 대한 기록은 필요가 없다고 본다. 그의 교회사는 주로 동방 교회들에 집중되어 있으며, 그가 서방 교회들의 기독교지배Christendom에 대한 내용을 많이 생략한 점은 문제로 보인다.[34]

성 패트릭(St. Patrick, 390~461)

성 패트릭은 5세기 로마 지배하의 영국의 기독교 선교사이자, 아일랜드의 주교이다. 그의 별명은 아일랜드의 사도이며, 일반적으로 그가 아일랜드의 최초의 주교인 것으로 간주된다. 그는 스코틀랜드 덤바튼Dumbarton 인근 킬패트릭Kilpatrick에서 태어났다. 그의 부모는 로마인으로 영국지역Britain을 통치하는 담당관이었다. 그러나 16세에 납치되어 아일랜드로 간 패트릭은 노예로 팔려갔으며, 거기서 6년을 머문다. 가까스로 노예 신분에서 도망친 패트릭은 가족의 품으로 돌아왔고, 이후 사제로

---

[34] Healy, P. (1912). Socrates. In The Catholic Encyclopedia. New York: Robert Appleton Company. Retrieved July 16, 2014 from New Advent: http://www.newadvent.org/cathen/14118b.htm

서품 받는다. 그가 아일랜드 어느 지역의 주교였는지에 대해서는 정확하게 알려진 바가 없다.[35]

사이러스의 주교 테오도렛(Theodoret, Bishop of Cyrus, 393~460)

사이러스의 주교인 테오도렛은 동방정교회의 주요성인 중 한 사람으로, 특히 초기 비잔틴 교회의 논쟁에 있어서 중요한 역할을 담당했다. 안디옥에서 태어났으며, 안디옥 인근 성 유프레피우스Euprepius 수도원에서 신학 교육을 받았다. 이후 포피리우스Porphryius 주교로부터 사제로 서품 받고, 사이러스의 주교로 선출된다. 431년 에베소 교회회의에 참석한 그는 시릴 반대파에 속하였으며, 449년 에베소 공의회에서는 아파르네아Aparnea 수도원으로 추방되기도 했지만, 이후 칼케돈 회의(451년)에 복직된다. 테오도렛은 많은 저작을 남겼는데, 그의 저작은 주석, 역사서, 논쟁 또는 변증서, 교리에 관한 신학적 논문 및 설교 등이 있으며, 현재까지 보존되어 있다. 이 중 가장 중요한 저작은 교회사에 관련되어 있는데, 특히 325년부터 429년까지의 교회사를 다루고 있다.[36]

해석학적으로 테오도렛은 안디옥 학파의 원칙을 주로 따르며, 그의 성서주석은 질문과 대답의 형식을 취한다. 교회사는 아리우스 논쟁부터 429년까지를 다루는데, 유세비우스나 루피누스, 소크라테스 등의 자료를 이용했는데, 역사서 자체로만 보면, 그의 역사서는 이전 역사서보다는 못하다.[37]

---

[35] Moran, P.F. (1911). St. Patrick. In The Catholic Encyclopedia. New York: Robert Appleton Company. Retrieved July 16, 2014 from New Advent: http://www.newadvent.org/cathen/11554a.htm

[36] http://www.ccel.org/ccel/theodoret

[37] Baur, C. (1912). Theodoret. In The Catholic Encyclopedia. New York: Robert Appleton Company. Retrieved July 16, 2014 from New Advent: http://www.

살비아누스(Salvian, 400~480)

살비아누스은 퀼른 지역에서 태어났으며, 트레베스 학교에서 교육받았으며, 어린 시절부터 기독교인으로 자란 것으로 보인다. 그의 저작들을 통해 미루어볼 때, 그는 특별히 법학에 관심이 있었으며, 그 자신이 귀족 집안 출신임을 미루어 볼 수 있다. 실비아누스는 레린스Lerins의 한 수도원에서 호노라투스Honoratus, 알레스의 힐라리우스Hilary of Arles, 리옹의 유케리우스Eucherius 등을 만난 것으로 보인다. 그는 호노라투스와 힐라리우스를 이어 사제로 서품되었으며, 이후 마르세유로 이동한다. 실비아누스의 주요 저작은 두 논문, 하나님의 통치에 관하여De gubernatione Dei와 교회론Ad ecclesiam으로 편지 형태로 되어 있다. 하나님의 통치에 관하여는 반달족이 카르타고를 점령한 이후에 기록되었으며, 훈족에 관하여는 적이 아니라, 로마 제국을 위해 일하는 것으로 묘사된 것으로 미루어볼 때, 훈족의 로마 침입 이전에 쓰여진 것 같다. 이 논문에서 실비아누스는 어거스틴과 오로시우스Orosius 등의 신학적 견해의 문제점에 대하여 다룬다. 왜 제국에 어려움이 생기는가? 실비아누스는 성서의 역사와 진리를 선포하는 다른 여러 문헌들을 살펴봄으로써, 하나님의 끊임없는 보호를 증명할 수 있다고 본다. 결국 로마 제국이 겪는 어려움은 하나님의 명령을 따르지 않고 사회 모든 계층마다 심각한 죄를 짓기 때문인 것으로 설명한다.[38]

살라미니우스 헤르미아스 소조멘(Salaminius Hermias Sozomen, 400~450)

초대 기독교 역사가인 살라미니우스 헤르미아스 소조멘은 베델리아

---

newadvent.org/cathen/14574b.htm
[38] http://www.ccel.org/ccel/salvian

Bethelia의 부유한 기독교 가정에서 태어났다. 그의 별명인 살라미니우스Salaminius의 의미는 불분명하다. 그의 가정은 기독교로 개종한 집안으로, 박해 가운데에서도 신앙을 굳건히 지켰다. 유년기에는 그의 고향에서 기독교교육을 받은 것으로 보이는데, 수도원에서 교육을 받은 것 같지는 않다. 그의 저작을 미루어 볼 때, 그리스어에 대한 깊은 이해가 있던 것으로 보인다. 성인이 된 후, 베이루트Beirut에서 변호사 교육을 받은 그는 콘스탄티노플로 이동하여 직업 변호사의 경력을 시작한다. 그 기간 동안 소조멘은 교회사를 기록하기로 결심하며, 그가 기록한 교회사는 두 가지이다. 첫 번째 저작은 예수 그리스도의 탄생으로부터 리시니우스Licinius의 몰락(323년)까지의 역사를 기록하고 있으며, 총 12권으로 이루어져있다. 소조멘의 두 번째 역사서는 첫 번째 역사서의 속편으로 323년부터 439년까지의 역사를 다룬다. 그의 역사서는 주로 소크라테스와 스콜라스티쿠스Scholasticus의 저작을 참고했으며, 소조멘은 이들의 저작을 기반으로 역사 정보 및 순서를 구성한다. 예를 들어, 노바티안Novatian 주의자들에 관하여는 전적으로 소크라테스의 자료에 의존한다. 그러나 늘 소크라테스에 의존한 것은 아니며, 유세비우스의 저작도 참고했으며, 구전 자료도 이용한 것으로 보인다.[39]

리옹의 주교 성 유케리우스(St. Eucherius of Lyons, ~449)

리옹의 주교이자 신학자인 유케리우스는 본래 수도사는 아니었으나, 그의 아내가 죽은 후, 레린스Lerins의 수도원으로 들어간다. 그곳에서 그는 신학 연구와 고행에 몰두한다. 동방 사막 지역에서의 은둔수도에 참여하고자 카시안Cassian에게 도움을 구하기도 했다. 이 시기에 그의 가장 아름

---

[39] http://www.ccel.org/ccel/sozomen

다운 편지인 "사막을 찬양하며de laude eremi"를 알레스Arles의 성 힐라리우스에게 보냈다. 비록 사막 은둔 생활을 추구하면서도, 유케리우스는 여러 교부와 성인들과의 교류를 끊이지 않았다. 이후 그의 명성이 유럽으로 퍼졌으며, 이를 통해 리옹의 주교로 임명된다(434).[40]

누르시아의 성 베네딕트(Saint Benedict of Nursia, 480~547)

누르시아의 성 베네딕트는 베네딕트 수도원의 창시자이다. 그는 부유한 로마인 가정에서 태어났으며, 로마에서 교육을 받았다. 로마 지역의 타락한 생활에 실망한 베네딕트는 은둔수사가 되었고, 수비아코Subiaco 지역 인근 동굴로 들어간다. 이 근방에서 12개의 수도원을 세운 베네딕트는 이후 몬테 카시노Monte Cassino에 대great 베네딕트 수도원을 설립한다. 몬테 카시노에서 사는 동안, 베네딕트는 베네딕트 규칙을 제정했는데, 여기에는 서문과 73개 조항이 포함되어 있다. 이 규칙은 수도사들의 공동체에서의 기독교인으로서의 삶과 수도원이 어떻게 조직되고 운영되어야 하는지에 대하여 기록되어 있다. 베네딕트 규칙은 서구 문명에 있어서 가장 중요한 자료 중 하나이며, 이후 서구 유럽 세계의 수도원 운동의 기초가 되었다. 성 베네딕트의 삶에 관한 대부분의 자료는 대 그레고리Gregory the Great의 전기를 토대로 알려져 있다.[41]

베네딕트 규칙은 성직자가 아니라, 평신도를 위한 수도 지침서이다. 특히 여기에 기록된 종교적 삶은 본질적으로 사회적이다. 비록 은둔 수사의 삶일지라도, 수도사들 간의 고립을 권하지 않으며, 수도사들은 수

---

[40] Clugnet, L. (1909). St. Eucherius. In The Catholic Encyclopedia. New York: Robert Appleton Company. Retrieved July 16, 2014 from New Advent: http://www.newadvent.org/cathen/05595a.htm

[41] http://www.benedictine-srs.org/nursia.html

도원에서 하나의 가정을 이루어야 한다. 즉, 수도원에서의 삶은 철저히 하나님의 율법을 근거로 하며, 이 율법은 정의와 사랑으로 규정된다.[42]

아니시우스 보에티우스(Anicius Manlius Torquatus Severinus Boethius, 480~524)

아니시우스 세베리누스 보에티우스는 오랫동안 서양 고대 철학과 중세 라틴 세계 사이의 연결고리로서 매우 중요한 사람으로 인정받았다. 특히 그의 저서 "철학의 위안Consolation of Philosophy"는 당시 많은 사람이 철학적 개념에 대해 접근할 수 있는 통로를 마련했다. 주로 아리스토텔레스의 논리적, 철학적 저자들을 라틴어로 번역하고 주석을 쓰는 작업에 힘썼으며, 당시 신학 논쟁에 관하여 자신의 철학적, 논리적 생각을 피력하기도 했다. 그의 모든 저작은 중세 라틴 세계를 이해하는 데에 매우 중요한 역할을 하며, 특히 그리스 신플라톤주의자들과도 연관된다.

보에티우스는 로마의 귀족 집안 출신으로, 5세기 이탈리아를 지배한 동고트족 테오도리쿠스Theodoricus 밑에서 재상까지 올랐다. 당시 그의 정치, 사회적 지위를 통해, 보에티우스는 그리스어를 철저히 공부하고, 아테네와 알렉산드리아에서 플라톤 철학에 대해서도 공부했던 것 같다. 또한 당시 로마 귀족들이 기독교로 개종하던 흐름에 따라 그 자신의 집안도 기독교화된 귀족 가문이었던 것 같다. 그러나 콘스탄티노플과 로마 교회의 수위권을 둘러싼 항쟁과 동로마제국 및 동고트 왕국간의 대립에 휘말려 실각되고 투옥되었으며, 이후 파비아Pavia에서 처형당했다.[43]

---

[42] Ford, H. (1907). St. Benedict of Nursia. In The Catholic Encyclopedia. New York: Robert Appleton Company. Retrieved July 16, 2014 from New Advent: http://www.newadvent.org/cathen/02467b.htm

[43] Marenbon, John, "Anicius Manlius Severinus Boethius", The Stanford

성 그레고리(St. Gregory I, 540~604)

대 그레고리, 또는 그레고리 1세는 가톨릭교회에서 교황권을 확립한 최초의 교황이다. 그 이후, 로마교회 주교는 전체 가톨릭교회를 총괄하는 교황으로서 인정받게 된다. 그레고리 1세 이후, 로마 가톨릭교회의 교리 및 조직 등이 확립된다. 그를 통해 중세 시대 종교적 상황에 대하여 이해할 수 있으며, 특히 중세 교회의 발전과 같은 역사적 흐름에 대한 이해가 가능하다.

그레고리 1세는 라틴 교회의 4대 박사 중 마지막 인물로, 부유한 로마 가정에서 태어났다. 그의 유년시절에 대한 자료는 많지 않지만, 그의 부유한 가정환경을 미루어보면, 로마에서 고등교육을 받은 것으로 보인다. 최초의 수도사 출신 교황으로, 그레고리 1세는 수도원주의에 대한 열정적인 지지자였으며, 특히 베네딕트 수도원 규율을 전파하기도 했다. 뿐만 아니라, 가톨릭 선교 사역을 적극적으로 추진하여 유럽 전역에 기독교 신앙을 전파했다. 그러나 유대인에 대해서는 반-유대주의적 정책을 펴기도 했다. 가톨릭교회 예전이나 음악에 관한 그레고리 1세의 저작권에 대해서는 다소 의심의 여지가 있다. 그레고리 1세의 신학적 특징은 그가 마지막 라틴 대학자인 동시에 중세 스콜라주의의 첫 시작을 대표한다는 점이다. 그는 먼저 터툴리안, 암브로시우스, 어거스틴의 교리 신학을 스콜라주의적 사변에 포함하여, 그레코-로마 기독교와 로마-게르만 기독교의 통합을 시도했다. 그의 가르침이 전적으로 철학적이거나 조직적인 것은 아니며, 그의 저작의 특징은 간결하면서 다양한 교리적 논문을 요약하여 전달한다는 점이다.[44]

Encyclopedia of Philosophy (Summer 2013 Edition), Edward N. Zalta (ed.), URL = <http://plato.stanford.edu/archives/sum2013/entries/boethius/>.

[44] http://www.nndb.com/people/109/000094824/

위(僞) 디오니시우스(the Pseudo-Areopagite Dionysius, 650~725)

위僞 디오니시우스는 오랫동안 사도 바울이 아테네 선교 시절 기독교로 개종한 사람으로 간주되었지만, 그의 저작의 내용과 형식을 통해 볼 때, 그가 5세기 신플라톤주의 철학자인 프로시우스Procius의 영향을 받았음을 알 수 있다. 따라서 그의 이름에 위僞, pseudo가 붙게 되었다. 그의 생애에 관한 자료는 거의 없다. 그의 저작은 신비 신학de mystica theologia, 신의 거룩한 이름de divinis nominibus, 천상의 위계de coelesti hierachia 등의 논문과 10개의 서신이 있다. 그의 신학적 저작의 특징은 철저하게 부정신학을 전개한다는 점인데, 그의 사상은 이후 동서방 교회의 기독교 신비주의에 큰 영향을 미쳤다. 특히 위 디오니시우스는 성서, 교부 저작 및 전체 고대 전통을 통틀어서, 하나님과의 합일의 상태의 영성과 신비적 체험을 표현할 수 있는 틀과 어휘를 만들었다.[45]

성 베데(St. Bede The Venerable, 673~735)

베데는 역사가이자 신학자로, 앵글로-색슨 학자 중 가장 위대한 신학자로 간주된다. 그는 신학과 역사를 다룬 40여권의 책을 기록했다. 베데는 몽크톤Monkton에서 태어난 것으로 생각되며, 그의 가정 배경에 대해서는 알려진 바가 없다. 7세에 베네딕트 수도원에 들어갔으며, 682년에 재로우Jarrow의 수도원으로 이동한다. 이곳에서 평생을 보내었으며, 30세에 사제로 서품 받았다. 그의 신학은 성서 주석, 자연 관찰, 음악, 시 등 다양한 분야를 다루며, 특히 "영국 교회사historia ecclesiastica gentis anglorum"은 최초로 AD 체계를 사용한 역사서이다.[46] 베데는 영국에서 그레고리 전통의 예

---

[45] http://www.ccel.org/ccel/dionysius
[46] http://www.bbc.co.uk/history/historic_figures/bede_st.shtml

전을 목격한 최초의 역사학자이기도 하다.[47]

다마스커스의 성 요한(St. John of Damascus, 675~749)

다마스커스의 성 요한은 기독교 가정에서 태어났으며, 이슬람 법정에서도 기독교인임을 증언할 정도로 신실한 집안이었다. 그는 본래 자신의 아버지의 가업을 이어받으려고 했으나, 모든 것을 포기하고 예루살렘 외곽 성 사바스 St. Sabas 수도원에 들어가 수도사가 되고, 이후 사제가 된다. 그는 특히 레오 3세의 성상 파괴 정책에 반대, 교회에 성상과 다양한 상징적 자료들이 왜 필요한지에 대해 변증했다. 서방 교회는 주로 요한과 같이 성상을 유지하는 데에 더 관심을 가진 반면, 동로마 제국은 성상 파괴에 힘썼다. 다마스커스의 요한은 동서방교회 모두에서 중요한 인물로 추앙받는다. 동서 교회 분리에 있어서 요한은 철저히 중용의 자리를 지켰다.[48]

캔터베리의 대주교 성 안셀름(St. Anselm, Archbishop of Canterbury, 1033~1109)

11세기 안셀름은 기독교 철학자이자 신학자이며, 캔터베리 Canterbury 의 주교였다. 그의 사상은 신 존재에 관한 존재론적 증명이며, 이외에도 다양한 철학적 신학 논의에 공헌했다. 안셀름은 아오스타 Aosta 근교에서 1033년에 태어났으며, 그의 어린 시절에 대해 알려진 바는 거의 없다. 23세에 집을 떠나 3년 간 여행을 다녔으며, 노르망디에 이르러 안셀름은

---

[47] Thurston, H. (1907). The Venerable Bede. In The Catholic Encyclopedia. New York: Robert Appleton Company. Retrieved July 17, 2014 from New Advent: http://www.newadvent.org/cathen/02384a.htm

[48] http://www.theopedia.com/John_of_Damascus

벡Bec의 베네딕트 수도회에 관심을 가지게 되며, 1060년에 그 수도원에 들어간다. 그의 지적, 영적 재능을 바탕으로 안셀름은 곧 신학적으로 발전을 거듭하게 되며, 당시 이 수도원의 교육을 담당했던 란프랑크Lanfranc가 카엔Caen 수도원으로 이동한 후, 그의 뒤를 이어 수도원을 이끈다. 안셀름이 수도원장으로 있는 동안, 벡 수도원은 유명세를 떨쳤으며, 이곳에서 그는 유명한 모놀로기온Monologion과 프로스로기온Proslogion 등을 기록한다. 1093년에 안셀름은 그의 스승인 란프랑크의 사후, 캔터베리의 대주교로 추대된다. 이후, 윌리엄 루푸스William Rufus왕과의 정치적 갈등을 겪게 된다. 대주교 시절 안셀름은 "왜 신이 인간이 (되었는가)cur deus homo" 등의 중요한 논문을 기록했다.[49]

목회자이자 교회의 지지자로서 안셀름의 활발한 활동은 그의 종교적 역사에 잘 드러난다. 그의 영적인 가르침은 고압적이거나 강제적이지 않았으며, 왕권과 교권 사이의 갈등에 있어서 안셀름은 철저히 교회의 자유를 추구했다. 그의 철학적 신학은 당시 스콜라주의 신학의 기틀을 형성했으며, 보편 논쟁, 유명론 논쟁, 플라톤주의 논쟁 등에 있어서 신학적으로 적절한 대답을 제시하기 위해 노력했다.[50]

안셀름의 신학적 모토는 "이해를 추구하는 신앙fides quaerens intellectum"이다. 그러나 이 모토에서 안셀름은 신앙을 이해로 대체하려 하거나, 온전히 신앙인들에게만 이해되는 신앙을 추구하지 않았다. 오히려 그는 신앙이 없는 사람들이 이해할 수 있는 합리적인 이해의 틀을 추구했다. 인간의

---

[49] Williams, Thomas, "Saint Anselm", The Stanford Encyclopedia of Philosophy (Spring 2013 Edition), Edward N. Zalta (ed.), URL = <http://plato.stanford.edu/archives/spr2013/entries/anselm/>.

[50] Kent, W. (1907). St. Anselm. In The Catholic Encyclopedia. New York: Robert Appleton Company. Retrieved July 17, 2014 from New Advent: http://www.newadvent.org/cathen/01546a.htm

자유의지에 대하여 안셀름은 그것이 일종의 능력이자 의지로 정의한다. 이는 그의 구원론과 연결된다. 안셀름의 은혜와 구원론은 인간이 정의를 회복하기 위해서 철저하게 신의 은혜를 필요로 함을 전제한다. 그가 보기에, 타락한 인간은 죄 이외에는 할 수 있는 것이 없기 때문에, 인간의 자유만으로는 구원에 이를 수 없다. 따라서 인간이 정의를 회복하기 위해서는 신의 은혜가 먼저 필요하다. "왜 신이 인간이 되었나"에서 안셀름은 순전히 합리적 관점에서 인간의 죄에 부과된 속전이 필요하며, 이를 위해 신의 성육화가 이루어졌다고 본다.[51]

피터 아벨라르(Peter Abelard, 1079~1142)

피터 아벨라르는 12세기 신학자이자 철학자이며, 시인이자 음악가이기도 했다. 아리스토텔레스 철학이 서구에서 다시 부흥하기 전, 아벨라르는 철학의 라틴 전통을 소개하려고 노력했다. 그는 중세 시대의 가장 위대한 논리학자였으며, 유명론 철학자였다. 그는 신앙의 측면을 이해하는 데에 이성의 필요성을 강조했으며, 종교적 교리에 대한 그의 조직적 접근은 교리에 대한 철학적 통찰의 필요성을 보여주었다. 아벨라르는 중세 계몽운동의 영웅으로 추앙되기도 했다.

아벨라르는 낭트Nantes 근처 브리타니Britanny의 작은 마을인 르 팔렛Le Pallet에서 태어났으며, 어릴 시적부터 키케로, 세네카, 버질 등의 철학을 공부했으며, 철학 연구에 매진한다. 1101년부터 1113년까지 파리에서 자신의 스승인 샹포Champeaux의 윌리엄 (또는 기욤)과 경쟁적으로 철학 강의에 힘썼다. 특히 윌리엄과의 보편 논쟁을 치르기도 했다. 1113년부터

---

[51] Williams, Thomas, "Saint Anselm", The Stanford Encyclopedia of Philosophy (Spring 2013 Edition), Edward N. Zalta (ed.), URL = <http://plato.stanford.edu/archives/spr2013/entries/anselm/>.

신학을 공부하기로 한 아벨라르는 라온Laon의 안셀름(캔터베리의 안셀름과는 다른 인물임)으로부터 신학 교육을 받게 된다. 그러나 아벨라르는 그의 전통적 가르침에 실망하여, 파리로 돌아가 혼자 신학 공부를 하게 된다. 그 후 노트르담Notre Dame의 상주 학자가 된 아벨라르는 세인트 데니스Saint Denis 베네딕트 수도원에 들어간다. 이 시기에 아벨레르는 헬로이스Heloise와 사랑에 빠지기도 한다. 이후에 은둔수도를 원했으나 다시 강의를 하게 되었다. 파리로 돌아온 아벨라르는 몽 스테-제네비브Mont Ste.-Genevieve 학교에서 가르쳤으며, 당시 그가 기록한 신학 논문들은 클레르보Clairvaux의 베르나르Bernard에게 전달되었고, 베르나르는 훗날 신앙에 대한 아벨라르의 접근 및 결론을 반대한다. 이후 베르나르가 교권에서 정통의 사상으로 간주되면서, 중세 후기에 아벨라르의 사상이 사장되기도 했지만, 그의 사상이 12세기 철학 및 14세기 후반 철학적 사변에 중요한 영향을 미친 것은 분명하다.[52]

클레르보의 성 베르나르(St. Bernard of Clairvaux, 1090~1153)

클레르보의 베르나르는 프랑스 퐁텐Fontaines에서 태어나 클레르보에서 죽었다. 그의 부모는 퐁텐 지방의 영주였으며, 부르군디Burgundy 지역의 귀족이었다. 9세부터 고급 고등교육을 받았다. 이후 수도생활에 대한 열망으로 22세에 시토Citeaux의 수도회에 들어간다. 이곳에서 그는 베네딕트 수도회의 합리적이며 이성적인 방식을 비판하고, 더욱 엄격한 규칙을 가진 시토수도회Cistercian를 만든다. 베르나르는 자신의 형제들과 삼촌을 설득하여 이 수도회에 가입하게 한다. 이후 베르나르의 명성이 전 유럽에

---

[52] King, Peter, "Peter Abelard", The Stanford Encyclopedia of Philosophy (Winter 2010 Edition), Edward N. Zalta (ed.), URL = <http://plato.stanford.edu/archives/win2010/entries/abelard/>.

퍼지게 된다. 1130년 이후, 베르나르는 교황 선거 논쟁에 깊이 관여했으며, 피터 아벨라르와 신학 논쟁에도 적극적으로 참여했다. 특히 아벨라르의 비판가로서, 아벨라르의 사상이 기독교 교리에 반하는 것으로 결론을 내린다. 베르나르의 가장 유명한 역할 중 하나는 제2차 십자군 전쟁에서의 설교이다. 역사적으로 이 설교는 당시 기독교 사회에 매우 좋지 않은 영향을 끼쳤는데, 특히 반유대주의를 부추기는 계기가 되었다. 또한 십자군 원정에 참여한 기독교 국가 간의 분쟁을 야기하기도 했다.[53]

모세스 벤 마이몬(Moses Maimonides, 1135~1204)

모세스 벤 마이몬 또는 마이모니데스는 중세 시기 위대한 유대 철학자 중 한 사람이다. 스페인 코르도바Cordova 출생이며, 당시 종교 탄압으로 인해 모로코 지역으로 이주한다. 이곳에서 그의 첫 번째 철학 저작인 "논리학에 대한 논문Teatise on the Art of Logic"을 저술하고, 미쉬네 토라Mishneh Torah를 저술하기 시작한다. 미쉬네 토라는 총 14권으로 구성된 유대인 율법 개요서로서, 이를 통해 그는 당대 랍비 전통을 이끄는 선구자로 추앙받게 된다. 이후 1166년 이집트 카이로에 이주한 마이모니데스는 미쉬네 토라를 출판한다. 1190년에는 그의 대표적인 철학 저작인 "당혹자에 대한 지침the Guide of the Perplexed"이 완성, 출판된다. 이 책은 유대교의 종교적 지식과 세속 지식 사이의 갈등을 해결하고자 하는 목적을 가진다. 비록 그 자신이 이슬람 문화권에서 신플라톤주의적인 아리스토텔레스주의에 영향을 받았지만, 인간의 지식의 한계를 인정하고 형이상학과 점성술의 중요성을 인정한 점에서 아리스토텔레스의 사상으로 전환되는 것으로 보인다.

---

[53] http://justus.anglican.org/resources/bio/232.html

유대교 최고의 신학자로, 세계는 무로부터 시간 가운데 신에 의해 창조된 것이며, 인간의 혼은 이러한 창조로부터 능동적 이성을 획득하였으며, 철학은 이러한 이성을 더 잘 받을 수 있도록 하는 것으로 이해한다. 미쉬네 토라에서 마이모니데스는 유대 종교를 이해하는 데에 있어서 중요한 13가지 원리를 제안하는데, 여기에는 신의 존재, 신의 절대적 연합성, 신의 무형성incorporeality 및 영원성, 오직 신만이 경배의 대상이며, 모세는 가장 위대한 예언자이며, 신은 예언자들과 소통하고, 토라는 신으로부터 부여받은 것으로서, 절대 불변하고 무오하다는 원리, 그리고 신의 심판과 보상, 죽은 자의 부활과 메시야 신앙 등이 여기에 해당한다. 그는 철저하게 합리적 신앙을 추구하며, 신존재에 대한 논증에 있어서는 부정 신학적 방법을 이용하여 논의한다.[54]

성 알베르투스 마뉴스(St. Albert the Great, 1190~1280)

알베르투스 마뉴스 또는 대大 알버트Albert는 중세 시대 가장 유명한 사상가 중 한 사람이다. 그는 신학뿐만 아니라 자연과학에도 관심이 있으며, 그의 제자인 아퀴나스만큼 유명한 신학자이다. 그는 심리학, 형이상학, 기상학, 동물학, 논리학 등 다양한 분야에 공헌했다. 특히 아리스토텔레스 철학을 이해하고 소개하는 데에 집중했으며, 이를 위해서 아랍 철학자들의 표현을 사용하는 것도 주저하지 않았다. 철학 문헌의 다양성에 대한 이해를 바탕으로 중세 문화에 기독교 신학과 아리스토텔레스 철학의 결합을 이룬 중요한 인물로 여겨진다.[55]

---

[54] Seeskin, Kenneth, "Maimonides", The Stanford Encyclopedia of Philosophy (Spring 2014 Edition), Edward N. Zalta (ed.), URL = <http://plato.stanford.edu/archives/spr2014/entries/maimonides/>.

[55] Führer, Markus, "Albert the Great", The Stanford Encyclopedia of Philosophy

스와비아Swabia의 라우잉엔Lauingen에서 태어났으며 쾰른에서 죽었다. 젊은 시절 파두아Padua 대학에서 공부했으며, 1223년에는 도미니크 수도회에 가입하여 수도사 생활을 시작한다. 신학 교육을 마친 후, 알베르투스는 힐데스하임Hildesheim, 프라이부르크Freiburg, 스트라스부르크Strasburg, 쾰른 등에서 신학을 가르친다. 이후 파리로 돌아간 알베르투스는 박사 학위를 받고, 이 시기에 토마스 아퀴나스를 만난다.[56]

알베르투스의 형이상학 및 신학은 아리스토텔레스의 철학과 연관되며, 당시는 이를 신플라톤주의의 한 형태로 이해했다. 기독교 철학자로서 창조주의적 관점을 선호한 알베르투스는 아리스토텔레스의 제일 원인을 절대적으로 초월적 실재인 신으로 정의한다. 알베르투스에게 신은 존재하는 위계의 최상층을 차지하며, 인간의 합리적 지성은 우주 전체를 돌아다니며 인간의 영혼을 조명하며, 이를 통해 인간이 지능을 가지게 된다. 각 인간의 영혼은 각자의 지능을 가지는데, 인간의 영혼은 특별히 물질적, 영적 존재로서의 기반을 가지기 때문에, 독특함을 가진다.[57]

성 토마스 아퀴나스(St. Thomas Aquinas, 1225~1274)

도미니크 수도회의 가톨릭 수도사이자 중세 철학 및 신학에 있어서 가장 중요한 인물인 토마스 아퀴나스는 중세 스콜라주의에 영향을 받은

(Spring 2014 Edition), Edward N. Zalta (ed.), URL = <http://plato.stanford.edu/archives/spr2014/entries/albert-great/>.

[56] Kennedy, D. (1907). St. Albertus Magnus. In The Catholic Encyclopedia. New York: Robert Appleton Company. Retrieved July 17, 2014 from New Advent: http://www.newadvent.org/cathen/01264a.htm

[57] Führer, Markus, "Albert the Great", The Stanford Encyclopedia of Philosophy (Spring 2014 Edition), Edward N. Zalta (ed.), URL = <http://plato.stanford.edu/archives/spr2014/entries/albert-great/>.

동시에, 아리스토텔레스 사상에 영향을 받았고, 이 두 사상을 통합하기 위해 노력했다. 그는 많은 신학, 철학 저작을 남겼는데, 가장 중요한 저작은 "『신학대전』summa theologica"이다. 신학대전은 총 3부로 구성되며, 1부는 신론, 즉 신존재 증명 및 신의 특징에 대해 논하며, 아리스토텔레스의 철학에 근거하여 신은 무형성과 실재성을 동시에 가지며, 부동의 동자이며, 신이 어떻게 자신의 생각과 의지로 행동하는지를 밝힌다. 제2부는 윤리에 관한 것으로, 아퀴나스는 다양한 아리스토텔레스의 덕 윤리를 논증한다. 마지막 3부에서는 그리스도에 대해 다루는데, 이는 미완성이다. 3부에서 아퀴나스는 그리스도의 구원의 문제를 다루는 동시에 그리스도의 신성과 인성을 모두 다루고자 했다.

이탈리아 로카세카Roccasecea에서 태어난 토마스는 몬테 카시노Monte cassino의 수도원에 들어가 고급 신학 교육을 통해 사제로서의 삶을 준비한다. 그러나 도미니크 수도회에 매료된 토마스는 몰래 로마로 가려고 하지만, 가족들에게 붙잡힌다. 토마스의 간곡한 열망에 가족들이 설득되고, 그는 마침내 도미니크 수도회에 들어가며, 그곳에서 알베르투스 마뉴스를 스승으로 삼게 된다. 알베르투스와 함께 파리에 갔으며(145), 3년간 공부한 후 스승과 함께 쾰른에 간다.(1248) 1257년 석사 학위를 취득, 본격적인 강의를 시작한다. 이후 가톨릭교회의 중요한 회의와 논쟁에 참여하고, 전국적인 유명세를 떨치게 된다. 1274년 교황의 명령으로 리옹 공의회에 참석했으며, 돌아오는 길에 병에 걸려 포사노바Fossanova의 시토 수도원에서 죽게 된다.(1274)[58]

---

[58] http://www.iep.utm.edu/aquinas/

야코부스 더 보라지네(Jacobus de Voragine, 1230~1298)

야코부스 더 보라지네는 제노아Genoa의 대주교이자 중세 성인전 작가이다. 1230년 제노아 인근 비라지오Viraggio에서 출생, 1298년에 죽었다. 1244년 도미니크 수도원에 들어간 그는 오래지 않아 경건과 교육, 영혼의 보호에 대한 열정 등으로 유명해진다. 북 이탈리아 지역을 순회하며, 성경과 신학을 교육하였으며, 1267~1268년 동안 롬바르디Lombardy 지역의 지방관을 역임했다. 1292년 제노아의 대주교로 선출되었다. 그는 주로 성인들의 전설적 삶을 기록한 성인전 학자로 잘 알려져 있다Legenda Sanctorum.[59]

에크하르트(Johannes Eckhart, 1260~1327)

에크하르트는 1260년 호크하임Hochheim에서 태어났으며, 어린 나이에 도미니크 수도회에 들어갔으며, 쾰른의 스투디움 게네랄레Studium Generale에서 공부했다. 1286년, 에크하르트는 파리로 이동해 공부했으며, 1302년에는 파리에서 신학 석사 학위를 취득, 교수 생활을 시작한다. 1313년 스트라스부르크로 간 에크하르트는 도미니크 수도회의 설교자로서 왕성하게 활동하기 시작한다. 1323년부터 쾰른에 거주하게 된 에크하르트는 주로 스투디움 게네랄레에서 강의하며 산 것으로 보인다. 이 시기 동안, 그에 반대하는 움직임이 있었으며, 교황은 그의 교육 내용에 이단적인 내용이 포함되어 있다고 판결했으며, 이후 1328년 아비뇽Avignon에서 죽었다.

당시 중세 유럽 사회적 분위기와 다르게 에크하르트는 매우 급진적인 사상을 가진 것으로 보이는데, 그는 지성을 바탕으로 자기 자신을 설명

---

[59] Ott, M. (1910). Blessed Jacopo de Voragine. In The Catholic Encyclopedia. New York: Robert Appleton Company. Retrieved July 17, 2014 from New Advent: http://www.newadvent.org/cathen/08262b.htm

하고자 했다. 에크하르트는 특히 이성과 합리성을 강조하는 철학 및 신학적 주장을 펼쳤다. 그는 성서에 근거하여 이러한 역동성을 설명했으며, 자신의 철학적 내용은 성서를 철학적 저작으로 간주한 그의 관점과 연관된다. 그는 복음은 존재가 존재인 한에서 존재를 다룬다evangelium contemplatur ens in quantum ens라고 주장한다. 이러한 에크하르트의 주장은 성서에 연관된 다양한 철학적 테제들과 연관된다. 신학적 논의를 철학을 바탕으로 하여 전개한 점에서 그는 당시 교회에서 이단적 인물로 낙인이 찍히게 되었지만, 이후 근세로의 이행에 있어서 매우 중요한 철학적-신학적 배경을 제공했다고 할 수 있다.[60]

단테 알리기에리(Dante Alighieri, 1265~1321)

단테 알리기에리의 철학은 그의 작가로서의 직업과 연관하여 설명할 수 있다. 그는 당시 가장 학식 있는 평신도 작가 중 한 사람으로 아리스토텔레스 논리학과 자연철학, 신학(특히 알베르투스 마뉴스와 토마스 아퀴나스) 및 고전 문학에 정통한 사람이었다. 그의 그은 이러한 철학적-신학적 언어의 혼합으로 나타나며, 그의 시에는 아리스토텔레스와 신플라톤주의의 색채가 강하게 드러난다. 아퀴나스와 마찬가지로, 단테는 자신의 독자들이 철학적 지혜를 발휘하길 원했으며, 이는 선서에 신비적으로 내재된 형태가 아니라, 자신의 시에 내재된 진리의 형태로 그리 되기를 바랐다.

단테는 1265년 플로렌스Florence에서 태어났으며, 9세에 베아트리체를 만났다. 1302년에 플로렌스에서 추방되기 전까지 단테는 그곳에서 문화적,

---

[60] Mojsisch, Burkhard and Summerell, Orrin F., "Meister Eckhart", The Stanford Encyclopedia of Philosophy (Summer 2011 Edition), Edward N. Zalta (ed.), URL = <http://plato.stanford.edu/archives/sum2011/entries/meister-eckhart/>.

시민적 삶을 영위하였으며, 군인 또는 정치적 지도자로서 일하기도 했다. 플로렌스를 둘러싼 정치적 소용돌이에 말려들어 그곳으로부터 추방된 단테는 이후 20년간 이탈리아의 여러 도시에서 살았으며, 1319년에 라베나Ravenna로 이동한 후, 그 시기에 신곡의 천국편paradiso를 완성했고, 1321년 그곳에서 죽었다.

단테는 자신의 저작을 통해 오랫동안 이탈리아 문화전통에 영향을 미치기를 원했다. 그는 키케로부터 보에티우스에 이르기 까지 다양한 고전철학을 연구했고, 고대의 문화적 전통을 계승하여 이상적 사회를 구성하고 싶어했다. 그러면서도 당시 외부 세계로부터 유입된 아리스토텔레스의 사상 및 교부 신학, 13세기 스콜라 논쟁 등을 통해, 그는 직 간접적으로 철학자에게 보상으로 주어지는 행복의 문제에 대하여 탐구했다.[61]

리처드 롤(Richard Rolle of Hampole, 1290~1349)

리처드 롤은 영국 요크셔Yorkshire 주 손튼Thornton에서 태어났고, 옥스퍼드와 파리에서 공부했다. 1326년 롤은 그의 친구 요한 달튼John Dalton과 함께 은수사의 삶을 살기 시작했다. 수년간 깊이 명상의 삶을 산 후, 그는 영국 전역을 유랑했고, 마침내 햄폴Hampole에 정착하여, 근처 기독교 공동체의 수녀들을 영적으로 가르치는 일에 매진한다. 그의 저작들은 이미 13~14세기 영국에서 많이 읽혀졌으며, 특히 라틴어뿐만 아니라 그 지역 방언으로 글을 기록한 첫 번째 종교 작가들 중 한 사람이다. 롤의 저작에는 편지와 성서 주석, 영적 완성에 대한 논문들이 있으며, 아마도 그의 글 중 가장 유명한 것이 "사랑의 불꽃de incendio amoris"이다. 이외에

---

[61] Wetherbee, Winthrop, "Dante Alighieri", The Stanford Encyclopedia of Philosophy (Spring 2014 Edition), Edward N. Zalta (ed.), URL = <http://plato.stanford.edu/archives/spr2014/entries/dante/>.

"양심의 따가움Pricke of Conscience도 있다. 사랑의 불꽃에는 자신의 신비적 경험에 대한 이야기가 들어있으며, 그는 이를 세 가지로 표현한다. 자신의 몸의 육체적으로 따뜻해짐, 놀라운 달콤한 감각, 그리고 시편 단율성가를 부를 때, 천상의 음악이 들리는 것이다.[62]

성 얀 반 루이스브로크(St. John of Ruysbroeck, 1293~1381)

얀 반 루이스브로크은 브뤼셀 근교에서 태어났으며, 매우 신실한 어머니 밑에서 신앙의 훈련을 받았다. 17세에 자신의 삼촌이자, 성 구두엘 성당의 신부인 얀 힌케르트Jan Hinckaert와 함께 살기 시작한다. 루이스브로크는 그곳에서 신학 및 사제 교육을 받고, 1317년 사제로 서품 받는다. 이후 그는 연구와 저술에 집중하게 되는데, 그의 저작이 자신의 영적 가르침의 핵심이다. 영적 약혼the spiritual espousals, 사랑의 왕국the kingdom of lovers, 그리고 성막the tabernacles이 있다. 이후 자신의 삼촌인 히케트르와 다른 신부 프랜시스 반 쿠덴베르크Francis van Coudenberg와 함께 은수사의 삶을 살기 시작한다. 이후 이들은 성 빅터 수도원의 규율을 참고하여 공식적인 종교 단체를 시작하게 되며, 루이스브로크는 그곳의 수도원장이 된다.

수도사의 삶을 살면서도, 루이스브로크는 반짝이는 돌의 책the book of the Sparkling Stone, 계몽에 대한 짧은 책the little book of enlightenment, 12 베긴회 수녀들 이야기the book of the twelve Beguines 등을 저술했다. 루이스브로크의 저작들은 영성의 고전으로 여겨지며, 십자가의 성 요한의 저작에 비견된다. 그는 많은 당시 수사들의 정적주의적 경향을 강하게 비판했으며, 어거스틴의 은총의 삶에 대한 교리를 명확하게 주석하면서, 영적 진보에 대한

---

[62] http://www.ccel.org/ccel/rolle

신학적인 논의를 전개한다. 생애 마지막 시기에 루이스브로크는 자신의 수도원 외곽의 작은 수도실에 들어가 수도 생활에 전념했으며, 88세에 죽었다.[63]

헨리 수소(Henry Suso, 1296~1366)

헨리 수소는 베르그Berg의 귀족 집안에서 태어났다. 13세에 콘스탄스Constance의 도미니크 수도회에 들어갔으며, 그곳에서 사제 교육 및 철학, 신학 교육을 받았다. 1324년~1327년에 쾰른의 스튜디움 제네랄레에서 신학 교육을 더 받았고, 그곳에서 마이스터 엑크하르트를 만났다. 이후 콘스탄스로 돌아 온 수소는 신학교 강사로 일했으며, 사제직을 수행한다. 1343년 경, 그는 디센호펜Diessenhofen의 수도원장에 임명되었으며, 5년 후 움Ulm으로 이주, 죽을 때까지 거기에서 살게 된다. 신비가로서 수소의 삶은 18세에 시작되었다. 특히 그는 자신을 "영원한 지혜의 종"으로 여겼고, 이것이 자신의 신학적 사고와 영적 생활의 중심이 되었다. 이후 환상과 황홀경을 경험하기도 한다. 그의 영성적 생활은 도미니크 수도회의 많은 여자 수사들에게 영향을 미쳤다. 그의 저작들은 주로 에크하르트의 사상과 유사하다.[64]

요한네스 타울러(John Taule, 1300~1361)

요한네스 타울러 15세 나이에 스트라스부르크Strasbourg의 도미니크 수도회에 들어갔으며, 쾰른의 도미니크 스튜디움 게네랄레에서 공부한 것

---

[63] http://www.ccel.org/ccel/ruysbroeck
[64] McMahon, A. (1910). Blessed Henry Suso. In The Catholic Encyclopedia. New York: Robert Appleton Company. Retrieved July 21, 2014 from New Advent: http://www.newadvent.org/cathen/07238c.htm

으로 생각된다. 이 시기에 마이스터 엑크하르트로부터 수학한 것 같다. 타울러는 특별히 엑크하르트의 영성 운동 및 하나님의 친구들Gottesfreunde, Friends of God으로 알려진 관상 운동에 깊은 영향을 받았다. 그러나 그 자신은 끝까지 교회의 정통 멤버였다. 타울러는 신비주의 전통의 가장 중요한 인물 중 한 사람이다. 특히 중세 후기 독일지역에서 발생한 이 전통은 마그데부르크Magdeburg의 베긴회 수녀 메히틸트Mechthild와 타울러의 친구인 도미니크회 마이스터 엑크하르트, 헨리 수도Henry Suso가 여기에 포함된다. 타울러의 설교는 주로 독일어로 기록되었으며, 독일 지역 및 그 이남 지역 전역에 퍼진 것으로 보인다. 종교개혁자 마틴 루터 또한 타울러의 설교를 인용하고 주석했던 것으로 보아, 그의 설교를 매우 가치 있는 것으로 여긴 것으로 보이며, 그의 저작들은 이후 개신교도뿐만 아니라 가톨릭교도들이 두루 그의 저작들을 읽었다. 타울러는 엑크하르트에 비해서 덜 현학적이고 더 실용적이었으며, 그의 가르침은 자기 자신의 거룩한 습관을 반영했다. 결과적으로 타울러는 엑크하르트가 이단으로 정죄받던 때에 그의 핵심적 가르침을 전달할 수 있었다. 따라서 일부 엑크하르트의 설교는 타울러의 이름으로 출판됨으로써, 보존될 수 있었다.[65]

줄리안(Julian of Norwich, 1342~1413)

줄리안은 14세기 영국의 신비주의가이자, "신적 사랑의 16가지 계시 Sixteen Revelations of Divine Love"의 저자이다. 그녀는 베네딕트 수도회의 수녀였으며, 캐로우 수도원Carrow에 속한 노르위치 지역 어딘가에서 은둔 수도 생활을 했다. 30세 즈음에 하나님의 계시를 받은 그녀는 이후 자신이 받은 신비한 계시를 기록한다. "신적 사랑의 16가지 계시"는 그녀의 20

---

[65] http://www.ccel.org/ccel/tauler

년간의 명상의 경험에 대한 기록이다. 줄리안에 따르면, 하나님의 계시는 곧 하나님의 사랑이며, 어떤 계시든지 모두 사랑을 지칭한다. 구원의 전全 신비와 인간의 경험의 목적이 그녀에게 분명하게 되며, 죄의 가능성이나 악의 경험 자체가 자신의 삶에 어떤 문제를 주지 못한다고 보았다. 그녀는 이러한 경험이 이성을 초월하여, 축복된 삼위일체라고 말한다. 성 캐서린Catherine처럼, 줄리안은 신비주의자들이 그러하듯이, 육체와 영혼의 이원론을 거의 알지 못한 것으로 보인다. 하나님은 우리의 본질뿐만 아니라, 감각을 통해도 경험되며, 육체와 영혼은 상호 간의 도움을 가능하게 한다. 그녀에게 하나님에 대한 지식과 자기 자신에 대한 지식은 불가분의 관계로 본다.[66]

시에나의 성 캐서린(St. Catherine of Siena, 1347~1380)

시에나의 성 캐서린은 염색업자인 아버지와 그 지역 시인의 딸인 어머니의 막내 딸로, 중산층 가족에서 태어났다. 어린 시절부터 환상을 보았으며, 극단적인 금욕주의의 삶을 살기 시작했다. 7세에 자신을 그리스도에게 바치기로 결심하였고, 16세에 도미니크 제3회에 들어간다. 이후 영적인 결혼으로서 하나님과의 신비한 만남을 깨닫게 된다. 신비적 사랑에 대한 영적 경험을 통해, 캐서린은 지옥, 연옥, 천국에 대한 환상을 보게 되고, 자신의 수도실을 떠나 세상의 공적인 삶을 살도록 소명을 받는다. 그녀는 이후 여러 사람들에게 편지를 쓰기 시작했고, 다양한 교회의 업무에도 관여한다. 당시 교회의 분열에 대하여 크게 분노한 캐서린은 스스로 교회의 일치를 위해 노력했다.[67]

---

[66] Gardner, E. (1910). Juliana of Norwich. In The Catholic Encyclopedia. New York: Robert Appleton Company. Retrieved July 21, 2014 from New Advent: http://www.newadvent.org/cathen/08557a.htm

쟝 드 게르송(Jean le Charlier de Gerson, 1363~1429)

쟝 드 게르송의 원래 이름은 쟝 샤리에르Jean Charlier이며, 1363년에 태어나 1429년에 죽었다. 그는 프랑스 신학자이자 기독교 신비주의자로, 로마 교황과 아비뇽 교황 사이의 대 분열을 끝낸 교회 개혁을 위한 화해 운동의 지도자였다. 게르송은 파리 대학에서 피에르 다일리Pierre d'Ailly 아래에서 수학했으며, 다일리는 후에 콘스탄스 공의회에서 게르송의 동료가 된다. 또한 게르송은 다일리를 이어, 파리 대학의 총장이 된다.(1395) 당시 주요 신학 논쟁은 교회에서 교황의 역할에 대한 것이었는데, 그것이 곧 교회의 대 분열을 야기했다. 처음 게르송의 입장은 온건파였고, 제한된 개혁을 선호했으며, 로마와 아비뇽의 두 경쟁 교황을 퇴위시키려고 하는 교회 공의회의 입장에 반대했다. 그리고 1398년 교황의 반대파인 베네딕트 13세의 명령에 순종할 것을 거부한다.[68]

토마스 아 켐피스(Thomas à Kempis, 1380~1471)

토마스 아 켐피스는 켐펜Kempen의 토마스를 의미하며, 사제이자 수도사이며 작가이다. 토마스의 성은 하메르켄Hammercken이며, 뒤셀도르프 인근 라인란드 켐펜에서 태어났다. 그는 공동생활 형제단Brothers of the Common life의 창시자인 게랄드 그루테Gerald Groote가 세운 학교에서 교육을 받았다. 공동생활 형제단은 기도와 단순한 생활, 하나님과의 연합을 추구한 사람들이다. 토마스는 그들의 교사들에게 깊은 인상을 받았으며, 공동생활 형제단이 추구하는 삶을 살기로 결심했다. 19세에 토마스는 성 아그네스

---

[67] Gardner, E. (1908). St. Catherine of Siena. In The Catholic Encyclopedia. New York: Robert Appleton Company. Retrieved July 21, 2014 from New Advent: http://www.newadvent.org/cathen/03447a.htm

[68] http://global.britannica.com/EBchecked/topic/231887/Jean-de-Gerson

산의 수도원에 들어갔다. 이 수도원은 공동생활 형제단이 설립한 것으로, 토마스의 형도 그곳에 있었다. 토마스의 삶의 패턴은 수년간 늘 동일했다. 그는 정해진 시간에 기도하고, 공부하며, 성서를 필사하고, 교육하며, 미사를 드리고, 수도원 교회에 오는 사람들의 고해성사를 들었다. 때때로 토마스는 수도원 수사들 공동체의 대표자의 역할을 하기도 했지만, 그는 자신의 수도실에서 조용하게 명상하기를 선호했다. 토마스는 여러 편의 설교와 편지, 찬송뿐만 아니라 성자들의 삶에 대한 글을 썼다. 그는 동시대의 신비적 영성, 즉 하나님에 완전히 흡수된 삶을 대표한다. 그의 가장 유명한 저작인 "그리스도를 본받아the imitation of Christ는 하나님을 어떻게 사랑할지에 대한 매력적인 지침서이다. 그는 하나님께 헌신하는 가난한 농부가 별의 흐름에만 집중하는 거만한 철학자보다 낫다고 말한다. 토마스는 영성적 관점에서 행복을 추구하는 삶을 설명하며, 행복은 내적인 진리로부터 유래한다고 본다."그리스도를 본받아"는 성경 이후에 가장 많이 번역된 기독교 문학이다.[69]

월터 힐튼(Walter Hilton, ~1396)

월터 힐튼은 영어권에서 최초로 신비주의에 관한 책을 기록한 사람이다. 당시, 라틴어가 교회의 공식 언어였는데, 위클리프Wycliffe나 롤라즈Lollards 또한 영어 성경을 전달하기 위해 노력했다. 힐튼은 다른 신비주의자들처럼 거룩함을 추구했다. 그는 모든 기독교인은 죄를 극복하도록 부름 받았다고 말한다. 따라서 모든 기독교인들은 금욕생활과 하나님에 대한 명상을 해야 하는 것이다. "완전을 향한 사다리Ladder of Perfection"은 한 영혼이 새 예루살렘에 이르는 영적 과정을 묘사한다. 힐튼은 영혼은

---

[69] http://www.ccel.org/ccel/kempis

하나님의 형상으로 형성되며, 믿음과 감정을 통해 나아간다. 어두운 밤을 지나가면, 영혼은 예수와 영적인 것들을 사랑하고 느낄 수 있는 열망을 배우게 된다. 진정한 사랑이 이루어지면, 악은 자연히 멸망하며, 예수는 영혼의 생명이 된다. 힐튼의 영적 사상은 중세 유럽에 영성에 대한 보편적인 이해를 반영한다. 힐튼의 개인사에 대해서 알려진 바는 거의 없지만, 그가 교회법 변호사로 교육받았고, 1386년 어거스틴 수도회에 들어가기 전에 몇 년 동안 은수사로 살았던 것은 분명하다. 그는 라틴어 저작들을 영어로 번역했고, 자신의 저작에 라틴어 성경을 인용하기도 했다. 월터 힐튼은 1396년에 죽었으며, 그의 사후 약 100년 후 출판된 그의 책들은 15~16세기 신비주의에 영향을 미쳤다.[70]

제노아의 성 캐서린(St. Catherine of Genoa, 1447~1510)

제노아의 성 캐서린은 1447년 제노아에서 태어났고, 1510년 같은 지역에서 죽었다. 26세부터 그녀의 신비주의적 영성가의 삶이 시작된다. 그녀는 자신이 받은 신비적 계시를 바탕으로 "영혼과 몸의 대화Dialogues of the Soul and the Body"와 "연옥에 대한 논문Treatise on Purgatory"을 저술한다. 성 캐서린의 부모는 이탈리아 태생이다. 캐서린은 어릴 때부터 특별하게 거룩한 어린이였으며, 기도의 방식에 있어서 매우 재능 있는 사람이었다. 그녀는 그리스도의 수난에 대한 사랑에 심취했고, 깊은 회개를 추구했다. 한편 매우 조용하고 단순하며, 극단적으로 순종적인 소녀였다. 13세에 수녀원에 들어가려고 했지만, 너무 어린 나이 때문에 들어가지 못한다. 16세에 부모의 바람대로 제노아의 귀족인 귈리아노 아도르노Guiliano Adorno와 결혼했다. 아도르노와의 결혼은 행복하지 못했다. 결혼 생

---

[70] http://www.ccel.org/ccel/hilton

활의 고통과 슬픔의 경험이 그녀를 더 깊이 기도에 집중하게 되는 계기가 되었다. 제노아 수녀원 교회에 수녀로 있던 동생의 조언에 따라, 고해성사를 하려고 했으나, 기도하는 중에 하나님의 빛이 자신의 영혼을 비추고 자신의 죄와 하나님의 사랑으로 깨끗해지는 신비한 경험을 하게 된다. 그 신비한 계시가 너무 생생하여 의식을 잃고 황홀경에 빠진다. 이러한 신비한 경험을 통해 그녀의 삶이 변화되고, 그녀의 남편도 개종시키게 된다. 그 즈음에 그녀는 제노아의 병원에서 아픈 사람들을 돌보는 일을 시작했으며, 이후 캐서린은 그 병원의 운영자이자 재무담당자가 되었다.[71]

에라스무스(Desiderius Erasmus, 1466~1536)

네덜란드의 작가이자 학자, 인문주의자인 에라스무스는 사제의 사생아로 태어났다. 1492년에 사제로 서품받았고 파리에서 공부했다. 1499년부터 개인 학자로서, 도시를 돌아다니며 강의하였으며, 전 유럽에 걸쳐 여러 사상가들과 서신을 주고 받았다. 1500년부터 에라스무스는 신학적 저작 뿐만 아니라 세속적 저작을 저술한다. 그의 초기 저작들은 교회의 타락과 미신적인 내용들에 대한 비판에 집중된다. 그의 유명한 풍자책인 "우신예찬Encomium Moriae, 1509"은 그의 영국인 친구인 토마스 모어Thomas More에게 헌정된 책으로, 보다 단순한 기독교 영성으로 돌아올 것을 요청한다. 그는 많은 초대 기독교 고전들을 번역했고, 신약성서 번역본을 출간하기도 했다. 이는 기독교 전통의 원래 자료로 돌아가고자 하는 인문주의자의 욕구를 반영한다. 영국에 4차례 여행한 에라스무스는 요한

---

[71] Capes, F. (1908). St. Catherine of Genoa. In The Catholic Encyclopedia. New York: Robert Appleton Company. Retrieved July 21, 2014 from New Advent: http://www.newadvent.org/cathen/03446b.htm

콜릿John Colet이나 토마스 모어Thomas More와 같은 사람들과 친구가 되었다. 개신교 종교개혁의 발발은 그 새로운 방향으로서 에라스무스를 이용한다. 비록 에라스무스는 가톨릭에 남았지만, 그의 사상은 철저히 종교개혁 전통과 연결된다.[72]

성 토마스 모어(St. Thomas More, 1478~1535)

토마스 모어는 영국의 변호사, 학자, 작가이자 헨리 8세 통치 시절 국회의원을 지낸 사람이다. 그는 헨리 8세의 이혼을 승인하지 않은 것과 영국 교회의 독립을 승인하지 않은 것으로 인해 처형당했다. 런던의 성공한 변호사 집안에서 태어난 토마스 모어는 당시 캔터베리의 대주교 요한 몰튼John Morton의 집에서 자랐으며, 이후에 옥스퍼드에서 수학, 변호사 자격을 취득했다. 비록 그는 수도사가 되길 원했지만, 변호사로서 헨리 8세 왕정에 중요한 역할을 담당한다. 1521년에는 기사 작위를 받고, 1523년에는 영국 하원 의회 대변인으로, 1525년에는 랜캐스터Lancaster 공국의 법관을 지낸다. 동시에 그는 학자로서 명성을 쌓았는데, 그는 급진적 가톨릭 신학자인 에라스무스와 친했고, 마틴 루터와 논쟁을 벌이기도 했다. 1515년 즈음에, 모어는 "리처드 3세의 역사"를 기록했는데, 이 저술에서 그는 폭군으로서의 리처드 3세의 명성을 기록했는데, 이 저술은 영국 역사서의 최초의 걸작으로 꼽힌다. 1516년에는 "유토피아"라는 저작을 출판하는데, 이는 이성으로 통치되는 가상의 이상적인 공화국에 대한 글로서, 당시 유럽 정치의 현실에 반대되는 이상적 국가를 제시한다. 가톨릭 정통 신앙의 수호자로서, 비정통적인 신앙서적에 대항하는 다양한 글을 저술했다. 헨리 8세가 자신을 영국 교회의 수장으로 선언함

---

[72] http://www.bbc.co.uk/history/historic_figures/erasmus.shtml

으로써, 영국 교회를 로마 가톨릭으로부터 분리하려고 했을 때, 그는 강하게 이를 반대했고, 결국 반역죄목으로 1535년에 처형당했다.[73]

마틴 루터(Martin Luther, 1483~1546)

독일의 신학자이자 교수, 목사, 및 교회 개혁가인 마틴 루터Martin Luther는 95개조 반박문(1517)을 시작으로 교회 개혁 운동을 시작한다. 이 글에서 그는 교회의 면죄부 판매를 비판하며, 인간의 사역보다는 예수 그리스도을 통한 하나님의 은혜의 사역에 초점을 두는 신학을 전개한다. 거의 모든 신학자들이 루터의 신학적 기반을 이용한다고 볼 수 있다. 루터와 철학의 관계는 매우 복잡하며, 단순히 "이성이 악마의 창녀"라는 그의 주장만으로 평가될 수는 없다. 철학에 대한 루터의 비판에 근거하여 루터 자신이 철학과 이성을 경멸했다고 볼 수는 없다. 루터 또한 철학과 이성이 우리의 삶과 기독교 공동체를 위해 중요한 역할을 담당한다고 믿었다. 그러나 그는 또한 이성과 철학의 바른 사용과 잘못된 사용의 구분이 중요함을 강조한다. 마찬가지로 계시와 복음서는 그것이 올바르게 이용될 때 사회에 도움이 되지만, 잘못 사용되면 잘못된 결과를 가져올 수 있다는 것이 루터의 사상의 기본이다.[74]

1483년 신성로마 제국의 아이스레벤Eisleben에서 태어난 루터는 그의 아버지의 바램에 따라 변호사가 되기로 했다. 1483년 신성로마제국 아이스레벤Eisleben에서 태어난 루터는 광산업자인 아버지의 희망에 따라 변호사가 되기로 한다. 이를 위해 루터는 마그데부르크Magdeburg와 아이세나흐Eisenach에서 각각 1년씩 공부한다. 1501년에 에어푸르트Erfurt 대학교에 진

---

[73] http://www.bbc.co.uk/history/historic_figures/more_sir_thomas.shtml
[74] http://www.iep.utm.edu/luther/

학한 루터는 그곳에서 문법, 논리, 수사학, 형이상학 등을 배우면서 윌리엄 오캄William of Occam의 신학에 매료된다. 그러나 1505년 뇌우 속에서 두려움에 수도사가 되겠다고 다짐한 루터는 이후 에어푸르트의 어거스틴 수도원에 들어간다. 초창기 루터는 철저하게 금욕적인 생활로서 자신의 구원의 확신을 깨닫기 위해 노력했다. 1510년 자신이 속한 수도원 대표로 로마를 방문할 기회를 얻은 루터는 비텐베르크Wittenberg로 이동, 신학박사 학위를 받고, 비텐베르트 대학의 성서신학 교수가 되었다. 로마서 강의를 할 무렵, 루터는 하나님의 은총에 대한 신학적 발견을 하게 되고 믿음을 통한 칭의의 교리를 고안한다. 1517년, 로마 가톨릭 교회의 면죄부 판매를 비판하는 95개조 반박문을 저작하여 가톨릭 교권에 도전한다. 1519년까지 비텐베르크 대학에서 강의 및 저술을 계속한 루터는 계속하여 가톨릭의 면죄부 판매에 대하여 반대한다. 이 일로 인해, 1521년 루터는 가톨릭 교회에서 출교된다. 1533년부터 그가 죽은 해인 1546년까지, 그는 비텐베르크의 신학 학장이었다.[75]

휴 라티머(Hugh Latimer, 1485~1555)

휴 라티머는 케임브리지 대학, 클레어 대학Care college의 교수였으며, 종교개혁 이전에 워세스터Worcester의 주교였다. 후에 에드워드 6세 재임기간에는 영국 국교회 목사가 된다. 이후 1555년 메리 여왕 시기에 화형에 당했으며, 영국 국교회 옥스퍼드 순교자 중 한 사람이다.

휴 라티머는 레이세스터셔Leicestershire에서 태어나 케임브리지에서 공부했으며, 처음에는 영국 종교개혁에 반대했다. 이후 토마스 빌니Thomas Bilney의 영향으로 그의 사상에 변화가 일어났으며, 개혁 신학자들의 모임의

---

[75] http://www.ccel.org/ccel/luther

지도자 중 한 사람이 되었다. 라티머는 곧 영국 국교회의 주도적인 대변인이 되었다. 1535년에 그는 헨리 8세의 왕궁 사제였으며, 워세스터의 주교였다. 그러나 그의 자신의 개혁적 사상으로 인해 이단으로 기소되어 두 번 투옥되기도 한다. 라티머는 강력한 설교가로 유명했으며, 에드워드 6세 시절에는 매우 유명한 왕궁 설교가였다. 그는 특히 성경을 읽는 것을 강조했고, "첫번째 설교집First Book of Homilies"에 수록된 "성서를 읽는 것에 대한 권고A Fruitful Exhortation to the Reading of Holy Scripture"의 저자로 알려져 있다. 메리 여왕 시절 종교개혁가들에 대한 탄압으로 체포된 라티머는 니콜라스 리들리Nicholas Ridley와 함께 화형을 당한다.(1555) 화형을 당할 때, 라티머는 그의 동료인 리들리에게 "평안하십시오. 마스터 리들리. 당당하십시오. 오늘 우리는 하나님의 은총의 불꽃을 이 영국 땅에 켜고 있기 때문입니다"라고 말했다고 한다.[76]

토마스 크랜머(Thomas Cranmer, 1489~1556)

토마스 크랜머는 1489년 노팅햄셔Nottinghamshire에서 태어났다. 14세부터 케임브리지에서 공부했으며, 1530년에는 타운톤Taunton의 부주교Archdeacon이 되었다. 캐서린 왕비와의 이혼을 옹호함으로써 헨리 8세의 총애를 받게 된다. 1533년, 그는 캔터베리의 대주교가 된다. 그는 헨리 8세의 무법적인 통치에 동조한 자신에 대한 양심의 가책을 늘 가지고 살았다. 그러나 그를 통해, 영국 국교회가 설립될 수 있었다. "공동기도문the Book of Common Prayer"은 당시 종교적 영성을 지탱하는 중요한 자료였으며, 크랜머는 여기에 포함된 찬양들의 저자로 가주된다. 중세 영국 교회에서 가장 중요한 위치를 차지했던 새럼 예배Sarum Use는 이 공동기도문을 주임으로

---

[76] http://www.ccel.org/ccel/latimer

개편되었다. 이 공동기도문은 1549년에 처음 출판되었고, 1552년, 1559년에 개정되었다. 에드워드 6세가 죽자, 크랜머는 자신의 의지와는 상관없이 에드워드 6세의 후계자가 제인 그레이[Jane Grey]임을 주장하는 문서에 서명하도록 종용받는다. 그러나 제인 그레이의 왕위 계승이 실패하고, 크랜머는 이에 가담한 죄로 기소된다. 그리고 런던탑에 투옥된다. 이후 옥스퍼드로 이송된 크랜머는 자신을 이단이라고 고소한 것에 대하여 스스로 변호해야 했다. 그러나 결국 화형에 처하라는 판결이 나왔고, 1556년 화형을 당한다. 크랜머의 유명한 저작은 "필수 교리[Necessary Doctrine]"로, 로마 가톨릭에서 분리된 영국 국교회의 최초의 교리서이다. 이 책은 로마 가톨릭을 계승하고자 하는 보수주의자들과 개혁주의자들 간의 끊임없는 갈등을 반영한다. 1537년에 처음 출판된 이 책은 1543년에 좀 더 보수적 형태로 개정되었다. 이 책의 목적은 교회를 연합하고 기독교 교리에 대하여 설명하기 위함이다.[77]

로욜라의 성 이그나티우스(St. Ignatius of Loyola, 1491~1556)

로욜라의 이그나티우스는 바스크 지방 귀족 출신으로 기사였으며, 이후 은둔수사로 예수회를 설립한 사람이다. 1517년 군대에 들어간 아그나티우스는 전쟁 중 심각한 부상을 입어 치료를 받던 중 예수님의 삶에 대하여 읽은 후로 회심하게 된다. 이후 몬트세랏[Montserrat]에 간 이그나티우스는 이곳에서 자신의 죄를 고백하고 죄에 대한 용서를 체험한다. 이후 만레사[Manresa]로 이동한다. 1523년에는 예루살렘에 가고 싶었으나 갈 수 없게 되자, 다시 돌아가 신학 공부에 매진하기로 한다. 그는 바르셀로나(1524~1526), 알칼라(1526~1527), 살라만카(1527~1528)에서 공부한 후

---

[77] http://www.ccel.org/ccel/cranmer

파리로 이동한다. 이그나티우스는 학자로서보다 영성 운동가로서 더 유명하다. 그와 그의 여섯 제자들은 모두 가난과 순결의 삶을 살기도 했으며, 이들이 이후 예수회의 중추가 된다. 이들은 예루살렘 성지에 들어가 그리스도를 본받는 삶을 살면서 이슬람교도들에게 선교하려고 했지만, 실패하고 로마로 되돌아간다. 1537년 사제로 서품 받았고, 이탈리아 지역으로 파송 받는다. 1539년, 이그나티우스는 새로운 수도회를 구성하기 위한 규칙을 제정했고, 교황의 승인을 받았다(1540). 이후 이 규칙이 예수회의 규칙이 된다. 이그나티우스는 예수회의 대표자로 임명되었다. 예수회는 개신교 종교개혁을 반대하는 데에 힘썼지만, 이 예수회가 단지 이 목적으로 설립된 것은 아니다. 이그나티우스는 특히 해외 선교에 관심이 많았고, 젊은 층에 대한 교육에 집중했다. 그가 살아있을 때, 전 유럽에 많은 예수회 학교가 설립됐고, 일본, 인도, 브라질 등에 대한 해외선교도 활발하게 진행되었다. 그의 전 생애는 그리스도를 본받고자 하는 열망으로 가득했다. 이그나티우스의 영적 수행은 자기 성찰과 양심의 시험, 기도 등의 네 단계로 하나님과의 신비한 일치에 이르는 단계로 구성된다. 이그나티우스가 생각했던 영성이란 인간의 주도권에 대한 강조의 특징을 가진다. 그가 기록한 기독교 신비주의에 대한 짧은 고전적 저서는 많은 신실한 가톨릭 신자들에게 사랑을 받았다. 그가 만든 "그리스도의 군사"라는 개념은 에베소서에 나타난 바울의 이미지를 차용한 것이다. 이그나시우스의 시신은 로마의 게수Gesu에 매장되었으며, 1622년에 시성諡聖되었다.

메노 시몬스(Menno Simons, 1496~1561)

메노 시몬스는 저지대 국가의 프리스란드Priesland 출신의 재세례파 지도자이다. 그는 종교개혁자들과 동시대의 사람이며, 그의 추종자들이 이후 메노나이트Mennonites가 된다. 메노 시몬스는 네덜란드 비트마르숨Witmarusum에서 태어났다. 메노의 어린 시절에 대해서는 알려진 바가 거의 없다. 1524년 위트레흐트Utrecht의 사제로 서품 받았고, 12년 동안(1524~1536) 교구 사제로 일했다. 1525년 초기 종교개혁자들의 성찬주의자들의 영향을 받아, 메노는 로마 가톨릭의 화체설에 의문을 갖게 된다. 그는 루터의 저서와 신약성서를 탐구한 후, 성경 어디에도 화체설에 대한 증거도 찾을 수 없다고 주장한다. 성경 이외에도, 메노는 에라스무스의 저작에도 관심을 가졌다. 당시 재세례파 운동이 거세질 무렵, 메노는 초창기 재세례파 운동이 목자 없는 양같이 열정만 있는 것으로 보고, 이를 체계화하고 질서정연하게 할 필요성을 깨닫는다. 성서와 가톨릭교회 사이에서 갈등하던 메노는 이후 재세례파의 지도자가 된다. 이후 재세례파 운동에 공헌한 메노는 특히 복음 설교 및 재세례파 교인들을 양육하는 일에 집중한다. 이후 그는 이단으로 낙인이 되어 박해를 피해 다니게 된다. 그가 로마 가톨릭을 떠난 후 25년이 지났을 때, 뷔스텐펠데Wustenfelde에서 죽었다.[78]

요한 녹스(John Knox, 1505~1572)

요한 녹스는 스코틀랜드의 성직자이며, 개신교 종교개혁의 리더이다. 세인트 앤드류스St. Andrews 또는 글래스고우Glasgow 대학교에서 공부했으며, 1536년 로마 가톨릭 사제가 되었다. 조지 위샤트George Wishart와 같은 초기 교회 개혁자들에게 영향을 받아, 스코틀랜드 종교개혁이 참여한다. 그의 어린 시절에 대하여 알려진 바는 거의 없다. 아마 에딘버러에서 21킬로미터 정도 떨어진 하딩톤Haddington에서 태어난 것 같으며, 대학 시절 스코

---

[78] http://www.mennosimons.net/life.html

틀랜드 지역에 널리 알려진 종교개혁 기독교 신학을 공부한 것으로 보인다. 1543년 경 기독교 복음에 매료된 녹스는 종교개혁 설교가인 조지 위샤트의 보호자로 활동한다. 개혁자들을 박해하던 비튼Beaton 추기경이 죽자, 녹스는 공식적으로 세인트 앤드류스의 설교가로 임명된다. 이후 녹스는 가톨릭 체제에 대한 비판을 시작한다. 그러나 세인트 앤드류스 성이 가톨릭 국가인 프랑스에 의해 점령되고, 녹스는 프랑스 갤리선의 노 젓는 노예로 일하게 된다. 1549년 풀려난 녹스는 영국에 머무르며 영국 교회 목사가 된다. 당시 영국은 영국 종교 개혁이 한참 일어나던 시기이다. 1553년 영국의 왕 에드워드 6세가 죽고 그 여동생 메리Mary가 즉위하자 영국의 개혁교회에 대한 박해가 시작되었다. 당시 프랑크푸르트의 영어권 목사로 부임한 녹스는 그 교회 교인들이 영국 국교회 예배 전통을 고집하고, 녹스의 복음적 설교를 배제함으로써, 그는 제네바로 옮겨 가서, 최초의 진정한 청교도 교외의 목사가 된다. 메리 여왕이 죽은 후, 녹스의 제네바 교회는 영국으로 옮기게 되었고, 녹스도 이 와중에 스코틀랜드로 돌아오게 된다(1559). 녹스는 스코틀랜드 전역을 다니며 설교했고, 종교개혁에 대한 많은 지지를 이끌어 낸다. 1560년, 스코틀랜드는 개신교 국가임을 선포하고, 녹스는 이 일에 적극적으로 참여한다. 이후 녹스는 죽기 전까지 설교에 매진하였으며, 1572년 병을 얻고 숨을 거둔다.[79]

블루아의 프랜시스 루이스(Louis of Blois, 1506~1566)

블루아의 프랜시스 루이스는 보몽Beaumont 인근에서 태어났으며, 귀족 가문 태생이다. 그의 부모는 그를 샤를 5세 궁전으로 보냈고, 14세에 그는

---

[79] http://www.ccel.org/ccel/knox

리스Liesse의 베네딕트 수도원에 들어가게 된다. 24세에 그는 수도원장이 되었고, 수도원의 옛 규율을 회복했다. 그는 샤를 5세가 주기로 한 투르네Tournei 수도원과 캄브레Cambrai의 대주교직을 거절하고, 오로지 수도원 개혁에 몰두했다. 그의 가장 대표적인 저서는 "영적 지침Institutio Spiritualis"과 "신실한 영혼의 지성소Sacellum Aminae Fidelis"이다.[80]

칼빈(John Calvin, 1509~1564)

칼빈은 프랑스의 개신교 신학자로서 장로교를 창시하였으며, 종교개혁자이기도 한다. 『기독교강요』 등을 통하여 개신교 신학의 요지를 정리하였으며, 스코틀랜드의 요한 녹스John Knox에게 영향을 미쳐 장로교회의 교리를 만드는 데에 도움을 주었으며, 성공회의 온건한 종교개혁에 반대한 청교도들에게도 영향을 주었다. 그의 사상은 '오직 성서Sola Scriptura'를 주장하여 신앙의 진정한 권위는 성서에 있다고 강조하였으며, "하나님이 구언과 멸망을 이미 예정하셨다."는 예정설을 주장하였다. 그리고 그리스도 교회의 일치를 위하여 각 개신교 종파들의 연합을 주장하기도 하였다. 한편 세르베투스는 당시 '삼위일체' 논쟁과 연관하여 신성로마제국법(유스티니아누스 법전)에 의하여 처형당하였는데, 당시 증인의 자격이 있었던 칼빈의 역할에 대하여 찬반의 입장이 갈리고 있다. 그러나 인간적인 여러 단점에도 불구하고 여러 면에서 존경받을 수 있는 인물로 칭송받고 있다.[81]

---

[80] http://www.ccel.org/ccel/blois
[81] http://ko.wikipedia.org/wiki/

요한 브래드포드(John Bradford, 1510~1555)

요한 브래드포드는 영국 국교회 성 바울 교회의 목사로, 영국 종교개혁자이자 순교자이다. 1510년 출생한 요한 브래드포드는 맨체스터의 문법학교에서 고등 교육을 배웠다. 헨리 8세 전쟁 당시 영국 군대를 이끌던 요한 해링턴John Harrington 밑에서 일했다. 법을 공부하던 시절 친구의 권유로 개신교 신앙으로 개종한다. 이후 케임브리지에서 신학을 공부한다. 1550년 리들리 주교로부터 사제가 되었다. 에드워드 왕이 죽자, 영국은 메리 여왕 통치 하에 들어갔고, 로마 가톨릭 이외는 모두 이단으로 규정되었다. 메리 여왕 즉위 전 감옥에 갇히게 된 브래드포드는 감옥에서 토마스 크랜머, 니콜라스 리들리, 휴 라티머와 함께 수감되었다. 1555년 브래드포드는 뉴게이트 감옥으로 이송되어 이단으로 화형을 당했다.[82]

---

[82] http://www.ccel.org/ccel/bradford

■ 참고문헌

손원영, 『영성과 교육』(한들출판사, 2004)
원종국, 『위대한 영성가들』(KMC, 2006)
유경동, 『영성과 기독교윤리』(프리칭아카데미, 2009)
.........『평화와 미래』(감리교신학대학교 출판부, 2011)
.........『한국감리교 사상과 기독교윤리』(감리교신학대학교 출판부, 2011)
.........『남북한 통일과 기독교의 평화』(장로회신학대학교 출판부, 2012)
이양호, 『루터의 생애와 사상』(대한기독교서회, 2002)
정성욱, 『삶 속에 적용하는 Life 삼위일체신학』(홍성사, 2007)
정성욱, 『한눈에 보는 십자가 신학과 영성』(부흥과 개혁사, 2005)
정용석 외, 『기독교 영성의 역사』(은성, 1997)
지동식 외 편역, 『서양중세사상사론』(한국신학연구소, 1981)

Christian Classics Ethereal Library (http://www.ccel.org/wwsb)
The Abingdon Dictionary of Theology (Abingdon Press, 1996)
Bernard of Clairvaux(클레르보의 베르나르), 『하나님의 사랑』(엄성옥 옮김, 은성출판사, 2009)
Boa, Kenneth(케네스 보아), 『기독교 영성, 그 열두 스펙트럼』(송원준 옮김, 디모데, 2005)
Boff, Leonardo(보프), 『삼위일체와 사회』(이세형 역, 대한기독교서회, 2011)
Bonhoeffer, Dietrich(본회퍼), *Prisoner for God* (New York: The Macmillan Company, 1954)
Bouyer, Louis(루이 부이에), 『영성 생활 입문』(가톨릭출판사, 1992)
Cavey, Bruxy(브룩시 카베이), 『예수, 종교를 비판하다』(남호 역, 리얼북, 2008)
Chan, Simon(사이몬 찬), 『영성신학』(김병오 역, IVP, 2004)
Cohn, Norman, *The Pursuit of the Millennium*, 『천년왕국운동사』, 김승환 역, 한국신학연구소, 1993)

Cote, Richard, *Holy Mirth: A Theology of Laughter,* 『웃음의 신학』(정구현 역, 카톨릭대학교출판부, 2001)

Craigie, Peter C., 『기독교와 전쟁문제: 구약성서를 중심으로』(김갑동 역, 성광문화사, 1996, 2판)

Fromm, Erich, *To have or to be?* 『소유냐 존재냐』(범우사, 1999)

Gumbel, Nicky(니키 검블), 『부흥의 본질』(명성훈 옮김, 서로사랑, 2002)

Hauerwas, Stanley Martin, 'Dietrich Bonhoeffer on Truth & Politics' in Burke Lecture (University of California TV series, #8498, 13 April, 2004)

Hoeller, Steven, *Gnosticism,* 『이것이 영지주의다』(이재길 역, 샨티, 2006)

Holt P. Bradley(브래들리 P. 홀트), 『기독교 영성사』(엄성옥 역, 은성, 1996)

LaCugna, Catherine Mowry, 『우리를 위한 하나님: 삼위일체와 그리스도인의 삶』(이세형 역, 대한기독교서회, 2008)

Luther, Martin, *Luther's Works* (Philadelphia: Fortress Press, 1971)

Macguarrie, John, 『평화의 개념』(조만덕 역, 기독교서회, 1980)

McGrath, Alister E.(알리스터 맥그라스), 『종교개혁시대의 영성』(박규태 역, 좋은씨앗, 2005)

McGrath, Alister E.(앨리스터 맥그래스), 『기독교 영성 베이직』(김덕천 역, 대한기독교서회, 2006)

Mills, Brian(브라이언 밀즈), 『영적 부흥, 지금 우리를 위한 축복』(조대영 옮김, 생명의 말씀사)

Moltmann, Jürgen(몰트만), 『삼위일체와 하나님의 역사 - 삼위일체 신학을 위한 기여』(이신건 역, 대한기독교서회, 1998)

Olson, Roger E.(로저 올슨), 『삼위일체』(이세형 역, 대한기독교서회, 2004)

Pannerberg, Wolfhart(판넨베르크 외 4명 공저), 『신, 인간 그리고 과학』(여상훈 역, 시유시, 2000)

Pegis, Anton C., *Introduction to St. Aquinas* (Modern Library College Editions, 1948)

Peters, Ted(테드 피터스), 『과학과 종교』(서울: 동연, 2002)

Poster, Richard(리처드 포스터), 『리처드 포스터의 '기도'』(송준인 옮김, 두란노서원, 1995)

Poster, Richard(리처드 포스터), 『생수의 강』 (박조앤 옮김, 두란노, 2011)
Rolheiser, Ronald(로널드 롤하이저), 『성과 성의 영성』 (유호식 역, 성 바오로, 2006)
Thomson, Cargill(카질 톰슨), 『마르틴 루터의 정치사상』 (김주한 역, 민들레책방, 2003)
Wilber, Ken(켄 윌버), 『감각과 영혼의 만남』 (조효남 옮김, 범양사, 2010)

■ 초대 기독교 영성인물

Ambrose, *On the Duties of the Clergy, etc.*
Anicius Manlius Torquatus Severinus Boethius, *The Consolation of Philosophy.*
Anicius Manlius Torquatus Severinus Boethius, *The Theological Tractates.*
Desiderius Erasmus, *In Praise of Folly.*
Dionysius, *the Pseudo-Areopagite.*
Gregory of Nyssa, *Dogmatic Treatises, Etc.*
Henry Suso, *A MEDITATION ON THE PASSION OF CHRIST.*
Hugh Latimer, *Sermons.*
Iranaeus, *THE DEMONSTRATION OF THE APOSTOLIC PREACHING.*
Jacobus de Voragine, *The Golden Legend.*
Jean le Charlier de Gerson, *Snares of the Devil.*
John Bradford, *Godly Meditations upon the Lord's Prayer.*
John Calvin, *Commentaries.*
John Cassian, *The Twelve Books on the Institutes of the Cœnobia, and the Remedies for the Eight Principal Faults.*
Johannes Eckhart, *Meister Eckhart's Sermons.*
Johannes Eckhart, *Light, Life, and Love.*
John Bradford, *Godly Meditations upon the Lord's Prayer.*
John Knox, *Treatise on Prayer.*
Louis of Blois, *A Mirror for Monks.*
Martin Luther, *The Large Catechism.*
Martin Luther, *De Servo Arbitrio On the Enslaved Will*
Menno Simons, *The Complete Works of Menno Simon.*
Moses Maimonides, *The Guide for the Perplexed.*
Origen, *De Principiis.*
Plotinus, *The Six Enneads.*
Salvian, *On the Government of God.*

Socrates of Constantinople, *The Ecclesiastical History*.
St. Anselm, Archbishop of Canterbury, *The Devotions of Saint Anselm Archbishop of Canterbury*.
St. Augustine, *City of God and Christian Doctrine*.
St. Augustine, *Handbook on Faith, Hope, and Love*.
St. Augustine, *On the Holy Trinity; Doctrinal Treatises; Moral Treatises*.
St. Augustine, *The Confessions and Letters of St. Augustine*.
St. Benedict of Nursia, *The Holy Rule of St. Benedict*.
St. Bernard of Clairvaux, *On Loving God*.
St. Bernard of Clairvaux, *Some Letters of Saint Bernard, Abbot of Clairvaux*.
St. Catherine of Siena, *The Dialogue of Saint Catherine of Siena*.
St. Catherine of Genoa, LIFE AND DOCTRINE OF SAINT CATHERINE OF GENOA.
St. Eucherius of Lyons, *Formulas of Spiritual Intelligence*.
St. Gregory I, *The Letters and Sermons of Leo the Great*.
St. Hilary of Poitiers, *Homilies on Psalms*.
St. Iranaeus, THE DEMONSTRATION OF THE APOSTOLIC PREACHING.
St. Irenaeus, Against Heresies.
St. Jerome, *The Letters of St. Jerome*.
St. Jerome, *Jerome's Apology for Himself Against the Books of Rufinus*.
St. John Chrysostom, *Homilies on the Acts of the Apostles and the Epistle of the Romans*.
St. John Chrysostom, *On the priesthood*.
St. John of Damascus, *Exposition of the Orthodox Faith*.
St. The Great Albert, *On Cleaving to God*.
St. Thomas Aquinas, *Summa Theologie*.
St. Thomas More, *Dialogue of Comfort Against Tribulation*.
Tertullianus, *Apology*.
Tertullianus, *On the Pallium*.
Theodoret, Bishop of Cyrus, *The Ecclesiastical History, Dialogues, and Letters*.

Thomas à Kempis, *THE IMITATION OF CHRIST*.

Tyrannius Rufinus, *The Apology, A Commentary on the Apostles' Creed*.

찾아보기

➡➡➡ ㄱ

가정의 의미와 결혼 ········· 401
간구기도 ··················· 329
감사의 기도 ················ 275
값없는 사랑 ················ 227
거룩한 공동체 ·············· 397
고난과 신앙 ················ 185
고난의 기도 ················ 291
고난의 현상 ················ 174
구약의 평화 ················ 241
국가 교회 ··················· 380
권세기도 ··················· 293
그리스도의 몸 ·············· 386
근대의 변화된 신 개념 ····· 55
기독교 영성 ··················· 3
기쁨의 기도 ················ 282

➡➡➡ ㄴ

내적 변화 ··················· 192
노동의 사명 ················ 407
노동의 축복 ················ 404
눈물의 기도 ················ 301

➡➡➡ ㄷ

단순한 기도 ················ 295
덕 ··························· 367

➡➡➡ ㅁ

마음의 기도 ················ 323
마틴 루터의 평화론 ········ 253
무언의 기도 ················ 278
미소의 기도 ················ 284
믿음과 신앙 ················ 337
믿음과 축복 ················ 340
믿음과 행위 ················ 350
믿음의 결과 순종 ··········· 353
믿음의 결과 헌신 ··········· 355
믿음의 열매 구원 ··········· 371
믿음의 중심 성경 ··········· 347
믿음의 중심 십자가 ········ 344
밀회의 기도 ················ 317

➡➡➡ ㅂ

버림받은 자의 기도 ········ 289
변화의 기도 ················ 312
부활의 영성 ················ 410

➡➡➡ ㅅ

사랑과 용서 ················ 232
사랑의 완전 ················ 217
사랑이란 무엇인가? ········ 209
삼신론 ··················· 19, 20
삼위일체 교리 ··············· 23

찾아보기 | 513

삼위일체 논쟁 ······················ 22
삼위일체 창조의 신비와 자연 ······ 103
삼위일체 하나님의 거룩하심 ········ 93
삼위일체 하나님의 창조 주권 ······· 98
삼위일체 ······························ 12
삼위일체와 공동체 ··················· 110
삼위일체의 관계 방식 ················ 26
삼위일체의 영성 ······················ 92
삼위일체의 윤리 ······················ 28
성경의 죄 ····························· 131
성령의 능력으로서의 사랑 ·········· 220
성례의 기도 ··························· 276
성숙의 기도 ··························· 313
성육신 ································· 76
성찰의 기도 ··························· 300
세례와 성만찬 공동체 ··············· 390
세상의 평화 ··························· 245
속죄 ··································· 189
쉬지 않는 기도 ······················· 320
신(神)에 대한 개념 ··················· 61
신약의 평화 ··························· 242
신에 대한 언어 ························ 60
신에 대한 지식 ························ 55
신의 전능성 ··························· 144
신정론 ································ 142

▶▶▶ ㅇ

아가페 ································ 213
안식과 생명의 공동체 ··············· 399
안식의 기도 ··························· 319
양태론 ································· 19
어거스틴의 평화론 ··················· 246
언약의 기도 ··························· 315

영성신학 ································· 3
영지주의 ······························ 381
예수 그리스도의 고난 ··············· 175
예수님의 기도 ························ 271
원죄 ··································· 167
일상적인 기도 ························ 326

▶▶▶ ㅈ

자유의지 ······························ 168
자유의지와 인간의 책임 ············ 146
전능성의 부정 ························ 145
전능성의 제한 ························ 145
좁은 길 ······························· 342
종교개혁과 근대의 신 개념 ········· 51
종말론적 공동체 ····················· 393
죄 개념 ······························· 177
죄악의 내용 ··························· 148
죄악의 원인 교만 ····················· 156
죄에 대한 다양한 입장 ·············· 139
죄와 하나님의 은총 ················· 205
죄의 값 ······························· 189
죄의 교리와 개념 ····················· 133
죄의 지배 ····························· 162
중보기도 ······························ 331

▶▶▶ ㅊ

찬양의 기도 ··························· 273
창조 과학 ····························· 118
창조 ·································· 113
창조론자와 진화론 간의 논쟁 ······ 119
창조의 상징 ··························· 116
천년왕국설 ···························· 379
철저한 기도 ··························· 280

치유의 기도 ·················· 334
칼빈의 평화론 ················ 256

➡➡➡ ㅌ
타락 ························· 171
토마스 아퀴나스의 평화론 ········ 249

➡➡➡ ㅍ
페리코레시스(perichoresis) ········ 36
평화는 하나님의 선물 ············ 244
평화의 영성 ·················· 262
포괄적 죄 ···················· 159
포기의 기도 ·················· 307
프락시스 성찰 ················· 360

➡➡➡ ㅎ
하나님 개념 ··················· 47
하나님의 교회 ················ 383
하나님의 사랑 ················ 216
하나님의 위격 ·················· 24
하나님의 주권 ················ 388
하나님의 최후 선물 영생 ········· 421
현대 교회론 ·················· 384
현대의 창조론 ················ 122
현대의 평화론 ················ 259
회개 ························ 195
회개의 열매 ·················· 198
희생의 동기 ·················· 190

인명 색인

➡➡➡ A
Alan Clifford ··········· 123, 126, 127
Albert the Great ········ 164, 205, 482
Ambrose ········ 99, 107, 151, 204, 245
    267, 320, 392, 460
Anicius Manlius Boethius ······ 96, 97
    153, 474
Anselm ······· 191, 169, 203, 204, 477
Athanasius ······················ 456
Augustine ················ 98, 108, 109
    112, 152, 153, 169, 170, 172, 175
    187, 188, 214, 230, 246, 247, 264
    265, 266, 355, 383, 391, 397, 398
    420, 421, 464
Aurelius Clemens Prudentius ······ 466

➡➡➡ B
Barnabas ························ 450
Bede The Venerable ·············· 476
Benedict of Nursia ······ 226, 227, 473
Bernard of Clairvaux ··· 100, 129, 216
    220, 222, 357, 419, 480
Brian Hebblethwaite ··············· 76

➡➡➡ C
Catherine of Genoa ·············· 168
Catherine of Siena ·········· 97, 164
    166, 229, 304, 416, 491, 494

Claude Welch ························· 25
C. S. Lewis ························· 182
Cyril of Alexandria ···················· 468

D
Dana Wilbanks ······················· 239
Dante Alighieri ······················ 486
Desiderius Erasmus ··················· 495
Dietrich Bonhoeffer ··················· 269
Dorothee Soelle ················ 176, 180

E
Edward Schweitzer ···················· 87
Ephraim of Syria ···················· 458
Erich Fromm ························ 235
Ernst Troeltsch ······················ 384
Eucherius of Lyons ······ 199, 265, 472
Eugene Teselle ······················ 189

F
Flavius Josephus ···················· 450

G
Gregory I ················ 200, 201, 263, 359, 392, 475
Gregory of Nyssa ··· 94, 99, 186, 199, 200, 245, 350, 420, 459
Gregory of Sinai ···················· 277

H
Harold Hewitt Jr. ················ 410, 414
Henry Suso ··············· 172, 225, 489
Hilary of Poitiers ·········· 99, 415, 458

Hugh Latimer ············· 170, 187, 235, 267, 272, 313, 343, 347, 392, 409, 422, 498

I
Ignatius of Loyola ···················· 500
Irenaeus ······· 150, 354, 388, 420, 452
Ismael Gracia ··················· 360, 363

J
Jacobus de Voragine ············· 95, 221, 222, 245, 356, 398, 416, 485
James McClendon ···················· 132
Jean le Charlier de Gerson ·· 159, 229, 492
Johannes Eckhart ········· 112, 171, 228, 232, 265, 266, 342, 485
John Bradford ············· 98, 164, 235, 319, 505
John Calvin ········· 105, 172, 267, 351, 359, 389, 504
John Cassian 188, 342, 398, 409, 467
Jerome ·········· 96, 167, 194, 195, 228, 262, 264, 304, 377, 395, 396, 401, 420, 462
John Chrysostom ·········· 100, 110, 196, 197, 267, 304, 399, 400, 404, 417, 463
John Knox ························· 502
John of Damascus ············· 102, 155, 168, 348, 418, 477
John of Ruysbroeck ···················· 488
John Tauler ······················ 193, 489

Julian of Norwich ··················· 490
Jűrgen Moltmann ········ 29, 30, 31, 32

➡➡➡ K
Kenneth D. Boa ·························· 210

➡➡➡ L
Langdon Gilkey ············ 65, 113, 122
Louis of Blois ······· 95, 166, 170, 284
　　359, 409, 503
Leonardo Boff ················ 29, 34, 35
Lora Gross ································· 83

➡➡➡ M
Martin Luther ········ 95, 170, 254, 255
　　343, 350, 353, 356, 397, 497
Martin Marty ···························· 205
Menno Simons ····· 204, 274, 349, 377
　　501
Monika K. Hellwig ······················ 65
Moses Maimonides ············· 102, 154
　　215, 357, 481

➡➡➡ N
Norman Cohn ···················· 379, 380

➡➡➡ O
Origen ···················· 98, 100, 151, 453

➡➡➡ P
Patricia L. Wismer ·············· 142, 147
Patrick ···································· 469
Peter Abelard ··························· 479

Plotinus ········ 99, 151, 262, 278, 455

➡➡➡ R
Reinhold Niebuhr ·············· 137, 287
Richard Rolle of Hampole ·········· 487
Robert McAfee Brown ················ 364
Rosemary Radford Ruether ············ 90

➡➡➡ S
Salaminius Hermias Sozomen ······ 471
Salvian ········ 199, 283, 354, 392, 471
Socrates of Constantinople ····· 96, 468
Stanley Hauerwas ························ 359

➡➡➡ T
Tertullianus ·· 102, 150, 244, 388, 452
The Pseudo-Areopagite Dionysius
　　···················· 153, 476, 154, 225
Theodoret, Bishop of Cyrus ··········· 96
　　199, 377, 404, 470
Thomas à Kempis ········ 167, 230, 231
　　232, 266, 390, 416, 492
Thomas Aquinas ············ 94, 100, 102
　　155, 156, 201, 202, 226, 251, 265
　　359, 400, 421, 483,
Thomas Cranmer ························ 499
Thomas More ··············· 187, 342, 496
Tyrannius Rufinus ········ 111, 415, 461

➡➡➡ W
Walter Hilton ···························· 493
Wolfhard Pannenberg ··· 123, 124, 126

기독교 영성과 윤리
초대교부로부터 마틴 루터까지

초판인쇄 2014년 10월 24일
초판발행 2014년 10월 30일

지은이 유 경 동
펴낸이 김 진 수
펴낸곳 **한국문화사**
등 록 1991년 11월 9일 제2-1276호
주 소 서울특별시 성동구 광나루로 130 서울숲IT캐슬 1310호
전 화 (02)464-7708 / 3409-4488
전 송 (02)499-0846
이메일 hkm7708@hanmail.net
홈페이지 www.hankookmunhwasa.co.kr

책값은 뒤표지에 있습니다.

잘못된 책은 바꾸어 드립니다.
이 책의 내용은 저작권법에 따라 보호받고 있습니다.

ISBN 978-89-6817-175-8   93230

이 도서의 국립중앙도서관 출판시도서목록(CIP)은 e-CIP 홈페이지
(http://www.nl.go.kr/cip.php)에서 이용하실 수 있습니다.
(CIP제어번호: CIP2014029078)